westermann

Joachim Weiß, Michael Kleer, Joachim Molz

Herausgeber: Joachim Weiß

Mitarbeit: Philipp Schneider

Ausbildung im Dialogmarketing

Band 2

6. Auflage

Bestellnummer 23017

Die in diesem Produkt gemachten Angaben zu Unternehmen (Namen, Internet- und E-Mail-Adressen, Handelsregistereintragungen, Bankverbindungen, Steuer-, Telefon- und Faxnummern und alle weiteren Angaben) sind i. d. R. fiktiv, d. h., sie stehen in keinem Zusammenhang mit einem real existierenden Unternehmen in der dargestellten oder einer ähnlichen Form. Dies gilt auch für alle Kunden, Lieferanten und sonstigen Geschäftspartner der Unternehmen wie z. B. Kreditinstitute, Versicherungsunternehmen und andere Dienstleistungsunternehmen. Ausschließlich zum Zwecke der Authentizität werden die Namen real existierender Unternehmen und z. B. im Fall von Kreditinstituten auch deren IBANs und BICs verwendet.

Zusatzmaterialien zu Ausbildung im Dialogmarketing - Band 2

Materialien für Lehrerinnen und Lehrer

BiBox westermann **inkl. E-Book**

Lösungen Download: 978-3-427-23018-2

Lehrerlizenz BiBox Dauerlizenz 978-3-427-86357-1
Kollegiumslizenz BiBox Dauerlizenz 978-3-427-86354-0

Materialien für Schülerinnen und Schüler

BiBox westermann **inkl. E-Book**

Schülerlizenz BiBox Schuljahr 978-3-427-86358-8

Ausbildung im Dialogmarketing

Band 1	Band 2	Band 3	Prüfungsvorbereitung

Haben Sie Anregungen oder Kritikpunkte zu diesem Produkt? Dann senden Sie eine E-Mail an **dialogmarketing@t-online.de** Autoren und Verlag freuen sich auf Ihre Rückmeldung.

westermann GRUPPE

Druck und Bindung: Westermann Druck GmbH, Braunschweig

ISBN 978-3-427-**23017**-5

Vorwort

Dialogmarketing boomt – mehr als 500 000 Menschen arbeiten in Deutschland in dieser Branche, Tendenz steigend. Mit den beiden Ausbildungsberufen **„Servicefachkraft für Dialogmarketing“** und **„Kaufmann/Kauffrau für Dialogmarketing“** steht inzwischen auch eine eigene branchenspezifische Ausbildung zur Verfügung, die sich einer hohen Akzeptanz bei Unternehmen und Auszubildenden erfreut.

Die Mitarbeiter im Dialogmarketing (aus Gründen der besseren Lesbarkeit wird nur die männliche Form verwendet; selbstverständlich sind gleichzeitig immer auch alle weiblichen Auszubildenden angesprochen) sind mit rasch wechselnden Einsatzgebieten und Rahmenbedingungen konfrontiert. Die Ausbildungsberufe im Dialogmarketing beinhalten daher ein breites Grundlagenwissen und eine umfangreiche Methoden- und Sozialkompetenz. Um den daraus resultierenden Herausforderungen gerecht zu werden, haben wir – ein Autorenteam aus Schule und Berufspraxis – die **dreiteilige Lehrbuchreihe „Ausbildung im Dialogmarketing“** konzipiert. Unser Leitgedanke ist dabei, stets die notwendige fachtheoretische Fundierung auf schülergerechtem Niveau mit den konkreten betrieblichen Arbeitsabläufen und Dialogprozessen zu verknüpfen.

Die Lehrbuchreihe zeichnet sich durch eine **enge Verzahnung des Rahmenlehrplans mit der Ausbildungsordnung** aus. Dadurch ist neben dem Einsatz im Unterricht auch eine solide Vorbereitung auf die Zwischen- und Abschlussprüfung gewährleistet. Die durchgängige Berücksichtigung der Prüfungsinhalte kommt auch denjenigen zugute, die bereits im Dialogmarketing tätig sind und sich einer externen Prüfung unterziehen möchten.

Jedes Kapitel eines Lernfeldes beginnt mit einer einführenden Handlungssituation und Arbeitsaufträgen. Nach dem Sachinhalt runden eine Zusammenfassung und zahlreiche Übungsaufgaben das jeweilige Kapitel ab. Verweise auf andere Lernfelder finden sich in der Randspalte. Ein **hoher Praxisbezug** ist durch zahlreiche Gesprächssituationen, Beispiele und Praxistipps gegeben.

Um der Verschiedenheit der Ausbildungsbetriebe Rechnung zu tragen, basieren die Beispiele und Situationen des Buches auf zwei unterschiedlichen **Modellunternehmen** – der Dialogfix GmbH und der KommunikativAktiv KG –, die eine weitgehende Identifizierung der Auszubildenden mit der betrieblichen Praxis ermöglichen.

Der vorliegende zweite Band deckt die **Lernfelder 6 bis 9** des KMK-Rahmenlehrplans ab. Zusammen mit Band 1 (Lernfelder 1 bis 5) steht damit der komplette Stoff für die Abschlussprüfung „Servicefachkraft für Dialogmarketing“ zur Verfügung. Für die **6. Auflage** wurden notwendige Aktualisierungen und Ergänzungen vorgenommen.

Lassen Sie uns ins Gespräch kommen!

Saarbrücken, Frühjahr 2021 Joachim Weiß (Herausgeber)

marketing resultant

Geleitwort

Exzellenter Kundenservice und Kundenkommunikation sind heute für jedes Unternehmen ein erfolgskritischer Faktor. Kunden erwarten eine empathische Kommunikation, die Vertrauen schafft. Wenn Produkte und Dienstleistungen größtenteils vergleichbar und austauschbar sind, gewinnen die Unternehmen mit dem besten Kundenservice.

Dabei wandelt sich die Kommunikation im Kundenservice dramatisch mit einer nie dagewesenen Dynamik. Einschneidende Ereignisse wie die Corona-Pandemie wirken wie ein Brandbeschleuniger für eine sich ohnehin abzeichnende Entwicklung. Chatbots und Instant Messaging sind zwei Kommunikations-Kanäle mit explodierenden Zuwachsraten; das Telefon ist ein unverzichtbares Instrument, wenn es um erklärungsbedürftige Sachverhalte geht oder das Einfühlungsvermögen und der persönliche Dialog für den Kunden wichtig sind. Diese technologischen Entwicklungen wie auch die Erwartung der Kunden, individuell, schnell und kompetent beraten und bedient zu werden, stellen neue Anforderungen an die Mitarbeiter im Contact Center.

Den Kunden zu verstehen, seinen Erwartungen gerecht zu werden, die Systeme wie Kundendatenbanken, Chat, Wissensmanagement zu beherrschen erfordern eine Ausbildung, die weit mehr umfasst, als die Fähigkeit, gut zu kommunizieren. Mitarbeiter im Contact Center werden zu Beziehungsmanagern, zu „Super-Agenten", die mit modernen Technologien die Kunden emotional an das Unternehmen binden, die Produkte und Dienstleistungen verkaufen und Kunden in ihren Entscheidungen entlang der vielen Kontaktpunkte mit dem Unternehmen unterstützen.

Die nun in der 6. Auflage vorliegende Lehrbuchreihe „Ausbildung im Dialogmarketing" ist ein wesentlicher Baustein für diese neuen, vielfältigen Aufgaben im Contact Center. Eine professionelle, duale Ausbildung – ein besonderes Markenzeichen des Standortes Deutschland – ist der Garant für beruflichen, nachhaltigen Erfolg.

Harald Henn
Marketing Resultant GmbH
Geschäftsführer

Inhaltsverzeichnis

Lernfeld 7:

Den betriebswirtschaftlichen Beitrag eines Projekts zum Unternehmenserfolg bewerten

Lernfeld 8:

Kundinnen und Kunden gewinnen und Verkaufsgespräche führen

Lernfeld 9:

Projekte im Dialogmarketing vorbereiten, durchführen und dokumentieren

Einleitung

Das 1. Ausbildungsjahr ist geschafft! Nach den Sommerferien treffen sich Thomas Müller, Julia Lauer und Daniel Zimmermann wieder in der Berufsschule.

Thomas hat seine Ausbildung bei der **Dialogfix GmbH** begonnen, einer Tochterfirma der Dialogfix AG, eines weltweit bekannten Herstellers von Hard- und Software. Die Dialogfix GmbH übernimmt dabei den gesamten Servicebereich des Konzerns, wie z. B.:

- Bestellannahme
- Support
- Beschwerdemanagement
- Kundenbindung
- Messung der Kundenzufriedenheit
- Social Media

Im Service werden neben den traditionellen Medien Telefon, Fax, Brief und E-Mail auch soziale Medien, wie z. B. Facebook und Twitter, genutzt. Der Telefonservice findet schwerpunktmäßig im Inbound statt, teilweise aber auch Outbound.

Das Unternehmen wurde 1996 gegründet, nachdem die Muttergesellschaft entschieden hatte, den gesamten Servicebereich auszulagern. Zu Beginn arbeiteten bei Dialogfix 20 Mitarbeiter im Support, mittlerweile beschäftigt das Unternehmen über 400 Mitarbeiter. Die meisten davon sind in Teams zwischen 8 und 20 Mitarbeitern in der Abteilung Kundenservice beschäftigt. Daneben gibt es noch vier Zentralabteilungen. Die Geschäftsführung der Dialogfix GmbH wird von der Stabsstelle Öffentlichkeitsarbeit unterstützt.

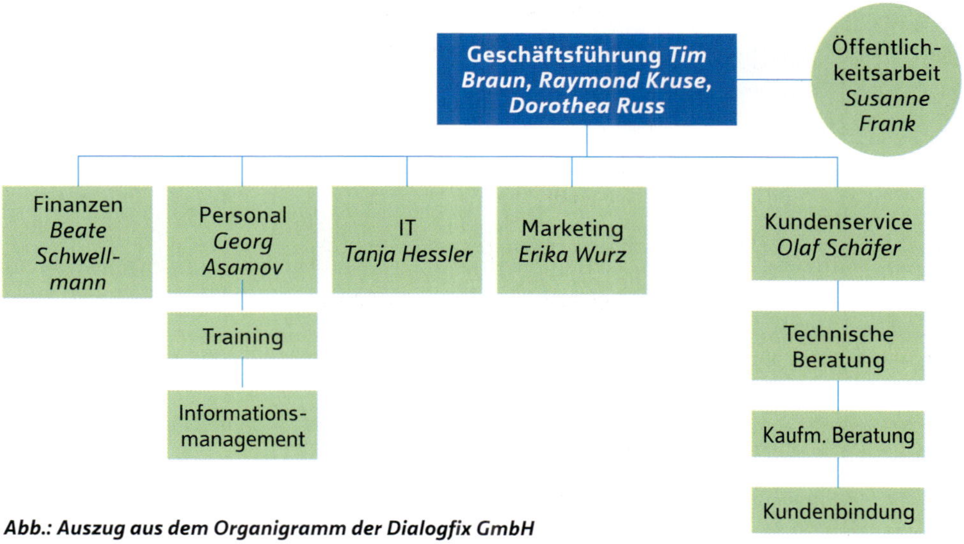

Abb.: Auszug aus dem Organigramm der Dialogfix GmbH

Thomas ist im Rahmen seiner dreijährigen Ausbildung zum Kaufmann für Dialogmarketing der Abteilung Kundenservice zugeordnet, er lernt gemäß Ausbildungsplan alle Servicebereiche kennen. Neben Thomas hat auch **Daniel** Zimmermann seine Ausbildung bei der **Dialogfix GmbH** begonnen. Er hat seine Ausbildung zum Kaufmann für Büromanagement abgebrochen und hat sich nun für eine Ausbildung als Servicefachkraft für Dialogmarketing entschieden.

Um der wachsenden Mitarbeiterzahl der Dialogfix GmbH Rechnung zu tragen, ist das Unternehmen bereits mehrfach in größere Räumlichkeiten umgezogen und befindet sich inzwischen am Stadtrand mit einem firmeneigenen Gebäude in einem Gewerbegebiet. Ein festgelegtes Auftreten und Design der Konzernmarke Dialogfix sowie eine einheitliche Kommunikation und einheitliches Auftreten aller Mitarbeiter im Kundenkontakt sollen ein klares Bild des Unternehmens nach außen spiegeln. Jeder Kunde oder Partner, der Kontakt mit dem Unternehmen hat oder die Räumlichkeiten besucht, soll ein einheitliches und positives Bild von Dialogfix bekommen. Außerdem engagiert sich das Unternehmen in verschiedenen sozialen Projekten.

Julia hat ihre Ausbildung als Servicefachkraft für Dialogmarketing bei der **KommunikativAktiv KG** begonnen. Das Unternehmen ist als externes Callcenter für verschiedene Auftraggeber in unterschiedlichen Projekten tätig. Der Name „KommunikativAktiv“ tritt dabei kaum in Erscheinung, da das Unternehmen meist im Namen der jeweiligen Auftraggeber agiert. Je nach Auftrag sind Mitarbeiter von KommunikativAktiv im Inbound oder im Outbound tätig, eine besondere Kernkompetenz hat das Unternehmen aber mittlerweile im Outbound gewonnen.
Seit Längerem arbeitet KommunikativAktiv auch für die Dialogfix GmbH. Anrufe, die zu Spitzenzeiten bei Dialogfix nicht bewältigt werden können, werden dann weitergeleitet. Auch spezielle Aufträge, z. B. im Mahn- und Inkassowesen, hat Dialogfix an KommunikativAktiv vergeben.

Für das 1999 von Hans Herrmann und Reinhold Groß gegründete Unternehmen arbeiten 80 fest angestellte Mitarbeiter sowie – je nach Bedarf und aktueller Auftragslage – auch Aushilfskräfte und Studenten. KommunikativAktiv hat mittlerweile drei Etagen in einem Geschäftshaus in der Innenstadt angemietet. Die beiden Gründer sind aktiv am Tagesgeschäft beteiligt und treffen alle wichtigen unternehmerischen Entscheidungen selbst. Sie haben auch entscheidend das Unternehmensleitbild geprägt.

KommunikativAktiv zeichnet sich durch eine sehr flache Hierarchie aus. Neben einer kleinen Verwaltungsabteilung, die z. B. für die Personalverwaltung und die Buchhaltung zuständig ist, sind alle anderen Mitarbeiter im Telefonservice tätig. Je nach Projekt werden Teams in unterschiedlicher Größe gebildet. Damit kann die KommunikativAktiv KG rasch auf neue Aufträge und geänderte Anforderungen ihrer Auftraggeber reagieren.

Lernfeld 6:

Bestimmungsfaktoren der Kundennachfrage gestalten

1 Gründe für wirtschaftliches Verhalten unterscheiden

Einstiegssituation

Endlich Sommer. Julia Lauer und Thomas Müller treffen sich in einem Café in der Fußgängerzone.

Julia: *„Na, Thomas, wie läuft's in den Ferien? Jeden Tag arbeiten, keine Berufsschule ..."*

Thomas: *„Über mangelnde Arbeit kann ich wirklich nicht klagen. Bei uns ist im Moment viel zu tun, da vergeht die Zeit wie im Flug."*

Julia: *„Ja, kaum zu glauben, das 1. Ausbildungsjahr ist schon vorbei, ging wirklich schnell!"*

Thomas: *„Ich frage mich allerdings, wo die ganze Ausbildungsvergütung geblieben ist, mein Konto ist schon wieder fast auf null."*

Julia: *„Tja, Thomas, vielleicht hast du zu viele Wünsche auf einmal?"*

Thomas: *„Hmm, das eigene Auto geht natürlich ordentlich ins Geld. Mittags gehe ich mit den Kollegen schon mal Essen, das ist auch nicht gerade billig. Und jetzt will ich mir unbedingt eine neue Spielekonsole zulegen, das wird ganz schön knapp am Ende des Monats!"*

Arbeitsaufträge

1. ***Warum gelingt es Thomas nicht, alle seine Wünsche zu erfüllen?***
2. ***Diskutieren Sie in der Klasse darüber, welche Arten von Wünschen und Bedürfnissen es gibt und wie diese erfüllt werden können.***
3. ***Überlegen Sie, wie Thomas seine Finanzplanung in den Griff bekommen kann.***

1.1 Bedürfnisse, Bedarf, Nachfrage

2 | 1.3

Marketing ist das **marktorientierte Verhalten** eines Unternehmens, also eine Unternehmenspolitik, die sich in ihrem Denken und Handeln an den Erfordernissen des Marktes ausrichtet. Das Angebot an Waren oder Dienstleistungen eines Unternehmens wird maßgeblich von den **Wünschen der Kunden** bestimmt. Im Dialogmarketing steht dabei die interaktive und individuelle Kommunikation (z. B. per Telefon oder mithilfe von Social Media) im Mittelpunkt. Erfolgreiches Marketing orientiert sich dabei an den Bedürfnissen der Kunden, die durch verschiedene Faktoren beeinflusst werden können. Als **Bedürfnis** wird ein Mangelempfinden des Menschen bezeichnet, das er zu beseitigen wünscht.

Die Bedürfnisse sind allerdings nicht starr und unveränderbar, sondern können sich im Lauf der Zeit verändern und mehr oder weniger dringend sein. Darüber hinaus wird die individuelle Struktur der Bedürfnisse ganz wesentlich von der persönlichen und gesellschaftlichen Situation beeinflusst, in der sich jeder einzelne Mensch befindet.

Bedürfnisse können nach verschiedenen Kriterien eingeteilt werden:

- **Nach der Dringlichkeit**

Existenzbedürfnisse	Lebensnotwendige Bedürfnisse, deren Befriedigung für das Überleben unbedingt erforderlich ist **Beispiele** Essen, Trinken, Kleidung
Kulturbedürfnisse	Diese Bedürfnisse gehen über die lebensnotwendigen Existenzbedürfnisse hinaus. Sie werden von der gesellschaftlichen Entwicklung und der jeweiligen Kultur geprägt. **Beispiele** Informationsmöglichkeiten, Bildung, Unterhaltung
Luxusbedürfnisse	Überhöhte Bedürfnisse, die nur von einer kleinen Gruppe der Gesellschaft befriedigt werden können und grundsätzlich entbehrlich sind **Beispiele** Sportwagen, wertvoller Schmuck

- **Nach dem Gegenstand der Bedürfnisse**

Bedürfnisse

Materielle Bedürfnisse	**Immaterielle Bedürfnisse**
Bedürfnisse nach Sachen **Beispiele** Auto, Haus	Bedürfnisse, die nicht „fassbar" sind **Beispiele** Anerkennung, Sicherheit

- **Nach der Art der Bedürfnisbefriedigung**

Individualbedürfnisse	Bedürfnisse, die eine einzelne Person hat und auch erfüllen kann **Beispiele** Kleidung, Essen
Kollektivbedürfnisse	Bedürfnisse einer einzelnen Person oder einer Gruppe, die nur in einer Gemeinschaft erfüllt werden können **Beispiele** äußere Sicherheit, Umweltschutz

- **Nach der Bewusstheit**

Bedürfnisse

Offene Bedürfnisse	**Latente Bedürfnisse**
Momentan bewusst wahrgenommene Bedürfnisse **Beispiele** Essen, Trinken	Versteckte, unterschwellige Bedürfnisse, die zwar vorhanden sind, aber erst noch angesprochen (geweckt) werden müssen **Beispiele** Weltreise, Altersvorsorge

→ ***Praxistipp***
Im Dialogmarketing gehört es zu den wichtigsten Aufgaben, im Gespräch die Bedürfnisse der Kunden zu erkennen. 8 | 1.4.1

Der **Bedarf** ist der Teil der Bedürfnisse, der durch die vorhandenen finanziellen Mittel (**Kaufkraft**) erfüllt werden kann. Als **Nachfrage** bezeichnet man den Teil des Bedarfs, der als Kaufentscheidung am Markt wirksam wird, also das tatsächlich für bestimmte Güter ausgegebene Geld.

Beispiel

Thomas hat einen monatlichen Bedarf (Kaufkraft) in Höhe seiner Netto-Ausbildungsvergütung von 730,00 €. Seine Bedürfnisse liegen allerdings deutlich darüber, er hat noch zahlreiche unerfüllte Wünsche. Da Thomas monatlich 50,00 € in einen Bausparvertrag einzahlt, beträgt seine tatsächliche Nachfrage nur 680,00 €.

1.2 Güter als Mittel der Bedürfnisbefriedigung

Die Bedürfnisse des Menschen werden mit **Gütern** befriedigt. Ein Gut ist ein Mittel, das für den Menschen nützlich ist und ein bestehendes Mangelgefühl beseitigen kann.

Güter können nach folgenden Kriterien eingeteilt werden:

- **Nach der Verfügbarkeit**

Freie Güter	Diese Güter kommen in der Natur unbegrenzt vor. Da sie nicht knapp sind, haben sie auch keinen Preis. Sie können von jedermann unentgeltlich genutzt werden. **Beispiele** Wind, Sonne, Regen
Wirtschaftliche Güter	Sie sind in der Natur nur begrenzt vorhanden. Da sie knapp sind, muss mit ihnen gewirtschaftet werden. Wirtschaftliche Güter verursachen Kosten bei der Herstellung bzw. Verarbeitung und erzielen einen Marktpreis. **Beispiele** Rohöl, Getreide

- **Nach der Beschaffenheit**

Materielle Güter	Diese Güter sind Sachgüter. **Beispiele** Fahrrad, Möbel
Immaterielle Güter	Immaterielle Güter umfassen Dienstleistungen und Rechte. **Beispiele** Steuerberatung, Nutzungslizenz

- **Nach der Verwendung**

Konsumgüter	Sie dienen zur direkten Bedürfnisbefriedigung des Endverbrauchers. **Beispiele** Lebensmittel, Schwimmbadbesuch
Produktionsgüter	Diese Güter dienen zur Herstellung anderer Güter. **Beispiele** Maschine, Werkzeug

- **Nach der Nutzungsdauer**

Gebrauchsgüter	Sie können über einen längeren Zeitraum (mehrfach) genutzt werden. **Beispiele** Computer, Kochtopf
Verbrauchsgüter	Sie können nur einmalig genutzt werden. **Beispiele** Getränke, Energie

- **Nach der Beziehung untereinander**

Komplementärgüter	Sie ergänzen sich gegenseitig, können nur zusammen eingesetzt werden. **Beispiel** Spielekonsole und Konsolenspiel
Substitutionsgüter	Sie können gegeneinander ausgetauscht werden, sind alternativ einsetzbar **Beispiel** Film auf Blu-Ray oder als Streaming

1.3 Ökonomisches und ökologisches Prinzip

Der Konflikt zwischen den meist unbegrenzten Bedürfnissen und den nur begrenzt zur Verfügung stehenden Gütern macht **wirtschaftliches Handeln** notwendig, um die knappen Mittel zur optimalen Bedürfnisbefriedigung zu nutzen. Dieses Verhalten wird auch als **ökonomisches Prinzip** bezeichnet. Dabei werden zwei Formen unterschieden:

Ökonomisches Prinzip

Maximalprinzip	Minimalprinzip
Mit einem **vorgegebenen Mitteleinsatz** soll der größtmögliche (maximale) Erfolg erreicht werden.	Ein **vorgegebener Erfolg** soll mit dem geringstmöglichen (minimalen) Mitteleinsatz erreicht werden.

Beispiel

Thomas handelt nach dem Maximalprinzip, wenn er mit einem vorgegebenen Betrag von 200,00 € die beste **dafür** erhältliche Spielekonsole kauft. Möchte Thomas hingegen eine **ganz bestimmte** Spielekonsole erwerben und sucht nun den günstigsten Preis, handelt er nach dem Minimalprinzip.

Das ökonomische Prinzip funktioniert allerdings nicht, wenn beide Zielvorgaben – Mitteleinsatz und Erfolg – variabel sind (sogenanntes „Minimax-Prinzip"). So ist z. B. die Vorgabe, die möglichst beste Spielekonsole zum geringstmöglichen Preis zu kaufen, wenig sinnvoll. *Eine* Größe muss also immer fest vorgegeben sein. Das ökonomische Prinzip setzt Aufwand und Nutzen zueinander ins Verhältnis und erlaubt dadurch eine Aussage über den **Erfolg** wirtschaftlichen Handelns. Während das Maximalprinzip die Ergiebigkeit der Mittelverwendung betrachtet, steht beim Minimalprinzip die Sparsamkeit der Mittelverwendung im Blickpunkt.

Im Idealfall gelingt es Privatpersonen und Unternehmen, das ökonomische Prinzip mit den Erfordernissen der Umwelt in Einklang zu bringen. Erfolgt das wirtschaftliche Handeln so, dass die Umwelt so wenig wie möglich belastet wird, wird das **ökologische**
1|4.4 **Prinzip** umgesetzt. Dies kann z. B. durch einen sparsamen Verbrauch von Rohstoffen und Energie, das Wiederverwerten von Rohstoffen (Recycling) oder die Nutzung von umweltfreundlichen Produkten bewerkstelligt werden. Gelingt es, beide Prinzipien gleichzeitig einzuhalten, ist eine **Zielharmonie** erreicht. Gelingt dies nicht, spricht man
1|1.1.1 von einem **Zielkonflikt**.

Beispiel

Durch den Austausch der bisherigen Beleuchtung gegen Energiesparlampen kann Dialogfix den Stromverbrauch um 20 % drosseln (Zielharmonie, da sowohl ökonomisch als auch ökologisch sinnvoll). Durch den Umstieg auf den Stromtarif „ÖkoPlus“, der ausschließlich aus erneuerbaren Energiequellen gespeist wird, steigen die Stromkosten um 15 % (Zielkonflikt, zwar ökologisch sinnvoll, aber nicht ökonomisch).

1.4 Wirtschaftsprinzipien

Unternehmen können bei ihren wirtschaftlichen Aktivitäten unterschiedliche Ziele verfolgen. Volkswirtschaftlich betrachtet lassen sich diese anhand von verschiedenen wirtschaftlichen Prinzipien unterscheiden.

Wirtschaftsprinzipien

Erwerbswirtschaftliches Prinzip	Gemeinwirtschaftliches Prinzip
Ziel ist die Gewinnmaximierung.	Ziel ist die angemessene Versorgung der Allgemeinheit.

Das **erwerbswirtschaftliche Prinzip** geht davon aus, dass Unternehmen zu Investitionen motiviert werden, weil sie dadurch Gewinne erzielen können. Daraus folgt, dass Unternehmen darauf bedacht sind, einerseits den **Umsatz zu maximieren** (größtmöglicher Umsatz), auf der anderen Seite die **Kosten zu minimieren** (kostengünstigste Herstellung). Diese Differenz stellt den Gewinn dar.

Beispiel

Die Dialogfix GmbH erweitert ihr Firmengebäude und richtet ein zusätzliches Großraumbüro ein, weil sie sich davon zusätzliche Aufträge und einen höheren Gewinn verspricht.

Beim **gemeinwirtschaftlichen Prinzip** steht nicht die Gewinnerzielung im Mittelpunkt, sondern eine möglichst kostengünstige Versorgung der Bevölkerung mit Gütern und Dienstleistungen. Im Idealfall gelingt es, diese Leistungen **kostendeckend** zu erbringen, häufig sind jedoch **Zuschüsse** aus öffentlichen Mitteln erforderlich. Gemeinwirtschaftliche Leistungen werden dort erbracht, wo aufgrund fehlender Gewinnmöglichkeiten Unternehmen kein Interesse zeigen (z. B. öffentlicher Personennahverkehr) oder hoheitliche Aufgaben zu erfüllen sind, die der Staat Unternehmen nicht überlassen will (z. B. Schulen).

Beispiel

Julia zahlt für eine Fahrt mit der U-Bahn 2,50 €. Da dieser Preis nicht kostendeckend ist, werden die verbleibenden Kosten von der öffentlichen Hand getragen.

Zusammenfassung

- Ein **Bedürfnis** ist ein Mangelempfinden, das beseitigt werden soll.

Bedürfnisse

Dringlichkeit	Gegenstand	Art	Bewusstheit
– Existenzbedürfnisse – Luxusbedürfnisse	– Materielle Bedürfnisse – Immaterielle Bedürfnisse	– Individualbedürfnisse – Kollektivbedürfnisse	– Offene Bedürfnisse – Latente Bedürfnisse

- **Bedarf** ist der Teil der Bedürfnisse, der durch die vorhandenen finanziellen Mittel befriedigt werden kann. Die **Nachfrage** ist der tatsächlich umgesetzte Bedarf.
- Bedürfnisse werden durch **Güter** befriedigt.

Güter

Verfügbarkeit	Beschaffenheit	Verwendung	Nutzungsdauer	Beziehung
– Freie Güter – Wirtschaftliche Güter	– Materielle Güter – Immaterielle Güter	– Konsumgüter – Produktionsgüter	– Gebrauchsgüter – Verbrauchsgüter	– Komplementärgüter – Substitutionsgüter

- Knappe Güter bedingen wirtschaftliches Handeln durch das **ökonomische Prinzip (Minimal- oder Maximalprinzip).**
- Beim **erwerbswirtschaftlichen Prinzip** steht die **Gewinnerzielung** im Mittelpunkt, beim **gemeinwirtschaftlichen Prinzip** eine **angemessene Versorgung** der Allgemeinheit.

Aufgaben

1. ***Unterscheiden Sie Bedürfnis, Bedarf und Nachfrage an folgendem Beispiel: Azubi Daniel möchte sich ein Auto kaufen.***
2. ***Erläutern Sie die besondere Bedeutung, die Bedürfnisse im Dialogmarketing haben.***
3. ***Erstellen Sie eine Übersicht der verschiedenen Güter, die Ihr Ausbildungsbetrieb anbietet. Wie können diese Güter den Kriterien Verfügbarkeit, Beschaffenheit, Verwendung, Nutzungsdauer und Beziehung zugeordnet werden?***
4. ***Prüfen Sie bei den nachfolgenden Vorgängen, ob das Minimal- oder das Maximalprinzip zum Einsatz kommt:***
   a) ***Sie werden von Ihrem Teamleiter beauftragt, in einer Stunde so viele Rückrufe wie möglich zu erledigen.***
   b) ***Sie werden beauftragt, für den Geburtstag des Teamleiters eine Flasche Glenfiddich Whisky „Special Reserve Single Malt" zu kaufen.***
   c) ***Ihr Ausbildungsbetrieb möchte möglichst günstig neue Trennwände für das Callcenter anschaffen.***
   d) ***Die Abteilungsablage soll möglichst platzsparend organisiert werden.***
   e) ***Bei einer Outbound-Aktion sollen aus dem vorhandenen Adressenbestand möglichst viele Verkaufsabschlüsse erzielt werden.***
5. ***Ein Versicherungsvertreter plant seine Außendiensttermine für die nächste Woche. Wie sollte er die Termine planen, wenn er***
   a) ***nach dem Minimalprinzip oder***
   b) ***nach dem Maximalprinzip handelt?***
6. ***Erläutern Sie, was man unter dem ökologischen Prinzip versteht. Wann spricht man in diesem Zusammenhang von einem Zielkonflikt?***
7. ***Mit anderen Auszubildenden nehmen Sie an einem externen Seminar zur Prüfungsvorbereitung teil. In Ihrem Hotelzimmer finden Sie folgendes Hinweisschild. Prüfen Sie, inwiefern in diesem Hotel das ökonomische bzw. das ökologische Prinzip umgesetzt wird.***

Verehrter Gast,

sauberes, unbelastetes Trinkwasser ist heute knapp und teuer!
Jeder Wasserverbrauch macht Trinkwasser zu Abwasser.
Auch das Wäschewaschen, denn jeder Waschgang belastet unser Wasser mit Waschmittel.
Jeder eingesparte Waschgang aber vermindert die Trinkwasserbelastung und schont die Wasserreserven!

SIE KÖNNEN UNS DABEI HELFEN.

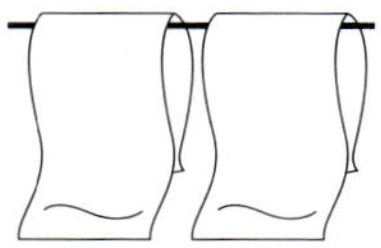

Lassen Sie das Handtuch auf dem Halter:

Heute noch nicht waschen.

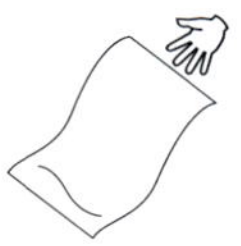

Legen Sie das Handtuch auf den Boden:

Heute bitte ein frisches Handtuch.

Vielen Dank für Ihr umweltbewusstes Handeln.

8. ***Angesichts der hohen Verschuldung schlägt der Stadtrat vor, die öffentliche Stadtbibliothek an eine große Buchhandelskette zu übertragen.***
   a) ***Nach welchem wirtschaftlichen Prinzip arbeitete die Stadtbibliothek bislang?***
   b) ***Welche Änderungen würden sich durch die Umsetzung des Vorschlags ergeben?***

2 Einflussfaktoren der Preisbildung kennen

■ *Einstiegssituation*

Teammeeting bei Dialogfix. Teamleiterin Ulrike stellt das neue Produkt des Unternehmens vor, den Laptop „Portablix".

Ulrike: *„Mit dem ‚Portablix' haben wir endlich auch einen Laptop im Angebot, da gibt es momentan eine enorme Nachfrage. Und in den ersten 4 Wochen können wir den Kunden ein unschlagbares Angebot machen, da wird das Gerät nur 399,00 € kosten."*

Da meldet sich **Daniel** aufgeregt zu Wort: *„Soooo günstig, wie ist das möglich? Wie wollen wir denn bei dem Preis noch einen Gewinn machen?"*

Ulrike: *„So einfach ist das nicht, Daniel. Wir müssen uns bei dem neuen Produkt am hart umkämpften Markt orientieren, da herrscht das Gesetz von Angebot und Nachfrage."*

■ *Arbeitsaufträge*

1. ***Auf welchen Märkten sind Sie bislang als Anbieter oder Nachfrager tätig gewesen?***
2. ***Überlegen Sie, welche Gründe Dialogfix haben könnte, den Laptop zu einem sehr günstigen Preis anzubieten.***
3. ***Erläutern Sie, was mit dem „Gesetz von Angebot und Nachfrage" gemeint sein könnte.***

2.1 Funktion des Marktes

„Der Markt ist der einzige demokratische Richter, den es überhaupt in der modernen Wirtschaft gibt." (Ludwig Erhard, „Vater" der sozialen Marktwirtschaft)

Zusammentreffen von Angebot und Nachfrage

Ein **Markt** ist jeder Ort, an dem **Angebot** und **Nachfrage** zusammentreffen. Dies kann z.B. auf dem Wochenmarkt, im Supermarkt, an der Börse, im Internet oder am Telefon erfolgen. Der Markt erfüllt zwei wesentliche Aufgaben:

- Anbieter und Nachfrager werden zusammengebracht. Die **Vermittlung** ermöglicht so den Güteraustausch.

- Die ausgetauschten Güter werden bewertet. Durch die **Preisbildung** regeln sich Angebot und Nachfrage.

Anbieter und Nachfrager haben grundsätzlich entgegengesetzte Interessen. Während der Anbieter einen möglichst hohen Preis erzielen möchte, ist der Nachfrager bestrebt, möglichst wenig zu zahlen. Die Kräfte des Marktes können dabei unterschiedlich wirken:

- In einem **Käufermarkt** verfügen die Nachfrager über eine starke Verhandlungsposition, da das Angebot die Nachfrage übersteigt. Man spricht auch von einem **gesättigten Markt**.

  Beispiele
  PC, Pkw

- In einem **Verkäufermarkt** haben die Anbieter eine starke Machtposition, da die Nachfrage das Angebot übersteigt.

  Beispiele
  Benzin, Luxussportwagen

- In einem **starren Markt** ist die Ausgleichsfunktion des Marktes durch Regulierungen eingeschränkt, die Preisbildung kann sich nicht durch Angebot und Nachfrage regeln.

  Beispiele
  Buchpreisbindung, Gebührenordnung für Rechtsanwälte

> → ***Praxistipp***
> In Käufermärkten, wie sie heute für die meisten Konsumgüter vorliegen, spielt die Gestaltung des Marketings eine entscheidende Rolle.

2 | 1.3

Bestimmungsgrößen von Angebot und Nachfrage

Angebot und Nachfrage werden von verschiedenen Faktoren beeinflusst. Folgende **Bestimmungsgrößen** wirken sich auf Menge und Zeitpunkt der Marktkräfte aus:

Angebot	
Erzielbarer Marktpreis	Ein höherer Preis und damit eine höhere Gewinnspanne machen es attraktiver, das Angebot zu erhöhen. **Beispiel** Bei einer guten gesamtwirtschaftlichen Lage können höhere Marktpreise durchgesetzt werden.

Kosten der Produktion	Je günstiger ein Gut produziert werden kann, desto günstiger kann es auf dem Markt angeboten werden. **Beispiel** Durch eine verbesserte Ablauforganisation können die Kosten um 10 % gesenkt werden, das Produkt wird entsprechend günstiger.
Wettbewerbssituation	Die Angebote der Konkurrenten beeinflussen das eigene Angebot. **Beispiele** Orientierung am Marktführer, Verdrängungswettbewerb
Unternehmensziel	Die Unternehmensstrategie und die grundlegenden Ziele des Unternehmens wirken sich auf das Angebot aus. **Beispiel** Für das Unternehmensziel, den Marktanteil auf 12 % zu steigern, werden sehr günstige Angebote gemacht, die nur einen geringen Gewinn erwirtschaften.
Externe Faktoren	Politische Maßnahmen, Naturereignisse, jahreszeitliche Auswirkungen u. Ä. können das Angebot verändern. **Beispiel** Ein ungewöhnlich milder Winter macht eine starke Preissenkung bei Winterbekleidung notwendig.

Nachfrage	
Preis des Gutes	Im Regelfall wird die Nachfrage bei sinkendem Preis steigen, bei steigendem Preis hingegen fallen. **Beispiel** Der sinkende Preis bei Blu-Ray-Playern führt zu einer höheren Nachfrage.
Preise von Komplementärgütern	Bei Komplementärgütern (sich ergänzenden Gütern) bewegt sich die Nachfrageänderung in dieselbe Richtung. **Beispiel** Die durch sinkende Preise anziehende Nachfrage nach Blu-Ray-Playern führt zu einem Absatzschub bei Blu-Ray-Discs.
Preise von Substitutionsgütern	Bei Substitutionsgütern (austauschbaren Gütern) bewegen sich die Nachfrageänderungen in die entgegengesetzte Richtung. **Beispiel** Die durch sinkende Preise anziehende Nachfrage nach Blu-Ray-Playern führt zu einem Nachfragerückgang bei DVD-Playern.
Verfügbares Einkommen	Die vorhandenen finanziellen Mittel (Kaufkraft) begrenzen oder erhöhen die mögliche Nachfrage. **Beispiel** Durch eine breite Erhöhung der Tarifeinkommen steht den Verbrauchern mehr Geld zur Verfügung, die Nachfrage steigt.
Persönliche Vorlieben	Die Nachfrage hängt wesentlich von Geschmack, Mode, Alter etc. ab. **Beispiel** Ein bestimmtes Smartphone liegt im Trend, die Nachfrage steigt.
Externe Faktoren	Politische Maßnahmen, Naturereignisse, jahreszeitliche Auswirkungen u. Ä. können die Nachfrage verändern. **Beispiel** Durch einen ungewöhnlich milden Winter bricht die Nachfrage nach Winterbekleidung ein.

Marktarten

Auf Märkten können unterschiedliche Güter angeboten und nachgefragt werden. In Anlehnung an die Unterscheidung der Güter in Konsum- und Produktionsgüter kann folgende Einteilung getroffen werden:

Gütermärkte

Konsumgütermarkt

Auf diesem Markt werden von Unternehmen Konsumgüter angeboten. Nachfrager sind private Haushalte (Verbraucher).

Beispiel
Die Dialogfix GmbH verkauft einen Laserdrucker an Herrn Kohl.

Produktionsgütermarkt
(auch: Investitions- oder Rohstoffmarkt)

Es werden Güter gehandelt, mit denen wieder andere Güter hergestellt werden können. Anbieter und Nachfrager sind in der Regel Unternehmen.

Beispiel
Die Dialogfix GmbH kauft von der Acustica OHG 100 Headsets, um damit ihre Dienstleistungen zu erbringen.

Eine weitere Möglichkeit, die Märkte zu differenzieren, orientiert sich an den **volkswirtschaftlichen Produktionsfaktoren**. Bei diesen Faktoren, die zur Herstellung der wirtschaftlichen Güter in einer Volkswirtschaft notwendig sind, handelt es sich um

- **Boden** (Natur, Standortboden etc.),
- **Arbeit** (menschliche Arbeitskraft) und
- **Kapital** (Geld- und Sachkapital, das für die Güterherstellung erforderlich ist).

Die entsprechenden Märkte werden daher als **Faktormärkte** (abgeleitet von den volkswirtschaftlichen Produktionsfaktoren) bezeichnet.

Faktormärkte	
Immobilienmarkt	Gegenstand ist der Handel mit Grundstücken und Gebäuden. **Beispiel** Dialogfix hat das Grundstück für das Firmengebäude von der LaCasa AG erworben.
Arbeitsmarkt	Privatpersonen bieten ihre Arbeitsleistung Unternehmen an. **Beispiel** Auf eine Stellenanzeige von Dialogfix melden sich 60 Bewerber.
Kapitalmarkt	Angebot und Nachfrage von Finanzierungsleistungen **Beispiel** Teile der Geschäftseinrichtung von Dialogfix wurden über einen Kredit der InvestitionsBank AG finanziert.

2.2 Marktformen

Anzahl der Marktteilnehmer

Die Marktform ermöglicht Aussagen über das Verhalten der Anbieter und Nachfrager auf einem Markt. Insbesondere die Anzahl der jeweiligen Marktteilnehmer spielt eine entscheidende Rolle für das Marktgeschehen. Demnach lassen sich grundsätzlich **drei Marktformen** unterscheiden:

- **Monopol:** nur ein Anbieter bzw. Nachfrager → führt zu einer großen Marktmacht des Monopolisten, der die Preise bestimmen kann.
- **Oligopol:** wenige Anbieter bzw. Nachfrager → führt zu einer relativen Marktmacht einzelner Teilnehmer, die die Preise beeinflussen können.
- **Polypol:** viele Anbieter und Nachfrager → führt zu vollständiger Konkurrenz mit flexiblen Preisen.

> **→ *Praxistipp***
> Die Bezeichnungen der Marktformen sind auf die griechischen Begriffe *monos* (einer), *oligos* (wenige) und *polys* (viele) zurückzuführen.

Kombiniert man die Zahl der Marktteilnehmer auf der Angebots- und der Nachfrageseite, ergeben sich insgesamt **neun verschiedene Marktformen**:

Anbieter \ Nachfrager	viele	wenige	einer
viele	Polypol **Beispiel** Bäckereien und Verbraucher	Nachfrageoligopol **Beispiel** Lokalzeitungen und freie Journalisten	Nachfragemonopol **Beispiel** Staat und Straßenbauunternehmen
wenige	Angebotsoligopol **Beispiel** Pkw-Fahrer und Mineralölgesellschaften	Zweiseitiges Oligopol **Beispiel** Hersteller und Anbieter von spezieller Bergbautechnik	Beschränktes Nachfragemonopol **Beispiel** Staat und Hersteller von Polizeiuniformen
einer	Angebotsmonopol **Beispiel** Pendler und Deutsche Bahn AG	Beschränktes Angebotsmonopol **Beispiel** Telekommunikationsunternehmen und Staat (UMTS-Netzvergabe)	Zweiseitiges Monopol **Beispiel** Bundeswehr und spezialisierter Rüstungsanbieter

Von wirtschaftlichem Interesse sind in erster Linie die Marktformen, in denen viele Nachfrager auftreten, also Polypol, Angebotsoligopol und Angebotsmonopol.

Vollkommener und unvollkommener Markt

Im **vollkommenen Markt** (vollständige Konkurrenz) findet die Preisbildung ausschließlich über Angebot und Nachfrage statt. Es bildet sich ein Gleichgewichtspreis, der Angebot und Nachfrage ausgleicht. Dazu müssen verschiedene **Voraussetzungen** erfüllt sein:

- Eine Vielzahl von Anbietern und Nachfragern gestaltet den Markt (Polypol). Durch die vollständige Konkurrenz kann kein Marktteilnehmer die Preise nachhaltig beeinflussen.
- Es gibt keine Beschränkungen des Marktzugangs. Jeder Anbieter und jeder Nachfrager hat die Möglichkeit, am Markt aufzutreten.
- Auf dem Markt werden gleichartige (homogene) Güter angeboten. Es gibt keine Unterschiede in Aussehen, Funktion, Qualität etc.
- Die Käufer haben keine Präferenzen (Bevorzugungen) für bestimmte Verkäufer, sondern orientieren sich ausschließlich am Preis.
- Der Markt ist vollständig transparent (durchschaubar). Alle Marktteilnehmer sind stets über sämtliche Preise, Produkte, Angebote etc. informiert.
- Die Marktteilnehmer reagieren sofort auf Änderungen der Marktsituation. Preisänderungen, neue Marktteilnehmer etc. führen zu einer sofortigen Reaktion von Anbietern und Nachfragern.

In der Regel fehlen eine oder mehrere der genannten Voraussetzungen. Dann spricht man von einem **unvollkommenen Markt:**

- In vielen Märkten existieren keine Polypole, sondern Oligopole oder Monopole.
- Verschiedene Barrieren behindern den Zugang zum Markt, z. B. technische Voraussetzungen oder notwendige Lizenzen.
- Die angebotenen Güter sind nicht homogen, sondern verschieden (heterogen).
- Käufer haben häufig Präferenzen im Hinblick auf die Verkäufer, z. B. persönliche Präferenzen (sympathischer Verkäufer) oder räumliche Präferenzen (Anbieter vor Ort).
- Die wenigsten Märkte sind vollständig transparent, also für alle Marktteilnehmer jederzeit durchschaubar.
- Anbieter und Nachfrager reagieren häufig erst mit erheblicher Zeitverzögerung auf Änderungen der Marktsituation, z. B. der Nachfrager aus alter Gewohnheit oder der Anbieter, weil erst die Produktion umgestellt werden muss.

→ ***Praxistipp***
In der Realität ist meist ein unvollkommener Markt anzutreffen.

Der vollkommene Markt stellt somit lediglich ein idealtypisches, **vereinfachendes Modell** dar. Nützlich ist dieses Modell vor allem, um den komplexen Zusammenhang der Preisbildung zu erklären.

2.3 Marktpreisbildung

Preisbildung im vollkommenen Markt

Die Nachfrager nach einem Gut sind daran interessiert, ihren Nutzen zu maximieren und ihre knappen Mittel zur optimalen Bedürfnisbefriedigung einzusetzen. Im vollkommenen Markt zeigen die Nachfrager daher ein typisches Verhalten:

- Mit steigendem Marktpreis sinkt die Nachfrage nach einem Gut.
- Mit sinkendem Marktpreis steigt die Nachfrage nach einem Gut.

Dieses Verhalten wird als **Nachfragefunktion** oder **„Gesetz der Nachfrage“** bezeichnet.

Beispiel

Dialogfix hat vor der Markteinführung des neuen Laptops eine Befragung von 400 Interessenten durchgeführt, um zu erfahren, bis zu welchem Preis sie einen Laptop mit bestimmten technischen Spezifikationen kaufen würden. Die entsprechende Nachfragefunktion, also das Verhältnis von Marktpreis und nachgefragter Menge, sah dabei wie folgt aus:

Preis je Laptop in €	600	700	800	900	1 000	1 100	1 200	1 300	1 400
Nachfrage in Stück	400	350	300	250	200	150	100	50	0

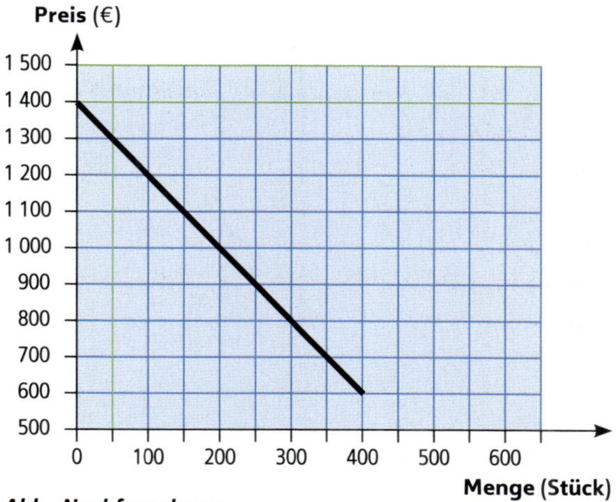

Abb.: Nachfragekurve

So sind z. B. bei einem Preis von 700,00 € 350 von 400 Interessenten bereit, den Laptop zu kaufen, bei einem Preis von 1 200,00 € nur noch 100.

Die **Anbieter** eines Gutes sind daran interessiert, ihren **Gewinn zu maximieren**. Im vollkommenen Markt zeigen die Anbieter daher folgendes Verhalten:

- Mit steigendem Marktpreis eines Gutes wird eine größere Menge angeboten.
- Mit sinkendem Marktpreis eines Gutes geht auch die angebotene Menge zurück.

Dieses idealtypische Verhalten der Anbieter wird als **Angebotsfunktion** oder **„Gesetz des Angebots"** bezeichnet.

Beispiel

Neben Dialogfix gibt es noch andere Anbieter eines vergleichbaren Laptops, die je nach Marktpreis bereit sind, unterschiedliche Mengen anzubieten. Die entsprechende Angebotsfunktion, also das Verhältnis von Marktpreis und angebotener Menge, kann beispielsweise wie folgt aussehen:

Preis je Laptop in €	600	700	800	900	1 000	1 100	1 200	1 300	1 400
Angebot in Stück	0	50	100	150	200	250	300	350	400

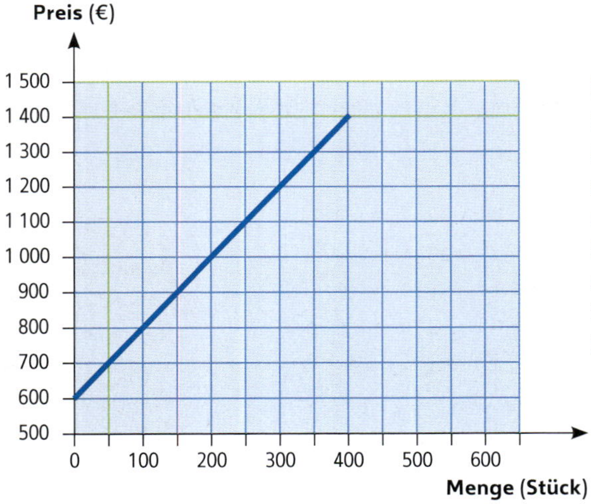

Bei einem Preis von 800,00 € werden z. B. nur 100 Laptops angeboten. Steigt der Preis auf 1 200,00 €, finden auch andere Anbieter dieses Geschäft lukrativ und bieten ebenfalls Laptops an, sodass insgesamt 300 Laptops angeboten werden.

Abb.: Angebotskurve

Werden nun die Nachfrage- und die Angebotsfunktion miteinander kombiniert, erhält man im Schnittpunkt der beiden Kurven den **Gleichgewichtspreis**. Zu diesem Preis stimmen angebotene und nachgefragte Menge überein. In der **Gleichgewichtsmenge** kommt der größtmögliche Absatz zustande. Alle Anbieter, die zu diesem Preis bereit sind zu verkaufen, finden einen Käufer. Alle Nachfrager, die zu diesem Preis bereit sind zu kaufen, finden einen Verkäufer. Der Markt wird geräumt.

Beispiel

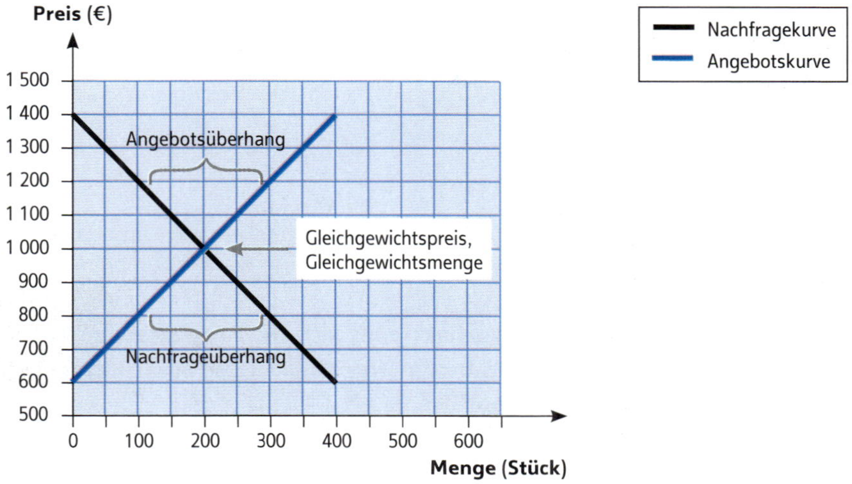

Abb.: Gleichgewichtspreis

Im Beispiel liegt der Gleichgewichtspreis bei 1 000,00 €. Zu diesem Preis werden 200 Laptops abgesetzt. Liegt der Marktpreis unter dem Gleichgewichtspreis, ist die Nachfrage größer als das Angebot. Im Beispiel werden bei einem Marktpreis von 800,00 € 300 Laptops nachgefragt, aber nur 100 angeboten, es liegt ein sogenannter **Nachfrageüberhang** vor. Einen solchen Markt bezeichnet man als **Verkäufermarkt**. Der Marktpreis wird nun tendenziell in Richtung Gleichgewichtspreis steigen, weitere Anbieter werden auf den für sie attraktiven Markt drängen.

Ist der Marktpreis höher als der Gleichgewichtspreis, wird weniger nachgefragt als angeboten. So werden im Beispiel bei einem Marktpreis von 1 200,00 € nur 100 Laptops nachgefragt, aber 300 Laptops angeboten. Liegt ein solcher **Angebotsüberhang** vor, spricht man von einem **Käufermarkt**. Der Marktpreis wird in Richtung Gleichgewichtspreis fallen, damit mehr Nachfrager bereit sind zu kaufen. Anbieter, die den Preis nicht senken können oder wollen, werden vom Markt verschwinden. Nachfrage- bzw. Angebotsüberhänge werden in einem funktionierenden Markt keinen langen Bestand haben, da die Kräfte des Marktes die Preise gemäß dem „Gesetz von Angebot und Nachfrage“ immer Richtung Gleichgewichtspreis bewegen.

Veränderungen von Angebot und Nachfrage

Der Gleichgewichtspreis hat normalerweise nur für einen kurzen Zeitraum Bestand. Die Bestimmungsgrößen von Angebot und Nachfrage sind ständigen Schwankungen unterworfen. Dies führt dazu, dass sich Angebots- bzw. Nachfragefunktion ändern. Vier unterschiedliche Fälle können dabei auftreten:

- Eine **Angebotserhöhung** führt dazu, dass sich die Angebotskurve **nach rechts** verschiebt. Bei unveränderter Nachfrage (N) steigt die Gleichgewichtsmenge (M1 → M2), der Gleichgewichtspreis sinkt (P1 → P2).

  Beispiel

  Verbesserte Produktionsabläufe bei den Herstellern von Laptops führen dazu, dass größere Mengen auf dem Markt angeboten werden können.

- Ein **Angebotsrückgang** führt dazu, dass sich die Angebotskurve **nach links** verschiebt. Bei unveränderter Nachfrage (N) sinkt die Gleichgewichtsmenge (M1 → M2), der Gleichgewichtspreis steigt (P1 → P2).

  Beispiel

  Infolge des scharfen Konkurrenzdrucks entschließt sich ein großer Hersteller, die Produktion von Laptops aufzugeben. Die auf dem Markt angebotene Menge geht zurück.

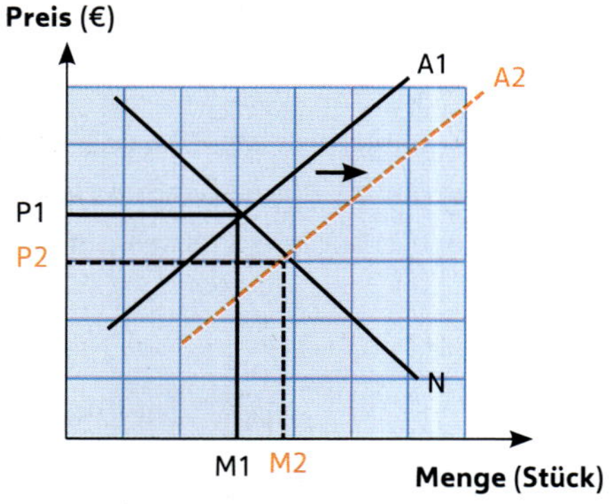

Abb.: Steigendes Angebot

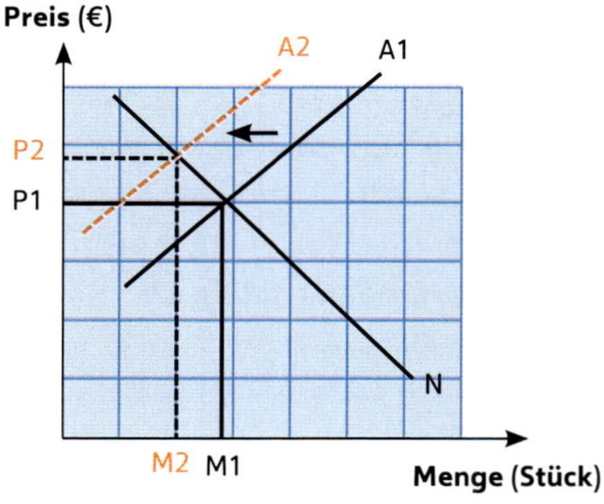

Abb.: Sinkendes Angebot

- Eine **Nachfrageerhöhung** führt dazu, dass sich die Nachfragekurve **nach rechts** verschiebt. Bei unverändertem Angebot (A) **steigt** sowohl die Gleichgewichtsmenge (M1 → M2) als auch der Gleichgewichtspreis (P1 → P2).

  Beispiel

  Da immer mehr private Nutzer von einem stationären PC auf einen Laptop (Substitutionsgut) umsteigen, zieht die Nachfrage nach Laptops an.

- Ein **Nachfragerückgang** führt dazu, dass sich die Nachfragekurve **nach links** verschiebt. Bei unverändertem Angebot (A) **sinkt** sowohl die Gleichgewichtsmenge (M1 → M2) als auch der Gleichgewichtspreis (P1 → P2).

  Beispiel

  Die Nachfrage nach Laptops geht zurück, da Anbieter von stationären PCs (Substitutionsgut) günstige Angebote machen.

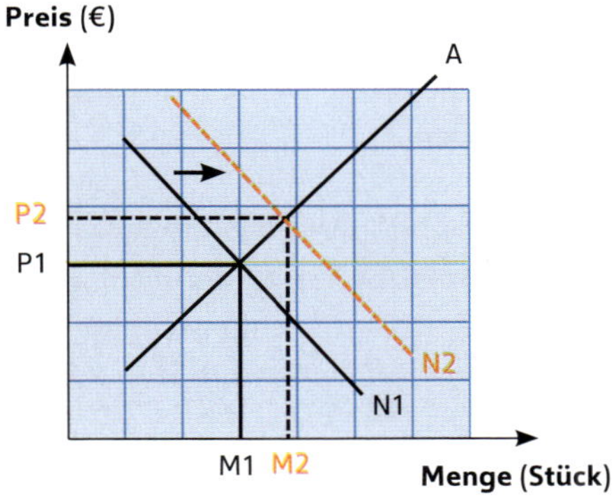

Abb.: Steigende Nachfrage

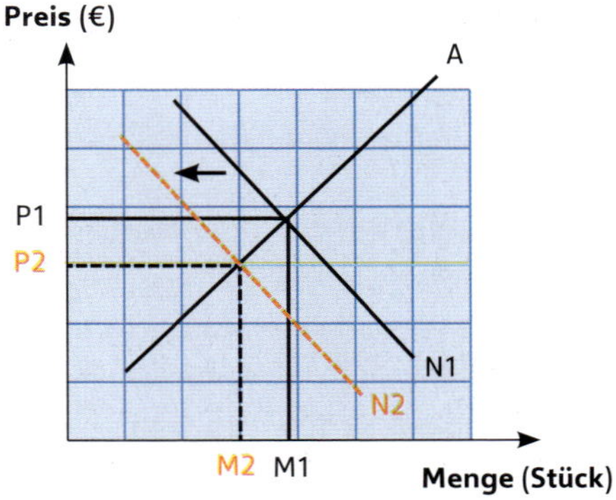

Abb.: Sinkende Nachfrage

Eingriffe in die Marktpreisbildung

Aus vielen Gründen beeinflusst der Staat das Marktgeschehen, meist verfolgt er damit **wirtschaftspolitische Ziele**: 6|4.3

- Aus sozialpolitischen Gründen sollen Nachfrager vor zu hohen Preisen geschützt werden.
- Anbieter sollen vor zu niedrigen Preisen und einem ruinösen Wettbewerb geschützt werden.
- Der Staat sucht zusätzliche Einnahmequellen.
- Im internationalen Wettbewerb sollen für heimische Unternehmen Vorteile erlangt werden.

Nutzt der Staat bei einem Eingriff die natürlichen Marktmechanismen aus, handelt es sich um eine **marktkonforme** Maßnahme. Die Ausgleichsfunktion des Marktes bleibt erhalten, im Vergleich zur freien Marktpreisbildung ändern sich jedoch Gleichgewichtsmenge und Gleichgewichtspreis.

- **Preissenkung:** Durch **Subventionen** wird es den Anbietern ermöglicht, günstiger anzubieten. Die Angebotskurve verschiebt sich nach rechts, die Gleichgewichtsmenge steigt, der Gleichgewichtspreis sinkt (vgl.S. 30, Abb. Steigendes Angebot). 6|4.3.2

  Beispiel

  Durch die **Subventionierung** des öffentlichen Nahverkehrs können die Fahrkarten günstiger angeboten werden, als es dem freien Marktpreis entspricht.

6|4.3.1 • **Preiserhöhung:** Durch die **Erhebung von Verbrauchsteuern** verteuert sich das Angebot. Die Angebotskurve verschiebt sich nach links, die Gleichgewichtsmenge sinkt, der Gleichgewichtspreis steigt (vgl. S. 30, Abb. Sinkendes Angebot).

Beispiel

Die Energiesteuer (Mineralölsteuer) führt dazu, dass der Benzinpreis über dem freien Marktpreis liegt.

Eine **nicht marktkonforme** (marktinkonforme) Maßnahme liegt vor, wenn der Marktmechanismus ganz oder teilweise ausgeschaltet wird. Die Preise werden **von außen** vorgegeben. Man spricht daher auch von **politischen Preisen**.

- **Mindestpreis:** Liegt der festgesetzte Mindestpreis über dem Marktpreis, wird mehr angeboten als nachgefragt. Es entsteht ein **Angebotsüberhang**, der nicht über den Marktmechanismus ausgeglichen wird (vgl. S. 29, Abb. Gleichgewichtspreis). Um den Überhang zu begrenzen, müssen entweder Produktionsobergrenzen festgelegt werden oder Käufe des Staates erfolgen.

Beispiel

Durch Preisgarantien für bestimmte landwirtschaftliche Güter wird mehr produziert, als zu diesem Preis auf dem Markt nachgefragt wird.

→ ***Praxistipp***
Auch ein Mindestlohn ist ein Mindestpreis, in diesem Fall auf dem Arbeitsmarkt.

- **Höchstpreis:** Liegt der festgesetzte Höchstpreis unter dem Marktpreis, wird mehr nachgefragt als angeboten. Es entsteht ein **Nachfrageüberhang**, der nicht über den Marktmechanismus ausgeglichen wird (vgl. S. 29, Abb. Gleichgewichtspreis). Häufig bildet sich ein **Schwarzmarkt**, um Angebot und Nachfrage zu marktkonformen Preisen auszugleichen.

Beispiel

Staatlich verordnete Höchstpreise für Lebensmittel in Krisenzeiten führen dazu, dass sich der Handel auf den Schwarzmarkt verlagert.

→ ***Praxistipp***
Auch der häufig zu beobachtende Schwarzmarkt bei Eintrittskarten für Sportveranstaltungen oder Konzerte deutet darauf hin, dass die ursprünglichen Verkaufspreise keine Marktpreise sind.

Nicht marktkonforme Maßnahmen führen häufig zu einer wenig wirtschaftlichen Nutzung von Ressourcen, da wichtige Funktionen des Marktpreises nicht wirken können.

Funktionen des Marktpreises

Eine **freie Preisbildung** über den Markt hat volkswirtschaftlich wertvolle Funktionen:

- **Ausgleichsfunktion:** Über den Marktpreis findet ein Ausgleich zwischen Angebot und Nachfrage statt.

  Beispiel

  Steigender Benzinpreis führt zu einem Rückgang der Nachfrage.

- **Signalfunktion:** Der Marktpreis informiert über die Knappheit eines Gutes. Preisänderungen signalisieren Veränderungen in der Knappheit.

  Beispiel

  Steigender Benzinpreis zeigt Knappheit an.

- **Lenkungsfunktion:** Anbieter werden Produktion und Verkauf dahin lenken, wo die größte Nachfrage (und der höchste Preis) zu erwarten ist. Damit ist sichergestellt, dass nur angeboten wird, was auf dem Markt auch nachgefragt wird.

  Beispiel

  Steigender Benzinpreis löst verstärkte Anstrengungen zur Gewinnung neuer Förderquellen aus.

- **Erziehungsfunktion:** Ein hoher Marktpreis motiviert die Nachfrager zu einem sparsamen Umgang mit dem knappen Gut.

  Beispiel

  Steigender Benzinpreis führt zu einer ökonomischen Fahrweise.

- **Ausschaltungsfunktion:** Marktteilnehmer, die bei hohen Preisen nicht nachfragen bzw. bei niedrigen Preisen nicht anbieten wollen, scheiden aus dem Markt aus.

  Beispiel

  Steigender Benzinpreis führt dazu, dass statt des Pkw der öffentliche Nahverkehr genutzt wird.

Zusammenfassung

- Am Markt treffen **Angebot und Nachfrage** zusammen, dadurch können Güter ausgetauscht und bewertet werden.

Marktarten

- **Gütermärkte**
  - Konsumgütermarkt
  - Produktionsgütermarkt
- **Faktormärkte**
  - Immobilienmarkt
  - Arbeitsmarkt
  - Kapitalmarkt

Marktformen

- **Monopol**: Nur ein Anbieter bzw. Nachfrager
- **Oligopol**: Wenige Anbieter bzw. Nachfrager
- **Polypol**: Viele Anbieter und Nachfrager

- Ein **vollkommener Markt** liegt unter folgenden Bedingungen vor: Es herrscht vollständige Konkurrenz, es gibt freien Marktzugang, es werden gleichartige Güter angeboten, Käufer haben keine Präferenzen, es existiert vollständige Transparenz, die Marktteilnehmer reagieren sofort. Im **unvollkommenen Markt** fehlen ein oder mehrere dieser Merkmale.
- Im Schnittpunkt der Angebots- und Nachfragefunktion bilden sich **Gleichgewichtspreis und Gleichgewichtsmenge**.
- Bei einem **Nachfrageüberhang** (Verkäufermarkt) übersteigt zum Marktpreis die Nachfrage das Angebot, beim **Angebotsüberhang** (Käufermarkt) ist das Angebot größer als die Nachfrage.
- Greift der **Staat** unter Ausnutzung der Marktmechanismen in die **Preisbildung** ein, handelt es sich um eine marktkonforme Maßnahme. Werden hingegen unter Ausschaltung der Marktmechanismen von außen Preise festgesetzt, spricht man von einer nicht marktkonformen Maßnahme.

Funktionen des Marktpreises

- Ausgleichsfunktion
- Signalfunktion
- Lenkungsfunktion
- Erziehungsfunktion
- Ausschaltungsfunktion

Aufgaben

1. *Erklären Sie mithilfe des Zitates von Ludwig Erhard (S. 21) die Funktionsweise des Marktes.*
2. *Welche Bestimmungsgrößen des Angebots lassen sich unterscheiden? Überlegen Sie, welche davon in Ihrem Ausbildungsbetrieb eine Rolle spielen könnten.*
3. *Welche Bestimmungsgrößen der Nachfrage lassen sich unterscheiden? Geben Sie anhand von Beispielen an, mit welchen dieser Bestimmungsgrößen Sie bislang in Verkaufsgesprächen im Rahmen Ihrer Ausbildung in Kontakt gekommen sind.*
4. *Stellen Sie die unterschiedlichen Marktarten in einer Mindmap dar. Integrieren Sie dabei für jede Marktart ein selbst gefundenes Beispiel.* 1 | 5.5
5. *Entscheiden Sie, um welche Marktform es sich jeweils handelt:*
   a) *viele Nachfrager, wenige Anbieter*
   b) *viele Nachfrager, ein Anbieter*
   c) *viele Anbieter, viele Nachfrager*
   d) *viele Anbieter, wenige Nachfrager*
   e) *wenige Anbieter, wenige Nachfrager*
6. *Informieren Sie sich im Internet über die Funktionsweise der Börse (z. B. unter www.boerse-frankfurt.de). Geben Sie begründet an, welche Merkmale des vollkommenen Marktes sich an der Börse finden.*
7. *Erläutern Sie anhand von Beispielen, warum in der Realität meist ein unvollkommener Markt vorzufinden ist.*
8. *Ordnen Sie in der nachfolgenden Abbildung den Buchstaben A bis E die richtigen Begriffe zu.*

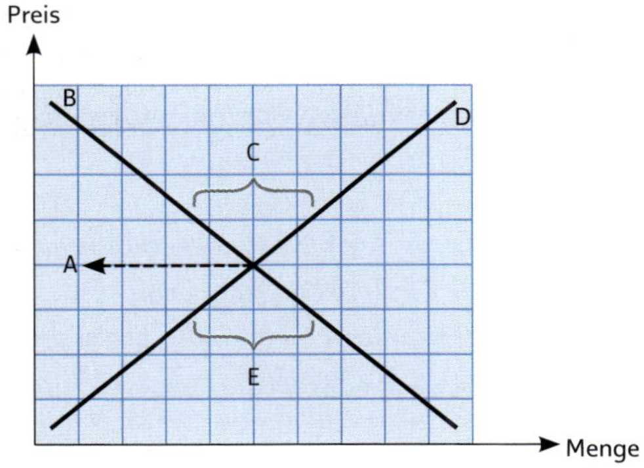

9. *Für einen vollkommenen Markt (vollständige Konkurrenz) liegen diese Daten vor:*

Preis in € (pro Stück)	Nachfrage (Stück)	Angebot (Stück)
30,00	500	100
35,00	400	200
40,00	300	300
45,00	200	400
50,00	100	500

Beurteilen Sie die folgenden Aussagen:

a) *Bei einem Preis von 45,00 € besteht ein Nachfrageüberhang von 200 Stück.*
b) *Der Gleichgewichtspreis liegt bei 30,00 €.*
c) *Die Gleichgewichtsmenge liegt bei 300 Stück.*
d) *Bei einem Preis von 30,00 € besteht ein Angebotsüberhang von 400 Stück.*
e) *Beim Gleichgewichtspreis gibt es keinen Angebotsüberhang.*

10. ***Stellen Sie jeweils anhand eines konkreten Beispiels dar, wie sich***

a) eine Angebotserhöhung,

b) ein Angebotsrückgang,

c) eine Nachfrageerhöhung und

d) ein Nachfragerückgang

bei ansonsten unveränderten Bedingungen auf den Marktpreis auswirken.

11. ***Die Dialogfix GmbH hat u. a. den Drucker „Printus" im Angebot. Geben Sie anhand der nachstehenden Abbildung begründet an, welche der genannten Ursachen zu einer Verschiebung der Nachfragekurve von N1 zu N2 führen kann.***

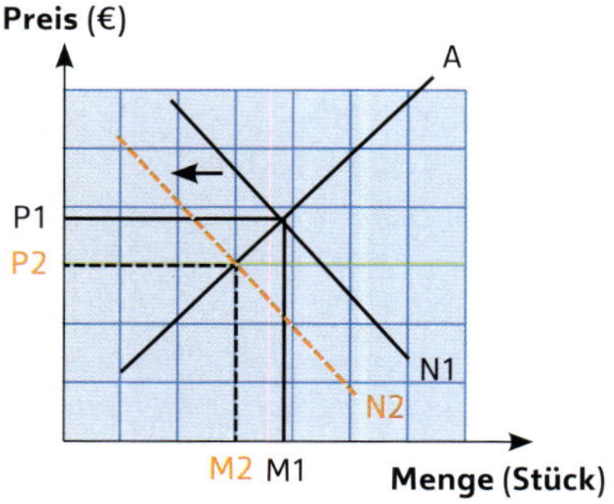

a) Ein wichtiges Bauteil des Druckers kann zu einem günstigeren Preis beschafft werden.

b) Mitbewerber haben die Preise für vergleichbare Drucker spürbar gesenkt.

c) Das verfügbare Einkommen der Zielgruppe ist gestiegen.

d) Durch ein neues Fertigungsverfahren kann der Drucker „Printus" in kürzerer Zeit produziert werden.

12. ***Untersuchen Sie, wie sich die folgenden staatlichen Eingriffe auf die Marktpreisbildung auswirken:***

a) Erhöhung der Tabaksteuer

b) Für Wohnungsneubauten in Ballungsgebieten werden Zuschüsse gewährt.

c) Für Brot wird ein Höchstpreis von 50 Cent pro Kilo festgelegt.

d) Milchproduzenten erhalten einen Garantiepreis von 1,00 € pro Liter.

13. ***Erläutern Sie, welche Funktionen des Marktpreises im nachfolgenden Zeitungsartikel dargestellt werden.***

Abbau der Lagerbestände treibt Ölpreis über 50 US-Dollar

Erstmals seit Juni klettert der Preis für Brent-Öl wieder über die Marke von 50 US-Dollar. Grund sind sinkende Lagerbestände. Das um Stabilität bemühte Ölkartell sollte sich dennoch nicht zu früh freuen. Zehn Tage lang schon geht es beim Ölpreis langsam, aber stetig aufwärts. Nun ist der Preis für ein Barrel der Nordseesorte Brent erstmals seit Anfang Juni wieder über die Marke von 50 Dollar geklettert. [. . .] Die Zahlen lassen vermuten, dass die Förderkürzungen des Ölkartells Opec und zehn weiteren Förderstaaten wirken. Die Rohölvorräte in den USA liegen inzwischen auf dem Vorjahresniveau und nähern sich dem von der Opec angepeilten Fünf-Jahresdurchschnitt an.

Quelle: Streit, Matthias: Abbau der Lagerbestände treibt Ölpreis über 50 US-Dollar, vom 20.07.2017, unter: www.handelsblatt.com/finanzen/maerkte/devisen-rohstoffe/weniger-opec-importe-abbau-der-lagerbestaende-treibt-oelpreis-ueber-50-us-dollar/20087344.html (Stand: 17.07.2020)

3 Wirtschaftlich handeln in der sozialen Marktwirtschaft

■ *Einstiegssituation*

Bei der KommunikativAktiv KG herrscht eine gedrückte Stimmung. Seit Tagen hält sich hartnäckig das Gerücht, dass die Halberg-Teleservice AG das Unternehmen übernehmen will. **Jean Bayard**, der Teamleiter von Julia, ist nervös: *„Das hat uns gerade noch gefehlt, ein neuer Eigentümer! Wer weiß, was da alles passiert. Da werden bestimmt zuerst ein paar Leute entlassen."* **Hilde Schmitz** vom Betriebsrat versucht zu beruhigen: *„Also bitte, so schlimm wird das schon nicht werden. So einfach können die uns gar nicht übernehmen und außerdem sind die Arbeitsplätze hier abgesichert. Wir leben ja zum Glück nicht im Wilden Westen, sondern in einer sozialen Marktwirtschaft!"*

■ *Arbeitsaufträge*

1. ***Was verbinden Sie mit dem Begriff „soziale Marktwirtschaft"?***
2. ***Diskutieren Sie in der Klasse, welche Bedeutung dem Wettbewerb in der Wirtschaft zukommt.***
3. ***Stellen Sie Vor- und Nachteile gegenüber, die beim Zusammenschluss von zwei Unternehmen entstehen können.***
4. ***Welche Möglichkeiten der sozialen Absicherung kennen Sie?***

3.1 Soziale Marktwirtschaft als Wirtschaftsordnung

Eine **Wirtschaftsordnung** hat die Aufgabe, Rahmenbedingungen und Regeln vorzugeben, nach denen das wirtschaftliche Geschehen einer Volkswirtschaft abläuft. Wichtige Elemente einer Wirtschaftsordnung liegen z. B. in der Planung und Steuerung der Wirtschaftsprozesse sowie in der Regelung der Eigentumsverhältnisse.

Modell der freien Marktwirtschaft

Die **freie Marktwirtschaft** ist geprägt durch freie Marktpreisbildung und freien Wettbewerb. Der Staat greift nicht in das Wirtschaftsgeschehen ein, sondern gewährleistet lediglich die Rahmenbedingungen für einen störungsfreien Ablauf des Wirtschaftsgeschehens („Laisser-faire-Politik", „Nachtwächterstaat"). Unternehmen und private Haushalte planen und entscheiden in dieser Wirtschaftsordnung völlig selbstständig. In der Phase der Industrialisierung im 19. Jahrhundert war die freie Marktwirtschaft die vorherrschende Wirtschaftsordnung. Neben dem dadurch begründeten enormen wirtschaftlichen Aufschwung in dieser Epoche traten aber auch **erhebliche Mängel** zutage, die zu einer Kritik an dieser Wirtschaftsordnung führten:

- Breite Bevölkerungsschichten litten unter schlechten Arbeitsbedingungen und mangelnder sozialer Absicherung (die sogenannte „soziale Frage").
- Zunehmend schlossen sich Unternehmen zusammen, um mit der damit verbundenen Marktmacht den Wettbewerb zulasten der Verbraucher einzuschränken.
- Kollektivbedürfnisse, an denen der Markt kein Interesse hatte (wie z.B. Umwelt-
6 | 1.1 schutz oder Bildung), konnten nur unzureichend befriedigt werden.

Entstehung der sozialen Marktwirtschaft

Die Wirtschaftsordnung in Deutschland wird als **soziale Marktwirtschaft** bezeichnet. Die Entstehung dieser Wirtschaftsordnung geht auf die Zeit nach dem Zweiten Weltkrieg zurück. Geprägt durch den Gütermangel der damaligen Zeit und die negativen Erfahrungen mit der freien Marktwirtschaft entstand eine Wirtschaftsordnung mit dem Ziel, die Vorteile der Freiheit auf dem Markt mit einem sozialen Ausgleich zu verbinden. Folgende Leitlinien des staatlichen Handelns liegen der sozialen Marktwirtschaft somit zugrunde:

- Sicherstellen eines störungsfreien Wirtschaftsablaufs innerhalb der marktwirtschaftlichen Ordnung
- Herstellen von sozialer Sicherheit und sozialer Gerechtigkeit

Die politische Durchsetzung der sozialen Marktwirtschaft in der Bundesrepublik Deutschland wurde ab 1948 maßgeblich von **Ludwig Erhard**, dem ersten bundesdeutschen Wirtschaftsminister, geprägt. Obwohl das Grundgesetz keine eindeutige Festlegung der Wirtschaftsordnung trifft, finden sich dort doch zahlreiche Elemente, die den Rahmen der sozialen Marktwirtschaft vorgeben.

Auszug aus dem Grundgesetz der Bundesrepublik Deutschland

Artikel 9

(3) Das Recht, zur Wahrung und Förderung der Arbeits- und Wirtschaftsbedingungen Vereinigungen zu bilden, ist für jedermann und für alle Berufe gewährleistet. [. . .]

Artikel 12

(1) Alle Deutschen haben das Recht, Beruf, Arbeitsplatz und Ausbildungsstätte frei zu wählen. Die Berufsausübung kann durch Gesetz oder auf Grund eines Gesetzes geregelt werden.

(2) Niemand darf zu einer bestimmten Arbeit gezwungen werden, außer im Rahmen einer herkömmlichen allgemeinen, für alle gleichen öffentlichen Dienstleistungspflicht.

Artikel 14

(1) Das Eigentum und das Erbrecht werden gewährleistet. Inhalt und Schranken werden durch die Gesetze bestimmt.

(2) Eigentum verpflichtet. Sein Gebrauch soll zugleich dem Wohle der Allgemeinheit dienen.

(3) Eine Enteignung ist nur zum Wohle der Allgemeinheit zulässig. Sie darf nur durch Gesetz oder aufgrund eines Gesetzes erfolgen, das Art und Ausmaß der Entschädigung regelt.[. . .]

Artikel 15

Grund und Boden, Naturschätze und Produktionsmittel können zum Zwecke der Vergesellschaftung durch ein Gesetz, das Art und Ausmaß der Entschädigung regelt, in Gemeineigentum oder in andere Formen der Gemeinwirtschaft überführt werden. [. . .]

Artikel 20

(1) Die Bundesrepublik Deutschland ist ein demokratischer und sozialer Bundesstaat.

[. . .]

Die soziale Marktwirtschaft und mit ihr Ludwig Erhard gelten als Symbol für das westdeutsche **„Wirtschaftswunder“** in den 1950er-Jahren.

Merkmale der sozialen Marktwirtschaft

Entsprechend den Leitlinien des staatlichen Handelns in der sozialen Marktwirtschaft hat der Staat die Aufgabe, für die Einhaltung der marktwirtschaftlichen Spielregeln des Wettbewerbs zu sorgen. Diese Aufgabe wird auch als **Ordnungspolitik** bezeichnet. In erster Linie geht es dabei um die Garantie verschiedener **Freiheitsrechte**, die der Staat allerdings einschränken kann, wenn dies im Interesse des Gemeinwohls liegt:

- **Freie Marktpreisbildung:** Die Preise bilden sich durch Angebot und Nachfrage auf dem Markt. **Ausnahme:** z. B. staatlich festgesetzte Mindestpreise 6|2.3
- **Freier Wettbewerb:** Unternehmen konkurrieren auf dem Markt. **Ausnahme:** z. B. Unternehmensfusionen 6|3.2
- **Gewerbefreiheit:** Recht, Unternehmen zu gründen, Güter und Dienstleistungen zu produzieren, Handel zu treiben. **Ausnahme:** z. B. Meisterzwang für bestimmte Berufe
- **Freihandel:** Gewährleistung von Import und Export. **Ausnahme:** z. B. Exportverbot von bestimmten Rüstungsgütern
- **Konsumfreiheit:** Freie und ungebundene Kaufentscheidungen der Verbraucher. **Ausnahme:** z. B. Schusswaffenverbot
- **Vertragsfreiheit:** Verträge können frei zwischen den Vertragspartnern ausgehandelt werden. **Ausnahme:** z. B. Verbraucherschutzbestimmungen 8|5
- **Tarifautonomie:** Tarifverträge werden ohne Einmischung des Staates ausgehandelt. **Ausnahme:** z. B. Allgemeinverbindlichkeit von Tarifverträgen 6|3.3.2

- **Privateigentum:** Eigentumsrechte werden garantiert. **Ausnahme:** z. B. Enteignungen in Bergbaugebieten
- **Freie Wahl von Beruf und Arbeitsplatz:** Beruf und Arbeitsplatz können frei ausgewählt werden. **Ausnahme:** z. B. Zulassungsbeschränkungen bei Studiengängen

Um soziale Sicherheit und soziale Gerechtigkeit herzustellen, greift der Staat im Rahmen der **Sozialpolitik** in vielen Bereichen in das Marktgeschehen ein:

Arbeitsschutzbestimmungen	Band 1, 1/2.2, 5.1
Betriebliche Mitbestimmung	Band 1, 1/2.3
Tarifrecht	Band 1, 1/2.3; Band 2, 6/3.3.2
Gesetzliche Sozialversicherung	Band 1, 1/2.4
Arbeitsrecht	Band 2, 6/3.3.1
Aus- und Weiterbildung	Band 2, 6/3.3.3
Steuerpolitik	Band 2, 6/4.3.1
Maßnahmen zur Umverteilung	Band 2, 6/4.3.2

3.2 Sicherung des Wettbewerbs

„Wenn ein Unternehmen auf Dauer bestehen und fortschrittlich bleiben will, gibt es nichts Schlimmeres, als keine Wettbewerber zu haben." (Robert Bosch, Unternehmer)

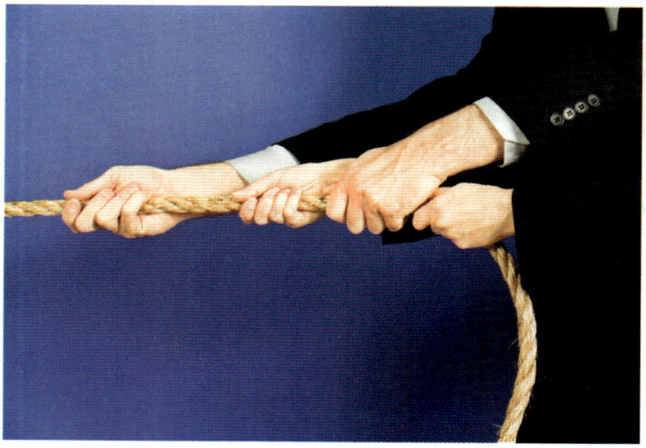

Der **Wettbewerb** ist die Antriebsfeder des Marktes, der alle Beteiligten zwingt, sich stets an die aktuellen Gegebenheiten anzupassen. Der Verbraucher profitiert vom Konkurrenzkampf der Unternehmen um die besten und günstigsten Produkte. Allerdings gibt es immer wieder Bestrebungen seitens der Unternehmen, durch Zusammenarbeit und Absprachen dem Druck des Marktes auszuweichen, um z. B. überhöhte Preise durchzusetzen. In der sozialen Marktwirtschaft ist der Staat regulierend gefragt, um den Wettbewerb aufrechtzuerhalten.

Je nach Ausmaß der rechtlichen und wirtschaftlichen Selbstständigkeit bei der Zusammenarbeit spricht man entweder von **Kooperation** oder von **Konzentration**.

3.2.1 Kooperation

> #
> ***Definition***
> Eine **Kooperation** liegt vor, wenn Unternehmen auf bestimmten Gebieten zusammenarbeiten, aber rechtlich und wirtschaftlich weitgehend unabhängig bleiben.

Formen der Kooperation

Die Ziele einer Kooperation liegen meist darin, die Leistungsfähigkeit der einzelnen Teilnehmer zu stärken und auf dem Markt wettbewerbsfähig zu bleiben. Dies kann z. B. durch Kostensenkung oder eine Verbesserung der Produktpalette geschehen.

Zu den marktwirtschaftlich meist unproblematischen Formen (Grenzen teilweise fließend) der Kooperation gehören:

- **Interessengemeinschaften:** Im Mittelpunkt stehen gemeinsame Interessen, die im Verbund leichter durchgesetzt werden können. Meist geht es um Öffentlichkeitsarbeit, Forschung und Entwicklung, Bildung, Lobbyarbeit etc.

  Beispiel

  Call Center Verband Deutschland e. V., Deutscher Dialogmarketing Verband

> →
> ***Praxistipp***
> Als Lobbyarbeit oder Lobbyismus wird die gezielte Beeinflussung von Politik und öffentlicher Meinung durch Interessengruppen bezeichnet. Eine (eindrucksvolle) Liste der beim Bundestag registrierten Lobbygruppen ist abrufbar unter: www.bundestag.de/dokumente/lobbyliste

- **Arbeitsgemeinschaften:** Zur Durchführung eines gemeinsamen Projekts oder eines Auftrags kooperieren Unternehmen. Neben der Nutzung der einzelnen Unternehmenskompetenzen spielt auch häufig die Aufteilung des wirtschaftlichen Risikos eine wichtige Rolle. Oft ist die lockere Zusammenarbeit zeitlich begrenzt.

  Beispiele

  Entwicklung neuer Produkte, Großaufträge

Ordnungspolitisch kritischer zu betrachten ist folgende Form der Kooperation:

- **Kartell:** Es erfolgen vertragliche Absprachen zwischen Unternehmen derselben Branche, bei denen es z. B. um Preise, Produktionsmengen oder Geschäftsbedingungen geht. Teilweise geht dadurch die wirtschaftliche Selbstständigkeit verloren. Ziel eines Kartells ist es, eine **marktbeherrschende Stellung** zu erlangen oder den **Wettbewerb auszuhebeln**.

Staatliche Wettbewerbspolitik

Das **Gesetz gegen Wettbewerbsbeschränkungen** (GWB, Kartellgesetz) untersagt grundsätzlich die Bildung von Kartellen. Durch dieses Gesetz soll verhindert werden, dass

- eine Marktmacht entsteht,
- eine bestehende Marktmacht missbraucht wird.

§ 1 GWB: Verbot wettbewerbsbeschränkender Vereinbarungen
Vereinbarungen zwischen Unternehmen, Beschlüsse von Unternehmensvereinigungen und aufeinander abgestimmte Verhaltensweisen, die eine Verhinderung, Einschränkung oder Verfälschung des Wettbewerbs bezwecken oder bewirken, sind verboten.

Unter das Kartellverbot fallen z. B.:

- **Preiskartelle:** Unternehmen sprechen Mindestpreise, Rabatte, Kalkulationen etc. untereinander ab. **Ziel:** Durchsetzung überhöhter Preise

  Beispiel

  „Bierkartell“ mit verschiedenen Brauereien

  Eine Sonderform des Preiskartells ist das **Submissionskartell** (Ausschreibungskartell). Dabei verständigen sich die Teilnehmer an öffentlichen Ausschreibungen (z. B. Baumaßnahmen) vorab über Preise und Konditionen, um einen bestimmten Anbieter zum Zuge kommen zu lassen.

Absprache beim Stahleinkauf: Kartellstrafe gegen deutsche Autobauer

Die drei großen deutschen Autobauer müssen wegen Absprachen beim Stahleinkauf eine Kartellstrafe zahlen. Das Bundeskartellamt hat gegen BMW, Daimler und VW Bußgelder in Höhe von insgesamt rund 100 Millionen € wegen wettbewerbswidriger Praktiken beim Einkauf von Langstahl verhängt. Bei der Festsetzung der Bußgelder sei berücksichtigt worden, dass die Unternehmen die Vorwürfe eingeräumt und einer einvernehmlichen Verfahrensbeendigung zugestimmt hätten, teilte das Bundeskartellamt am Donnerstag in Bonn mit.

[...] „Von 2004 bis Ende 2013 haben sich Vertreter von BMW, Daimler und Volkswagen regelmäßig zweimal im Jahr mit Stahlherstellern, Schmieden und großen Systemzulieferern getroffen und sich dabei über einheitliche Preiszuschläge beim Einkauf von Langstahl ausgetauscht“, erklärte Kartellamtspräsident Andreas Mundt. „Soweit in der Folge der Gespräche hierüber nicht mehr individuell mit den Lieferanten verhandelt wurde, wurde der Wettbewerb untereinander in Bezug auf diese Preisbestandteile ausgeschaltet.“

Quelle: Volker Briegleb: Absprache beim Stahleinkauf: Kartellstrafe gegen deutsche Autobauer, vom 21.11.2019, unter www.heise.de/newsticker/meldung/Absprache-beim-Stahleinkauf-Kartellstrafe-gegen-deutsche-Autobauer-4594075.html (Stand: 17.07.2020)

- **Gebietskartelle:** Einzelne Absatzgebiete werden zwischen den Unternehmen aufgeteilt. **Ziel:** Ausschalten von Konkurrenz

  Beispiel

  Einige Energieversorgungsunternehmen

- **Quotenkartelle:** Gegenstand der Absprache sind maximale Produktionsquoten. **Ziel:** Überangebot verhindern, das zu Preissenkungen führt

  Beispiel

  Kartell der Öllieferländer (OPEC)

Zuständig für die Bekämpfung von Kartellen ist als „Hüter des Wettbewerbs“ das **Bundeskartellamt**. Die dem Bundeswirtschaftsministerium zugeordnete Behörde beschreibt ihre Aufgaben wie folgt:

> „Preisabsprachen und andere wettbewerbsbeschränkende Vereinbarungen zwischen Unternehmen sind grundsätzlich verboten. Das Bundeskartellamt verfolgt illegale Kartelle und kann gegen die verantwortlichen Personen und Unternehmen empfindliche Bußgelder verhängen. [...] Koordinieren Wettbewerber untereinander ihr Verhalten auf einem Markt, um dadurch den Wettbewerb einzuschränken oder auszuschalten, spricht man von einem Kartell. Wettbewerbsbeschränkende Vereinbarungen zwischen Unternehmen können verschiedene Formen annehmen. Besonders schwerwiegend sind zumeist Absprachen zwischen Wettbewerbern über Preise oder Produktionsmengen sowie die Aufteilung von Absatzgebieten oder Kundengruppen (sogenannte „Hardcore-Kartelle“). [...] Kartellabsprachen führen regelmäßig zu überhöhten Preisen bei sinkender Produktqualität. Gleichzeitig wird durch die Ausschaltung des Wettbewerbs die Innovationskraft der Unternehmen gebremst. Kartelle schaden damit der Gesamtwirtschaft und insbesondere dem Verbraucher.“
>
> *Quelle: Bundeskartellamt: Kartellverbot, unter: www.bundeskartellamt.de/DE/Kartellverbot/kartellverbot_node.html (Stand: 17.07.2020)*

Bei Missbrauchsverdacht hat das Bundeskartellamt weitreichende Ermittlungsbefugnisse (§54 ff. GWB) und kann bei aufgedeckten Kartellen empfindliche Geldbußen verhängen (§§34, 81 GWB). Auf europäischer Ebene erfolgt eine enge Kooperation mit der Europäischen Kommission in Brüssel, sofern der gemeinschaftsweite Wettbewerb beeinträchtigt wird (so z. B. beim europaweit agierenden „Fahrstuhlkartell“).

Das geltende **Kartellrecht von 2005** sieht nur wenige Ausnahmen vom Kartellverbot vor. Lediglich die **Generalklausel** des §2 GWB ermöglicht eine Freistellung vom Kartellverbot, sofern das Kartell den Wettbewerb fördert und den Beteiligten keine Beschränkungen auferlegt. Die Selbsteinschätzung ist dabei von den Unternehmen zu treffen, einer Anmeldung oder Genehmigung des Kartells bedarf es nicht.

Eine weitere Ausnahme sieht § 3 GWB bei der Bildung von sogenannten „Mittelstandskartellen“ durch kleine und mittlere Unternehmen vor. Um deren Wettbewerbsfähigkeit zu stärken, ist eine Kartellbildung erlaubt, sofern der Wettbewerb auf dem Markt nicht wesentlich beeinträchtigt wird.

3.2.2 Konzentration

> # ***Definition***
>
> Eine **Konzentration** liegt vor, wenn sich Unternehmen zusammenschließen und dabei ihre rechtliche und/oder wirtschaftliche Unabhängigkeit aufgeben.

Während die Kooperation durch eine lockere Bindung der Beteiligten gekennzeichnet ist, handelt es sich bei der Konzentration um eine sehr enge Bindung. Die Wirtschaft wurde in den letzten Jahren weltweit durch eine zunehmende Konzentration geprägt, ein bislang ungebrochener Trend.

Formen der Konzentration

2 | 1.2.1 Je nach Branche und Wirtschaftsstufe der Unternehmen wird differenziert in:

- **Horizontale Zusammenschlüsse:** Unternehmen aus einer Branche und einer Wirtschaftsstufe schließen sich zusammen. Dabei geht es vorrangig um Kostenvorteile und einen Ausbau der Marktstellung.

  Beispiel

  Zwei Callcenter fusionieren.

- **Vertikale Zusammenschlüsse:** Unternehmen aus einer Branche, aber unterschiedlichen Wirtschaftsstufen schließen sich zusammen. Durch die Integration mehrerer Wirtschaftsstufen werden Kostenvorteile angestrebt.

  Beispiel

  Ein Versandhaus übernimmt ein Callcenter.

- **Diagonale (anorganische) Zusammenschlüsse:** Unternehmen aus verschiedenen Branchen schließen sich zu einem Mischkonzern zusammen. Hier steht die Risikostreuung im Mittelpunkt.

Beispiel

Eine Brauerei, ein Energieversorger und ein Pharmagroßhandel schließen sich zusammen.

Eine Unternehmenskonzentration kann in zwei Formen auftreten:

- **Konzern:** Durch den Zusammenschluss geben die Unternehmen ihre wirtschaftliche Selbstständigkeit zugunsten einer Konzernleitung auf, bleiben aber rechtlich selbstständig.

Beispiel

Volkswagen-Konzern mit den Unternehmen Volkswagen, Audi, Seat, Skoda etc.

- **Trust (Fusion):** Bei einem Trust geht sowohl die wirtschaftliche als auch die rechtliche Selbstständigkeit verloren. Dies erfolgt meist durch **Übernahme** eines Unternehmens durch ein anderes.

Beispiel

Commerzbank übernimmt Dresdner Bank.

Übernahme: Magdeburger Callcenter-Betreiber Regiocom kauft Wettbewerber SNT

Übernahmen in kurzen Taktungen halten die deutsche Callcenter-Branche in Atem: Nun hat Regiocom zugeschlagen. Das Magdeburger Unternehmen teilte am Freitag mit, dass bereits Anfang der Woche der Frankfurter Wettbewerber SNT, der deutschlandweit rund 3 300 Mitarbeiter beschäftigt, gekauft wurde. Durch den Erwerb gehört Regiocom künftig zu den großen Anbietern in Deutschland. [...] Nach Einschätzung des Branchenexperten Alexander Jünger von CallCenterProfi erweitern die Callcenter-Firmen immer mehr ihre Aufgabenbereiche. „Einfach nur Mitarbeiter ans Telefon setzen, reicht schon lange nicht mehr aus, um Geld zu verdienen", so Jünger. So müssten die Dienstleister auch massiv in digitale Technik investieren. Viele große Auftraggeber, kommen sie nun aus dem Automobilbau, der Chemie oder der Energiewirtschaft, seien zudem länderübergreifend tätig. „Das erwarten sie zunehmend auch von ihren Dienstleistern", sagt Jünger. Viele mittelständische Callcenter-Unternehmen können das aus eigener Kraft nicht mehr leisten. Im vergangenen Jahr übernahm beispielsweise das US-Unternehmen Convergys für 123 Mio. € die Osnabrücker BUW-Gruppe, die allein in Halle 850 Mitarbeiter beschäftigt. Die großen deutschen Callcenter-Anbieter sind inzwischen fast komplett in Konzernstrukturen tätig.

Quelle: mz: Magdeburger Callcenter-Betreiber Regiocom kauft Wettbewerber SNT, vom 10.03.2017, unter: www.mz-web.de/wirtschaft/uebernahme-magdeburger-call-center-betreiber-regiocom-kauft-wettbewerber-snt-26174504 (Stand: 17.07.2020)

Alternativ kann eine Fusion auch durch eine **Neugründung** vollzogen werden.

Beispiel

VEBA und VIAG wurden zur E.ON AG.

Staatliche Wettbewerbspolitik

Um den Wettbewerb zu sichern, sind Unternehmenszusammenschlüsse häufig Gegenstand einer **Zusammenschlusskontrolle**, die vom Bundeskartellamt durchgeführt wird. Entsprechende Regelungen gelten auch auf europäischer Ebene.

Wenn zu erwarten ist, dass eine erhebliche Marktmacht oder eine **marktbeherrschende Stellung** entsteht oder noch verstärkt wird, kann die Fusion untersagt oder nur mit Auflagen genehmigt werden. Ausnahmsweise kann der Bundeswirtschaftsminister eine vom Bundeskartellamt untersagte Fusion erlauben, wenn dies im Interesse der Allgemeinheit geboten erscheint („Ministererlaubnis" nach §42 GWB).

Behörden verhindern Tampon-Monopol

Ein österreichischer Faserhersteller wollte einen deutschen Konkurrenten übernehmen. Doch das Bundeskartellamt stoppte das Geschäft. Denn die Wettbewerbshüter fürchteten ein Monopol auf dem Tampon-Markt. Die Folgen wären weltweit zu spüren gewesen. Das Bundeskartellamt hat zwei Faserherstellern den Zusammenschluss untersagt. Beide Unternehmen zusammen würden den Markt zur Herstellung von Viskosefasern kontrollieren und damit auch bei der Produktion von Tampons eine Monopolstellung bekommen, begründete die Behörde ihre Entscheidung. Die beiden Firmen gelten als weltweit einzige Hersteller dieser Fasern. „Der Wettbewerb wäre damit nicht nur in Deutschland, sondern weltweit zum Erliegen gekommen", sagte Kartellamtschef Andreas Mundt. [...] Spezielle Fasern aus Viskose sind der Haupteinsatzstoff in der Herstellung von Tampons, erklärte das Kartellamt. Kunden der Hersteller sind die großen Markenartikelproduzenten und die Handelsmarkenhersteller von Tampons. Andere Lieferanten als Lenzing und Kelheim Hygiene Fibres kämen für sie nicht infrage. Die Umstellung der Produktion ist laut Kartellamt wirtschaftlich nicht lohnend. Baumwollfasern seien kein in der Branche anerkannter Ersatz.

Quelle: https://www.spiegel.de/wirtschaft/service/tampons-kartellamt-verhindert-monopol-von-faser-herstellern-a-868899.html, 09.02.2014, mit Material von AFP

Das zweite Instrument der staatlichen Wettbewerbspolitik zur Vermeidung der Unternehmenskonzentration ist die **Missbrauchsaufsicht** über marktbeherrschende Unternehmen. Die zuständige Kartellbehörde kann das missbräuchliche Verhalten von marktbeherrschenden Unternehmen untersagen, Verträge für unwirksam erklären und Strafen aussprechen. Zunehmend erfolgt dies auf EU-Ebene.

§ 19 GWB: Missbrauch einer marktbeherrschenden Stellung (Auszug)

(1) Die missbräuchliche Ausnutzung einer marktbeherrschenden Stellung durch ein oder mehrere Unternehmen ist verboten.

(2) Ein Unternehmen ist marktbeherrschend, soweit es als Anbieter oder Nachfrager einer bestimmten Art von Waren oder gewerblichen Leistungen auf dem sachlich und räumlich relevanten Markt

1. ohne Wettbewerber ist oder keinem wesentlichen Wettbewerb ausgesetzt ist oder
2. eine im Verhältnis zu seinen Wettbewerbern überragende Marktstellung hat; [. . .]

(3) Es wird vermutet, dass ein Unternehmen marktbeherrschend ist, wenn es einen Marktanteil von mindestens einem Drittel hat. [. . .]

In der Praxis zeigt sich allerdings häufig, dass Missbrauch und Marktbeherrschung nur sehr schwer nachzuweisen sind, sodass es nicht in jedem Fall zur Durchsetzung von Sanktionen kommt.

→ ***Praxistipp***

Aktuelle Informationen zur Wettbewerbspolitik finden Sie unter: www.bundeskartellamt.de und https://europa.eu/european-union/topics/competition_de

Neben der Sicherstellung des freien Wettbewerbs durch das GWB (Gesetz gegen Wettbewerbsbeschränkungen) sorgt der Staat mit dem **Gesetz gegen den unlauteren Wettbewerb (UWG)** für einen fairen, d. h. ausschließlich mit zulässigen Mitteln geführten Wettbewerb. 8 | 5.1

3.3 Rechtliche und soziale Sicherung

→ ***Praxistipp***

Wie die Übersicht auf S. 40 zeigt, wurden viele Elemente der rechtlichen und sozialen Sicherung im Rahmen der sozialen Marktwirtschaft bereits in Band 1 thematisiert. Im Mittelpunkt von Band 2 stehen nun die Aspekte des **Arbeitsrechts**.

Im **Arbeitsrecht** werden die **Rechtsbeziehungen zwischen Arbeitgeber und Arbeitnehmer** geregelt. Im Laufe der Zeit haben sich die arbeitsrechtlichen Bestimmungen erheblich gewandelt, meist zugunsten der Arbeitnehmer.

→ ***Praxistipp***

Das Arbeitsrecht ist häufigen Änderungen unterworfen, nicht zuletzt durch aktuelle Urteile der Arbeitsgerichte (Richterrecht). Einen umfassenden Überblick dazu liefert: www.frankfurt-main.ihk.de/recht/themen/arbeitsrecht/

Bureau-Ordnung (ca. 1865)

Zur Beachtung des Personals

[. . .] Das Personal braucht jetzt nur noch an Werktagen zwischen 6 Uhr vormittags und 6 Uhr nachmittags anwesend zu sein. Der Sonntag dient dem Kirchgang.

Es wird von jedermann die Ableistung von Überstunden erwartet, wenn das Geschäft sie begründet erscheinen lässt. [. . .]

Einfache Kleidung ist Vorschrift. Das Personal darf sich nicht in hell schimmernden Farben bewegen und nur ordentliche Strümpfe tragen. [. . .]

Die Einnahme von Nahrung ist zwischen 11:30 Uhr und 12:00 Uhr erlaubt. Jedoch darf die Arbeit nicht eingestellt werden. [. . .]

Jeder Angestellte hat die Pflicht, für die Erhaltung seiner Gesundheit zu sorgen. Kranke Angestellte erhalten keinen Lohn. Deshalb sollte jeder verantwortungsbewusste Angestellte von seinem Lohn eine gewisse Summe zurücklegen, damit er bei Arbeitsunvermögen und bei abnehmender Schaffenskraft nicht der Allgemeinheit zur Last fällt. Ferien gibt es nur in dringenden familiären Fällen. Lohn wird für diese Zeit nicht gezahlt. [. . .]

Quelle (verändert): o. V.: Betriebsverordnungen für Hamburger Comptoirs und Amtsstuben 1863 bis 1872, vom 27.12.2003, unter: www.abendblatt.de/wirtschaft/karriere/article226837/Aus-Betriebsverordnungen-fuer-Hamburger-Comptoirs-und-Amtsstuben-1863-bis-1872.html (Stand: 17.07.2020)

In der **sozialen Marktwirtschaft** der Bundesrepublik Deutschland gewährt das Arbeitsrecht den Beschäftigten vielfältigen Schutz und eröffnet ihnen Möglichkeiten, ihre Interessen gegenüber dem Arbeitgeber besser durchzusetzen.

"Sei so gut - gib mir ein paar ab ..."

Ein sozial abgesicherter Arbeitsplatz ist daher für viele erstrebenswert. Auf der anderen Seite haben viele arbeitsrechtliche Bestimmungen dazu geführt, dass sich Arbeitgeber scheuen, neue Mitarbeiter einzustellen.

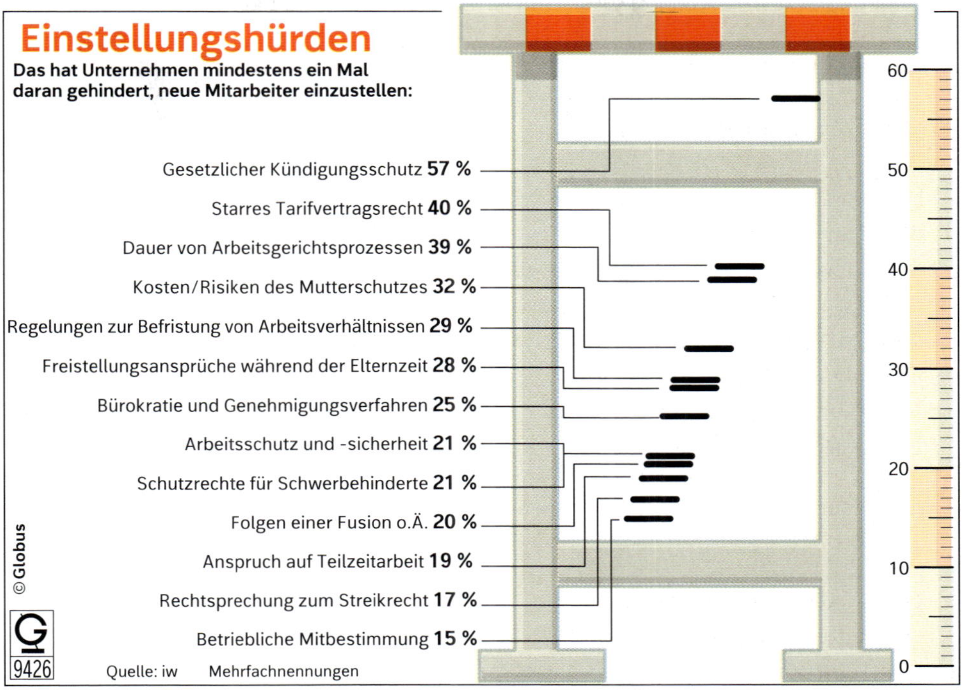

Unter der Bezeichnung „Arbeitsrecht“ wird eine Vielzahl von einzelnen Gesetzen zusammengefasst, ein einheitliches „Arbeitsgesetzbuch“ existiert bislang nicht.

Die einzelnen Regelungen im Rahmen des Arbeitsrechts werden in **Individual- und Kollektivarbeitsrecht** differenziert:

Arbeitsrecht

Individualarbeitsrecht

Regelungen zwischen dem Arbeitgeber und dem **einzelnen** Arbeitnehmer, also insbesondere das Arbeitsvertragsrecht (Zustandekommen und Beendigung des Arbeitsvertrags, Pflichten aus dem Arbeitsvertrag)

Kollektivarbeitsrecht

Regelungen zwischen dem Arbeitgeber und **Gruppen** von Arbeitnehmern (Belegschaft) bzw. zwischen Arbeitgeberverbänden und Gewerkschaften, z. B. Tarifrecht und Betriebsverfassungsrecht

3.3.1 Arbeitsvertragsrecht

Arten von Arbeitsverhältnissen

In der heutigen Arbeitswelt treten Arbeitsverhältnisse in verschiedenen Formen auf.

- **Befristung:** Neben dem Regelfall des **unbefristeten Arbeitsverhältnisses** kann auch eine zeitliche Befristung vereinbart werden. Liegt dafür keine sachliche Begründung vor (z.B. Saisonarbeit), ist die Befristung maximal für 2 Jahre möglich.

- **Umfang:** Bei einer **Vollzeitbeschäftigung** entspricht der Umfang der Arbeitszeit dem in einem Tarifvertrag oder in einer Betriebsvereinbarung festgelegten Umfang (z.B. 40-Stunden-Woche). Wird diese Arbeitszeit verkürzt, liegt ein **Teilzeitarbeitsverhältnis** vor. Beschäftigt der Arbeitgeber mehr als 15 Arbeitnehmer, gibt es einen Rechtsanspruch auf Teilzeitarbeit.

10|3.3 - **Arbeitsort:** Normalerweise wird die Arbeit in dem Unternehmen geleistet, mit dem auch der Arbeitsvertrag abgeschlossen wurde. Davon abweichend besteht bei einem **Leiharbeitsverhältnis** (Arbeitnehmerüberlassung, Personalleasing) das Arbeitsverhältnis mit einer Zeitarbeitsfirma, die Arbeitsleistung wird aber bei anderen Unternehmen (Entleiher) erbracht.

2|2.1 Für Ausbildungsverhältnisse gelten die besonderen Regelungen des BBiG.

Inhalte des Arbeitsvertrags

Ein **Arbeitsverhältnis** beginnt mit dem Abschluss eines Arbeitsvertrags, einem zweiseitigen Rechtsgeschäft, in dem durch Antrag und Annahme die vereinbarten Inhalte des
8|3.4 Arbeitsvertrags anerkannt werden.

> **→ *Praxistipp***
> Eine Besonderheit gilt für Auszubildende nach Beendigung der Ausbildung: Werden sie nach Abschluss der Ausbildung weiterbeschäftigt, entsteht gemäß §24 BBiG auch ohne ausdrückliche Vereinbarung ein unbefristetes Arbeitsverhältnis.

8|3.4 Der **Arbeitsvertrag** ist ein Dienstvertrag nach §611 ff. BGB, für den der Grundsatz der Vertragsfreiheit gilt. Somit ist ein Abschluss des Arbeitsvertrags grundsätzlich auch mündlich möglich. Allerdings gibt es zahlreiche Einschränkungen der Vertragsfreiheit zugunsten des Arbeitnehmers. So legt das **Nachweisgesetz** bestimmte Inhalte fest, die in einen Arbeitsvertrag aufzunehmen sind, und schreibt dafür die Schriftform vor.

§2 NachwG: Nachweispflicht

Der Arbeitgeber hat spätestens einen Monat nach dem vereinbarten Beginn des Arbeitsverhältnisses die wesentlichen Vertragsbedingungen schriftlich niederzulegen, die Niederschrift zu unterzeichnen und dem Arbeitnehmer auszuhändigen. In die Niederschrift sind mindestens aufzunehmen:

1. der Name und die Anschrift der Vertragsparteien,
2. der Zeitpunkt des Beginns des Arbeitsverhältnisses,
3. bei befristeten Arbeitsverhältnissen: die vorhersehbare Dauer des Arbeitsverhältnisses,
4. der Arbeitsort oder, falls der Arbeitnehmer nicht nur an einem bestimmten Arbeitsort tätig sein soll, ein Hinweis darauf, dass der Arbeitnehmer an verschiedenen Orten beschäftigt werden kann,
5. eine kurze Charakterisierung oder Beschreibung der vom Arbeitnehmer zu leistenden Tätigkeit,
6. die Zusammensetzung und die Höhe des Arbeitsentgelts einschließlich der Zuschläge, der Zulagen, Prämien und Sonderzahlungen sowie anderer Bestandteile des Arbeitsentgelts und deren Fälligkeit,
7. die vereinbarte Arbeitszeit,
8. die Dauer des jährlichen Erholungsurlaubs,
9. die Fristen für die Kündigung des Arbeitsverhältnisses,
10. ein in allgemeiner Form gehaltener Hinweis auf die Tarifverträge, Betriebs- oder Dienstvereinbarungen, die auf das Arbeitsverhältnis anzuwenden sind.

Der Nachweis der wesentlichen Vertragsbedingungen in elektronischer Form ist ausgeschlossen. [. . .]

Aus dem Abschluss des Arbeitsvertrags folgen für Arbeitnehmer und Arbeitgeber bestimmte **Rechte und Pflichten**, die sich teilweise aus arbeitsrechtlichen Bestimmungen oder aber aus der Rechtsprechung (Richterrecht) ergeben. 8 | 3.1

Pflichten des Arbeitgebers (= Rechte des Arbeitnehmers)	Pflichten des Arbeitnehmers (= Rechte des Arbeitgebers)
Pünktliche Zahlung des vereinbarten Gehalts	Ordnungsgemäße Arbeitsleistung
Fürsorge: Gesundheitsschutz, Gleichbehandlungspflicht aller Arbeitnehmer etc.	Arbeitsbezogenen Weisungen des Arbeitgebers Folge leisten
Urlaubsgewährung	Verschwiegenheitspflicht über Geschäfts- und Betriebsgeheimnisse
Informieren und anhören: Gesundheits- und Unfallgefahren, Leistungsbeurteilung, Beschwerderecht etc.	Treuepflicht: Vertretung der Geschäftsinteressen des Arbeitgebers, Verbot der Schmiergeldannahme etc.
Zeugniserteilung: wahlweise nur über Art und Dauer der Beschäftigung (einfaches Zeugnis) oder zusätzlich auch über Verhalten und Leistung (qualifiziertes Zeugnis)	Wettbewerbsverbot beachten: keine Tätigkeit aufnehmen, die in Konkurrenz zum Arbeitgeber steht

Beendigung des Arbeitsverhältnisses

Ein Arbeitsverhältnis kann aus unterschiedlichen Gründen enden:

- Ruhestand: Erreichen der Altersgrenze oder Vorruhestand
- Berufsunfähigkeit
- Tod des Arbeitnehmers
- Zeitablauf bei befristeten Arbeitsverhältnissen
- Aufhebungsvertrag: Beendigung im gegenseitigen Einvernehmen, häufig verbunden mit einer Abfindungszahlung
- Stilllegung bzw. Insolvenz des Unternehmens
- Kündigung

> **→ *Praxistipp***
> Ein Betriebsübergang (z. B. durch Übernahme, Verkauf, Ausgliederung etc.) beendet das Arbeitsverhältnis nicht. Alle Rechte und Pflichten aus dem Arbeitsvertrag gehen nach § 613a BGB auf den neuen Arbeitgeber über, der daran für mindestens ein Jahr gebunden ist.

Die **Kündigung** ist eine einseitige, empfangsbedürftige Willenserklärung. Sie muss
8 | 3.4 schriftlich abgefasst und eigenhändig unterschrieben sein. Der Betriebsrat ist im Rahmen
1 | 2.3.1 seiner Mitwirkungsrechte vor jeder Kündigung **anzuhören**, ansonsten ist die Kündigung ungültig. Zwei Arten der Kündigung sind möglich:

- **Ordentliche Kündigung:** Beendigung des Arbeitsverhältnisses unter Beachtung bestimmter Kündigungsfristen. Bei Kündigung des Arbeitnehmers ist kein Kündigungsgrund erforderlich, der Arbeitgeber kann gemäß dem **Kündigungsschutzgesetz** nur aus einem wichtigen Grund kündigen (s. u.).

- **Außerordentliche Kündigung:** Fristlose Beendigung des Arbeitsverhältnisses. Nur möglich bei einem wichtigen Grund, der die Fortsetzung des Arbeitsverhältnisses unzumutbar macht. Die Kündigung muss innerhalb von 2 Wochen nach Vorliegen des Kündigungsgrundes erfolgen.

Beispiele

- Tätlichkeiten
- Grobe Beleidigung
- Arbeitsverweigerung
- Keine Gehaltszahlung
- Verletzung der Fürsorgepflicht

Erfolgt die ordentliche Kündigung während der normalerweise maximal 6 Monate dauernden Probezeit, beträgt die Kündigungsfrist 2 Wochen. Ansonsten sind die **gesetzlichen Kündigungsfristen** im BGB zu beachten.

§622 BGB: Kündigungsfristen bei Arbeitsverhältnissen

(1) Das Arbeitsverhältnis eines Arbeiters oder eines Angestellten (Arbeitnehmers) kann mit einer Frist von 4 Wochen zum 15. oder zum Ende eines Kalendermonats gekündigt werden.

(2) Für eine Kündigung durch den Arbeitgeber beträgt die Kündigungsfrist, wenn das Arbeitsverhältnis in dem Betrieb oder Unternehmen

1. zwei Jahre bestanden hat, einen Monat zum Ende eines Kalendermonats,
2. fünf Jahre bestanden hat, zwei Monate zum Ende eines Kalendermonats,
3. acht Jahre bestanden hat, drei Monate zum Ende eines Kalendermonats,
4. zehn Jahre bestanden hat, vier Monate zum Ende eines Kalendermonats,
5. zwölf Jahre bestanden hat, fünf Monate zum Ende eines Kalendermonats,
6. 15 Jahre bestanden hat, sechs Monate zum Ende eines Kalendermonats,
7. 20 Jahre bestanden hat, sieben Monate zum Ende eines Kalendermonats.

[...]

Die verlängerten Kündigungsfristen sind ein besonderer Schutz für langjährig beschäftigte Arbeitnehmer und gelten daher nur bei Kündigung durch den Arbeitgeber. Für eine Kündigung durch den Arbeitnehmer gilt immer die Frist von 4 Wochen.

→ ***Praxistipp***
Beachten Sie den (kleinen) Unterschied zwischen 4 Wochen und einem Monat!

Davon abweichende Regelungen im Tarifvertrag oder im einzelnen Arbeitsvertrag sind nur anzuwenden, wenn sie für den Arbeitnehmer günstiger sind als die gesetzliche Regelung (Günstigkeitsprinzip). 1 | 2.4.3

Kündigungsschutz

Bei einer ordentlichen Kündigung durch den Arbeitgeber greift in Betrieben ab elf Beschäftigten der **allgemeine Kündigungsschutz** gemäß Kündigungsschutzgesetz (KSchG).

§1 Sozial ungerechtfertigte Kündigungen

(1) Die Kündigung des Arbeitsverhältnisses gegenüber einem Arbeitnehmer, dessen Arbeitsverhältnis in demselben Betrieb oder Unternehmen ohne Unterbrechung länger als 6 Monate bestanden hat, ist rechtsunwirksam, wenn sie sozial ungerechtfertigt ist.

(2) Sozial ungerechtfertigt ist die Kündigung, wenn sie nicht durch Gründe, die in der Person oder in dem Verhalten des Arbeitnehmers liegen, oder durch dringende betriebliche Erfordernisse, die einer Weiterbeschäftigung des Arbeitnehmers in diesem Betrieb entgegenstehen, bedingt ist. [...]

Als sozial gerechtfertigte Kündigungsgründe kommen somit nur infrage:

- Gründe in der **Person des Arbeitnehmers**, z. B. fehlende Qualifikation, mangelnde Ausbildung, dauerhafte Erkrankung ohne Aussicht auf baldige Genesung
- Gründe im **Verhalten des Arbeitnehmers**, z. B. wiederholte Unpünktlichkeit, schlechte Arbeitsleistung, Verstöße gegen die Verschwiegenheitspflicht
- **Betriebsbedingte** Gründe, z. B. Auftragsmangel, Aufgabe von Geschäftsbereichen

Bei einer verhaltensbedingten Kündigung ist in der Regel eine vorherige **schriftliche Abmahnung** des Arbeitnehmers erforderlich. Darin muss das Fehlverhalten konkret angesprochen, auf ein zukünftiges ordentliches Verhalten hingewirkt und die Konsequenz der Kündigung bei fortgesetztem Fehlverhalten angekündigt werden. Durch die Abmahnung wird das Fehlverhalten des Arbeitnehmers schriftlich dokumentiert und in die **Personalakte** aufgenommen. Kommt es zu rechtlichen Auseinandersetzungen, dient die Abmahnung vor dem Arbeitsgericht als Beweismittel.

Stehen bei einer betriebsbedingten Kündigung mehrere Arbeitnehmer zur Auswahl, muss der Arbeitgeber eine **Sozialauswahl** treffen, also soziale Gesichtspunkte ausreichend beachten. Dabei ist abzuwägen, welche Mitarbeiter durch die Kündigung am wenigsten hart getroffen werden. In § 1 Abs. 3 KSchG werden die vom Arbeitgeber zu berücksichtigenden Kriterien aufgelistet:

- Dauer der Betriebszugehörigkeit
- Lebensalter
- Unterhaltspflichten
- Schwerbehinderung

In die Sozialauswahl sind diejenigen Arbeitnehmer nicht einzubeziehen, deren Weiterbeschäftigung aufgrund ihrer Kenntnisse, Fähigkeiten und Leistungen im berechtigten betrieblichen Interesse liegt. Neben dem allgemeinen Kündigungsschutz des KSchG genießen bestimmte Personengruppen einen **besonderen Kündigungsschutz**:

1 | 2.3.2	**Mitglieder des Betriebsrats bzw. der Jugend- und Auszubildendenvertretung**	Nur außerordentliche Kündigung aus einem wichtigen Grund möglich
1 | 2.2.4	**Schwerbehinderte**	Kündigung nur mit Zustimmung des Integrationsamts möglich
1 | 2.2.3	**Schwangere**	Kündigung während der Schutzfrist unzulässig
	Eltern	Kündigung während der Elternzeit unzulässig
1 | 2.1.4	**Auszubildende**	Nach der Probezeit nur außerordentliche Kündigung aus einem wichtigen Grund möglich
4 | 6.2	**Datenschutzbeauftragter**	Kündigung bis innerhalb eines Jahres nach Beendigung der Tätigkeit unzulässig

Arbeitszeugnis

Sowohl das **BGB** als auch die **Gewerbeordnung (GewO)** schreiben vor, dass Arbeitnehmer nach Beendigung des Arbeitsverhältnisses einen Anspruch auf ein Zeugnis haben. Dabei kann es sich je nach Wunsch des Arbeitnehmers um ein **einfaches** oder ein **qualifiziertes Zeugnis** handeln. Die Schriftform ist vorgeschrieben.

§ 109 GewO: Zeugnis

(1) Der Arbeitnehmer hat bei Beendigung eines Arbeitsverhältnisses Anspruch auf ein schriftliches Zeugnis. Das Zeugnis muss mindestens Angaben zu Art und Dauer der Tätigkeit (einfaches Zeugnis) enthalten. Der Arbeitnehmer kann verlangen, dass sich die Angaben darüber hinaus auf Leistung und Verhalten im Arbeitsverhältnis (qualifiziertes Zeugnis) erstrecken.

(2) Das Zeugnis muss klar und verständlich formuliert sein. Es darf keine Merkmale oder Formulierungen enthalten, die den Zweck haben, eine andere als aus der äußeren Form oder aus dem Wortlaut ersichtliche Aussage über den Arbeitnehmer zu treffen.

(3) Die Erteilung des Zeugnisses in elektronischer Form ist ausgeschlossen.

3.3.2 Tarifrecht

Bedeutung von Tarifverträgen

Das Tarifrecht ist ein wichtiger Teil des Kollektivarbeitsrechts. Das Recht der Tarifpartner, Tarifverträge ohne Einmischung des Staates auszuhandeln (**Tarifautonomie**), ist ein wichtiges Element der Wirtschaftsordnung in Deutschland. Verbürgt ist die Tarifautonomie in Art. 9 Abs. 3 GG. Nähere Regelungen zu Tarifverträgen finden sich im Tarifvertragsgesetz (TVG). 6 | 3.1

TVG (Auszug)

§ 1 Inhalt und Form des Tarifvertrags

(1) Der Tarifvertrag regelt die Rechte und Pflichten der Tarifvertragsparteien und enthält Rechtsnormen, die den Inhalt, den Abschluss und die Beendigung von Arbeitsverhältnissen sowie betriebliche und betriebsverfassungsrechtliche Fragen ordnen können.

(2) Tarifverträge bedürfen der Schriftform.

§ 2 Tarifvertragsparteien

(1) Tarifvertragsparteien sind Gewerkschaften, einzelne Arbeitgeber sowie Vereinigungen von Arbeitgebern.

(2) Zusammenschlüsse von Gewerkschaften und von Vereinigungen von Arbeitgebern (Spitzenorganisationen) können im Namen der ihnen angeschlossenen Verbände Tarifverträge abschließen, wenn sie eine entsprechende Vollmacht haben. [. . .]

§ 3 Tarifgebundenheit

(1) Tarifgebunden sind die Mitglieder der Tarifvertragsparteien und der Arbeitgeber, der selbst Partei des Tarifvertrags ist. [. . .]

Als Tarifvertragsparteien kommen somit infrage:

- Einzelne Arbeitgeber, z. B. Deutsche Telekom AG
- Vereinigungen von Arbeitgebern, meist branchenbezogen zusammengeschlossen in Arbeitgeberverbänden, z. B. Arbeitgeberverband der Versicherungsunternehmen in Deutschland
- Gewerkschaften, z. B. Verdi

Tarifverträge erfüllen drei wichtige Funktionen:

- **Schutzfunktion:** Der einzelne Arbeitnehmer wird gegenüber dem wirtschaftlich stärkeren Arbeitgeber durch die Festlegung von Arbeitsbedingungen geschützt.
- **Ordnungsfunktion:** Durch den Tarifvertrag werden Arbeitsverhältnisse normiert und vereinheitlicht, aufwendige und kostspielige Einzelverhandlungen entfallen.
- **Friedensfunktion:** Während der Laufzeit eines Tarifvertrags ist der soziale Friede gewährleistet, da Arbeitskampfmaßnahmen, wie z. B. Streiks, nicht erlaubt sind.

Die Tarifverträge legen Mindestbedingungen fest, die nicht unterschritten werden dürfen (Grundsatz der Unabdingbarkeit). Einzelvertragliche oder unternehmensinterne Regelungen dürfen nur eine Besserstellung der Arbeitnehmer vorsehen (Günstigkeitsprinzip).

Ein abgeschlossener Tarifvertrag gilt zunächst nur für die Mitglieder der Tarifvertragsparteien. So ist z. B. ein Unternehmen, das kein Mitglied des Arbeitgeberverbandes ist, nicht verpflichtet, den Tarifvertrag anzuwenden. Allerdings kann das **Bundesministerium für Arbeit und Soziales** bei öffentlichem Interesse die **Allgemeinverbindlicherklärung** festlegen. In diesem Fall gilt der Tarifvertrag auch für nicht tarifgebundene Unternehmen.

→ ***Praxistipp***
Grundsätzlich gilt der Tarifvertrag zunächst nur für Arbeitnehmer, die Mitglied der Gewerkschaft sind. Um eine Ungleichbehandlung der anderen Arbeitnehmer zu vermeiden, enthalten die meisten Arbeitsverträge jedoch eine Klausel, die auch diesen Personen die Regelungen des Tarifvertrags zukommen lässt (Gleichstellungsabrede).

In Deutschland ist die überwiegende Zahl der Arbeitnehmer durch einen Tarifvertrag geschützt, allerdings mit abnehmender Tendenz. Dies wird u. a. auf die zunehmend als starr empfundenen gesetzlichen Regelungen zurückgeführt. Reformansätze sind z. B. durch mögliche **Öffnungsklauseln** in Tarifverträgen geschaffen worden, die es Unternehmen in wirtschaftlichen Notlagen erlauben, vom Tarifvertrag abzuweichen. Auch in vergleichsweise „jungen" Branchen, wie z. B. im Dialogmarketing, spielen Tarifverträge teilweise nur eine geringe Rolle. Hier kommt hinzu, dass es bislang keinen tariffähigen
1 | 2.4.1 Arbeitgeberverband gibt.

Tarifvertragsarten

Je nach **Inhalt** werden drei Arten von Tarifverträgen unterschieden:

Manteltarifvertrag	Einzelne **Rahmenbedingungen des Arbeitsverhältnisses** wie Urlaub, Arbeitszeit, Entgeltfortzahlung im Krankheitsfall etc. **Laufzeit:** langfristig
Lohn- und Gehaltsrahmentarifvertrag (Entgeltrahmentarifvertrag)	**Rahmenbedingungen der Entgeltzahlung** wie Zuordnung von Tätigkeiten in einzelne Tarifgruppen, Beschreibung von Tätigkeiten, Gewährung von Leistungszulagen und Prämien etc.
Lohn- und Gehaltstarifvertrag (Entgelttarifvertrag)	**Konkrete Höhe** der Entgelte wie Löhne und Gehälter in einzelnen Tarifgruppen, Zulagen, Erfolgsbeteiligung etc. **Laufzeit:** meist ein bis 2 Jahre

Ein Tarifvertrag kann verschiedene Geltungsbereiche haben:

- **Räumlich:** bestimmt das geografische Gebiet, z. B. bundesweit, einzelne Bundesländer, Tarifbezirke, einzelne Unternehmen; Verträge für ein größeres Geltungsgebiet werden als **Flächentarifvertrag** oder **Branchentarifvertrag** bezeichnet, bei einzelnen Unternehmen spricht man von einem **Haustarifvertrag** oder **Firmentarifvertrag.**
- **Zeitlich:** regelt die Laufzeit, z. B. fester Zeitraum, Gültigkeit bis zur Kündigung.
- **Fachlich:** legt fest, in welchen Branchen, Wirtschaftsbereichen, Unternehmenstypen etc. der Tarifvertrag gilt, z. B. Versicherungsbranche.
- **Persönlich:** benennt Personengruppen, die durch den Tarifvertrag erfasst werden, z. B. Angestellte, Arbeiter, Auszubildende.

Tarifverhandlungen

Quelle: Jupp Wolter (Künstler), Haus der Geschichte, Bonn

Die Gültigkeit eines Tarifvertrags endet entweder durch Zeitablauf oder durch Kündigung eines Tarifpartners, die Tarifverhandlungen beginnen. Um der eigenen Position mehr Gewicht zu verleihen, ist die Anfangsphase der Verhandlungen meist geprägt durch Drohgebärden und überzogene Forderungen von beiden Seiten, man spricht auch vom „Tarifritual". Häufig versuchen die Tarifpartner nach gescheiterten ersten Verhandlungen, unter Vermittlung eines neutralen Schlichters im kleinen Kreis einen Kompromiss zu finden.

Bleibt auch die Schlichtung erfolglos, beginnt der **Arbeitskampf**. Den Gewerkschaften steht dafür das Mittel des Streiks zur Verfügung.

Warnstreik bei McDonald's: Aufstand der Burger-Brater

Fritten und Triple-Cheeseburger ließen sie am Sonnabend völlig kalt – die rund 80 McDonald's-Mitarbeiter griffen stattdessen zu Fahnen und Trillerpfeifen und legten ihre Arbeit nieder. Hintergrund sind die Tarifverhandlungen mit dem Bundesverband der Systemgastronomie.

Es ist ein zähes Ringen, das sich mittlerweile über viele Monate hinzieht. Seit Oktober kämpft die Gewerkschaft „Nahrung-Genuss-Gaststätten" für eine Anhebung der Löhne von bundesweit 100.000 Schnellrestaurant-Mitarbeitern. Doch die Arbeitgeber zeigen sich stur: Laut Gewerkschaft haben sie in der untersten Lohngruppe zuletzt gerade einmal 8,87 € pro Stunde angeboten – nur drei Cent mehr als der Mindestlohn!

„Das ist blanker Hohn", schimpft Gewerkschaftssekretärin Anne Widder. „Durch die Teuerungsrate bringt dieses Angebot keine spürbare Veränderung für die Beschäftigen." [...] Deshalb fordert die Gewerkschaft: „Wir wollen sechs Prozent mehr Lohn und einen deutlichen Unterschied von mindestens neun Euro pro Stunde brutto in der untersten Tarifgruppe".

Quelle: Nina Gessner: Warnstreik bei McDonald's: Aufstand der Burger-Brater, vom 02.04.2017, unter www.mopo.de/hamburg/politik/warnstreik-bei-mcdonald-s-aufstand-der-burger-brater-26294236 (Stand: 17.07.2020)

Bei der Vorbereitung oder Durchführung eines Arbeitskampfes können unterschiedliche **Streikformen** auftreten:

- **Organisierter Streik:** von der Gewerkschaft geplant und durchgeführt
- **Wilder Streik:** ohne Mitwirkung der Gewerkschaft durchgeführt (im Arbeitskampf rechtswidrig)
- **Warnstreik:** Drohsignal, bei dem mit kurzen Arbeitsniederlegungen den Forderungen Nachdruck verliehen werden soll
- **Schwerpunktstreik:** punktuelle Arbeitsniederlegungen in einzelnen Betrieben oder Betriebsteilen, die jedoch Schlüsselpositionen einnehmen
- **Teilstreik:** nur einzelne Unternehmensteile oder Arbeitnehmergruppen streiken
- **Generalstreik:** Arbeitsniederlegung aller Arbeitnehmer eines Landes mit dem Ziel, das öffentliche Leben zum Erliegen zu bringen (in Deutschland rechtswidrig)

Zur rechtmäßigen Durchführung eines Streiks benötigt die Gewerkschaft in einer **Urabstimmung** eine Mehrheit von mindestens 75 % der abstimmenden Gewerkschaftsmitglieder. Während des Streiks erhalten die Streikenden keinen Lohn, Gewerkschaftsmitglieder erhalten als Ausgleich Streikgeld.

Als Reaktion auf den Streik steht den Arbeitgebern das Mittel der **Aussperrung**, dem gezielten Fernhalten der Belegschaft von der Arbeit, zur Verfügung. Damit soll die Streikmoral der Gewerkschaften gebrochen werden. In der Praxis kommt die Aussperrung relativ selten vor. Meist sind die Unternehmen eher daran interessiert, den Geschäftsbetrieb aufrechtzuerhalten, und versuchen sogenannte „Streikbrecher" zu motivieren, die Arbeit wieder aufzunehmen. Insgesamt gilt für den Arbeitskampf das **Gebot der Verhältnismäßigkeit**. Die eingesetzten Kampfmittel der Tarifvertragsparteien müssen also in einem angemessenen Verhältnis zu den angestrebten Zielen stehen.

Der Streik endet, wenn in neuen Verhandlungen eine Einigung erzielt wurde und mindestens 25 % der abstimmenden Gewerkschaftsmitglieder in einer **zweiten Urabstimmung** den Kompromiss billigen. Während der Laufzeit des neuen Tarifvertrags sind die Tarifvertragsparteien verpflichtet, keine Arbeitskampfmaßnahmen zu ergreifen (**Friedenspflicht**).

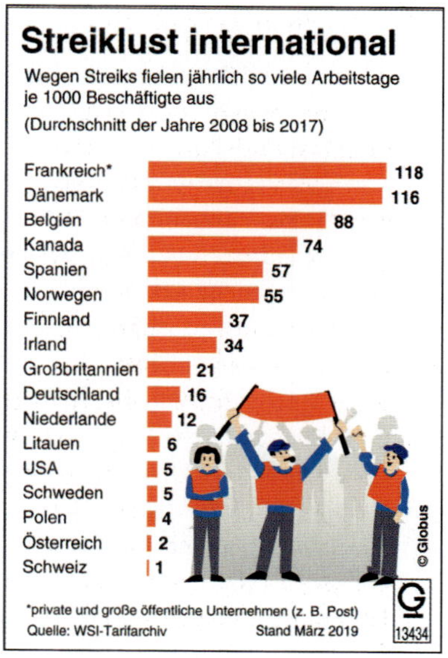

Die finanziellen **Auswirkungen des Arbeitskampfs** sind häufig für alle Beteiligten unerfreulich. Während die Arbeitgeberseite durch Ausfälle im Geschäftsbetrieb mit finanziellen Einbußen rechnen muss, entstehen den Gewerkschaften Kosten durch Streikgeldzahlungen, häufig verbunden mit Sympathieverlusten, wenn die Bevölkerung unmittelbar vom Streik betroffen ist (z. B. Bahnstreik).

Im internationalen Vergleich wird in Deutschland recht selten gestreikt. Dies wird auch auf das gute Funktionieren der sozialen Marktwirtschaft zurückgeführt.

3.3.3 Weiterqualifizierung

Lebenslanges Lernen

Eine gute berufliche Qualifikation
1|5 ermöglicht einen sicheren Arbeitsplatz und bietet Chancen für den Aufstieg. Die berufliche Qualifikation ist damit von großer sozialpolitischer Bedeutung, trägt sie doch dazu bei, Armuts- und Arbeitslosigkeitsrisiken erheblich zu reduzieren. Meist ist es jedoch „nur" mit einer Erstausbildung nicht getan. Der rasche technologische Fortschritt und der gesellschaftliche Wandel hin zur **Wissensgesellschaft** erfordern ein ständiges Anpassen und Erweitern von Kenntnissen und Fähigkeiten. Schätzungen gehen davon aus, dass sich alle 5 bis 7 Jahre das weltweit verfügbare Wissen verdoppelt. Die Zeitspanne, in der das Wissen veraltet, wird dementsprechend immer kürzer.

Lebenslanges Lernen ist gefordert. Mit diesem Schlagwort ist gemeint, dass sich jeder Mensch im Laufe seines Lebens immer wieder neue Dinge aneignen muss, auch eigenständig. Dazu ist es erforderlich, Informationen zu finden und auszuwählen (**Informationskompetenz**) sowie verschiedene **Lern- und Arbeitstechniken** zu beherrschen.

Lebenslanges Lernen

[...] Gesellschaft und Wirtschaft befinden sich in einem anhaltenden Strukturwandel, der alle Lebens- und Arbeitsbereiche umfasst. Das immer schnellere Wachstum von Wissen und seine weltweite Verfügbarkeit infolge neuer Informations- und Kommunikationstechnologien bringen gewaltige Chancen für persönlichen, gesellschaftlichen und wirtschaftlichen Fortschritt. Dem steht das Risiko gegenüber, dass Wissen wegen seiner Fülle, seiner Differenziertheit und seiner dynamischen Entwicklung immer schwerer zu erschließen ist. Die Fähigkeit, Wissen aufzufinden, auszuwählen, zu bewerten und anzuwenden für die jeweils beste Lösung einer aktuellen Aufgabe, entscheidet immer mehr über persönliche Chancen, über gesellschaftliche Teilhabe sowie Erfolg im wirtschaftlichen Wettbewerb. Die Konsequenz aus dieser anhaltenden Entwicklung ist, dass Bildung – national wie international – zunehmend eine Schlüsselrolle erhält. [...]

Quelle: Bund-Länder-Kommission für Bildungsplanung und Forschungsförderung (BLK) (Hg.): Empfehlungen des Forum Bildung, unter: https://kindergartenpaedagogik.de/fachartikel/paedagogik/644 (Stand: 17.07.2020)

Berufliche Weiterbildung

Die berufliche Weiterbildung (Fortbildung) dient dazu, die berufliche Handlungsfähigkeit anzupassen und zu erhalten oder für einen beruflichen Aufstieg zu erweitern. Dies ist auf verschiedenen Wegen möglich.

- **Unabhängige Fortbildung:** Diese wird vom Mitarbeiter selbstständig geplant und durchgeführt, unabhängig vom Unternehmen. Auch für die Finanzierung ist meistens der Mitarbeiter verantwortlich.

  Beispiel

  Berufsbegleitendes Studium „Staatlich geprüfter Betriebswirt"

- **Betriebsinterne Fortbildung:** Im Rahmen der innerbetrieblichen Personalentwicklung eines Unternehmens werden zu unternehmensspezifischen Anlässen Fortbildungen durchgeführt. 10|8

  Beispiel

  Angehende Teamleiter werden in den Grundlagen des Arbeitsrechts geschult.

- **Aufstiegsfortbildung:** Nach einer kaufmännischen Berufsausbildung werden in einer zweiten Stufe (Fachkaufmann/Fachwirt) Qualifikationen für herausgehobene Tätigkeiten und Koordinationsaufgaben erworben. In der dritten Stufe („Betriebswirt") werden Qualifikationen zur Übernahme von Führungsaufgaben vermittelt. Die Aufstiegsfortbildung ist planmäßig organisiert (z.B. IHK, Fachschulen) und setzt eine abgeschlossene Berufsausbildung sowie einschlägige, meist mehrjährige Berufserfahrung voraus.

  Beispiel

  Fortbildung zum Wirtschaftsfachwirt (IHK)

Gerade die Dialogmarketingbranche bietet eine Vielzahl von Möglichkeiten, durch Weiterbildung rasch aufzusteigen. 2|2.3.4

Während die betriebsinterne Fortbildung meist vom Unternehmen finanziert wird, ist bei den anderen Fortbildungswegen der Mitarbeiter gefragt. Insbesondere bei der Aufstiegsfortbildung gibt es allerdings eine Vielzahl staatlicher Förderungsmöglichkeiten, z.B. zinsvergünstigte Bildungskredite oder das sogenannte „Aufstiegs-BAföG".

> → ***Praxistipp***
> Aktuelle Weiterbildungsmöglichkeiten können z.B. unter www.wis.ihk.de recherchiert werden. Nähere Hinweise zur Förderung der Aufstiegsfortbildung finden Sie unter: www.aufstiegs-bafoeg.de.

Zusammenfassung

- In der **freien Marktwirtschaft** greift der Staat nicht in das Wirtschaftsgeschehen ein, sondern gewährleistet lediglich die Rahmenbedingungen für einen störungsfreien Ablauf des Wirtschaftsgeschehens.
- In der **sozialen Marktwirtschaft** sorgt der Staat für einen störungsfreien Wirtschaftsablauf innerhalb der marktwirtschaftlichen Ordnung sowie für soziale Sicherheit und soziale Gerechtigkeit.
- Unternehmen können in vielfältiger Form zusammenarbeiten:

	Form der Zusammenarbeit	Wirtschaftliche Selbstständigkeit	Rechtliche Selbstständigkeit
Kooperation	Interessen- bzw. Arbeitsgemeinschaft	bleibt bestehen	bleibt bestehen
	Kartell	ist teilweise eingeschränkt	bleibt bestehen
Konzentration	Konzern	geht verloren	bleibt bestehen
	Trust (Fusion)	geht verloren	geht verloren

- Das Gesetz gegen Wettbewerbsbeschränkungen (Kartellgesetz) untersagt grundsätzlich die Bildung von **Kartellen**, die den Wettbewerb verhindern oder einschränken, und lässt dabei nur wenige Ausnahmen zu.
- Zur Sicherung des Wettbewerbs kann das Bundeskartellamt **Fusionen** untersagen und bei Missbrauch einer marktbeherrschenden Stellung Maßnahmen ergreifen.
- Folgende Aspekte eines Arbeitsverhältnisses regelt das Arbeitsvertragsrecht:

Arbeitsvertragsrecht

Arten
- Unbefristet/befristet
- Vollzeit/Teilzeit
- Arbeitgeber/Leiharbeit

Inhalte
- Beginn, Dauer
- Tätigkeiten
- Bezahlung
- Arbeitszeit, Urlaub u. Ä.

Rechte und Pflichten
- Gehaltszahlung
- Fürsorgepflicht
- Arbeitsleistung
- Treuepflicht u. Ä.

Beendigung
- Aufhebung
- Kündigung u. Ä.

- Bei Tarifverträgen regelt das Tarifrecht folgende Aspekte:

Tarifrecht

Tarifvertragsparteien
- Einzelne Arbeitgeber
- Arbeitgeberverbände
- Gewerkschaften

Arten
- Manteltarifvertrag
- Lohn- und Gehaltsrahmentarifvertrag
- Lohn- und Gehaltstarifvertrag

Geltungsbereiche
- Räumlich
- Zeitlich
- Fachlich
- Persönlich

- **Tarifverträge** enden durch Zeitablauf oder Kündigung. In Tarifverhandlungen, die durch Arbeitskampfmaßnahmen begleitet sein können, entsteht ein neuer Tarifvertrag.
- Zur beruflichen **Weiterqualifizierung** ist lebenslanges Lernen unverzichtbar. Ziel einer **Fortbildung** ist es, die berufliche Handlungsfähigkeit anzupassen, zu erhalten oder für einen beruflichen Aufstieg zu erweitern.

Aufgaben

1. ***Stellen Sie drei Unterschiede zwischen der freien und der sozialen Marktwirtschaft gegenüber.***
2. ***Welche Bedeutung kommt dem Wettbewerb in einer Marktwirtschaft zu? Beurteilen Sie unter Berücksichtigung der abgedruckten Zeitungsartikel auf den S. 42 und 46 die möglichen Auswirkungen von Kartellen und Fusionen auf den Wettbewerb.***
3. ***Erläutern Sie anhand des Artikels „Übernahme: Magdeburger Callcenter-Betreiber Regiocom kauft Wettbewerber SNT" auf S. 45, welche Vorteile Unternehmen von Fusionen erwarten.***
4. ***Was versteht man unter der Fusionskontrolle? Informieren Sie sich unter www.bundeskartellamt.de über aktuelle Verfahren.***
5. ***In einer Zeitschrift entdecken Sie diesen Artikel:***

Milliardenfusion der Bierkonzerne

Der weltgrößte Brauer Anheuser-Busch Inbev hat sich im Poker um die rund 100 Mrd. € schwere Übernahme des Branchenzweiten SABMiller durchgesetzt. Beide Konzerne haben eine grundsätzliche Einigung erzielt. [...]

Der weltgrößte Brauereikonzern arbeitete seit Mitte September daran, seinen Konkurrenten SABMiller, die Nummer zwei weltweit, zu schlucken. Mit der Übernahme entsteht ein Brauriese neuer Dimension: Weltweit wird künftig etwa jedes dritte Bier aus einer Brauerei des fusionierten Konzerns kommen. Aus dem Hause AB InBev kommen Biere wie Budweiser, Corona, Stella Artois oder in Deutschland Beck's und Franziskaner. Der Konzern war 2008 aus der Fusion der belgisch-brasilianischen InBev-Gruppe mit dem amerikanischen Braukonzern Anheuser-Busch entstanden. SABMiller verkauft unter anderem Pilsner Urquell, Miller und Grolsch.

Quelle: tine./© Agence France-Presse/ © dpa Deutsche Presse-Agentur GmbH/ Reuters: Milliardenfusion der Bierkonzerne, vom 13.10.2015, unter: www.faz.net/aktuell/wirtschaft/ab-inbev-und-sabmiller-milliardenfusion-der-bierkonzerne-13853751.html (Stand: 17.07.2020)

Überprüfen Sie anhand des Textes folgende Aussagen:

a) ***Anheuser-Busch Inbev und SABMiller bilden ein genehmigungspflichtiges Kartell.***
b) ***Es handelt sich hier um einen vertikalen Zusammenschluss.***
c) ***Anheuser-Busch Inbev und SABMiller fusionieren.***
d) ***SABMiller bleibt rechtlich unabhängig, verliert aber die wirtschaftliche Selbstständigkeit.***
e) ***Es entsteht ein neuer Konzern mit einem Wert von 100 Mrd. €.***

6. *Nennen Sie die Inhalte, die gemäß Nachweisgesetz mindestens in einen Arbeitsvertrag aufgenommen werden müssen. Warum ist bei einem Arbeitsvertrag faktisch die Schriftform vorgeschrieben?*

7. *Was versteht man unter einer sozial gerechtfertigten Kündigung?*

8. *Azubi Daniel ist zum wiederholten Male zu spät zur Arbeit erschienen. Personalchef Georg Asamov denkt schon über eine Kündigung nach, will Daniel aber noch eine letzte Chance mit einer Abmahnung geben.*
   a) *Welche Funktion hat eine Abmahnung?*
   b) *Welcher Kündigungsgrund käme für Daniel infrage?*

9. *Die Dialogfix GmbH möchte die in letzter Zeit zunehmende Mitarbeiterfluktuation eindämmen. Dazu soll in alle neu abgeschlossenen Arbeitsverträge folgende Passage eingefügt werden: „Nach der Probezeit kann der Arbeitnehmer das Arbeitsverhältnis mit einer Kündigungsfrist von 3 Monaten zum Quartalsende kündigen."*

   Prüfen Sie die rechtliche Zulässigkeit dieser Vereinbarung.

10. *Aus betriebsbedingten Gründen muss die KommunikativAktiv KG drei Mitarbeitern kündigen. Ermitteln Sie gemäß §622 BGB, wann das Arbeitsverhältnis in den folgenden Fällen jeweils endet.*

	Zugang der Kündigung	Betriebszugehörigkeit
a)	12.01.2022	seit 02.01.2020
b)	09.02.2022	seit 02.01.2012
c)	16.03.2022	seit 01.06.2018

11. *Arbeitszeugnisse zeichnen sich meist durch eine ganz spezielle „Zeugnissprache" aus. Recherchieren Sie dazu im Internet je drei Beispiele für „sehr gute" bzw. „nicht ausreichende" Formulierungen (z. B. unter www.focus.de/karriere/arbeitsrecht/arbeitszeugnis).*

12. *Ein Auszubildender aus dem 1. Ausbildungsjahr wendet sich an Sie. Beantworten Sie ihm folgende Fragen:*
    a) *Welche Pflichten hat ein Arbeitnehmer bei Arbeitsunfähigkeit?*
    b) *Wann kann eine außerordentliche (fristlose) Kündigung ausgesprochen werden?*
    c) *In welchen Fällen ist eine Abmahnung erforderlich?*
    d) *Welche Personengruppen genießen einen besonderen Kündigungsschutz?*

13. *Erklären Sie die Begriffe.*
    a) *Tarifautonomie*
    b) *Manteltarifvertrag*
    c) *Unabdingbarkeit*
    d) *Gleichstellungsabrede*
    e) *Öffnungsklauseln*
    f) *Urabstimmung*
    g) *Arbeitskampf*
    h) *Aussperrung*

14. *Beschreiben Sie die Auswirkungen eines Arbeitskampfes auf*
    a) *Gewerkschaften,*
    b) *Arbeitgeber,*
    c) *Gesamtwirtschaft.*

15. *Diskutieren Sie in der Klasse die Aussage: „Lernen ist wie Rudern gegen den Strom. Sobald man aufhört, treibt man zurück." (Benjamin Britten)*

4 Einflüsse der Wirtschafts- und Konjunkturpolitik beobachten

■ Einstiegssituation

Die Betriebsratsvorsitzende Hilde Schmitz hat alle Angestellten der KommunikativAktiv KG zu einer Betriebsversammlung eingeladen. Im Mittelpunkt stehen die kursierenden Übernahmegerüchte. Doch der Geschäftsführer hat überraschende Nachrichten.

Herr Groß: *„Liebe Kolleginnen und Kollegen, ich kann Ihnen mitteilen, dass es zu keiner Übernahme unseres Unternehmens kommen wird!“*

Frau Schmitz: *„Erklären Sie uns jetzt aber bitte näher, woher dieser plötzliche Sinneswandel kommt.“*

Herr Groß: *„Tja, Frau Schmitz, auch wir profitieren jetzt von der steigenden Konjunktur. Nach einer langen Durststrecke ist es uns wieder gelungen, einige neue Projekte an Land zu ziehen. Ich kann sogar in Aussicht stellen, dass wir aufgrund der günstigen Bedingungen umfangreiche Investitionen tätigen werden. Ihre Arbeitsplätze sind somit mehr als sicher.“*

Julia wendet sich leise an ihren Teamleiter: *„Das klingt ja super, da werde ich doch bestimmt nach der Ausbildung übernommen! Aber was das jetzt mit dieser Konjunktur auf sich hat, das ist mir schleierhaft ...“*

■ Arbeitsaufträge

1. ***Diskutieren Sie in der Klasse, wodurch die wirtschaftliche Aktivität in einem Land beeinflusst wird.***
2. ***Sammeln Sie mittels eines Brainstormings denkbare Auswirkungen, die Investitionen auf die Wirtschaft haben.***
3. ***Welche Möglichkeiten hat der Staat, in das Wirtschaftsgeschehen einzugreifen?***

Die Summe der Maßnahmen, mit denen der Staat regulierend und gestalterisch in das Wirtschaftsgeschehen eingreift, wird als **Wirtschaftspolitik** bezeichnet. Neben der Wettbewerbspolitik und der Sozialpolitik kommt dabei insbesondere der Konjunkturpolitik eine tragende Rolle zu.

4.1 Wirtschaftspolitische Ziele

Die Ziele der staatlichen Wirtschaftspolitik gibt das „Gesetz zur Förderung der Stabilität und des Wachstums der Wirtschaft“, kurz **Stabilitätsgesetz (StabG)** vor:

> **§ 1 Stabilitätsgesetz**
> Bund und Länder haben bei ihren wirtschafts- und finanzpolitischen Maßnahmen die Erfordernisse des gesamtwirtschaftlichen Gleichgewichts zu beachten. Die Maßnahmen sind so zu treffen, dass sie im Rahmen der marktwirtschaftlichen Ordnung gleichzeitig zur Stabilität des Preisniveaus, zu einem hohen Beschäftigungsstand und außenwirtschaftlichem Gleichgewicht bei stetigem und angemessenem Wirtschaftswachstum beitragen.

Eine exakte Festlegung der Ziele findet sich im Gesetz nicht. Vielmehr legt die Bundesregierung regelmäßig einen **Jahreswirtschaftsbericht** vor, in dem die aktuellen wirtschaftspolitischen Ziele und die zur Verwirklichung geplanten Maßnahmen präzisiert werden. Eine weitere wichtige Quelle zur Ableitung der Ziele ist das Jahresgutachten des **Sachverständigenrats zur Begutachtung der gesamtwirtschaftlichen Entwicklung**, der sogenannten „fünf Wirtschaftsweisen“. Der Sachverständigenrat wurde bereits 1963 per Gesetz eingerichtet, um unabhängig die gesamtwirtschaftliche Entwicklung in der Bundesrepublik Deutschland zu analysieren und die Urteilsbildung bei allen wirtschaftspolitisch verantwortlichen Instanzen sowie in der Öffentlichkeit zu erleichtern.

4.1.1 Preisniveaustabilität

Das Preisniveau bezeichnet die durchschnittliche Höhe der Preise für Güter und Dienstleistungen in einer Volkswirtschaft. Aus Vereinfachungsgründen werden dabei nur bestimmte Gütergruppen betrachtet, aus denen das Statistische Bundesamt einen repräsentativen **Warenkorb** bildet. Als wichtigster Warenkorb gilt der **Verbraucherpreisindex** (VPI), der die **Kosten der Lebenshaltung** misst. Er enthält mit gewichteten Anteilen (Wägungsschema) das Preisniveau von ca. 750 Gütern, die ein durchschnittlicher Haushalt konsumiert. Die Preissteigerung wird durch einen Vergleich des Preisniveaus zwischen zwei unterschiedlichen Zeitpunkten – z. B. Monaten oder Jahren – ermittelt.

> **#** ***Definition***
> Maßgröße für die Preisniveaustabilität ist die **Veränderung des Verbraucherpreisindex**. Dieser Wert wird auch als **Inflationsrate** bezeichnet.

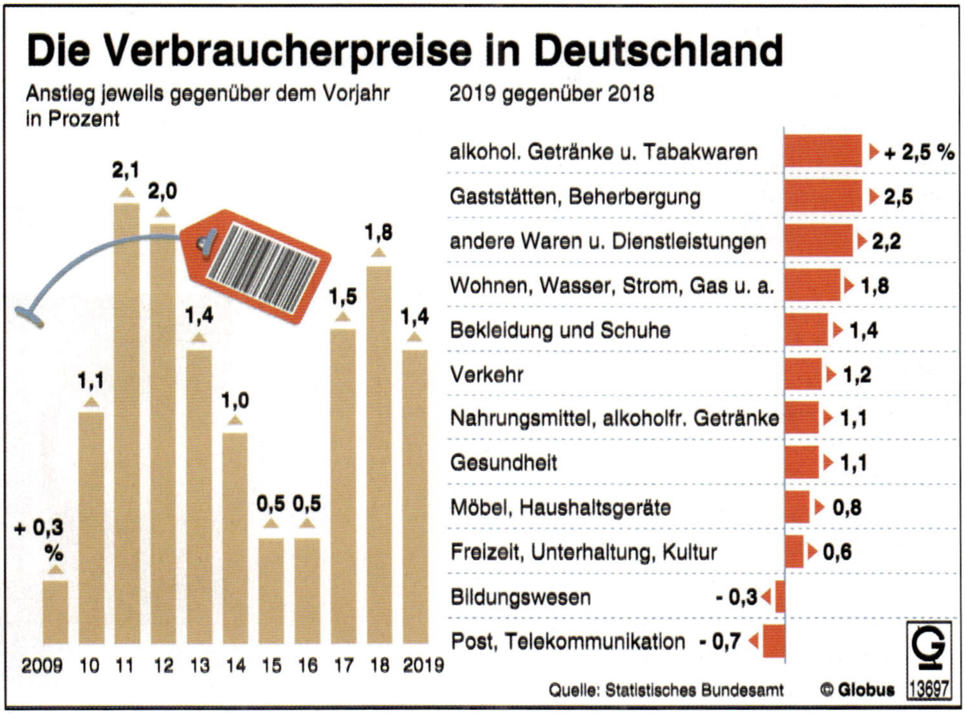

Der Verbraucherpreisindex berücksichtigt **alle Ausgaben**, die für den Erwerb der Güter im Warenkorb anfallen. Es ist also durchaus möglich, dass die Preissteigerungen bei einzelnen Gütern durch Preissenkungen bei anderen Gütern ausgeglichen werden.

Bei **steigenden Gesamtausgaben** für die enthaltenen Güter wird die Lebenshaltung insgesamt teurer, für einen gleichbleibenden Geldbetrag können also weniger Güter gekauft werden. Die **Kaufkraft**, der Wert des Geldes, sinkt. Man spricht dann von **Inflation**. 6 | 1.1

Für eine Inflation können mehrere Ursachen infrage kommen:

- Die Nachfrage (z. B. von privaten Haushalten, dem Ausland oder auch dem Staat) nach Gütern ist höher als das verfügbare Angebot (**Nachfrageinflation**). Ein Ausgleich findet über steigende Preise statt. Ein Rückgang der Inflation kann demnach durch eine Dämpfung der Nachfrage erreicht werden.

Beispiel

Aufgrund positiver Zukunftserwartungen der privaten Haushalte steigt der Konsum stärker als die Güterproduktion.

- Das Angebot an Gütern verteuert sich, da die Anbieter gestiegene Kosten (z. B. Rohstoffe, Löhne) über die Preise weitergeben (**Angebotsinflation**). Ein Rückgang der Inflation ist demnach durch sinkende Kosten möglich.

Beispiel

Der Rohstoff Öl ist stark im Preis gestiegen. Viele auf diesem Rohstoff basierende Güter werden teurer (z. B. Benzin, Heizöl, Transportleistungen).

→ ***Praxistipp***

Entspricht das persönliche Konsumverhalten nicht der Zusammensetzung des repräsentativen Warenkorbs, weicht die „gefühlte" Preissteigerung häufig von der tatsächlich gemessenen ab.

Die Preisniveaustabilität gilt als erreicht, wenn die **Inflationsrate unter 2 %** liegt. Ein stabiles Preisniveau bietet Planungssicherheit für Unternehmen und Verbraucher. Unternehmen können langfristig kalkulieren, für private Haushalte bleibt die Kaufkraft stabil. Benachteiligt durch eine hohe Inflationsrate sind insbesondere die Bezieher fester Einkommen, da ein Ausgleich des Kaufkraftverlusts – wenn überhaupt – erst zeitverzögert erfolgt. Auch Sparer sind im Nachteil, weil das gesparte Geld an Wert verliert. Profiteure sind hingegen Schuldner, da das zurückgezahlte Geld weniger wert ist als das erhaltene. Besitzer von Sachgütern (z. B. Immobilien, Aktien) sind vor der Inflation geschützt, da die Sachgüter ihren Wert behalten. Daher gilt eine hohe Inflationsrate als sozial ungerecht.

→ ***Praxistipp***

Ein anhaltender Rückgang des Preisniveaus wird als **Deflation** bezeichnet. In diesem Fall ist die gesamtwirtschaftliche Nachfrage niedriger als das Angebot. Da bei einer Deflation die Unternehmen häufig Verluste erwirtschaften, sind Pleiten und Massenentlassungen eine weit verbreitete Folge.

4.1.2 Hoher Beschäftigungsstand

Das wirtschaftspolitische Ziel „hoher Beschäftigungsstand" geht der Frage nach, wie stark der auf dem Arbeitsmarkt angebotene Produktionsfaktor Arbeit ausgelastet ist.

 # Definition
Maßgröße für den Beschäftigungsstand ist die **Arbeitslosenquote**, die den nicht ausgelasteten Teil des Arbeitskräfteangebots anzeigt.

Die Arbeitslosenquote wird monatlich durch die Bundesagentur für Arbeit entsprechend der folgenden Formel ermittelt:

$$\text{Arbeitslosenquote} = \frac{\text{Arbeitslose} \cdot 100}{\text{Arbeitskräfteangebot}}$$

Als **Arbeitslose** zählen alle Personen ohne festes Beschäftigungsverhältnis, die bei der Arbeitsagentur als arbeitssuchend gemeldet sind. Zum **Arbeitskräfteangebot** („zivile Erwerbspersonen“) zählen, neben den Arbeitslosen, sämtliche zivile Erwerbstätige. Damit sind alle Arbeitnehmer (auch Auszubildende, geringfügig Beschäftigte und sogenannte „1-Euro-Jobber“), Beamte und Selbstständige gemeint.

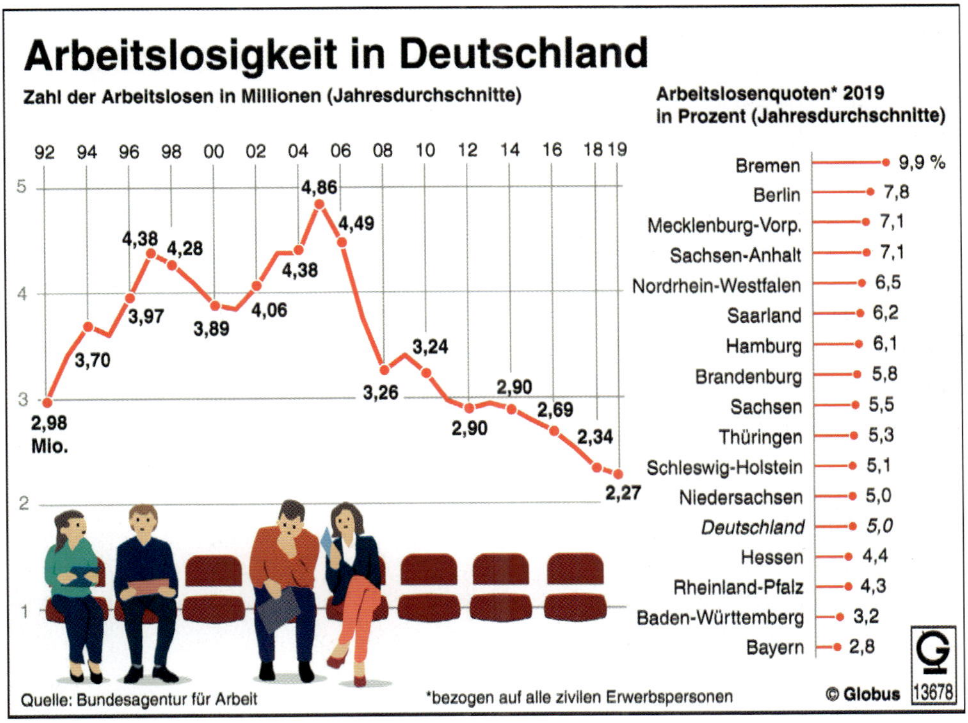

In jeder Volkswirtschaft existiert aufgrund der natürlichen Fluktuation (Arbeitsplatzwechsel) und saisonalen Schwankungen immer ein Grundsockel an Arbeitslosigkeit. Daher wird bereits eine Arbeitslosenquote unter 2 % als **Vollbeschäftigung** betrachtet.

Arbeitslosigkeit in Deutschland ist ein vielschichtiges Phänomen. Es ist eine regional sehr unterschiedlich ausgeprägte Arbeitslosenquote zu beobachten, die zudem im Zeitverlauf stark schwankt. Des Weiteren erhöhen bestimmte Merkmale, wie z. B. eine fehlende Berufsausbildung, eine bereits bestehende Langzeitarbeitslosigkeit oder fortgeschrittenes Lebensalter, das Beschäftigungsrisiko deutlich.

Ein **hoher Beschäftigungsstand** ist für eine Volkswirtschaft aus vielen Gründen erstrebenswert. Den Beschäftigten steht eine höhere Kaufkraft auf dem Markt zur Verfügung, die sich wiederum positiv auf die Volkswirtschaft auswirkt. Gleichzeitig werden die Sozialsysteme entlastet, da mehr Beitragszahler weniger Leistungsempfängern gegenüberstehen.
1 | 2.4.2
Von den gesamtwirtschaftlichen Auswirkungen abgesehen stellt Arbeitslosigkeit für die Betroffenen eine in vielerlei Hinsicht belastende Situation dar, die mit zahlreichen Einschränkungen verbunden ist.

4.1.3 Außenwirtschaftliches Gleichgewicht

Unter dem Begriff **Außenwirtschaft** fasst man die Wirtschaftsbeziehungen Deutschlands mit anderen Volkswirtschaften zusammen. Die Gegenüberstellung sämtlicher Forderungen und Verbindlichkeiten aus den außenwirtschaftlichen Transaktionen wird als **Zahlungsbilanz** bezeichnet, die monatlich von der Deutschen Bundesbank veröffentlicht wird. Die Zahlungsbilanz setzt sich im Wesentlichen aus der Kapitalbilanz und der Leistungsbilanz zusammen.

In der **Kapitalbilanz** werden finanzielle Transaktionen, wie z. B. Kredite, Unternehmensbeteiligungen oder Geldanlagen, erfasst.

Beispiele

Finanzierung eines Einkaufszentrums in Frankreich, Beteiligung eines russischen Unternehmens an einer deutschen Brauerei

Die **Leistungsbilanz** besteht aus:

- **Handelsbilanz:** Importe und Exporte von Sachgütern

  Beispiele

  Import von Textilien, Export von Maschinen

- **Dienstleistungsbilanz:** geleistete und genutzte Dienstleistungen

  Beispiele

  Urlaub in Spanien, Unternehmensberatung in Tschechien

- **Übertragungsbilanz:** unentgeltliche Zahlungen, denen kein Handelsgeschäft zugrunde liegt

Beispiele

Entwicklungshilfe in Namibia, Geldüberweisung eines in Dubai beschäftigten deutschen Ingenieurs an seine Familie in Deutschland

Die wirtschaftspolitisch bedeutendste Größe im Außenhandel ist die **Handelsbilanz**. Seit Jahren exportiert die deutsche Wirtschaft als sogenannter „Exportweltmeister" in vielen Branchen wertmäßig deutlich mehr Güter, als im Gegenzug importiert werden. Dieser Vorgang wird als **Außenhandelsüberschuss** oder aktive Handelsbilanz bezeichnet. Im umgekehrten Fall – der wertmäßige Export ist geringer als der Import – spricht man von einem **Außenhandelsdefizit** oder einer passiven Handelsbilanz.

Definition

Als Maßgröße für das außenwirtschaftliche Gleichgewicht gilt der **Außenbeitrag**. Darin wird der **Saldo** der Handels- und Dienstleistungsbilanz zusammengefasst.

Ein positiver Außenbeitrag (Nettoexport) wirkt sich günstig auf die Wirtschaft in Deutschland aus. Die hergestellten Güter und Dienstleistungen schaffen Arbeitsplätze und damit auch Kaufkraft innerhalb der Volkswirtschaft. Negativ wirkt sich demgegenüber aus, dass sich das Güterangebot im Inland durch den Export verringert, gleichzeitig aber die Geldmenge steigt, da die exportierten Waren vom Ausland bezahlt werden. Die so ausgelöste Steigerung des Preisniveaus wird daher auch als **importierte Inflation** bezeichnet. Ein negativer Außenbeitrag (Nettoimport) erzeugt die umgekehrte Wirkung.

6 | 4.1.1

4.1.4 Stetiges und angemessenes Wirtschaftswachstum

Die wirtschaftliche Leistung einer Volkswirtschaft wird durch das **Bruttoinlandsprodukt (BIP)**, den Wert aller hergestellten Güter und Dienstleistungen, ausgedrückt. Ein Wirtschaftswachstum liegt vor, wenn das BIP im Jahresvergleich größer wird. Um dies festzustellen, wird zunächst das **nominale BIP** ermittelt. Dazu erfasst das Statistische Bundesamt die hergestellten Güter und Dienstleistungen zu den jeweiligen Marktpreisen. Der so gewonnene Wert ist allerdings noch wenig aussagekräftig, da das nominale Wachstum sowohl durch einen Anstieg der Gütermenge als auch durch einen Anstieg des Preisniveaus entstanden sein kann. Daher wird bei der Ermittlung des **realen BIP** die Preissteigerung herausgerechnet, indem man alle Preise auf das Preisniveau eines festgelegten Basisjahres bezieht.

#

Definition

Maßgröße für das Wirtschaftswachstum ist das **reale Wirtschaftswachstum** des BIP.

Einen wichtigen Beitrag zum Wirtschaftswachstum leisten **Investitionen**. Darunter versteht man, dass Unternehmen finanzielle Mittel zur Anschaffung von Produktionsgütern verwenden. Investitionen haben eine **doppelte Auswirkung** auf die Wirtschaft:

- Zunächst wirken sie, indem durch die Herstellung der Produktionsgüter zusätzliches Einkommen geschaffen wird, das anschließend als Kaufkraft auf dem Markt wirksam wird (**Einkommenseffekt**).
- Nachdem die Investition fertiggestellt ist, steht dem Unternehmen schließlich eine verbesserte und erweiterte Produktionskapazität zur Verfügung, die das Leistungsangebot der Volkswirtschaft erhöht (**Kapazitätseffekt**).

Beispiel

Zur Umsetzung neuer Projekte möchte KommunikativAktiv zwölf zusätzliche Telefonarbeitsplätze (seats) einrichten. Die Aufwendungen für Einrichtung und Ausstattung der Arbeitsplätze (z. B. Umbauarbeiten, PC-Ausstattung, Büromöbel etc.) führen bei den beauftragten Unternehmen zu Einnahmen und fließen über die Löhne und Gehälter der dortigen Mitarbeiter wieder in die Wirtschaft zurück (Einkommenseffekt). Mit den zwölf zusätzlichen Arbeitsplätzen kann KommunikativAktiv mehr Telefonate erledigen. Es werden zusätzliche Mitarbeiter eingestellt, deren Gehälter wiederum die Kaufkraft in der Wirtschaft erhöhen (Kapazitätseffekt).

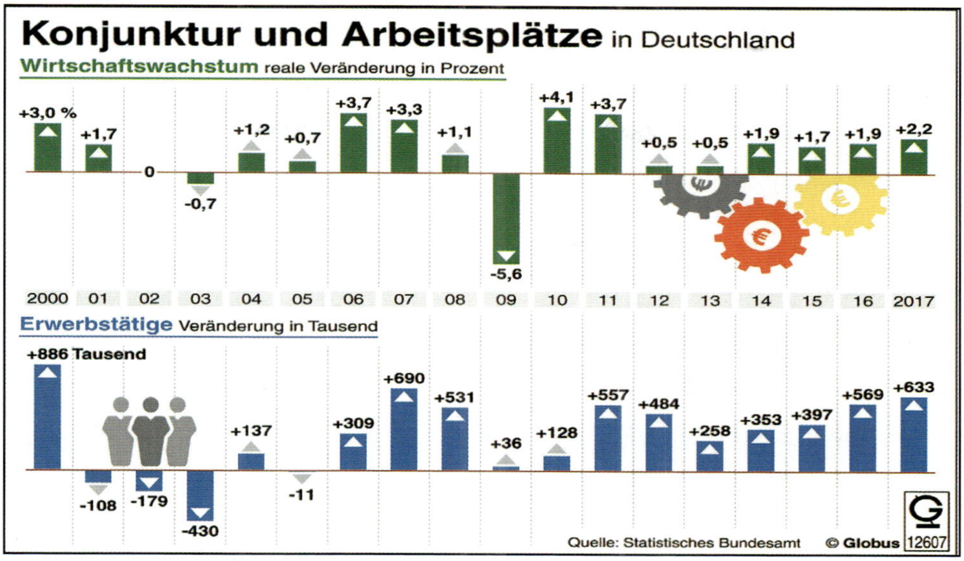

Das Wirtschaftswachstum wird als **stetig** bezeichnet, wenn es keinen größeren Schwankungen ausgesetzt ist. Ab wann das Wachstum als **angemessen** angesehen werden kann, ist nicht eindeutig festgelegt. Als mindestens notwendig wird ein Wirtschaftswachstum in Höhe der „Beschäftigungsschwelle" von etwa 1 % bis 1,5 % erachtet. Damit ist gemeint, dass erst ab dieser Wachstumsrate neue Jobs entstehen. Ein darunter liegender Wert zieht meist schon durch den Produktivitätsfortschritt der Volkswirtschaft einen Abbau von Arbeitsplätzen nach sich. Neben den positiven Auswirkungen auf den Beschäftigungsstand eröffnet ein hohes Wirtschaftswachstum Spielräume für Lohnerhöhungen und, durch die damit verbundenen steigenden Steuereinnahmen, Gestaltungsmöglichkeiten für den Staat.

Als Maßstab für den **Wohlstand einer Volkswirtschaft** ist das BIP aber nur eingeschränkt geeignet. Zwar werden seit der Neuregelung der BIP-Berechnung von 2014 illegale Aktivitäten (z.B. Schmuggel) mitberechnet, viele andere Tätigkeiten wie z.B. Schwarzarbeit, Nachbarschaftshilfe, Hausarbeit und ehrenamtliche Arbeit bleiben jedoch in der Berechnung unberücksichtigt, obwohl sie das Güter- und Dienstleistungsangebot vermehren. Auch lässt das BIP keine Rückschlüsse auf die Verteilung der Güter zu. Ein zunehmendes Interesse finden inzwischen Maßgrößen, bei denen die sozialen Kosten des Wirtschaftswachstums (z. B. Umweltbelastungen) mit einbezogen werden. Man spricht in diesem Zusammenhang von **qualitativem Wachstum**.

→ ***Praxistipp***

Aktuelle Informationen zur BIP-Berechnung bietet das Statistische Bundesamt unter: https://www.destatis.de/DE/ZahlenFakten/GesamtwirtschaftUmwelt/VGR/Methoden/BIP.html

Das BIP hat als Kompass für Wachstum ausgedient

Das Bruttoinlandsprodukt gilt als der beste Wohlstandsindikator. Doch die Kritiker am BIP werden mehr – auch IWF-Chefin Lagarde gehört jetzt dazu. Denn das Maß verliert zunehmend seine Funktion. „Wir müssen das Bruttoinlandsprodukt wohl neu berechnen." Starke Worte – richtige Erkenntnis! [...] Das BIP sagt nichts zur Lebens- und Umweltqualität, zu Verteilungsfragen, Zivilisationskrankheiten, Unfällen, Verbrechen oder dem Zustand der Natur. Vieles andere mehr, wie Schwarzarbeit oder fundamentale Bewertungsprobleme, haben immer schon zu harscher Kritik an einem BIP-Fetischismus der Ökonomen geführt. Diese wiederum wehrten sich, dass das BIP zwar nicht wirklich gut, aber von allen schlechten Messgrößen immerhin die beste sei. Eine von den Parteien des Bundestags geschaffene Enquete-Kommission mit dem Namen „Wachstum, Wohlstand, Lebensqualität" war dann Ende 2010 aufgerufen, dem BIP den Garaus zu machen. In einem 844-seitigen Schlussbericht wurde im Mai 2013 ein ganzheitlicher und vor allem nachhaltiger Fortschrittsindikator als neuer Urmeter der Ökonomik vorgeschlagen. Er soll neben dem materiellen Wohlstand auch das Soziale, die Teilhabe und die Ökologie abbilden.

Quelle: Straubhaar, Thomas: Das BIP hat als Kompass für Wachstum ausgedient, vom 26.01.2016, unter: www.welt.de/wirtschaft/article151493038/Das-BIP-hat-als-Kompass-fuer-Wachstum-ausgedient.html (Stand: 17.07.2020)

4.1.5 Zielkonflikte

Häufig wird für die wirtschaftspolitischen Ziele aus dem Stabilitätsgesetz die Bezeichnung **„magisches Viereck"** gewählt. Die nahezu magische Kräfte erfordernde Schwierigkeit liegt darin begründet, alle vier Ziele **gleichzeitig** zu erreichen.

Durch die Abhängigkeiten zwischen den einzelnen Zielen bestehen häufig **Zielkonflikte**, d. h. ein Ziel kann nur zulasten eines anderen Ziels verwirklicht werden (Zielkonkurrenz). Häufig treten Zielkonflikte auf zwischen

- **Wirtschaftswachstum und Stabilität des Preisniveaus**

  Beispiel

  Das Wirtschaftswachstum wird mit einem niedrigen Zinsniveau angekurbelt. Durch die billigen Kredite nimmt zwar die gesamtwirtschaftliche Nachfrage zu, das Preisniveau steigt allerdings an.

- **außenwirtschaftlichem Gleichgewicht und Wirtschaftswachstum**

  Beispiel

  Ein bestehender Außenhandelsüberschuss kann abgebaut werden, indem weniger Güter in den Export gehen. Der damit verbundene Rückgang der Produktion schwächt aber das Wirtschaftswachstum.

- **Stabilität des Preisniveaus und hohem Beschäftigungsstand**

  Beispiel

  Ein geringes Angebot an freien Arbeitskräften führt zu hohen Lohnsteigerungen. Die Unternehmen legen allerdings die erhöhten Kosten auf die Güterpreise um.

Sind mehrere Ziele aus dem Gleichgewicht geraten, muss die Politik abwägen, welchem Ziel Priorität eingeräumt werden soll. In Deutschland gilt traditionell die Preisniveaustabilität als vorrangiges Ziel. Neben den konkurrierenden Zielen gibt es auch sich gegenseitig verstärkende Ziele, wie z. B. der positive Zusammenhang von Wirtschaftswachstum und hohem Beschäftigungsstand zeigt.

4.1.6 Zielerweiterungen

Die wirtschaftspolitischen Ziele des Stabilitätsgesetzes müssen im historischen Zusammenhang betrachtet werden. Sie wurden 1967 zur Überwindung der ersten ernsthaften Wirtschaftskrise nach der Einführung der sozialen Marktwirtschaft 1948 formuliert. In der seitdem vergangenen Zeit haben Wirtschaft und Gesellschaft vielfältige Wandlungen erlebt, die heute eine Erweiterung der Ziele geboten erscheinen lassen. Insbesondere dem **Umweltschutz** und einer **gerechten Einkommens- und Vermögensverteilung** wird dabei ein besonderes Gewicht zugemessen. Dadurch werden allerdings die bereits bestehenden Zielkonflikte noch verstärkt, sodass auch vom **„magischen Sechseck“** gesprochen wird. Konflikte bestehen z. B. zwischen

6 | 3.1

- **Umweltschutz und Wirtschaftswachstum**

  Beispiel

  Der Bau eines neuen Kohlekraftwerks belebt das Wirtschaftswachstum, belastet aber durch Schadstoffemissionen die Umwelt.

- **gerechter Einkommens- und Vermögensverteilung und hohem Beschäftigungsstand**

  Beispiel

  Durch hohe Lohnsteigerungen im Niedriglohnsektor steigt das Einkommen von Geringverdienern deutlich an. Die nun verhältnismäßig teuren Arbeitskräfte sind verstärkt durch Rationalisierungsmaßnahmen gefährdet.

Während die Zielerreichung beim Umweltschutz kaum zu messen ist, wird bei der gerechten Einkommensverteilung häufig die **Lohnquote** herangezogen. Sie bemisst den Anteil des Einkommens aus Arbeitnehmertätigkeit am gesamten Einkommen der Volkswirtschaft (zusätzlich mit Unternehmens- und Vermögenseinkommen).

$$\textbf{Lohnquote} = \frac{\textbf{Arbeitnehmerentgelt} \cdot 100}{\textbf{Volkseinkommen}}$$

Die Aussagekraft der Lohnquote wird jedoch auch kritisch betrachtet, da weder die Unternehmens- und Vermögenseinkommen der Arbeitnehmer (z. B. durch Aktien oder Immobilienbesitz) noch die Gerechtigkeit der Einkommensverteilung **innerhalb** der Arbeitnehmerentgelte berücksichtigt werden.

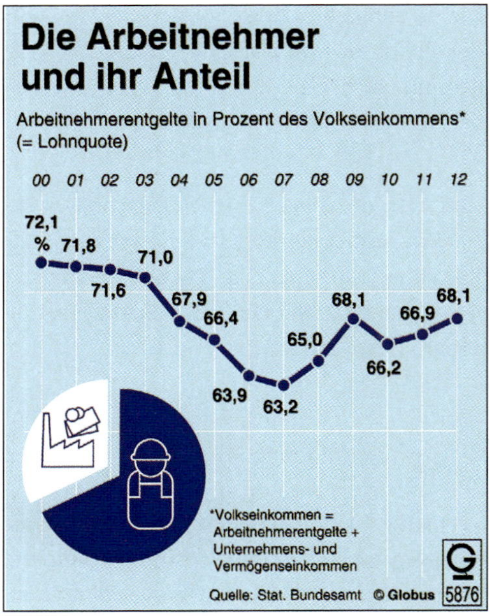

4.2 Konjunktur

4.2.1 Wirtschaftliche Schwankungen

Charakteristisch für eine Volkswirtschaft ist das Auf und Ab in der wirtschaftlichen Entwicklung. Für die auftretenden **Schwankungen im Wirtschaftsverlauf** kommen mehrere Ursachen in Betracht:

- **Saisonale Schwankungen: Jahreszeitlich bedingt** ändern sich Gewohnheiten und Nachfrage der Verbraucher und damit verbunden auch die wirtschaftliche Aktivität.

  Beispiele

  Im Herbst steigt die Nachfrage nach Geschenkartikeln an; im Winter findet nur eine geringe Bautätigkeit statt.

- **Wachstumstrend:** Durch technologische Innovationen kommt es zu **langfristigen** Entwicklungsschüben, die sich positiv auf die Wirtschaft auswirken.

  Beispiele

  Internet, Biotechnologie

- **Konjunktur:** Die Wirtschaft ist einer regelmäßigen Abfolge von **zyklischen Bewegungen** der wirtschaftlichen Aktivität ausgesetzt.

→ ***Praxistipp***
Vereinfacht bezeichnet man mit Konjunktur die allgemeine wirtschaftliche Lage.

Die saisonalen Schwankungen und der langfristige Wachstumstrend können kaum von der Politik beeinflusst werden. Eine bedeutende Rolle spielt der Staat hingegen bei der **Konjunkturpolitik**, indem er versucht, Konjunkturschwankungen abzumildern und politisch gewünschte Konjunkturphasen zu fördern. **6** | 4.3.3

4.2.2 Konjunkturphasen

Der idealtypische **Konjunkturzyklus** läuft in vier Phasen ab:

1. **Tiefstand (Depression)**
   Das Vertrauen von Unternehmen und Verbrauchern in die wirtschaftliche Zukunft liegt am Boden. Das Preisniveau ist niedrig, da die Unternehmen große Schwierigkeiten haben, ihre Produkte abzusetzen. Die Produktionskapazitäten sind nicht ausgelastet. Die Arbeitslosigkeit ist hoch, Lohnerhöhungen können daher kaum durchgesetzt werden. Durch ein sinkendes Zinsniveau versucht die Zentralbank, die Kreditaufnahme zu stimulieren.

2. **Aufschwung (Expansion)**
   Die wirtschaftliche Aktivität der Volkswirtschaft gewinnt an Fahrt. Ein langsamer Anstieg der Produktion und eine steigende Kapazitätsauslastung sind die Folge. Unternehmen und Verbraucher gewinnen zögernd Vertrauen in die Zukunft und beginnen verstärkt zu investieren bzw. zu konsumieren, die Sparneigung sinkt. Da noch ausreichend freie Kapazitäten vorhanden sind, steigen Preise und Löhne zunächst nicht oder nur moderat an.

3. **Hochkonjunktur (Boom)**
   Die Produktionskapazitäten der Volkswirtschaft sind nahezu ausgelastet. Durch die starke gesamtwirtschaftliche Nachfrage sehen sich die Unternehmen zu weiteren Investitionen veranlasst, um ihre Kapazitäten zu erweitern. Der hohe Arbeitskräftebedarf führt zu deutlichen Lohnsteigerungen. Die Unternehmen wälzen die gestiegenen Kosten auf die Preise ab, spürbare Preiserhöhungen und Inflation sind die Folge. Zur Dämpfung des Preisniveaus erhöht die Zentralbank die Zinssätze, dadurch steigen die Kosten für Investitions- und Konsumkredite an.

4. **Abschwung (Rezession)**
   Höhere Kosten und gestiegene Preise führen zu einer schwächeren gesamtwirtschaftlichen Nachfrage. Die erweiterten Produktionskapazitäten sind nicht mehr ausgelastet, die Gewinne der Unternehmen sinken. Durch die nun wieder ansteigende Arbeitslosigkeit steht den Verbrauchern weniger Geld zur Verfügung, die Güternachfrage sinkt weiter. Die Zukunftserwartungen werden pessimistisch.

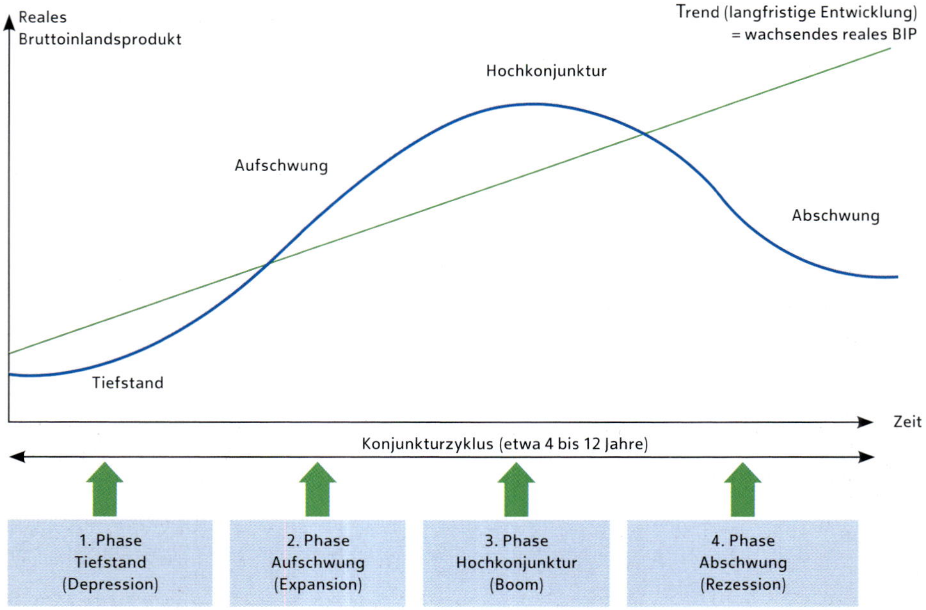

Abb.: Konjunkturzyklus

Ein Konjunkturzyklus kann etwa 4 bis 12 Jahre dauern, wobei Länge und Intensität der einzelnen Phasen in der Realität sehr unterschiedlich ausfallen können.

4.2.3 Konjunkturindikatoren

In jeder Konjunkturphase zeigen sich typische Merkmale der wirtschaftlichen Entwicklung. Mittels dieser **Konjunkturindikatoren** lässt sich feststellen, in welcher Phase sich die Wirtschaft gegenwärtig befindet (**Konjunkturdiagnose**) und wie die Wirtschaft sich zukünftig entwickeln wird (**Konjunkturprognose**). Damit liefern die Indikatoren wichtige Informationen für die Gestaltung der Wirtschaftspolitik. Drei Arten von Indikatoren werden ermittelt:

- **Frühindikatoren** laufen der tatsächlichen Entwicklung voraus und geben Hinweise auf die **zukünftige** wirtschaftliche Entwicklung.

  Beispiele

  Auftragseingänge, Aktienkurse, Stimmungsumfragen

- **Präsensindikatoren** laufen parallel zur wirtschaftlichen Entwicklung und zeigen den **derzeitigen** Stand der Konjunktur an.

  Beispiele

  Kapazitätsauslastung, gesamtwirtschaftliche Produktion

- **Spätindikatoren** laufen der wirtschaftlichen Entwicklung hinterher und beschreiben **zeitverzögert** die Konjunkturentwicklung.

  Beispiele

  Preise, Löhne, Arbeitslosigkeit

Die Veränderung der Konjunkturindikatoren deutet an, in welche Richtung sich die Wirtschaft entwickelt:

Konjunktureller Aufschwung	**Beispiele** steigende Kapazitätsauslastung, steigende Produktion, Anstieg der Investitionen, höhere Löhne und Preise, zurückgehende Arbeitslosigkeit
Konjunktureller Abschwung	**Beispiele** sinkende Kapazitätsauslastung, sinkende Produktion, Rückgang der Investitionen, geringe oder keine Steigerung bei Löhnen und Preisen, wachsende Arbeitslosigkeit

Mit der Ermittlung und Interpretation der Konjunkturindikatoren beschäftigen sich verschiedene **Wirtschaftsforschungsinstitute**, die daraus ihre Prognosen ableiten. Neben der Erhebung verschiedener statistischer Daten sind Umfragen ein wichtiges Instrument der **Konjunkturforschung**. Zu den bekanntesten Wirtschaftsforschungsinstituten in Deutschland zählen:

- Institut für Weltwirtschaft (IfW), Kiel
- Hamburgisches WeltWirtschaftsInstitut (HWWI), Hamburg
- RWI – Leibniz-Institut für Wirtschaftsforschung (RWI), Essen
- ifo Institut für Wirtschaftsforschung, München
- Leibniz-Institut für Wirtschaftsforschung Halle (IWH), Halle

Ifo-Institut kappt Konjunkturprognose für Deutschland

Mit dem Ifo-Institut hat erneut ein wichtiges Forschungsinstitut seine Prognose für das deutsche Wirtschaftswachstum kräftig gesenkt. Die Ifo-Experten halbierten ihre Wachstumsprognose nahezu und rechnen für das laufende Jahr nur noch mit einem Anstieg der Wirtschaftsleistung um 0,6 Prozent, wie das Institut am Donnerstag mitteilte. Zuvor waren die Forscher noch von einem Wachstum von 1,1 Prozent ausgegangen.

Wie bereits im vergangenen Jahr geht die Konjunkturschwäche von der Industrie aus. [...] Die weltweite Nachfrage nach deutschen Produkten sei schwach, da die internationale Konjunktur weiter an Dynamik verliere. „Aber die binnenwirtschaftlichen Antriebskräfte sind weiterhin intakt“, versicherte Experte Wollmershäuser.

In der vergangenen Woche hatte bereits die Organisation für wirtschaftliche Zusammenarbeit und Entwicklung (OECD) ihre Prognose für das deutsche Wachstum 2019 von 1,6 auf 0,7 Prozent reduziert – das wäre nur halb so viel wie im vergangenen Jahr. Neben anderen deutschen Forschungsinstituten senkte auch die Bundesregierung ihre Prognose deutlich.

Quelle: dpa: Ifo-Institut kappt Konjunkturprognose für Deutschland, vom 14.03.2019, unter www.handelsblatt.com/politik/konjunktur/nachrichten/wirtschaftswachstum-ifo-institut-kappt-konjunkturprognose-fuer-deutschland/24102156.html (Stand: 17.07.2020)

4.2.4 Ursachen konjunktureller Schwankungen

Kaum eine volkswirtschaftliche Frage wird so kontrovers diskutiert, wie die nach den **Ursachen** der konjunkturellen Schwankungen. Diese Frage ist deshalb so bedeutend, da ihre Beantwortung die Grundlage für die Entscheidungen der staatlichen Wirtschaftspolitik
6 | 4.3.3 legt. Im Wesentlichen können folgende – sich teilweise ergänzende, aber teilweise auch widersprechende – Erklärungsansätze unterschieden werden:

Externe Faktoren	Verantwortlich für die Schwankungen sind einzelne Ereignisse (sogenannte „Schocks"), wie z. B. Naturkatastrophen, politische Umwälzungen, Terroranschläge. Dadurch gerät die Wirtschaft aus dem Gleichgewicht. **Beispiele** Virus-Pandemie, Finanzkrise
Ungleichgewichte auf den Märkten	Vorübergehend herrscht auf einzelnen Märkten ein Ungleichgewicht. Ursache dafür kann eine zu hohe Investitionsneigung der Unternehmen sein, die zu einem Überangebot von Gütern führt (Überinvestitionstheorie). **Beispiel** Durch eine zu optimistische Lageeinschätzung werden in der Automobilindustrie Überkapazitäten aufgebaut. Eine andere mögliche Ursache kann in einem zu niedrigen Konsum der Verbraucher liegen, der z. B. durch eine geringe Kaufkraft ausgelöst wird (Unterkonsumtionstheorie). **Beispiel** Die Lohnerhöhungen fallen niedriger als die Preissteigerung aus.
Geldpolitik	Die Zentralbank verursacht durch Zinsänderungen eine schwankende Nachfrage nach Krediten, die sich auf die Geldmenge in der Volkswirtschaft auswirkt. **Beispiel** Eine Zinsanhebung der Zentralbank führt zu einer sinkenden Kreditnachfrage.
Psychologische Ursachen	Unternehmen und Verbraucher folgen häufig Stimmungen, die nicht immer rational begründet sind („Herdentrieb"). Das Handeln des Einzelnen wird von seiner Erwartungshaltung beeinflusst, die dadurch zur Realität („self-fulfilling prophecy") werden kann oder einen vorhandenen Trend verstärkt. **Beispiel** Negative Wirtschaftsmeldungen in den Medien führen zu einer pessimistischen Einschätzung der eigenen Lage, der Konsum geht zurück.

4.3 Wirtschaftspolitische Eingriffsmöglichkeiten

4.3.1 Steuerpolitik

Einnahmequellen des Staates

Um seine vielfältigen Aufgaben innerhalb der sozialen Marktwirtschaft zu finanzieren, ist der Staat auf Einnahmen angewiesen. Vorrangig stehen ihm dafür verschiedene **Abgaben** zur Verfügung, die Privatpersonen und Unternehmen zu erbringen haben.

Abgaben

Steuern	Gebühren	Beiträge
Abgaben, mit denen **keine individuelle Gegenleistung** verknüpft ist, und die ausschließlich als Finanzierungsquelle des Staates dienen	Abgaben für die **Inanspruchnahme** einer öffentlichen Dienstleistung	Abgaben für die **Bereitstellung** einer öffentlichen Dienstleistung, die in Anspruch genommen werden **kann**
Beispiel Einkommensteuer	**Beispiel** Verwaltungsgebühr bei der Ausstellung des Führerscheins	**Beispiel** Erschließungsbeitrag für ein Grundstück

Weitere Einnahmen erzielt der Staat durch Zölle, Unternehmensbeteiligungen (z. B. Volkswagen) und den Verkauf von Staatseigentum (z. B. Grundstücke). Reicht dies zur Deckung der Ausgaben nicht aus, bleibt noch der Weg der Kreditaufnahme.

Grundlagen der Besteuerung

Die mit Abstand wichtigste Einnahmequelle des Staates sind die **Steuern**, die im Jahr 2019 knapp 800 Mrd. € in die öffentlichen Kassen spülten.

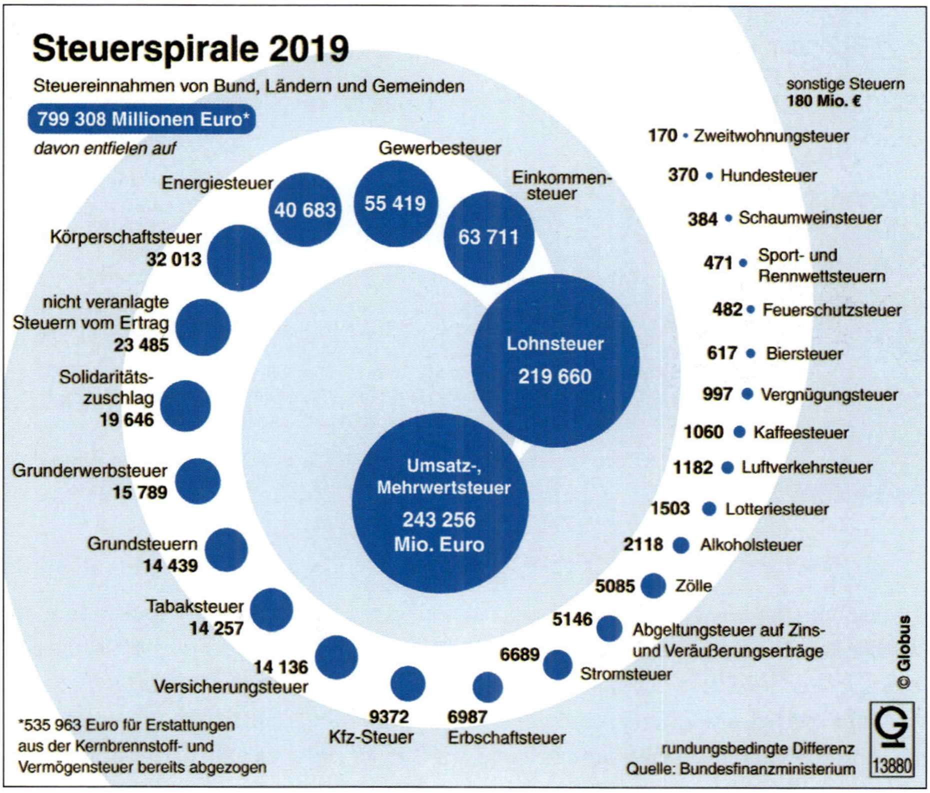

Die Steuern lassen sich nach verschiedenen Kriterien einteilen:

- **Nach dem Empfänger: Wer bekommt die Steuereinnahmen?**
  - **Bundessteuern**, z. B. Energiesteuer (Mineralöl, Gas etc.), Tabaksteuer
  - **Ländersteuern**, z. B. Biersteuer, Erbschaftsteuer
  - **Gemeinschaftssteuern** (werden zwischen Bund und Ländern aufgeteilt), z. B. Mehrwertsteuer, Einkommensteuer
  - **Gemeindesteuern**, z. B. Gewerbesteuer, Grundsteuer

- **Nach der Erhebungsform: Wie werden die Steuern erhoben?**
  - **Direkte Steuern** werden unmittelbar beim Steuerzahler belastet und an das Finanzamt abgeführt, z. B. Einkommensteuer, Körperschaftsteuer.
  - **Indirekte Steuern** werden über den Konsum von Gütern belastet und durch die Unternehmen an das Finanzamt abgeführt, z. B. Mehrwertsteuer, Branntweinsteuer.

- **Nach dem Steuergegenstand: Was wird besteuert?**
  - **Verbrauchsteuern** und Zölle, der Konsum von Gütern bzw. die Ein- und Ausfuhr von Gegenständen wird besteuert, z. B. Energiesteuer, Kaffeesteuer.
  - **Verkehrsteuern**, Vorgänge des Rechtsverkehrs oder der Umsatz von Gütern wird besteuert, z. B. Umsatzsteuer, Grunderwerbsteuer.
  - **Besitzsteuern**, der Zuwachs oder der bloße Besitz von Vermögen wird besteuert, z. B. Einkommensteuer, Grundsteuer.

Bei der Steuererhebung soll der Staat einige grundsätzliche **Besteuerungsprinzipien** beachten.

Gerechtigkeit	Die Steuern sollen nach der Leistungsfähigkeit erhoben werden. Jeder ist ohne Willkür nach den gleichen Grundsätzen zu besteuern.
Ergiebigkeit	Die Ausgaben des Staates sollen durch ausreichende Steuereinnahmen gedeckt sein. Die Steuern müssen daher regelmäßig fließen, wobei der Erhebungsaufwand in einem vernünftigen Verhältnis zu den Steuereinnahmen zu stehen hat.
Bequemlichkeit	Dem Steuerzahler soll es möglichst leicht gemacht werden, die Steuern zu entrichten. Dazu trägt auch bei, die Steuerbelastung unmerklich zu gestalten, z. B. durch indirekte Steuern, die in den Güterpreisen „versteckt" sind.
Praktikabilität	Die Steuergesetze sollen transparent und einfach gestaltet sein, damit jeder Steuerzahler seine Besteuerung nachvollziehen kann.

Staatliche Gestaltungsmöglichkeiten

Die Umsetzung der Besteuerungsprinzipien ist häufig Kritik ausgesetzt. Insbesondere der Grundsatz der Gerechtigkeit bietet eine besondere Herausforderung für die Politik, die eng mit dem Ziel der gerechten Einkommens- und Vermögensverteilung verknüpft ist.
Einen Ansatz zur Verwirklichung stellt die Gestaltung des Steuertarifs beim **zu versteuernden Einkommen** dar. Der **Einkommensteuertarif** (Stand: 2020) besteht aus drei Stufen:
10 | 7.4

- **Grundfreibetrag:** Bis zur Höhe des Existenzminimums (Grundfreibetrag) von 9 744,00 € wird **keine Einkommensteuer** fällig.
- **Progressionszone:** Für das über dem Existenzminimum liegende zu versteuernde Einkommen wird ein **ansteigender Steuersatz fällig**. Der Eingangssteuersatz beginnt bei 14 % und steigt bis auf einen Spitzensteuersatz von 42 % an, der bis zu einem zu versteuernden Einkommen von 57 918,00 € fällig ist.
- **Proportionalzone:** Der Spitzensteuersatz von 42 % gilt für das zu versteuernde Einkommen ab 57 919,00 € Ab 274 613,00 €. wird der Spitzensteuersatz auf 45 % angehoben (sogenannte „Reichensteuer").

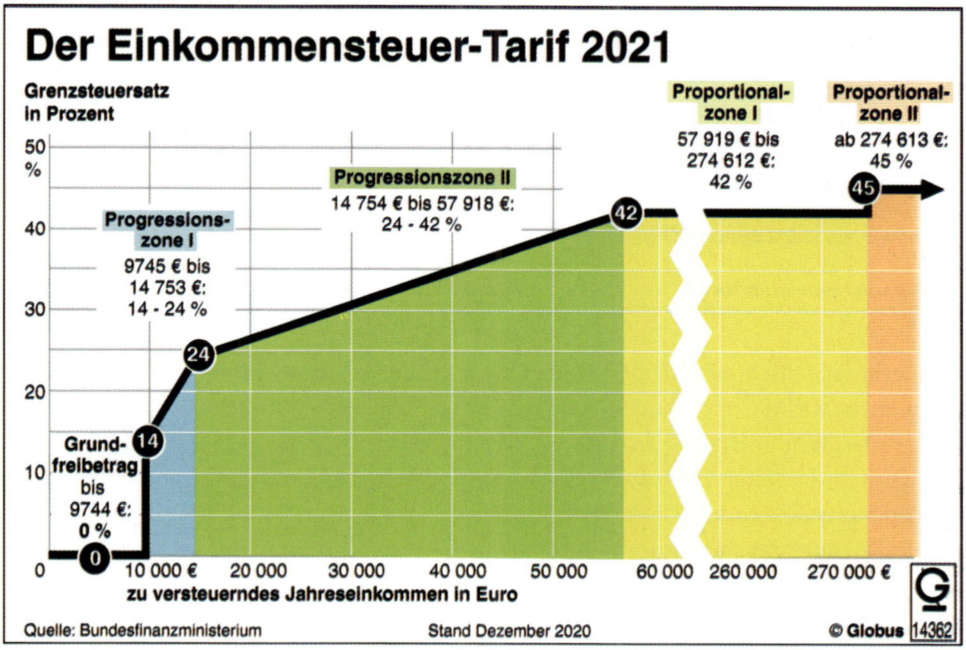

Als **Steuerprogression** bezeichnet man das Ansteigen des Steuersatzes in Abhängigkeit vom zu versteuernden Einkommen. Dieser Effekt führt dazu, dass höhere Einkommen nicht nur betragsmäßig, sondern auch mit einer prozentual höheren Steuer belastet werden. Damit verbunden ist eine sozialpolitisch gewünschte **Umverteilung des Einkommens**.

Vorteilhaft für den Staat ist hierbei, dass Einkommenssteigerungen zu einem überproportionalen Steuerzuwachs führen. Negativ schlägt demgegenüber die demotivierende Wirkung für die Steuerzahler zu Buche, die von jedem zusätzlich verdienten Euro einen immer kleineren Anteil in der Tasche behalten. Dies fördert tendenziell die Schwarzarbeit. 6|4.1.4
Daher ist der auch als „kalte Progression" bezeichnete Effekt immer wieder Gegenstand der politischen Diskussion.

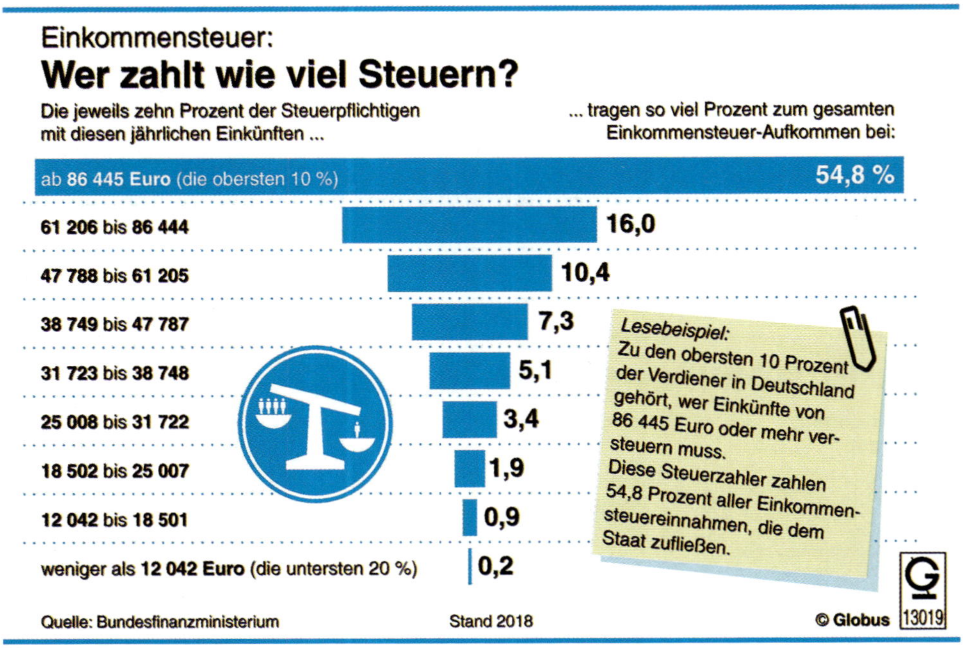

Eine weitere Stellschraube der Politik liegt in der **Höhe der Steuersätze** begründet. Hier ist es zunächst wichtig, nach direkten und indirekten Steuern zu unterscheiden, da sich diese Steuerarten sehr unterschiedlich auf die wirtschaftliche Aktivität auswirken. Direkte Steuern belasten in erster Linie die **Einkommenserzielung**, indirekte Steuern vorrangig die **Einkommensverwendung**. Der Staat kann somit lenkend eingreifen, indem er entweder durch die Höhe der Steuersätze Einkommen, Gewinne und Ersparnisse stärker belastet (direkte Steuern) oder eher den Konsum als Steuerquelle heranzieht (indirekte Steuern).

Zudem können durch **Steuervergünstigungen** wirtschaftspolitisch gewünschte Effekte herbeigeführt werden. Dies kann durch die **Steuerbefreiung** bestimmter Einkünfte (z. B. Sonn-, Feiertags- und Nachtarbeit) und Leistungen (z. B. Umsatzsteuerbefreiung für ärztliche Leistungen) erfolgen. Auch **Steuervergütungen** (z. B. zur Wohnungsbauförderung) spielen eine wichtige Rolle.

4.3.2 Maßnahmen zur Umverteilung

Über die Ausgaben des Staates fließt das eingenommene Geld wieder in die Wirtschaft zurück. Bedeutende Ausgabenbereiche dienen dabei der **Umverteilung** des erwirtschafteten Einkommens. So wird inzwischen etwa annähernd die Hälfte des Bundeshaushaltes für sozialpolitische Zwecke verbraucht, auch die Haushalte von Ländern und Gemeinden weisen große Sozialbudgets auf. Auch in wirtschaftlichen Krisenzeiten werden die entsprechenden Budgets meist deutlich erhöht.

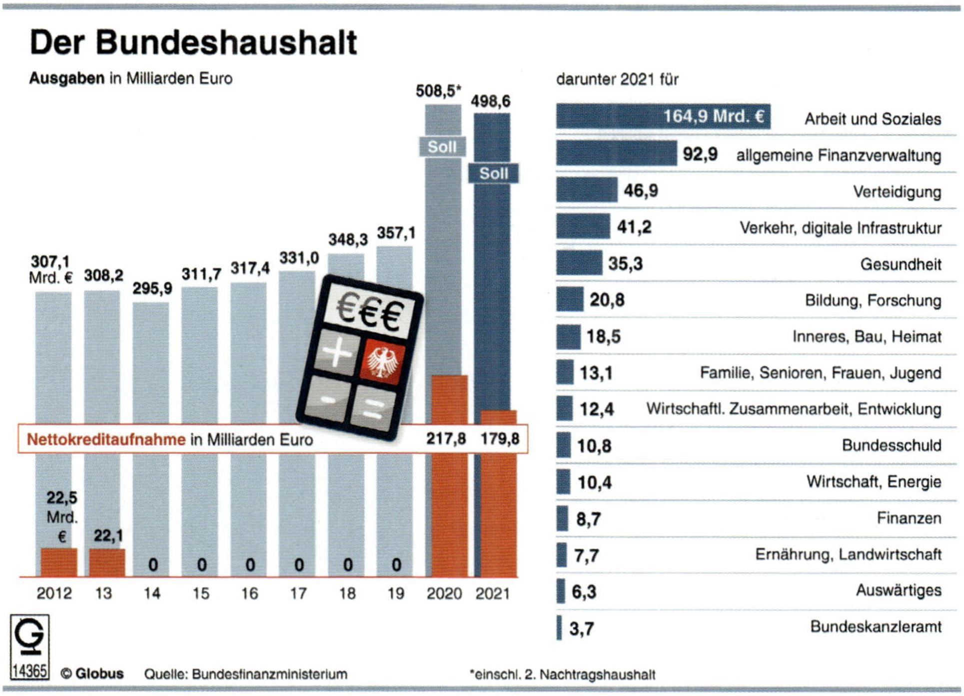

Transferleistungen und Subventionen

Zahlungen des Staates an **Privatpersonen**, die mit keiner konkreten Gegenleistung verknüpft sind, werden als **Transferzahlungen** oder Sozialleistungen bezeichnet. Durch Transferzahlungen versucht der Staat für soziale Gerechtigkeit zu sorgen, indem er Einkommen von wirtschaftlich Stärkeren zu wirtschaftlich Schwächeren umverteilt. Häufig ist die Zahlung von Transferleistungen an die Bedürftigkeit des Empfängers geknüpft, wie etwa beim Arbeitslosengeld II oder beim Wohngeld, teilweise erfolgen die Zahlungen auch unabhängig vom Einkommen, z. B. beim Kindergeld.

Ein viel beachteter Indikator in diesem Zusammenhang ist die **Sozialleistungsquote**. Damit wird das Verhältnis der staatlichen Sozialausgaben zur gesamten Wirtschaftsleistung (Bruttoinlandsprodukt, BIP) gemessen. Derzeit liegt dieser Wert bei rund 30 %.

$$\textbf{Sozialleistungsquote} = \frac{\textbf{Ausgaben für Sozialleistungen}}{\textbf{BIP}}$$

→ ***Praxistipp***
Zahlungen der Sozialversicherung (z. B. Arbeitslosengeld I) sind **keine** Transferleistungen, sondern mit Beiträgen finanzierte Versicherungsleistungen. 1 | 2.5

Bei **Subventionen** handelt es sich um Leistungen des Staates an **Unternehmen**. Die Unterstützung kann in Form von direkten Beihilfen oder auch in Form von Steuervergünstigungen erfolgen. Subventionen dienen häufig als Instrument der **Strukturpolitik**. Mögliche Ziele sind:

- **Förderung** von Unternehmensneugründungen in bestimmten Wirtschaftszweigen (z. B. Callcenter, Solartechnik) oder Wirtschaftsregionen (strukturschwache Gebiete),
- **Anpassung** der Unternehmen an veränderte Rahmenbedingungen (z. B. Nachlass bei der Ökosteuer),
- **Erhalt** von traditionellen Wirtschaftsbereichen (z. B. Bergbau, Landwirtschaft).

Ordnungspolitisch werden Subventionen kritisch betrachtet, da sie in die Marktpreisbildung eingreifen, indem Produkte künstlich verbilligt werden (z. B. Landwirtschaft). Zudem werden Subventionen häufig länger gewährt, als ursprünglich vorgesehen, da sich die Empfänger an die Zahlungen gewöhnt haben (z. B. Bergbau). So entstehen langfristige Ausgabenposten für die öffentlichen Haushalte. Ein Subventionsabbau erweist sich jedoch oft als politisch schwieriges Vorhaben.

Steuerzahlerbund kritisiert unnötige Subventionen

Fast 1 Mio. € für die Produktion von Hunde- und Katzenfutter oder 6 Mio. € für einen Elektro-Porsche: Die Bundesregierung subventioniert laut Steuerzahlerbund zu viele fragwürdige Projekte der Privatwirtschaft. „Dieses Geld sollte besser gespart werden", forderte der Präsident des Bundes der Steuerzahler, Reiner Holznagel, am Montag in Berlin.
Mit seiner Aktion „Frühjahrsputz" listet der Verband wie jedes Jahr Beispiele für unnötige Ausgaben und „Auswüchse in der Subventionspolitik" mit Steuergeld auf: „Die große Koalition darf sich nicht in kaum zählbare Subventionen verstricken. Solche Fördertöpfe rufen zu große Mitnahmeeffekte hervor." Neben den kritisierten Fördergeldern sieht der Steuerzahlbund wie in den Vorjahren ein Einsparpotenzial von jährlich 20 Mrd. €, um Ausgaben des Bundes zu senken. [. . .]

Quelle: wgr/© dpa: Steuerzahlerbund kritisiert unnötige Subventionen, vom 22.03.2016, unter: www.morgenpost.de/politik/article207256607/Steuerzahlerbund-kritisiert-unnoetige-Subventionen.html (Stand: 17.07.2020)

Vermögensbildung

Um dem Ziel der gerechten Einkommens- und Vermögensverteilung näher zu kommen, fördert der Staat verschiedene Maßnahmen, die zur **Vermögensbildung der Arbeitnehmer** beitragen sollen:

- Arbeitnehmersparzulage für vermögenswirksame Leistungen
- Wohnungsbauprämie
- Mitarbeiterbeteiligung am Unternehmen (z. B. Belegschaftsaktien)

> **Praxistipp**
> Für die Gewährung der Arbeitnehmersparzulage und der Wohnungsbauprämie gelten Einkommensgrenzen und weitere Einschränkungen. Informieren Sie sich bei Ihrer Bank oder Versicherung über weitere Einzelheiten.

4.3.3 Staatliche Konjunkturpolitik

Der Umfang der staatlichen Aktivität an einer Volkswirtschaft wird mit der **Staatsquote** gemessen. Sie gibt an, wie hoch die Ausgaben des Staates (Bund, Länder, Gemeinden sowie Sozialversicherungen) im Verhältnis zum Bruttoinlandsprodukt sind.

$$\textbf{Staatsquote} = \frac{\textbf{Staatsausgaben} \cdot \textbf{100}}{\textbf{BIP}}$$

Die Staatsquote in Deutschland lag 2019 bei rund 44 %. Das bedeutet, dass knapp die Hälfte des erwirtschafteten BIP durch die Hände des Staats wandert. Damit liegt Deutschland europaweit im mittleren Bereich. Ausgabeentscheidungen der öffentlichen Haushalte haben daher einen erheblichen Einfluss auf das Wirtschaftsgeschehen. In konjunkturell schwierigen Zeiten ist tendenziell eine ansteigende Staatsquote zu beobachten, da der Staat versucht, mit zusätzlichen Ausgaben steuernd in die Wirtschaft einzugreifen (Nachfragesteuerung).

Nachfragesteuerung

Die Beeinflussung der gesamtwirtschaftlichen Nachfrage durch Einnahmen und Ausgaben des Staates wird als **Fiskalpolitik** bezeichnet. Eine **nachfrageorientierte** Fiskalpolitik geht von der Annahme aus, dass konjunkturelle Schwankungen durch Veränderungen in der Nachfrage von Verbrauchern und Unternehmen entstehen. Der Staat versucht daher, Nachfrageänderungen durch eine **antizyklische Fiskalpolitik** in den einzelnen Konjunkturphasen gegenzusteuern.

6 | 4.2.4

- In einer Phase des **Konjunkturabschwungs** erhöht der Staat seine Ausgaben, um so die gesamtwirtschaftliche Nachfrage zu steigern. Diese Maßnahmen werden jedoch nicht durch kontraproduktiv wirkende Steuererhöhungen finanziert, sondern durch eine verstärkte Kreditaufnahme der öffentlichen Haushalte (**Deficit-Spending**).
- Bei einem **konjunkturellen Aufschwung** hingegen kürzt der Staat seine Ausgaben und verwendet die freien finanziellen Mittel zur Rückführung der aufgenommenen Kredite.

Ziel der Nachfragesteuerung ist es, den Konjunkturverlauf auf einen stetigen Wachstumspfad zu führen und größere Schwankungen zu vermeiden.

> → ***Praxistipp***
> Das Konzept der antizyklischen Fiskalpolitik geht auf den britischen Ökonomen John Maynard Keynes zurück und ist auch unter der Bezeichnung **Keynesianismus** geläufig.

Der Staat kann im Zuge der antizyklischen Fiskalpolitik je nach konjunktureller Lage verschiedene geeignete Maßnahmen ergreifen.

Konjunkturbelebung	Konjunkturdämpfung
Erhöhung der Staatsausgaben **Wirkung:** Durch die zusätzliche Nachfrage nach Konsum- und Investitionsgütern wird die Konjunktur angekurbelt.	Senkung der Staatsausgaben **Wirkung:** Die Reduzierung der gesamtwirtschaftlichen Güternachfrage bremst den konjunkturellen Auftrieb.
Senkung der Einkommen- und Körperschaftsteuer **Wirkung:** Das verfügbare Einkommen steigt, die erhöhte Kaufkraft wirkt sich positiv auf die Güternachfrage aus.	Erhöhung der Einkommen- und Körperschaftsteuer **Wirkung:** Das verfügbare Einkommen sinkt, durch die reduzierte Kaufkraft geht die Güternachfrage zurück.
Verbesserung der Abschreibungsmöglichkeiten für Unternehmen **Wirkung:** Investitionen werden attraktiver, da die Abschreibungen den zu versteuernden Gewinn mindern und sich besser rentieren.	Verschlechterung der Abschreibungsmöglichkeiten für Unternehmen **Wirkung:** Durch die verschlechterten Abschreibungsmöglichkeiten steigt der zu versteuernde Gewinn an. Investitionen lohnen sich weniger und werden zurückgestellt.

Die Nachfragesteuerung zeigt meist auch Auswirkungen auf das gesamtwirtschaftliche
6 | 4.1.1 Ziel der **Preisniveaustabilität:** Konjunkturbelebende Maßnahmen erhöhen tendenziell das Preisniveau (inflationsfördernd), konjunkturdämpfende Maßnahmen senken das Preisniveau (inflationsbekämpfend).

Häufig bleiben jedoch die tatsächlichen Auswirkungen der nachfrageorientierten Konjunkturprogramme hinter den erhofften zurück. Dies hat zu einer vielfältigen Kritik geführt:

- Die positiven Effekte sind nur von kurzer Dauer und können die Konjunktur nicht nachhaltig beeinflussen („Strohfeuer").
- Die gewünschten Effekte treten oft überhaupt nicht ein.

Beispiel

Steuersenkung führt nicht zu mehr Konsum, sondern das Geld wird gespart.

- Durch die Erhöhung der gesamtwirtschaftlichen Nachfrage kann es zu einem Zielkonflikt mit der Preisniveaustabilität kommen, was wiederum zu negativen gesamtwirtschaftlichen Effekten führt. 6 | 4.1.1
- Die angestrebten Wirkungen treten häufig erst mit einer zeitlichen Verzögerung auf und treffen so auf die falsche Konjunkturphase.
- Dem Staat gelingt es meist nicht, in guten Konjunkturphasen die Kredite zurückzuführen. Ergebnis ist eine ansteigende Staatsverschuldung.

Angebotssteuerung

Die Angebotssteuerung geht von der Annahme aus, dass die Schwankungen der wirtschaftlichen Aktivität auf Veränderungen im **Angebot der Unternehmen** zurückzuführen sind. Grundlage ist die Überlegung, dass sich jedes Angebot seine Nachfrage selbst schafft. Aufgabe des Staates im Rahmen einer angebotsorientierten Wirtschaftspolitik ist es daher, die **Rahmenbedingungen für Investitionen** so zu verbessern, dass die Unternehmen zu einer verstärkten Aktivität animiert werden. Ansonsten werden weitere Eingriffe des Staates in die Wirtschaft als eher schädlich angesehen. Geeignete Maßnahmen, die über ansteigende Investitionen zu mehr Wirtschaftswachstum und Beschäftigung führen, sind demnach z. B.:

- Reduzierung der Lohnnebenkosten
- Flexibilisierung von Arbeitsverhältnissen
- Abbau von Bürokratie
- Senkung der Sozialausgaben
- Rückführung der Staatsverschuldung
- Subventionsabbau
- Vermeidung von Inflation durch eine stabile Geldpolitik

→ ***Praxistipp***

Ein wichtiger Bestandteil der angebotsorientierten Wirtschaftspolitik ist die **Steuerung der Geldmenge**. Diese auch als **Monetarismus** bezeichnete Politik geht auf den amerikanischen Ökonomen Milton Friedman zurück.

In vielen Ländern ist eine Abkehr von der Nachfragesteuerung hin zur Angebotssteuerung zu beobachten. Verbreitet hat sich die Auffassung durchgesetzt, dass ein zu starkes Eingreifen des Staates in die Wirtschaft unter normalen Bedingungen eher zu einer nachlassenden wirtschaftlichen Dynamik und somit langfristig zu Wohlstandseinbußen für die gesamte Volkswirtschaft führt. In wirtschaftlichen Krisenzeiten wird jedoch nach wie vor auf die Konzepte der Nachfragesteuerung zurückgegriffen.

Zusammenfassung

Wirtschaftspolitische Ziele gemäß Stabilitätsgesetz

Preisniveaustabilität
gemessen durch
- Verbraucherpreisindex
- Inflationsrate

Hoher Beschäftigungsstand
gemessen durch
- Arbeitslosenquote

Außenwirtschaftliches Gleichgewicht
gemessen durch
- Zahlungsbilanz
- Außenbeitrag

Wirtschaftswachstum
gemessen durch
- reales Bruttoinlandsprodukt (BIP)

Zielkonflikte, wenn alle vier Ziele gleichzeitig erreicht werden sollen:
„magisches Viereck“

- **Zielerweiterungen:** z. B. Umweltschutz und gerechte Einkommens- und Vermögensverteilung („magisches Sechseck“)
- **Wirtschaftliche Schwankungen** können saisonaler Natur sein, vom langfristigen Wachstumstrend beeinflusst sein oder durch die Konjunktur hervorgerufen werden.
- **Konjunkturindikatoren** zeigen an, in welcher Phase des **Konjunkturzyklus** (Tiefstand, Aufschwung, Hochkonjunktur, Abschwung) sich die Wirtschaft befindet.

Staatseinnahmen (Abgaben)

Steuern ohne individuelle Gegenleistung
eingeteilt nach
- **Empfänger:** Bund, Länder, Gemeinden, Gemeinschaftssteuern
- **Erhebung:** direkt, indirekt
- **Gegenstand:** Verbrauch, Verkehr, Besitz

Gebühren für Inanspruchnahme öffentlicher Dienstleistungen

Beiträge für die Bereitstellung öffentlicher Dienstleistungen

- Gestaltungsmöglichkeiten der **Steuerpolitik** liegen im Steuertarif, in der Höhe der Steuersätze und in der Gewährung von Steuervergünstigungen.

- Erhebliche Teile des BIP werden vom Staat durch die Gestaltung der Steuerpolitik, Transferzahlungen an private Haushalte, Subventionszahlungen an Unternehmen und die Förderung der Vermögensbildung der Arbeitnehmer **umverteilt**.

Staatliche Konjunkturpolitik

Nachfragesteuerung

Konjunkturelle Schwankungen werden durch eine antizyklische Fiskalpolitik ausgeglichen.

Angebotssteuerung

Die Rahmenbedingungen für Investitionen werden verbessert.

Aufgaben

1. ***Erläutern Sie die wirtschaftspolitischen Ziele gemäß Stabilitätsgesetz. Warum spricht man in diesem Zusammenhang auch vom „magischen Viereck“?***
2. ***Geben Sie begründet an, ob sich die nachfolgenden wirtschaftspolitischen Ziele gegenseitig verstärken oder ob sie in Konkurrenz zueinanderstehen.***
   a) ***Wirtschaftswachstum und hoher Beschäftigungsstand***
   b) ***Hoher Beschäftigungsstand und außenwirtschaftliches Gleichgewicht***
   c) ***Außenwirtschaftliches Gleichgewicht und Stabilität des Preisniveaus***
3. ***Lesen Sie das aktuelle Jahresgutachten des Sachverständigenrates zur Begutachtung der gesamtwirtschaftlichen Entwicklung (www.sachverstaendigenrat-wirtschaft.de). Überprüfen Sie, zu welchem Grad die wirtschaftspolitischen Ziele erfüllt sind.***
4. ***Beurteilen Sie, wie sich die nachfolgenden Maßnahmen auf die Preisniveaustabilität auswirken:***
   a) ***Die Mehrwertsteuer wird erhöht.***
   b) ***Die Steuersätze bei der Einkommensteuer werden erhöht.***
   c) ***Die Kreditzinsen steigen an.***
   d) ***Öffentliche Investitionen werden stark ausgedehnt.***
   e) ***Die Gewerkschaften können hohe Einkommenssteigerungen durchsetzen.***
   f) ***Politische Turbulenzen führen zu einem Anstieg des Ölpreises.***
5. ***Analysieren Sie, ob die nachfolgenden Ereignisse eher eine inflatorische oder eine deflatorische Wirkung auslösen:***
   a) ***Aufgrund der schlechten wirtschaftlichen Lage erhöht die Bundesregierung die Staatsausgaben um 20 Mrd. €.***
   b) ***Der Tarifabschluss in der Metall- und Elektroindustrie führte zu Lohnsteigerungen von 4,8 %, der Produktivitätszuwachs lag im relevanten Zeitraum bei 2,3 %.***
   c) ***Da die Nachfrage nach Pkws deutlich zurückgeht, senken die Automobilhändler die Preise um durchschnittlich 8 %.***
   d) ***In einer konjunkturell angespannten Lage verzichten die Beschäftigten der Bauindustrie auf 5 % ihrer Tariflöhne.***

6. Was versteht man im Kontext der Preisniveaustabilität unter einem „Warenkorb“? Recherchieren Sie dazu beim Statistischen Bundesamt (www.destatis.de) die aktuelle Zusammensetzung des Verbraucherpreisindex und vergleichen Sie das gefundene Ergebnis mit Ihrem „persönlichen Warenkorb“.
7. Unterscheiden Sie Handelsbilanz, Dienstleistungsbilanz und Übertragungsbilanz.
8. Welche Vor- und Nachteile sind mit einem Außenhandelsüberschuss verbunden?
9. Ermitteln Sie anhand der Abbildung von S. 71 (Deutschlands wichtigste Handelspartner):
   a) Wie hoch war der deutsche Außenhandelsüberschuss gegenüber den USA?
   b) Wie hoch war das Außenhandelsdefizit gegenüber China?
   c) Gegenüber welchen Ländern gab es ein Außenhandelsdefizit?
10. Erläutern Sie den Einkommens- und Kapazitätseffekt von Investitionen anhand des folgenden Beispiels: Die Dialogfix GmbH baut ein neues, größeres Firmengebäude.
11. In einer Tageszeitung lesen Sie, dass die Lohnquote in Deutschland derzeit bei 65,8 % liegt. Wie hoch ist demnach das Volkseinkommen, wenn die Arbeitnehmerentgelte 1 730 Mrd. € betragen?
12. a) Welche Auskünfte liefern Konjunkturindikatoren?
    b) Recherchieren Sie die Internetadressen der auf S. 79 genannten Wirtschaftsforschungsinstitute und informieren Sie sich über die aktuelle Konjunkturentwicklung. Nutzen Sie dazu auch die Seite: www.destatis.de
13. Ordnen Sie die Sachverhalte den richtigen Konjunkturphasen zu:
    a) Ein hoher Arbeitskräftebedarf führt zu deutlichen Lohnsteigerungen.
    b) Produktion und Kapazitätsauslastung steigen an.
    c) Die Arbeitslosigkeit ist hoch, gleichzeitig sinkt das Zinsniveau.
    d) Die Güternachfrage geht zurück, die Zukunftserwartungen sind pessimistisch.
14. Beurteilen Sie die Aussage von Ludwig Erhard: „50 % der Wirtschaft sind Psychologie.“
15. Was versteht man unter der Steuerprogression? Stellen Sie den Zusammenhang zwischen der Steuerprogression und dem Ziel einer gerechten Einkommens- und Vermögensverteilung dar.
16. Prüfen Sie anhand der Abbildung von S. 84 (Wer zahlt wie viel Steuern?) die nachfolgenden Aussagen zur Einkommensteuer:
    a) 16,5 % der Steuerpflichtigen zahlen zwischen 61 206,00 und 86 444,00 € Steuern.
    b) 10 % der Steuerpflichtigen erbringen mehr als 50 % des Einkommensteueraufkommens.
    c) Ein Fünftel aller Steuerpflichtigen trägt insgesamt 0,2 % der Einkommensteuer.
    d) Die Abbildung zeigt die typischen Folgen eines linearen Steuertarifs.
17. Erarbeiten Sie in Gruppenarbeit Vor- und Nachteile einer nachfrageorientierten Konjunkturpolitik. Nutzen Sie dazu auch aktuelle Zeitungsartikel.
18. Beurteilen Sie, ob sich die folgenden staatlichen Maßnahmen eher konjunkturbelebend oder eher konjunkturdämpfend auswirken:
    a) Alle öffentlichen Gebäude werden mit Solaranlagen ausgestattet.
    b) Der Eingangssteuersatz bei der Einkommensteuer wird gesenkt.
    c) Abschreibungsmöglichkeiten für Unternehmen werden verschlechtert.
    d) Die Ökosteuer wird erhöht.
    e) Gebäuderenovierungen werden mit zinsverbilligten Krediten gefördert.
19. Erläutern Sie anhand der von Milton Friedman in dem Artikel „Ihr Deutsche seid halbe Sklaven“ vertretenen Thesen das Konzept der angebotsorientierten Wirtschaftspolitik: www.welt.de/print-welt/article367170/Ihr_Deutsche_seid_halbe_Sklaven.html

Lernfeld 7:

Den betriebswirtschaftlichen Beitrag eines Projekts zum Unternehmenserfolg bewerten

1 Rechnungswesen als Instrument kaufmännischer Steuerung und Kontrolle erkennen

Einstiegssituation

Im Rahmen seiner Ausbildung soll sich Daniel in der Abteilung Finanzen mit den dort durchgeführten Arbeiten und den Aufgaben der Buchhaltung vertraut machen. An seinem 1. Arbeitstag wird er von Beate Schwellmann, der Abteilungsleiterin Finanzen bei der Dialogfix GmbH, begrüßt.

Frau Schwellmann: *„Na Daniel, hast du schon eine Ahnung, was dich in meiner Abteilung erwartet?“*

Daniel: *„Ehrlich gesagt, nein. Bislang ist mir gar nicht klar, wofür wir dieses ganze Rechnungswesen überhaupt brauchen. Bei uns geht es doch schließlich ums Telefonieren!“*

Frau Schwellmann: *„Aber auch dabei müssen die Zahlen stimmen. Unsere Abteilung ist eine Art Finanz-Datenbank für die Dialogfix GmbH, in der alle Informationen zusammenlaufen und ausgewertet werden. Im Moment sind wir zum Beispiel mit der Inventur beschäftigt, da wartet jede Menge Arbeit auf dich!“*

Arbeitsaufträge

1. ***Diskutieren Sie in der Klasse über die Bedeutung der Buchführung für Unternehmen.***
2. ***Stellen Sie in der Klasse zusammen, welche Arten von Belegen Sie bereits in Ihren Ausbildungsbetrieben kennengelernt haben. Welche kennen Sie darüber hinaus?***
3. ***Recherchieren Sie, welche unterschiedlichen Inventurarten und -verfahren es gibt. Besprechen Sie, wie eine Inventur in der Praxis ablaufen könnte.***

1.1 Aufgaben des Rechnungswesens

Das Rechnungswesen überwacht das gesamte Unternehmensgeschehen, insbesondere

- die Beschaffung von Betriebsmitteln (z. B. PC, ACD-Anlage),
- die Personalkosten,
- den Ein- und Verkauf von Callcenter-Dienstleistungen und somit letztlich
- die **Wirtschaftlichkeit** des gesamten Unternehmens.

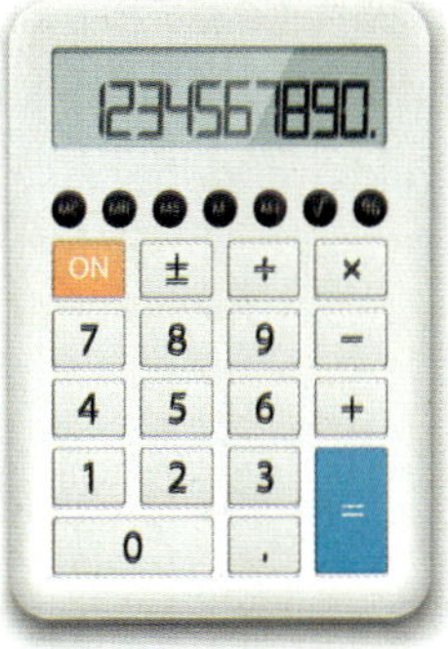

Dabei sind alle relevanten Vorgänge zahlenmäßig

- zu erfassen,
- zu überwachen und
- auszuwerten.

Zu den **Hauptaufgaben des Rechnungswesens** gehören die Dokumentation, die Rechenschaftslegung und Information, die Kontrolle sowie die Disposition.

Beispiel

dialogfix GmbH

1. **Dokumentationsaufgaben:**
   Zeitlich und sachlich geordnete Aufzeichnung aller Geschäftsfälle aufgrund von Belegen, die die Vermögenswerte, das Eigen- und Fremdkapital sowie den Jahreserfolg (Gewinn oder Verlust) des Unternehmens verändern.
2. **Rechenschaftslegungs- und Informationsaufgaben:**
   Aufgrund von gesetzlichen Vorschriften jährliche Rechnungslegung und Information der Unternehmenseigner, der Finanzbehörde und eventuell der Gläubiger (Kreditgeber) über Vermögens-, Schulden- und Erfolgslage des Unternehmens (Jahresabschluss).
3. **Kontrollaufgaben:**
   Ausgestaltung des Rechnungswesens zu einem aussagefähigen Informations- und Kontrollsystem, das der Unternehmensleitung jederzeit eine Überwachung der Wirtschaftlichkeit einzelner Projekte sowie des Unternehmens insgesamt ermöglicht. Darüber hinaus muss ein Überblick über die Zahlungsfähigkeit (Liquidität) des Unternehmens jederzeit sichergestellt sein.
4. **Dispositionsaufgaben:**
   Bereitstellung des aufbereiteten Zahlenmaterials als Grundlage für alle Planungen und Entscheidungen, z. B. zur Durchführung neuer Projekte.

1.1.1 Aufgabenbereiche des Rechnungswesens

Um den unterschiedlichen Aufgaben des Rechnungswesens gerecht werden zu können, wird folgende Aufgliederung vorgenommen:

Buchführung	Kosten- und Leistungsrechnung (KLR)	Statistik	Planungsrechnung
• erfüllt als **externes Rechnungswesen** die gesetzlichen Vorgaben bei der Erfassung aller Geschäftsfälle, Aufstellung des Inventars und der Bilanz • ermittelt den Erfolg (Gewinn oder Verlust) der Unternehmung, indem sie Aufwendungen und Erträge gegenüberstellt • ermittelt Bestände und Veränderungen von Vermögen und eingesetztem Kapital	• unterliegt als **internes Rechnungswesen** keinen gesetzlichen Verpflichtungen • ermittelt den Erfolg aus dem Verkauf der Callcenter-Dienstleistungen[1] • dazu stellt sie die Kosten zur Erbringung der Serviceleistungen und die damit erzielten Umsatzerlöse gegenüber[1] • kontrolliert die Wirtschaftlichkeit des Unternehmens[1]	• sammelt betriebliche und außerbetriebliche Daten[1] • stellt diese in Tabellen oder Diagrammen anschaulich dar (z. B. Umsätze einzelner Projekte, Kosten einzelner Teams)[1] • liefert Basis für die Entscheidungsvorbereitung[1]	• wertet innerbetriebliche Daten der Buchführung, KLR und Statistik sowie außerbetriebliche Daten (z. B. Preisentwicklung, Vergleichszahlen der Verbände und IHK) aus • stellt Daten für die Erstellung von Einzelplänen (Absatzplan, Beschaffungsplan, Finanzplan) zur Verfügung

[1] Diese Themen werden in Band 3, Lernfeld 11 behandelt.

1.1.2 Buchführung

Bedeutung und Aufgaben der Buchführung

#

Definition

Die **Buchführung** ist das lückenlose und planmäßige Aufzeichnen sämtlicher Geschäftsfälle eines Unternehmens auf Grundlage von Belegen. Sie liefert zudem die Zahlen für die restlichen Zweige des betrieblichen Rechnungswesens.

In einem Callcenter werden täglich vielfältige Arbeiten ausgeführt. Kundenaufträge werden abgearbeitet, Büromaterial wird eingekauft, Rechnungen werden geschrieben, eingehende Rechnungen werden bezahlt, Gehälter werden überwiesen usw.

Soweit diese Tätigkeiten

- Vermögenswerte und Schulden des Unternehmens verändern,
- zu Geldeinnahmen und Geldausgaben führen,
- Werteverzehr (Aufwand) oder Wertezuwachs (Ertrag) darstellen,

nennt man sie **Geschäftsfälle**.

Jedem Geschäftsfall muss ein **Beleg** zugrunde liegen, der über **Vorgang**, **Datum** und **Betrag** Auskunft gibt. Der Beleg (Ein- und Ausgangsrechnung, Bankauszüge usw.) ist Nachweis für die Richtigkeit der Aufzeichnungen (Buchung).

Bedeutung und Arten der Belege

Der wichtigste Grundsatz ordnungsmäßiger Buchführung lautet:

Keine Buchung ohne Beleg.

Denn nur anhand von Belegen kann die Richtigkeit der Buchungen nachweislich überprüft werden.

Bei den Belegen unterscheidet man nach ihrer Herkunft zwei Belegarten:

Externe Belege (Fremdbelege)	Interne Belege (Eigenbelege)
Diese fallen im Geschäftsverkehr mit Außenstehenden an. **Beispiele** • Eingangsrechnungen • Ausgangsrechnungen • Bankbelege (z. B. Kontoauszüge) • Steuerbescheide	Diese werden bei innerbetrieblichen Geschäftsfällen erstellt. **Beispiele** • Lohn- und Gehaltslisten • Quittungen für gezahlte Vorschüsse • Belege über Storno- und Umbuchungen • Entnahmebelege aus dem Lager

Eine unerlässliche Voraussetzung einer ordnungsmäßigen Buchführung ist die sorgfältige **Bearbeitung der Belege**. Diese umfasst folgende Punkte:

- Überprüfung der Belege auf ihre sachliche und rechnerische Richtigkeit
- Bestimmung des Buchungsbeleges (Zu welchem Geschäftsfall gehört der Beleg?)
- Ordnen der Belege nach Belegarten (Belegsortierung)

Beispiele

Ausgangsrechnungen, Eingangsrechnungen, Lohn- und Gehaltslisten, Bankbelege, Kassenbelege

- Fortlaufende Nummerierung der Belege innerhalb jeder Belegart
- Vorkontierung der Belege, indem man mithilfe eines Kontierungsstempels die Buchungen bereits auf den Belegen angibt

Konto	Soll	Haben
Gebucht:		

Abb.: Kontierungsstempel

Die Buchführung in einem Callcenter erfüllt somit folgende wichtige **Aufgaben**:

- Sie stellt den Stand des Vermögens und der Schulden fest.
- Sie zeichnet alle Veränderungen der Vermögens- und Schuldwerte lückenlos und sachlich geordnet auf.
- Sie ermittelt den Erfolg (Gewinn oder Verlust) der Unternehmung, indem sie Aufwendungen und Erträge gegenüberstellt.
- Sie ermittelt den Erfolg (Gewinn oder Verlust) der Unternehmung, indem sie das Eigenkapital zum Ende des Wirtschaftsjahres mit dem Eigenkapital zu Beginn des Wirtschaftsjahres vergleicht. 7 | 1.2.5
- Sie liefert Zahlen für die Preisberechnung (Kalkulation), z. B. für Outbound-Kampagnen.
- Sie stellt Zahlen für innerbetriebliche Kontrollen zur Verfügung, die der Steigerung der Wirtschaftlichkeit dienen.
- Sie ist die Grundlage zur Berechnung der Steuern.
- Sie ist wichtiges Beweismittel bei Rechtsstreitigkeiten mit Kunden, Lieferanten, Banken, Behörden (Finanzamt, Gerichte) u. Ä.

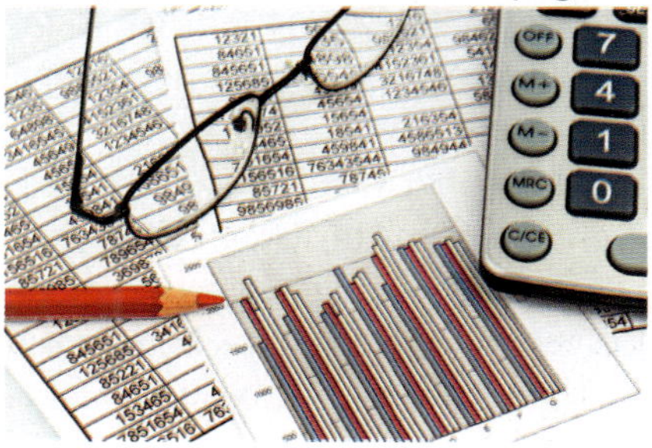

Gesetzliche Grundlagen der Buchführung

Sowohl das Handelsgesetzbuch (§ 238 HGB) als auch die Abgabenordnung (§ 140 f. AO) verpflichten den Unternehmer, Bücher zu führen.

> **§ 238 Abs. 1 HGB**
> Jeder Kaufmann ist verpflichtet, Bücher zu führen und in diesen seine Handelsgeschäfte und die Lage seines Vermögens nach den Grundsätzen ordnungsmäßiger Buchführung ersichtlich zu machen. [...]

Darüber hinaus ist nach Steuerrecht jeder andere gewerbliche Unternehmer, auch der Nichtkaufmann, z. B. Handwerker, zur Buchführung verpflichtet, der gemäß § 141 AO eine der folgenden Voraussetzungen erfüllt:

- Jahresumsatz übersteigt 600 000,00 €
  oder
- Jahresgewinn übersteigt 60 000,00 €

Ordnungsmäßigkeit der Buchführung

Die Buchführung muss so beschaffen sein, dass sie einem sachverständigen Dritten (z. B. Betriebsprüfer des Finanzamtes) in angemessener Zeit einen Überblick über die

Geschäftsfälle und Lage des Unternehmens vermitteln kann. Daher muss sie allgemein anerkannten, sachgerechten Normen genügen, den sogenannten **Grundsätzen ordnungsmäßiger Buchführung (GoB)**.

Nur eine ordnungsmäßige Buchführung besitzt Beweiskraft (§ 258 f. HGB).

Die wesentlichen Grundsätze ordnungsmäßiger Buchführung sind:

- Die Buchführung muss klar und übersichtlich sein.
- Es ist eine fortlaufende, vollständige, richtige, zeitnahe und geordnete Aufzeichnung aller Geschäftsfälle erforderlich.
- Kasseneinnahmen und -ausgaben sind täglich aufzuzeichnen.
- Vermögenswerte und Schulden dürfen nicht miteinander verrechnet werden, Aufwendungen und Erträge dürfen nicht miteinander verrechnet werden.
- Sämtliche Buchungen müssen anhand der Belege jederzeit nachprüfbar sein, die Belege müssen fortlaufend nummeriert und geordnet aufbewahrt werden.
- Alle Buchungsbelege, Buchungsprogramme, Konten, Bücher, Inventare, Eröffnungsbilanzen sowie Jahresabschlüsse sind 10 Jahre geordnet aufzubewahren.
- Keine Buchung ohne Beleg.

Verstöße gegen handels- und steuerrechtliche Vorschriften sowie gegen die GoB können zu einer Schätzung der Besteuerungsgrundlage (Umsatz, Gewinn) durch die Finanzbehörden führen. Nach § 331 HGB wird mit Freiheitsstrafe oder mit Geldstrafe bestraft, wer Jahresabschlüsse unrichtig wiedergibt oder verschleiert. Auch im Insolvenzfall können Verstöße gegen die GoB Strafverfolgung (Freiheitsstrafe) zur Folge haben.

Nach § 257 HGB gilt: Alle Buchungsbelege, Buchungsprogramme, Konten, Bücher, Inventare, Eröffnungsbilanzen sowie Jahresabschlüsse, einschließlich Anhang und Lagebericht, sind **10 Jahre** geordnet aufzubewahren. Mit Ausnahme der Eröffnungsbilanz und des Jahresabschlusses können alle Buchführungsunterlagen auf Datenträgern (Mikrofilm, Magnetband, CD-ROM etc.) aufbewahrt werden.

1.2 Inventur und Inventar

1.2.1 Bedeutung der Inventur

\# ***Definition***

Die **Inventur** ist die mengen- und wertmäßige **Bestandsaufnahme** aller Vermögensgegenstände und Schulden eines Unternehmens zu einem bestimmten **Zeitpunkt**.

Jeder Kaufmann ist verpflichtet, eine Bestandsaufnahme (Inventur) seiner Vermögens- und Schuldenwerte durchzuführen, und zwar:

- bei Gründung oder Übernahme des Unternehmens,
- zum Schluss jedes Geschäftsjahres (meist zum 31. Dezember),
- bei Auflösung oder Verkauf des Unternehmens.

Dabei werden alle Vermögenswerte und Schulden nach Art (Bezeichnung), Menge (z. B. Stückzahl) und ihrem Wert (in Euro) zu einem Stichtag erfasst.

Mithilfe der jährlichen Inventur werden die Soll-Bestände überprüft, indem diese den Ist-Beständen laut Inventur gegenübergestellt werden. Abweichungen, die durch Diebstahl oder falsche Eingaben beim Einkauf oder Verkauf hervorgerufen werden können, werden so Jahr für Jahr zum Inventurstichtag angeglichen.

1.2.2 Inventurarten

Nach Art der Durchführung unterscheidet man

- körperliche Inventur

und

- Buchinventur.

Bei der **körperlichen Inventur** werden alle körperlichen Vermögensgegenstände (z. B. Fahrzeuge, Büromöbel, PC-Ausstattung, Verkaufswaren, Barmittel) durch Zählen, Messen, Wiegen und notfalls durch Schätzen erfasst und in Euro bewertet.

Bei der **Buchinventur** werden **alle nicht körperlichen Vermögensteile** (z. B. Bankguthaben, Forderungen) und Schulden (z. B. Lieferanten-, Bankkredite) wertmäßig aufgrund der buchhalterischen Aufzeichnungen und Belege (z. B. Ein- und Ausgangsrechnungen, Kontoauszüge) festgestellt.

1.2.3 Inventurverfahren

Inventur beim beweglichen Anlagevermögen

Auf die jährliche körperliche Inventur des beweglichen Anlagevermögens (Fuhrpark, Betriebs- und Geschäftsausstattung) kann verzichtet werden, wenn für jeden Anlagegegenstand ein gesondertes Anlagenverzeichnis (Bestandsverzeichnis) geführt wird und jeder Zugang und jeder Abgang laufend eingetragen wird.

Inventurverfahren bei Vorräten

Bei vielen Unternehmen ist die Bestandsaufnahme von Vorräten sehr zeitaufwendig. Der Gesetzgeber (§ 241 HGB, Abschnitt 30 der Einkommensteuerrichtlinien) erlaubt aus diesem Grund für Vorräte folgende Vereinfachungsverfahren:

1. **Stichtagsinventur = zeitnahe körperliche Bestandsaufnahme**
   Bei diesem Inventurverfahren erfolgt die Erfassung der Vorräte nicht zum Abschlussstichtag (meist 31. Dezember), sondern innerhalb einer Frist von 10 Tagen vor bis 10 Tagen nach dem Bilanzstichtag. Bestandsveränderungen (Zugänge und Abgänge) zwischen Inventur und Abschlussstichtag müssen dann mengen- und wertmäßig auf den 31. Dezember fortgeschrieben bzw. zurückgerechnet werden.

2. **Verlegte Inventur = vor- bzw. nachverlegte körperliche Bestandsaufnahme**
   Hier erfolgt die körperliche Inventur an einem beliebigen Tag innerhalb der letzten 3 Monate vor oder der ersten 2 Monate nach dem Abschlussstichtag. Der am Tag der Inventur ermittelte Bestand wird nur wertmäßig (nicht mengenmäßig!) auf Bestandsveränderungen auf den Abschlussstichtag berechnet.

Stichtagsinventur und verlegte Inventur haben oftmals große Nachteile. So werden etwa die Betriebsabläufe erheblich gestört oder sogar unterbrochen. Vielfach müssen Inventurkräfte eingestellt oder Überstunden gemacht werden, sodass die Inventur mit zusätzlichen Personalkosten verbunden ist. Aus diesem Grund lässt der Gesetzgeber ein weiteres Inventurvereinfachungsverfahren zu (§ 241 HGB):

3. **Permanente Inventur = laufende Bestandsaufnahme mittels Lagerkartei**
   Die Bestände der Artikel werden dabei der Lagerkartei entnommen. Für jeden einzelnen Artikel werden alle Zu- und Abgänge laufend buchmäßig erfasst. In jedem Geschäftsjahr muss mindestens einmal – der Zeitpunkt ist beliebig – durch körperliche Bestandsaufnahme geprüft werden, ob der in der Lagerkartei ausgewiesene Buch- bzw. Soll-Bestand mit dem tatsächlich vorhandenen Bestand (Ist-Bestand) übereinstimmt. Eventuelle Abweichungen des Ist-Bestandes vom Soll-Bestand sind zu korrigieren. Tag und Ergebnis der körperlichen Inventur sind auf der Lagerkartei zu vermerken und zu unterschreiben.

→ ***Praxistipp***
Die permanente Inventur ist eine enge Kombination von „Buchinventur“ und „körperlicher Inventur“. Die Inventurarbeiten können bei einzelnen Artikeln zu unterschiedlichen Terminen während des Geschäftsjahres erfolgen.

1.2.4 Das Inventar und seine Gliederung

Die bei der Inventur ermittelten Bestände an Vermögen und Schulden werden in einem Bestandsverzeichnis, dem **Inventar**, zusammengefasst. Das Inventar besteht aus drei Teilen:

A. **Vermögen**
B. **Schulden**
C. **Eigenkapital = Reinvermögen**

Das **Vermögen** wird in Anlage- und Umlaufvermögen untergliedert.

Das **Anlagevermögen** bildet die Grundlage der Betriebsbereitschaft. Deshalb gehören dazu alle Vermögensposten, die dem Unternehmen langfristig dienen, wie z. B.

- Grundstücke und Bauten,
- andere Anlagen (z. B. Fuhrpark),
- Betriebs- und Geschäftsausstattung (z. B. Büroeinrichtung).

Das **Umlaufvermögen** umfasst alle Vermögenspositionen, die sich kurzfristig in ihrer Höhe verändern, da sie sich ständig „im Umlauf" befinden, wie z. B.

- Lagerbestände (z. B. Handelswaren, die dem Verkauf dienen),
- Forderungen aus Lieferungen und Leistungen (aLL),
- Kassenbestand (Bargeld),
- Bankguthaben.

Die **Vermögenspositionen** werden im Inventar **nach steigender Flüssigkeit** (Liquidität) geordnet, d. h., die Ordnung der einzelnen Positionen beruht darauf, wie schnell der jeweilige Posten in Geld umgesetzt werden kann. So werden die weniger „flüssigen Posten", z. B. Grundstücke, im Inventar zuerst, Bargeld und Bankguthaben als „höchste Flüssigkeit" zuletzt aufgeführt.

Die **Schulden** (Verbindlichkeiten) werden **nach ihrer Fälligkeit** geordnet.

Zuerst werden **langfristige Verbindlichkeiten**, wie z. B. Hypotheken- und Darlehensschulden, dann **kurzfristige Verbindlichkeiten**, wie Verbindlichkeiten aus Lieferungen und Leistungen (Verbindlichkeiten aLL), Steuerschulden etc., aufgeführt.

Das **Eigenkapital** (Reinvermögen) kann rechnerisch ermittelt werden, indem man vom Vermögen die Schulden abzieht.

Eigenkapital = Vermögen – Schulden

Beispiel

dialogfix GmbH

INVENTAR
der Dialogfix GmbH für den 31. Dezember 01

	€	€
A. Vermögen		
I. Anlagevermögen		
1. Grundstücke		350000,00
2. Gebäude		3150000,00
3. Fuhrpark lt. Anlageverzeichnis 1		78500,00
4. Betriebs- und Geschäftsausstattung (Telefonanlage, PC-Ausstattung, Arbeitsplatzausstattung) lt. Anlageverzeichnis 2		1100000,00
II. Umlaufvermögen		
1. Forderungen aus lfd. Projekten:		
an Dialogfix AG	325000,00	
an KommunikativAktiv KG	175000,00	
an div. Kunden lt. Inventurverzeichnis 1	130000,00	630000,00
2. Kassenbestand		6500,00
3. Bankguthaben:		
Sparkasse	1160000,00	
Volksbank	200000,00	
Commerzbank	25000,00	1385000,00
Summe des Vermögens		6700000,00
B. Schulden		
I. Langfristige Schulden		
1. Hypothek Sparkasse	3228000,00	
2. Darlehen Volksbank	436000,00	
3. Darlehen Commerzbank	50000,00	3714000,00
II. Kurzfristige Schulden		
Verbindlichkeiten aLL lt. Inventurverzeichnis 2		50000,00
Summe der Schulden		3764000,00
C. Reinvermögen		
Summe des Vermögens		6700000,00
– Summe der Schulden		3764000,00
= Reinvermögen (Eigenkapital)		2936000,00

Abb.: Inventar

1.2.5 Ermittlung des Unternehmenserfolges durch Eigenkapitalvergleich

Mithilfe des Inventars lässt sich der Erfolg des Unternehmens, also der Gewinn oder Verlust des Geschäftsjahres, ermitteln. Dies erfolgt durch den **Eigenkapitalvergleich**.

Man vergleicht das Eigenkapital vom Ende des Geschäftsjahres mit dem Eigenkapital vom Ende des vorangegangenen Geschäftsjahres. Hat sich das Eigenkapital erhöht, entspricht diese Erhöhung genau dem erzielten Gewinn. Hat sich das Eigenkapital vermindert, deutet dies grundsätzlich auf einen Verlust hin.

#

Definition
Gewinn bzw. **Verlust** ist der Unterschiedsbetrag zwischen dem Eigenkapital am Schluss des Geschäftsjahres und dem Eigenkapital am Schluss des vorangegangenen Geschäftsjahres.

Beispiel

Die Dialogfix GmbH weist in ihrem Inventar zum Schluss des Geschäftsjahres 02 ein Eigenkapital in Höhe von 3523200,00 € aus. Zum Schluss des vorangegangenen Geschäftsjahres 01 betrug das Eigenkapital 2936000,00 €.

Eigenkapital zum 31. Dezember 02	3 523 200,00 €
Eigenkapital zum 31. Dezember 01	– 2936000,00 €
Erhöhung des Eigenkapitals	587200,00 €

Bei Personengesellschaften (z.B. KG) müssen auch **Privatentnahmen** bzw. **-einlagen** berücksichtigt werden. Über Privatentnahmen bestreitet der Unternehmer z.B. seinen laufenden Lebensunterhalt (Lebenshaltungskosten, Mietzahlungen, Begleichung von Steuerschulden etc.). Insofern handelt es sich also um „vorweggenommene Gewinne“, welche dem Eigenkapital hinzugerechnet werden müssen, da sie ja vom Unternehmen erwirtschaftet wurden. Umgekehrt werden auch Privateinlagen dem Unternehmen von außen zugeführt. Das Unternehmen selbst hat diese nicht erwirtschaftet. Die Privateinlagen müssen also bei der Ermittlung des Unternehmenserfolges abgezogen werden.

Verzinsung des Eigenkapitals 11 | 5.3

Für Unternehmen ist es wichtig zu erfahren, ob sich der Einsatz des Eigenkapitals gelohnt hat und wie sich das eingesetzte Kapital verzinst hat. Setzt man den Jahresgewinn ins Verhältnis zum Eigenkapital (bzw. zum durchschnittlich gebundenen Kapital), erhält man die Verzinsung (**Rentabilität**) des im Unternehmen arbeitenden Kapitals.

$$\textbf{Eigenkapitalrentabilität} = \frac{\textbf{Jahresgewinn} \cdot \textbf{100}}{\textbf{Eigenkapital}}$$

Beispiel

Für die Dialogfix GmbH ergibt sich somit anhand der vorliegenden Daten:

$$\text{Eigenkapitalrentabilität} = \frac{587\,200{,}00\,€ \cdot 100}{2\,936\,000{,}00\,€} = 20\,\%$$

Praxistipp

Bei der Ermittlung der Eigenkapitalrentabilität kann das **Eigenkapital** zu **Anfang** der Rechnungsperiode oder ein **Durchschnitt** über die gesamte Rechnungsperiode zugrunde gelegt werden. Alternativ nutzt man dazu auch das (durchschnittlich) **gebundene Kapital**. Dies bezeichnet den nicht liquiden Teil des Kapitals, der z. B. in Investitionen oder Projekten gebunden ist.

9 | 2.3.2

1.3 Bilanz

1.3.1 Aufbau der Bilanz

Im Inventar werden die Vermögen und Schulden nach Art, Menge und Wert ausführlich erfasst. Diese Aufzeichnungen können sehr umfangreich und damit unübersichtlich sein.

§ 242 HGB verlangt neben dem ausführlichen Inventar eine kurz gefasste Übersicht, die es praktisch auf den ersten Blick ermöglicht, das **Verhältnis zwischen Vermögen und Schulden** eines Unternehmens zu erfassen. Dies ist die Bilanz.

Definition

Die **Bilanz** ist eine **Kurzfassung des Inventars in T-Kontenform**. Auf der linken Kontenseite werden die Vermögensteile, auf der rechten Seite die Schulden bzw. Verbindlichkeiten (Fremdkapital) sowie das Eigenkapital aufgeführt. Beide Seiten der Bilanz weisen deshalb die gleichen Summen aus.

Die Bilanz hat also allgemein folgenden Aufbau:

Aktiva	**Bilanz** Passiva
Vermögen (= Anlagevermögen + Umlaufvermögen)	Eigenkapital + Fremdkapital (= Schulden/Verbindlichkeiten)

Beispiel

Gegenüberstellung von Vermögen und Kapital in der Bilanz der Dialogfix GmbH

Bilanz der Dialogfix GmbH zum 31. Dezember 01 in €			
Vermögen oder Aktiva		**Kapital oder Passiva**	
I. Anlagevermögen		I. Eigenkapital	2936000,00
1. Grundstücke	350000,00	II. Schulden	
2. Gebäude	3150000,00	1. Hypothekenschulden	3228000,00
3. Fuhrpark	78500,00	2. Darlehensschulden	486000,00
4. Betriebs- und Geschäftsausstattung	1100000,00	3. Verbindlichkeiten aLL	50000,00
II. Umlaufvermögen			
1. Forderungen	630000,00		
2. Kassenbestand	6500,00		
3. Bankguthaben	1385000,00		
	6700000,00		6700000,00

Ort, Datum, Unterschrift

Abb.: Bilanz

Aus der Analyse der Bilanzseiten Vermögen (Aktiva) und Kapital (Passiva) lassen sich viele wichtige Informationen gewinnen, beispielsweise über die Höhe und Struktur des Gesamtvermögens bzw. der Schulden oder über das Verhältnis von Schulden und Vermögen zueinander.

Dabei gilt:

Vermögen oder Aktiva	**Kapital oder Passiva**
Anlagevermögen + Umlaufvermögen = Gesamtvermögen der Unternehmung	Eigenkapital + Fremdkapital (Schulden/Verbindlichkeiten) = Gesamtkapital der Unternehmung
↑	↑
Diese Seite erfasst die Formen des Vermögens, d.h. die Mittelverwendung (Investition).	Diese Seite erfasst die Art des Kapitals, d.h. die Mittelherkunft (Finanzierung).
Beantwortet die Frage: **Wie wurde das zur Verfügung stehende Kapital verwendet?**	Beantwortet die Frage: **Woher stammt das Kapital?**

Die **rechnerische Gleichheit** beider Bilanzseiten (Vermögen und Kapital) kann man auch in einer Gleichung ausdrücken:

Vermögen = Kapital

Daraus lassen sich folgende Gleichungen ableiten:

Vermögen	**= Eigenkapital + Fremdkapital**
Eigenkapital	**= Vermögen – Fremdkapital**
Fremdkapital	**= Vermögen – Eigenkapital**

1.3.2 Aussagewert der Bilanz

Nahezu auf einen Blick lässt sich in der Bilanz erkennen, woher das Kapital stammt (Eigen- oder Fremdkapital) und wo es im Einzelnen angelegt (investiert) worden ist (Anlage- oder Umlaufvermögen). Damit können folgende Fragen geklärt werden:

Arbeitet das Unternehmen überwiegend mit eigenen oder fremden Mitteln? (Passivseite)	Wurde das Kapital überwiegend im Anlage- oder im Umlaufvermögen festgelegt? (Aktivseite)	Verfügt das Unternehmen über genügend flüssige Mittel, um die kurzfristigen Verbindlichkeiten auszugleichen? (Aktiv- und Passivseite)

1.3.3 Kennzahlen der Bilanzstruktur

Die Bilanzstruktur wird noch aussagefähiger, wenn man die Bilanzposten nach bestimmten Merkmalen gliedert, zusammenfasst und als Verhältniszahlen in Prozentwerten ausdrückt. Hierbei sind insbesondere

- das Verhältnis von Anlagevermögen zu Umlaufvermögen (AV : UV),
- das Verhältnis von Eigenkapital zu Anlagevermögen (EK : AV) und
- das Verhältnis von Eigenkapital zu Fremdkapital (EK : FK)

von Interesse.

Beispiel

Bilanzstruktur					
Vermögensstruktur		**%**	**Kapitalstruktur**		**%**
I. Anlagevermögen	4678500,00	69,83	I. Eigenkapital	2936000,00	43,82
II. Umlaufvermögen	2021500,00	30,17	II. Schulden	3764000,00	56,18
Gesamtvermögen	**6700000,00**	**100**	**Gesamtkapital**	**6700000,00**	**100**

Inventar und Bilanzen müssen **10 Jahre** aufbewahrt werden (§ 257 HGB, § 147 AO).

1.3.4 Vergleich Inventar und Bilanz

Inventar und Bilanz zeigen beide den Stand des Vermögens und des Kapitals eines Unternehmens. Sie unterscheiden sich nur in der **Art der Darstellung**.

Inventar	Bilanz
• Ausführliche Darstellung der einzelnen Vermögens- und Schuldwerte • Angabe der Mengen, Einzelwerte und Gesamtwerte • Darstellung des Vermögens und des Kapitals untereinander (Staffelform)	• Kurz gefasste, überschaubare Darstellung des Vermögens und des Kapitals • Nur Angaben der Gesamtwerte der einzelnen Bilanzposten • Darstellung des Vermögens und des Kapitals nebeneinander (Kontenform)

1.3.5 Zeitlicher Ablauf bei der Erstellung von Bilanzen

Nach den gesetzlichen Vorgaben ist jeder Kaufmann am Schluss eines jeden Geschäftsjahres (in der Regel zum 31. Dezember) verpflichtet, eine Bilanz zu erstellen. Diese Schlussbilanz ist wiederum Ausgangspunkt für die Buchführung des neuen Geschäftsjahres. Somit ergibt sich ein fester zeitlicher Ablauf bei der Erstellung von Bilanzen:

Inventur zum 31. Dezember 01

↓

Inventar zum 31. Dezember 01

↓

Schlussbilanz zum 31. Dezember 01 ist zugleich die

↓

Eröffnungsbilanz zum 1. Januar 02

↓

Erfassung der laufenden Geschäftsfälle im Jahr 02

↓

Inventur zum 31. Dezember 02

↓

Inventar zum 31. Dezember 02

↓

Schlussbilanz zum 31. Dezember 02 ist zugleich die

↓

Eröffnungsbilanz zum 1. Januar 03

Die Schlussbilanz eines Geschäftsjahres ist gleichzeitig auch die Eröffnungsbilanz des Folgejahres. Beide Bilanzen sind inhaltlich gleich. Man spricht daher auch vom **Grundsatz der Bilanzidentität**.

1.3.6 Wertänderungen der Bilanz durch laufende Geschäftsfälle

Die Bilanz ist eine Momentaufnahme, welche die Vermögens- und Kapitalverhältnisse zu einem ganz bestimmten Zeitpunkt (in der Regel zum 31. Dezember/1. Januar) widerspiegelt. Sie ist also **statisch**.

Sinn des unternehmerischen Handelns ist es, Unternehmenserfolg zu erwirtschaften (z. B. Ziel der Kostendeckung, Gewinn erwirtschaften, Umsatzausweitung etc.). Die Geschäftstätigkeiten, mit denen diese Ziele erreicht werden sollen, führen ständig zu **Veränderungen der einzelnen Bilanzpositionen** (AV, UV, FK).

Beispiele

1. Ein Kunde bietet Dialogfix einen zusätzlichen Auftrag an. Der Auftrag soll im Zweischichtbetrieb bearbeitet werden. Je Schicht werden zehn Agenten benötigt. Die Telearbeitsplätze müssen neu angeschafft und eingerichtet werden (Einkauf von Schreibtischen, Bürostühlen, PC-Anlage, Headsets, Softwarelizenzen etc.). Es liegt ein Komplettangebot von 4500,00 € je Arbeitsplatz vor. Die Zahlungen der Einrichtungen erfolgen jeweils durch Banküberweisung.

Bei Lieferung und Zahlung aller Arbeitsplätze ändern sich die Bilanzpositionen „Geschäftsausstattung“ und „Bank“ wie folgt:

- Der Wert der Geschäftsausstattung erhöht sich um 45000,00 €.
- Das Bankguthaben wird um den gleichen Betrag vermindert.

2. Dialogfix zahlt ein Darlehen in Höhe von 20000,00 € durch Banküberweisung zurück.

- Durch diesen Geschäftsfall werden die Darlehensschulden um 20000,00 € vermindert.
- Gleichzeitig mindert sich das Bankguthaben um den gleichen Betrag.

Es liegen also zwei Geschäftsfälle vor:

1. Geschäftsfall
- Geschäftsausstattung erhöht sich um + 45000,00 €.
- Bank mindert sich um – 45000,00 €.

2. Geschäftsfall
- Darlehensschulden mindern sich um – 20000,00 €.
- Bank mindert sich um – 20000,00 €.

Bilanz vor der Erfassung der Geschäftsfälle:

Bilanz zum 1. Januar 01			
Vermögen oder Aktiva		**Kapital oder Passiva**	
I. Anlagevermögen		I. Eigenkapital	2936000,00
1. Grundstücke	350000,00	II. Schulden	
2. Gebäude	3150000,00	1. Hypothekenschulden	3228000,00
3. Fuhrpark	78500,00	2. Darlehensschulden	486000,00
4. Betriebs- und Geschäftsausstattung	1100000,00	3. Verbindlichkeiten aLL	50000,00
II. Umlaufvermögen			
1. Forderungen	630000,00		
2. Kassenbestand	6500,00		
3. Bank	1385000,00		
	6700000,00		6700000,00

Bilanz nach der Erfassung der Geschäftsfälle:

Bilanzänderungen durch Geschäftsfälle			
Vermögen oder Aktiva		**Kapital oder Passiva**	
I. Anlagevermögen		I. Eigenkapital	2936000,00
1. Grundstücke	350000,00	II. Schulden	
2. Gebäude	3150000,00	1. Hypothekenschulden	3228000,00
3. Fuhrpark	78500,00	2. Darlehensschulden	466000,00
4. Betriebs- und			2. Geschäftsfall (– 20000,00)
Geschäftsausstattung	1145000,00	3. Verbindlichkeiten	
	1. Geschäftsfall (+ 45000,00)	aLL	50000,00
II. Umlaufvermögen			
1. Forderungen	630000,00		
2. Kassenbestand	6500,00		
3. Bank	1320000,00		
	1. Geschäftsfall (– 45000,00)		
	2. Geschäftsfall (– 20000,00)		
Bilanzsumme	6680000,00	Bilanzsumme	6680000,00

Jeder Geschäftsfall hat Auswirkungen auf die Posten (Bestände) der Bilanz. Werden durch einen Geschäftsfall lediglich Bilanzposten (Bestände) verändert, kann sich dadurch die Bilanzsumme ändern. Dies hat jedoch keine Auswirkung auf das Eigenkapital, da das Eigenkapital lediglich durch Veränderungen auf den Erfolgskonten beeinflusst wird. 7 | 1.4

1.3.7 Auflösung der Bilanz in Bestandskonten

Die Grundsätze ordnungsmäßiger Buchführung (GoB) verlangen die ordnungsmäßige Erfassung aller Geschäftsfälle. In der Praxis müssen täglich Hunderte von Geschäftsfällen erfasst werden. Dies wiederum bedeutet eine ständige Anpassung einzelner Bilanzpositionen. Wie aus den Beispielen zu erkennen ist, wäre eine solche Anpassung innerhalb der bestehenden Bilanz sehr aufwendig bzw. nicht leistbar.

Zur Vereinfachung werden daher für alle Bilanzpositionen **Konten** eingerichtet. Dies bietet den Vorteil, dass nur jeweils das Konto verändert werden muss, welches durch den Geschäftsfall berührt wird.

→ ***Praxistipp***

Zur Konteneinrichtung verwendet man üblicherweise bereits vorgegebene **Kontenrahmen**. Dabei handelt es sich um ein systematisches Verzeichnis aller Konten für die Buchführung in einem Wirtschaftszweig. Darin sind Kontenklassen, Kontennummern und Kontenbezeichnungen je nach Wirtschaftszweig (Industrie, Einzelhandel, Großhandel etc.) festgelegt. Die im Dialogmarketing am häufigsten eingesetzten Kontenrahmen sind: DATEV – SKR03 bzw. DATEV – SKR04.

Bei der Auflösung der Bilanz in Bestandskonten gelten folgende Regeln:

Links stehen die Konten der Aktivseite der Bilanz (die Aktivkonten), bei ihnen steht der Anfangsbestand (AB) aus der Eröffnungsbilanz auf der linken Seite des Kontos (**Soll-Seite**).	**Rechts** stehen die Konten der Passivseite der Bilanz (Passivkonten), bei ihnen steht der Anfangsbestand (AB) aus der Eröffnungsbilanz auf der rechten Seite des Kontos (**Haben-Seite**).

Nach Konteneröffnung werden die Geschäftsfälle auf den Konten direkt erfasst. Dabei gilt allgemein:

Soll	AKTIVKONTO Haben
AB + alle Zugänge	– alle Abgänge Schlussbestand

Soll PASSIVKONTO	Haben
– alle Abgänge Schlussbestand	AB + alle Zugänge

Beispiel

Eröffnungsbilanz zum 1. Januar 01

Aktiva		Passiva	
I. Anlagevermögen		I. Eigenkapital	2936000,00
1. Grundstücke	350000,00	II. Schulden	
2. Gebäude	3150000,00	1. Hypothekenschulden	3228000,00
3. Fuhrpark	78500,00	2. Darlehensschulden	486000,00
4. Betriebs- und Geschäftsausstattung	1100000,00	3. Verbindlichkeiten aLL	50000,00
II. Umlaufvermögen			
1. Forderungen aLL	630000,00		
2. Kassenbestand	6500,00		
3. Bank	1385000,00		
	6700000,00		6700000,00

Soll	Grundstücke	Haben
AB 350000,00		SB 350000,00

Soll	Gebäude	Haben
AB 3150000,00		SB 3150000,00

Soll	Fuhrpark	Haben
AB 78500,00		SB 78500,00

Soll	Betriebs- und Geschäftsausstattung	Haben
AB 1100000,00		SB 1145000,00
1) Bank 45000,00		

Soll	Forderungen aLL	Haben
AB 630000,00		SB 630000,00

Soll	Kasse	Haben
AB 6500,00		SB 6500,00

Soll	Bank		Haben
AB 1385000,00	1) Zahlung BuG		45000,00
	2) Zahlung Darlehen		20000,00
	= SB (Schlussbestand)		1320000,00
1385000,00			1385000,00

Soll	Eigenkapital	Haben
SB 2936000,00		AB 2936000,00

Soll	Hypothekenschulden	Haben
SB 3228000,00		AB 3228000,00

Soll	Darlehen	Haben
2) Rückzahlung Bank 20000,00		AB 486000,00
SB 466000,00		
486000,00		486000,00

Soll	Verbindlichkeiten aLL	Haben
SB 50000,00		AB 50000,00

1.3.8 Von der Eröffnungsbilanz über die Bestandskonten zur Schlussbilanz

Folgende Buchungsarbeiten werden grundsätzlich durchlaufen:

1. Die Eröffnungsbilanz des neuen Geschäftsjahres wird erstellt (= Schlussbilanz des letzten Geschäftsjahres).
2. Die Anfangsbestände werden aus der Bilanz in die Aktiv- und Passivbestandskonten übertragen.
3. Die Geschäftsfälle des laufenden Jahres werden auf die entsprechenden Bestandskonten gebucht.
4. Die Schlussbestände auf den Aktiv- und Passivbestandskonten werden ermittelt und mit den Inventurwerten abgestimmt.
5. Die Konten werden abgeschlossen und die Kontenschlusstände fließen letztlich über das Schlussbilanzkonto in die Schlussbilanz ein.

Nach Abschluss der Bestandskonten mit Übertragung der Schlussbestände ergibt sich folgende Schlussbilanz:

Schlussbilanz zum 31. Dezember 01

Aktiva			**Passiva**
I. Anlagevermögen		I. Eigenkapital	2936000,00
1. Grundstücke	350000,00	II. Schulden	
2. Gebäude	31550000,00	1. Hypothekenschulden	3228000,00
3. Fuhrpark	78500,00	2. Darlehensschulden	466000,00
4. Betriebs- und Geschäftsausstattung	1145000,00	3. Verbindlichkeiten aLL	50000,00
II. Umlaufvermögen			
1. Forderungen	630000,00		
2. Kassenbestand	6500,00		
3. Bankguthaben	1320000,00		
	6680000,00		6680000,00

Praxistipp

Die Erfassung der Geschäftsfälle erfolgt durch Erstellung von Buchungssätzen. Dabei werden die Buchungen doppelt erfasst – sowohl im Grund- als auch im Hauptbuch. **Achtung:** Das Buchen von Geschäftsfällen ist **nicht** Gegenstand der Abschlussprüfung der Dialogmarketingberufe. Daher wird an dieser Stelle auf eine weitere Vertiefung des Themas verzichtet.

1.4 Erfolgskonten

Die bisherigen Geschäftsfälle berührten lediglich die Bestandskonten. Das Eigenkapital blieb unverändert. Unternehmen sind zwar bestrebt, Gewinne zu erwirtschaften, dennoch können auch Verluste entstehen. Sowohl Gewinn als auch Verlust verändern das Eigenkapital: Gewinne erhöhen, Verluste mindern es. 11 | 1.2

> #
> ***Definition***
> **Aufwendungen** sind jeglicher periodenbezogener Werteverzehr eines Unternehmens, der das Eigenkapital mindert.

Beispiele

Einkauf von Büromaterial, Zahlung von Gehältern, Schaltung von Werbeanzeigen

> #
> ***Definition***
> **Erträge** sind alle periodenbezogenen Wertezuflüsse eines Unternehmens, die das Eigenkapital erhöhen.

Beispiele

Umsatzerlöse für durchgeführte Kundenaufträge, Zinsgutschrift

Aufwendungen und Erträge haben Auswirkungen auf den Unternehmenserfolg. Ist am Ende einer Periode die Summe aller Erträge größer als die Summe aller Aufwendungen, so liegt ein Gewinn vor, umgekehrt ein Verlust.

Erträge > Aufwendungen → Gewinn
Erträge < Aufwendungen → Verlust

1.4.1 Erfassung von Erträgen und Aufwendungen auf Erfolgskonten

Um eine bessere Übersicht über die einzelnen Erträge und Aufwendungen zu erhalten, werden diese nicht direkt im Eigenkapitalkonto erfasst. Man richtet für alle Erfolgs- und Aufwandsarten sogenannte **Erfolgskonten** als Unterkonten des Eigenkapitalkontos ein.

Auf diesen Konten werden die Vorgänge so gebucht, als ob direkt auf dem Eigenkapitalkonto gebucht würde: Aufwendungen im Soll, Erträge im Haben.

Soll	Eigenkapital	Haben
Aufwand = Minderung des Eigenkapitals		Ertrag = Mehrung des Eigenkapitals

↓ ↓

Soll	Aufwandskonto	Haben	Soll	Ertragskonto	Haben
Aufwand					Ertrag

Bei der Erfassung gilt:

- Alle Aufwendungen werden im Aufwandskonto auf der Soll-Seite erfasst.
- Alle Erträge werden im Ertragskonto auf der Haben-Seite erfasst.

Beispiele zum Buchen von Aufwendungen und Erträgen

1. Dialogfix überweist ihren Agenten Gehälter: 12000,00 € per Bank.

Soll	Personalkosten (= Aufwandskonto)		Haben
Bank	12000,00		

Soll	Bank (= Bestandskonto)		Haben
AB	1320000,00	Personalkosten	12000,00

2. Die fälligen Betriebssteuern werden per Bank überwiesen: 1700,00 €

Soll	Betriebssteuern (= Aufwandskonto)		Haben
Bank	1700,00		

Soll	Bank (= Bestandskonto)		Haben
AB	1320000,00	Personalkosten	12000,00
		Betriebssteuern	1700,00

3. Dialogfix berechnet einem Kunden eine Outbound-Kampagne mit 14000,00 €.

Soll	Umsatzerlöse (= Ertragskonto)		Haben
		Forderungen	14000,00

Soll	Forderungen (= Bestandskonto)		Haben
AB	630000,00		
Forderungen	14000,00		

1.4.2 Erfolgsermittlung

Stellt man alle Aufwendungen eines Geschäftsjahres allen Erträgen eines Geschäftsjahres gegenüber, kann man den **Erfolg** dieses Jahres ermitteln. Diese Gegenüberstellung erfolgt in einem speziellen „Sammelkonto", dem **Gewinn- und Verlustkonto (GuV)**.

Sind bei dieser Erfolgsermittlung die Aufwendungen kleiner als die Erträge (A < E), so wurde ein Gewinn erzielt. Sind die Aufwendungen größer als die Erträge (A > E), liegt ein Verlust im Geschäftsjahr vor.

Soll	Gewinn und Verlust	Haben
Summe aller Aufwendungen		Summe aller Erträge
Gewinn		

Soll	Gewinn und Verlust	Haben
Summe aller Aufwendungen		Summe aller Erträge
		Verlust

1.4.3 Abschluss des GuV-Kontos

Der im GuV-Konto ermittelte Gewinn bzw. Verlust wird abschließend im Eigenkapitalkonto erfasst. Dabei mindert ein Verlust das Eigenkapital, ein Gewinn erhöht das Eigenkapital.

Soll	Eigenkapital	Haben
Verlust		Anfangskapital
Endkapital		

Soll	Eigenkapital	Haben
Endkapital		Anfangskapital
		Gewinn

Rechnerisch kann das Schlusskapital eines Geschäftsjahres also bestimmt werden, indem man vom Anfangskapital den Verlust abzieht bzw. den Gewinn hinzuaddiert.

Beispiel

Soll		Gewinn und Verlust	Haben
Personalkosten	12000,00	Umsatzerlöse	14000,00
Betriebssteuern	1700,00		
Gewinn (EK)	300,00		
	14000,00		14000,00

In unserem Beispiel übersteigen die Umsatzerlöse (14000,00 €) die Gesamtaufwendungen (13700,00 €) um 300,00 €. Dieser Gewinn erhöht das Eigenkapital entsprechend.

Soll	Eigenkapital		Haben
Endkapital	2936300,00	Anfangskapital Gewinn (GuV)	2936000,00 300,00
	2936300,00		2936300,00

1.5 Umsatzsteuer beim Ein- und Verkauf

Umsätze (Lieferungen und Leistungen), die ein **Unternehmer** im Inland gegen Entgelt im Rahmen seines Unternehmens erbringt, werden vom Gesetzgeber mit **Umsatzsteuer** belastet (§1 Umsatzsteuergesetz). Der Unternehmer stellt diese Umsatzsteuer **seinem Kunden in Rechnung**, vereinnahmt also die Umsatzsteuer und führt sie an das entsprechende Finanzamt ab. Insoweit hat also die Umsatzsteuer **für das Unternehmen keinen Aufwandscharakter**. Da das Unternehmen dem Finanzamt quasi als „Erfüllungsgehilfe" dient, ist insofern die Umsatzsteuer für ihn eine Verbindlichkeit gegenüber den Finanzbehörden.

Andererseits muss das Unternehmen, um den Umsatz erbringen zu können, seinerseits wieder Lieferungen und Leistungen anderer Unternehmen in Anspruch nehmen.

Beispiel

Laut Eingangsrechnung ER Nr. 1860 kauft Dialogfix einen PC für 1000,00 € zzgl. 19 % Umsatzsteuer (sogenannte Vorsteuer) = 190,00 €.

Aus Sicht der Dialogfix GmbH (einkaufendes Unternehmen) wird die Umsatzsteuer aus der Eingangsrechnung als **Vorsteuer** bezeichnet.

Die Vorsteuer ist eine Vorleistung des Unternehmens und stellt eine Forderung gegenüber dem Finanzamt dar. Das Finanzamt erstattet dem Unternehmen diese Vorsteuer unter **zwei Voraussetzungen**:

Ein Unternehmen muss

1. eine Lieferung oder sonstige Leistung empfangen und
2. eine Rechnung mit gesondertem Ausweis der Umsatzsteuer (Vorsteuer) erhalten haben.

Ermittlung der Umsatzsteuerzahllast

Einerseits haben die Unternehmen also Forderungen gegenüber den Finanzbehörden (diese resultieren aus den gezahlten Vorsteuern bei Einkäufen), andererseits haben sie Verbindlichkeiten gegenüber den Finanzbehörden, diese resultieren aus der in den Ausgangsrechnungen erhobenen Umsatzsteuer.

In der Regel ist die Summe der berechneten Umsatzsteuerbeträge höher als die gezahlten Vorsteuerbeträge. In diesem Fall ergibt sich eine **Umsatzsteuerzahllast** (Verbindlichkeit) des Unternehmens gegenüber dem Finanzamt.

Ist hingegen die Summe der gezahlten Vorsteuerbeträge höher als die der Umsatzsteuerbeträge, hat das Unternehmen eine Forderung gegenüber dem Finanzamt. Die Umsatzsteuerzahllast bzw. -forderung wird rechnerisch wie folgt ermittelt:

	Summe aller Umsatzsteuerbeträge
–	**Summe aller Vorsteuerbeträge**
=	**Umsatzsteuer (Zahllast oder Forderung)**

Beispiel

Fall 1

Summe aller Umsatzsteuerbeträge		120000,00
–	Summe aller Vorsteuerbeträge	110000,00
=	Zahllast	10000,00
Verbindlichkeit ist an das Finanzamt abzuführen.		

Fall 2

Summe aller Umsatzsteuerbeträge		90000,00
–	Summe aller Vorsteuerbeträge	115000,00
=	Vorsteuerüberhang	25000,00
Forderung gegenüber Finanzamt		

Zusammenfassung

- Das Handelsgesetzbuch und die Abgabenordnung regeln die **Buchführungspflicht**. Eine sorgfältige Buchführung liegt auch im eigenen Interesse jedes Unternehmers. Sie beinhaltet folgende Tätigkeiten:
  1. Durchführung der Inventur
  2. Erstellung des Inventars
  3. Erstellung der Schluss- bzw. Eröffnungsbilanz
- Die **Inventur** ist die Bestandsaufnahme, das **Inventar** ist das Bestandsverzeichnis. Das Inventar ist die Grundlage eines ordnungsgemäßen Jahresabschlusses. Durch den Vergleich von Vermögen und Schulden wird das Reinvermögen (= Eigenkapital) ermittelt.
- Die **Bilanz** ist eine Gegenüberstellung von Vermögen und Kapital in Kontenform, sie leitet sich aus dem Inventar ab.
- Die Bilanz zeigt Kapitalquellen (= Mittelherkunft/Finanzierung) sowie Kapitalverwendung (Investition) auf und gibt Auskunft über das Verhältnis einzelner Vermögensteile zueinander.

- Aufgabe der laufenden Buchhaltung ist die Erfassung aller Geschäftsfälle auf Konten. Dabei unterscheidet man **Bestandskonten (Aktiv und Passiv)** und **Erfolgskonten (Aufwand und Ertrag)**.
- Aktiv- und Passivbestandskonten werden im Rahmen des Jahresabschlusses mit den Inventurwerten abgeglichen und abgeschlossen. Dabei werden die Schlussbestände in die Bilanz übertragen.
- Beim Abschluss der Erfolgskonten (Aufwand und Ertrag) über das **Gewinn- und Verlustkonto (GuV)** wird der Periodenerfolg des Unternehmens ermittelt.

Aufgaben

1. *Prüfen Sie, welcher Aufgabenbereich des Rechnungswesens jeweils angesprochen wird:*
   a) *... stellt Daten für Einzelpläne (Absatz-, Beschaffungs- und Finanzplan) zur Verfügung.*
   b) *... erfüllt gesetzliche Vorgaben bei der Erfassung aller Geschäftsfälle.*
   c) *... kontrolliert die Wirtschaftlichkeit des Unternehmens.*
   d) *... sammelt Daten und bereitet diese auf.*
   e) *... ermittelt Veränderungen von Vermögen und eingesetztem Kapital.*
   f) *... ist nach außen gerichtet (z. B. Finanzamt, Banken, Gesellschafter).*
2. *Erklären Sie, wer buchführungspflichtig ist.*
3. *Nennen Sie mindestens drei Grundsätze ordnungsmäßiger Buchführung (GoB).*
4. *Nennen Sie zwei interne und zwei externe Buchungsbelege aus Ihrem Ausbildungsbetrieb.*
5. *Erläutern Sie die Unterschiede bei den Inventurverfahren: Stichtagsinventur, verlegte Inventur und permanente Inventur beim Vorratsvermögen.*
6. *Ihnen liegen folgende Werte der Dialogfix GmbH für den 31. Dezember 02 vor.*

Grundstücke	*50000,00 €*
Gebäude	*270000,00 €*
Betriebs- und Geschäftsausstattung	*78000,00 €*
Forderungen aus lfd. Projekten	*85000,00 €*
Kassenbestand	*3000,00 €*
Bankguthaben Sparkasse	*12000,00 €*
Bankguthaben Deutsche Bank	*56000,00 €*
Hypothekenkredit	*120000,00 €*
Darlehen	*50000,00 €*
Verbindlichkeiten aLL	*26000,00 €*

   Erstellen Sie ein ordnungsgemäß gegliedertes Inventar zum 31. Dezember 02 und ermitteln Sie dabei das Reinvermögen der Dialogfix GmbH.
7. *Wie hoch ist die Eigenkapitalrentabilität der KommunikativAktiv KG bei einem Eigenkapital von 280000,00 € und einem Jahresgewinn von 35000,00 €?*
8. *Berechnen Sie, wie sich der Jahresgewinn verändern müsste, wenn die KommunikativAktiv KG bei unverändertem Eigenkapital eine Eigenkapitalrentabilität von 15 % anstrebt.*

9. ***Ihnen liegt folgende Bilanz vor:***

Bilanz der Dialogfix GmbH zum 31. Dezember 03 in €			
Aktiva		**Passiva**	
I. Anlagevermögen	1 200000,00	I. Eigenkapital	1 400000,00
II. Umlaufvermögen	800000,00	II. Fremdkapital	600000,00
Gesamtvermögen	2000000,00	Gesamtkapital	2000000,00

Ermitteln Sie aufgrund der vorliegenden Bilanzstruktur

a) das Verhältnis von Anlagevermögen zu Umlaufvermögen (AV : UV),
b) das Verhältnis von Eigenkapital zu Gesamtkapital (EK : GK),
c) das Verhältnis von Eigenkapital zu Fremdkapital (EK : FK).

10. ***Ordnen Sie die nachfolgenden Konten richtig zu.***

Konto	Anlagevermögen	Umlaufvermögen	Fremdkapital
Betriebs- und Geschäftsausstattung			
Bankguthaben			
Gebäude			
Hypotheken			
Forderungen			
Grundstücke und Gebäude			
Lieferantenverbindlichkeiten			
Fuhrpark			

11. ***Erläutern Sie die Auswirkungen von Aufwendungen und Erträgen auf den Unternehmenserfolg.***

12. ***Ihnen liegen folgende Beträge aus den Konten der Gewinn- und Verlustrechnung für den vergangenen Monat vor.***

Personalkosten	***15000,00 €***
Abschreibungen	***7000,00 €***
Mietzahlungen	***5000,00 €***
Werbeaufwand	***2500,00 €***
Betriebssteuern	***750,00 €***
Umsatzerlöse	***27000,00 €***
Zinserträge	***250,00 €***

Erstellen Sie mit den vorhandenen Zahlen das Gewinn- und Verlustkonto und ermitteln Sie den Gewinn bzw. den Verlust des vergangenen Monats.

13. ***Erläutern Sie die Bedeutung der Umsatzsteuer im Ein- und Verkauf für den Unternehmenserfolg (Gewinn bzw. Verlust).***

14. ***Am Monatsende beträgt die Summe aller Vorsteuerbeträge 26568,40 €. Die Summe der Umsatzsteuer ergibt am Monatsende 54320,10 €. Wie hoch ist die Umsatzsteuerzahllast?***

2 Kaufmännische Rechen- und Kalkulationsverfahren anwenden

■ *Einstiegssituation*

Thomas und Julia unterhalten sich in der Pause des Berufsschulunterrichtes über ihre Aufgaben in ihren Ausbildungsbetrieben. Julia erzählt Thomas: „Seit letzter Woche bin ich in der Kalkulationsabteilung eingesetzt. Dort werden auch die Angebotspreise für unsere Projekte erstellt. Unsere Kunden haben da teilweise ganz unterschiedliche Vorstellungen, wie die Preise berechnet werden sollen. Preis je Call, Preis je Stunde, Abrechnung auf Provision ... Ich durfte auch an einem Angebot für die Outbound-Kampagne von Dialogfix mitarbeiten. Ich kann dir sagen, vor lauter Zahlen brummt mir schon ganz schön der Kopf!"

■ *Arbeitsaufträge*

1. ***Kalkulieren erfordert einen sicheren Umgang mit Zahlen. Finden Sie Beispiele aus Ihrem Ausbildungsbetrieb, in denen die vier Grundrechenarten, die Dreisatzrechnung und die Prozentrechnung eine Rolle spielen.***
2. ***Diskutieren Sie in der Klasse darüber, wovon ein Angebotspreis für eine Outbound-Kampagne abhängt und auf welche verschiedenen Weisen er berechnet werden könnte.***

2.1 Dreisatzrechnung

Die **Dreisatzrechnung** ist eine Rechenmethode, die bei der Lösung von Aufgaben des Rechnungswesens häufig angewandt wird. Aus **drei gegebenen Werten** eines Verhältnisses lässt sich der **unbekannte vierte Wert** ermitteln. Oder anders ausgedrückt: Beim Dreisatz ist der Wert für eine bestimmte Menge gegeben. Das Problem besteht darin, den Wert für eine neue Menge zu finden. Dabei schließt der Dreisatz

von der Mehrzahl auf die Einzahl			oder	**von der Einzahl auf die Mehrzahl.**		
a) 5 m^2 kosten	25,00 €	1 m^2?		a) 1 kg kostet	2,30 €	8 kg?
b) 18 m^3 kosten	360,00 €	1 m^3?		b) 1 Call kostet	2,79 €	15000 Calls?
c) 930 km in	10 Std.	1 Std.?		c) 1 Std. kostet	27,30 €	160 Std.?

Die Grundform der Dreisatzrechnung ist der **einfache Dreisatz**, der **ein gerades** oder **ein ungerades Verhältnis** haben kann.

Einfacher Dreisatz (gerades Verhältnis)

Beispiel

Ein Servicecenter tätigt bei 40-stündiger wöchentlicher Arbeitszeit durchschnittlich 11 400 Calls. Die wöchentliche Arbeitszeit soll auf 38 Stunden gesenkt werden. Wie hoch wird die voraussichtliche wöchentliche Callanzahl bei 38 Stunden sein?

Lösung mit Dreisatz	**Ansatz:** **In 40 Std. werden 11 400 Calls getätigt. (Angabesatz)** **In 38 Std. werden x Calls getätigt. (Fragesatz)** **Bruchsatz:** ① **In 40 Std. 11 400 Calls.** $11\,400$ ② **In 1 Std. wie viele Calls?** $\frac{11\,400}{40}$ ③ **In 38 Std. x Calls.** $\frac{11\,400 \cdot 38}{40}$ **Berechnung:** $x = \frac{11\,400 \cdot 38}{40}$ **= 10830 Calls in der 38-stündigen Arbeitswoche**

Lösungsweg	**1. Aufstellen des Ansatzes** **Dabei gilt es, die Form zu beachten:** **Gleichartige Bezeichnungen stehen untereinander, die gesuchte Größe steht am Ende des Fragesatzes.** **2. Entwickeln des Bruchsatzes** **a) Der vorgegebene Wert ist Ausgangspunkt der Berechnung und als erste Zahl auf den Bruchstrich des Bruchsatzes zu setzen (im Beispiel 11 400 Calls).** **b) Vom vorgegebenen Wert auf die Einheit schließen.** **c) Von der Einheit auf den neuen Wert schließen.** **3. Berechnung durchführen** **Die folgenden drei Sätze (daher Dreisatz) ergeben den Bruchsatz:** **I. Die Callanzahl für 40 Stunden beträgt: 11 400 Calls** **II. Die Callanzahl für 1 Stunde beträgt:** $\frac{11\,400}{40}$ **III. Die Callanzahl für 38 Stunden beträgt:** $\frac{11\,400 \cdot 38}{40}$

In obigem Beispiel liegt ein **gerades Verhältnis** vor, weil das Sinken der ersten Größe (hier Stunden – Wochenarbeitszeit) ebenfalls ein Sinken der zweiten Größe (hier Callanzahl) zur Folge hat. Umgekehrt würde ein Steigen der ersten Größe ebenfalls zu einem Steigen der zweiten Größe führen.

In unserem Beispiel gilt:

Je weniger Stunden → umso weniger Calls.
Je mehr Stunden → umso mehr Calls.

Allgemein gilt für ein gerades Verhältnis:

Je mehr → umso mehr.
Je weniger → umso weniger.

Einfacher Dreisatz (ungerades Verhältnis)

Beispiel

Ein Rohstoffvorrat reicht bei 35 Maschinen für 24 Arbeitstage. Infolge einer Grippewelle können lediglich 28 Maschinen besetzt werden. Für wie viele Arbeitstage reicht nun der Vorrat?

Lösung mit Dreisatz	**Ansatz:** **Für 35 Maschinen reicht der Vorrat 24 Tage. (Angabesatz)** **Für 28 Maschinen reicht der Vorrat x Tage. (Fragesatz)** **Bruchsatz:** ① **Für 35 Maschinen reicht der Vorrat 24 Tage.** 24 ② **Für 1 Maschine reicht der Vorrat wie viel Tage?** $24 \cdot 35$ ③ **Für 28 Maschinen reicht der Vorrat x Tage.** $\frac{24 \cdot 35}{28}$ **Berechnung:** $x = \frac{24 \cdot 35}{28}$ **= 30 Arbeitstage reicht der Rohstoffvorrat.** **Verkürzte Darstellung:** **35 Maschinen = 24 Arbeitstage** **28 Maschinen = x Arbeitstage** $x = \frac{24 \cdot 35}{28}$ **= 30 Arbeitstage**
Lösungsweg	**Wie beim geraden Dreisatz.**

Diesmal liegt ein **ungerades Verhältnis** vor, weil das Sinken der ersten Größe (hier Maschinen) ein Wachsen der zweiten Größe (hier Arbeitstage) zur Folge hat. Umgekehrt würde ein Wachsen der ersten Größe zu einem Sinken der zweiten Größe führen.

In unserem Beispiel gilt:

Je weniger Maschinen → umso mehr Arbeitstage.

Je mehr Maschinen → umso weniger Arbeitstage.

Allgemein gilt für ein ungerades Verhältnis:

Je mehr → umso weniger.

Je weniger → umso mehr.

Aufgaben

1. ***Eine Leiharbeitskraft erhält für 40 Arbeitsstunden einen Bruttolohn von 360,00 €. Wie hoch ist der Bruttolohn für 172 Stunden?***
2. ***In einem Betrieb verbraucht die Gasheizungsanlage für 170 Heizungstage 3370 m³ Gas. Wie hoch ist der Gasverbrauch für***
   a) 65 Tage, b) 220 Tage?
3. ***Für eine Sendung verschiedener Artikel im Gesamtwert von 8000,00 € wurden 1600,00 € Zoll gezahlt. Wie hoch ist der Zollanteil für einen der Artikel im Wertanteil von 3500,00 €?***
4. ***40 Agenten erarbeiten einen monatlichen Durchschnittsumsatz von 160000,00 €. Im kommenden Monat können lediglich 38 Agenten eingesetzt werden. Wie hoch wird jetzt der monatliche Durchschnittsumsatz sein?***
5. ***Bei einem Verbrauch von 6,5 l pro 100 km reicht die Tankfüllung für 930 km. Für wie viele Kilometer reicht die Tankfüllung, wenn 5,5 l pro 100 km verbraucht werden?***
6. ***Der Bestand an Druckerpatronen reicht bei voller Beschäftigung (5 Tage in der Woche) 6 Wochen. Wegen der wirtschaftlichen Lage wird Kurzarbeit eingeführt (3 Tage in der Woche). Für wie viele Wochen reicht der Bestand bei Kurzarbeit?***
7. ***Zur Reinigung des Servicecenters benötigen 5 Reinigungskräfte 3 Stunden. Wie viele Stunden würden 8 Reinigungskräfte benötigen?***
8. ***Zur Durchführung der Inventur am Jahresende benötigen 9 Angestellte 7 Arbeitstage. Wegen eines dringenden Auftrags können nur 6 Angestellte eingesetzt werden. Wie viele Tage sind notwendig, um die Inventur mit weniger Personal zu erledigen?***
9. ***Im vergangenen Monat erhielt ein Außendienstmitarbeiter bei einem Umsatz von 38700,00 € eine Provision in Höhe von 2322,00 €. Wie hoch ist seine Provision bei einem Umsatz von 45200,00 €?***
10. ***Für ein Outbound-Projekt werden bei einem Einsatz von 24 Agenten 9 Arbeitstage eingeplant. Wegen Krankheit können jedoch nur 18 Mitarbeiter eingesetzt werden. Wie viele Tage müssen nun für den Auftrag eingeplant werden?***
11. ***Bei der Qualitätskontrolle hören monatlich 3 Angestellte 1584 Gespräche mit, die danach ausgewertet werden. Wie viele Angestellte müssten bei 8976 mitgehörten Gesprächen je Monat eingesetzt werden?***

2.2 Prozentrechnung

Zu den grundlegenden kaufmännischen Rechenverfahren gehört neben den **vier Grundrechenarten** (Addition, Subtraktion, Multiplikation, Division) auch die mit dem Dreisatz eng verwandte **Prozentrechnung** (vom lat. procentum = vom Hundert).

Im Grunde ist die Prozentrechnung eine spezielle Form der Dreisatzrechnung. Mithilfe der Prozentrechnung können gegebene absolute Zahlen (z. B. ein Callcenter hat 40 Arbeitsplätze oder eine Hardware kostet 1 500,00 € netto) vergleichbar gemacht und Größenverhältnisse veranschaulicht werden. Sie wird in fast allen Lebensbereichen angewendet und ist aus dem kaufmännischen Alltag nicht wegzudenken. Vergleichs- oder Bezugsgröße ist die **Zahl 100**, auch als „das Ganze“ oder „Grundwert“ bezeichnet. Man spricht daher auch von der Hunderterrechnung. Es ist üblich, für Prozent abgekürzt v. H. „vom Hundert“, meistens aber % zu schreiben. Die Prozentrechnung geht davon aus, dass eine bestimmte Anzahl Dinge ein Ganzes bilden, das 100 % entspricht. Sagt man z. B. in der Alltagssprache, dass ein Callcenter hundertprozentig besetzt ist, bedeutet dies, dass alle möglichen Arbeitsplätze besetzt sind, die Kapazität voll und ganz ausgelastet ist.

Beispiel

Wenn in einem Callcenter insgesamt 40 Arbeitsplätze zur Verfügung stehen, macht das eine Gesamtheit von 100 % (es gilt 40 Arbeitsplätze = 100 %).
Wären lediglich 75 % der Arbeitsplätze besetzt, würde dies 75 „vom Hundert“ = 75/100 entsprechen. 75 % sind daher nichts anderes als 75 Hundertstel eines Ganzen (hier z. B. 30 von 40 Arbeitsplätzen).

Das **Grundschema der Prozentrechnung** ist so aufgebaut:

75 %	von	40 Arbeitsplätzen	=	30 Arbeitsplätze
Prozentsatz		**Grundwert**		**Prozentwert**
75 % bedeutet $\frac{75}{100}$		Grundwert = 100 %		Ergebnis aus Prozentsatz und Grundwert $\frac{75 \cdot 40 \text{ Arbeitsplätze}}{100} = 30$ Arbeitsplätze

Die Rechenaufgaben bestehen meist nun darin, entweder auszurechnen, wie viel Prozent eine bestimmte Anzahl ausmachen oder wie viele Dinge einer bestimmten Prozentzahl entsprechen. Je nach Fragestellung muss daher das Grundschema nach dem Grundwert oder dem Prozentsatz umgestellt werden:

	Formel	Beispiel
Grundwert	$\frac{\text{Prozentwert} \cdot 100}{\text{Prozentsatz}}$	In einem Callcenter sind 30 Arbeitsplätze besetzt. Dies entspricht 75 % aller Arbeitsplätze. Wie viele Arbeitsplätze gibt es in diesem Callcenter?
Prozentsatz	$\frac{\text{Prozentwert} \cdot 100}{\text{Grundwert}}$	In einem Callcenter sind 30 von 40 Arbeitsplätzen besetzt. Wie viel Prozent der Arbeitsplätze sind besetzt?

Im Grundschema der Prozentrechnung wird mit folgenden Größen gerechnet:

Errechnen des Prozentwertes vom Grundwert (Vom-Hundert-Rechnung)

Beispiel

Die Arbeitsplätze des Callcenters sollen jeweils mit einer neuen PC-Anlage inklusive der neuesten Software ausgestattet werden. Der Hard- und Softwareanbieter der Dialogfix GmbH bietet das Komplettpaket je Arbeitsplatz zu einem Nettopreis von 1 500,00 € an. Bei Abnahme von zehn Anlagen erhält die Firma einen Mengenrabatt von 15 %. Wie hoch ist der Rechnungsabzug je Anlage?

Lösung mit Dreisatz

100 % = 1 500,00 €
15 % = x €

$$= \frac{1\,500{,}00 \cdot 15}{100} = 225{,}00\ €$$

Errechnen des Prozentwertes vom vermehrten Grundwert (Auf-Hundert-Rechnung)

Beispiel

Nach Eingang der Rechnung überweist Dialogfix je PC-Anlage einen Bruttobetrag in Höhe von 1 517,25 €. In diesem Betrag sind 19 % Umsatzsteuer (Vorsteuer) enthalten. Wie viel Euro beträgt der Kaufpreis ohne Umsatzsteuer?

Grundwert +	Vermehrung =	vermehrter Grundwert
100 %	19 %	119 %

Lösung mit Dreisatz

119 % = 1 517,25 €
100 % = x €

$$x = \frac{1\,517{,}25 \cdot 100}{119} = 1\,275{,}00\ €$$

Darstellung im Kalkulationsschema

Nettorechnungspreis	1 275,00 €	100 %
+ 19 % USt.	242,25 €	19 %
Bruttorechnungspreis	1 517,25 €	119 %

Errechnen des Prozentwertes vom verminderten Grundwert (Im-Hundert-Rechnung)

Beispiel

Der Umsatz des Callcenters ging im August im Vergleich zum Juli um 8 % auf 239 200,00 € zurück. Wie hoch ist der Umsatzrückgang? Wie hoch war der Juli-Umsatz?

Lösung mit Dreisatz

92 % = 239 200,00 €
100 % = x €

$$= \frac{239\,200{,}00 \cdot 100}{92} = 260\,000{,}00\ €$$

Darstellung im Kalkulationsschema

Umsatz im Monat Juli	260 000,00 €	100 %
– 8 % Umsatzrückgang August	20 800,00 €	8 %
= Umsatz im August	239 200,00 €	92 %

Praxistipp

Häufig werden Ergebnisse **kaufmännisch gerundet**. Damit ist gemeint, dass auf zwei Nachkommastellen gerundet wird. Ist die dritte Nachkommastelle eine 0, 1, 2, 3 oder 4, so wird abgerundet, bei 5, 6, 7, 8 oder 9 wird aufgerundet.

Beispiele

251,434... € ≈ 251,43 €
251,435... € ≈ 251,44 €

Um möglichst präzise Ergebnisse zu erlangen, sollte bei mehreren aufeinanderfolgenden Rechenschritten erst nach dem letzten Schritt gerundet werden!

Aufgaben

1. ***Berechnen Sie.***

a) 7 % von 7876,30 €
b) ½ % von 27326,00 €
c) 1 ½ % von 8566,00 €
d) 3,25 % von 891,255 kg
e) 0,7 % von 15640 kg
f) 8,5 % von 2105,75 kg
g) 27 % von 3560,5 kg
h) 17,5 % von 932,92 €

2. ***Bei einem Insolvenzverfahren beträgt die Insolvenzquote 8 1/3 %. Welchen Betrag überweist der Insolvenzverwalter, wenn die Forderung 5592,00 € betrug?***

3. ***Ein Lieferant senkt den Preis für Smartphones von 894,00 € um 8,1 %. Wie hoch ist der neue Verkaufspreis?***

4. ***Ermitteln Sie für die Buchungsbelege die Umsatzsteuer und den Nettorechnungspreis.***

	Bruttorechnungspreis	USt.			
a)	279,65 €	19 %	c)	5426,40 €	19 %
b)	58324,63 €	7 %	d)	104,86 €	7 %

5. ***Durch eine Kundenzufriedenheitsbefragung und eine darauf folgende intensive Mitarbeiterschulung sinkt die Stornoquote bei Neuaufträgen wie folgt:***

Produkt	Senkung der Stornoquote um %	Anzahl Stornos nach Schulung
A	3,75 %	1437
B	7,5 %	925
C	10 %	3510

Wie hoch war die Anzahl der Stornos (je Produkt) vor der Mitarbeiterschulung?

6. ***Nach Abzug der Provision von 2,25 % schreibt die Bank eine Auslandsforderung mit 18393,90 € dem Firmenkonto gut. Wie hoch sind die Provision und die Forderung?***

7. ***Ein Callcenter-Agent erhält nach einer Erhöhung von 2,5 % ein monatliches Gehalt von 2 107,40 €. Wie hoch war das Gehalt vor der Erhöhung?***

8. ***Für ein Callcenter wurde eine neue Büroausstattung für 23 800,00 € (inkl. 19 % USt) beschafft. Da einige Bürotische optische Mängel besitzen, schlägt der Lieferant eine Gutschrift auf den Rechnungsbetrag in Höhe von 3,5 % vor. Berechnen Sie, auf welchen Betrag sich die Gutschrift (Brutto/Netto) beläuft.***

2.3 Bedeutung der Kalkulation im Dialogmarketing

Kernaufgabe von Unternehmen der Dialogmarketingbranche ist die Durchführung von Inbound- und/oder Outbound-Calls. Dabei entstehen Kosten, die zu decken sind (z. B. für die Bereitstellung von Betriebsmitteln, Betriebs- und Geschäftsausstattung, Personal). Darüber hinaus ist es Ziel eines jeden Unternehmens, über die Kostendeckung hinaus **Gewinne zu erwirtschaften**. Das bedeutet, dass die Verkaufspreise, welche als Umsatzerlöse in das Unternehmen fließen, entsprechend kalkuliert (berechnet) werden müssen. 2|2.2

Zur **Bestimmung der Verkaufspreise** sind folgende Fragen zu klären:

- Welche Kosten fallen an? (Kostenarten)
- Wo fallen die Kosten an? (Kostenstellen)
- Wie werden die Kosten verteilt? (Kostenträger) 11|2

Über die **Handelskalkulation** werden in Handelsbetrieben die Kosten und auf dieser Grundlage die Angebotspreise ermittelt. Der Angebotspreis soll die Selbstkosten des Unternehmens decken und einen angemessenen Gewinn ermöglichen. 6|2.1

Dabei unterscheidet man nach dem Zeitpunkt der Erstellung der Kalkulation in Vorkalkulation und Nachkalkulation:

- Die **Vorkalkulation** dient vor allem der **Ermittlung von Angebotspreisen**. Dazu verwendet man meist **Normalkosten** (= Erfahrungswerte über Durchschnittskosten vergangener Perioden).
- Die **Nachkalkulation** dient vor allem der **Kostenkontrolle** sowie der Überwachung der Wirtschaftlichkeit, z. B. über den Vergleich der erzielten Umsatzerlöse (erzielt über die Angebotspreise der Vorkalkulation) mit den **tatsächlichen Kosten**. Die Nachkalkulation findet auf Basis der tatsächlich entstandenen Kosten (Ist-Kosten) statt.

2.4 Kalkulationsverfahren im Dialogmarketing

Das jeweils angewandte Kalkulationsverfahren hängt im Dialogmarketing vor allem von der Struktur der Aufträge bzw. Projekte ab.

2.4.1 Divisionskalkulation

Das einfachste Kalkulationsverfahren überhaupt ist die Divisionskalkulation. Dabei werden die Selbstkosten eines Kostenträgers ermittelt, indem man die Gesamtkosten einer Periode durch die Anzahl der in dieser Zeit erbrachten Menge an Produkten bzw. Dienstleistungen dividiert. Im Dialogmarketing erfolgt dies häufig zur **Berechnung der Selbstkosten eines Calls**.

$$\textbf{Selbstkosten} = \frac{\textbf{Gesamtkosten in €}}{\textbf{Anzahl der Calls}}$$

Diese Berechnung ist jedoch nur dann sinnvoll, wenn tatsächlich nur gleichartige Calls durchgeführt werden (z. B. Bankkunden rufen Kontenstand ab → geringe Abweichungen der Gesprächsdauer der Calls).

Beispiel

Summe der Selbstkosten der Periode	480000,00 €
dividiert durch durchgeführte Calls der Periode	120000
↓	
ergibt die Selbstkosten je Call	= 4,00 €

2.4.2 Zuschlagskalkulation

In der Praxis kann die Divisionskalkulation nur in den seltensten Fällen zur Anwendung kommen, da gerade Callcenter-Dienstleister (externe Callcenter) meist gleichzeitig eine Vielzahl unterschiedlicher Projekte bearbeiten, die somit auch unterschiedliche Kosten verursachen.

Im Dienstleistungsbereich allgemein setzt man zur Kalkulation der Selbstkosten – und damit zur Ermittlung der Angebotspreise – die Handelskalkulation als **Zuschlagskalkulation** ein.

Zuschlagskalkulation im Dienstleistungssektor: Handelskalkulation

Listeneinkaufspreis – Liefererrabatt	Einkaufskalkulation (Bezugskalkulation)
Zieleinkaufspreis – Liefererskonto	
Bareinkaufspreis + Einkaufskosten (z. B. Provisionen) + Bezugskosten (z. B. Fracht, Rollgeld, Transportversicherung)	

Wareneinsatz/Bezugspreis	Verkaufskalkulation (Angebotskalkulation)
+ Handlungsgemeinkosten	
Selbstkosten	
+ Gewinn	
Barverkaufspreis	
+ Verkaufsprovision (vom Zielpreis)	
+ Kundenskonto (vom Zielpreis)	
Zielverkaufspreis	
+ Kundenrabatt	
Listenverkaufspreis	

> ***Praxistipp***
> In den **Handlungsgemeinkosten** sind die allgemeinen Geschäftskosten des Unternehmens (z. B. Personalkosten, Werbekosten, Verwaltungs- und Vertriebskosten etc.) enthalten.

Beispiel

Als Zusatzgeschäft verkauft ein Callcenter an seine Kunden Smartphones. Folgende Kalkulationsdaten zur Ermittlung des Listenverkaufspreises liegen vor, Einkaufskosten und Verkaufsprovision fallen nicht an:

- Listeneinkaufspreis je Smartphone: 600,00 €
- Liefererrabatt: 40 %
- Liefererskonto: 3 %
- Bezugskosten: 2,00 €
- Handlungsgemeinkostensatz: 25 %
- Gewinn: 20 %
- Kundenskonto: 2 %
- Kundenrabatt: 5 %

Listeneinkaufspreis		600,00 €		
– Liefererrabatt	40 %	240,00 €		
Zieleinkaufspreis		360,00 €		
– Liefererskonto	3 %	10,80 €		
Bareinkaufspreis		349,20 €		
+ Einkaufskosten (z. B. Provisionen)				
+ Bezugskosten (z. B. Fracht, Rollgeld, Transportversicherung)	2,00 €	2,00 €		
Wareneinsatz/Bezugspreis		351,20 €		
+ Handlungsgemeinkosten	25 %	87,80 €		
Selbstkosten		439,00 €		
+ Gewinn	20 %	87,80 €		
Barverkaufspreis		526,80 €	98 %	
+ Verkaufsprovision (vom Zielpreis)				
+ Kundenskonto (vom Zielpreis)	2 %	10,75 €	2 %	
Zielverkaufspreis		537,55 €	100 %	95 %
+ Kundenrabatt	5 %	28,29 €		5 %
Listenverkaufspreis		565,84 €		100 %

> ***Praxistipp***
> Ab hier Im-Hundert-Rechnung!

Die Selbstkosten werden nach folgender Formel ermittelt:

Wareneinsatz (Bezugspreis)
+ Handlungsgemeinkosten
= Selbstkosten

Vereinfachung der Kalkulation

Da die einzelnen Kosten innerhalb des Kalkulationsschemas (z. B. Handlungskosten, Gewinnzuschlag, Kundenskonto etc.) gewöhnlich über einen gewissen Zeitraum konstant bleiben, kann die Kalkulation vereinfacht werden, indem man mit **Kalkulationszuschlägen** bzw. einem **Kalkulationsfaktor** arbeitet. Dadurch kann für jeden beliebigen Bezugspreis (Wareneinsatz) der Listenverkaufspreis ermittelt werden.

- **Kalkulationszuschlagssatz**
  Der Kalkulationszuschlagssatz ist die Differenz zwischen dem Listenverkaufspreis und dem Bezugspreis, ausgedrückt in Prozent des Bezugspreises (Bezugspreis = 100 %).

$$\textbf{Kalkulationszuschlagssatz} = \frac{\textbf{(Listenverkaufspreis} - \textbf{Bezugspreis)} \cdot \textbf{100}}{\textbf{Bezugspreis}}$$

  Der Bezugspreis multipliziert mit dem Kalkulationszuschlags**satz** ergibt den Kalkulationszuschlag. Der so ermittelte Kalkulationszuschlag addiert mit dem Bezugspreis ergibt den Listenverkaufspreis.

  Beispiel

  Bei einem Listenverkaufspreis von 156,00 € und einem Bezugspreis von 120,00 € errechnet sich ein Kalkulationszuschlagssatz von 30 %. Daraus ergibt sich ein Kalkulationszuschlag von: 120,00 € · 30 % = 36,00 €.

  Bezugspreis 120,00 € + Kalkulationszuschlag 36,00 € ergibt einen Listenverkaufspreis von 156,00 €.

- **Kalkulationsfaktor**
  Der Kalkulationsfaktor drückt aus, mit welchem Faktor der Bezugspreis multipliziert werden muss, um den Listenverkaufspreis zu erhalten.

$$\textbf{Kalkulationsfaktor} = \frac{\textbf{Listenverkaufspreis}}{\textbf{Bezugspreis}}$$

Beispiel

Mit den Zahlen des obigen Beispiels ergibt sich:

$$\text{Kalkulationsfaktor} = \frac{156{,}00\,€}{120{,}00\,€} = 1{,}3$$

Multipliziert man also den Bezugspreis mit dem Kalkulationsfaktor, erhält man den Listenverkaufspreis: 120,00 € · 1,3 = 156,00 €.

2.4.3 Projektkalkulation als Zuschlagskalkulation

Viele Aufträge im Callcenter werden in Form von Projekten durchgeführt. Zur Ermittlung eines Angebotspreises müssen alle durch das Projekt verursachten Kosten genau ermittelt und erfasst werden. Werden sämtliche Kosten berücksichtigt, liegt eine Form der **Vollkostenrechnung** vor. Im Callcenter werden die Selbstkosten häufig im Rahmen von Projektkalkulationen mittels einer stufenweisen Addition aller Vor- und Eigenleistungen ermittelt. Dabei stellen in der Regel die Personalkosten den höchsten Kostenanteil dar. 9|2.5.1

Zur Vereinfachung wird oft eine **Zuschlagskalkulation** angewandt. Als Ergebnis erhält man letztlich den Verkaufspreis je Call, je Call/Std., je Projekt, je Projektstunde etc.

→ ***Praxistipp***
An folgendem Fallbeispiel kann man erkennen, dass häufig einzelne kalkulatorische Werte (z. B. Arbeitsstunden, Personalkosten) außerhalb des Kalkulationsschemas ermittelt werden müssen. Diese fließen dann in das Kalkulationsschema ein. Welche Werte vorab ermittelt werden, ist abhängig von der vorgegebenen Situation.

Fallbeispiel

Die KommunikativAktiv KG soll für die Dialogfix GmbH ein Outbound-Projekt durchführen. Dabei sind folgende Vorgaben zu beachten:

- Es sollen 20160 Geschäftskunden aus dem vorhandenen Kundenstamm kontaktiert werden.
- Die Aktion soll im Oktober und November (insgesamt 42 Arbeitstage) von Montag bis Freitag (8 Arbeitsstunden je Arbeitstag) durchgeführt werden. Telefoniert wird von 08:00 Uhr bis 17:00 Uhr.
- Eine Vorabschulung der Mitarbeiter erfolgt durch einen externen Trainer der Dialogfix GmbH. Für diese Schulung werden 2 Tage = 16 Stunden je Mitarbeiter veranschlagt.
- Aufgrund der Erfahrungen mit ähnlichen Telefonaktionen wird mit einer durchschnittlichen Gesprächsdauer von 6 Minuten je Kunde sowie einer Vor- und Nachbereitungszeit inklusive aller Anwahlversuche von 4 Minuten gerechnet. Dies ergibt eine Average Handling Time (AHT) von 10 Minuten (inklusive Bildschirmpausen). 5|5.1.1
- Es wird mit einem Handlungskostenzuschlag von 20 % und einem Gewinnzuschlag von 10 % kalkuliert.

Darüber hinaus müssen folgende Kosten berücksichtigt werden:

- Die durchschnittlichen Kosten je Agent betragen 15,32 € je Arbeitsstunde.
- Die durchschnittlichen Kosten je Teamleiter betragen 18,51 € je Arbeitsstunde; in dem Projekt wird ein Teamleiter eingesetzt, der selbst nicht mittelefoniert.
- Die Arbeitsplatzkosten je Stunde (inklusive Raummiete) werden mit 1,57 € veranschlagt.

Im ersten Schritt soll Julia errechnen, wie viele Stunden für die Durchführung des Auftrags benötigt werden. Sie ermittelt:

Gesprächsdauer in Min.	6 Min.
Vor-/Nachbereitungszeit inklusive Anwahlversuche in Min.	4 Min.
Durchschnittliche Gesamtdauer je Vorgang in Min. (AHT)	10 Min.
Maximale Gesprächsanzahl je Std.	6 Calls
Gesprächsvolumen lt. Auftrag	20160 Kunden
Benötigter Call-Stundenumfang (Gesprächsvolumen/maximale Gesprächsanzahl je Std.)	3360 Std.

Mit der ermittelten Stundenzahl kann Julia weiter errechnen, wie viele Agenten eingesetzt werden müssen:

Arbeitstage Oktober/November	42 Tage
Agentenarbeitsstunden je Tag	8 Std.
Gesamtstunden Oktober/November je Agent	336 Std.
Benötigte Projektstunden	3360 Std.
Benötigte Agenten (Projektstunde/Agentenarbeitsstunde)	10 Agenten

Nun können in einem weiteren Schritt die Selbstkosten und der Angebotspreis für das Projekt errechnet werden. Dabei muss berücksichtigt werden, dass eine Vorabschulung von 16 Stunden je Agent erfolgen soll. Es müssen also 160 Agentenstunden und 16 Teamleiterstunden kalkuliert werden.

	Faktor Std./Calls	Einzelkosten €/ Zuschläge %	Gesamtkosten in €
Teamleiter Vorbereitungskosten (Training in Std.) Teamleiterkosten je Telefonstunde	16 336	18,51 € 18,51 €	296,16 6219,36
Agenten Vorbereitungskosten (Training in Std.)	160	15,32 €	2451,20
Agentenkosten je Telefonstunde	3360	15,32 €	51475,20
Arbeitsplatzkosten je Stunde (Agenten und Teamleiter inklusive Vorbereitung)	3872	1,57 €	6079,04
Operative Gesamtkosten Handlungskostenzuschlag		20 %	66520,96 13304,19

	Faktor Std./Calls	Einzelkosten €/ Zuschläge %	Gesamtkosten in €
Selbstkosten Gewinnzuschlag (auf Selbstkosten)		 10 %	79825,15 7982,52
Angebotspreis Gesamtprojekt			87807,67
Angebotspreis je Call bei 20160 Calls	20160		4,36

Die **operativen Gesamtkosten** bezeichnen in einer Kalkulation alle Kosten, die in einem direkten Zusammenhang mit der **Leistungserstellung** (z.B. Durchführung der Calls) stehen. Im vorangegangenen Beispiel sind dies die Personalkosten der Agenten, Teamleiter und Trainer sowie die Arbeitsplatzkosten. Der Angebotspreis der Dialogfix GmbH zur Durchführung des Projekts beträgt dann unter Berücksichtigung der **Handlungskosten- und Gewinnzuschläge** 87807,67 € bzw. 4,36 € je Call.

Zusammenfassung

- Bei der **Dreisatzrechnung** wird **aus drei gegebenen Werten** eines Verhältnisses der **unbekannte vierte Wert** ermittelt.
- Wichtige Voraussetzung beim Kalkulieren ist die **Prozentrechnung**. Dabei unterscheidet man die **Vom-Hundert-Rechnung**, die **Auf-Hundert-Rechnung** und die **Im-Hundert-Rechnung**.
- Ein **Kalkulationsschema** vereinfacht die Ermittlung der Selbstkosten und somit der Verkaufspreise.

Aufgaben

1. ***Worin unterscheiden sich Im-, Vom- und Auf-Hundert-Prozentrechnungen?***
2. ***Nach einer Preiserhöhung von 15 % beträgt der Einkaufspreis eines Premium-Mobiltelefons ohne Vertragsbindung 460,00 €. Wie hoch war der bisherige Preis?***
3. ***Im Mai meldeten sich 30 Mitarbeiter wegen einer Grippewelle krank. Wie hoch ist die Krankenquote, wenn bei der Dialogfix GmbH 130 Mitarbeiter arbeiten?***
4. ***Nach Abzug von 2 % Skonto überweist die Dialogfix GmbH an einen Lieferanten 980,00 €. Wie hoch war der Rechnungsbetrag?***
5. ***Das Callcenter der Dialogfix GmbH soll mit Flatscreen-Monitoren der neuesten Generation ausgerüstet werden. Der Bezugspreis beträgt 300,00 € pro Monitor. Berechnen Sie den Listeneinkaufspreis, wenn der Lieferer 15 % Rabatt gewährt sowie 3 % Skonto in Anspruch genommen werden und die Lieferung frei Haus erfolgt.***
6. ***Der Umsatz des Callcenters der Dialogfix GmbH betrug im Januar 876000,00 €, im Februar 623000,00 € und im März 466000,00 €. Wie hoch war der durchschnittliche Umsatz im ersten Quartal?***
7. ***Die Abteilung „Kundenservice“ der Dialogfix GmbH ist von 40 auf 50 Mitarbeiter aufgestockt worden. Proportional haben sich auch die Personalkosten, die bei 40 Mitarbeitern bei 140000,00 € lagen, verändert. Berechnen Sie die Höhe der neuen Personalkosten.***

8. ***Das Marketingbudget eines Callcenters wurde im Vergleich zum Vorjahr um 12,5 % auf 84 000,00 € gekürzt. Wie hoch war das Budget im Vorjahr?***

9. ***Die Büros der Dialogfix GmbH werden neu bestuhlt. Für den Kauf von jeweils 120 Bürostühlen liegen zwei Angebote vor:***

	Angebot 1	Angebot 2
Listeneinkaufspreis	300,00 € pro Stuhl	320,00 € pro Stuhl
Liefererskonto	3 % – 10 Werktage 2,5 % – 15 Werktage 2 % – 20 Werktage	2,5 % – 20 Werktage
Liefererrabatt	15 %	18 %
Bezugskosten	500,00 €	200,00 € pro angefangene Palette à 50 Stühle

Welches Angebot ist zu bevorzugen, wenn der Rechnungsbetrag nach 16 Werktagen überwiesen wird?

10. ***Die Dialogfix GmbH möchte einen neuen PC vertreiben. Hierfür sucht sie geeignete Lieferanten. Der Bezugspreis soll 650,00 € pro Rechner nicht überschreiten. Prüfen Sie, ob das folgende Angebot dieser Restriktion entspricht:***

    PC XRP 500 zum Listeneinkaufspreis von 820,00 € bei Abnahme von 1 000 Geräten, 20 % Liefererrabatt, 2 % Liefererskonto bei Bezahlung innerhalb von 10 Werktagen, 300,00 € Bezugskosten.

11. ***KommunikativAktiv bietet einem Kunden die Durchführung eines Projekts zu einem Barangebotspreis von 85000,00 € zzgl. 19 % Umsatzsteuer an. Wie hoch ist der Umsatzsteuerbetrag? Wie hoch ist der Bruttoangebotspreis?***

12. ***Dialogfix kauft einen PC zu einem Bruttopreis von 1 035,30 € inkl. 19 % Umsatzsteuer. Wie hoch ist der Nettokaufpreis? Wie hoch ist der Umsatzsteuerbetrag?***

13. ***Nennen Sie mindestens drei Beispiele für Handlungskosten.***

14. ***Erläutern Sie das Prinzip der Divisionskalkulation.***

15. ***Ermitteln Sie den Listenverkaufspreis eines Druckers mithilfe der Zuschlagskalkulation. Folgende Werte sind gegeben:***

    - ***Listeneinkaufspreis: 90,00 €***
    - ***Liefererrabatt: 45 %***
    - ***Liefererskonto: 3 %***
    - ***Transportkosten: 0,20 € je Drucker***
    - ***Handlungsgemeinkostensatz: 25 %***
    - ***Gewinn: 20 %***
    - ***Kundenskonto: 2 %***
    - ***Kundenrabatt: 5 %***

16. ***Für das Zusatzgeschäft „Verkauf von Tablets“ hat die Dialogfix GmbH einen Kalkulationszuschlagssatz von 42 % festgelegt. Wie hoch ist der Listenverkaufspreis für ein Tablet, dessen Bezugspreis bei 69,72 € liegt?***

→ ***Praxistipp***

Viele weitere Übungsaufgaben zu den kaufmännischen Rechen- und Kalkulationsverfahren finden Sie in „**Ausbildung im Dialogmarketing – Prüfungstraining**“ (BV1 23021).

Lernfeld 8:

Kundinnen und Kunden gewinnen und Verkaufsgespräche führen

1 Kunden gewinnen

■ *Einstiegssituation*

Mitarbeiterversammlung bei Dialogfix. **Raymond Kruse**, einer der Geschäftsführer, erläutert die Unternehmensentwicklung im aktuellen Geschäftsjahr und spricht über zukünftige Ziele der Firma:

„Wir möchten vor allem unsere Bemühungen im Up-Selling, Cross-Selling sowie in der Neukundenakquise erhöhen. Der Servicebereich von Dialogfix soll seine Rolle als Vetriebskanal im Unternehmen nicht nur festigen, sondern sogar verbessern."

Nach dem Ende der Mitarbeiterversammlung spricht **Daniel** Thomas auf seine Eindrücke an:
„Der Servicebereich als Vertriebskanal, das hört sich ja mal wieder hochgestochen an. Der meint doch wahrscheinlich nur die normale Bestellhotline."

„Das denke ich nicht", erwidert **Thomas**. *„Mein Teamleiter hat letztens im Teammeeting erwähnt, dass viele Produkte dadurch verkauft werden, weil wir in der Beratungshotline die Kunden aktiv ansprechen. Auch die Outbound-Aktion über KommunikativAktiv hat uns viele neue Kunden gebracht."*

■ *Arbeitsaufträge*

1. ***Vergleichen Sie die unterschiedlichen Möglichkeiten des Verkaufs in den Ausbildungsbetrieben Ihrer Klasse.***
2. ***Welche Vorteile hat es, den Servicebereich eines Unternehmens auch zum aktiven Verkauf einzusetzen?***
3. ***Mit welchen Verkaufsaktivitäten waren Sie in Ihrem Ausbildungsbetrieb schon konfrontiert? Diskutieren Sie in der Klasse über Ihre eigenen Erfahrungen.***

1.1 Bedeutung des Verkaufs

Während heute die Begriffe **Verkauf, Vertrieb und Marketing** in allen Betrieben von zentraler Bedeutung sind, konzentrierten Unternehmen ihre Ressourcen noch in den 1970er-Jahren vor allem auf die **Produktion** von Waren.

Bedeutungswandel im Laufe der Zeit

Natürlich mussten die produzierten Waren auch abgesetzt werden, die dafür anfallenden Aufgaben wurden aber auf verschiedene Abteilungen im Unternehmen verteilt:

- Die Personalabteilung übernahm die Auswahl des Verkaufspersonals.
- Die Planungsabteilung (Controlling) überwachte die Absatzzahlen.
- Die Abteilung für Datenverarbeitung kümmerte sich um die Marktforschung.
- Die Rechnungsabteilung (Rechnungswesen) war für die Preisfindung zuständig.
- Die Versandabteilung organisierte sich um die Lieferung der Waren.
- Die Produktion überwachte die Entwicklung und Qualitätssicherung.

Eine eigene Abteilung, die für das Thema Verkauf und Marketing zuständig war, gab es in den meisten Fällen nicht.

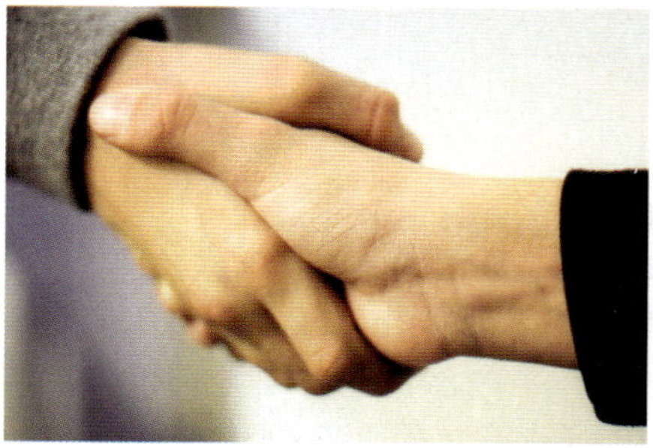

6 | 2.1

Da es für Unternehmen immer schwieriger wurde, die Produkte auf den Märkten abzusetzen, reagierten sie mit Veränderungen in den jeweiligen Strukturen, das Thema Verkauf rückte in den Blickpunkt. Ging es hier anfangs nur darum, die eigentlichen Transaktionen zwischen Käufer und Verkäufer (den Kaufprozess an sich) bewusster zu gestalten, erkannte man doch schnell die Wichtigkeit von verkaufsvorbereitenden sowie verkaufsnachbereitenden Maßnahmen. Das Thema „Marketing" zog ebenfalls – zunächst als Hilfsfunktion – in die Unternehmen ein.

Schon bald waren entsprechende Veränderungen in der Aufbauorganisation der Unternehmen erkennbar. Es entstanden eigene Abteilungen, die für den Vertrieb zuständig waren, sowie eigene Abteilungen, die das Marketing übernahmen. Die **Vertriebsabteilungen** waren zuständig für den eigentlichen Verkauf, die Auswahl des Verkaufspersonals (in Zusammenarbeit mit der Personalabteilung), die Absatzlogistik und die Reklamationsbearbeitung. Die **Marketingabteilung** übernahm die Werbung, die Absatzvorbereitung, die Verkaufsförderung und den Kundendienst. Da dieses Nebeneinander von Marketing und Vertrieb aufgrund zu vieler Überschneidungen der einzelnen Aufgaben oftmals sehr schwierig verlief, bündeln heute die meisten Unternehmen beide Funktionen in einer gemeinsamen Abteilung.

In der betrieblichen Praxis vermischen sich oft die Bedeutungen der einzelnen Begriffe Vertrieb, Verkauf und Marketing. Idealtypisch lassen sich diese wie folgt definieren:

#

Definition

Marketing bezeichnet eine Unternehmenspolitik, bei der zur Erreichung der Unternehmensziele alle betrieblichen Aktivitäten konsequent auf die Erfordernisse der Märkte bzw. der Abnehmer ausgerichtet werden.

#

Definition

Unter dem Begriff **Vertrieb** sind alle Aktivitäten zusammengefasst, die zur unmittelbaren Herbeiführung der Verkaufsaktivitäten dienen. Dazu gehören die Akquisition von Kunden, die Interaktion mit den Kunden sowie die Nachbereitung der jeweiligen Tätigkeiten.

#

Definition

Verkauf bezeichnet den Austauschprozess von Waren und Dienstleistungen gegen Geld.

Vor allem die Begriffe Vertrieb und Verkauf werden oftmals synonym verwendet, da sich hier die meisten Überschneidungen ergeben. Beide Tätigkeiten lassen sich im **Marketing-** 2|1.3
mix schwerpunktmäßig der Kommunikationspolitik (Promotion) und der Vertriebspolitik (Place) zuordnen. Damit sind aus unternehmerischer Sicht Verkauf und Vertrieb 8|6.1
am Ende der betrieblichen Wertschöpfungskette angesiedelt.

Die Rahmenbedingungen für den Verkauf ergeben sich nicht nur aus den von einem Unternehmen angebotenen Waren oder Dienstleistungen, sondern auch aus den Märkten, die das Unternehmen vorfindet. Diese wiederum sind bestimmt durch die Bedürfnisse der Kunden und auch durch das Angebot der Konkurrenzunternehmen. Die Märkte, die ein Unternehmen vorfindet, können Käufermärkte oder Verkäufermärkte sein. 6|2.1

Besonderheiten im Dialogmarketing

Im Laufe der Entwicklung eigener Marketing- und Vertriebsstrukturen erkannten viele Unternehmen auch, dass das Telefon ein wichtiges Element verschiedener Vertriebsaktivitäten sein kann. Bereits Mitte der 1980er-Jahre wurden die ersten Telefonmarketing- 2|1.1
teams in großen Firmen aufgebaut. Da sich schnell sehr große Erfolge einstellten, wurde Telefonmarketing vor allem im Outbound ein fester Bestandteil der Vertriebsstrategie großer Unternehmen, nicht zuletzt wegen der weitaus geringeren Kosten gegenüber der Ansprache über Außendienstmitarbeiter.

Obwohl sich mittlerweile im **Privatkundenbereich** (B2C = Business-to-Consumer) durch zu hartnäckige Ansprache und das Nichteinhalten der gesetzlichen Vorgaben durch einige schwarze Schafe unter den Callcentern ein teilweise schlechtes Image der Outbound

Anrufe entwickelt hat, ist Outbound ein wichtiger Bestandteil der Marketingstrategie vieler Unternehmen. Die zahlreichen seriösen Anbieter arbeiten außerdem daran, in der Öffentlichkeit die Akzeptanz dieser Maßnahmen zu erhöhen.

Auch im **Geschäftskundenbereich** (B2B = Business-to-Business) ist Outbound ein weitgehend akzeptierter und selbstverständlicher Bestandteil des Vertriebes geworden. Unternehmen binden heute den Telefonverkauf als wichtige Funktion in die Planung und Umsetzung der Marketing- und Vertriebsstrategien ein.

1.2 Möglichkeiten des Verkaufs

Die Möglichkeiten des Verkaufs im Dialogmarketing lassen sich grundsätzlich nach der Ansprache von Neu- und Bestandskunden unterscheiden.

1.2.1 Bestandskunden

Der Kundenbestand eines Unternehmens liefert vielfältige Verkaufsmöglichkeiten. Ziel dieser Aktivitäten ist es, bestehende Kunden fester an das Unternehmen zu binden und für neue Produkte zu interessieren:

- Der Kontakt in einer Service- oder Beratungshotline wird genutzt, um Kunden auf neue Produkte oder Produkt-Upgrades anzusprechen. Dadurch können diese Hotlines oft vom reinen Kostenverursacher zu einem wichtigen Vertriebskanal oder sogar zum Profitcenter (eigener Erfolgsbereich) werden.
- Kunden werden per Outbound kontaktiert, um weitere oder höherwertige Produkte zu verkaufen.
- Die Kundenkontakte können zum Nachfassen einer vorhergehenden Marketingaktion, z. B. ein Mailing, genutzt werden.

Up-Selling

Der Vorgang des **Up-Sellings** („aufwärts verkaufen"), oft auch als **Upgrading** („Höherstufen") bezeichnet, meint den Verkauf von **höherwertigen** Produkten an Bestandskunden eines Unternehmens. Der Kunde nutzt also bereits ein Produkt mit gewissen Eigenschaften und erhält das Angebot, auf ein höherwertiges Produkt umzusteigen.

Beispiel

Ein Kunde von Dialogfix nutzt den Tintenstrahldrucker Officejet Pro. Bei der Bestellung von Tintenpatronen erhält der Kunde im Gespräch das Angebot, auf ein höherwertiges Modell umzusteigen. Dieser Drucker ist teurer in der Anschaffung, bietet aber deutlich mehr Komfort und Nutzungsmöglichkeiten.

Up-Selling kann im Dialogmarketing sowohl im Inbound als auch im Outbound eingesetzt werden, ist aber insbesondere eine beliebte Maßnahme, um den Verkauf in Servicehotlines (Inbound) zu forcieren. Der Vorteil des Up-Sellings für das Unternehmen ist, dass Kunden, die höherwertige Produkte nutzen, meist zufriedener sind. In der Regel können durch höherwertige Produkte auch höhere Gewinne erzielt werden.

→ ***Praxistipp***

Werden dem Kunden geringwertigere Produkte als bislang angeboten, spricht man von einem Downgrading („Herabstufen"). Dies kann z. B. bei einer veränderten Bedarfssituation oder einer verschlechterten finanziellen Lage des Kunden erforderlich sein.

Cross-Selling

Als Cross-Selling („Querverkauf", „Kreuzverkauf") wird der Verkauf von **weiteren oder ergänzenden Produkten** an Bestandskunden eines Unternehmens bezeichnet. Damit soll vor allem erreicht werden, dass der Kunde nicht nur ein Produkt eines Unternehmens nutzt, sondern dass verschiedenartiger Bedarf des Kunden vom selben Unternehmen gedeckt wird. Dafür müssen die Produkte keine Ähnlichkeiten aufweisen, sondern können komplett unterschiedlich in Einsatz und Struktur sein.

Cross-Selling eignet sich, wie Up-Selling, sowohl für den Inbound- als auch für den Outbound-Einsatz, da auch hier Bestandskunden angesprochen werden.

Beispiel

Ein Bestandskunde von Dialogfix nutzt den Drucker xi745. In einem Outbound-Anruf verkauft ihm ein Mitarbeiter die FinanzFix-Software. Beim nächsten Kontakt mit der Servicehotline spricht ein Mitarbeiter den Kunden auf ein Virenschutzprogramm an.

Ein entscheidender Vorteil des Cross-Sellings für Unternehmen liegt in der **höheren Kundenbindung**. Je mehr Produkte des Unternehmens der Kunde nutzt, desto fester ist er an das Unternehmen gebunden. Dies senkt die Wahrscheinlichkeit, dass der Kunde das Unternehmen verlässt.

> **→ *Praxistipp***
> Die Zahl der unterschiedlichen Produkte eines Unternehmens, die vom Kunden genutzt werden, wird auch als **Verflechtungsquote** bezeichnet.

Die bestehenden Kunden auf weitere Produkte anzusprechen, ist zudem weitaus güns-
5 | 4.1.1 tiger, als neue Kunden zu gewinnen.

1.2.2 Neukunden

Von einer **Neukundenakquise** spricht man, wenn Nichtkunden eines Unternehmens mit dem Ziel angesprochen werden, diese als Kunden zu gewinnen. Im Privatkundenbereich sind dazu im Vorfeld Marketingaktionen vorausgegangen und der Käufer hat dem
8 | 5.1.1 Unternehmen die **Legitimation** für eine solche Ansprache erteilt. Im Geschäftskundenbereich kann eine solche Akquise auch durch eine mutmaßliche Einwilligung erfolgen, die aus dem Geschäftsgegenstand des angesprochenen Unternehmens hervorgeht.

Bei der Neukundenakquise können Unternehmen entweder die **Push- oder die Pull-Strategie** verfolgen.

Push-Strategie

Allgemein spricht man im Marketing von einer Push-Strategie, wenn der Hersteller eines Produktes oder einer Dienstleistung seine Vertriebsanstrengungen vor allem an die Großhändler, Einzelhändler und Partnerfirmen richtet. Diese werden durch Vergünstigungen, Prämien etc. dazu veranlasst, das jeweilige Produkt in ihrem Sortiment zu führen und entsprechend stark zu fördern. Der Kunde wird also aktiv angesprochen. Da der Hersteller sein Produkt den Großhändlern, Einzelhändlern oder Partnern offeriert und diese das Produkt dann schließlich dem Kunden aktiv anbieten, spricht man davon, dass ein **Verkaufsdruck** aufgebaut wird bzw. das Produkt durch die Vertriebskanäle „gedrückt" wird (to push: drücken). Die direkte Ansprache des Kunden erfolgt häufig durch dialogorientierte Unternehmen, die versuchen, durch ein konkretes Angebot den Kunden zu einem Kauf zu bewegen.

Diese Methode bietet sich immer dann an, wenn zu erwarten ist, dass beim Kunden durch ein Verkaufsgespräch direkt ein konkretes Interesse an dem Produkt geweckt werden kann, oder wenn das Produkt deutliche Leistungsvorteile gegenüber einem Produkt besitzt, welches der Kunde bereits nutzt.

Mögliche Marketingmaßnahmen bei der Push-Strategie:

- Outbound-Anrufe
- Zusendung von Werbung oder Mailings
- Besuche von Vertretern nach vorangegangener (telefonischer) Terminvereinbarung

Beispiel

Dialogfix hat neuerdings auch einen Laptop im Angebot. In einer breit angelegten Outbound-Aktion wird das zusätzliche Angebot genutzt, um Neukunden anzusprechen.

Pull-Strategie

Diese Strategie zielt darauf ab, durch eine ständige Präsenz in der Erlebniswelt des möglichen Kunden, diesen von der eigenen Marke oder dem Produkt zu überzeugen. Da nicht zu erwarten ist, dass jede Person zu jedem Zeitpunkt Bedarf an einem bestimmten Produkt oder einer Dienstleistung hat, wird mit dieser Strategie dafür gesorgt, dass dem Kunden das Unternehmen einfällt, wenn der Bedarf entsteht. Der Kunde wird also von dem Produkt so angezogen, dass er sich selbst zu einem Kauf entschließt. Die Unternehmen versuchen somit, einen **Nachfragesog** aufzubauen, in dem sich das Produkt dann quasi wie „von selbst" verkauft (to pull: ziehen).

Mögliche Marketingmaßnahmen bei der Pull-Strategie:

- Einträge in Internetsuchmaschinen
- Eigene Internetseite
- Werbebanner auf Internetseiten
- Social-Media Aktivitäten
- Werbung in Zeitungen und Magazinen
- Plakatwerbung
- Fernsehwerbung, Homeshopping

Beispiel

Dialogfix ist mit Werbung in Fachzeitschriften und im Internet ständig in der Erlebniswelt möglicher Kunden vertreten. Durch entsprechende Werbemaßnahmen werden potenzielle Kunden über das neue Laptop-Angebot informiert und Bestellmöglichkeiten angezeigt.

Der Pull-Strategie begegnet man im Dialogmarketing vor allem in der **Interessentenakquise**, einer speziellen Form der Neukundengewinnung im Dialogmarketing.

Bei der Interessentenakquise werden Nichtkunden, die aus eigenem Antrieb Interesse an einem Produkt oder einer Dienstleistung zeigen (z. B. als Ergebnis einer Pull-Strategie), als Kunden gewonnen. Dies kann direkt im Inbound-Verkauf erfolgen, wenn der Interessent z. B. zwecks einer Beratung oder einer Produktinformation anfragt. Auch Outbound-Maßnahmen sind denkbar, wenn die Daten des Interessenten im Vorfeld ordnungs gemäß festgehalten wurden. Bestellhotlines mit gut ausgebildeten Mitarbeitern und einer guten Erreichbarkeit unterstützen die Gewinnung der Interessenten.

1.3 Kundensegmentierung

Um die oben beschriebenen Maßnahmen des Inbound- und Outbound-Vertriebs optimal zu gestalten, ist es wichtig, im Vorfeld zu wissen, welche Kunden oder mögliche Neukunden wegen welchem Angebot angesprochen werden sollen. Dies erfordert eine
2 | 1.3.2 gute **Datenbasis**. Auf keinen Fall sollte ein Unternehmen blind alle Personen anrufen, für die eine entsprechende Legitimation besteht. Dies würde zu kostspieligen Streuverlusten führen. Es muss vorher sorgfältig geprüft werden, für welche Zielgruppe das spezielle Angebot interessant ist.

Die zur Verfügung stehenden Daten werden dann – je nach Aktion – in entsprechende Zielgruppen segmentiert (eingeteilt), um bereits im Vorfeld sicherzustellen, dass nur die Personen angesprochen werden, die mit einer gewissen Wahrscheinlichkeit für das Angebot infrage kommen. Die dazu genutzten Kriterien können je nach Aktion, Produkt oder Verkaufsanlass unterschiedlich ausfallen.

4 | 6.1

→ ***Praxistipp***
Sobald ein Unternehmen Daten von Interessenten verarbeitet, sind die Vorgaben der DSGVO einzuhalten. Unter anderem muss der Betroffene über seine Rechte informiert werden (Art. 12 DSGVO).

1.3.1 Kundendatenbank

Für **Bestandskunden** kann eine solche Segmentierung anhand von unternehmensspezifischen Kriterien aus der **Kundendatenbank** vorgenommen werden. Voraussetzung
5 | 2.1 dafür ist, dass die Kundendatenbank regelmäßig aktualisiert wird.
Folgende Daten können z. B. in einer Kundendatenbank festgehalten werden:

Grunddaten	Aktionsdaten	Ergebnisdaten
Adressdaten: • Name, Vorname • Anschrift • Telefonnummer • E-Mail-Adresse **Soziodemografische Daten:** • Geburtsdatum • Familienstand **Bonitätsdaten:** • Einkommen • Arbeitgeber • SCHUFA-Auskunft	• Anfragen • Anzahl der Kontakte • Abwicklung • Reaktionen auf Werbung und Aktionen • Umtausch/Retouren • Gutschriften • Beschwerden • Mahnungen	• Umsatz • Kaufhäufigkeit • Letzter Einkauf • Zahlungsart • Artikelpräferenz • Zahlverhalten • Käufe in Relation zu Anfragen • Bestellweg (Internet, Hotline, Post) • Durchschnittsumsatz je Bestellung

Abb.: Typische Kategorien in einer Kundendatenbank

Beispiel

Für eine Outbound-Aktion zur Kundenrückgewinnung werden aus der Kundendatenbank der Dialogfix GmbH alle Kunden ausgewählt, deren letzter Einkauf mehr als 2 Jahre zurückliegt.

1.3.2 Customer Relationship Management (CRM)

Setzt ein Unternehmen CRM ein, so erfolgt anhand festgelegter Kriterien bereits eine Auswertung. Dazu werden ab dem ersten Kontakt alle relevanten Daten gesammelt und ausgewertet. Dieser Prozess wird als **Data-Mining** bezeichnet. 5|3.1

Data-Mining erlaubt das automatisierte Auswerten von großen Datenmengen anhand statistischer Verfahren oder mathematischer Algorithmen. So lassen sich durch Data-Mining auch bestimmte Muster, Trends und Änderungen im Verhalten bestimmter Kundengruppen erkennen und Maßnahmen entwickeln.

Aus der Auswertung kann z. B. abgeleitet werden:

- Kundenwert
- Artikelpräferenz
- Mögliche interessante Angebote
- Kaufhäufigkeit
- Kaufwahrscheinlichkeit

Über CRM-Datenbanken und -Software lässt sich dann ein entsprechendes Angebot für bestimmte Kundengruppen ermitteln. Diese Ergebnisse können als Basis für Outbound-Aktionen dienen oder beim Inbound-Kontakt für den einzelnen Kunden angezeigt werden.

Beispiel

Rufen Bestandskunden in der Servicehotline an, die einen Tintenstrahldrucker bei Dialogfix gekauft haben, zeigt das CRM-System automatisch einen Hinweis an, dem Kunden neue Tintenpatronen anzubieten.

In der **Neukundenakquise** muss geprüft werden, welche Informationen über den potenziellen Kunden überhaupt bekannt sind und welche von diesen Informationen zur Auswertung herangezogen werden sollen.

Mögliche Daten zur Auswertung können u. a. sein:

- Wohngegend
- Beruf
- Einkommen
- Familienstand
- Alter

1.3.3 Lead-Management

Eine besondere Form der CRM-gestützten Kundensegmentierung und gleichzeitig der Organisation des (Vor-)Verkaufsprozesses findet sich im Lead-Management.

Definition

Ein **Lead** ist eine Möglichkeit für ein Unternehmen, Produkte oder Dienstleistungen zu verkaufen. Dabei beschreibt und speichert jeder Lead das Interesse sowie weitere Daten des erkannten potenziellen Neukunden.

Die Erzeugung eines Lead erfolgt über Marketingaktionen wie Telefonmarketing, Akquise oder Empfehlung. Anschließend wird der Lead über regelmäßigen Kontakt zum Kunden immer weiter mit Informationen angereichert und das Potenzial gesteigert, bis dieser eine bestimmte Abschlusswahrscheinlichkeit hat. Lead-Management findet häufig Verwendung im B2B-Vertrieb und bietet die Möglichkeit, alle potenziellen Neukunden bzw. Verkaufsabschlüsse klar zu organisieren und für den Vertrieb einzuordnen.

Der **Lead-Management-Prozess** besteht aus den folgenden Schritten:

Lead-Erstellung → Lead-Qualifizierung → Lead-Dokumentation → Lead-Weitergabe

Lead-Erstellung

Über einen ersten Kontakt zu einem Neukunden werden grundlegende Informationen gespeichert. Dies kann im B2B über Telefonmarketing erfolgen, über den Besuch einer Messe, über die Bestellung eines Newsletters oder schlicht über den Kauf von Kundendaten über Adresshändler. Immer häufiger werden Leads auch über Onlinemarketing erzeugt, indem der Kunde ein bestimmtes Produkt (z. B. ein Handbuch, ein Tool) im Austausch für seine E-Mail Adresse und sonstige Daten erhält. Auch über Social-Media-Plattformen wie XING oder Facebook werden Leads generiert. So können Kunden dort auf bestimmte Aktionen, Angebote oder Posts reagieren, wodurch eine erste Kontaktmöglichkeit entsteht. Die Informationen über den Interessenten werden zentral gespeichert und dem Vertrieb zur Verfügung gestellt.

Beispiel

Dialogfix bietet für klein- und mittelständische Unternehmen die neue Software „ControllFix“ an, mit der die Lohnbuchhaltung, das interne Rechnungswesen und das Controlling vereinfacht werden können. Über eine Mailingaktion werden potenzielle Kunden angesprochen. Für jeden Kunden, der sich per E-Mail oder telefonisch zurückmeldet, wird ein Lead in einer Datenbank angelegt.

Lead-Qualifizierung

Bei jedem Kontakt zum Kunden werden in der Bedarfsanalyse die wichtigsten Informationen gesammelt und für den Lead abgespeichert. Dies ist vor allem im B2B-Vertrieb sehr wichtig, da hier mitunter **mehrere Entscheider** und Kaufbeeinflusser in den Kaufprozess involviert sind. Gerade wenn es um komplexe Firmenstrukturen geht, sollte hier genau gearbeitet werden. Dabei werden nicht nur Entscheidungsprozesse erfragt und dokumentiert, sondern auch die Haltung der einzelnen Personen zum angebotenen Produkt und der mögliche Nutzen festgehalten. Diese Kontakte finden in der Regel telefonisch statt.

> **Beispiel**
>
> Im Vertriebsprozess der ControllFix-Software muss Thomas mit der IT-Abteilung, mit der Firmenleitung und mit der Buchhaltung eines Unternehmens sprechen. Hier gilt es, die verschiedenen Bedürfnisse und Anforderungen zu erfragen. Außerdem muss herausgearbeitet werden, zu welchem Zeitpunkt ein Kaufinteresse besteht und ob im Unternehmen ein Budget für die Software existiert.

Lead-Dokumentation

Während des gesamten Prozesses werden regelmäßig die gesammelten Daten ausgewertet, an die Vertriebssteuerung gemeldet und im Data-Warehouse gespeichert. Außerdem erhält jeder Lead nach jedem Kontakt eine Einstufung. Dabei sind folgende Kategorien gängig:

- **Cold:** Aktuell besteht nur wenig oder kein Interesse. Der Kunde wird zu einem späteren Zeitpunkt erneut kontaktiert.
- **Warm:** Der Kunde hat Interesse gezeigt. Ein erster Ansprechpartner im Unternehmen ist identifiziert. Weitere Gespräche sind in nächster Zeit sinnvoll.
- **Hot:** Es besteht konkretes Interesse. Alle Entscheider sind identifiziert und es kann festgelegt werden, zu welchem Zeitpunkt der Kauf erfolgen soll.

Lead-Weitergabe

Sobald ein Lead als „hot“ eingestuft wurde, wird dieser an den Vertrieb abgegeben. Nun können die unterschiedlichsten Verkaufsaktivitäten einsetzen, um zu einem Abschluss zu kommen. Bei sehr komplexen Produkten erfolgt dann meist ein Vorort-Termin beim Kunden, um das Geschäft weiter zu verfolgen.

> **Beispiel**
>
> Durch regelmäßigen Kontakt hat Thomas in einem Unternehmen ein konkretes Interesse an der ControllFix-Software geweckt. Er weiß, dass dort ein Budget sowie ein Zeitplan für die Anschaffung einer entsprechenden Lösung existieren. Nun organisiert er einen Termin mit einem Vertriebsmitarbeiter, der vor Ort die Software detailliert vorstellt und in die Vertragsverhandlungen einsteigt.

Vor- und Nachteile des Lead-Managements

Vorteile	Nachteile
sehr gute Planung der Vertriebsaktivitäten möglich	hoher Verwaltungsaufwand
Kundenbeziehungen werden durch regelmäßigen Kontakt gepflegt.	große Vertriebsmannschaft erforderlich
Konzentration auf Erfolg versprechende Kunden	Bei fehlerhafter Dokumentation konzentriert man sich auf die falschen Kunden.

Generell lohnt sich Lead-Management entweder im B2B-Vertrieb von komplexen Produkten oder um bei einfachen Produkten sehr große Stückzahlen abzusetzen. Aufgrund des hohen Aufwands wird Lead-Management jedoch eher selten im B2C-Vertrieb eingesetzt.

1.3.4 ABC-Analyse

Nicht jedes Unternehmen im Dialogmarketing setzt CRM-Systeme und -Software zur Datensegmentierung ein. Daher ist es erforderlich, auch andere Möglichkeiten zu kennen, um auf einfache Weise Kundendaten zu analysieren.

1 | 6.1

Ein häufig verwendetes Verfahren ist die **ABC-Analyse.** Die ABC-Analyse wurde bereits als Methode des Zeitmanagements vorgestellt, dort wurden die verschiedenen Aufgaben der Wichtigkeit nach unter A, B und C kategorisiert. Sehr häufig werden auch Kunden, Interessenten oder Nicht kunden in **A-, B- und C-Kunden** segmentiert, um dann zu entscheiden, ob und welche Angebote für welche Gruppe unterbreitet werden.

Als Basis der ABC-Analyse kann das **Pareto-Prinzip** herangezogen werden. Dieses Prinzip besagt, dass mit etwa 20 % des Einsatzes rund 80 % des Zieles erreicht werden können. Diese Annahme lässt sich durch die ABC-Analyse häufig nachweisen. In der Kundensegmentierung bedeutet dies, dass man oft mit 20 % der Kunden 80 % des Umsatzes erzielt.

- Die **Gruppe A** setzt sich meist aus Kunden zusammen, mit denen der größte Umsatz generiert wird (viele Verkäufe, starke Nutzung), bzw. aus den Interessenten oder Nichtkunden, von denen aufgrund monetärer Informationen der höchste Umsatz zu erwarten ist (hohes Einkommen, attraktiver Beruf, teure Wohngegend etc.).
- Die **Gruppe B** bildet das Mittelfeld. Dies sind also Kunden oder Interessenten, mit denen (vermutlich) ein gewisser Umsatz erzielt wird, die aber nicht von starker monetärer Bedeutung sind.
- Die **Gruppe C** besteht aus Kunden oder Interessenten, bei denen nur ein sehr geringer Umsatz oder sogar ausschließlich Kosten (viele Gutschriften, Beschwerden, schlechte Zahlungsmoral) zu erwarten sind.

Ausschlaggebend für eine sachgerechte Segmentierung sind Daten, die über den Kunden, Interessenten oder möglichen Neukunden vorliegen.

Aufteilung der Gruppen

In der ABC-Analyse wird die Gesamtmenge (z. B. alle Kunden) in drei Gruppen unterteilt, und zwar nach dem jeweiligen Anteil der Zielerreichung (z. B. Umsatz). Die Kriterien, die für eine solche Analyse herangezogen werden, können frei gewählt werden (z. B. Umsatz in Relation zur Kundenanzahl, Kaufhäufigkeit in Relation zur Kundenanzahl, Kosten im Service in Relation zum Umsatz). Die Gruppen werden dabei wie folgt aufgeteilt:

Gruppe A

Diese Gruppe ist im Wertanteil hoch (Umsatz), aber in der Menge gering (Anzahl an Kunden).

Gruppe B

Diese Gruppe befindet sich im Hinblick auf den Wertanteil und auf die Menge in der Mitte, es gibt keine Auffälligkeiten, weder nach oben noch nach unten.

Gruppe C

Diese Gruppe ist im Wertanteil gering (wenig Umsatz), aber in der Menge hoch (Anzahl).

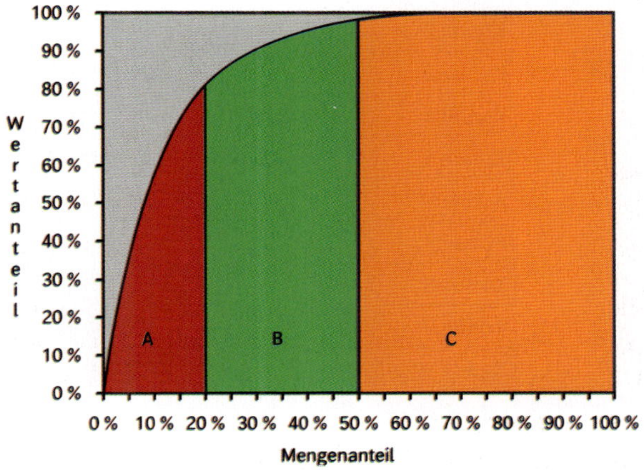

Idealtypisch lässt sich von folgender Verteilung ausgehen:

Wertanteil am Umsatz	Anteil an Gesamtkundenanzahl	Einordnung
80 %	20 %	A
15 %	30 %	B
5 %	50 %	C

Jedes Unternehmen bestimmt natürlich selbst, welchen Prozentwert es bei A, B oder C einordnet. Es gibt somit **keine** allgemeingültige Regel für die einzelnen Wertanteile.

Vorgehensweise in der ABC-Analyse

1. Zunächst bestimmt man das Kriterium, aufgrund dessen die Eingruppierung vorgenommen werden soll. Dazu kann z. B. der Umsatz des jeweiligen Kunden herangezogen werden oder das Gehalt des Interessenten.
2. Dann setzt man für das ausgewählte Kriterium den Wertanteil des jeweiligen Kunden in Relation zum Gesamtwertanteil. 7 | 2.1

3. Schließlich erfolgt eine Segmentierung der einzelnen Kunden nach A, B und C. Die Eingruppierung erfolgt nach dem jeweiligen prozentualen Anteil des Wertanteils in Relation zum Gesamtwertanteil aller Kunden.

Beispiel

Ein Unternehmen hat für ein bestimmtes Produkt 20 Kunden. Der Gesamtumsatz für dieses Produkt liegt bei 25000,00 €.

Der Umsatz verteilt sich wie folgt auf alle Kunden:

Kunde	Umsatz	Kunde	Umsatz
Kunde 1	86,00 €	Kunde 11	163,00 €
Kunde 2	138,00 €	Kunde 12	570,00 €
Kunde 3	5950,00 €	Kunde 13	690,00 €
Kunde 4	700,00 €	Kunde 14	4500,00 €
Kunde 5	124,00 €	Kunde 15	172,00 €
Kunde 6	5500,00 €	Kunde 16	79,00 €
Kunde 7	600,00 €	Kunde 17	615,00 €
Kunde 8	112,00 €	Kunde 18	135,00 €
Kunde 9	575,00 €	Kunde 19	151,00 €
Kunde 10	4050,00 €	Kunde 20	90,00 €

Geht man nun von der idealtypischen Verteilung aus, gilt folgende Rechnung:

20 % der Kunden müssen 80 % des Umsatzes erzeugen. Das wären dann vier Kunden, die insgesamt 20000,00 € einbringen. 30 % der Kunden sind für 15 % des Umsatzes verantwortlich. Das wären dann sechs Kunden, die 3750,00 € liefern. Und 50 % der Kunden würden nur 5 % des Umsatzes liefern, das wären dann zehn Kunden mit nur 1250,00 €. Eine Segmentierung würde demnach wie folgt aussehen:

Kunde	Umsatz	Prozentanteil am Gesamtumsatz	Einordnung
Kunde 1	86,00 €	0,34 %	C
Kunde 2	138,00 €	0,55 %	C
Kunde 3	5950,00 €	23,80 %	A
Kunde 4	700,00 €	2,80 %	B
Kunde 5	124,00 €	0,47 %	C
Kunde 6	5500,00 €	22,00 %	A
Kunde 7	600,00 €	2,40 %	B
Kunde 8	112,00 €	0,45 %	C
Kunde 9	575,00 €	2,30 %	B
Kunde 10	4050,00 €	16,20 %	A

	Kunde	Umsatz	Prozentanteil am Gesamtumsatz	Einordnung
	Kunde 11	163,00 €	0,65 %	C
	Kunde 12	570,00 €	2,28 %	B
	Kunde 13	690,00 €	2,76 %	B
	Kunde 14	4500,00 €	18,00 %	A
	Kunde 15	172,00 €	0,69 %	C
	Kunde 16	79,00 €	0,32 %	C
	Kunde 17	615,00 €	2,46 %	B
	Kunde 18	135,00 €	0,54 %	C
	Kunde 19	151,00 €	0,60 %	C
	Kunde 20	90,00 €	0,36 %	C
Summe		**25000,00 €**	**100 %**	

Vor- und Nachteile der ABC-Analyse

Vorteile	Nachteile
Einfache Anwendbarkeit	Es wird nur eine Ist-Situation ausgewertet, es sind keine Trends in der Kundenbeziehung ableitbar.
Klare Einordnung anhand festgelegter Kriterien	Sehr grobe Einteilung in drei Klassen
Sehr übersichtliche Darstellung möglich	Es werden nur quantitative Faktoren berücksichtigt.
Kann nach verschiedenen Kriterien angewendet werden	Es müssen genaue Daten zur Auswertung vorliegen.

1.4 Verkaufspsychologie

> #
> ***Definition***
> Die **Verkaufspsychologie** befasst sich mit den psychologischen Abläufen der Wahrnehmung, Überzeugung und Motivation im Verkaufsgeschehen.

3|2

In Lernfeld 3 (Band 1) wurden bereits verschiedene psychologische Modelle und Kommunikationstechniken vorgestellt, die zur Gestaltung und Aufrechterhaltung einer positiven Beziehung mit Kunden dienen. Gerade im Verkauf geht es darum, die Beziehung mit einem Kunden positiv zu gestalten. Der Kunde soll am Ende eines Verkaufsgespräches aus seiner eigenen Überzeugung ein Produkt oder eine Dienstleistung erwerben. Dazu ist es unbedingt erforderlich, dass eine **Basis des Vertrauens** geschaffen wird und erst über die Sachebene (Produkt, Dienstleistung) gesprochen wird, wenn die Beziehungsebene geklärt wurde.

Darüber hinaus befasst sich die Verkaufspsychologie auch mit der Fragestellung, wann und warum ein Kunde ein Produkt kauft.

1.4.1 Bedürfnis, Bedarf und Nachfrage

Ein wichtiger Grundsatz in der Verkaufspsychologie ist, dass ein Mensch nur dann ein Produkt kauft, wenn er in dem Kauf einen Nutzen für sich erkennt. Dieser Nutzen basiert auf einem bestimmten Bedürfnis.

6|1.1

- **Bedürfnis**
  Ein Bedürfnis ist ein grundlegendes **Mangelgefühl** des Menschen. Es beschreibt einen Mangel, der entweder real physisch vorhanden ist (z.B. Hunger, Durst) oder geistig wahrgenommen wird (z.B. Bedürfnis nach Zuwendung, Prestige). Das Bedürfnis ist damit Antrieb oder Auslöser für das Handeln eines Menschen und wird in diesem Zusammenhang auch als das **Motiv** menschlichen Handelns bezeichnet. Der Begriff Motivation umfasst also alle Einflüsse und Bedingungen, die einen Menschen zu bestimmten Handlungen bewegen. Ein Bedürfnis motiviert einen Menschen demnach so lange zu einem bestimmten Verhalten, bis dieses befriedigt ist.
- **Bedarf**
  Ein Bedürfnis wird dann zum Bedarf, wenn ein Mensch überlegt oder beabsichtigt, durch den Erwerb bestimmter Güter oder Dienstleistungen dieses Bedürfnis zu befriedigen. Der Bedarf ist also ein Bedürfnis, das mit **Kaufkraft** ausgestattet ist.
- **Nachfrage**
  Sobald der Bedarf am Markt durch eine konkrete **Kaufentscheidung** wirksam wird, handelt es sich um Nachfrage.

Beispiel

Eine Person hat das Bedürfnis zu trinken (Durst). Durch das Angebot an verschiedenen Getränken und die Absicht, Geld dafür auszugeben, wird dieses Bedürfnis zum Bedarf. Durch den tatsächlichen Kauf eines Mineralwassers wird daraus eine Nachfrage.

1.4.2 Kaufnutzen

Ausschlaggebend für eine Kaufentscheidung ist im ersten Schritt, dass der Kunde erkennt, welchen **Nutzen** er aus dem Kauf ziehen kann, also welcher Beitrag zu seiner Bedürfnisbefriedigung geleistet wird. Daher muss der Verkäufer klar **argumentieren**,
3|3.1.1 welche Eigenschaften seiner Produkte welche Vorteile mit sich bringen und welchen
8|2.1.3 Nutzen der Kunde aus diesen Vorteilen zieht. Diese Argumentation wird dann sinnvoll in das **Verkaufsgespräch** eingebunden.

Produkteigenschaft

Die Eigenschaften eines Produktes oder einer Dienstleistung geben Auskunft über **sachliche Merkmale und Kennzeichen**.

Beispiel

Der Virenscanner x-sec hat eine umfassende Virendatenbank, die über einen Internetzugang aktualisiert werden kann.

Produktvorteil

Die Vorteile eines Produktes spielen in der Verkaufsargumentation bereits eine wichtigere Rolle als die bloßen Produkteigenschaften. Produktvorteile beschreiben, was ein Produkt oder eine Dienstleistung **für den Kunden leistet** oder welche Vorteile das Produkt gegenüber anderen hat. Der Produktvorteil ergibt sich aus einer entsprechenden Eigenschaft.

Beispiel

Produkteigenschaft:
Der Virenscanner x-sec hat eine umfassende Virendatenbank, die über einen Internetzugang aktualisiert werden kann.

Vorteil:
Dadurch ist der Virenscanner immer auf dem neusten Stand und erkennt auch neue Bedrohungen aus dem Internet.

Nutzen

Der wichtigste Schritt in der Verkaufsargumentation ist das Aufzeigen einer sinnvollen und nachvollziehbaren Verbindung zwischen Produkteigenschaft, Produktvorteil und dem daraus resultierenden Nutzen für den Kunden. Der Nutzen beantwortet dem Kunden die entscheidende Frage nach dem **Sinn seines Kaufes** und erklärt, was der Käufer von dem Kauf hat.

Beispiel

Produkteigenschaft:
Der Virenscanner x-sec hat eine umfassende Virendatenbank, die über einen Internetzugang aktualisiert werden kann.

Vorteil:
Dadurch ist der Virenscanner immer auf dem neusten Stand und erkennt auch neue Bedrohungen aus dem Internet.

Nutzen:
Das garantiert Ihnen, stets sicher und gefahrlos zu surfen.

→ ***Praxistipp***
Eine reine Aufzählung von Produkteigenschaften führt im Verkaufsgespräch selten zum Erfolg. Achten Sie stets auf die Verknüpfung mit dem Produktvorteil und vor allem mit dem Kundennutzen.

1.4.3 Kaufmotive

Die Motive, die zu einem Kauf führen können, lassen oft die rational erkennbaren Eigenschaften der Ware oder Dienstleistung in den Hintergrund treten. Im Verkauf ist es daher wichtig, alle verschiedenen Motive zu kennen, die bei Kaufüberlegungen eine Rolle spielen können. Dabei setzt jeder Mensch eigene Bedürfnis- oder Motivschwerpunkte. Der Verkäufer muss also herausfinden, welche Motive den jeweiligen Kunden zu einem Kauf bewegen können, und diese mit Eigenschaften – dem Nutzen – des Produktes verknüpfen.

Jeder Mensch kann je nach Kaufsituation, Zeitpunkt oder angebotenem Produkt verschiedene Schwerpunkte setzen oder mehrere Motive gleichzeitig verfolgen. Er ist also in seiner Kaufentscheidung nicht dauerhaft auf ein einziges Motiv festgelegt.

Beispiel

Beim Kauf einer Finanzdienstleistung bewegen den Kunden andere Motive (hier: Sicherheit) als beim Kauf eines Computerspiels (hier: Unterhaltung).

3 | 2.1.7 Wurde z. B. in der **Bedürfnispyramide nach Maslow** recht grob nach fünf Motiven klassifiziert, ist es im Verkauf notwendig, feiner zu differenzieren. Folgende Motive können unterschieden werden:

→ ***Praxistipp***
Die aufgeführten Motive sind die gängigsten, mit denen ein Verkäufer in Kontakt kommt. Betrachtet man die Komplexität menschlichen Handelns und die Vielfalt der angebotenen Waren und Dienstleistungen, sind weitere Motive möglich.

Sparsamkeit

Kunden, die nach diesem Motiv handeln, möchten möglichst **wenig Geld ausgeben**. Sparsame Kunden sind daran zu erkennen, dass sie sich intensiv für die Kosten und eventuelle Folgekosten eines Produktes interessieren. Sehr häufig kaufen diese Kunden, wenn sie davon überzeugt sind, dass das angebotene Produkt unschlagbar günstig ist.

Gewinnstreben

Dieses Motiv ist eng mit der Sparsamkeit verwandt. Allerdings geht es hier nicht darum, möglichst wenig Geld auszugeben, sondern darum, einen **finanziellen Gewinn** zu erzielen. Ein Kunde, der nach Gewinn strebt, möchte genau wissen, welchen finanziellen Vorteil er nach einem Vertragsabschluss zu erwarten hat, und interessiert sich verstärkt für Zahlen,

Berechnungen u. Ä. Diese Kunden kaufen, wenn sie davon überzeugt sind, dass der Kaufpreis und der finanzielle Gewinn in einem positiven Verhältnis zueinander stehen.

Prestigedenken

Hier geht es den Käufern darum, dass sie andere Menschen mit dem Besitz des Gutes **beeindrucken** möchten. Sie sind sehr an Marken interessiert, der Preis spielt meist keine Rolle. Kunden mit Prestigedenken sind daran zu erkennen, dass sie großen Wert darauf legen, ein höherwertiges Produkt zu kaufen als der Durchschnitt. Außerdem möchten diese Kunden, dass jeder erkennen kann, dass sie ein teures oder edles Produkt besitzen. Zum Kauf kommt es sehr oft, wenn die Kunden davon überzeugt sind, dass sich nicht jeder das Produkt oder die Dienstleistung leisten kann.

Luxus

Der Drang nach Luxus ist eng mit dem Prestigedenken verwandt. Allerdings ist hier nicht das Hauptmotiv, andere Menschen durch den Kauf zu beeindrucken, sondern es geht darum, sich selbst etwas Gutes zu tun, sich zu **verwöhnen**. Der Drang nach Luxus als Kaufmotiv ist z. B. daran zu erkennen, dass die Käufer sich kaum für den Preis interessieren. Eher möchten sie herausfinden, wie gut ihnen das Produkt tun wird oder wie wohl sie sich nach dem Kauf fühlen werden. Menschen, die aus dem Wunsch nach Luxus heraus kaufen, können am besten zum Kauf bewegt werden, indem man sie davon überzeugt, dass sie mit dem Produkt positive Gefühle erleben werden.

Bequemlichkeit

Bei der Bequemlichkeit geht es darum, nach einem Kauf möglichst **wenig Arbeit** mit dem Produkt zu haben. Menschen, die aus diesem Motiv heraus einkaufen, möchten sich von allem unnötigen Stress fernhalten. Kunden, die nach Bequemlichkeit streben, interessieren sich sehr dafür, dass eine Ware nicht kompliziert in der Handhabung ist, und setzen sich ungern mit Abholung, Aufbau und Transport auseinander. Hier gilt es den Kunden davon zu überzeugen, dass nach dem Kauf keine weitere Arbeit mit dem Produkt verbunden ist bzw. dass diese durch andere übernommen wird (z. B. Lieferservice, Aufbauservice, Abholung bei Beschädigung).

Tatendrang

Dieses Motiv ist das Gegenteil der Bequemlichkeit. Dem Kunden geht es vorrangig um den Spaß an einer **Aktivität**. Tatendurstige Kunden interessieren sich vor allem für Produkte, bei denen sie sich nach dem Einkauf einbringen müssen, z. B. durch aufbauen, anschließen, „selbst machen" oder „dabei sein". Diese Kunden sind sehr an der Funktionalität der Waren interessiert. Zum Kauf kommt es häufig dann, wenn die Kunden davon überzeugt sind, dass sie Spaß mit Aufbau bzw. Installation der Produkte haben werden oder sich länger intensiv mit dem Produkt beschäftigen können.

Wertschätzung

Die Wertschätzung als Kaufmotiv ist dadurch gekennzeichnet, dass es den Menschen beim Einkauf weniger um das Produkt und den Preis als um die persönliche Betreuung und die menschliche Nähe zum Verkäufer geht. Auf Wertschätzung fixierte Kunden versuchen eine **menschliche Beziehung** zum Verkäufer aufzubauen und legen Wert auf ein gutes Gespräch. Nimmt sich der Verkäufer Zeit und zeigt seine persönliche Wertschätzung, kommt es leicht zum Kauf.

Spaß und Freude

Hier soll mit dem Kauf einer Ware oder Dienstleistung etwas gegen Langeweile unternommen werden. Der Verkäufer erkennt dieses Motiv daran, dass der Kunde sich weniger für rationale Kaufgründe interessiert, wie z. B. einfache Handhabung oder Preis, sondern vielmehr dafür, welche **Unterhaltung** er zu erwarten hat. Zum Kauf kommt es, wenn diese Kunden davon überzeugt sind, dass das Produkt lang anhaltend und zuverlässig für Kurzweile sorgt.

Sicherheit

Bei der Sicherheit als Kaufmotiv geht es dem Kunden darum, alle möglichen **Risiken und Gefahren auszuschließen**. Hier kann es entweder um das körperliche Wohl gehen oder um eine gefühlte psychische Absicherung. Diese Kunden beleuchten ein Produkt von allen Seiten und sind sehr daran interessiert, dass nach einem Kauf nichts Negatives und Unvorhergesehenes passieren kann. Sicherheitsorientierte kaufen dann, wenn sie davon überzeugt sind, dass sie mit dem Kauf keinerlei Risiko eingehen, oder wenn sie der Meinung sind, dass der Kauf die eigene Sicherheit steigert.

Abenteuerlust und Risikobereitschaft

Dabei handelt es sich um das unmittelbare Gegenteil zum Sicherheitsmotiv. Durch den Kauf soll ein möglichst **hohes Risiko** eingegangen werden. Diese Kunden sind Spielernaturen und möchten beim Kauf nicht über eventuelle Gefahren informiert werden. Sie achten darauf, auf keinen Fall ängstlich oder zögerlich zu wirken. Oft kaufen diese Menschen, wenn sie der Überzeugung sind, mit dem Kauf etwas zu tun, was sich nicht jeder traut.

Gutes tun

Wer den Drang verspürt, Gutes zu tun, dem geht es z.B. darum, anderen Menschen zu **helfen** oder die Umwelt zu erhalten. Diese Kunden achten beim Kauf z.B. darauf, dass sie keine Waren oder Dienstleistungen kaufen, die die Umwelt schädigen, bei deren Produktion Tiere leiden mussten oder die unter menschenunwürdigen Bedingungen erzeugt wurden. Sind diese Kunden der Meinung, mit gutem Beispiel voranzugehen und mit dem Einkauf für ihre Ideale einzutreten, kann ein positiver Abschluss erreicht werden.

Selbstbestimmung

Selbstbestimmten Menschen geht es darum, dass ihre Entscheidung **ohne den Einfluss von anderen** getroffen wird. Kunden mit diesem Kaufmotiv möchten beim Kauf nicht von einem Verkäufer belästigt werden. Sie nehmen lieber einen Prospekt mit nach Hause und entscheiden alleine, ob und wann sie etwas kaufen. Übertriebene Verkaufsaktivitäten werden als unangemessener Druck empfunden und verschrecken diese Kunden eher.

→ ***Praxistipp***
Versuchen Sie in einem Verkaufsgespräch genau herauszufinden, welche Motive der einzelne Kunde **im Moment** verfolgt. Richten Sie Ihre Argumentation dann auf diese Motive aus.

Zusammenfassung

- Die Bedeutung des **Verkaufs** hat in den vergangenen Jahren zugenommen, Verkaufsaktivitäten eines Unternehmens werden meist in einer eigenständigen Abteilung gebündelt.
- **Up-Selling** bedeutet den Verkauf von höherwertigen Produkten, **Cross-Selling** den Verkauf von weiteren oder ergänzenden Produkten an **Bestandskunden**.
- In der **Neukundenakquise** wird zwischen der **Push-Strategie** (Produkte in den Markt drücken) und der **Pull-Strategie** (einen Nachfragesog erzeugen) unterschieden.
- Um Verkaufsaktionen optimal zu gestalten, ist es wichtig, die Kunden im Vorfeld zu **segmentieren**. Möglichkeiten dazu ergeben sich aus der Kundendatenbank, der Nutzung von CRM-Systemen, dem Lead-Management oder aus der ABC-Analyse.
- Die **Verkaufspsychologie** befasst sich mit den Abläufen der Wahrnehmung, Überzeugung und Motivation im Verkaufsgeschehen sowie mit der Frage, wann und warum ein Kunde ein Produkt kauft.
- Für den Kauf eines Produktes oder einer Dienstleistung muss der potenzielle Käufer erkennen, welchen **Nutzen** er daraus zieht.
- Eine Kaufentscheidung trifft ein Mensch aus unterschiedlichen **Kaufmotiven** heraus. Folgende Motive können unterschieden werden:
  - Sparsamkeit
  - Gewinnstreben
  - Prestigedenken
  - Luxus
  - Bequemlichkeit
  - Tatendrang
  - Wertschätzung
  - Spaß und Freude
  - Sicherheit
  - Abenteuerlust und Risikobereitschaft
  - Gutes tun
  - Selbstbestimmung

Aufgaben

1. ***Analysieren Sie die Vertriebsstrategie Ihres Unternehmens anhand der hier vorgestellten Verfahren und Methoden.***
   a) ***Wo sehen Sie Verbesserungspotenzial?***
   b) ***Welche Methoden haben Ihrer Meinung nach den größten Erfolg?***
2. ***Ihr Unternehmen möchte neu in den Outbound-Verkauf von Bekleidung einsteigen. Dazu soll ein Mailing an alle Bestandskunden versendet werden. Im Anschluss sollen alle Kunden telefonisch kontaktiert werden.***
   a) ***Nehmen Sie Stellung zu dieser Vorgehensweise und begründen Sie fundiert Ihre Meinung.***
   b) ***Entwerfen Sie eine alternative Vorgehensweise.***
   c) ***Bereiten Sie eine Argumentation vor, um die Geschäftsführung von Ihrem Vorschlag zu überzeugen.***
3. ***Der Kunde Ingo Vigneron möchte den günstigen Einsteiger-Laptop „Portablix" bei der Dialogfix GmbH bestellen. Entscheiden Sie jeweils begründet, ob der Hotline-Mitarbeiter Up-Selling oder Cross-Selling betreibt:***
   a) ***Herrn Vigneron wird eine praktische Laptoptasche für 9,95 € angeboten.***
   b) ***Der Mitarbeiter am Telefon versucht den Kunden von dem Laptop „Business" zu überzeugen, welcher mehr Möglichkeiten bietet.***
   c) ***Für den Laptop ist eine kostenpflichtige Garantieverlängerung möglich.***

4. *Ordnen Sie die folgenden Maßnahmen der Neukundengewinnung der Push- oder der Pull-Strategie zu:*
   a) *Ein Bestandskunde wird über Outbound angesprochen.*
   b) *Dialogfix schaltet eine Anzeigenkampagne in mehreren Tageszeitungen.*
   c) *Auf mehreren Homepages sind Werbebanner von Dialogfix zu finden.*
   d) *Ein Außendienstmitarbeiter einer Versicherung besucht Julias Vater zu Hause.*
   e) *Dialogfix hat einen Stand auf einer großen Computermesse.*
   f) *Dialogfix sponsert einen örtlichen Fußballverein, das Logo ist auf den Trikots zu sehen.*
5. *Der Vertriebschef der Dialogfix GmbH sagt auf einem Meeting: „Wir müssen stärker dafür sorgen, dass Kunden uns anrufen, um ein Produkt zu kaufen, anstatt die Kunden anzurufen, damit diese sofort bestellen."*
   a) *Nehmen Sie kritisch Stellung.*
   b) *Welche Marketingstrategie passt zu dieser Aussage?*
6. *Ordnen Sie folgende Aktivitäten dem richtigen Prozessschritt im Lead-Management zu:*
   a) *Thomas erfragt in einer Bedarfsanalyse den relevanten Entscheider zum Kauf einer Software.*
   b) *Thomas notiert in seiner Datenbank den Begriff „hot" und erkundigt sich nach dem zuständigen Vertriebsmitarbeiter.*
   c) *Ein Kunde reagiert auf ein Postmailing.*
7. *Die Dialogfix GmbH plant nachfolgend aufgelistete Aktivitäten. Entscheiden Sie, ob Lead-Management sinnvoll umgesetzt werden kann, und begründen Sie Ihre Entscheidung.*
   a) *Es soll eine CRM-Software an mittelständische Unternehmen verkauft werden. Dabei sollen insgesamt 2500 Unternehmen angesprochen werden. Es stehen 20 Mitarbeiter im Vertrieb sowie drei Mitarbeiter im Außendienst zur Verfügung.*
   b) *Dialogfix plant den Verkauf von Laptops an Privatpersonen. Dabei werden zunächst 1000 potenzielle Kunden per Mailing angesprochen, diese sollen sich dann zurückmelden. Die Aktion läuft 3 Wochen.*
   c) *Geplant ist der Verkauf von Druckern an Privatpersonen. Dafür werden 100000 Personen per Mailing kontaktiert, die noch nicht Kunde bei Dialogfix sind. Außerdem wird Radio-, Fernseh- und Zeitschriftenwerbung geschaltet. Ein Team von 20 Mitarbeitern soll durch Maßnahmen im Inbound und Outbound bis Jahresende 4000 Neukunden gewinnen.*
8. *Dialogfix plant eine Outbound-Aktion. Dafür sollen zunächst die Kundendaten segmentiert werden. Segmentieren Sie die folgenden Kundendaten nach der ABC-Analyse:*

Kunde	Umsatz	Kunde	Umsatz
Kunde 1	8110,00 €	Kunde 11	191,00 €
Kunde 2	210,00 €	Kunde 12	170,00 €
Kunde 3	945,00 €	Kunde 13	1105,00 €
Kunde 4	234,00 €	Kunde 14	200,00 €
Kunde 5	855,00 €	Kunde 15	8405,00 €
Kunde 6	180,00 €	Kunde 16	150,00 €
Kunde 7	6290,00 €	Kunde 17	1057,00 €
Kunde 8	179,00 €	Kunde 18	5995,00 €
Kunde 9	160,00 €	Kunde 19	126,00 €
Kunde 10	743,00 €	Kunde 20	695,00 €

9. In einer Schulung zur ABC-Analyse haben Sie sich einige Notizen gemacht. Prüfen Sie im Nachgang Ihre Aufzeichnungen und nehmen Sie ggf. Korrekturen vor.
   a) Basis der ABC-Analyse ist das Pareto-Prinzip, welches besagt, dass rund 80 % des Zieles mit 20 % des Einsatzes erreicht werden können.
   b) In der Kundensegmentierung bedeutet das Pareto-Prinzip, dass 50 % der Kunden auch 50 % des Umsatzes bringen.
   c) Die Gruppe A ist im Wertanteil niedrig, aber in der Menge hoch.
   d) Vorteil der ABC-Analyse ist, dass auch Trends ableitbar sind.
   e) Ein Nachteil der ABC-Analyse ist die Berücksichtigung lediglich rein quantitativer Faktoren.
   f) Aufgrund des außerordentlich hohen Aufwands ist die ABC-Analyse ausschließlich für Großunternehmen geeignet.
10. Definieren Sie die Begriffe Bedürfnis, Bedarf und Nutzen.
    a) Finden Sie jeweils ein Beispiel für diese Begrifflichkeiten.
    b) Was sind typische Bedarfe der Kunden Ihres Ausbildungsbetriebs?
    c) Welche Nutzen stellt Ihr Ausbildungsbetrieb diesen gegenüber?
11. Während verschiedener Verkaufsgespräche für einen Laserdrucker wurden bei Dialogfix folgende Kundenaussagen aufgezeichnet:
    - „Wie teuer ist denn der Drucker, und habe ich dabei Folgekosten zu erwarten? Eigentlich wollte ich ja diesen Monat etwas kürzer treten."
    - „Kann da auch nichts passieren, wenn ich das selbst installiere?"
    - „Wo wurde denn dieser Drucker produziert?"
    - „Okay ... und welchen Vorteil habe ich dabei?"
    - „Geld spielt keine Rolle, aber ich möchte nicht den langweiligen Standarddrucker, den jeder hat."

    a) Ordnen Sie die Kundenaussagen einem Kaufmotiv zu.
    b) Wie können Sie das erkannte Kaufmotiv jeweils für Ihre Argumentation nutzen?
12. Bilden Sie Zweiergruppen. Ein Teilnehmer befragt zunächst den anderen nach seinem individuellen Kaufverhalten. Mögliche Fragen sind z. B.:
    - Was ist dir beim Kauf wichtig?
    - Wie gehst du vor, wenn du ein bestimmtes Produkt kaufen möchtest?
    - Wie informierst du dich beim Kauf?
    - Welche Rolle spielt der Preis?

    Im Anschluss entscheidet der Interviewer, welche Kaufmotive bei dem Interviewpartner die zentrale Rolle spielen. Dann werden die Rollen getauscht. Die Ergebnisse werden im Anschluss der Klasse vorgestellt.
13. Wählen Sie ein Produkt oder eine Dienstleistung Ihres Ausbildungsbetriebes aus.
    a) Finden Sie fünf typische Produkteigenschaften sowie daraus resultierende Vorteile.
    b) Erstellen Sie auf dieser Grundlage passende Nutzenargumente für einen hypothetischen Kunden.
14. Verkaufsgespräche verlaufen erfolgreicher, wenn Erkenntnisse der Verkaufspsychologie eingesetzt werden. Erstellen Sie anhand der Internetseite www.verkaufstipps-erfolgstipps.de eine Übersicht mit den wichtigsten Tipps.

2 Verkaufsgespräche führen

■ *Einstiegssituation*

Julia wird gerade bei ihren Servicegesprächen von Teamleiter Torben gecoacht. Mittlerweile gelingt es Julia, die Gespräche sehr strukturiert und professionell zu führen. In allen Gesprächen kann Julia eine Lösung anbieten und achtet auf eine gute Gesprächsatmosphäre. Wenn allerdings das CRM-System eine Möglichkeit anzeigt, einem Kunden ein bestimmtes Produkt anzubieten, schließt Julia diese Hinweisfenster einfach, ohne den Kunden auf die Produkte anzusprechen.

Torben spricht Julia darauf an: *„Julia, du hast die Gespräche sehr gut geführt. Die Kunden waren zufrieden mit deinem Service. Warum hast du denn trotz der guten Gesprächsatmosphäre die Kunden nicht auf unsere Produkte angesprochen?“*

Julia reagiert etwas abweisend auf die Frage von Torben: *„Die Kunden rufen hier im Service an, um eine Frage zu stellen, um beraten zu werden oder weil etwas nicht funktioniert. Wenn die etwas kaufen wollen, dann rufen die schon die Bestellhotline an. Ich möchte niemanden ungefragt mit einem Verkaufsgespräch belästigen.“*

■ *Arbeitsaufträge*

1. ***Mit welchen Argumenten kann Torben auf Julias Aussage reagieren?***
2. ***Wie kann eine sinnvolle Überleitung von einem Beratungsgespräch zu einem Verkaufsgespräch aussehen?***
3. ***Auf welche Schwierigkeiten sind Sie schon bei der Durchführung von Verkaufsgesprächen gestoßen?***

2.1 Verkaufsgespräche im Inbound

Einer der wichtigsten Kontaktpunkte eines Unternehmens mit seinen Kunden ist die Service- oder Beratungshotline. Der Kunde erhält dort je nach Anrufgrund z. B. technische Hilfe, Beratung zu Abrechnungsfragen oder Auskünfte zu Bestellungen. Wird ein solches Gespräch professionell und freundlich geführt, herrscht meist eine gute Gesprächsatmosphäre und eine Basis des Vertrauens. Daher bieten sich solche Gelegenheiten an, um Kunden weitere Dienstleistungen, Produkte oder Produktänderungen (Up-Selling und Cross-Selling) anzubieten.

Die notwendigen Handlungsschritte im **Verkaufsgespräch** orientieren sich dabei an den bereits bekannten vier Schritten im Beratungsgespräch.

5|1.1

> → ***Praxistipp***
> Wiederholen Sie nochmals die wesentlichen Inhalte zur professionellen Gesprächsführung im Beratungsgespräch.

Wichtig ist, dass das Verkaufsgespräch im Inbound in das Beratungsgespräch eingebunden wird. Der Einstieg in das Verkaufsgespräch erfolgt nach der Beratung und der Lösung des Kundenanliegens.

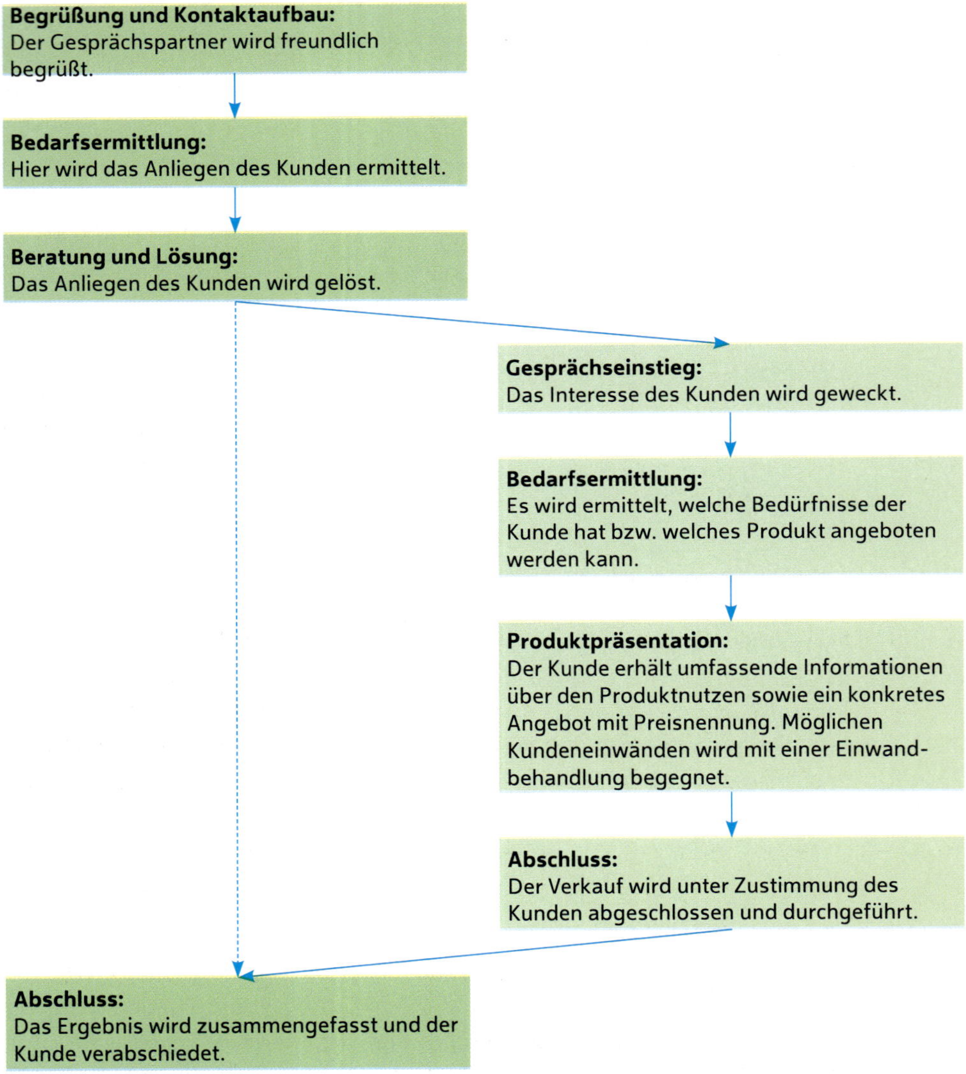

Abb.: Verkaufsgespräch im Beratungsgespräch

Dabei gibt es in jedem Schritt des Verkaufsgesprächs besondere Methoden, die dazu dienen, einen professionellen Verkauf zu ermöglichen und den Kunden von den Produkten und Dienstleistungen zu überzeugen.

→ ***Praxistipp***
Achten Sie stets darauf, dass der Kunde dem Kauf aus freien Stücken zustimmt und in keiner Phase des Dialogs das Gefühl hat, überredet zu werden.

2.1.1 Gesprächseinstieg

Nachdem der Kunde in einem Beratungs- oder Servicegespräch eine Lösung erhalten, diese verstanden und akzeptiert hat sowie verbindlich über die nächsten Schritte informiert wurde, können Sie in das Verkaufsgespräch einsteigen. Vorher sollten Sie allerdings überprüfen, ob der Kunde eventuell eine weitere Anfrage im Servicebereich hat.

Beispiel

Julia hat gerade einem Kunden bei der Einrichtung der aktuellen Finanzfix-Software geholfen. Bevor Julia in ein Verkaufsgespräch einsteigt, fasst sie noch einmal das bisherige Gespräch sowie die Lösung zusammen und klärt, ob der Kunde weitere Fragen hat. Erst dann steigt sie in ein Verkaufsgespräch ein.

Bei einem Gesprächseinstieg für ein Verkaufsgespräch geht es darum, den Kunden davon zu überzeugen, dass er sich noch etwas Zeit nehmen sollte, um mit Ihnen zu sprechen. Ein **gelungener Einstieg** weckt Interesse und Neugier bei dem Kunden, ohne ihn zu überrumpeln.

Nutzen Sie folgende Struktur für einen Gesprächseinstieg:

1. **Ansprachegrund:** Erklären Sie dem Kunden, warum er auf das Produkt angesprochen wird. Gründe für eine Ansprache können z. B. besondere Aktionen, neue Produkte oder eine Aussage des Kunden aus dem vorherigen Gesprächsverlauf sein.
2. **Vorteil des Produktes und erste Information:** Geben Sie dem Kunden eine erste wichtige Information über Vorteile und Eigenschaften des Produktes oder der Dienstleistung.
3. **Offene Frage:** Über eine offene Frage steigen Sie in die Bedarfsermittlung ein.

Ein **typischer Gesprächseinstieg** kann wie folgt aussehen:

„Herr Gutbrecht, wir haben aktuell die Virenschutzsoftware x-sec im Angebot.“	Ansprachegrund
„Diese Software bietet Ihnen umfassenden Schutz vor Viren und anderen Bedrohungen aus dem Internet zu einem günstigen Preis.“	Vorteil und erste Information
„Wie schützen Sie Ihren PC derzeit vor Viren?“	Offene Frage

2.1.2 Bedarfsermittlung

Um das Verkaufsgespräch zu einem erfolgreichen Abschluss zu bringen, gilt es genau herauszufinden, welchen **Nutzen** das jeweilige Produkt für den Kunden hat und welche **Bedürfnisse** oder **Motive** des Kunden mit dem Produkt befriedigt werden können. Während die Eigenschaften und speziellen Vorteile eines Produkts gleich bleiben, kann
8 | 1.3.3 der jeweilige Nutzen für jeden Kunden unterschiedlich ausfallen. Daher müssen Sie ermitteln, welche Nutzenargumentation für den jeweiligen Kunden nachvollziehbar und überzeugend sein wird.

Durchführung der Bedarfsermittlung

Die Bedarfsermittlung beginnt mit der **offenen Frage** aus dem Verkaufseinstieg. Im obigen Beispiel beginnt die Bedarfsermittlung also mit der Frage „Wie schützen Sie Ihren PC derzeit vor Viren?". Durch den Einsatz einer **professionellen Fragetechnik** wird der Gesprächspartner dazu animiert, seine eigenen Gedanken und Gefühle in das Gespräch einzubringen, seine Wünsche und Bedürfnisse, aber auch seine Ein-
3 | 3.2.2 wände und Ängste auszusprechen. Mit dem Einsatz von **offenen Fragen** zu Beginn der Bedarfsermittlung wird außerdem eine positive Beziehungsebene geschaffen oder verstärkt und dem Kunden signalisiert, dass er ernst genommen wird.

> → ***Praxistipp***
> Setzen Sie zu Beginn der Bedarfsermittlung vor allem offene Fragen ein und gegen Ende dann geschlossene Fragen, um das Ergebnis abzusichern.

Mit der richtigen Fragetechnik sollten in der Bedarfsermittlung z. B. die folgenden Aspekte beleuchtet werden:

- In welcher Ausgangssituation befindet sich der Kunde?
- Welches ähnliche Produkt hat der Kunde bisher gekauft?
- Welche Ziele, Probleme, Wünsche und Ideen hat der Kunde?
- Bei welchen dieser Ziele, Probleme, Wünsche und Ideen wird dem Kunden das spezielle Angebot weiterhelfen?
- Welchen Nutzen hat der Kunde von dem angebotenen Produkt?

Zuhören

Während der Bedarfsermittlung, aber auch im gesamten Gesprächsverlauf, ist es wichtig, dem Kunden zuzuhören und seine Aussagen zu bestätigen. 3 | 3.2.3

Beachten Sie daher folgende Regeln:

- Hören Sie konzentriert zu und bestätigen Sie das Gehörte mit Wortwiederholungen oder Bestätigungslauten (mhm, ja, verstehe etc.).
- Nehmen Sie den Gesprächspartner stets ernst. Belehren Sie ihn nicht.
- Wiederholen Sie wichtige Aussagen des Gesprächspartners mit eigenen Worten.
- Nutzen Sie die Technik des „aktiven Zuhörens", um auf emotionale Aspekte des Dialogs einzugehen und um dem Kunden zu signalisieren, dass nicht nur auf der Sachebene kommuniziert wird.
- Schreiben Sie wichtige Gesichtspunkte für Ihre Verkaufsargumentation auf.

Auswertung der Bedarfsermittlung

Nachdem Sie alle wichtigen Informationen erhalten haben, fassen Sie das Ergebnis für den Kunden zusammen. Damit können Sie mit dem Kunden gemeinsam absichern, ob Sie seine Situation richtig einschätzen bzw. seine Bedürfnisse richtig analysiert haben.

> → ***Praxistipp***
> Auch wenn Sie sehr schnell glauben, Sie hätten die Situation des Kunden genau erfasst, hinterfragen Sie Ihre Ansichten. Je komplexer das Produkt ist, das Sie verkaufen wollen, desto genauer sollte die Analyse der Kundensituation ausfallen.

2.1.3 Produktpräsentation

Nachdem Sie durch eine gezielte Bedarfsanalyse die Wünsche und Bedürfnisse des Kunden analysiert haben, kann ein maßgeschneidertes Angebot erstellt werden. Ziel dieser Gesprächsphase ist es, dem Kunden ein Angebot zu unterbreiten, welches genau zu seinen Bedürfnissen passt, bzw. den Kunden davon zu überzeugen, dass genau dieses Produkt seine Bedürfnisse und Wünsche befriedigt.

Wichtig ist hier, dass die Argumentation an den analysierten Bedürfnissen ausgerichtet wird. Die Inhalte dieser Argumentation müssen für den Kunden interessant und nachvollziehbar vermittelt werden.

Beachten Sie daher folgende Punkte:

- Sprechen Sie in kurzen, verständlichen Sätzen.
- Konzentrieren Sie sich auf das Wesentliche. Vermeiden Sie weitschweifende Äußerungen und allzu detaillierte Erklärungen.

- Vermeiden Sie Fremdwörter, ebenso eine unangemessene Fachsprache.
- Vermeiden Sie Negativformulierungen.
- Nutzen Sie Positivformulierungen.
- Strukturieren Sie das Gespräch und gliedern Sie Ihre Argumente in einer logischen Reihenfolge.
- Führen Sie nicht zu viele Argumente an, sondern stellen Sie sicher, dass Ihre Argumente sich an den Bedürfnissen des Kunden orientieren.
- Nutzen Sie eine bildhafte Sprache, die sich an der Erlebniswelt des Kunden orientiert.
- Legen Sie genügend Pausen ein, um dem Kunden die Möglichkeit zu geben, Fragen zu stellen.

Nutzenargumentation

Ein Kunde wird einem Kauf nur zustimmen, wenn er den **Nutzen** eines Produkts für sich selbst erkennt. Erst wenn der Kunde davon überzeugt werden kann, dass das Produkt oder die angebotene Dienstleistung einen konkreten Wunsch befriedigt oder einen Mangel beseitigt, kann er zum Kauf bewegt werden.

Welcher spezielle Nutzen ein Produkt für den Kunden bietet, kann je nach Kunde verschieden sein, auch wenn die Vorteile des Produktes immer die gleichen sind. Dieser Nutzen
8 | 1.4.2 orientiert sich stets an den unterschiedlichen **Kaufmotiven** des jeweiligen Kunden.

Beispiele

- „Die monatliche Aktualisierung unserer Virenschutzsoftware garantiert Ihnen absolute Sicherheit beim Surfen."
- „Durch die Möglichkeit, das Produkt direkt aus dem Internet herunterzuladen, sparen Sie wertvolle Zeit."

Beispiele für Satzeinleitungen, die dem Kunden helfen, den Nutzen zu erkennen:

- „... dadurch sparen Sie ..."
- „... Sie vermeiden dadurch ..."
- „... das senkt Ihre ..."
- „... das garantiert Ihnen ..."
- „... Sie gewinnen dadurch ..."
- „... Sie sichern sich ..."
- „... damit erreichen Sie ..."
- „... daraus erkennen Sie ..."
- „... das optimiert Ihre ..."

2.1.4 Kundeneinwände

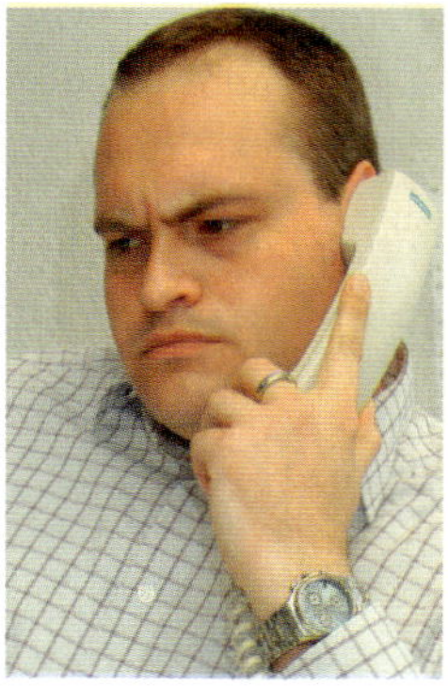

In vielen Gesprächen wird der Kunde **Einwände** gegen die Verkaufsargumentation anbringen. Einwände bedeuten aber nicht unbedingt, dass sich ein Gespräch zu Ungunsten des Verkäufers entwickelt. Einwände zeigen vielmehr, dass der Kunde gedanklich in die Argumentation einsteigt und zumindest über einen Kauf nachdenkt.

Einwände des Kunden treten verstärkt in der Angebots- bzw. Präsentationsphase auf, können dem Verkäufer aber grundsätzlich in jeder Phase eines Verkaufsgesprächs begegnen. Grundsätzlich lassen sich Einwände nach ihrer **Ursache** unterscheiden.

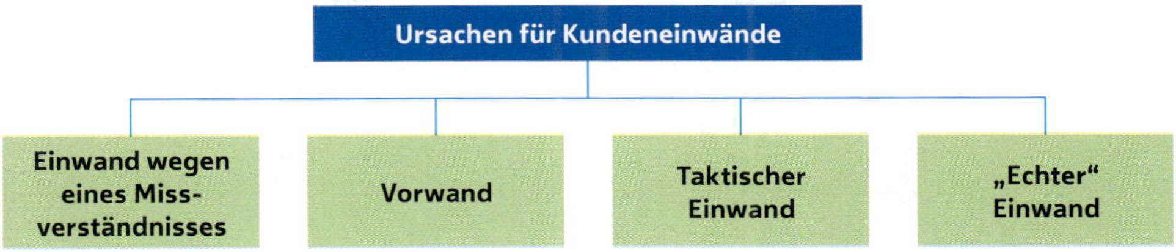

Abb.: Ursachen für Kundeneinwände

Einwand wegen eines Missverständnisses

Kommt es zwischen dem Verkäufer und dem Kunden zu einem **Missverständnis**, so kann dies verschiedene Gründe haben:

- Die Verkaufspräsentation war für den Kunden zu komplex oder wurde in einer unverständlichen Fachsprache vorgetragen.
- Die Bedarfsanalyse wurde nicht korrekt durchgeführt, sodass das Angebot nicht zum Kunden passte.
- Der Kunde hat inhaltlich etwas falsch verstanden.

Beispiel

Die Kundin Cynthia Kraml empfindet im Verkaufsgespräch mit Julia den Virenscanner als „zu kompliziert" und verliert das Interesse. Julia hatte in der Produktpräsentation viele Fachausdrücke wie „Trojaner", „Adware" usw. verwendet. Als Julia dann jedoch die Begriffe erklärt und in einfachen Worten die Funktionen beschreibt, kann sie ihrer Argumentation wieder folgen.

Diese Art des Einwandes entsteht also immer aus einem **Mangel an Informationen**. Daher gilt es für den Verkäufer, diesen Mangel zu beheben. Dies kann durch eine weitere Bedarfsanalyse (wenn dem Verkäufer die Informationen fehlen) oder durch eine weitere Argumentation (wenn die Informationen nicht oder falsch beim Kunden angekommen sind) erreicht werden.

Vorwand

Von einem **Vorwand** spricht man, wenn der Kunde seine wahren Motive für die Ablehnung des Kaufes nicht offen darlegen möchte, der Einwand dient hier also quasi als **Ausrede** bzw. Notlüge.

Vorwände können unterschiedlichste Gründe haben, z. B.:

- Der wahre Grund für die Ablehnung des Angebots ist dem Kunden unangenehm.

  Beispiel

  Die Kaufkraft des Kunden reicht nicht aus, um sich das Produkt zu leisten. Da er dies nicht gegenüber dem Verkäufer zugeben möchte, sagt er z. B.: „Ich überlege mir das noch einmal und melde mich bei Ihnen."

- Der Kunde ist misstrauisch gegenüber dem Verkäufer oder dem Produkt, möchte den Verkäufer aber nicht vor den Kopf stoßen.
- Der Kunde findet den Verkäufer unsympathisch, möchte ihm dies aber nicht direkt mitteilen.

Nicht jeder Vorwand bringt die Möglichkeit mit sich, dass der Kunde seine Meinung ändert. Fehlende Sympathie oder Kaufkraft können selten durch eine Einwandbehandlung aus dem Weg geräumt werden. Hat allerdings der Verkäufer den Verdacht, dass sich hinter dem Vorwand Befürchtungen, Ängste oder fehlendes Vertrauen des Kunden verbergen, besteht die Möglichkeit einer erfolgreichen Einwandbehandlung (s. u.).

Taktischer Einwand

Ein taktischer Einwand dient dem Käufer dazu, eine **günstigere Verhandlungsposition** zu erreichen, den Verkäufer also zu einem besseren Angebot zu bewegen.

Beispiel

Kunde: „Ihr Angebot ist viel schlechter als das unseres jetzigen Lieferanten."

Hier besteht für den Verkäufer – im Rahmen des gegebenen Ermessensspielraums – natürlich die Möglichkeit, seine Verhandlungsposition zu verlassen und wirklich ein besseres Angebot zu unterbreiten. Manchmal empfiehlt es sich, einen Preisnachlass oder eine andere Vergünstigung bereits vor dem Gespräch in das Angebot einzubauen. Ein solches Entgegenkommen ist aber nur bis zu einem gewissen Punkt wirtschaftlich sinnvoll. Ein erfolgreicher Abschluss rechtfertigt meist nicht, dass das Unternehmen dadurch einen finanziellen Verlust erleidet. Ausnahmsweise kann es Situationen geben, in denen man bewusst einen Verlust hinnimmt, um einen guten neuen Kunden zu gewinnen oder
5 | 4.2.3 einen bestehenden zu halten, der auf Dauer zu höheren Gewinnen beiträgt.

„Echter" Einwand

Nicht jeder Einwand des Kunden resultiert aus einem Missverständnis, dient nur als Vorwand oder dazu, eine bessere Verhandlungsposition zu erhalten. Sehr oft entspricht der Einwand vollständig der Wahrheit.

Aussagen des Kunden wie die folgenden entsprechen oft der subjektiven Wahrheit und dem tatsächlichen Empfinden des Gesprächspartners:

- „Ich kann mir das im Moment nicht leisten."
- „Ich habe bereits ein ähnliches Produkt und habe keine Verwendung für ein zweites."
- „Mir gefällt dieses Produkt nicht."
- „Ich möchte eine solche Entscheidung nicht ohne meine Frau/meinen Mann treffen."

Dies bedeutet für den Verkäufer nicht zwangsläufig, dass ein erfolgreicher Abschluss unmöglich ist. Oft kann das Angebot angepasst werden oder ein alternatives Produkt offeriert werden. Aber auch wenn ein erfolgreicher Abschluss durch den echten, wahrheitsgemäßen Einwand bzw. die Situation des Kunden nicht möglich ist, gilt es, eine angenehme Gesprächssituation zu erhalten und den Kunden wertschätzend aus dem Gespräch zu entlassen.

→ ***Praxistipp***
Sorgen Sie auch in Gesprächen, in denen kein Verkauf möglich ist, für eine angenehme Gesprächsatmosphäre. Verabschieden Sie den Kunden positiv und hinterlassen Sie einen professionellen Eindruck. So legen Sie den Grundstein für zukünftige Geschäfte.

2.1.5 Einwandbehandlung

Eine professionelle Einwandbehandlung kann den Einwand des Kunden für die weitere Argumentation nutzbar machen.

Beispiel
Kunde: „Das Virenschutzprogramm ist mir viel zu teuer."
Reaktion des Mitarbeiters: „Mit wem vergleichen Sie uns dabei?", „Welcher Preis wäre für Sie interessant?"

Aufbau der Einwandbehandlung

Um einen Kundeneinwand in die Verkaufsargumentation einzubauen, empfiehlt sich folgendes Vorgehen: 5 | 1.3.3

1. **Aktiv zuhören und Einwand analysieren:** Im ersten Schritt gilt es herauszufinden, um welche Art des Einwandes es sich handelt und ob der Kunde auf der Sachebene argumentiert oder sich auf der emotionalen Ebene befindet. Hier ist die Technik des aktiven Zuhörens gut geeignet. Zum einen soll in diesem Schritt analysiert werden, worum es dem Kunden geht, zum anderen soll dem Kunden bestätigt werden, dass seine Gefühle und Ängste ernst genommen werden.

Beispiel

„Ich kann nachvollziehen, dass Sie sich in diesem Punkt unsicher sind.“

2. **Inhaltliche Bestätigung:** Hier geht es darum, dem Kunden zu signalisieren, dass der Kern des Einwandes inhaltlich verstanden wurde. Sie müssen dem Kunden nicht recht geben.

Beispiel

„Ich verstehe, was Sie meinen, das ist tatsächlich ein wichtiger Punkt.“

3. **Argumentation:** Stellen Sie nun Ihre eigene Argumentation dar. Achten Sie aber darauf, keine Gegenposition zum Kunden zu beziehen.

Beispiel

„Das neue Virenschutzprogramm ist etwas teurer als die frühere Version, dafür stehen Ihnen weitaus mehr Funktionen zur Verfügung.“

4. **Absicherung:** Sichern Sie das Ergebnis der Einwandbehandlung ab. Klären Sie, ob der Kunde der Argumentation folgen konnte.

Beispiel

„Der Virenscanner kostet 35,00 €, wenn Sie ihn direkt aus dem Internet herunterladen nur 30,00 €. Möchten Sie mehr Informationen über das Produkt?“

Techniken der Einwandbehandlung

3|3.2.1 Die oben beschriebene Vorgehensweise geht von einem streng logischen Aufbau der Einwandbehandlung aus. Einerseits bietet dieses Vorgehen sehr hohe Erfolgschancen, andererseits erfordert es aber sehr viel Übung. Alternativ können verschiedene **rhetorische Techniken der Einwandbehandlung** eingesetzt werden, die eine einfache Argumentation ermöglichen.

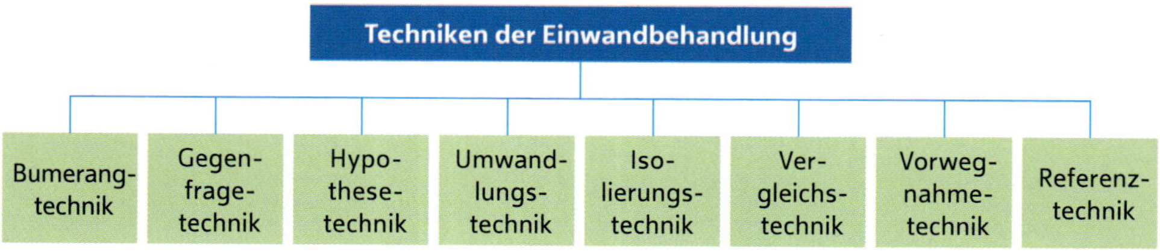

Bumerangtechnik

Bei dieser Technik wird der Einwand aufgegriffen und an den Kunden als Teil der Lösung zurückgegeben. Typische Formulierungen, um die Bumerangtechnik einzuleiten, sind:

- „Gerade in diesem Fall ..."
- „Genau aus diesem Grund ..."
- „Eben deswegen ..."

Beispiel

Kunde: „Ich kenne mich nicht gut mit Virenscannern aus, ich bin nur ein normaler PC- Anwender."
Julia: „Gerade aus diesem Grund ist unser Programm so interessant für Sie. Unser Virenscanner kann ohne Vorkenntnisse genutzt werden und bietet einen Rundum-Schutz bei einfacher Bedienung."

Gegenfragetechnik

Hier wird auf den Einwand des Kunden mit einer Frage (Gegenfrage) reagiert. Dadurch gewinnt der Verkäufer Zeit, erhält weitere Informationen und kann die Steuerung im Gespräch übernehmen. 3|3.2.2

Beispiel

Kunde: „Ihr Virenscanner ist viel zu teuer!"
Julia: „Mit welchem anderen Produkt vergleichen Sie unseres denn?"

Hypothesetechnik

Der Verkäufer trifft eine bestimmte Annahme, die den Kunden veranlassen soll, sich gedanklich in eine bestimmte, positive Situation zu versetzen. Folgt der Kunde diesem Gedankenspiel, kann er die Vorteile und den Nutzen des Angebots besser nachvollziehen. Geeignete Formulierungen, um die Hypothesetechnik einzuleiten, sind z. B.:

- „Malen Sie sich einmal Folgendes aus ..."
- „Stellen Sie sich vor ..."
- „Gehen wir mal davon aus, dass ..."

Beispiel

Kunde: „Ich habe bisher noch nie einen Virenscanner gebraucht ..."
Julia: „Stellen Sie sich einmal vor, Sie kommen in die Situation, dass Sie einen brauchen, weil es einen Virenangriff gibt. Dann ist es sicher besser, wenn er bereits installiert ist."

Umwandlungstechnik

Die Kundenaussage wird aufgegriffen und mit eigenen Worten wiederholt. Dies wird auch als **„spiegeln“** bezeichnet. Bei der Umwandlungstechnik wird aber die Aussage des Kunden direkt zur eigenen Argumentation verwendet.

Mögliche Satzanfänge, um die Umwandlungstechnik einzuleiten, sind z. B.:

- „Habe ich Sie richtig verstanden, dass ...“
- „Sie meinen damit ...“
- „Möchten Sie damit sagen, dass ...“

Beispiel

Kunde: „Der Virenscanner ist mir mit 35,00 € aber zu teuer ...“
Julia: „Meinen Sie damit, dass Sie stattdessen eher zu unserer günstigen ‚Download-Variante‘ für nur 30,00 € tendieren?“

Praxistipp

Achten Sie bei dieser Technik darauf, nicht manipulativ zu wirken. Auf keinen Fall darf die Frage, die Sie stellen, als Suggestivfrage beim Kunden ankommen. Dies
3 | 3.2.2 könnte die Beziehungsebene zum Kunden stark belasten.

Isolierungstechnik

Der eigentliche Einwand des Kunden wird **ausgeklammert**, um an einer Stelle in der
3 | 3.2.1 Argumentation des Kunden anzusetzen, die mehr Erfolg verspricht. Diese Technik bietet sich dann an, wenn der Kunde sich auf einen bestimmten Einwand versteift hat und das Gespräch dadurch in eine Sackgasse geraten ist.

Typische Formulierungen, um die Isolierungstechnik einzuleiten, sind z. B.:

- „Einmal abgesehen von diesem Punkt ...“
- „Unabhängig davon ...“
- „Ansonsten ...“

Beispiel

Kunde: „Ich finde es lästig, dass man den Virenscanner downloaden muss, um 5,00 € zu sparen.“
Julia: „Mal unabhängig davon, bietet Ihnen der Virenscanner einen umfassenden Schutz, sodass Sie jederzeit sicher im Internet unterwegs sein können.“

Vergleichstechnik

Bei der Vergleichstechnik wird die Situation des Kunden auf einen vom Verkäufer angestellten Vergleich übertragen. Dadurch soll erreicht werden, dass der Kunde die möglichen Konsequenzen seiner Entscheidung überdenkt.

Beispiel

Kunde: „Ich möchte jetzt keine 35,00 € für einen Virenscanner ausgeben."
Julia: „Was hilft es Ihnen, wenn Sie jetzt 35,00 € sparen und dafür Dritte einfach mit einem Virus aus dem Internet Ihren wertvollen Computer schädigen können?"

Vorwegnahmetechnik

Ziel dieser Technik ist es, einen Einwand aufzugreifen und zu behandeln, bevor der Kunde diesen äußert. Dadurch merkt der Kunde, dass der Verkäufer sich in seine Lage hineinversetzen kann. Außerdem schafft es Vertrauen, wenn der Verkäufer eine vermeintlich nachteilige Seite seines Angebots ganz offen anspricht.

Hier sollte der Verkäufer aber darauf achten, einen Einwand anzusprechen, den der Kunde auch mit hoher Wahrscheinlichkeit selbst angesprochen hätte, also nicht dem Kunden weitere Einwände vorzustellen.

Die Vorwegnahmetechnik kann folgendermaßen eingeleitet werden:

- „Sie werden bestimmt sagen, dass ..."
- „Sie fragen sich bestimmt, ob ..."
- „Falls Sie jetzt denken ..."
- „Sie können jetzt natürlich entgegnen ..."

Beispiel

Julia: „Ich weiß, dass wir mit unserem Virenscanner nicht zu den günstigsten Anbietern zählen. Dafür bieten wir Ihnen aber einen umfassenden Service und eine bequeme Installation."

Referenztechnik

Bei dieser Technik untermauert der Verkäufer sein Angebot, indem er andere Personen oder Firmen nennt, die sich bereits für das Produkt entschieden oder es positiv getestet haben. Wichtig dabei ist, dass diese Personen oder Firmen dem potenziellen Käufer bekannt sind und einer eventuellen Prüfung des Kunden standhalten.

Beispiel

Kunde: „Ich weiß ja gar nicht, ob der Virenscanner auch alle schädlichen Programme findet."

Julia: „Die Zeitschrift ‚SoftwareCheck' hat in der letzten Ausgabe zehn verschiedene Virenscanner getestet. Dabei hat unser Programm sogar als einziges alle aktuellen Viren erkannt und beseitigt."

→ ***Praxistipp***
Neben den dargestellten Techniken der Einwandbehandlung gibt es noch weitere. Diese Techniken lassen sich jedoch meist auf die genannten Formen zurückführen oder tauchen lediglich unter einem anderen Namen auf.

Vor- und Nachteile von Techniken der Einwandbehandlung

Die beschriebenen Techniken zur Einwandbehandlung bieten je nach Gesprächsverlauf viele Vorteile, bringen aber in manchen Situationen auch Nachteile mit sich. Daher sollte
3|3.2.1 der Verkäufer im Bedarfsfall prüfen, ob er diese Techniken einsetzt oder eher auf eine individuelle Argumentation zurückgreift.

Vorteile	Nachteile
Können vom Mitarbeiter einstudiert und dann auf nahezu jede Gesprächssituation schnell angewendet werden	Können manipulativ und vorbereitet wirken.
Bei richtiger Anwendung überzeugen die Einwandtechniken den Kunden.	Bei übermäßiger Anwendung oder wenn der Käufer die Techniken kennt, kann der Eindruck entstehen, dass man sich den Abschluss mit rhetorischen Tricks erschleichen möchte.
Bieten dem Mitarbeiter die Möglichkeit zur schnellen Argumentation	Der Gesprächspartner kann noch weiter verunsichert werden, wenn bei ihm das Gefühl entsteht, dass ein Einwand nicht verstanden, sondern nur entkräftet wurde.

2.1.6 Preisargumentation

Ein sehr wichtiger Punkt in der Produktpräsentation ist die **Nennung des Preises**. Der Preis ist oft Ausgangspunkt für Einwände des Kunden, kann aber genauso als eines der Hauptargumente für den Verkäufer dienen, wenn das Produkt unschlagbar günstig ist.

Für den zweiten Fall bedarf es keiner bestimmten Technik, um den Preis zu nennen. Hier kann sogar der Preis direkt mit einem Nutzen, der Ersparnis, verbunden werden.

Wenn ein marktüblicher Preis oder sogar ein Preis, der höher liegt als der von ähnlichen Produkten, genannt werden soll, empfiehlt es sich, eine bestimmte Technik der **Preisargumentation** zu wählen. Ziel dieser Techniken ist es, stets den Preis offen und ehrlich zu nennen und zugleich den Preis nicht in den Mittelpunkt einer Aussage zu setzen bzw. den Preis zu relativieren.

Folgende Techniken zur Preisargumentation können unterschieden werden:

Sandwichtechnik

Bei der Sandwichtechnik wird der Preis zwischen zwei Nutzenargumenten genannt. So steht er in der Argumentation nicht alleine und der Kunde versteht besser, welchen Nutzen er für seine Ausgaben erhält. Die Dominanz des Preises in der Aussage wird also dadurch gemindert, dass die Preisnennung von zwei für den Kunden positiven Aussagen umschlossen wird.

Beispiel

Julia: „Der Virenscanner, den Sie **regelmäßig kostenlos updaten** können, kostet Sie einmalig 35,00 €. Dafür erhalten Sie einen **Rundum-Schutz und surfen jederzeit sicher.**“

Zerkleinerungstechnik

Auch bei dieser Technik geht es darum, die Dominanz des Preises in der Aussage zu verringern. Dies wird dadurch erreicht, dass der Preis auf mehrere Einheiten verteilt wird.

Diese Möglichkeit der Preisargumentation bietet sich vor allem dann an, wenn der Kunde eine Zahlung monatlich oder vierteljährlich leisten kann.

Beispiel

Julia: „Für weniger als 3,00 € im Monat erhalten Sie einen kompletten Schutz vor Viren und anderen Bedrohungen aus dem Internet.“

Verzögerungstechnik

Hier wird der Preis erst nach einer ganzen Reihe von Produktvorteilen genannt. Ziel ist es, die Preisnennung auf einen späten Zeitpunkt zu verschieben, zu dem der Kunde schon überzeugt ist.

Beispiel

Julia: „Der Virenscanner x-sec kann täglich bequem über das Internet aktualisiert werden. Er braucht nur wenige Ressourcen auf Ihrem PC und wir bieten Ihnen einen umfassenden Service rund um die Uhr. Das alles erhalten Sie zu einem Komplettpreis von 35,00 €."

Vergleichstechnik

Der Preis wird in Relation zu anderen Ausgaben des Kunden oder zu Konkurrenzprodukten gesetzt und soll dadurch abgeschwächt bzw. relativiert werden.

Beispiel

Julia: „In dem Preis von 35,00 € sind sogar schon alle Viren-Updates für ein Jahr enthalten. Für die Updates alleine zahlen Sie bei anderen Anbietern schon so viel."

Differenztechnik

Der Gesamtpreis wird in der Argumentation aus dem Preis eines Standardproduktes und den vergleichsweise niedrigen Mehrkosten für ein deutlich höherwertiges Produkt gebildet. Der Kunde kann der Erklärung entnehmen, dass das Produkt etwas teurer ist, aber ungleich besser als ein Standardprodukt.

Beispiel

Julia: „Für das Sicherheitspaket x-sec pro zahlen Sie mit 49,00 € gerade mal 14,00 € mehr als für den Virenscanner x-sec. Dafür ist in dieser Version aber eine vollwertige Firewall enthalten. Für diese alleine zahlen Sie normalerweise schon viel mehr."

→ ***Praxistipp***

Unabhängig davon, welche Technik zur Preisargumentation Sie wählen: Nennen Sie in jedem Verkaufsgespräch offen und ehrlich den Preis Ihres Angebots, ohne Details zu verschleiern. Dies wirkt seriös gegenüber dem Kunden und ist darüber hinaus rechtlich zwingend vorgegeben.

8 | 5.5

2.1.7 Verkaufsabschluss

Wenn die Präsentation des Produktes bzw. der Dienstleistung durchgeführt wurde, alle Einwände des Kunden erfolgreich behandelt wurden und dem Kunden der Preis bekannt ist, geht es darum, zu einem erfolgreichen Verkaufsabschluss zu gelangen.

In den seltensten Fällen wird dieser Verkaufsabschluss aktiv durch den Kunden eingeleitet. Daher gilt es für den Verkäufer

1. zu erkennen, ob der Kunde zu einer Kaufentscheidung bereit ist (**Kaufsignale**),
2. die Kaufentscheidung aktiv herbeizuführen (**Abschlusstechniken**).

Kaufsignale

Der Kunde wird nur in vereinzelten Fällen direkt sein Einverständnis zum Ausdruck bringen. Eventuell hat er zwar seine Entscheidung zum Kauf schon getroffen, wagt aber nicht, den letzten Schritt zu gehen.

Auch wenn der Kunde nicht auf einer direkten Ebene sein Einverständnis zum Ausdruck bringt, sendet er doch Signale, die anzeigen, dass ein Abschluss möglich ist. Folgende Kaufsignale deuten eine grundsätzliche Zustimmung an:

- **Der Kunde ist still.**
  Wenn der Kunde keine Fragen mehr stellt oder keine Bedenken mehr äußert, ist dies oft ein Signal dafür, dass sein Informationsbedarf gedeckt und seine Zweifel ausgeräumt sind.
- **Der Kunde trifft zustimmende Äußerungen.**
  Entgegnet der Kunde der Argumentation des Käufers mit Äußerungen wie z. B. „Da haben Sie recht!“, „Das ist richtig!“, „Stimmt!“, ist dies ein eindeutiger Hinweis auf seine Kaufbereitschaft.
- **Der Kunde stellt Fragen über die weitere Abwicklung.**
  Erkundigt sich der Kunde klar nach dem weiteren Vorgehen nach einem potenziellen Kauf, deutet dies seine Bereitschaft an, dem Angebot zuzustimmen.

  Beispiele
  „Was habe ich zu beachten, wenn ich den Virenscanner erhalten habe?“
  „Wie lange würde die Lieferung denn dauern?“
- **Der Kunde fasst die Argumentation des Verkäufers zusammen.**
  Wiederholt der Kunde die Verkaufsargumentation, ist klar, dass er diese nicht nur verstanden hat, sondern auch, dass er davon überzeugt ist.

  Beispiele
  „Ich zahle also 35,00 € und bin dann rundum sicher …“
  „Und wenn ich Fragen zur Bedienung habe, dann erreiche ich Sie rund um die Uhr?“

Abschlusstechniken

Wenn der Verkäufer eines der oben beschriebenen Signale erkannt hat oder von sich aus herausfinden möchte, ob ein Abschluss möglich ist, kommt eine der folgenden **Abschlusstechniken** zum Einsatz:

- **Direkte Abschlussfrage** 3|3.2.2
  Diese Technik fordert über eine geschlossene Frage eine klare Entscheidung des Kunden ein.

Die direkte Abschlussfrage kann genutzt werden, wenn der Verkäufer sich der Kaufbereitschaft des Kunden sehr sicher ist.

Beispiele

„Sollen wir es dann so wie besprochen bestellen?"
„Haben Sie sich entschieden?"

- **Indirekte Abschlussfrage**
  Hier kommt eine offene Frage zum Einsatz, die dem Kunden mehr Spielraum lässt. Da die Möglichkeit besteht, dass der Kunde nicht mit einem Auftrag reagiert, dienen diese Fragen eher der Vorbereitung eines Abschlusses. Sie kommen zum Einsatz, wenn der Verkäufer sich der Entscheidung des Kunden nicht sicher ist.

Beispiele

„Wie wollen wir weiter vorgehen?"
„Welche Fragen kann ich Ihnen noch beantworten?"

3 | 3.2.2

- **Alternative Abschlussfrage**
  Es wird eine Alternativfrage gestellt, bei der der Kunde zwischen zwei Angebotsvarianten wählen kann. Diese Technik sollte dann eingesetzt werden, wenn der Verkäufer sich über die eigentliche Kaufabsicht des Kunden sicher ist, der Kunde aber noch einen letzten Ansporn braucht.

Beispiele

„Nehmen Sie die Download-Variante oder die Version auf CD-ROM?"
„Möchten Sie direkt per Nachnahme zahlen oder lieber per Rechnung?"

- **Formalitäten klären**
  Dem Kunden werden alle Formalitäten über Lieferung und Zahlung erklärt, die er nach einem erfolgreichen Abschluss zu beachten hat. Bei dieser Erklärung geht der Verkäufer bereits von einem Auftrag des Kunden aus und äußert dies auch. Diese Variante empfiehlt sich, wenn der Verkäufer sich der Kaufentscheidung des Kunden nicht sicher ist oder wenn der Kunde von sich aus nach diesen Modalitäten fragt.

Beispiele

„Wenn Sie heute noch bestellen, dann ist die Software schon am Freitag bei Ihnen."
„Vorausgesetzt, Sie erteilen mir jetzt den Auftrag, kann ich Ihnen 5,00 € Rabatt einräumen."

- **Teilentscheidung**
  Bei der Teilentscheidung werden **bisherige** Resultate und Vereinbarungen zusammengefasst. Der Verkäufer wählt also Argumente, die der Käufer bereits akzeptiert hat, um ihn weiter in den Kaufprozess einzubeziehen. Diese Vorgehensweise kommt bei komplexen Produkten und Dienstleistungen zum Einsatz oder wenn der Verkäufer sich der Kaufbereitschaft nicht sicher ist.

Beispiele

„Bisher sind wir uns über folgende Punkte einig ..."
„Wir haben bislang vereinbart, dass ..."

- **Zusammenfassung**
  Hier werden vom Verkäufer noch einmal **alle** wichtigen Verhandlungsergebnisse zusammengefasst. Damit wird das Ziel verfolgt, dass der Kunde noch einmal über alle wichtigen Nutzenargumente nachdenkt. Diese Variante eignet sich, wenn der Verkäufer sich der Kaufbereitschaft nicht sicher ist und wenn das Gespräch schon etwas länger dauert.

Beispiele

„Frau Mühlen, fassen wir noch einmal alle wichtigen Punkte zusammen ..."
„Frau Jung, lassen Sie uns kurz das Angebot zusammenfassen ..."
„Frau Schweig, halten wir abschließend gemeinsam fest ..."

Gesprächsabschluss

Kommt der Kunde zu einer positiven Kaufentscheidung, empfiehlt sich folgende Vorgehensweise:

- Fassen Sie das Ergebnis kurz zusammen.
- Erklären Sie dem Kunden das weitere Vorgehen bzw. notwendige weitere Schritte.
- Danken Sie dem Kunden für den Auftrag.
- Fragen Sie nach, ob der Kunde weitere Fragen hat oder ob Sie noch etwas für ihn tun können.
- Leiten Sie in die Abschlussphase des dem Verkaufsgespräch vorangegangenen Servicegesprächs über und verabschieden Sie den Kunden positiv.

Erfolgt keine positive Kaufentscheidung, beachten Sie folgende Vorgehensweise:

- Haken Sie maximal einmal nach, ansonsten akzeptieren Sie das „Nein" des Kunden.
- Lassen Sie den Kunden Ihre Enttäuschung nicht spüren, sondern sorgen Sie dennoch für eine positive Gesprächsatmosphäre.
- Leiten Sie in der Abschlussphase des Verkaufsgesprächs zu dem vorangegangenen Servicegespräch über und verabschieden Sie den Kunden positiv.

→ ***Praxistipp***
Ein Beispiel für ein typisches Inbound-Verkaufsgespräch finden Sie unter BuchPlusWeb (www.westermann.de).

Web

2.2 Verkaufsgespräche im Outbound

2.2.1 Gesprächsphasen im Outbound

Neben der Ansprache von Bestandskunden oder Interessenten im Inbound auf neue bzw. weitere Produkte bieten sich auch im Outbound verschiedene Möglichkeiten für Up- oder Cross-Selling sowie zur Neukundenakquise.

Es kann verschiedene Anlässe für **Outbound-Verkaufsgespräche** geben:

- Bestandskunden werden aktiv auf weitere Produkte oder Produktneuerungen angesprochen.
- 5|4.3 Ehemalige Kunden werden angesprochen, um die Geschäftsbeziehungen zu erneuern.
- Mögliche Neukunden sollen akquiriert werden.

Die Methoden und Techniken zur Argumentation, Nutzenformulierung, Einwandbehandlung, Preisnennung usw., die bereits für das Inbound-Verkaufsgespräch erläutert wurden, finden auch im Outbound Verwendung. Auch die Gesprächsstruktur unterscheidet sich im Ablauf nicht.

In den Gesprächsphasen der Bedarfsermittlung, der Produktpräsentation und dem Abschluss gibt es nur geringe Unterschiede:

- **Bedarfsermittlung**
  Neben der Analyse der Kundenbedürfnisse und der Situation des Kunden gilt es im Outbound generell herauszufinden, ob dem Kunden ein Angebot unterbreitet werden kann. Eventuell war die Einschätzung über den potenziellen Kunden im Vorfeld fehlerhaft und es ergibt sich daher aus der Situation des Kunden keine Möglichkeit für einen Verkauf.

- **Produktpräsentation**
  Erfahrungsgemäß werden im Outbound häufiger Einwände von Kunden formuliert. Daher gestaltet sich diese Phase etwas länger, meist kommt auch der Einwandbehandlung eine größere Bedeutung zu.

- **Abschluss**
  Hier gilt es im Outbound darauf zu achten, dass der Verkäufer dem Kunden nochmals alle wichtigen Kontaktdaten zur Verfügung stellt. Eventuell sind diese dem Käufer nicht bekannt.

Das Outbound-Verkaufsgespräch ist an manchen Stellen komplizierter als das Inbound-Verkaufsgespräch und bringt spezielle Herausforderungen mit sich. Dies gilt insbesondere für die Begrüßungsphase bzw. die Kontaktaufnahme.

2.2.2 Strategien des Gesprächseinstiegs

Positive Gesprächsatmosphäre schaffen

Der erste Eindruck, den der Angerufene vom Anrufer erhält, bestimmt nachhaltig den weiteren Gesprächsverlauf. An dieser Stelle ist es wichtig, zu Beginn des Gespräches einen **positiven Eindruck** zu erwecken. Die ersten Sekunden sind entscheidend: Der Outbound-Agent muss also ab dem ersten Moment auf eine positive Gesprächsatmosphäre achten. 5 | 1.1

Wird die Begrüßung professionell gestaltet, kann sie als erste vertrauensbildende Maßnahme dienen und eine **emotionale Ebene** aufbauen.

Sie können die Gesprächsatmosphäre positiv beeinflussen durch:

- ein Lächeln,
- eine gerade Körperhaltung,
- eine freundliche Stimme,
- Nennung des eigenen Namens und des Firmennamens,
- eine freundliche Begrüßung.

Die Begrüßungsformel

Bei Outbound-Gesprächen hat der Gesprächspartner nicht auf den Anruf gewartet, er wird also aus einer anderen Tätigkeit herausgerissen und es fällt ihm mitunter schwer, gedanklich umzuschalten. Daher ist es wichtig, schnell eine Assoziation mit dem Anrufenden und seinem Unternehmen herzustellen.

Die Begrüßungsformel für Outbound-Gespräche wird wie folgt aufgebaut:

1. Freundliche Begrüßung
2. Name des Anrufers
3. Name des Unternehmens

Beispiel
Die Begrüßungsformel für Outbound-Anrufe für Dialogfix sieht wie folgt aus:
„Guten Tag. Mein Name ist Julia Lauer von der Dialogfix GmbH."

Den richtigen Gesprächspartner erreichen

Im Outbound muss nach der Begrüßung geklärt werden, ob man den anvisierten Gesprächspartner (Zielperson) bzw. den Ansprechpartner mit der entsprechenden Entscheidungsbefugnis (**Entscheider**) tatsächlich erreicht hat.

Ein Verkaufsgespräch mit einer Person, die zu einem Kauf nicht autorisiert ist (bei Firmenkunden) oder nicht der gesuchte Kunde ist, sollte vermieden werden. Im schlimmsten Fall muss man, nachdem die falsche Person überzeugt wurde, ein weiteres Gespräch mit dem richtigen Ansprechpartner führen. Dies kostet zusätzliche Zeit.

> **Praxistipp**
> Prüfen Sie im Outbound stets, ob Sie den richtigen Ansprechpartner erreicht haben. Ist dies nicht der Fall, vereinbaren Sie nach Möglichkeit einen Termin, zu dem die gewünschte Person erreicht werden kann.

Wenn Firmen über Outbound-Aktionen angesprochen werden, hat man es häufig mit Assistenten, Sekretärinnen oder anderen Mitarbeitern als erste Ansprechpartner zu tun. Von entscheidender Bedeutung ist es daher, diese „Hürde" zu überwinden, damit man zum Entscheidungsträger durchgestellt wird.

Folgende **Strategien** sind hilfreich, um den richtigen Ansprechpartner zu erreichen:

- Seien Sie zu diesen Mitarbeitern genauso offen und freundlich wie zum Chef selbst. Sagen Sie, soweit der Datenschutz es zulässt, worum es geht und wer am Telefon ist.
- Appellieren Sie an die Hilfsbereitschaft des Mitarbeiters.

  Beispiel

  „Sie können mir bestimmt weiterhelfen."

- Sprechen Sie den Mitarbeiter mit Namen an.
- Tragen Sie das Anliegen so vor, dass der Mitarbeiter den Nutzen für den Chef oder das Unternehmen erkennt.
- Erfragen Sie die Durchwahl des Entscheidungsträgers. So können Sie zukünftig direkt durchwählen.

Der Gesprächsaufhänger

Nachdem sichergestellt ist, dass der richtige Ansprechpartner erreicht wurde, muss ihm deutlich gemacht werden, **warum** er dem Anrufer zuhören sollte.

Diese Phase des Gespräches ist im Outbound besonders schwierig, sehr oft wird der Verkäufer hier mit Einwänden wie „keine Zeit", „keine Lust auf ein Verkaufsgespräch" oder „kein Bedarf" konfrontiert.

Diese Ablehnung kann z. B. durch folgende Faktoren ausgelöst oder verstärkt werden:

- Bei der Neukundengewinnung ist es möglich, dass der Angerufene das Unternehmen oder das Produkt nicht kennt.
- Der Gesprächspartner ist in andere wichtige Tätigkeiten eingebunden. Der Anruf erfordert von ihm eine geistige Umstellung.
- Der Gesprächspartner erhält oft unseriöse Verkaufsanrufe und ist deswegen generell skeptisch eingestellt.

Ein Erfolg versprechender Gesprächsaufhänger kann wie folgt aufgebaut werden:

1. **Ansprachegrund:** Führen Sie den Gesprächspartner gedanklich in das Thema ein und erklären Sie, worum es bei dem Anruf geht.

   Im Outbound kann es verschiedene Anlässe geben, die für den Einstieg verwendet werden können:

   - **Nachfassen von Angeboten**

     Beispiel

     „Frau Maus, wir haben Ihnen vor Kurzem ein Angebot zu unserem neuen Drucker zugeschickt."

   - **Produktneuheit**

     Beispiel

     „Frau Maus, Sie kennen ja bereits unseren Drucker xi760, der schon seit Jahren bei unseren Kunden auf positive Resonanz stößt. Jetzt haben wir die Vorteile dieses Druckers noch weiterentwickelt und bringen nun das Modell xi770 auf den Markt."

   - **Bezug zu Dritten**

     Beispiel

     „Frau Maus, Ihr Kollege Herr Müller hat Sie über unser Prämiensystem als neue Kundin empfohlen. In seiner E-Mail schreibt er, dass Sie ebenfalls unsere Produkte im Bereich Fotodruck nutzen möchten."

2. **Vorteile des Produktes und erste Information:** Der Kunde erhält eine erste wichtige Information über Vorteile und Eigenschaften des Produktes oder der Dienstleistung. Auch hier kann es abhängig vom Anlass der Outbound-Aktion verschiedene Möglichkeiten geben. Die Vorteilsargumentation baut dabei auf den Ansprachegrund auf.

   - **Nachfassen von Angeboten**

     Beispiel

     „Frau Maus, wir haben Ihnen vor Kurzem ein Angebot zu unserem neuen Drucker zugestellt. **Dieser Drucker bietet – wie Sie wissen – gute Fotodruckqualität zu einem günstigen Preis.**"

- **Produktneuheit**

  Beispiel

  „Frau Maus, Sie kennen ja bereits unseren Drucker xi760, der schon seit Jahren bei unseren Kunden auf positive Resonanz stößt. Jetzt haben wir die Vorteile dieses Druckers noch weiterentwickelt und bringen nun das Modell xi770 auf den Markt. **Anlässlich der Markteinführung möchte ich Ihnen als Bestandskundin die Möglichkeit bieten, dass Gerät noch vor dem offiziellen Verkaufsstart vorzubestellen.**"

- **Bezug zu Dritten**

  Beispiel

  „Frau Maus, Ihr Kollege Herr Müller hat Sie über unser Prämiensystem als neue Kundin empfohlen. In seiner E-Mail schreibt er, dass Sie ebenfalls unsere Produkte im Bereich Fotodruck nutzen möchten. **Ich melde mich heute bei Ihnen, um zu besprechen, welche Produkte zu Ihren Ansprüchen passen.**"

3. **Offene Frage:** Mit einer offenen Frage leitet man zur Phase der Bedarfsermittlung über.

   Beispiele

   „Frau Maus, Ihr Kollege Herr Müller hat Sie über unser Prämiensystem als neue Kundin empfohlen. In seiner E-Mail schreibt er, dass Sie ebenfalls unsere Produkte im Bereich Fotodruck nutzen möchten. Ich melde mich heute bei Ihnen, um zu besprechen, welche Produkte zu Ihren Ansprüchen passen.

   ... Was ist Ihnen beim Ausdrucken und Bearbeiten von Fotos wichtig?"
   oder
   ... Welche Fragen haben sich in dem Zusammenhang schon ergeben?"
   oder
   ... Welche Erwartungen haben Sie beim Fotodruck?"

> → ***Praxistipp***
> Überlegen Sie sich einen gelungenen Gesprächseinstieg, **bevor** Sie den Anruf starten, und halten Sie diesen **schriftlich** fest.

2.3 Gesprächsleitfaden im Verkaufsgespräch

Um den Aufbau und die Struktur der Verkaufsgespräche zu erleichtern, kann ein Gesprächsleitfaden eingesetzt werden. Der Gesprächsleitfaden dient dazu, dem Agent den Ablauf sowie einzelne Formulierungen in einem Gespräch vorzuzeichnen.

Gesprächsleitfäden können sowohl im Inbound als auch im Outbound als Hilfestellung für einen professionellen Verkauf dienen.

Ergänzend zu Gesprächsleitfäden im Servicegespräch enthält der Gesprächsleitfaden für das Verkaufsgespräch auch mögliche Formulierungen für eine Einwandbehandlung. 5 | 1.2

Beispiel

Auszug aus dem Gesprächsleitfaden für eine Outbound-Aktion von KommunikativAktiv im Auftrag der Dialogfix GmbH

Aussagen/Formulierungen	Gesprächsphase
„Guten Tag. Sie sprechen mit <Name> von der Dialogfix GmbH." *„Spreche ich mit <Name des Ansprechpartners>?"* Wenn Ansprechpartner nicht erreichbar, Rückruftermin vereinbaren: *„Wann kann ich ihn/sie denn am besten erreichen?"* Wenn Ansprechpartner erreicht: *„ Herr/Frau <Name>, schön, dass ich Sie direkt erreiche."* *„Wir haben Ihnen vor Kurzem ein Angebot zu unserer neuen Virenschutzsoftware zugeschickt. Diese Software bietet Ihnen Rundum-Schutz vor Viren und anderen Bedrohungen aus dem Internet zu einem günstigen Preis."*	**Begrüßung und Einstieg**
„Wie schützen Sie Ihren Computer denn aktuell vor Viren oder Zugriffen aus dem Internet?" *„Wie nutzen Sie das Internet?"* *„Wie wichtig ist Ihnen Sicherheit beim Surfen im Internet?"* *„Wie sichern Sie Ihre Kinder beim Surfen im Internet?"*	**Bedarfsermittlung**
„Die monatliche Aktualisierung garantiert Ihnen ständige Sicherheit beim Surfen." *„Der Virenscanner x-sec ist einfach zu bedienen, dadurch können Sie das Programm bequem selbst installieren und einrichten."* *„Der Virenscanner x-sec kann regelmäßig aktualisiert werden. Das garantiert Ihnen, dass Sie stets auf der Höhe der Zeit arbeiten."* *„Das Programm kann bequem aus dem Internet heruntergeladen werden, das spart Ihnen wertvolle Zeit."*	**Produktpräsentation/ Nutzenargumente**
Einwand: *„Ich bin nur Anwender, mir ist so etwas zu kompliziert."* *„Gerade aus diesem Grund ist unser Programm so interessant für Sie. Unser Virenscanner kann ohne Vorkenntnisse genutzt werden und bietet einen Rundum-Schutz bei einfacher Bedienung."* **Einwand:** *„Das Produkt ist mir zu teuer."* *„Mit wem vergleichen Sie uns?"* ... dann: *„Sie erhalten unseren Virenscanner für einmalig 35,00 €, dafür stehen Ihnen dann für ein Jahr alle Updates kostenlos zur Verfügung."* **Einwand:** *„Bisher habe ich auch keinen Virenschutz gebraucht."* *„Stellen Sie sich einmal vor, Sie kommen in die Situation, dass Sie einen Virenschutz brauchen. Dann ist es sicher besser, wenn er bereits installiert ist."*	**Einwandbehandlung**
„Der Virenscanner, den Sie regelmäßig kostenlos updaten können, kostet Sie einmalig 35,00 €. Dafür erhalten Sie einen Rundum-Schutz und surfen jederzeit sicher."	**Preisargumentation**
„Sollen wir es dann so wie besprochen bestellen?" *„Möchten Sie direkt per Nachnahme zahlen oder bequem per Rechnung?"* *„Wenn Sie mir jetzt den Auftrag erteilen, dann ist die Software in 2 Werktagen bei Ihnen. Möchten Sie direkt per Nachnahme zahlen oder bequem per Rechnung?"*	**Verkaufsabschluss/ Abschlusstechniken**

„Sie erhalten von mir eine Version von x-sec pro für 49,00 €/x-sec für 35,00 € und zahlen bequem per Rechnung/Bankeinzug." *„Die Lieferung erfolgt per Post/Sie erhalten die Software als Download."* *„Kann ich Ihnen noch weitere Fragen beantworten?"*	**Gesprächsabschluss/ Zusammenfassung**
„Herr/Frau <Name>, vielen Dank für Ihre Bestellung." *„Ich wünsche Ihnen noch einen schönen Tag."* *„Auf Wiederhören."*	**Verabschiedung**

Zusammenfassung

- Das **Inbound-Verkaufsgespräch** wird nach der Beratungsphase in das Servicegespräch eingebunden. Das eigentliche Verkaufsgespräch gliedert sich dann in die Schritte:

  1. Gesprächseinstieg
     ↓
  2. Bedarfsermittlung
     ↓
  3. Produktpräsentation mit Preisargumentation und ggf. Einwandbehandlung
     ↓
  4. Verkaufsabschluss

- Der **Gesprächseinstieg** dient dazu, Interesse beim Kunden zu wecken und ihn davon zu überzeugen, dass er sich noch etwas Zeit für ein Verkaufsgespräch nimmt.

  Ansprachegrund → Vorteil und erste Information → Offene Frage

- In der **Bedarfsermittlung** wird analysiert, welchen Nutzen das jeweilige Produkt für den Kunden hat und welche Bedürfnisse oder Motive des Kunden mit dem Produkt befriedigt werden können. Hier spielt die gezielte Fragetechnik eine wichtige Rolle.
- In der **Produktpräsentation** wird dem Kunden ein Angebot unterbreitet, welches sich an den vorher analysierten Bedürfnissen orientiert. Die Vorteile des Produktes werden dabei gezielt mit dem jeweiligen Nutzen für den Kunden in Verbindung gebracht.
- Häufig bringt der Kunde dem Verkäufer Einwände gegen seine Verkaufsargumentation entgegen. Eine professionelle **Einwandbehandlung** ist wie folgt aufgebaut:

  1. Aktives Zuhören und Analyse
     ↓
  2. Inhaltliche Bestätigung
     ↓
  3. Argumentation
     ↓
  4. Absicherung

- Zur Argumentation in der **Einwandbehandlung** können auch bestimmte Techniken verwendet werden.
  - Bumerangtechnik
  - Gegenfragetechnik
  - Hypothesetechnik
  - Umwandlungstechnik
  - Isolierungstechnik
  - Vergleichstechnik
  - Vorwegnahmetechnik
  - Referenztechnik
- Ein wichtiger Bestandteil in Verkaufsgesprächen ist die **Preisargumentation**. Hier können folgende Techniken zum Einsatz kommen:

- Wenn die Verkaufsargumentation abgeschlossen ist und die Einwände des Kunden ausgeräumt sind, gilt es, die **Kaufsignale** des Kunden zu erkennen und ggf. eine Abschlusstechnik einzusetzen, um den Verkauf abzuschließen.
- Im **Outbound-Verkauf** ist es wichtig, dem Aufbau einer positiven Gesprächsebene volle Beachtung zu schenken.
- Beim **Outbound-Verkaufsgespräch** muss im ersten Schritt geklärt werden, ob der richtige Ansprechpartner erreicht wurde.
- Als Gesprächsaufhänger kommen im Outbound verschiedene Anlässe infrage:
  - Nachfassen von Angeboten
  - Produktneuheit
  - Bezug zu Dritten
- Um Agents im Verkaufsgespräch zu unterstützen, können sowohl im Inbound als auch im Outbound Gesprächsleitfäden zum Einsatz kommen.

Aufgaben

1. ***In einem Vertriebsseminar erklärt der Trainer: „Bei Einwänden gilt die Devise „NEIN heißt: Noch Ein Impuls Notwendig.“ Jedes Nein ist ein verstecktes Ja. Also niemals aufgeben!“***
Nehmen Sie kritisch Stellung zu dieser Aussage.

2. ***Erstellen Sie ein Anforderungsprofil für einen Mitarbeiter im Telefonvertrieb.***
- ***a) Welche Fähigkeiten (Skills) muss der Mitarbeiter besitzen?***
- ***b) Welche Charaktereigenschaften sollte der Mitarbeiter zusätzlich mitbringen?***

3. ***Erarbeiten Sie für folgende Produktvorteile eine passende Nutzenargumentation:***
- ***a) Der Virenscanner schont die Systemressourcen.***
- ***b) Der Drucker ist im Marktvergleich preisgünstig.***
- ***c) Der Drucker ist sehr schnell im Vergleich zu Konkurrenzprodukten.***
- ***d) Der Virenscanner findet alle gängigen Viren und ist durch Aktualisierungen stets auf dem neuesten Stand.***

4. *Finden Sie für die unterschiedlichen Kundeneinwände jeweils ein konkretes Beispiel aus Ihrem Unternehmen.*
5. *Reagieren Sie jeweils mit einer Technik zur Einwandbehandlung auf die folgenden Kundeneinwände. Begründen Sie Ihre Auswahl.*
   a) *Ihr Produkt ist zu teuer.*
   b) *Ich habe bereits etwas Ähnliches.*
   c) *Ich habe bisher auch keinen Laserdrucker benötigt.*
   d) *Bitte senden Sie mir erst weitere Informationen per Post.*
   e) *Ich habe keine Zeit für Ihr Angebot.*
6. *Erstellen Sie eine Tabelle mit typischen Kaufsignalen bei Kunden und definieren Sie, woran Sie diese erkennen. Überlegen Sie dann eine jeweils passende Abschlussformulierung.*
7. *Mit welchen Abschlusstechniken kann der Kunde zu einer Entscheidung bewogen werden?*
   a) *Wie sind die Techniken anzuwenden?*
   b) *Wodurch unterscheiden sich die einzelnen Techniken?*
8. *Stellen Sie in einer Mindmap die besonderen Herausforderungen eines Outbound-Verkaufsgespräches vor.*
9. *Dialogfix möchte in jedem Inboundgespräch entweder ein Up-Selling oder ein Cross-Selling erreichen.*
   a) *Wählen Sie ein geeignetes Produkt aus, das angeboten werden soll.*
   b) *Gestalten Sie einen passenden Gesprächseinstieg, um in ein entsprechendes Verkaufsgespräch überzuleiten.*

Web

10. *Unter BuchPlusWeb (www.westermann.de) finden Sie eine Rollenspielanleitung für ein Verkaufsgespräch. Führen Sie das Rollenspiel in Partnerarbeit durch und werten Sie dieses im Nachgang aus. Leitfragen zur Auswertung:*
    - *Wie hat das Verhalten des Verkäufers den Kunden beeinflusst?*
    - *Wie gut wurde dem Kunden der Preis des Druckers in Verbindung mit dem Nutzen vermittelt?*

1 | 6.7

11. *Ihr Ausbildungsbetrieb möchte die Verkaufsaktivitäten in der Hotline optimieren.*
    a) *Analysieren Sie die Produkte Ihres Ausbildungsbetriebes auf Produkteigenschaften, Produktvorteile und möglichen Nutzen. Beachten Sie, dass je nach Kundenmotiv unterschiedliche Nutzen möglich sind.*
    b) *Entwerfen Sie eine auf die gesammelten Produktnutzen passende Nutzenargumentation.*
    c) *Beschreiben Sie drei geeignete Techniken der Preisargumentation.*
12. *Überprüfen Sie, in welcher Verkaufssituation Sie schon mal selbst mit einem Einwand reagiert haben.*
    a) *Welche Art Einwand lag vor, was waren die Gründe?*
    b) *Wie hat der Verkäufer auf den Einwand reagiert?*
    c) *Welche Vorgehensweise hätten Sie sich vom Verkäufer gewünscht?*
13. *KommunikativAktiv erhält einen neuen Outbound-Auftrag. Die Versicherung SafeYourLife hat 30000 Bestandskunden ein spezielles Angebot zugeschickt. Kunden, die dort eine Lebensversicherung haben, können vergünstigt nun auch eine Haftpflichtversicherung abschließen. Diese kostet im Jahr nur 30,00 €.*
    a) *Entwerfen Sie einen passenden Einstieg für ein Outbound-Gespräch.*
    b) *Üben Sie den Gesprächseinstieg mit einem Partner.*

3 Rahmenbedingungen des Vertragsrechts berücksichtigen

■ *Einstiegssituation*

Julia arbeitet derzeit für die Beschwerdehotline von Dialogfix. Sie führt gerade ein Gespräch mit Frau Anja Girten. **Frau Girten** ist empört: *„Was fällt Ihnen eigentlichen ein, meinem Sohn einen so teuren Computer aufzuschwatzen? Ich komme gerade von der Arbeit nach Hause, da sehe ich meinen Junior schon mit dem Teil hantieren. Dabei ist Florian doch erst 15, wer hat ihm denn das verkauft? Ich verlange, dass Sie das Gerät unverzüglich zurücknehmen!“* **Julia** versucht ruhig zu bleiben und die aufgebrachte Anruferin etwas zu beruhigen: *„Es tut mir sehr leid, Frau Girten, dass Sie solche Unannehmlichkeiten haben. Ich werde umgehend überprüfen, was es mit diesem Kaufvertrag auf sich hat!“*

■ *Arbeitsaufträge*

1. ***Überlegen Sie, ob Frau Girten die Rücknahme des Computers verlangen kann.***
2. ***Über welche rechtlichen Rahmenbedingungen aus dem Geschäftsverkehr wurden Sie bislang im Rahmen Ihrer Ausbildung informiert?***
3. ***Stellen Sie unterschiedliche Arten von Verträgen zusammen, mit denen Sie bislang – privat oder beruflich – konfrontiert wurden.***

Die Mitarbeiter im Dialogmarketing sind täglich mit zahlreichen rechtlichen Vorschriften konfrontiert. Grundlegende Kenntnisse über die rechtlichen Rahmenbedingungen des Wirtschaftslebens sind daher unverzichtbar.

→ ***Praxistipp***
Die angegebenen Gesetzestexte sind im Internet verfügbar, z. B. unter: www.gesetze-im-internet.de

3.1 Rechtsordnung

Aufgabe der **Rechtsordnung** ist es, das friedliche Zusammenleben der Menschen durch einen Ausgleich der unterschiedlichen Interessen zu gewährleisten. Die Rechtsordnung eines Landes ergibt sich aus der Gesamtheit seiner Rechtsvorschriften (Rechtsnormen), die aus unterschiedlichen **Rechtsquellen** stammen können.

- **Gewohnheitsrecht (ungeschriebenes Recht):** Es entsteht durch langjährige Anwendung und allgemeine Anerkennung, ohne dass es eine schriftliche Festlegung gibt.

Beispiel

Zahlt der Arbeitgeber jahrelang ein freiwilliges Urlaubsgeld, so entsteht daraus ein Rechtsanspruch auf weitere Zahlung.

- **Gesetzesrecht (geschriebenes Recht):** Rechtsvorschriften, die von staatlichen Organen geschaffen werden und schriftlich niedergelegt sind. Man unterscheidet Gesetze, die grundsätzliche Angelegenheiten regeln, und Verordnungen, durch die Gesetze ergänzt bzw. mit denen deren praktische Umsetzung gewährleistet werden soll.

Beispiele

Das Arbeitsschutzgesetz legt Grundpflichten des Arbeitgebers fest. Eine nähere Bestimmung bestimmter Gefahrenquellen und geeigneter Schutzmaßnahmen
1 | 3.1 findet sich u. a. in der Bildschirmarbeitsverordnung.

- **Richterrecht (gesprochenes Recht):** Durch die Rechtsprechung werden Lücken in der Rechtsordnung geschlossen oder vorhandene Spielräume interpretiert.

Wie die Arbeitsrichter Lücken schließen, die der Gesetzgeber offen lässt

Ihre Entscheidungen betreffen Hunderttausende Arbeitnehmer. Es geht um Streiks, die Flughäfen lahmlegen, Auswüchse der Leiharbeit oder Mindeststandards bei Löhnen. Wie arbeiten Arbeitsrichter? Sie haben das letzte Wort, wenn Arbeitgeber und Arbeitnehmer streiten: Mehr als 2 300 Fälle landen jährlich bei den Bundesarbeitsrichtern in Erfurt. Dabei geht es nicht nur um die Höhe von Nachtarbeitszuschlägen, Kündigungsschutzklagen, die Interpretation von Tarifverträgen oder Fälle von Altersdiskriminierung. Die Richter in den dunkelroten Roben sind auch die letzte Instanz und eine Art Reparaturbetrieb für Probleme in der Arbeitswelt, für die die Politik keine oder nur ungenügende gesetzliche Antworten hat. [. . .] Besonders groß ist der Spielraum für die Arbeitsrichter beim Thema Streik. „Das ist Richterrecht. Die Regeln machen die Gerichte. Da traut sich der Gesetzgeber nicht ran“, sagt der Bonner Arbeitsrechtler Gregor Thüsing.

Quelle: Simon Rothe/© dpa Deutsche Presse-Agentur GmbH, 26.09.2016, unter: www.swp.de/ulm/nachrichten/wirtschaft/wie-die-arbeitsrichter-luecken-schliessen_-die-der-gesetzgeber-offen-laesst-13712761.html (Stand: 14.07.2020)

Das **geschriebene Recht** unterteilt sich in zwei **Rechtsgebiete**:

- **Privatrecht**, auch Zivilrecht genannt, regelt die Rechtsbeziehungen zwischen **gleichberechtigten Privatpersonen**. Die Gesetze geben dabei lediglich Rahmenbedingungen vor, die von den Beteiligten frei ausgestaltet werden können.

Beispiele

Bürgerliches Recht (BGB), Handelsrecht (HGB), Gesellschaftsrecht (z. B. GmbH-Gesetz)

- **Öffentliches Recht** regelt im Interesse der Allgemeinheit die Beziehungen zwischen **übergeordneten staatlichen Institutionen** und den **untergeordneten Privatpersonen**, die sich dem öffentlichen Recht unterwerfen müssen.

Beispiele

Verfassungsrecht (GG), Strafrecht (StGB)

3.2 Rechtssubjekte

Natürliche und juristische Personen

Rechtsbeziehungen setzen immer ein Rechtssubjekt voraus, d. h. eine Person, die Träger von Rechten und Pflichten ist. Rechtssubjekte werden in natürliche und juristische Personen unterschieden.

- **Natürliche Personen** sind grundsätzlich alle Menschen. Alter, Geschlecht, körperliche und geistige Leistungsfähigkeit etc. spielen dabei keine Rolle. Der Gesetzgeber verleiht ihnen Rechtsfähigkeit und, in Abhängigkeit vom Alter, verschiedene Stufen der Geschäftsfähigkeit (vgl. S. 192, Abb.: Geschäftsfähigkeit natürlicher Personen).

  Beispiel

  Der Auszubildende Thomas Müller ist eine natürliche Person.

- **Juristische Personen** sind keine natürlichen Personen, sondern künstliche Gebilde, denen der Gesetzgeber die Fähigkeit verliehen hat, Träger von Rechten und Pflichten zu sein. Juristische Personen benötigen **Organe**, über die sie geschäftsfähig sind und handeln können. Sie werden durch natürliche Personen oder Personenvereinigungen gegründet, tragen aber einen eigenen Namen, unter dem sie z. B. handeln, klagen oder verklagt werden können. Eine Haftung erfolgt nur mit dem Vermögen der juristischen Person, nicht aber mit dem individuellen Vermögen der Gründer. 1 | 1.3

  Beispiel

  Die Dialogfix GmbH handelt durch die Geschäftsführer Tim Braun, Raymond Kruse und Dorothea Russ. Sie sind das Organ der GmbH.

Juristische Personen können dem **Privatrecht oder dem öffentlichen Recht** unterliegen.

Juristische Personen

des Privatrechts	des öffentlichen Rechts
Beispiele • Aktiengesellschaft (AG) • Gesellschaft mit beschränkter Haftung (GmbH) • Eingetragene Genossenschaft (eG) • Eingetragener Verein (e. V.)	**Beispiele** • Bund, Länder, Gemeinden • Gesetzliche Krankenkassen • Kammern • Stiftungen

Rechtsfähigkeit

Rechtsfähigkeit ist die Voraussetzung für alle Arten von Rechtshandlungen durch natürliche oder juristische Personen. Man bezeichnet damit die Fähigkeit einer Person, **Träger von Rechten und Pflichten** zu sein.

> **Beispiel**
>
> Azubi Thomas ist bis zur Vollendung des 18. Lebensjahres berufsschulpflichtig.

Bei natürlichen Personen beginnt die Rechtsfähigkeit mit der Geburt (§ 1 BGB) und endet mit dem Tod. Die Rechtsfähigkeit juristischer Personen beginnt mit der Eintragung in das entsprechende Register (z. B. Handelsregister, Vereinsregister) und endet mit der Löschung aus dem entsprechenden Register.

> **Beispiel**
>
> Die Rechtsfähigkeit der Dialogfix GmbH begann mit der Eintragung ins HR B.

Die Herstellung der Rechtsfähigkeit bei juristischen Personen des öffentlichen Rechts erfolgt durch ein Gesetz oder durch einen staatlichen Verwaltungsakt und endet entsprechend.

Geschäftsfähigkeit

Als **Geschäftsfähigkeit** bezeichnet man die Fähigkeit einer Person, **Rechtsgeschäfte** 8 | 3.4 **rechtswirksam abzuschließen**. Das BGB regelt in den §§ 104–113 die Beschränkung der Geschäftsfähigkeit natürlicher Personen. Zweck dieser Beschränkungen ist es, bestimmte Personengruppen, wie z. B. Minderjährige oder Personen mit andauernder Störung der Geistestätigkeit, vor Nachteilen ihres eigenen Handelns zu schützen. Bei natürlichen Personen ist der Grad der Geschäftsfähigkeit in drei Stufen unterteilt, in Abhängigkeit vom Alter sowie der körperlichen und geistigen Leistungsfähigkeit.

Geschäftsunfähigkeit
- Alle natürlichen Personen unter 7 Jahren
- Personen mit andauernder Störung der Geistestätigkeit

Beschränkte Geschäftsfähigkeit
- Alle Personen, die zwar das 7. Lebensjahr, aber noch nicht das 18. Lebensjahr vollendet haben

Unbeschränkte Geschäftsfähigkeit
- Personen, die das 18. Lebensjahr vollendet haben

Abb.: Geschäftsfähigkeit natürlicher Personen

Geschäftsunfähige können keinerlei Rechtsgeschäfte rechtswirksam abschließen. Die Willenserklärung eines Geschäftsunfähigen ist somit nichtig, also ungültig. Für die Geschäftsunfähigen handelt ein gesetzlicher Vertreter, z. B. ein Erziehungsberechtigter oder ein Vormund.

Beispiel

Joel, der 4-jährige Neffe von Julia, „verkauft" sein Bobbycar für 1,00 € an den Nachbarsjungen. Es ist kein rechtsgültiger Vertrag zustande gekommen, die Eltern von Joel können die Rückgabe des Bobbycars verlangen.

Eine Ausnahme liegt vor, wenn ein Geschäftsunfähiger als Bote des gesetzlichen Vertreters auftritt und dessen Willenserklärung überbringt. In diesem Fall ist der Bote der **Erfüllungsgehilfe** des Auftraggebers.

Beispiel

Der 6-jährige Benny wird von seinem Vater mit passendem Geld zum Kiosk geschickt, um die Tageszeitung zu kaufen. Hier kommt ein rechtsgültiger Kaufvertrag zwischen Bennys Vater und dem Kiosk zustande.

Beschränkt Geschäftsfähige dürfen Rechtsgeschäfte in der Regel nur mit Zustimmung des gesetzlichen Vertreters (z. B. Eltern, Vormund) abschließen. Rechtsgeschäfte, die ohne vorherige Einwilligung des gesetzlichen Vertreters abgeschlossen wurden, sind **schwebend unwirksam**. Sie können jedoch durch die nachträgliche Genehmigung des gesetzlichen Vertreters wirksam werden. Erfolgt diese ausdrückliche Zustimmung nicht, ist das Rechtsgeschäft nichtig.

Beispiel

Die 15-jährige Melanie bestellt bei Dialogfix den Laptop „Portablix". Die Eltern erheben keine Einwände gegen diesen Kauf. Der Kaufvertrag ist durch die nachträgliche Billigung der Eltern zustande gekommen.

In bestimmten **Ausnahmefällen** kann eine beschränkt geschäftsfähige Person auch ohne Zustimmung des gesetzlichen Vertreters Rechtsgeschäfte abschließen. Dies gilt, wenn

- das Rechtsgeschäft nur **rechtliche Vorteile** bringt (§ 107 BGB).

Beispiel

Onkel Paul schenkt der 16-jährigen Linda einen Laptop. Linda darf dieses Geschenk auf jeden Fall behalten, selbst wenn Lindas Eltern dagegen sind.

- das Rechtsgeschäft mit eigenen Mittel erfüllt werden kann (sogenannter „**Taschengeldparagraf**", § 110 BGB). Das ist ohne Einwilligung der Eltern jedoch nur dann möglich, wenn die Ware sofort bar vom Taschengeld bezahlt werden kann.

Beispiel

Die 14-jährige Luise kauft im Supermarkt von ihrem Taschengeld eine Zeitschrift.

Geschäftsfähigkeit: Was dürfen Kinder im Internet einkaufen?

Auch im Internet gelten die Regeln zur Geschäftsfähigkeit und somit die Wirksamkeit von Verträgen mit Minderjährigen. [...] Auch Kinder und Jugendliche haben heute regelmäßig Zugriff auf das Internet. Da Onlinehändler das Alter ihrer Kunden für gewöhnlich nicht überprüfen, können diese leicht auch ohne Erlaubnis der Eltern online einkaufen. Allerdings gelten die Regeln über die Geschäftsfähigkeit und somit die über die Wirksamkeit von Verträgen mit Minderjährigen im Internet genauso wie im stationären Handel. Im Klartext: Nur wer volljährig, also 18 Jahre alt ist, ist unbeschränkt geschäftsfähig. Kinder unter 7 Jahren sind nach dem Gesetz dagegen geschäftsunfähig und können allein keine Verträge schließen.
Kinder ab 7 Jahren und Jugendliche können ohne Zustimmung der Eltern lediglich im Rahmen der freien Verwendung des Taschengeldes („Taschengeldparagraf") etwas kaufen. Das ist ohne Einwilligung der Eltern jedoch nur dann möglich, wenn die Ware sofort vom Taschengeld bezahlt werden kann.
Bei Bestellungen im Internet ist es jedoch regelmäßig so, dass die Rechnung hinterher bezahlt wird. Das fällt also gerade nicht unter den „Taschengeldparagrafen". Daher müssen die Eltern bei Internetkäufen entweder zuvor einwilligen oder das Geschäft nachträglich genehmigen. Erteilen sie keine Genehmigung, ist der Kaufvertrag unwirksam. Dann brauchen Eltern bei „heimlicher" Bestellung ihres Kindes das Widerrufsrecht für Fernabsatzverträge nicht mehr in Anspruch zu nehmen. Vielmehr reicht es aus, wenn sie dem Unternehmen gegenüber erklären, dass sie die Genehmigung verweigern.

Quelle: Verbraucherzentrale NRW e. V.: Geschäftsfähigkeit: Was dürfen Kinder im Internet einkaufen?, vom 07.11.2019, unter: www.verbraucherzentrale.de/wissen/digitale-welt/onlinehandel/geschaeftsfaehigkeit-was-duerfen-kinder-im-internet-einkaufen-8377 (Stand: 14.07.2020)

- der gesetzliche Vertreter mit Zustimmung des Vormundschaftsgerichtes die Erlaubnis erteilt hat, einen selbstständigen Geschäftsbetrieb zu führen. In diesem Fall können ohne Zustimmung alle Rechtsgeschäfte abgeschlossen werden, die dieser Geschäftsbetrieb mit sich bringt (§ 112 BGB).

Beispiel

Der 17-jährige Dogan betreibt mit Ermächtigung seiner Eltern einen Second-Hand-Laden für Computerzubehör und kann selbstständig Waren an- und verkaufen.

- das Rechtsgeschäft im Rahmen eines Arbeitsvertrags abgeschlossen wird, für den die gesetzlichen Vertreter die Zustimmung erteilt haben (§ 113 BGB). Diese Regelung gilt nicht für einen Berufsausbildungsvertrag.

Beispiel

Der 16-jährige Bob jobbt in den Sommerferien mit Einwilligung seiner Eltern in einer Großbäckerei. Für die bargeldlose Lohnüberweisung darf er ohne Zustimmung der Eltern ein Girokonto eröffnen.

Unbeschränkt geschäftsfähig sind alle natürlichen Personen, die das 18. Lebensjahr vollendet haben, sowie alle juristischen Personen. Die Willenserklärungen von unbeschränkt geschäftsfähigen Personen sind voll rechtswirksam.

→ ***Praxistipp***

Achten Sie bei der Geschäftsabwicklung am Telefon stets darauf, welches Alter Ihr Gesprächspartner hat. Fragen Sie dazu das Geburtsdatum ab oder starten Sie eine Überprüfung in der Kundendatenbank.

3.3 Rechtsobjekte

Sachen und Rechte

Gegenstand von Rechtshandlungen sind **Rechtsobjekte**, die in Sachen und Rechte unterschieden werden.

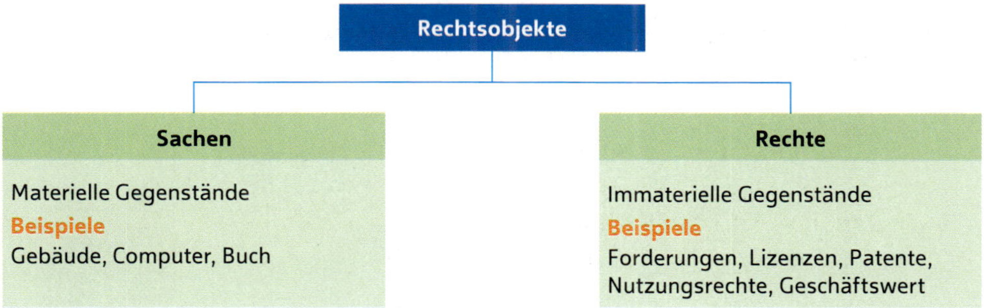

Beispiel

Das Antivirenprogramm der Dialogfix GmbH wird auf einer CD-ROM ausgeliefert. Die CD-ROM ist eine Sache. Das eigentliche Programm kann vom Nutzer solange verwendet werden, wie er die monatliche Nutzungsgebühr zahlt. Er erwirbt also ein Nutzungsrecht.

Sachen lassen sich in **bewegliche** und **unbewegliche Sachen** unterteilen. Unbewegliche Sachen werden auch als Immobilien bezeichnet (Grundstücke mit fest verbundenen Bestandteilen). Bewegliche Sachen sind mobil, können also jederzeit ihren Standort ändern. Sind bewegliche Sachen **vertretbar**, können sie durch Zahl, Maß, Gewicht oder Größe bestimmt werden und durch andere Sachen der gleichen Art ersetzt werden (§ 91 BGB). Wenn die beweglichen Sachen **nicht vertretbar** sind, haben sie einen einmaligen Charakter (Unikat) und können nicht durch andere Gegenstände ersetzt werden.

Sachen

- **Bewegliche Sachen (Mobilien)**
  Beispiele
  Computer, Buch, Headset
  - **Vertretbare Sachen**
    sind durch Zahl, Maß, Gewicht, Größe bestimmt, können durch andere Sachen ersetzt werden
    Beispiele
    Glühbirne, Brot
  - **Nicht vertretbare Sachen**
    können nicht durch andere Sachen ersetzt werden, sind einmalig
    Beispiele
    Maßanfertigung, Kunstwerk
- **Unbewegliche Sachen (Immobilien)**
  Beispiele
  Grundstück, Gebäude

Eigentum und Besitz

Eigentum bezeichnet die **rechtliche Herrschaft** über eine Sache. Eigentümer ist derjenige, dem eine Sache gehört. Er kann über das Rechtsobjekt im Rahmen der gesetzlichen Vorschriften frei verfügen. **Besitz** hingegen bezeichnet die **tatsächliche Herrschaft** über eine Sache. Besitzer ist derjenige, der eine Sache momentan in seiner Verfügungsgewalt hat.

Beispiel

Julia mietet im Urlaub für eine Woche ein Auto von „Sunshinecars". Für diese eine Woche ist Julia die Besitzerin, „Sunshinecars" bleibt aber nach wie vor Eigentümer des Autos.

Zur Übertragung der Besitzrechte reicht es aus, die jeweilige Sache zu übergeben (§ 854 BGB). Zur Übertragung der Eigentumsrechte an beweglichen Sachen ist eine **Einigung** über den Eigentumswechsel **und** die **Übergabe** des Gegenstandes notwendig (§ 929 BGB). Der Eigentumsübergang ist unabhängig davon, ob bereits die Bezahlung der Ware erfolgt ist, oder der Kaufpreis erst zu einem späteren Zeitpunkt fällig wird.

Beispiel

Florence Egler bestellt am 17. Dezember per Hotline den Laptop „Portablix“. Am 20. Dezember erhält sie die Lieferung, anbei eine Rechnung mit 14 Tagen Zahlungsziel, die sie am 29. Dezember begleicht. Florence Egler wird bereits am 20. Dezember Eigentümerin des Laptops.

Wird eine Sache jedoch unter **Eigentumsvorbehalt** verkauft, bleibt der Verkäufer bis zur vollständigen Bezahlung durch den Käufer Eigentümer der Ware (§ 449 BGB). Der Eigentumsvorbehalt wird meist durch die Formulierung „Die Ware bleibt bis zur vollständigen Bezahlung unser Eigentum“ deutlich gemacht. Der Käufer bleibt in diesem Fall so lange nur Besitzer, wie er die Ware nicht vollständig bezahlt hat. Erst zu diesem Zeitpunkt geht das Eigentum auf den Käufer über. Bei Zahlungsverzug hat der Verkäufer das Recht, vom Kaufvertrag zurückzutreten und die Rückgabe der Ware zu verlangen. 8 | 4.5.4

Verkauft jemand eine Ware, die ihm nicht gehört, erwirbt der Käufer dennoch das Eigentum, wenn er **gutgläubig** gehandelt hat, also er den Umständen entsprechend den Verkäufer für den Eigentümer halten konnte und nicht grob fahrlässig oder wissentlich handelte (§ 932 BGB). Gutgläubiger Erwerb ist nicht möglich an gestohlenen, verloren gegangenen oder abhandengekommenen Sachen (§ 935 BGB). Der rechtmäßige Eigentümer kann von jedem späteren Erwerber die Herausgabe des Gegenstandes oder eine entsprechende Erstattung fordern.

→ ***Praxistipp***

In einer öffentlichen Versteigerung von Fundsachen ist ein rechtmäßiger Erwerb von verloren gegangenen Sachen möglich (§ 935 Abs. 2 BGB).

Bei **unbeweglichen Sachen (Immobilien)** sind eine Auflassung (Einigung und notarielle Beurkundung des Kaufvertrags) sowie eine Eintragung ins Grundbuch erforderlich.

Beispiel

Die Dialogfix GmbH möchte ein Grundstück kaufen, um darauf ein neues Bürogebäude zu bauen. Am 13. September wird der Kaufvertrag notariell beurkundet (Auflassung), am 1. Oktober erfolgt die Zahlung des vereinbarten Kaufpreises. Die Eintragung ins Grundbuch wird am 6. November vorgenommen. Erst an diesem Tag wird die Dialogfix GmbH Eigentümerin des Grundstücks.

→ ***Praxistipp***

Sonderfälle der Eigentumsübertragung finden sich in §§ 929a–931 BGB.

3.4 Rechtsgeschäfte

Arten von Rechtsgeschäften

Rechtsgeschäfte kommen durch **Willenserklärungen** zustande, d.h. eine rechtlich wirksame Äußerung, durch die eine Person bewusst eine bestimmte rechtliche Konsequenz herbeiführen will. Durch eine Willenserklärung können bestimmte Rechte und Pflichten entstehen. Im Einzelnen können dadurch

- neue Rechtsverhältnisse geschaffen (z.B. Arbeitsvertrag),
- bestehende Rechtsverhältnisse abgeändert (z.B. Änderungskündigung) und
- bestehende Rechtsverhältnisse aufgelöst (z.B. Beendigung des Arbeitsvertrags) werden.

Eine Willenserklärung kann auf unterschiedlichen Wegen artikuliert werden:

- durch eine mündliche Äußerung (z.B. telefonische Bestellung),
- durch eine schriftliche Äußerung (z.B. Kündigungsschreiben),
- durch schlüssiges (konkludentes) Handeln (z.B. Kopfnicken, Einsteigen in ein öffentliches Verkehrsmittel).

Grundsätzlich lassen sich einseitige und zweiseitige Rechtsgeschäfte unterscheiden. **Einseitige Rechtsgeschäfte** entstehen durch die Willenserklärung **einer** Person. Diese Willenserklärung kann empfangsbedürftig oder nicht empfangsbedürftig sein.

Empfangsbedürftige Willenserklärung	**Nicht empfangsbedürftige Willenserklärung**
↓	↓
Um rechtswirksam zu werden, muss die Erklärung der anderen Person **zugehen.** **Beispiele** Kündigung, Mahnung	Die Erklärung wird bereits mit der **Abgabe** rechtswirksam. **Beispiele** Testament, Aussetzen einer Belohnung (Finderlohn)

Zwei- oder mehrseitige Rechtsgeschäfte kommen durch übereinstimmende Willenserklärungen von zwei oder mehr Personen zustande. Die zuerst geäußerte Willenserklärung wird als ***Antrag*** bezeichnet, der von jedem Partner ausgehen kann. Die zustimmende Willenserklärung wird ***Annahme*** genannt. Mit der Annahme des Antrags wird das Rechtsgeschäft abgeschlossen.

Aus dem Rechtsgeschäft ergibt sich für die Beteiligten ein Vertrag mit Verpflichtungen (**Verpflichtungsgeschäft**). Verpflichtungen können dabei entweder nur für einen Beteiligten oder für zwei bzw. mehrere Beteiligte entstehen.

Einseitig verpflichtende Verträge	Zweiseitig (mehrseitig) verpflichtende Verträge
Aus dem Vertrag ergeben sich nur für einen Beteiligten Verpflichtungen. **Beispiele** Schenkung, Bürgschaft	Die Verpflichtungen aus dem Vertrag entstehen für zwei oder mehrere Beteiligte. **Beispiele** Kaufvertrag, Arbeitsvertrag

Aus dem Verpflichtungsgeschäft resultiert bei zwei- bzw. mehrseitigen Verträgen ein **Erfüllungsgeschäft**, durch das die Beteiligten zu einer zu erbringenden Leistung veranlasst werden.

Beispiel

In einem Kaufvertrag vereinbaren die Dialogfix GmbH und Frau Donika Bajrami den Kauf eines PC-Systems für 1 999,00 €, Liefertermin in 4 Wochen (Verpflichtungsgeschäft). Durch die fristgerechte und mangelfreie Lieferung einerseits und die rechtzeitige Zahlung des Rechnungsbetrages andererseits erfüllen die beiden Vertragspartner ihre eingegangenen Verpflichtungen (Erfüllungsgeschäft). 8|4.2.4

Vertragsarten

Wichtige **Vertragsarten**, die im Dialogmarketing eine Rolle spielen können, sind: 8|4.1

Vertragsart	Vertragspartner	Vertragsgegenstand	Beispiel
Kaufvertrag §§433–479 BGB	• Verkäufer • Käufer	Veräußerung und Kauf von Sachen oder Rechten gegen Entgelt	Die Dialogfix GmbH verkauft ein PC-System an Herrn Lohse.
Darlehensvertrag §§488–498 BGB	• Darlehensgeber • Darlehensnehmer	Überlassung von Geld gegen Zinszahlung; Rückzahlung des Darlehens bei Fälligkeit	Die KommunikativAktiv KG hat Teile der Geschäftsausstattung über die Investitionskreditbank AG zu 8 % über 5 Jahre finanziert.
Mietvertrag §§535–580 BGB	• Vermieter • Mieter	Überlassung von Sachen zum Gebrauch gegen Entgelt	Die KommunikativAktiv KG hat Geschäftsräume in der Innenstadt gemietet.
Dienstvertrag §§611–630 BGB	• Dienstleister • Dienstempfänger	Leistung von Diensten gegen Entgelt, allerdings ohne Erfolgsgarantie	Zur Abwehr einer Schadenersatzklage schaltet die Dialogfix GmbH einen Rechtsanwalt ein.
Werkvertrag §§631–651 BGB	• Auftraggeber • Beauftragter	Herstellung eines Werkes gegen Vergütung, frei von Sach- und Rechtsmängeln	Die Dialogfix GmbH beauftragt die Schreinerei Pitzius zur individuellen Neumöblierung des Pausenraums.

Darüber hinaus gibt es noch Leihverträge, Pachtverträge und Versicherungsverträge.

→ ***Praxistipp***
Auch der Arbeitsvertrag ist grundsätzlich ein Dienstvertrag gemäß BGB. Dafür gelten aber zusätzlich noch weitergehende Vorschriften und Schutzrechte. 6|3.3.1

Vertragsfreiheit

Für die Rechtsgeschäfte zwischen den Partnern gilt der Grundsatz der Vertragsfreiheit.

Grundsatz der Vertragsfreiheit

Abschlussfreiheit

- Geschäftsfähige Personen können ihre Vertragspartner frei wählen. Grundsätzlich ist niemand gezwungen, einen Vertrag abzuschließen.
  Dabei sind jedoch Grenzen zu beachten, so ist z. B. ein Vertragsabschluss mit Geschäftsunfähigen nichtig.
- Auch das Recht, Verträge abzulehnen, ist teilweise eingeschränkt. So hat z. B. die Deutsche Bahn AG die Pflicht zur Personenbeförderung (Kontrahierungszwang).

Inhaltsfreiheit

- Verträge können inhaltlich frei gestaltet werden, solange sie nicht gegen gesetzliche Bestimmungen verstoßen.
- Werden keine vertraglichen Vereinbarungen getroffen, gelten die gesetzlichen Regelungen.

Formfreiheit

- Rechtsgeschäfte können in jeder beliebigen Form (formlos) abgeschlossen werden.
- Für bestimmte Gruppen von Rechtsgeschäften schreibt das Gesetz jedoch eine bestimmte Form vor.

Form der Rechtsgeschäfte

Gemäß dem Grundsatz der Vertragsfreiheit benötigen die meisten Rechtsgeschäfte bei ihrem Abschluss und für ihre Rechtsgültigkeit keine besondere Form. Sie können also z. B. mündlich, telefonisch, schriftlich, elektronisch oder durch schlüssige Handlungen abgeschlossen werden. Für bestimmte Rechtsgeschäfte besteht jedoch ein gesetzlicher **Formzwang**, d. h., sie haben nur Gültigkeit, wenn sie in der vorgeschriebenen Form abgeschlossen werden.

Gesetzliche Formvorschriften

Textform
§ 126b BGB

Für die Textform genügt eine lesbare Erklärung mit Angabe der Person des Erklärenden, keine originale Unterschrift notwendig.

Beispiele
Widerrufsbelehrung, AGB

• Schriftform
• Elektronische Form
§ 126 BGB
§ 126a BGB

Dokument mit eigenhändiger Unterschrift oder elektronisches Dokument mit qualifizierter elektronischer Signatur

Beispiele
Arbeitsvertrag, Kreditvertrag

Öffentliche Beglaubigung
§ 129 BGB

Dokument in Schriftform mit notarieller oder behördlicher Bestätigung der Echtheit der Unterschrift

Beispiele
Handelsregistereintrag, Grundbucheintrag

Notarielle Beurkundung
§ 128 BGB

Niederschrift und Beurkundung der Echtheit des Vertragsinhalts und der Unterschrift durch einen Notar

Beispiele
Immobilienerwerb, Ehevertrag

> **Praxistipp**
> Die elektronische Form und die Schriftform sind nahezu gleichgestellt. Eine wichtige Ausnahme besteht bei der Kündigung eines Arbeitsvertrags: Hier ist gemäß §623 BGB die Schriftform vorgesehen, die elektronische Form aber ausdrücklich ausgeschlossen.

Nichtigkeit von Rechtsgeschäften

Ein nichtiges Rechtsgeschäft liegt vor, wenn von Anfang an keine Rechtswirksamkeit besteht, das Geschäft also von vornherein **ungültig** ist. Aus rechtlicher Sicht hat ein solches Geschäft nie existiert. Für die Nichtigkeit eines Rechtsgeschäfts können verschiedene Gründe infrage kommen:

• Rechtsgeschäfte von Geschäftsunfähigen (§105 Abs. 1 BGB)	**Beispiel** Ein 5-Jähriger kauft ein Smartphone
• Im Zustand der Bewusstlosigkeit oder vorübergehenden Störung der Geistestätigkeit abgegebene Willenserklärungen (§105 Abs. 2 BGB)	**Beispiel** Nach einer ausgiebigen Kneipentour verkauft Sandra volltrunken ihr neuwertiges Auto für 20,00 €.
• Rechtsgeschäfte von beschränkt Geschäftsfähigen ohne Zustimmung des gesetzlichen Vertreters (§108 BGB)	**Beispiel** Eine 15-Jährige kauft ohne Zustimmung der Eltern eine Spielekonsole.
• Zum Schein abgegebene Willenserklärungen (Scheingeschäfte) (§117 BGB)	**Beispiel** Um Grunderwerbsteuer zu sparen, wird bei einem Immobilienverkauf nur die Hälfte des tatsächlichen Verkaufspreises im notariellen Kaufvertrag beurkundet.
• Offensichtlich nicht ernst gemeinte Willenserklärungen (Scherzgeschäfte) (§118 BGB)	**Beispiel** Nach einem anstrengenden Arbeitstag bestellt der hungrige Daniel in seinem Stammbistro 33 Portionen Spaghetti Bolognese.
• Rechtsgeschäfte, die gegen die gesetzlichen Formvorschriften verstoßen (§125 BGB)	**Beispiel** Ein Kreditvertrag über 10000,00 € zwischen der Short&Simple Credit AG und der Kundin Michelle Keller wird mündlich abgeschlossen.
• Rechtsgeschäfte, die ihrem Inhalt nach gegen ein gesetzliches Verbot verstoßen (§134 BGB)	**Beispiel** Ein Händler verkauft ein jugendgefährdendes Konsolenspiel an einen 15-Jährigen.
• Rechtsgeschäfte, die ihrem Inhalt nach gegen die guten Sitten verstoßen bzw. die Notlage oder Unerfahrenheit eines Vertragspartners ausnutzen (§138 BGB)	**Beispiel** Von einem 18-Jährigen wird bei einem Autokauf für eine Finanzierung ein Zinssatz von 50 % p.a. verlangt.

Anfechtbarkeit von Rechtsgeschäften

Von einem anfechtbaren Rechtsgeschäft spricht man, wenn das Geschäft zwar zunächst gültig ist, aber **nachträglich** durch das Eintreten bestimmter Umstände ungültig wird. Folgende Gründe können zur Anfechtbarkeit eines Rechtsgeschäfts führen:

• **Irrtum in der Erklärung (§ 119 Abs. 1 BGB)** Die Äußerung einer Person entspricht nicht dem tatsächlichen Willen.	**Beispiel** Im Bestellformular der Dialogfix trägt der Kunde irrtümlich 200 anstatt 2 Druckerpatronen ein.
• **Irrtum in der Eigenschaft (§ 119 Abs. 2 BGB)** Der Irrtum liegt in den wesentlichen Eigenschaften der zugrunde liegenden Sache oder Person begründet.	**Beispiel** Das als echt gekaufte Schmuckstück stellt sich als täuschend echtes Imitat heraus.
• **Irrtum in der Übermittlung (§ 120 BGB)** Die mit der Übermittlung beauftragte Person gibt eine Willenserklärung falsch weiter.	**Beispiel** Azubi Daniel trägt aufgrund einer schlechten Telefonverbindung für eine Kundengutschrift die falsche Kontonummer ein.
• **Arglistige Täuschung (§ 123 BGB)** Ein Vertragspartner macht wissentlich falsche Angaben.	**Beispiel** In einem Internetauktionshaus werden Raubkopien als Original-DVDs angeboten.
• **Widerrechtliche Drohung (§ 123 BGB)** Der Vertragsabschluss kommt nur durch die Drohung eines Vertragspartners zustande.	**Beispiel** Um einen neuen Vertrag mit einer höheren Miete durchzusetzen, droht der Vermieter der KommunikativAktiv KG damit, zukünftig stundenweise Heizung und Strom für das Gebäude zu sperren.

→ ***Praxistipp***

Ein Irrtum im Motiv (Fehleinschätzung der Lage), z. B. ein Aktienkauf in Erwartung steigender Kurse, ist kein Anfechtungsgrund.

Um wirksam zu sein, muss eine Anfechtung **fristgerecht** erfolgen. Grundsätzlich muss die Anfechtung **unverzüglich** erfolgen, sobald der Anfechtungsgrund bemerkt wird (§ 121 BGB). Eine Anfechtung bei arglistiger Täuschung bzw. widerrechtlicher Drohung muss **innerhalb eines Jahres** nach Entdeckung bzw. Wegfall der Drohung erfolgen (§ 124 BGB). **Spätestens 10 Jahre** nach der Willenserklärung ist die Anfechtung generell ausgeschlossen.

→ ***Praxistipp***

Den Unterschied zwischen Anfechtbarkeit und Nichtigkeit von Rechtsgeschäften verdeutlicht ein Erklärvideo unter https://youtu.be/rHIE9ZQSTRI

Zusammenfassung

- **Natürliche und juristische Personen** sind **Rechtssubjekte**, die Träger von Rechten und Pflichten sind.
- **Rechtsfähigkeit** bezeichnet die Fähigkeit einer Person, Träger von Rechten und Pflichten zu sein; **Geschäftsfähigkeit** bezeichnet die Fähigkeit einer Person, Rechtsgeschäfte rechtswirksam abzuschließen.
- **Rechtsobjekte** können in **Sachen** (körperliche Gegenstände) und **Rechte** (nicht körperliche Gegenstände) unterteilt werden.
- **Eigentum** bezeichnet die rechtliche Herrschaft, **Besitz** die tatsächliche Herrschaft über eine Sache.
- Rechtsgeschäfte kommen durch **Willenserklärungen** zustande.

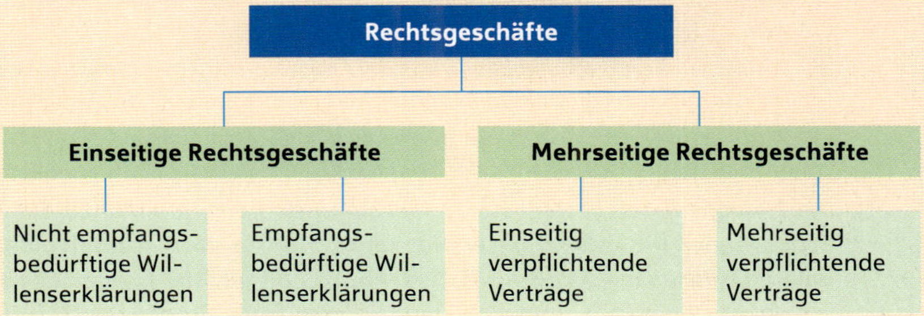

- Der Grundsatz der **Vertragsfreiheit** äußert sich in der Abschluss-, Inhalts- und Formfreiheit.
- Grundsätzlich herrscht bei Rechtsgeschäften **Formfreiheit**, für bestimmte Rechtsgeschäfte besteht jedoch ein **Formzwang**.
- Ist ein Rechtsgeschäft **nichtig**, ist es von Anfang an unwirksam.
- Ist ein Rechtsgeschäft **anfechtbar**, ist es zunächst gültig, kann aber nachträglich für ungültig erklärt werden.

Aufgaben

1. ***Wodurch unterscheidet sich das öffentliche Recht vom Privatrecht?***
2. ***Zu welchem Zeitpunkt beginnt bzw. endet die Rechtsfähigkeit***
   a) von natürlichen Personen,
   b) von juristischen Personen?
3. ***Prüfen Sie, um welche Art von Rechtssubjekt es sich bei der Dialogfix GmbH handelt.***
4. ***Aus welchem Grund hat der Gesetzgeber die Geschäftsfähigkeit von natürlichen Personen beschränkt? Stellen Sie die entsprechenden Beschränkungen dar.***
5. ***Erklären Sie einem Mitauszubildenden, was man unter einem „schwebend unwirksamen“ Rechtsgeschäft versteht.***
6. ***Recherchieren Sie im Internet, welche Besonderheiten für Rechtsgeschäfte im Internet gelten, die von Jugendlichen abgeschlossen werden.***

7. ***Überprüfen Sie in den nachfolgenden Fällen, ob das Rechtsgeschäft gültig ist:***
   a) ***Die 5-jährige Lisa kauft im Supermarkt für 10,00 € Schokolade.***
   b) ***Der 6-jährige René legt beim Bäcker einen Einkaufszettel der Mutter und passendes Geld vor.***
   c) ***Der 8-jährige Tobias kauft eine CD aus der Wühlkiste für 5,00 €.***
   d) ***Die 15-jährige Caroline meldet sich für einen Französisch-Sprachkurs in den Sommerferien an, Kosten 490,00 €.***
   e) ***Opa Heinz schenkt seinem 16-jährigen Enkel Tom 100,00 € zum Geburtstag.***
8. ***Entscheiden Sie, wer in den nachfolgenden Fällen Besitzer bzw. Eigentümer ist:***
   a) ***Julia leiht sich von Daniel ein Englisch-Wörterbuch aus.***
   b) ***In einer öffentlichen Versteigerung von Fundsachen kauft Thomas ein Fahrrad.***
   c) ***Thomas kauft von Daniel ein Konsolenspiel. Später stellt sich heraus, dass Daniel ganz vergessen hatte, dass das Spiel nur von seinem Onkel ausgeliehen war.***
   d) ***Von einem Berufsschulkollegen aus der Lagerlogistik kauft Daniel eine neuwertige Playstation. Allerdings kommt später heraus, dass es sich um Diebesgut handelt.***
   e) ***Beate Schwellmann kauft von Herrn Lay ein Wochenendgrundstück. Um die Notarkosten zu sparen, schließen die beiden lediglich einen schriftlichen Kaufvertrag ab.***
9. ***Die Dialogfix GmbH bestellt am 23. Mai bei einem Papiergroßhandel 500 Packungen Office-Papier. Die Anlieferung erfolgt am 25. Mai. Am 26. Mai erhält die Dialogfix GmbH die Rechnung, fällig am 15. Juni. Am 12. Juni wird der fällige Betrag überwiesen. An welchem Tag wurde die Dialogfix GmbH Eigentümerin des Office-Papiers?***
10. ***Geben Sie in den nachfolgenden Fällen begründet an, ob die Dialogfix GmbH Eigentümerin der jeweiligen Sache wird.***
    a) ***Vor einem Notar wird ein Kaufvertrag über eine zusätzliche Büroetage abgeschlossen.***
    b) ***Das neue Firmenfahrzeug wird über einen Zeitraum von 24 Monaten geleast.***
    c) ***Für eine Geschäftsreise nach Hamburg mietet Geschäftsführer Raymond Kruse einen Pkw.***
    d) ***In der Kantine geht die bestellte Getränkelieferung ein. Mit dem Getränkegroßhandel ist monatliche Abbuchung vereinbart.***
11. ***Erklären Sie, was man unter „konkludentem Handeln" versteht.***
12. ***Was bedeutet der Grundsatz der Formfreiheit? Welche Ausnahmen gibt es von diesem Grundsatz? Welche Gründe könnte es für diese Ausnahmen geben?***
13. ***Unterscheiden Sie Nichtigkeit und Anfechtbarkeit von Rechtsgeschäften.***
14. ***Überprüfen Sie in den nachfolgenden Fällen begründet, ob das Rechtsgeschäft gültig, nichtig oder anfechtbar ist:***
    a) ***Da Thomas knapp bei Kasse ist, nimmt er für einen Pkw-Kauf einen Kredit bei einem Online finanzmakler zu einem Zinssatz von 10 % pro Monat auf.***
    b) ***Das Thomas von einem Bekannten als „neuwertig" verkaufte Auto stellt sich als Unfallwagen heraus.***
    c) ***Frustriert bietet Thomas Daniel die „Karre" für einen Kasten Bier an.***
    d) ***Um seine finanzielle Lage aufzubessern, kauft Thomas, aufgrund eines „todsicheren" Tipps in einer E-Mail, Aktien der Clash AG. Innerhalb von einer Woche bricht der Kurs um 30 % ein.***

4 Kaufverträge bearbeiten

■ *Einstiegssituation*

Thomas führt ein Beschwerdegespräch mit Herrn Kohl.

Herr Kohl: *„Hören Sie mal, junger Mann, neulich habe ich mich bei Ihnen über neue Laserdrucker informiert und plötzlich bringt der Postbote heute einen Drucker. Dabei habe ich doch gar nichts bestellt, ich wollte mich doch nur informieren!“*

Thomas: *„Das ist sehr bedauerlich, Herr Kohl, da hat es sicher ein Missverständnis gegeben ...“*

Herr Kohl: *„Das glaube ich allerdings auch! Na ja, da das Paket nun schon mal da ist, habe ich den Drucker kurz ausprobiert. Und stellen Sie sich vor, kaum habe ich ein paar Seiten gedruckt, schon ist das Gerät kaputt. So werden Sie mir aber keinen Drucker verkaufen!“*

■ *Arbeitsaufträge*

1. ***Überlegen Sie, ob in dieser Situation ein Kaufvertrag zustande gekommen ist, wenn ja, zu welchem Zeitpunkt?***
2. ***Angenommen, es ist ein Kaufvertrag zustande gekommen. Welche Ansprüche stehen Herrn Kohl aufgrund des defekten Druckers zu?***
3. ***Sammeln und vergleichen Sie in der Klasse unterschiedliche Kaufverträge, die in Ihren Ausbildungsbetrieben eingesetzt werden.***
4. ***Stellen Sie Regelungen und Handlungsanweisungen zusammen, die in Ihrem Ausbildungsbetrieb zum Thema Kaufvertrag vorliegen.***

Ziel vieler Verkaufsaktivitäten im Dialogmarketing ist der **Abschluss eines Kaufvertrags.** Dabei sind jedoch zahlreiche rechtliche Rahmenbedingungen zu beachten. Unkenntnis oder falsche Anwendung der Rechtsnormen kann zu schwerwiegenden Folgen und wirtschaftlichen Einbußen führen.

→ ***Praxistipp***
Vergegenwärtigen Sie sich bei telefonischen Verkaufsgesprächen stets die rechtlichen Rahmenbedingungen.

4.1 Kaufvertragsarten

Ein **Kaufvertrag** kommt durch mindestens **zwei übereinstimmende Willenserklärungen** zustande. Das Wesen des Kaufvertrags ergibt sich aus § 433 BGB.

> **§ 433 BGB: Vertragstypische Pflichten beim Kaufvertrag**
> (1) Durch den Kaufvertrag wird der Verkäufer einer Sache verpflichtet, dem Käufer die Sache zu übergeben und das Eigentum an der Sache zu verschaffen. Der Verkäufer hat dem Käufer die Sache frei von Sach- und Rechtsmängeln zu verschaffen.
> (2) Der Käufer ist verpflichtet, dem Verkäufer den vereinbarten Kaufpreis zu zahlen und die gekaufte Sache abzunehmen.

Die Vielzahl der im Geschäftsleben auftretenden Kaufverträge kann nach verschiedenen Kriterien differenziert werden:

Arten von Kaufverträgen

- Nach der rechtlichen Stellung der Vertragspartner
- Nach Art und Beschaffenheit der Ware
- Nach dem Lieferzeitpunkt
- Nach dem Zahlungszeitpunkt

Nach der rechtlichen Stellung der Vertragspartner

Bürgerlicher Kaufʼ	Handelskauf: Einseitiger Handelskauf	Handelskauf: Zweiseitiger Handelskauf
Beide Vertragspartner handeln als Privatperson (Verbraucher).	Der Kaufvertrag wird zwischen einem Kaufmann (Unternehmer) als Verkäufer und einer Privatperson (Verbraucher) als Käufer abgeschlossen.	Beide Vertragspartner sind Kaufleute (Unternehmer).
Es gilt das BGB. **Beispiel** Thomas verkauft Julia eine gebrauchte DVD.	Für die Privatperson gilt das BGB, für den Kaufmann zusätzlich das HGB. **Beispiel** Julia kauft in einem Laden eine neue DVD.	Es gelten BGB und HGB. **Beispiel** Die Dialogfix GmbH kauft bei der Acustica OHG 100 Headsets.

- **Nach Art und Beschaffenheit der Ware**

Stückkauf	Gegenstand ist eine einmalige (nicht vertretbare) Ware, die nicht noch einmal beschafft werden kann. **Beispiel** maßgefertigtes Möbelstück
Gattungskauf	Gegenstand ist eine in gleicher Art, Beschaffenheit und Güte immer wieder zu beschaffende (vertretbare) Ware. **Beispiel** Druckerpatrone
Spezifikationskauf	Gegenstand ist lediglich eine genau festgelegte Gesamtmenge einer Warenart. Der Käufer hat das Recht, innerhalb einer festgesetzten Frist die zu liefernde Ware nach Größe, Form, Farbe etc. näher zu bestimmen. **Beispiel** Bestellung eines Pkw, bei dem die Lackierung bis 2 Wochen vor Auslieferung gewählt werden kann.
Ramschkauf	Gegenstand sind Waren von minderer Qualität oder Restposten, die häufig zu einem ermäßigten oder einem Pauschalpreis verkauft werden. **Beispiel** Verkauf von Restbeständen der alten Modellpalette
Kauf nach Sicht	Der Kauf erfolgt nach Besichtigung und Prüfung der Ware. **Beispiel** Kauf eines gebrauchten Pkw
Kauf auf Probe	Innerhalb einer vereinbarten Frist kann die Ware bei Nichtgefallen zurückgegeben werden. Überschreitet der Käufer diese Frist, so kommt ein Kaufvertrag zustande. **Beispiel** Verkauf eines Laserdruckers auf Probe, Rückgabe innerhalb eines Monats möglich
Kauf nach Probe	Die Ware wird nach Prüfung einer vorliegenden Probe oder eines Musters bestellt. **Beispiel** Vor einer Bestellung wird ein bestimmtes Druckerpapier ausprobiert.
Kauf zur Probe	Zunächst wird lediglich eine kleine Warenmenge zu Testzwecken gekauft. Bei Gefallen wird eine größere Menge bestellt. **Beispiel** Ein Geschäftskunde testet zunächst einen Laserdrucker, bevor er sich zur Großbestellung entschließt.

8 | 3.3

- **Nach dem Lieferzeitpunkt**

Sofortkauf	Die Lieferung erfolgt unmittelbar nach Vertragsabschluss. **Beispiel** Ware wird sofort mitgenommen.
Terminkauf	Die Lieferung erfolgt innerhalb einer bestimmten Frist oder zu einem vereinbarten Termin. **Beispiel** Lieferung bis 15. August
Fixkauf	Die Lieferung muss zu einem kalendermäßig exakt festgelegten Zeitpunkt erfolgen. Dies wird mit der Angabe von Klauseln wie fix, fest, genau etc. verdeutlicht. **Beispiel** Lieferung zum 15. August fix

Kauf auf Abruf	Die Lieferung wird vom Käufer innerhalb einer festgelegten Frist zu einem beliebigen Zeitpunkt oder zu mehreren Zeitpunkten abgerufen. **Beispiel** Kauf einer festen Menge von Baumaterial, das in mehreren Teillieferungen abgerufen wird.

5|6.2 • **Nach dem Zahlungszeitpunkt**

Zahlung vor Lieferung	Die Zahlung wird ganz (Vorkasse) oder teilweise (Anzahlung) vor der Lieferung geleistet. **Beispiel** Bei einer Bestellung von Kunden mit unklarer Bonität wird eine Anzahlung verlangt.
Zahlung bei Lieferung	Die Zahlung erfolgt bei Lieferung mit Aushändigung der Ware (Zug-um-Zug-Geschäft). **Beispiele** Einkauf im Supermarkt, Zahlung per Nachnahme
Zahlung nach Lieferung	Die Zahlung erfolgt erst eine bestimmte Zeit nach der Lieferung (Zielkauf) oder in Raten (Ratenzahlung, Finanzkauf). **Beispiel** Zahlung einer Rechnung innerhalb von 30 Tagen

4.2 Phasen der Kaufvertragsabwicklung

Die Abwicklung eines Kaufvertrags gliedert sich in folgende Schritte:

Anfrage → Angebot → Abschluss → Erfüllung

4.2.1 Anfrage

Die Anfrage dient zur **Einholung von Angeboten** durch einen Kunden bei einem Verkäufer oder auch zur Anbahnung neuer Geschäftsbeziehungen. Zweck ist es, die günstigste Bezugsquelle für die gewünschte Ware zu ermitteln. Die Anfrage kann dabei formfrei (z. B. schriftlich, mündlich, telefonisch, elektronisch etc.) erfolgen und ist **rechtlich unverbindlich**, d. h., der Kunde muss die nachgefragte Ware nicht kaufen. Von einer **allgemeinen Anfrage** spricht man, wenn sich der Interessent einen generellen Überblick über das Leistungsangebot eines Anbieters machen möchte (z. B. Katalog- oder Preislistenanforderung). Eine **spezielle Anfrage** liegt vor, wenn es um konkrete Informationen zu einzelnen Produkten (z. B. Preis, Beschaffenheit, Lieferzeit) geht.

Beispiel

Herr Kohl erkundigt sich bei der Dialogfix-Hotline nach der Produktpalette an Laserdruckern (allgemeine Anfrage), darüber hinaus möchte er wissen, wie viel eine neue Tintenpatrone für seinen jetzigen Drucker xi744 kostet (spezielle Anfrage).

4.2.2 Angebot

Unterscheidung Angebot und Anpreisung

Die Reaktion auf eine Anfrage ist das **Angebot**, eine an eine **bestimmte Person** gerichtete Willenserklärung, Waren zu den angegebenen Bedingungen zu verkaufen.
Gemäß § 145 BGB handelt es sich bei einem Angebot um eine **verbindliche Willenserklärung** („Antrag auf Abschluss eines Vertrags"), die rechtlich bindend ist und nachträglich nicht mehr abgeändert werden kann. Das Angebot unterliegt keinen Formvorschriften.

Anpreisungen sind im Gegensatz zum Angebot nicht an eine bestimmte Person, sondern an die **Allgemeinheit** gerichtet (z. B. Zeitungsanzeige, Prospekt, Schaufensterauslage etc.). Sie gelten nicht als Angebot im rechtlichen Sinn, sondern nur als Aufforderung zur Abgabe eines Angebots seitens des Kaufinteressenten, und sind für den Anpreisenden nicht verbindlich.

Beispiel

Nennt der Mitarbeiter der Dialogfix-Hotline im Beratungsgespräch Herrn Kohl einen konkreten Preis für die gewünschte Tintenpatrone, handelt es sich dabei um ein Angebot. Bei dem von Dialogfix regelmäßig an alle Kunden per E-Mail verschickten Werbeflyer handelt es sich hingegen lediglich um eine Anpreisung.

Verbindlichkeit des Angebots

Für die Verbindlichkeit und die Gültigkeitsdauer eines Angebots kann es verschiedene Fristen und Einschränkungen geben:

- Das einem Anwesenden gemachte Angebot wird sofort mit der Abgabe wirksam und ist nur für die Gesprächsdauer bindend (§ 147 Abs. 1 BGB), z. B. Angebot per Telefon oder im Laden.
- Das einem Abwesenden gemachte Angebot bindet den Anbieter so lange, bis der Eingang der Antwort unter normalen Umständen erwartet werden kann (§ 147 Abs. 2 BGB), z. B. per Brief eine Woche nach Absendung des Angebots, per E-Mail entsprechend schneller.
- Der Anbieter kann für die Gültigkeit seines Angebots eine Frist bestimmen, nach deren Ablauf er an das Angebot nicht mehr gebunden ist (§ 148 BGB), z. B. „Das Angebot ist gültig bis zum 31. Oktober".
- Der Anbieter kann die Bindung an das Angebot durch sogenannte **Freizeichnungsklauseln** einschränken oder ganz ausschließen, z. B. „solange der Vorrat reicht", „freibleibend", „unverbindlich".

8 | 5.1.3

> **Praxistipp**
> Bei einer Anpreisung (Werbung) sind den Freizeichnungsklauseln Grenzen gesetzt. Gemäß UWG (Klausel Nr. 5 im Anhang zu § 3 Absatz 3) sind Händler verpflichtet, angepriesene Ware für mindestens 2 Tage vorzuhalten.

- Die Bindung an das Angebot muss nicht mehr aufrechterhalten werden, wenn das Angebot vom Kunden abgeändert, erweitert oder eingeschränkt wurde (§ 150 Abs. 2 BGB), z. B. Änderung des Lieferzeitraums oder Änderung des Angebotspreises durch den Kunden.
- Das Angebot erlischt, wenn ein **Widerruf** dem Kunden rechtzeitig, d. h. vor oder spätestens gleichzeitig mit dem Angebot zugeht (§ 130 Abs. 1 BGB), z. B. Fax mit dem Widerruf geht vor dem per Brief versandten Angebot zu.

4.2.3 Abschluss

Bestellung

Hat sich der Kunde für ein Angebot entschieden, kommt es zu einer **Bestellung**. Dabei handelt es sich um die rechtlich verbindliche **Annahme des Angebots** durch den Käufer. Zu diesem Zeitpunkt kommt der Abschluss des Kaufvertrags zustande, wenn die Bestellung des Käufers mit dem Angebot des Verkäufers übereinstimmt (übereinstimmende Willenserklärung). Eine Bestellung ist formlos möglich, kann also neben der Schriftform z. B. auch mündlich oder telefonisch abgegeben werden. So wie das Angebot kann auch eine Bestellung widerrufen werden, wenn sie dem Lieferer vor oder spätestens gleichzeitig mit der Bestellung zugeht (s. o.).

Nach Eingang der Bestellung **kann** eine **Auftragsbestätigung** erfolgen. Damit wird die verbindliche Annahme der Bestellung durch den Verkäufer bestätigt. Erfolgt die Bestellung ohne vorangegangenes Angebot, stellt sie zunächst nur einen Antrag des Käufers dar, der sogar zwingend einer Bestätigung bedarf. Der Abschluss des Kaufvertrags kommt hier zustande, weil der Verkäufer die Bestellung des Käufers annimmt (übereinstimmende Willenserklärung). In folgenden weiteren Fällen ist eine Auftragsbestätigung ebenfalls **zwingend** erforderlich:

- Das Angebot enthält Freizeichnungsklauseln.
- Die Bestellung weicht vom Angebot ab.
- Die im Angebot genannte Frist ist abgelaufen.

Unbestellte Ware

Auch die Zusendung von **unbestellter Ware** stellt ein Angebot dar. Wenn der Empfänger das Angebot annimmt (z. B. durch Zahlung), kommt der Kaufvertrag zustande. Bei einem Stillschweigen nach der Zusendung sind drei Fälle zu unterscheiden:

- Bei einem Kaufmann mit bereits bestehender Geschäftsverbindung stellt das Stillschweigen eine Annahme des Angebots dar. Bei einer Ablehnung muss dies dem Verkäufer unverzüglich mitgeteilt werden, die Ware muss aufbewahrt und zurückgesandt werden.
- Bei einem Kaufmann ohne bestehende Geschäftsverbindung bedeutet Stillschweigen eine Ablehnung des Angebots. Die Ware muss nur aufbewahrt, aber nicht bezahlt oder zurückgesandt werden.
- Auch bei einer Privatperson ist Stillschweigen eine Ablehnung des Angebots (§ 241a BGB). Die Ware muss nur aufbewahrt, aber nicht bezahlt oder zurückgesandt werden.

→ ***Praxistipp***
Die Zusendung unbestellter Waren an Privatpersonen stellt einen Verstoß gegen das UWG dar (Klausel Nr. 29 im Anhang zu § 3 Abs. 3).

4.2.4 Erfüllung

Durch den Abschluss des Kaufvertrags werden den Vertragspartnern Pflichten auferlegt (Verpflichtungsgeschäft), die erfüllt werden müssen (Erfüllungsgeschäft). Die Pflichten des Verkäufers entsprechen dabei den Rechten des Käufers und umgekehrt. Wird diesen Verpflichtungen nachgekommen, ist der Kaufvertrag **erfüllt**. 8 | 4.5

Pflichten des Verkäufers	Pflichten des Käufers
Ware dem Käufer ordnungsgemäß (zur rechten Zeit, am rechten Ort, mängelfrei) übergeben	Ordnungsgemäße Ware annehmen
Eigentum an der Ware übertragen	Rechtzeitig den vereinbarten Kaufpreis zahlen
Kaufpreis vom Käufer annehmen	

4.3 Inhalte des Kaufvertrags

Die Inhalte des Kaufvertrags können durch Einzelabsprachen oder allgemeine Geschäftsbedingungen (AGB) festgelegt werden. Fehlen solche Regelungen, greifen automatisch die gesetzlichen Bestimmungen (BGB und HGB). Folgende Dinge werden üblicherweise in einem Kaufvertrag geregelt: 8 | 4.4

> **→ *Praxistipp***
> Häufig sind die entsprechenden Regelungen schon Bestandteil des Angebots.

	Art, Beschaffenheit und Güte der Ware	Sofern nichts anderes vereinbart wurde, ist Ware mittlerer Art und Güte zu liefern (§ 243 BGB).
	Menge und Preis	Der vereinbarte Preis bezieht sich auf eine bestimmte Mengeneinheit, z. B. Stück, Gewicht oder Volumen. Der Preis kann in Abhängigkeit von der Menge schwanken (Mengenrabatt), auch können bestimmte Mindest- oder Höchstmengen festgelegt werden.
	Verpackungs- und Versandkosten	Grundsätzlich trägt der Käufer die Kosten für Verpackung und Versand (§ 484 Abs. 1 BGB). Häufig werden feste Pauschalen vereinbart, auch eine Kostenübernahme des Verkäufers (ab einem bestimmten Warenwert) ist denkbar.
8 | 4.1	**Lieferzeitpunkt**	Die gesetzliche Regelung sieht eine sofortige Lieferung vor (§ 271 BGB). Davon abweichend können Terminkauf, Fixkauf oder Kauf auf Abruf vereinbart werden.
	Zahlungsbedingungen	Ohne anderslautende Vereinbarung gilt eine sofortige Zahlung bei Lieferung als vereinbart (§ 271 BGB). Nach Absprache kann die Zahlung ganz oder teilweise vor Lieferung (Vorauskasse, Anzahlung) oder nach Lieferung (Zielkauf, Finanzkauf) erfolgen. Die Kosten und die Gefahr der Geldübermittlung trägt grundsätzlich der Käufer.
	Erfüllungsort	Der Erfüllungsort bezeichnet den Ort, an dem die vertragliche Leistung zu erbringen ist. Für die Warenlieferung ist dies zunächst der Wohn- bzw. Geschäftssitz des Verkäufers (§ 269 BGB), für die Zahlung der Wohnsitz des Käufers (§ 270 BGB). Häufig wird als Erfüllungsort nur der Sitz des Verkäufers vereinbart.
5 | 7.2 8 | 4.6	**Gefahrübergang**	Die Gefahr und damit auch die Haftung für Beschädigung und Verlust der Ware geht am Erfüllungsort der Warenlieferung auf den Käufer über (d. h. Wohn- bzw. Geschäftssitz des Verkäufers). Beim Versand der Ware an den Käufer haftet der Verkäufer lediglich bei nachgewiesenem eigenen Verschulden. Je nach Versandart sind jedoch bestimmte Versicherungsleistungen (ggf. gegen zusätzliches Entgelt) möglich. Davon abweichend geht beim Versand der Sache durch einen Kaufmann an einen Nichtkaufmann (einseitiger Handelskauf, sogenannter Verbrauchsgüterkauf) die Gefahr erst dann auf den Käufer über, wenn der Zusteller ihm die Ware übergibt (§ 474 Abs. 2 BGB).
	Gerichtsstand	Der Gerichtsstand ist der Ort, an dem Streitigkeiten, die sich aus dem Kaufvertrag ergeben können, verhandelt werden. Entsprechend den Regelungen zum Erfüllungsort ist dies bei Streitigkeiten aus der Warenlieferung der Wohn- bzw. Geschäftssitz des Verkäufers, für Streitigkeiten um die Zahlung der Wohnsitz des Käufers. Davon abweichende Regelungen können nur beim zweiseitigen Handelskauf getroffen werden. Bei einem Streitwert bis 5000,00 € ist das Amtsgericht zuständig, darüber hinaus das Landgericht.

4.4 Allgemeine Geschäftsbedingungen (AGB)

Gemäß dem Grundsatz der Vertragsfreiheit können die Inhalte eines Vertrags zwischen
8 | 3.4 den Partnern frei ausgehandelt werden. Um die Vertragsgestaltung einfacher und zeitsparender zu gestalten, bedient man sich häufig der „allgemeinen Geschäftsbedingungen“. Bei den **AGB** handelt es sich um vorformulierte, standardisierte Vertragsbedingungen, die für eine Vielzahl von Verträgen genutzt werden können. Häufig werden zu

diesem Zweck Muster-AGB von Branchenverbänden aufgelegt und gelten für einen gesamten Wirtschaftszweig. Umgangssprachlich werden die AGB oft auch als „**Kleingedrucktes**“ bezeichnet, da sie häufig klein gedruckt auf der Rückseite von Verträgen zu finden sind.

Beispiel

dialogfix GmbH

Auszug aus den allgemeinen Geschäftsbedingungen (AGB) der Dialogfix GmbH

1. Geltungsbereich

Für Ihre telefonischen Bestellungen über das Dialogfix-Servicecenter oder Ihre Onlinewarenbestellungen über die Dialogfix-Homepage gelten ausschließlich die nachfolgenden allgemeinen Geschäftsbedingungen in ihrer zum Zeitpunkt der Bestellung gültigen Fassung. [. . .]

5. Widerrufsbelehrung

Widerrufsrecht

Sie haben das Recht, binnen 14 Tagen ohne Angabe von Gründen diesen Vertrag zu widerrufen. Die Widerrufsfrist beträgt 14 Tage ab dem Tag, an dem Sie oder ein von Ihnen benannter Dritter, der nicht der Beförderer ist, die Ware in Besitz genommen hat. Um Ihr Widerrufsrecht auszuüben, müssen Sie uns mittels einer eindeutigen Erklärung (z. B. ein mit der Post versandter Brief, ein Telefax oder eine E-Mail) über Ihren Entschluss, diesen Vertrag zu widerrufen, informieren. Sie können dafür das beigefügte Muster-Widerrufsformular verwenden, das jedoch nicht vorgeschrieben ist. Zur Wahrung der Widerrufsfrist reicht es aus, dass Sie die Mitteilung über die Ausübung des Widerrufsrechts vor Ablauf der Widerrufsfrist absenden.

Folgen des Widerrufs

Wenn Sie diesen Vertrag widerrufen, haben wir Ihnen alle Zahlungen, die wir von Ihnen erhalten haben, einschließlich der Lieferkosten (mit Ausnahme der zusätzlichen Kosten, die sich daraus ergeben, dass Sie eine andere Art der Lieferung als die von uns angebotene, günstigste Standardlieferung gewählt haben), unverzüglich und spätestens binnen 14 Tagen ab dem Tag zurückzuzahlen, an dem die Mitteilung über Ihren Widerruf dieses Vertrags bei uns eingegangen ist. Für diese Rückzahlung verwenden wir dasselbe Zahlungsmittel, das Sie bei der ursprünglichen Transaktion eingesetzt haben. [. . .]

7. Fälligkeit und Zahlung, Eigentumsvorbehalt

Der Kaufpreis wird mit Lieferung fällig und ist bei einem Kauf auf Rechnung spätestens 14 Tage nach Lieferung auf das in der Rechnung angegebene Konto zu zahlen. Die Möglichkeit zum Skontoabzug besteht nicht. Sollte die Zahlung nicht innerhalb dieses Zeitraumes unserem Konto gutgeschrieben sein, geraten Sie automatisch in Verzug. [. . .] Die gelieferte Ware bleibt bis zur vollständigen Zahlung unser Eigentum. Bei vertragswidrigem Verhalten Ihrerseits, insbesondere bei Zahlungsverzug, sind wir nach angemessener Fristsetzung berechtigt, den Liefergegenstand zurückzunehmen; Sie sind zur Herausgabe verpflichtet.

Vorteilhaft bei der Nutzung von AGB ist die wesentliche Arbeitserleichterung beim Abschluss von Verträgen, da die Bedingungen nicht immer wieder neu ausgehandelt werden müssen. Um zu vermeiden, dass der Vertragspartner unangemessen benachteiligt wird, hat der Gesetzgeber in den §§ 305–310 BGB Rechtsnormen geschaffen, die der Verwender von AGB beachten muss. Diese Normen haben vor allem Bedeutung für Privatpersonen (Verbraucher), da diese meist in der schwächeren Position sind. Folgende wesentlichen Regelungen sind von Bedeutung:

- **AGB als Vertragsbestandteil (§ 305 Abs. 2 BGB)**
  Die AGB werden nur Bestandteil eines Vertrags, wenn der Kunde
  - ausdrücklich auf sie hingewiesen wird,
  - in zumutbarer Weise von ihrem Inhalt Kenntnis nehmen kann,
  - sein Einverständnis erklärt hat.

  Beispiel

  Beim Kauf eines PC-Systems wird der Kunde nicht ausdrücklich auf die AGB hingewiesen, die sich auf der Rückseite der Rechnung befinden. Für die weitere Abwicklung des Kaufvertrags gelten daher nur die Bestimmungen des BGB.

- **Vorrang von persönlichen Absprachen (§ 305b BGB)**
  Finden persönliche Absprachen zwischen Verkäufer und Käufer statt, haben diese Vorrang vor den AGB.

  Beispiel

  Im telefonischen Beratungsgespräch wird als Liefertermin für ein PC-System der 15. August vereinbart. Eine Formulierung in den AGB, dass Liefertermine grundsätzlich unverbindlich sind, ist damit hinfällig.

- **Überraschende und mehrdeutige Klauseln (§ 305c BGB)**
  Überraschende Klauseln in den AGB, mit denen der Käufer nicht rechnen konnte, sind unwirksam, ebenso wie mehrdeutige Formulierungen.

  Beispiel

  In den AGB ist vermerkt, dass mit dem Kauf eines PC-Systems automatisch ein 2-jähriger Wartungsvertrag abgeschlossen wird. Diese für den Kunden unerwartete Klausel wird nicht Vertragsbestandteil.

- **Rechtsfolgen bei Unwirksamkeit der AGB (§ 306 BGB)**
  Bei Unwirksamkeit einzelner Teile der AGB bleibt der Kaufvertrag dennoch bestehen. In diesem Fall richten sich die entsprechenden unwirksamen Inhalte des Vertrags nach den gesetzlichen Vorschriften, also meist nach dem BGB.

  Beispiel

  Eine Klausel in den AGB besagt, dass die Rückgabe von PC-Systemen grundsätzlich ausgeschlossen ist. Ein abgeschlossener Kaufvertrag bleibt trotzdem bestehen, die unwirksame Klausel wird durch die Regelung im BGB ersetzt.

- **Unangemessene Benachteiligung (§ 307 BGB)**
  Bestimmungen in AGB sind unwirksam, wenn sie den Kunden entgegen den Geboten von Treu und Glauben unangemessen benachteiligen. Eine unangemessene Benachteiligung kann sich bereits daraus ergeben, dass die Bestimmung nicht klar und verständlich ist.

  Beispiel

  Der Verkäufer behält sich in den AGB vor, dass gelieferte PC-Systeme in Optik und Leistung von der Katalogbeschreibung abweichen können. Dies verstößt gegen den Grundsatz von Treu und Glauben.

- **Klauselverbote (§ 308 f. BGB)**
  Bestimmte Klauseln in den AGB sind generell verboten und damit unwirksam.

  Beispiele

- Unangemessen lange oder unbestimmte Lieferfristen (nach Ermessensspielraum)
- Kurzfristige Preiserhöhungen binnen 4 Monaten nach Vertragsabschluss
- Beschränkung der Gewährleistungsrechte
- Berechnung von Reparaturkosten innerhalb der Gewährleistungszeit
- Verkürzung der gesetzlichen Verjährungsfristen
- Vereinbarung einer Vertragsstrafe

→ ***Praxistipp***
Die Schutzvorschriften in § 305 Abs. 2 sowie in den §§ 308 und 309 BGB finden keine Anwendung auf AGB, die zwischen Kaufleuten (zweiseitiger Handelskauf) verwendet werden.

4.5 Kaufvertragsstörungen

Werden die durch den Abschluss eines Kaufvertrags eingegangenen Verpflichtungen **nicht vereinbarungsgemäß** erfüllt, liegt eine Kaufvertragsstörung vor. Die häufigsten Störungen sind:

- mangelhafte Lieferung (Schlechtleistung),
- Lieferungsverzug (Nicht-rechtzeitig-Lieferung),
- Annahmeverzug (Nicht-rechtzeitig-Annahme),
- Zahlungsverzug (Nicht-rechtzeitig-Zahlung).

4.5.1 Mangelhafte Lieferung

§ 433 BGB: Vertragstypische Pflichten beim Kaufvertrag
(1) [...] Der Verkäufer hat dem Käufer die Sache frei von Sach- und Rechtsmängeln zu verschaffen.

Mängelarten

Die gekaufte Ware kann sowohl Sach- als auch Rechtsmängel aufweisen.

Mängelarten	
Sachmängel § 434 BGB	**Rechtsmängel** § 435 BGB
Die Mängel liegen in der Beschaffenheit der Sache begründet.	Die Rechte an der Sache entsprechen nicht der Vereinbarung.

Folgende konkrete Mängel können auftreten:

Rechtsmangel	Beispiel
Ein Dritter hat Rechte an der Sache.	Bei einem gebraucht gekauften Pkw läuft noch eine Finanzierung.
Sachmangel	**Beispiel**
Die vereinbarte Beschaffenheit der Sache fehlt (Funktionsmangel).	Der Laserdrucker druckt verschmiert.
Die Beschaffenheit der Sache ist unzureichend (Qualitätsmangel).	Der Laserdrucker fällt durch unangenehm störende Geräusche auf.
Die Beschaffenheit entspricht nicht den Äußerungen oder der Werbung des Verkäufers.	Der Laserdrucker druckt nur sechs Seiten statt 20 Seiten pro Minute.
Die Montageanleitung ist mangelhaft (sogenannte „Ikea-Klausel").	Der Kunde ist nicht in der Lage, anhand der Anleitung den Drucker zu installieren.
Die falsche Sache wurde geliefert.	Statt des Modells xi744 wurde xi780 geliefert.
Die falsche Menge wurde geliefert.	Statt drei Packungen Druckerpapier wurden nur zwei Packungen geliefert.

Je nach Erkennbarkeit des Mangels unterscheidet man zwischen offenen, verdeckten und arglistig verschwiegenen Mängeln:

- **Offene Mängel** sind sofort und offensichtlich erkennbar, z. B. ein gesprungenes Display.
- **Versteckte Mängel** können erst später erkannt werden, z. B. Geräuschentwicklung beim Drucker nach zweistündiger Betriebsdauer.
- **Arglistig verschwiegene Mängel** sind dem Hersteller oder Verkäufer bekannt, werden jedoch dem Käufer bewusst verschwiegen, z. B. wird ein Drucker trotz eines bekannten Produktionsfehlers ausgeliefert.

Beim bürgerlichen Kauf und beim einseitigen Handelskauf (Verbrauchsgüterkauf) kann die Ware innerhalb der **gesetzlichen Gewährleistungsfrist von 2 Jahren** ab Lieferung auf Mängel geprüft werden. Offene und versteckte Mängel müssen innerhalb dieser Zeit reklamiert werden, arglistig verschwiegene Mängel spätestens 3 Jahre nach der Entdeckung. Eine **Reklamation** (Mängelrüge) bezeichnet dabei das Geltendmachen der Ansprüche und Rechte des Käufers bei einem Mangel. Beim zweiseitigen Handelskauf müssen Mängel unverzüglich bzw. unverzüglich nach Entdeckung reklamiert werden, für arglistige verschwiegene Mängel gilt ebenfalls die 3-Jahres-Frist. 5|4.1

Rechte bei mangelhafter Lieferung

Das vorrangige Recht des Käufers bei mangelhafter Lieferung besteht im Anspruch auf **Nacherfüllung** des Mangels (§439 BGB). Weitere nachrangige Rechte des Käufers bei Schlechtleistung können erst nach dem erfolglosen Ablauf einer angemessenen Nachfrist für die Nacherfüllung geltend gemacht werden. Die Nacherfüllung kann dabei nach Wahl des Käufers entweder aus einer **Nachbesserung** (Beseitigung des Mangels, Reparatur) oder einer **Nachlieferung** (Lieferung einer mangelfreien Sache) bestehen. Die Kosten der Nacherfüllung trägt der Verkäufer, allerdings kann der Verkäufer die vom Käufer gewählte Art der Nacherfüllung verweigern, wenn diese mit unverhältnismäßig hohen Kosten verbunden ist. Eine Nachbesserung gilt nach dem zweiten erfolglosen Versuch als fehlgeschlagen.

Schlägt die Nacherfüllung fehl, stehen dem Käufer wahlweise folgende Rechte zu:

- **Rücktritt vom Kaufvertrag:** Der Käufer gibt die Ware gegen Erstattung des Kaufpreises zurück.
- **Preisminderung:** Der Käufer erhält einen Preisnachlass auf die Ware.
- **Schadenersatz:** Ist dem Käufer durch die mangelhafte Ware ein erkennbarer Schaden entstanden, kann er Schadenersatz verlangen.

Beispiel

Aufgrund des dem Verkäufer bekannten Produktionsfehlers hat der Drucker einen Kurzschluss, Teile der Wohnungseinrichtung verbrennen.

- **Ersatz vergeblicher Aufwendungen:** Sind dem Käufer im Vertrauen auf die mangelfreie Lieferung Aufwendungen entstanden, kann er einen Ersatz verlangen.

Beispiel

Zur Bezahlung der Ware wurde ein Kredit aufgenommen, die Kreditzinsen stellen vergebliche Aufwendungen dar.

Bei geringfügigen Mängeln besteht lediglich ein Anspruch auf Minderung des Kaufpreises. Der Rücktritt vom Kaufvertrag kann mit einer Schadenersatzforderung oder einer Forderung nach dem Ersatz vergeblicher Aufwendungen kombiniert werden.

> **→ *Praxistipp***
> Beachten Sie bei einer telefonischen Reklamation unbedingt die Grundsätze des professionellen Beschwerdemanagements.

5|4.1

4.5.2 Lieferungsverzug

> **§433 BGB: Vertragstypische Pflichten beim Kaufvertrag**
> (1) Durch den Kaufvertrag wird der Verkäufer einer Sache verpflichtet, dem Käufer die Sache zu übergeben und das Eigentum an der Sache zu verschaffen. [...]

Voraussetzungen des Lieferungsverzugs

Liefert der Verkäufer die Ware nicht oder nicht rechtzeitig, befindet er sich in Lieferungsverzug. Dafür müssen nach §286 BGB folgende Voraussetzungen erfüllt sein:

- **Fälligkeit der Lieferung**

  Hier ist zu unterscheiden, ob ein genauer Liefertermin vereinbart wurde (Termin- bzw. Fixkauf) oder nicht.

- **Mahnung**

  Ist der Termin nicht genau vereinbart, muss der Käufer die Lieferung mit einer angemessenen Frist beim Verkäufer anmahnen, erst dann tritt der Lieferungsverzug ein. Handelt es sich hingegen um einen genau vereinbarten Liefertermin, kommt der Verkäufer bereits ohne Mahnung in Verzug.

- **Verschulden des Verkäufers**

  Ein Verschulden des Lieferers liegt bei vorsätzlichem (absichtsvollen) oder fahrlässigem (unachtsamen) Verhalten des Verkäufers oder seiner Mitarbeiter vor. Bei Beschädigung oder Zerstörung der Ware durch höhere Gewalt (z. B. Hochwasser, Streik) trifft den Verkäufer kein Verschulden.

Rechte bei Lieferungsverzug

Der Käufer kann bei Lieferungsverzug **als vorrangiges Recht** ohne Fristsetzung auf der **Lieferung bestehen**. Außerdem kann er nach Verstreichen einer angemessenen Nachfrist folgende Rechte wahrnehmen:

- **Rücktritt vom Kaufvertrag (§ 323 BGB)**

  Beispiel

  Durch die verspätete Lieferung besteht kein Interesse mehr an der Ware (z. B. bei Saisonware) oder die Ware wurde inzwischen anderweitig beschafft.

Wird bei einem Fixkauf der Termin nicht eingehalten, kann der Käufer unverzüglich vom Vertrag zurücktreten (§ 323 Abs. 2 Nr. 2 BGB).

- **Schadenersatz wegen Leistungsverzögerung (§ 280 BGB)**

  Beispiel

  Durch die verspätete Lieferung eines Pkw musste ein Mietwagen beschafft werden.

- **Schadenersatz statt Leistung (§ 281 BGB)**

  Beispiel

  Inzwischen wurde die Ware anderweitig zu einem höheren Preis beschafft. Neben dem Rücktritt vom Vertrag kann die Erstattung der Preisdifferenz verlangt werden.

Darüber hinaus kann der Käufer – ähnlich dem Fall der mangelhaften Lieferung – den Ersatz vergeblicher Aufwendungen verlangen.

4.5.3 Annahmeverzug

> **§ 433 BGB: Vertragstypische Pflichten beim Kaufvertrag**
> (2) Der Käufer ist verpflichtet, [...] die gekaufte Sache abzunehmen.

Voraussetzungen des Annahmeverzugs

Ein Annahmeverzug seitens des Käufers liegt vor, wenn folgende gesetzlichen Voraussetzungen erfüllt sind:

- **Fälligkeit der Leistung (§§ 271, 299 BGB)**
  Ist der Zeitpunkt der Lieferung fest vereinbart, ist die Fälligkeit der Leistung klar bestimmt. Ist kein genauer Zeitpunkt für die Lieferung vereinbart, muss die beabsichtigte Zustellung der Ware eine angemessene Zeit vorher angekündigt werden.
- **ordnungsgemäße Lieferung der Leistung (§ 294 BGB)**
  Der Verkäufer muss die Ware entsprechend der im Kaufvertrag vereinbarten Form liefern: zur richtigen Zeit, am richtigen Ort, in der richtigen Art und Weise (mängelfrei).
- **Nichtannahme der Leistung (§ 293 BGB)**
  Der Käufer muss die Annahme der ordnungsgemäß gelieferten Ware ablehnen.

Die Gründe des Käufers für die Nichtannahme der Ware spielen keine Rolle, der Verkäufer muss dem Käufer also kein Verschulden nachweisen. Tritt der Annahmeverzug ein, muss der Verkäufer nur noch für grobe Fahrlässigkeit und Vorsatz haften. Damit geht das Risiko der Zerstörung oder Beschädigung der Ware (z. B. während der Zwischenlagerung) auf den Käufer über.

Rechte bei Annahmeverzug

Bei Annahmeverzug stehen dem Verkäufer folgende Rechte zu:

Bestehen auf Annahme der Ware	Lenkt der Käufer nicht ein, kann der Verkäufer notfalls auf Abnahme der Ware klagen. In der Zwischenzeit kann er die Waren auf Kosten des Käufers sicher lagern.
Verkauf der Ware	Nach einer angemessenen Frist darf der Verkäufer nach Ankündigung die Ware weiterverkaufen (z. B. Versteigerung, freihändiger Verkauf). Ein Notverkauf (z. B. bei verderblicher Ware) kann unverzüglich ohne Ankündigung erfolgen.
Rücktritt vom Kaufvertrag	Nach freiem Ermessen kann der Verkäufer vom Vertrag zurücktreten.

Entstehende Kosten, z. B. durch erfolgloses Anbieten der Ware (Transportkosten etc.) oder für die Lagerung, trägt der Käufer.

4.5.4 Zahlungsverzug

§ 433 BGB: Vertragstypische Pflichten beim Kaufvertrag
(2) Der Käufer ist verpflichtet, dem Verkäufer den vereinbarten Kaufpreis zu zahlen [...]

Voraussetzungen des Zahlungsverzugs

Ein Zahlungsverzug des Käufers tritt nach § 286 BGB unter folgenden Bedingungen ein:

- **Fälligkeit der Zahlung**
  Die Fälligkeit tritt ein, wenn ein festgelegter Zahlungstermin überschritten wird. Ist kein fester Zahlungstermin vereinbart, ist die Zahlung grundsätzlich sofort fällig. Zahlungsverzug tritt dann spätestens 30 Tage nach Zugang der Rechnung ein.

- **Mahnung durch den Verkäufer**
  Bei Eintritt der Fälligkeit muss der Verkäufer den Käufer mahnen. Eine Mahnung kann bei einem festgelegten Zahlungstermin oder nach Überschreiten der 30-Tage-Frist entfallen.

> **Praxistipp**
> Eine Mahnung ist auch erforderlich bei unklaren Formulierungen wie z. B. „zahlbar eine Woche nach Rechnungserhalt", da der Käufer einen verspäteten Zugang der Rechnung für sich reklamieren kann. Solche Formulierungen sind daher ungeeignet.

Rechte bei Zahlungsverzug

Der Verkäufer kann bei einem eingetretenen Zahlungsverzug folgende Rechte in Anspruch nehmen:

- **Bestehen auf Zahlung**
  Neben der offen stehenden Zahlung hat der Verkäufer Anspruch auf Verzugszinsen und Erstattung der Mahnkosten.
- **Rücktritt vom Kaufvertrag**
  Nach einer angemessenen Nachfrist kann der Verkäufer vom Vertrag zurücktreten und die Ware zurückfordern (§ 323 BGB). In diesem Fall kann er Schadenersatz verlangen, z. B. wenn die Ware nur zu einem niedrigeren Preis verkauft werden kann oder weitere Kosten entstanden sind (§§ 280–284 BGB).

> **Praxistipp**
> Die Verzugszinsen liegen nach § 288 BGB für Privatpersonen (Verbraucher) 5 %, bei Kaufleuten 8 % **über** dem von der Deutschen Bundesbank festgelegten Basiszinssatz. Den aktuell gültigen Basiszinssatz finden Sie unter:
> www.bundesbank.de/de/bundesbank/organisation/agb-und-regelungen/basiszinssatz-607820

4.6 Besonderheiten beim Verbrauchsgüterkauf

An manchen Stellen der Kaufvertragsabwicklung hat sich gezeigt, dass es beim sogenannten Verbrauchsgüterkauf besondere Regelungen gibt. Nach § 474 BGB liegt ein **Verbrauchsgüterkauf** vor, wenn ein Verbraucher von einem Unternehmer eine bewegliche Sache kauft. Im Sinne dieses Gesetzes ist ein **Verbraucher** eine natürliche Person, die ein Rechtsgeschäft abschließt, das nicht einer gewerblichen oder selbstständigen Tätigkeit zugeordnet werden kann. Ein **Unternehmer** ist eine natürliche oder juristische Person, die beim Abschluss des Rechtsgeschäftes einer gewerblichen oder selbstständigen Tätigkeit nachgeht.

Ziel dieser Bestimmungen ist der **Schutz der Verbraucher**. Daher ist die Vertragsfreiheit bei Verträgen mit Verbrauchern zugunsten der Verbraucher stark eingeschränkt.

→ *Praxistipp*

Interessant ist die Unterscheidung von Verbraucher und Unternehmer z. B. bei den beliebten Internetauktionen. Ab einem bestimmten Umsatzvolumen oder regelmäßigen Angeboten gilt ein Verkäufer dort als Unternehmer mit den entsprechenden Pflichten.

Folgende Regelungen ergeben sich im Rahmen des Verbrauchsgüterkaufs:

- Beim **Versand der Ware** findet der Gefahrübergang erst mit Erhalt der Sache durch den Verbraucher statt (§ 474 Abs. 2 BGB).
- Die **Rechte aus den Kaufvertragsstörungen** können nicht zulasten des Verbrauchers abgeändert werden. Es gilt zwingend die 2-jährige Reklamationsfrist, die lediglich bei Gebrauchtwaren auf ein Jahr reduziert werden kann.
- Die **Beweislast** bei Sachmängeln wird **umgekehrt**. Treten Mängel innerhalb von 6 Monaten auf, wird davon ausgegangen, dass die Sache bereits bei der Lieferung mangelhaft war. Der Verkäufer muss also nachweisen, dass er für diesen Mangel nicht verantwortlich ist.
- Eine **Garantieerklärung** muss **einfach und verständlich** abgefasst sein. Es muss ein Hinweis enthalten sein, dass die gesetzlichen Rechte durch die Garantie nicht eingeschränkt werden. Darüber hinaus sind der Inhalt der Garantie und alle wesentlichen Angaben, die für die Geltendmachung der Garantie erforderlich sind, aufzuführen.

8|5 Die Regelungen zum Verbrauchsgüterkauf stellen somit einen wichtigen Teil des **Verbraucherschutzes** dar.

✳ *Zusammenfassung*

- **Kaufverträge** können nach der rechtlichen Stellung der Vertragspartner, nach Art und Beschaffenheit der Ware, nach dem Lieferzeitpunkt und nach dem Zahlungszeitpunkt unterschieden werden.
- Die Phasen der **Kaufvertragsabwicklung** gliedern sich in Anfrage, Angebot, Abschluss und Erfüllung.
- Im Kaufvertrag werden **Regelungen** zu Art, Beschaffenheit und Güte der Ware, Menge und Preis, Verpackungs- und Versandkosten, Lieferzeitpunkt, Zahlungsbedingungen, Erfüllungsort, Gefahrübergang und Gerichtsstand getroffen.
- Bei den **allgemeinen Geschäftsbedingungen (AGB)** handelt es sich um vorformulierte, standardisierte Vertragsbedingungen, die für eine Vielzahl von Verträgen genutzt werden können. Das BGB schränkt allerdings die Möglichkeiten zur Ausgestaltung der AGB zum Schutz der Verbraucher deutlich ein.
- Eine **Kaufvertragsstörung** liegt vor, wenn die Pflichten aus dem Kaufvertrag nicht vereinbarungsgemäß erfüllt werden.

Pflichten des Verkäufers

Lieferung einwandfreier Ware

Störung

mangelhafte Lieferung (Schlechtleistung)

Rechte des Käufers

- Nacherfüllung (vorrangig)
- Rücktritt vom Kaufvertrag
- Preisminderung
- Schadenersatz
- Ersatz vergeblicher Aufwendungen

Rechtzeitige Lieferung der Ware

Störung

Lieferungsverzug (Nicht-rechtzeitig-Lieferung)

Rechte des Käufers

- Rücktritt vom Kaufvertrag
- Schadenersatz
- Ersatz vergeblicher Aufwendungen

Pflichten des Käufers

Annahme der gelieferten Ware

Störung

Annahmeverzug (Nicht-rechtzeitig-Annahme)

Rechte des Verkäufers

- Bestehen auf Annahme der Ware
- Verkauf der Ware
- Rücktritt vom Kaufvertrag

Rechtzeitige Bezahlung der Ware

Störung

Zahlungsverzug (Nicht-rechtzeitig-Zahlung)

Rechte des Verkäufers

- Bestehen auf Zahlung
- Rücktritt vom Kaufvertrag

- Die Regelungen zum **Verbrauchsgüterkauf** schränken die Vertragsfreiheit zugunsten der Verbraucher stark ein (Verbraucherschutz).

Aufgaben

1. ***Entscheiden Sie, um welche Art von Kaufvertrag es sich jeweils handelt.***
   a) ***Kauf einer kleinen Warenmenge zu Testzwecken***
   b) ***Lieferung in KW 38***
   c) ***Der Verkäufer räumt dem Käufer eine Zahlungsfrist von 60 Tagen ein.***
   d) ***Der Kaufgegenstand ist ein Originalgemälde.***
   e) ***Kauf einer Spielekonsole in einem Secondhandshop***

2. Unterscheiden Sie Anfrage, Anpreisung und Angebot.
3. Wie lange ist der Verkäufer an ein Angebot gebunden, das
   a) gegenüber einem Anwesenden gemacht wurde,
   b) per E-Mail verschickt wurde,
   c) per Post mit einer Frist bis zum 15. April verschickt wurde?
4. Was versteht man unter Freizeichnungsklauseln? Welche Grenzen sind den Freizeichnungsklauseln gesetzt?
5. Werden bestimmte Inhalte in einem Kaufvertrag nicht von den Vertragspartnern geregelt, greifen die entsprechenden gesetzlichen Bestimmungen. Was heißt das für
   a) Lieferzeit?
   b) Beschaffenheit der Ware?
   c) Versandkosten?
   d) Zahlung?
   e) Erfüllungsort?
6. Überprüfen Sie die Rechtslage bei folgenden AGB:
   a) Ein Versandhandel legt die Gewährleistungsfrist auf 18 Monate fest.
   b) Bei Abschluss des Kaufvertrags wird eine Lieferung innerhalb einer Woche vereinbart. Die AGB sehen eine Lieferung innerhalb von 4 Wochen vor.
   c) Innerhalb der zweiwöchigen Lieferfrist nach Abschluss des Kaufvertrags teilt der Verkäufer mit Hinweis auf die AGB mit, dass sich der Preis wegen gestiegener Energiekosten um 10 % erhöht hat.
   d) Lieferung gegen eine Versandkostenpauschale von 4,95 €.
7. Vergleichen Sie in Gruppenarbeit die AGB Ihrer Ausbildungsbetriebe. Welche Gemeinsamkeiten und Unterschiede gibt es?
8. Was versteht man bei mangelhafter Lieferung unter vorrangigen und nachrangigen Rechten?
9. Prüfen Sie bei den nachfolgenden Kaufvertragsstörungen die Rechtslage:
   a) Thomas bestellt sich in einem Onlineshop eine Spielekonsole, eine Lieferfrist wurde nicht vereinbart. Als nach 14 Tagen das Gerät immer noch nicht da ist, will er entnervt vom Vertrag zurücktreten.
   b) In Erwartung der neuen Spielekonsole kauft sich Thomas auch einen neuen Geräteschrank. Da die Aufbauanleitung nur in Chinesisch vorliegt, gelingt es Thomas nicht, den Schrank aufzubauen.
   c) Nach der erfolgreich verlaufenen Zwischenprüfung möchte Julia mit ihrem Team feiern. Für Freitag um 18:00 Uhr bestellt sie bei einem Partyservice ein kaltes Büffet. Aufgrund eines Personalengpasses beim Partyservice wird erst um 23:00 Uhr geliefert.
   d) Die Dialogfix GmbH kauft 100 Headsets, auf der Rechnung des Lieferanten ist kein Zahlungstermin angegeben.
10. Die Dialogfix GmbH erhält am 27. Juni eine Lieferung über 20 Bürostühle. Die Rechnung liegt der Lieferung bei, dort finden sich keine weiteren Zahlungshinweise.
   a) Ermitteln Sie, ab wann sich die Dialogfix GmbH im Zahlungsverzug befindet.
   b) Welches vorrangige Recht steht dem Lieferanten in diesem Fall zu?
11. Welche Besonderheiten sind beim Verbrauchsgüterkauf zu beachten?
12. Die Dialogfix GmbH verkauft an Michelle Noster den Laptop „Portablix". Welche gesetzliche Gewährleistungsfrist (Reklamationsfrist) muss das Unternehmen einhalten?

5 Regelungen zum Verbraucherschutz einhalten

■ *Einstiegssituation*

Julia arbeitet heute in der Outbound-Akquise. Anhand einer Adressliste ruft sie mehrere Personen an, um diese für Dialogfix als Kunden für den neuen Laptop „Portablix" zu gewinnen.

Im Moment hat Julia Herrn Dr. Lieblang am Telefon. Gerade als sie ihre Meldeformel beendet hat und in ein Verkaufsgespräch einsteigen möchte, fällt **Herr Dr. Lieblang** ihr ins Wort: *„Entschuldigen Sie mal, ich kann mich nicht erinnern, Sie um einen Anruf gebeten zu haben. Wer gibt Ihnen denn das Recht, mich zu Hause zu stören?"*

Julia ist etwas aus der Fassung gebracht und erwidert: *„Aber, Herr Dr. Lieblang, wir haben Ihnen doch ein entsprechendes Angebot zugeschickt. In Ihrem Antwortschreiben haben Sie bestätigt, dass eine telefonische Kontaktaufnahme erwünscht ist!"*

■ *Arbeitsaufträge*

1. ***Diskutieren Sie die Ausgangssituation in der Klasse: Wann ist es erlaubt, mit potenziellen Neukunden per Outbound in Kontakt zu treten?***
2. ***Welche Regelungen zur Neukundenakquise und zur Telefonwerbung sind in Ihrem Ausbildungsbetrieb getroffen?***
3. ***Sammeln Sie Möglichkeiten, wie die Rechte von Verbrauchern gegenüber Unternehmen geschützt werden können.***

Dialogmarketing bietet die Möglichkeit, eine hohe Zahl von Verbrauchern und Unternehmen schnell und direkt über das Telefon oder mittels anderer elektronischer Medien anzusprechen. Daraus ergibt sich jedoch die Notwendigkeit, genau zu prüfen, ob man nicht unerlaubt in das Privatleben von Personen oder den Arbeitsalltag von Unternehmen eindringt. Die rechtlichen Rahmenbedingungen der Ansprache über elektronische Medien wie Telefon, Internet, E-Mail etc. und der eventuell daraus resultierenden Vertragsabschlüsse sind im **Gesetz gegen den unlauteren Wettbewerb (UWG)** geregelt.

Da Verbraucher gegenüber Unternehmen im Marktgeschehen meist in einer schwächeren Ausgangslage sind, hat der Gesetzgeber über das UWG hinaus verschiedene Regelungen getroffen, die dazu dienen, die Rechte der Verbraucher zu schützen. Insbesondere sind dabei zu nennen:

- Recht der AGB (§§ 305–310 BGB)
- Widerrufsrecht (§ 355 BGB)
- Fernabsatzrecht (§§ 312b–312f BGB)
- Preisangabenverordnung (PAngV)
- Regelungen zu außerhalb von Geschäftsräumen geschlossenen Verträgen (§ 312)
- Telekommunikationsgesetz (TKG)

Praxistipp
Häufig lassen die gesetzlichen Regelungen zum Verbraucherschutz einen gewissen Interpretationsspielraum. Es ist daher nicht auszuschließen, dass einzelne Detailregelungen zu einem späteren Zeitpunkt von der Rechtsprechung abweichend bewertet werden.

Neben den Bemühungen des Gesetzgebers, Mitbewerber und Verbraucher zu schützen, haben sich viele seriöse Unternehmen selbst dazu verpflichtet, mittels verbindlicher Regelungen die Rechte der Kunden zu schützen und eine ehrliche Umgangsweise mit Verbrauchern zu bewahren.

Werbeanrufe am späten Abend und sonntags sind tabu

Wie dürfen und wie sollten Werbung und Akquise per Telefon umgesetzt werden, um Verbraucher nicht zu belästigen? Der Bitkom hat Verhaltensregeln für verbraucherfreundliche Telefonwerbung veröffentlicht. Der Digitalverband folgt damit dem Deutschen Dialogmarketing Verband e. V. (DDV) und dem Call Center Verband Deutschland e. V. (CCV), die bereits im Januar den gemeinsamen Branchenkodex als Instrument der Selbstregulierung herausgegeben haben [...].
Im Kern geht es darum, Verbraucher beim Telefonmarketing noch deutlicher als bisher vor unlauteren Geschäftspraktiken zu schützen. „Wir wollen mit diesem Branchenstandard Maßstäbe setzen, um die Zahl der Beschwerden über lästige Anrufe zu reduzieren. Das ist im Sinne der Verbraucher, liegt aber auch im Interesse der Unternehmen, die Anrufe durchführen oder entsprechende Anrufe in Auftrag geben", so Bitkom-Bereichsleiter Markus Altvater. [...]
Unter anderem sehen die neuen Verhaltensregeln vor, dass Kunden – sofern sie nicht etwas anderes wünschen – nur werktags zwischen 8 und 20 Uhr sowie sonnabends zwischen 9 und 18 Uhr angerufen werden, sonntags grundsätzlich überhaupt nicht. Konkret festgelegt wird auch, wie lange das Telefon maximal klingeln darf, aber auch wie lange es mindestens klingeln muss, so dass der Kunde ausreichend Zeit hat, den Anruf entgegenzunehmen.
Wichtig für die Angerufenen: Die Verhaltensregeln legen fest, dass stets eine Telefonnummer übermittelt wird, unter der die Kunden kostenlos oder zu üblichen Tarifen zurückrufen können. „Telefonwerbung ist ein wichtiger Informationskanal. Seine Akzeptanz hängt aber entscheidend davon ab, dass sich die Unternehmen an klare Spielregeln halten" [...].

Quelle: BusinessOn: Werbeanrufe am späten Abend und sonntags sind tabu, vom 18.02.2015, unter http://www.business-on.de/hamburg/telemarketing-werbeanrufe-am-spaeten-abend-und-sonntags-sind-tabu-_id35653.html (Stand: 14.07.2020)

5.1 Gesetz gegen den unlauteren Wettbewerb (UWG)

Das UWG stellt die rechtliche Grundlage für alle Werbemaßnahmen innerhalb Deutschlands dar und bildet die Hauptgesetzesgrundlage gegen den unlauteren Wettbewerb. **Unlauter** bedeutet so viel wie unseriös, unehrlich bzw. nicht fair. In der Geschäftswelt sind damit Praktiken gemeint, die nicht legal sind und bei denen es darum geht, rücksichtslos einen möglichst großen Gewinn zu erzielen. Das UWG trat in Deutschland bereits 1909 in Kraft und wurde 2004 umfassend reformiert. Weitere Änderungen des UWG ergaben sich 2008 und 2015 durch entsprechende EU-Richtlinien und Vorgaben des EU-Parlaments. Die Zielsetzung des UWG wird in § 1 klargestellt:

§ 1 UWG: Zweck des Gesetzes
Dieses Gesetz dient dem Schutz der Mitbewerber, der Verbraucherinnen und Verbraucher sowie der sonstigen Marktteilnehmer vor unlauteren geschäftlichen Handlungen. Es schützt zugleich das Interesse der Allgemeinheit an einem unverfälschten Wettbewerb.

Um die in § 1 genannten Ziele zu erreichen, definiert das UWG, dass jede unlautere geschäftliche Handlung grundsätzlich unzulässig ist.

Die **„geschäftliche Handlung"** ist dabei eine Grundvoraussetzung für die Anwendbarkeit des UWG. Nach § 2 Abs. 1 Nr. 1 UWG ist die geschäftliche Handlung jedes Verhalten eines Unternehmens **vor, bei oder nach einem Geschäftsabschluss**, das mit der Förderung des Absatzes, dem Abschluss eines Vertrags oder dem Bezug von Waren und Dienstleistungen zusammenhängt. Es werden also nicht nur die Verhaltensweisen des Unternehmens vor Vertragsabschluss, sondern auch während und nach dem Vertragsabschluss betrachtet.

Beispiel

Das Verhalten der Dialogfix GmbH bei einer Kundenreklamation ist eine geschäftliche Handlung.

Das UWG liefert verschiedene Beispiele dafür, welche geschäftlichen Praktiken unlauter sind. So sind alle geschäftlichen Handlungen unlauter, wenn sie nicht der unternehmerischen Sorgfalt entsprechen und dazu geeignet sind, das wirtschaftliche Verhalten des Verbrauchers wesentlich zu beeinflussen (§ 3 Abs. 2 UWG). Außerdem wird in § 4a UWG festgehalten, dass alle aggressiven geschäftlichen Handlungen zu unterlassen sind. Auf die Weise soll verhindert werden, dass Entscheidungen aufgrund von Belästigung, Nötigung oder unzulässiger Beeinflussung getroffen werden. Weitere Beispiele für unlautere Handlungen finden sich in den §§ 4 und 5a. Abschießend wird das UWG durch einen Anhang ergänzt, der 30 irreführende und aggressive geschäftliche Handlungen darstellt, die allesamt verboten sind.

8 | 5.1.3
8 | 3.1

Zu den branchenspezifischen Regelungen des UWG im Dialogmarketing gehören:

- Regelungen zur Telefonwerbung,
- Regelungen zur Werbung mit elektronischer Post.

5.1.1 Telefonwerbung

Das UWG sieht für die Telefonwerbung oder Telefonakquise grundsätzliche Regelungen vor, die sich aus dem **Verbot der unzumutbaren Belästigung** (§7 Abs. 1 UWG) ergeben. Eine Auslegung im Einzelfall erfolgt oft durch Gerichtsurteile. Grundsätzlich wird nach Telefonwerbung gegenüber Verbrauchern und Unternehmen differenziert.

Telefonwerbung gegenüber Verbrauchern

Anrufe bei Verbrauchern zu Werbe- oder Verkaufszwecken sind nur zulässig, sofern diese **ausdrücklich** in die **konkrete** Maßnahme zur Telefonwerbung oder zum Telefonverkauf eingewilligt haben (§7 Abs. 2 Nr. 2 UWG). Das werbende Unternehmen muss nachweisen können, dass der Angerufene **bewusst und unmissverständlich** in die konkrete Maßnahme eingewilligt hat. Diese Regelung gilt sowohl für Neukunden als auch für bestehende Kundenbeziehungen. Die Einwilligung des Verbrauchers kann nur durch einen **aktiven Willensakt** erteilt werden. Diese Bestätigung hat dabei unabhängig von der Einwilligung in die AGB zu erfolgen. Die Einwilligung in AGB, in der der Verbraucher lediglich auf Telefonwerbung aufmerksam gemacht wird, reicht demnach nicht aus.

Eine rechtswirksame Willenserklärung kann ebenso wenig durch das Unterlassen einer Handlung erfolgen.

Beispiele

Fall 1

Thomas hat schriftlich ein Angebot für eine neue Spielekonsole erhalten. In dem beigelegten Antwortschreiben kreuzt Thomas an, dass er eine weitere telefonische Beratung wünscht, und sendet dieses Schreiben unterschrieben zurück.

Eine Einwilligung liegt vor.

Würde Thomas nicht reagieren, dürfte das Unternehmen nicht einfach davon ausgehen, dass eine Einwilligung vorliegt. Dies gilt auch dann, wenn in einem Schreiben darauf hingewiesen wird, dass bei einer ausbleibenden Reaktion seitens des Verbrauchers telefonisch nachgefasst wird.

Fall 2
Thomas besucht die Internetseite eines PC-Herstellers und meldet sich dort für ein Bonusprogramm und einen Newsletter an. Bei der entsprechenden Angabe der persönlichen Daten ist bereits das Kontrollkästchen zur Einwilligung in Telefonwerbung angehakt. Thomas vergisst, den Haken herauszunehmen, und schickt die Anfrage ab.
Es liegt keine Einwilligung vor, da die Handlung keine aktive Willenserklärung war.
Wäre das Kontrollkästchen nicht angehakt gewesen und Thomas hätte dies selbst aktiv getan, würde die Einwilligung vorliegen.

Fall 3
Thomas unterschreibt die AGB seiner Bank. In den AGB wird auch darauf aufmerksam gemacht, dass Kunden mittels Telefon für Marketingzwecke angesprochen werden.
Ohne weitere Willenserklärung liegt keine Einwilligung vor, da die Erklärung separat gegeben werden muss.

Ein **Kaltanruf (Cold Call)**, also ein Anruf bei Personen, zu denen bisher keinerlei geschäftlicher Kontakt bestand, ist bei Verbrauchern **ausnahmslos untersagt**.

→ ***Praxistipp***
Anrufe zur Markt- und Meinungsforschung stellen grundsätzlich keine unerlaubte Telefonwerbung dar, solange sie nicht den Charakter wissenschaftlicher Forschung verlieren.
Enthalten diese Anrufe allerdings Werbung, ist der als Meinungsumfrage getarnte Telefonanruf rechtswidrig.

In der Öffentlichkeit wird zunehmend negativ auf unerlaubte Kaltanrufe reagiert. Dies veranlasst mittlerweile auch Branchenverbände, aktiv dagegen vorzugehen.

Telefonwerbung gegenüber Unternehmen

Im Unternehmensbereich ist eine **mutmaßliche Einwilligung** des Gewerbetreibenden ausreichend. Eine solche Einwilligung liegt dann vor, wenn aufgrund der Geschäftstätigkeit des Unternehmens ein **berechtigtes Interesse** des Angerufenen gegenüber dem Produkt oder dem Angebot angenommen werden kann.

Voraussetzung hierfür ist, dass der Anruf sich auf ein bereits vorher geäußertes konkretes Interesse des Kunden bezieht. Bei bestehender Geschäftsverbindung zum entsprechenden Unternehmen sind somit die Voraussetzungen einer mutmaßlichen Einwilligung dann gegeben, wenn Produkte oder Dienstleistungen beworben werden, die im **Zusammenhang mit der bisherigen Geschäftsbeziehung** stehen.

Vor einem **Kaltanruf** muss genau geprüft werden, inwieweit ein konkretes Interesse an dem beworbenen Produkt oder der Dienstleistung besteht. Diese Voraussetzung liegt nach überwiegender Rechtsprechung nur dann vor, wenn sich der Anruf auf die **eigentliche geschäftliche Tätigkeit des Unternehmens** bezieht und ein **besonderes Interesse** des Angerufenen erwartet werden kann. Anrufe, die sich auf reine Hilfsmittel des Unternehmens zur Erledigung der Hauptgeschäftstätigkeit beziehen, sind somit nicht zulässig.

Beispiele

Fall 1
Dialogfix erhält einen Anruf vom Hersteller der im Unternehmen genutzten Telefonanlage. Aktuell besteht bereits ein Wartungsvertrag. In dem Gespräch wird eine Modernisierung der Anlage zu einem entsprechend günstigen Preis angeboten.
Von einer Einwilligung kann ausgegangen werden.

Fall 2
Dialogfix hat eine Ausschreibung für die Neuanschaffung einer Telefonanlage bei verschiedenen Anbietern vorgenommen. Einer der möglichen Anbieter meldet sich telefonisch.
Auch hier kann von einer Einwilligung ausgegangen werden, da der Anruf sich auf die konkrete Ausschreibung des Unternehmens bezieht.

Fall 3
Dialogfix erhält den Anruf eines Unternehmens, das Büromaterial vertreibt. Ziel des Anrufs ist es, Stifte und Briefumschläge zu verkaufen.
Hier kann *nicht* von einer mutmaßlichen Einwilligung ausgegangen werden, da sich die angebotenen Materialien nicht auf die Haupttätigkeit des Unternehmens beziehen, sondern lediglich untergeordnete Hilfsmittel darstellen.

Sowohl im gewerblichen wie auch im privaten Bereich ist der Einsatz von **automatischen Anrufmaschinen** ohne ausdrückliche Einwilligung der Betroffenen **unzulässig**.

5.1.2 Werbung mit elektronischer Post

Bei den Regelungen zur Werbung mit **elektronischer Post** (z. B. E-Mail, SMS, Messenger-Dienste und Fax) wird danach unterschieden, ob zu der angesprochenen Person eine Geschäftsbeziehung besteht oder nicht.

Werbung ohne vorherige Geschäftsbeziehung

Werbung mit elektronischer Post an **Verbraucher oder Unternehmen**, zu denen noch **keine Geschäftsbeziehung** besteht, ist nach § 7 Abs. 2 Nr. 3 UWG nur zulässig, wenn ein **ausdrückliches Einverständnis** des Empfängers vorliegt. Man spricht in diesem Zusammenhang auch vom **„Opt-in-Modell“** (*„hinein optieren“*). Dieses Modell verbietet neben der unerwünschten E-Mail-Kommunikation ebenfalls den unerwünschten Erhalt anderer elektronischer Medien wie SMS, Messenger-Dienste und Fax.

Eine Einwilligung durch konkludentes (schlüssiges) Handeln ist nicht ausreichend. Abweichend zur Regelung bei der Telefonwerbung kann bei der Werbung mit elektronischer Post auch nicht aufgrund eines sachlichen Interesses bei Gewerbetreibenden von einer mutmaßlichen Einwilligung ausgegangen werden.

Sowohl Firmen als auch Privatpersonen müssen also **aktiv ihr Einverständnis erteilen**, bevor diese per E-Mail, SMS, Messenger-Dienste, Fax etc. angesprochen werden dürfen. Auch hier muss die Einwilligung ausdrücklich erfolgen und kann nicht durch Unterlassung von Handlungen gegeben werden (s. o.). Die Beweislast für dieses Einverständnis liegt, wie bei der Telefonwerbung, beim werbenden Unternehmen.

Beispiele

Fall 1

Thomas hat sich auf einer Internetseite für Onlinespiele registriert. Dafür musste er seine E-Mail-Adresse angeben. Ohne weitere Abfrage erhält er seitdem E-Mail-Werbung für alle möglichen Produkte, die in keinem Zusammenhang mit dieser Seite stehen.
Eine Einwilligung liegt nicht vor.

Fall 2

Thomas besucht die Internetseite eines Herstellers von Spielekonsolen. Dort kann man einem Kundenclub beitreten. Während des Anmeldeprozesses gibt es eine Abfrage, ob man regelmäßig per E-Mail über neue Produkte informiert werden möchte. Thomas aktiviert das entsprechende Kontrollkästchen.
Eine Einwilligung liegt vor.

Werbung bei bestehender Geschäftsbeziehung

Das UWG sieht unter §7 Abs. 3 eine Ausnahmeregelung des „Opt-in-Modells“ vor, hier wird das sogenannte **„qualifizierte Opt-out-Modell“** beschrieben.

Dort heißt es, dass man bei Kunden, die im Zusammenhang mit dem Kauf einer Ware oder Dienstleistung die E-Mail-Adresse, die Handy- oder Faxnummer angegeben haben, ohne die Nutzung zu Werbezwecken zu untersagen, davon ausgehen kann, dass diese mit dem Erhalt von elektronischen Werbenachrichten grundsätzlich einverstanden sind. Demnach ist die Werbung mit **elektronischer Post** für diesen Personkreis auch ohne ausdrückliche Einwilligung zulässig.

Die Kunden müssen aber bei der Angabe ihrer E-Mail-Adresse oder Mobilfunknummer sowie bei jeder weiteren Nutzung (z. B. Werbemail) auf die Möglichkeit hingewiesen werden, eine (weitere) Nutzung zu Werbezwecken zu untersagen. Der Kunde kann also eine Nutzung direkt bei Angabe der Kontaktadresse und auch beim Erhalt jeder Nachricht verhindern. Die Untersagung darf allerdings nicht mit höheren Kosten als die des Basistarifs für eine solche Kommunikation verbunden sein, darf also z. B. nicht mit dem Anruf einer Mehrwertdienstrufnummer verknüpft werden.

Des Weiteren dürfen nur Produkte aus dem Angebot des Unternehmens, zu dem der Kontakt bestanden hat, beworben werden. Die Werbung muss außerdem in einem **unmittelbaren Zusammenhang** mit dem ursprünglichen Produkt stehen.

Beispiel

Fall 1

Thomas kauft in einem Onlineshop eine Spielekonsole. Bei der Angabe der persönlichen Informationen nennt er auch seine E-Mail-Adresse. An der entsprechenden Stelle wird er darauf hingewiesen, dass diese zu Werbezwecken verwendet wird und dass er die Verwendung stets online widerrufen kann. Ab diesem Zeitpunkt erhält er regelmäßig Werbung über Zubehör und neuere Geräte des gleichen Herstellers.

Die Werbung ist zulässig.

Fall 2

Nach der oben beschriebenen Situation erhält Thomas auch Werbung von anderen Firmen bzw. für andersartige Produkte (z. B. Bekleidung).

Die Werbung ist nicht zulässig.

Fall 3

In der oben beschriebenen Situation fehlt bei Angabe der persönlichen Daten der Hinweis, wie Thomas den Erhalt von Werbemails unterbinden kann.

Die Werbung ist nicht zulässig.

Besonderheiten bei Newslettern

Auch der Versand von Newslettern ist über das UWG geregelt. Prinzipiell kann davon ausgegangen werden, dass derjenige, der einen Newsletter aktiv abonniert, auch mit dem entsprechenden Erhalt einverstanden ist. Rechtlich bedenklich ist allerdings, dass es durchaus möglich ist – wie generell bei elektronischer Post –, absichtlich oder unabsichtlich eine falsche E-Mail-Adresse anzugeben. Der Versender von Newslettern ist also dazu aufgefordert, entsprechend sicherzustellen, dass der Eingang an der angegebenen E-Mail-Adresse erwünscht ist.

Dies kann durch das **„Double-Opt-in-Verfahren"** sichergestellt werden. Dabei wird eine erste E-Mail an die angegebene Adresse verschickt, in der der Empfänger den zukünftigen Erhalt des Newsletters bestätigt. Außer der entsprechenden Abfrage zur Einwilligung darf diese erste E-Mail keinerlei Werbung beinhalten. Erst durch eine entsprechende zweite Bestätigung wird also der eigentliche Versand aktiviert.

Mittlerweile sind viele Newsletter-Tools auf dem Markt, welche diesen Prozess automatisiert und rechtssicher unterstützen. Dabei wird für eine Newsletter-Anmeldung ein entsprechendes Eingabefeld erzeugt, in dem Name, Vorname und E-Mailadresse abgefragt werden. Dieses Vorgehen löst im entsprechenden Programm eine erste E-Mail aus, welche dazu dient, die E-Mailadresse zu bestätigen und ein Opt-In abzufragen. Alle weiteren Werbe-E-Mails werden ebenfalls aus diesem Programm erzeugt und enthalten immer einen Link zur Deaktivierung des Opt-In. Klickt ein Kunde diesen an, wird dies dokumentiert und die E-Mailadresse nicht weiter zu Werbezwecken verwendet.

Besonderheiten bei der Werbung mittels Free-SMS

Bei Free-SMS-Diensten haben Nutzer die Möglichkeit, eine bestimmte Anzahl kostenloser SMS an Dritte zu versenden. Der Anbieter fügt solchen SMS dann meist kurze Werbebotschaften hinzu. Hier ist vom Werbenden klar dafür zu sorgen, dass der Empfänger dieser SMS mit dem Werbetext einverstanden ist und dass Nutzer dieses Dienstes keine zusätzliche ungewollte Werbung über den Dienst versenden.

Dies kann dadurch erreicht werden, dass Nutzer dieser Dienste sich im Vorfeld nachweisbar anmelden müssen und in den Geschäftsbedingungen klar dazu aufgefordert werden, nur SMS an Personen zu versenden, die mit dem Erhalt von Werbebotschaften einverstanden sind.

5.1.3 Weitere Regelungen des UWG

Neben den bereits vorgestellten branchenspezifischen Regelungen beschäftigt sich das UWG mit weiteren wettbewerbswidrigen Verhaltensweisen. Dazu gehören:

- sämtliche unlauteren geschäftlichen Handlungen nach §§ 3 und 4a UWG,
- irreführende geschäftliche Handlungen (§§ 5 und 5a UWG),
- vergleichende Werbung (§ 6 UWG).

Unlautere geschäftliche Handlungen

Das UWG untersagt jede unlautere geschäftliche Handlung, wie z. B.:

- Maßnahmen, welche die Entscheidungsfreiheit der Menschen durch Druck oder in menschenverachtender Weise beeinflussen

  Beispiele

  Werbung, die die Angst von Menschen ausnutzt, oder die Ansprache von Menschen auf offener Straße mit dem Ziel, diese zu einem Geschäftsabschluss zu bewegen.

- Ausnutzen der geschäftlichen Unerfahrenheit von Kindern und Jugendlichen

  Beispiel

  Eine zunächst kostenlos erscheinende App wird beworben. Für den geschäftsunerfahrenen Jugendlichen ist nicht erkennbar, dass er damit ein kostenpflichtiges Abonnement abschließt.

- Vorenthalten wesentlicher Informationen

Beispiel

Thomas kauft in einem Onlineshop vergünstigt zwei Bücher ein und erhält als Geschenk noch einen neuen Rucksack. Während der Bestellung kann er nicht genau ersehen, dass er durch den Kauf Mitglied in einem Buchclub wurde und nun monatlich ein Buch kaufen soll.

Neben den hier vorgestellten Beispielen enthält das UWG einen Anhang, welcher 30 unzulässige Handlungen benennt, die unter allen Umständen verboten sind. Diese sogenannte **„schwarze Liste"** soll dem Verbraucher helfen, unmittelbar aus dem Gesetz zu entnehmen, welches Verhalten ihm gegenüber auf jeden Fall gesetzwidrig ist. Verboten sind demnach z. B.:

- Ein Unternehmen verwendet Gütezeichen oder Qualitätskennzeichen ohne entsprechende Erlaubnis.
- Ein Unternehmen trifft die unwahre Angabe, eine bestimmte Ware sei nur für einen begrenzten Zeitraum verfügbar, um den Verbraucher zu einer schnellen Entscheidung zu drängen.
- Die unwahre Angabe oder das Erwecken des unzutreffenden Eindrucks, gesetzlich bestehende Rechte stellten eine Besonderheit des Angebots dar.
- Die Angabe, durch den Kauf einer bestimmte Ware oder Dienstleistung ließen sich die Gewinnchancen bei einem Glücksspiel erhöhen.
- Die unwahre Angabe, der Unternehmer werde demnächst sein Geschäft aufgeben oder seine Geschäftsräume verlegen.
- Die unwahre Angabe, eine Ware oder Dienstleistung könne Krankheiten heilen.
- Die Übermittlung von Werbematerial und einer Zahlungsaufforderung, um den Eindruck zu vermitteln, die beworbene Ware wäre bereits bestellt.
- Das Angebot eines Wettbewerbs oder Preisausschreibens, wenn weder die in Aussicht gestellten Preise oder eine Entsprechung tatsächlich vergeben werden.
- Das Erwecken des Eindrucks, der Verbraucher könne bestimmte Räumlichkeiten nicht ohne vorherigen Vertragsabschluss verlassen.
- Die in Werbung einbezogene Aufforderung an Kinder, selbst ein bestimmtes Produkt zu erwerben.
- Die Aufforderung zur Bezahlung nicht bestellter, aber gelieferter Waren oder erbrachter Dienstleistungen oder eine Aufforderung zur Rücksendung oder Aufbewahrung nicht bestellter Sachen.

→ ***Praxistipp***
Die vollständige Liste befindet sich unter: www.gesetze-im-internet.de/uwg_2004/anhang.html

Irreführende geschäftliche Handlungen

Irreführende geschäftliche Handlungen sind unlauter, wenn diese geeignet sind, den Verbraucher zu einer Entscheidung zu veranlassen, die er anders nicht getroffen hätte. Eine solche (umgangssprachlich auch als „irreführende Werbung“ bezeichnete) Verhaltensweise liegt z. B. vor, wenn

- nicht zutreffende oder unwahre Angaben über Verwendungsmöglichkeit, Art, Beschaffenheit, geografische oder betriebliche Herkunft, Ausführung und Menge gemacht werden.

  Beispiel

  Thomas kauft einen Wein, der durch sein Etikett darauf schließen lässt, dass er aus Frankreich kommt. Später stellt sich heraus, dass es sich um einen Wein aus Serbien handelt.

- der Preis oder die Art und Weise der Preisberechnung fehlerhaft dargestellt wird oder die Lieferungsbedingungen nicht stimmen.

  Beispiel

  In der Werbung für eine Spielekonsole wird von einem 50-prozentigen Nachlass gegenüber dem „empfohlenen Verkaufspreis“ gesprochen. Die Preisermittlung ist nicht nachvollziehbar.

- die Angaben über den Werbenden, sein Vermögen, seine Kenntnisse oder Befähigungen, seine Identität oder seine Ehrungen unwahr oder irreführend sind.

  Beispiel

  Thomas sieht die Anzeige eines Elektrohandels, der mit 15 Jahren Erfahrung im Computergeschäft wirbt. Später stellt sich heraus, dass zwar das Geschäft 15 Jahre besteht, es aber erst vor 5 Jahren Computer in das Sortiment aufgenommen hat.

- mit einem Preis geworben wird, der nur für unangemessen kurze Zeit gültig ist.

  Beispiel

  Als Thomas die im Internet bestellte Spielekonsole erhält, teilt der Verkäufer mit, dass der Werbepreis nicht mehr gültig sei und nun der reguläre Preis zu zahlen ist.

- Waren beworben werden, die aufgrund der zu erwartenden Nachfrage nur eine unangemessen kurze Zeit vorrätig sind. Man spricht in diesem Fall auch von sogenannten „Lockvogelangeboten“. Nach gängiger Rechtsprechung muss die entsprechende Ware in der Regel für mindestens 2 Tage verfügbar sein.

  Beispiel

  Aufgrund der Werbung eines Kaufhauses für einen unschlagbar günstigen Digitalreceiver macht Thomas sich auf den Weg. Obwohl das Angebot erst seit 8 Stunden gültig ist, befindet sich kein Receiver mehr auf Lager.

Nach § 5a UWG kann eine Werbung auch dann irreführend sein, wenn dem Verbraucher bestimmte Informationen vorenthalten werden, die seine Entscheidung beeinflussen können. Das Gesetz enthält deshalb eine nicht abschließende Aufzählung von Informationen, die dem Verbraucher von Unternehmen zwingend mitgeteilt werden müssen. Dazu gehören z. B.:

- alle wesentlichen Merkmale einer Ware oder Dienstleistung,
- die Identität des Unternehmens,
- der Endpreis oder, wenn dieser aufgrund Art und Beschaffenheit nicht genannt werden kann, die Art der Preisberechnung,
- Zahlungs-, Liefer- und Leistungsbedingungen,
- das Bestehen eines Widerrufsrechts.

Vergleichende Werbung

Bei vergleichender Werbung werden Waren und Dienstleistungen der Mitbewerber in die eigene Werbung aufgenommen. Nach §6 UWG handelt man dabei unlauter, wenn z. B.

- der Vergleich nicht auf Waren und Dienstleistungen für den gleichen Bedarf ausgerichtet ist,
- nicht objektiv nachprüfbare Kriterien oder der Preis der Waren verglichen werden,
- die Waren, Dienstleistungen oder die persönlichen Verhältnisse des Mitbewerbers herabgesetzt werden.

Vergleichende Werbung ist also nicht grundsätzlich untersagt.

5.1.4 Maßnahmen bei Verstößen gegen das UWG

Verhält sich ein Unternehmen nach dem UWG wettbewerbswidrig, so kann das entsprechende Verhalten **abgemahnt** werden. Diese Abmahnung kann durch einen Mitbewerber, eine Industrie- und Handelskammer oder eine entsprechende Vereinigung gegen den unlauteren Wettbewerb erwirkt werden.

> → ***Praxistipp***
> Ein kompetenter Ansprechpartner bei Verstößen gegen das UWG sind die Verbraucherzentralen. Nähere Informationen unter: www.verbraucherzentrale.de

Mittels der Abmahnung wird das Unternehmen aufgefordert, das wettbewerbswidrige Verhalten zu unterlassen. Jeder Verbraucher kann den Sachverhalt bei der Bundesnetzagentur zur Anzeige bringen.

Außerdem können Unternehmen, die vorsätzlich oder fahrlässig gegen das Verbot des unlauteren Wettbewerbs verstoßen, zum Ersatz des aus diesem Verhalten entstandenen Schadens verpflichtet werden (§9 UWG).

Bundesnetzagentur verhängt erneut Bußgeld gegen Sky

Weil der Bezahlsender Sky Deutschland „das Verbot unerlaubter Telefonwerbung wiederholt missachtet und Verbraucher teilweise in erheblicher Weise belästigt" hat, wurde von der Bundesnetzagentur nun ein Bußgeld in Höhe von 250 000,00 € verhängt. Nach Erkenntnissen des Regulierers habe Sky nicht mit der gebotenen Sorgfalt geprüft, ob beauftragte, externe Call Center auch tatsächlich Werbeeinwilligungen eingeholt hatten. Jochen Homann, Präsident der Bundesnetzagentur, kündigte an: „Gegen solche Wiederholungstäter verhängen wir hohe Bußgelder."

Bei der Bundesnetzagentur waren bis zuletzt rund 1 000 Anzeigen zu unerlaubten Werbeanrufen des Bezahlsenders eingegangen, in denen für ein Pay-TV Abonnement geworben wurde. Ziel war es, Neukunden zu akquirieren und Altkunden zurückzugewinnen. Den Anrufen lag vielfach keine wirksame Werbeeinwilligung zugrunde, andere Betroffenen hatten ihre Werbeeinwilligung widerrufen.

Für die Neukundenakquise hatte das Unternehmen externe Call Center beauftragt und auch die Einholung von Werbeeinwilligungen auf diese Unternehmen übertragen. Die Werbeeinwilligungen sollen durch Internetgewinnspiele eingeholt worden sein. [...] Ermittlungen der Bundesnetzagentur hatten jedoch gezeigt, dass die betroffenen Verbraucher die Internetseiten weder besucht noch im Rahmen eines Gewinnspiels ihre Einwilligung erteilt hatten. Vielmehr waren die Verbraucher, denen ihre angebliche Einwilligung vorgelegt wurde, überrascht. Überwiegend waren ihnen die Gewinnspielseiten gänzlich unbekannt. Für sie war es daher völlig abwegig, dass hierüber eine Werbeeinwilligung zustande gekommen sein sollte. Die Einschätzung des Regulierers: Sky Deutschland Fernsehen hat nicht mit der gebotenen Sorgfalt geprüft, ob die beauftragten Unternehmen auch tatsächlich Werbeeinwilligungen eingeholt hatten.

Quelle: Jünger, Alexander: Bundesnetzagentur verhängt erneut Bußgeld gegen Sky, vom 07.01.2020, unter www.callcenterprofi.de/branchennews/detailseite/bundesnetzagentur-verhaengt-erneut-bussgeld-gegen-sky-20206519/ (Stand: 14.07.2020)

Neben der Möglichkeit der Abmahnung und Strafe nach dem UWG haben betroffene Verbraucher oder Unternehmen jederzeit die Möglichkeit, **zivilrechtlich** gegen Unternehmen vorzugehen, von denen sie unaufgefordert oder gesetzwidrig angesprochen werden.

5.2 Widerrufsrecht

Aus Gründen des Verbraucherschutzes gewährt der Gesetzgeber bei manchen Vertragsarten ein Widerrufsrecht. Dieses berechtigt den Verbraucher, einen bereits rechtsgültig geschlossenen Vertrag zu lösen. Da Verträge im Allgemeinen für beide Vertragspartner bindend sind, stellt das Widerrufsrecht eine klare Ausnahme dar.

Das Widerrufsrecht findet u. a. Anwendung bei **Fernabsatzverträgen** und **außerhalb von Geschäftsräumen geschlossenen Verträgen** (siehe S. 242 f.).

Widerrufsrecht (§ 355 BGB)	• Der Widerruf ist gegenüber dem Unternehmer innerhalb von **2 Wochen** zu erklären (telefonisch, per E-Mail, Brief, Fax etc.) Das reine Zurücksenden der Ware reicht nicht als Erklärung aus. • Die Kenntnisnahme des Verbrauchers vom Widerrufsrecht erfordert eine **gesonderte Unterschrift** oder elektronische Signatur. • Die Widerrufsfrist beginnt mit dem Zeitpunkt, an dem der Verbraucher die entsprechende, deutlich gestaltete Belehrung zu seinem Widerrufsrecht erhalten hat. Diese ist in Textform zu leisten und muss Name und Anschrift des Unternehmens sowie den Zeitpunkt des Fristbeginns beinhalten. • Übt der Verbraucher das Widerrufsrecht aus und kann die Ware mit einem Paket versendet werden, so ist er zur **Rücksendung** verpflichtet. • Die Rücksendekosten können dem Käufer auferlegt werden. • Digitale Güter und Downloads können vom Widerrufsrecht ausgeschlossen werden. Dazu muss der Verbraucher darüber informiert sein und ausdrücklich in das Erlöschen des Widerrufsrechts einwilligen.

→ ***Praxistipp***

Das ehemalige Rückgaberecht ist seit 2014 ersatzlos entfallen. Damit wurde eine EU-Richtlinie umgesetzt, deren Ziel die vollständige Harmonisierung der Informationspflichten gegenüber Verbrauchern ist.

Auf folgende Regelung muss der Verbraucher achten, wenn er von seinem Widerrufsrecht Gebrauch macht:

Der Verbraucher muss dann Wertersatz für einen Wertverlust der Ware leisten, wenn der Wertverlust darauf zurückzuführen ist, dass der Verbraucher mit der Ware anders umgegangen ist, als es für eine ordentliche Prüfung notwendig war und zuvor eine ordnungsgemäße Belehrung über das Widerrufsrecht erfolgt ist.

Wenn alleine durch Prüfung der Ware eine Verschlechterung eingetreten ist, muss keine Ausgleichszahlung geleistet werden.

Beispiel

Thomas kauft einen neuen Fernseher, den Kaufvertrag möchte er innerhalb der entsprechenden Frist widerrufen. Er hat den Fernseher bereits genutzt und durch Unachtsamkeit die vordere Tastenschutzklappe abgebrochen.
Er muss bei Rückgabe den Schaden ersetzen.

5.3 Fernabsatzrecht

Anwendungsbereich

Das Fernabsatzrecht (§ 312c ff. BGB) beschäftigt sich mit den besonderen Regeln für alle Kaufverträge, die ohne persönlichen Kontakt der Vertragspartner geschlossen wurden. Es geht also um Verträge über Lieferung oder Kauf von Waren bzw. über die Erbringung von Dienstleistungen, die zwischen einem Unternehmer und einem Verbraucher **ausschließlich mithilfe von Fernkommunikationsmitteln** abgewickelt werden.

Zu den gebräuchlichen Fernkommunikationsmitteln gehören:

Telefonanrufe — Fax — Social-Media-Dienste — Internet — Briefe — Kataloge — E-Mail

Außerdem muss der Vertragsabschluss mittels eines für den Fernabsatz organisierten Vertriebs- oder Dienstleistungssystems (z. B. durch ein Callcenter) erfolgen (§ 312c Abs. 2 BGB).

> →
> ***Praxistipp***
> Verkaufsabschlüsse im Dialogmarketing fallen somit üblicherweise unter das Fernabsatzrecht.

Es liegt **kein** Fernabsatzvertrag vor, wenn der Vertragsabschluss nur teilweise, gelegentlich oder ausnahmsweise über Mittel der Fernkommunikation erfolgt.

Des Weiteren gilt das Fernabsatzrecht **nicht** für:

- Verträge zwischen zwei Unternehmen,
- Verträge über die Begründung, den Erwerb oder die Übertragung von Eigentum oder anderen Rechten an Grundstücken,
- Teilzeitwohnrechtsverträge,
- notariell beurkundete Verträge über Finanzdienstleistungen,
- Verträge über die Lieferung von Lebensmitteln, Getränken oder anderen Gütern des täglichen Bedarfs, sofern diese im Rahmen regelmäßiger oder häufiger Fahrten am Aufenthaltsort oder Wohnsitz des Verbrauchers geliefert werden,
- Verträge über die Erbringung von Dienstleistungen oder Lieferungen zu einem bestimmten, vorher definierten Zeitpunkt (z. B. Buchung von Hotels),
- Verträge, die unter Nutzung eines Warenautomaten oder in automatisierten Geschäftsräumen getätigt werden.

Informationspflichten

Vor Abschluss eines Fernabsatzvertrags muss der Unternehmer den Verbraucher gemäß §312d BGB sowie Artikel 246a des Einführungsgesetzes zum Bürgerlichen Gesetzbuch (EGBGB) u.a. über folgende Punkte genau informieren:

- den geschäftlichen Zweck des Vertrags,
- die Identität des Unternehmens, die Anschrift, Telefonnummer sowie eine etwaige abweichende Anschrift für Beschwerden,
- die wesentlichen Merkmale der Dienstleistung oder des Produktes,
- den Zeitpunkt des Zustandekommens des Vertrags,
- den Preis inklusive aller Steuern und zusätzlicher Kosten (z.B. Versand),
- alle Einzelheiten hinsichtlich der Zahlung und Lieferung.

→ *Praxistipp*
Eine vollständige Aufzählung der Informationspflichten finden Sie unter https://dejure.org/gesetze/EGBGB/246a.html

Spätestens bei Lieferung der Waren oder, bei Dienstleistungen, unmittelbar nach Vertragsabschluss muss der Unternehmer diese Informationen auf einem dauerhaften Datenträger (z.B. Schreiben oder E-Mail) zur Verfügung stellen.

Diese Vertragsbestätigung muss auch die in Artikel 246a EGBGB genannten Informationen enthalten, es sei denn diese wurden bereits vor Vertragsabschluss auf einem dauerhaften Datenträger zur Verfügung gestellt. Der Unternehmer kann Kosten wie Fracht-. Versand- oder Lieferkosten nur verlangen, wenn der Kunde hinreichend über diese Kosten informiert wurde.

Dabei müssen u.a. folgende Informationen deutlich hervorgehoben werden:

- Informationen über Gewährleistungsbedingungen und Kundendienst,
- Informationen zu den Bedingungen, Fristen und dem Verfahren zur Ausübung des Widerrufsrechts und zum Widerrufsformular,
- Anschrift des Unternehmens.

Weitere Pflichten für Verträge im elektronischen Geschäftsverkehr

Unternehmen, die Waren im elektronischen Geschäftsverkehr verkaufen (Verkauf im Internet, E-Commerce), haben außer den bereits genannten noch weitere Pflichten gemäß der §§ 312i , 312j BGB und Art. 246c EGBGB:

- Sie müssen angemessene technische Mittel zur Fehlerkorrektur vor Abgabe einer Bestellung bereitstellen.
- Der Eingang der Bestellung muss unverzüglich auf elektronischem Weg bestätigt werden.

- Es muss die Möglichkeit bestehen, den Vertragstext einschließlich der AGB bei Vertragsabschluss aufzurufen und abzuspeichern.
- Der Kunde muss darüber informiert werden, welche einzelnen technischen Schritte zu einem Vertragsabschluss führen.
- Der Kunde muss wissen, ob der Vertragstext gespeichert wird und ob dieser dem Kunden zugänglich ist.
- Die wesentlichen Informationen müssen klar und eindeutig formuliert sein und hervorgehoben werden.
- Hat ein Vertrag eine entgeltliche Leistung des Unternehmens zum Ziel, muss die Bestellsituation im elektronischen Geschäftsverkehr eindeutig so gestaltet sein, dass der Verbraucher mit seiner Bestellung ausdrücklich seine Zahlungspflicht bestätigt (Button-Regelung).

Beispiel

Thomas kauft im Internet einen Laptop. Die Schaltfläche beim Bestellvorgang ist beschriftet mit „zahlungspflichtig bestellen".

→ ***Praxistipp***
Weitere Pflichten finden Sie unter Art. 246c EGBGB sowie unter § 5 TMG.

Widerrufsrecht

Der Verbraucher kann einen Fernabsatzvertrag grundsätzlich ohne Angabe von Gründen widerrufen (§ 356 BGB).

Hierfür ist der Widerruf durch Erklärung gegenüber dem Unternehmen innerhalb von 14 Tagen zu leisten. Die Erklärung des Widerrufs kann der Verbraucher über ein Muster-Widerrufsformular (Anlage 2 zu Art. 246a § 1 Abs. 2 Satz 1 Nr. 1 EGBGB) einreichen. Die Widerrufsfrist beginnt bei einem Verbrauchsgüterkauf mit dem vollständigen Erhalt der Waren bzw. bei einer regelmäßigen Belieferung mit dem Erhalt der ersten Ware (§ 356 BGB). Wenn der Unternehmer nicht ordentlich über das Widerrufsrecht aufklärt, erlischt es spätestens 12 Monate und 14 Tage nach Abschluss des Vertrages.

Ein Widerrufsrecht besteht u. a. **nicht:**

- wenn die Waren speziell für den Kunden angefertigt wurden,
- bei Lieferung von Zeitungen, Illustrierten oder Zeitschriften, mit Ausnahme von Abonnement-Verträgen,
- bei Finanzdienstleistungen und Wertpapiergeschäften, deren Preis von Schwankungen auf dem Kapitalmarkt abhängt,
- bei Software, Audio- und Videoaufzeichnungen, sofern diese vom Verbraucher geöffnet wurden,

- bei Waren, die schnell verderben können oder deren Verfallsdatum schnell überschritten würde.
- versiegelten Waren, die aus Gründen des Gesundheitsschutzes oder Hygiene nicht zur Rückgabe geeignet sind.

Wechsel des Telekommunikationsanbieters

Der Wechsel eines Kunden zu einem **neuen Telekommunikationsanbieter** unter Kündigung seines bisherigen Vertrags ist nur unter Vorlage einer schriftlichen Bestätigung des Kunden möglich. Die Einwilligung zum Wechsel kann vom Kunden nicht mündlich erteilt werden, sondern ausschließlich in Textform (auch elektronisch).

So klappt die Kündigung per E-Mail

Zeitschriftenabonnement, Handyvertrag oder DSL-Tarif – meist reichen ein paar Klicks, um einen Vertrag abzuschließen. Die Kündigung war bislang etwas komplizierter. Die meisten Unternehmen akzeptierten nur schriftliche Mitteilungen per Brief oder Fax. Doch seit Anfang Oktober ist es einfacher geworden, Fristen einzuhalten. Will man Verträge kündigen, reicht jetzt die Textform. Eine eigenhändige Unterschrift ist nicht mehr nötig. Was bedeutet die Neuregelung im Einzelnen? Diese Kündigungswege sind möglich: Hintergrund ist die Änderung des Paragrafen 309 Nr. 13 im Bürgerlichen Gesetzbuch. Klauseln, die eine Kündigung per Schriftform verlangen, sind demnach ungültig. Neben Brief oder Fax müssen die Anbieter jetzt auch E-Mails oder eingescannte PDFs akzeptieren. Sogar die Kündigung per SMS ist möglich. [...]

Quelle: n-tv.de/ino: So klappt die Kündigung per E-Mail, vom 10.10.2016, unter: www.n-tv.de/ratgeber/So-klappt-die-Kuendigung-per-E-Mail-article18823131.html (Stand: 14.07.2020)

5.4 Außerhalb von Geschäftsräumen geschlossene Verträge

Seit 2014 ist eine neue Rechtslage zum Widerrufs- und Fernabsatzrecht in Kraft getreten. Durch das neue Gesetz treten anstelle der Bestimmungen für die bislang geregelten „Haustürgeschäfte“ Vorschriften für „außerhalb von Geschäftsräumen geschlossene Verträge“. Hier wird nun nicht mehr Wert darauf gelegt, dass der Verbraucher in seiner Privatwohnung oder an seinem Arbeitsplatz einen Vertrag abgeschlossen hat. Vielmehr knüpfen die Regelungen jetzt daran an, dass der Vertrag außerhalb der Geschäftsräume des Unternehmers verhandelt oder abgeschlossen wurde. Der Gesetzesbegründung zufolge wird der Anwendungsbereich dadurch erweitert und die bisherigen Haustürgeschäfte gehen in den Neuregelungen auf.

Wichtig hierbei ist, dass die Verbraucherrechte bei Fernabsatzverträgen und bei außerhalb von Geschäftsräumen geschlossenen Verträgen weitgehend angeglichen werden. So sind bei beiden Vertragstypen nun dieselben Informationspflichten zu erfüllen, die im BGB im

Einzelnen festgelegt sind (siehe S. 240). Auch das Widerrufsrecht wird nahezu einheitlich für Fernabsatzverträge und für außerhalb von Geschäftsräumen geschlossene Verträge geregelt. Damit verbunden ist, dass dadurch für beide Vertragsarten dieselbe Widerrufsbelehrung verwendet werden kann.

5.5 Preisangabenverordnung (PAngV)

Die Preisangabenverordnung regelt, dass Preise gegenüber **Endverbrauchern** immer korrekt und vollständig anzugeben sind.

Wer Endverbrauchern eine Ware oder Dienstleistung anbietet bzw. für diese wirbt, muss alle Preise so angeben, wie sie schließlich auch zu zahlen sind. Das bedeutet, dass alle Steuern und Preisbestandteile enthalten sein müssen (**Endpreise** gemäß § 1 PAngV). Im Rahmen eines Fernabsatzvertrags ist ausdrücklich die Höhe der Versandkosten anzugeben. Die Angabe von sogenannten „Nettopreisen“ ist somit nicht statthaft.

Beispiel

Thomas führt ein Verkaufsgespräch für einen Laserdrucker. Neben den Kosten für das eigentliche Produkt informiert er den Kunden auch über die Kosten für Verpackung und Versand.

Ein Verstoß gegen die PAngV ist eine Ordnungswidrigkeit und kann je nach Fall als unlautere Werbung auch einen Verstoß gegen das UWG bedeuten. 8 | 5.1.3

5.6 Telekommunikationsgesetz (TKG)

Rufnummernübermittlung

Durch das **Gesetz zur Bekämpfung unerlaubter Telefonwerbung und zur Verbesserung des Verbraucherschutzes** wurden in das TKG Vorschriften integriert, die dem Schutz der Verbraucher hinsichtlich Telefonwerbung dienen.

Um anonyme bzw. nicht zurückverfolgbare Anrufe bei Verbrauchern zu verhindern, regelt § 102 des TKG, dass die Rufnummer eines Callcenters nicht unterdrückt werden darf, wenn der Anruf zu Werbe- bzw. Verkaufszwecken erfolgt. Dies gilt für Anrufe bei Verbrauchern und Unternehmen.

Auch wenn es sich bei dem anrufenden Callcenter um einen Dienstleister handelt, der im Auftrag anruft, muss die **eigene** Rufnummer des Dienstleisters gesendet werden, es darf nicht die Rufnummer des Auftraggebers übermittelt werden. Bei Nichteinhalten dieses Gesetzes kann ein Bußgeld bis zu 10000,00 € verhängt werden. Jeder Verbraucher kann einen Verstoß bei der Bundesnetzagentur anzeigen.

Diese Regelung schützt die Verbraucher vor anonymer Telefonwerbung, stellt aber den externen Dienstleister vor die Herausforderung, entsprechende Prozesse aufzustellen, um eingehende Rückfragen aufgrund der angezeigten Rufnummer korrekt zu bearbeiten.

Als beliebte Betrugsmasche treten immer wieder sogenannte „Ping Calls“ auf. Dabei wird aus dem Ausland angerufen, doch es wird gleich wieder aufgelegt. Bei einem Rückruf der angezeigten Nummer fallen hohe Kosten an, bis zu mehreren Euros pro Minute. Beim Anrufer handelt es sich um eine gebührenpflichtige ausländische Nummer. Gerne werden für Ping Calls Nummern genutzt, die deutschen Vorwahlen sehr ähnlich sind, so z.B. Anrufe, deren Nummer mit „+212“ anfängt, ähnlich der Vorwahl von Solingen (0212). Tatsächlich führt die Nummer aber in diesem Fall zu einem Anschluss in Marokko. Um solche betrügerischen Verwechselungen zu verhindern, verpflichtet die Bundesnetzagentur Mobilfunkanbieter seit 2018 beim Anruf bestimmter ausländischer Nummern eine kostenlose Preisansage vorzuschalten. Diese Regelung gilt derzeit für 56 Länder, die negativ im Zusammenhang mit Ping Calls aufgefallen waren.

Informationspflichten bei Servicerufnummern

Im TKG werden zudem Regeln für die Nutzung von Servicerufnummern aufgestellt. Dabei geht es um **Informationspflichten der Anbieter**, wenn die Dienste **beworben werden** und wenn sie **in Anspruch genommen** werden. Die Bestimmungen lauten u. a.:

- **0180:** Pflicht zur Preisangabe in der Werbung, keine Ansage vor der Nutzung
- **0900:** Pflicht zur Preisangabe in der Werbung, kostenlose Preisansage vor Beginn der Nutzung, unabhängig vom Preis
- **0137:** Pflicht zur Preisangabe in der Werbung, Ansage der angefallenen Kosten immer **nach** Beendigung der Nutzung

Zudem sind Anrufer auf abweichende Kosten außerhalb des Festnetzes hinzuweisen. Dabei müssen nicht die tatsächlichen Kosten genannt werden, da dies aufgrund unterschiedlicher Tarifierung von Mobilfunkanbietern ohnehin unmöglich ist. Lediglich für die 0180-Rufnummerngasse wurde ein maximaler Minutenpreis von 42 Cent festgelegt.

Kostenlose Warteschleife

4 | 3.2 Eine weitere Verbesserung im Verbraucherschutz betrifft die Einführung einer kostenlosen Warteschleife bei der Nutzung von Servicerufnummern. Eine entsprechende Regelung wurde in die TKG-Novelle von 2012 integriert.

Zusammenfassung

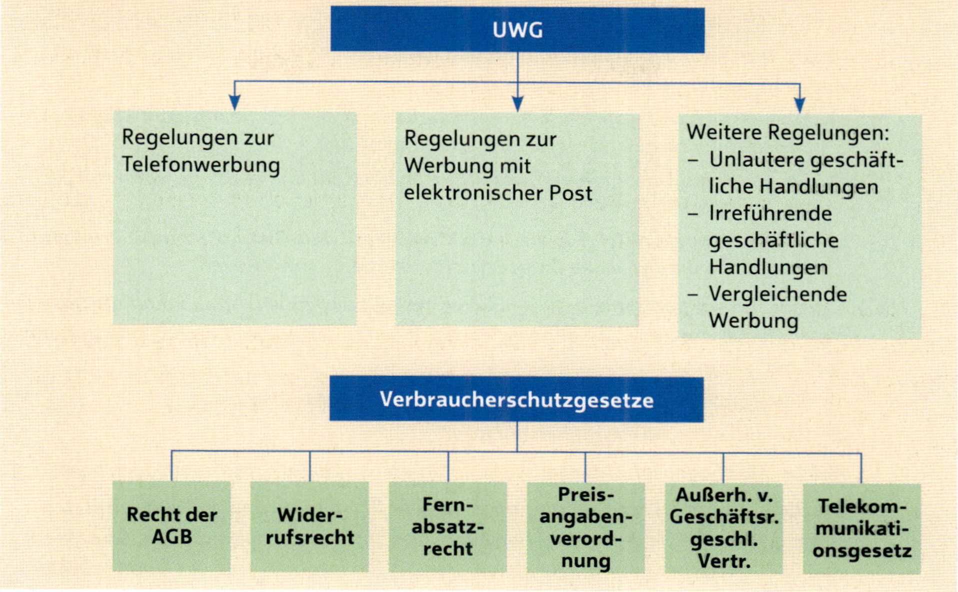

Aufgaben

1. *Ermitteln Sie online (z. B. unter www.bundesnetzagentur.de/DE/Sachgebiete/Telekommunikation/Verbraucher/UnerlaubteTelefonwerbung/unerlaubtetelefonwerbung-node.html) die aktuellen Regelungen zur Telefonwerbung.*

2. *Entscheiden Sie bei folgenden Fällen der Telefonwerbung begründet, ob diese nach dem UWG zulässig sind.*

   a) *Thomas abonniert ein Computermagazin. Bei der Unterschrift der AGB bestätigt er mit, dass er bereit ist, auch über Angebote von Partnerfirmen informiert zu werden. Später wird er telefonisch von verschiedenen Tochterfirmen mit diversen Angeboten kontaktiert.*

   b) *Thomas besucht die Internetseite eines PC-Herstellers. Er möchte zu einem bestimmten PC mehr Informationen per E-Mail erhalten und füllt deswegen ein Kontaktformular aus. In diesem Formular gibt es eine separate Abfrage, ob Thomas bei dem Angebot auch mit einem Telefonkontakt einverstanden ist. Thomas aktiviert das Kontrollkästchen. Später erhält er einen Anruf zu dem PC.*

   c) *Julia erhält privat einen Anruf von der ihr unbekannten TeleTub AG. Das Unternehmen möchte über einen innovativen Telefontarif informieren.*

   d) *Julia nimmt an einer telefonischen Umfrage zur Beliebtheit von Altersvorsorgeprodukten teil. Während des Gesprächs wird ihr ein Angebot für eine „Riester-Rente" unterbreitet.*

   e) *Bei Dialogfix geht der Anruf eines Herstellers von Büromöbeln ein, zu dem bisher keinerlei Geschäftskontakt besteht. Es wird ein Angebot zu einer neuen Büroausstattung unterbreitet.*

3. *Stellen Sie Gemeinsamkeiten und Unterschiede des Opt-in-Modells und des qualifizierten Opt-out-Modells in einer Tabelle zusammen.*

Web

4. Die Dialogfix GmbH möchte zukünftig Newsletter per E-Mail an Interessenten verschicken. Eine Formularabfrage für die Homepage wurde bereits entworfen, zu finden unter BuchPlusWeb (www.westermann.de). Bewerten Sie den Entwurf gemäß UWG.

5. Diskutieren Sie, ob folgende Handlungen nach dem UWG als unlauter anzusehen sind, und begründen Sie Ihre Entscheidung.
   a) Eine Versicherung spricht ältere Menschen auf der Straße mit dem Slogan „Lieber spät vorsorgen, als lange im Altersheim“ an.
   b) Ein deutsches Unternehmen, das Zigarren herstellt und verkauft, wirbt mit „echten Kubanern“.
   c) Die Supermarktkette „Superschmeck“ wirbt mit dem Slogan: „Unsere Produkte sind frisch, die der Firma Blauck frisch etikettiert ... immerhin.“

6. Thomas hat telefonisch einen Fernseher bestellt und möchte nun vom Kauf zurücktreten. Er sendet die Ware ohne weitere Erklärung zurück und wartet nun auf den Zahlungseingang.
   a) Nehmen Sie begründet Stellung zu dieser Vorgehensweise.
   b) Wie hätte Thomas vorgehen müssen?

7. Welche Informationspflichten muss ein Unternehmen bei Fernabsatzverträgen beachten?

8. Die Dialogfix GmbH schaltet eine neue kostenpflichtige Premium-Hotline, mit der Kunden schnell Hilfestellung zu Hardware und Software erhalten sollen. Dazu wird eine 0900-Nummer genutzt. Recherchieren Sie (im Internet) was das Unternehmen beachten muss.

9. Beurteilen Sie für folgende Fälle, ob ein Widerrufsrecht besteht, und begründen Sie Ihre Entscheidung.
   a) Thomas kauft im Internet ein Konsolenspiel. Nach Erhalt probiert er das Spiel einmal aus. Da das Spiel nicht seinen Erwartungen entspricht, entschließt er sich, von seinem Widerrufsrecht Gebrauch zu machen.
   b) Julia schließt per Telefon den Ankauf verschiedener Wertpapiere ab. Zwei Tage später ist sie mit der Kursentwicklung nicht zufrieden und möchte den Kauf widerrufen.
   c) Daniel kauft von einem fahrenden Obst- und Gemüsehändler an der Haustür 10 kg Äpfel zum Preis von 5,99 €. Da Daniel die Äpfel nicht schmecken, möchte er den Kauf widerrufen.

10. Ein Onlinehändler zeichnet alle Produkte mit dem Hinweis aus: „Eventuell fallen Zusatzkosten für Verpackung und Versand an.“ Prüfen Sie die Rechtslage.

11. Ordnen Sie diese Bestimmungen der passenden Rechtsquelle zu:
   a) Gegenüber einem Verbraucher müssen immer Endpreise genannt werden.
   b) Unternehmen dürfen nur bei einem mutmaßlichen Interesse telefonisch kontaktiert werden.
   c) Für telefonisch abgeschlossene Kaufverträge besteht eine Widerrufsfrist von 2 Wochen.
   d) Über die Waren eines Mitbewerbers darf nicht die Unwahrheit verbreitet werden.
   e) Die geschäftliche Unerfahrenheit von Kindern darf nicht ausgenutzt werden.
   f) Schützt den Verbraucher vor spontanen Kaufabschlüssen auf der Straße.

12. Recherchieren Sie auf der Seite der Bundesnetzagentur, wie Verbraucher eine Beschwerde zu unerlaubter Telefonwerbung einreichen können.
   a) Wo finden Sie ein Beschwerdeformular?
   b) Auf welchen Wegen können Sie dieses einreichen?
   c) Welche Daten werden benötigt?

6 Betriebliche Prozesse organisieren

▪ *Einstiegssituation*

Tim Braun, einer der Geschäftsführer der Dialogfix GmbH, hat alle Teamleiter aus der Abteilung Kundenservice zu einem Meeting eingeladen. Thema des Meetings ist die vor einigen Wochen erfolgte Einführung des neuen Laptops „Portablix".

Tim Braun: *„Was die Verkaufszahlen angeht, können wir mit dem neuen Laptop sehr zufrieden sein. Momentan haben wir aber Schwierigkeiten mit der hohen Zahl der Anrufe in der Bestellhotline. Da laufen einfach einige Prozesse noch nicht rund! Die Abwicklung dauert viel zu lange und ständig kommt es zu Beschwerden wegen der Rechnungserstellung. Hat da jemand konstruktive Verbesserungsvorschläge?"*

Da meldet sich Teamleiterin **Ulrike** zu Wort: *„Wir kommen nicht umhin, die Prozesse anzupassen. Wir haben für die Bestellabwicklung von Portablix einfach alle Prozesse aus unserer bisherigen Bestellhotline übernommen. Es zeigt sich aber, dass die Abwicklung hier anders läuft. Deshalb sind auch die Kunden unzufrieden mit uns, obwohl ihnen der Laptop eigentlich gut gefällt."*

Tim Braun: *„Ein guter Vorschlag, Ulrike. Nächste Woche veranstalten wir einen Workshop mit allen Teamleitern, um die Prozesse zu verbessern."*

Ulrike: *„Nur die Teamleiter? Sollten da nicht auch ein paar Agents dabei sein?"*

▪ *Arbeitsaufträge*

1. ***Was ist in der vorliegenden Situation mit „Prozessen" gemeint?***
2. ***Beschreiben Sie weitere Prozesse, die in Ihrem Ausbildungsbetrieb ablaufen.***
3. ***Sammeln Sie in der Klasse Ursachen, die zu einer Veränderung von Prozessen führen können.***
4. ***Wer sollte Ihrer Meinung nach an der Veränderung von Prozessen beteiligt werden?***

Der Begriff „Prozess" ist im betrieblichen Alltag oft zu hören. Aus der Vielzahl unterschiedlicher Begriffsbedeutungen kann im Wesentlichen festgehalten werden:

> # *Definition*
> Ein **Prozess** ist eine wiederkehrende Abfolge von zusammenhängenden Tätigkeiten, die dazu dienen, ein Produkt oder eine Dienstleistung zu schaffen.

1 | 1.2.3 Betriebliche Prozesse sind ein Teil der Ablauforganisation eines Unternehmens. Typisch für einen **Prozess** ist, dass er im Unternehmen **mehrfach durchlaufen** wird. Im Gegen-
9 | 1.1 satz dazu hat etwa ein Projekt einen einmaligen Charakter.

> → ***Praxistipp***
> Häufig wird auch synonym von einem „Geschäftsprozess" gesprochen.

6.1 Prozessorientiert arbeiten

2 | 1.1 Die Dialogmarketingbranche zeichnet sich durch einen hohen Wettbewerbsdruck aus. Viele Anbieter konkurrieren mit ähnlichen Leistungen und treffen dabei auf Kunden mit einer hohen Erwartungshaltung. Daher ist es überlebenswichtig, Prozesse optimal zu gestalten, egal ob Inhouse-Callcenter oder externer Dienstleister. Konkurrenzfähige Prozesse gehen zudem einher mit niedrigen Kosten. Angesichts des anhaltenden Preisdrucks in der Dialogmarketingbranche ist auch dies ein entscheidender Grund, sich mit Prozessen
13 | 3.1 auseinanderzusetzen.

Prozessmanagement

> # ***Definition***
> **Prozessmanagement** umfasst die zielorientierte Planung, Gestaltung, Steuerung und Kontrolle der einzelnen Prozesse sowie die Festlegung von Verantwortlichkeiten.

Üblicherweise laufen Prozesse in Unternehmen in drei Schritten ab:

- **Input:** Es werden Daten, Informationen oder Materialien eingegeben, die weitere Schritte auslösen.

  Beispiel

  Ein Kunde ruft in der Bestellhotline von Dialogfix an.

- **Leistung, Aktivitäten:** Im Zuge der Leistungserstellung wird der Input verarbeitet. Unter dem Einsatz von Ressourcen (Personal, Technik etc.) erfolgen Aktivitäten, die zu einem Ergebnis führen. Dabei kann es auch um eine Abfolge von Prozessschritten und Entscheidungen gehen. Hier handelt es sich um den „eigentlichen" Prozess, dessen Dauer auch als Durchlaufzeit bezeichnet wird.

  Beispiel

  Der Mitarbeiter führt das eingehende Gespräch mit dem Kunden anhand eines Gesprächsleitfadens, dabei werden verschiedene technische Ressourcen (Telefon, Datenbank etc.) verwendet.

- **Output:** Nun liegt ein Ergebnis vor, z. B. in Form einer Information, eines Produkts oder einer Dienstleistung. Der Output kann einen weiteren Prozess auslösen.

Beispiel

Die Bestellung wird vom Mitarbeiter ausgelöst. Weitere Prozesse schließen sich an (Rechnungserstellung, Versand etc.).

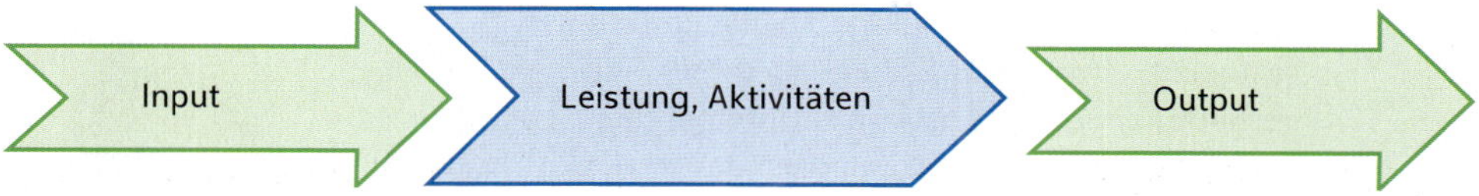

Abb.: Prozessablauf

Im betrieblichen Prozessmanagement sind verschiedene **Grundsätze** zu beachten:

- Prozesse sollen **effektiv** gestaltet werden. Maßstab für die Effektivität ist der **Grad der Zielerreichung**. Es geht also darum, das vorgegebene Ziel (Output) möglichst vollständig zu erreichen. In der Praxis bedeutet dies insbesondere, die **Erwartungen des Kunden** zu erfüllen (Kundenzufriedenheit). 12 | 1.2

Beispiel

Ziel des Prozesses „Telefonische Bestellannahme" ist die fehlerfreie und vollständige Abwicklung des Bestellvorgangs im Kundengespräch.

- Prozesse sollen **effizient** gestaltet werden. Hier ist der Maßstab die **Wirtschaftlichkeit** des Prozesses. Basierend auf dem **ökonomischen Prinzip** soll das vorgegebene Ziel in 6 | 1.3
der gewünschten Qualität mit möglichst geringen Mitteln (sparsamer Ressourceneinsatz) erreicht werden.

Beispiel

Das festgelegte Ziel des Prozesses „Telefonische Bestellannahme" soll mit dem geringstmöglichen Mitteleinsatz erreicht werden.

- Prozesse sollen **flexibel** gestaltet werden. Angesichts sich kurzfristig verändernder Rahmenbedingungen kommt es darauf an, Prozesse möglichst **rasch anpassen** zu können, um so den veränderten Anforderungen begegnen zu können. 8 | 6.3

Beispiel

Eine Reform des Bundesdatenschutzgesetzes macht es erforderlich, während des Prozesses „Telefonische Bestellannahme" zusätzliche Daten vom Kunden zu erfragen und zu erfassen. Kurzfristige Änderungen im Gesprächsleitfaden und in der Datenbankmaske sind erforderlich.

- Prozesse sollen **schnell durchlaufen** werden. Die **Geschwindigkeit** der Prozesse (Durchlaufzeit) ist sowohl ein Kostenfaktor (Ressourcen werden kürzer beansprucht) als auch ein Beitrag zur Kundenzufriedenheit (Bearbeitungs- und Wartezeiten werden reduziert).

Beispiel

Für den Prozess „Telefonische Bestellannahme" wird eine AHT (Average Handling Time) festgelegt. Durch die Einhaltung dieser Zeitvorgabe können die Kosten des Unternehmens begrenzt werden und die Zeit des Kunden wird nicht unnötig beansprucht.

Prozessorientierung

***Definition***

Prozessorientierung bezeichnet die Ausrichtung aller unternehmerischen Tätigkeiten und Abläufe an den Prozessen und den Erfordernissen des Prozessmanagements.

Für die zunehmende Prozessorientierung sind viele Gründe verantwortlich:

- **Markt- und Kundenorientierung**
  Eine prozessorientierte Denkweise ermöglicht eine flexible Auftragsabwicklung und hohe Reaktionsgeschwindigkeit auf Kundenwünsche und Marktveränderungen.
- **Mitarbeiterorientierung**
  Ganzheitliche Aufgabenbereiche erhöhen die Arbeitszufriedenheit der Mitarbeiter und deren Motivation.
- **Kosten-Nutzen-Denkweise**
  Die Mitarbeiter werden intensiver in die Verantwortung einbezogen und die Ausrichtung der Leistungsprozesse orientiert sich am Kundennutzen.
- **Wertschöpfungsorientierung**
  Es erfolgt eine Konzentration auf die wertschöpfenden Kernprozesse.

Der Wert eines Produktes oder einer Dienstleistung setzt sich aus sehr vielen unterschiedlichen Komponenten zusammen. Der Beitrag eines einzelnen Unternehmens zu diesem Wert wird als **Wertschöpfung** bezeichnet.

***Definition***

Die **Wertschöpfungskette** beschreibt den systematischen Weg eines Produkts oder einer Dienstleistung von der Erzeugung bis zum Verbraucher mitsamt der auf diesem Weg erzielten Wertsteigerung.

Beispiel

Die Wertschöpfungskette des Laptops „Portablix“ beginnt mit der Erzeugung der für die Produktion notwendigen Roh-, Hilfs- und Betriebsstoffe. Es schließt sich die Produktion der einzelnen Hardwarekomponenten und deren Zusammenbau zum eigentlichen Laptop an. Nun folgt – nach diversen zwischengelagerten logistischen Prozessen – schließlich über den Verkauf der Weg zum Endverbraucher. In jeder einzelnen Stufe wurde dem Produkt „Laptop“ ein Wert hinzugefügt, der insgesamt den Kaufpreis ergibt.

Unternehmen versuchen, einzelne **Prozesse zu beschreiben und zu bewerten**. Der Zweck ist dabei, zeit- und kostenaufwendige Aktivitäten zu identifizieren, die gar nicht oder nur indirekt zur Wertschöpfung des Unternehmens beitragen. Diese können eventuell entfallen oder kostensparend ausgelagert werden (Outsourcing). 8 | 6.3

Beispiel

Zu den wertschöpfenden Prozessen im Callcenter gehört „Verkaufsgespräche am Telefon führen“. Kein wertschöpfender Prozess, da von Kunden nicht wahrgenommen, ist z. B. „Lohn- und Gehaltsabrechnungen durch die Personalabteilung erstellen“.

Daher ist es hilfreich, die einzelnen betrieblichen Prozesse zu systematisieren:

- **Kernprozesse** (Hauptprozesse, Leistungsprozesse) umfassen alle Tätigkeiten, die der direkten Erfüllung der Kundenwünsche dienen, also die eigentliche betriebliche Leistungserstellung. Sie zeichnen sich dadurch aus, dass sie immer einen konkreten **Kundenbezug** haben und für den Kunden wertvoll sind.

  Beispiele

  Telefonische Bestellungen annehmen, Beschwerden bearbeiten

- **Unterstützungsprozesse** (Nebenprozesse) helfen dabei, die Kernprozesse auszuführen, ohne einen eigenen direkten Nutzen für den Kunden zu haben. Die Unterstützung liegt darin, dass notwendige Voraussetzungen für die Erbringung der Kernprozesse geschaffen bzw. dauerhaft aufrechterhalten werden können.

  Beispiele

  Personal für die Hotline bereitstellen, fehlerfreie IT gewährleisten

- **Führungsprozesse** (Managementprozesse, Steuerungsprozesse) beinhalten Tätigkeiten der Planung, Lenkung, Kontrolle und Organisation. Dies umfasst auch die Formulierung von Zielen und die ständige Optimierung von Tätigkeiten.

  Beispiele

  Unternehmerische Entscheidungen treffen, Richtlinien aufstellen

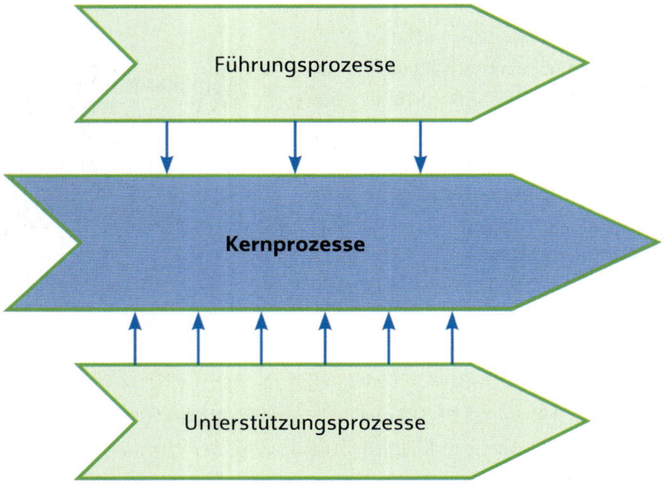

Abb.: Betriebliche Prozesse

6.2 Prozesse identifizieren und beschreiben

Prozessidentifikation

Unternehmen stehen vor der Herausforderung, die relevanten Prozesse zu **identifizieren**. Mit Prozessidentifikation ist gemeint, Prozesse zu erkennen, zu analysieren und zu definieren. Dazu stehen zwei Verfahren zur Verfügung:

- **Top-down-Verfahren**
  Die Initiative geht hier „von oben", also von der Managementebene (Führungsebene) aus. Somit sind nur wenige Personen beteiligt, die sich mit der Identifizierung der Prozesse aus der Perspektive des gesamten Unternehmens beschäftigen. Damit ist sichergestellt, dass sich die Prozesse im Einklang mit den Unternehmenszielen befinden und mit der strategischen Ausrichtung zusammenpassen. Häufig fehlt bei diesem Verfahren jedoch der konkrete Bezug zur operativen Ebene der Prozessausführung (z. B. Mitarbeiter), weshalb die Prozesse dann häufig als theoretisch oder realitätsfremd angesehen werden.

- **Bottom-up-Verfahren**

  Ausgangspunkt bei dieser Vorgehensweise sind meist konkret erkannte Probleme oder Missstände bei einzelnen Prozessen, die den Wunsch nach Veränderungen wecken. Hier können sich viele Prozessbeteiligte (z. B. Mitarbeiter) „von unten" einbringen. Vorteilhaft ist hier, dass die tatsächlich an den Prozessen beteiligten Personen maßgeblich mitwirken können. Dies gewährleistet in der Regel einen hohen Praxisbezug und eine gute Umsetzbarkeit. Häufig mangelt es jedoch an der Einbindung bzw. Ausrichtung an den Unternehmenszielen und der Unternehmensstrategie, da auf der unteren Ebene nicht immer der Blick auf das gesamte Unternehmen vorhanden ist.

→ ***Praxistipp***

Im Idealfall gelingt es, beide Ansätze zu verbinden und somit die Vorteile zu bündeln und die Nachteile möglichst zu vermeiden.

Schnittstellen

Zur Identifizierung von Prozessen gehört auch deren klare Abgrenzung. Es muss also festgelegt werden, wann ein Prozess aufhört und ein anderer Prozess beginnt. In einer Prozesskette ist meist eine Vielzahl von Mitarbeitern in den unterschiedlichsten Funktionen eingebunden. Dabei kann der Informationsfluss auch Abteilungsgrenzen überschreiten.

Definition

Im Prozessmanagement ist die **Schnittstelle** das Ergebnis eines Prozesses (Output), das den Start eines anderen Prozesses auslöst.

Eine Schnittstelle verbindet also zwei Prozesse. Sie ermöglicht zugleich, dass eine Stelle den von einer anderen Stelle begonnenen Prozess fortsetzt. Daher werden Schnittstellen auch als „Übergabepunkte" bezeichnet.

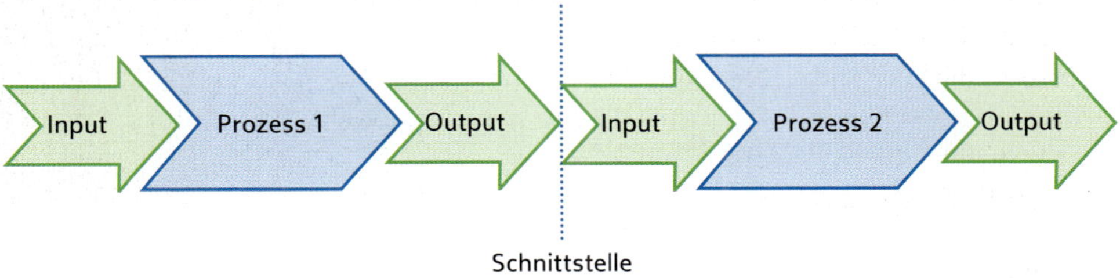

Abb.: Prozessschnittstelle

Beispiel

Nachdem der Mitarbeiter den Prozess der telefonischen Bestellannahme abgeschlossen hat, wird u. a. der Prozess der Rechnungserstellung ausgelöst. An diesem Punkt (Übergabe) befindet sich eine Schnittstelle.

Im Callcenter kommt es bei Prozessübergaben häufig zu Problemen durch

- **Informationsverzögerungen**, weil Informationen zu spät weitergegeben werden,
- **Informationsverluste**, weil Informationen überhaupt nicht weitergegeben werden,
- **Informationsverzerrungen**, weil Informationen unrichtig oder unvollständig weitergegeben werden.

Beispiel

Die Mitarbeiter in der Hotline wurden nicht rechtzeitig über eine Änderung bei den Versandkosten informiert und können so die Kunden nicht darauf hinweisen. Bei der Rechnungserstellung wird aber bereits die neue Regelung angewandt. In der Folge sind Kunden verärgert und beschweren sich.

Durch eine konsequente Orientierung an den Abläufen werden diese **Schnittstellenprobleme** vermieden bzw. frühzeitig erkannt. Ein funktionierendes Informationsma-
1 | 3.5 nagement leistet dabei wertvolle Dienste. Die Mitarbeiter müssen über neue bzw. veränderte Schnittstellen zeitnah informiert werden. So können z. B. direkt Absprachen vorgenommen oder notwendige Schulungsmaßnahmen in die Wege geleitet werden.

Prozessbeschreibung

#	***Definition*** Die **Prozessbeschreibung** (Prozessmodellierung) umfasst die strukturierte Darstellung der identifizierten Prozesse mit allen zugehörigen relevanten Informationen.

Die Beschreibung der Prozesse erfolgt meist grafisch. Welche Informationen relevant sind, wie detailliert und in welcher Form sie dargestellt werden, richtet sich in aller Regel nach den unternehmensspezifischen Anforderungen und Gegebenheiten. Die visuelle Darstellung dient dazu, Zusammenhänge besser zu erkennen und Abläufe zu verdeutlichen. Dies hilft, ein einheitliches Verständnis aller Prozessbeteiligten zu erreichen und prozessorientiertes Denken zu fördern. Im Einzelnen können mit der Prozessbeschreibung u. a. folgende Ziele erreicht werden:

- Dokumentation aller relevanten Prozesse
- Ist-Analyse der gegenwärtigen Prozesse
- Darstellung von Schnittstellen
- Vorbereitung von Prozessoptimierungen
- Grundlage für Schulungen und Einarbeitungen

Je nach Detaillierungsgrad kann die Prozessbeschreibung sehr aufwendig sein und häufige Aktualisierungen nach sich ziehen. Eine **einfache** Methode der Prozessbeschreibung ist das **Flussdiagramm (Flowchart)**, auch als **PAP (Programmablaufplan)** bekannt. 1 | 1.2.3

> → ***Praxistipp***
> Für die Darstellung komplexer Geschäftsprozesse ist das Flussdiagramm weniger gut geeignet. Unternehmen nutzen dafür meist spezielle Software, wie z. B. das ARIS-Toolset mit der ereignisgesteuerten Prozesskette (EPK). Standardprozesssymbole werden z. B. im BPMN-Standard (Business Process Modelling Notation) geliefert. Für die im Dialogmarketing häufig anzutreffende Beschreibung von Arbeitsabläufen ist ein PAP jedoch ausreichend.

Die Beschreibung der Prozesse erfolgt in möglichst kleinen Einheiten. Jeder Schritt ist so erkennbar und verständlich. In einem **PAP** werden dabei **festgelegte Symbole** genutzt.

Symbol	Funktion
Oval: 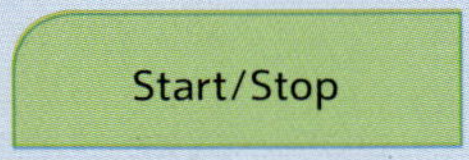	Grenzstelle (Beginn/Ende bzw. Start/Stop)
Linie, Pfeil: 	Verbindung zum folgenden Element
Rechteck: 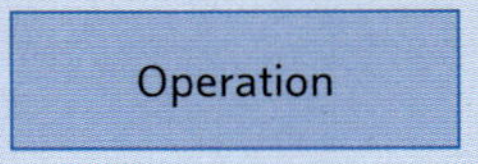	Operation, Tätigkeit
Raute: 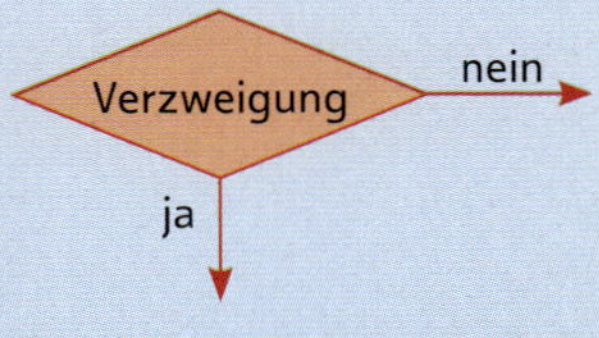	Verzweigung
Parallelogramm: 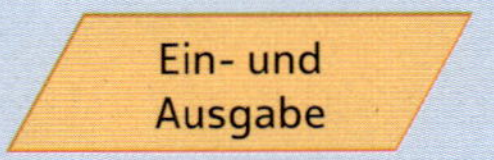 (Alternativ wird für diese Funktion vereinfachend auch das Rechteck genutzt.)	Ein- und Ausgabe von Daten

Ein typischer Prozess der Dialogfix GmbH lässt sich damit so darstellen:

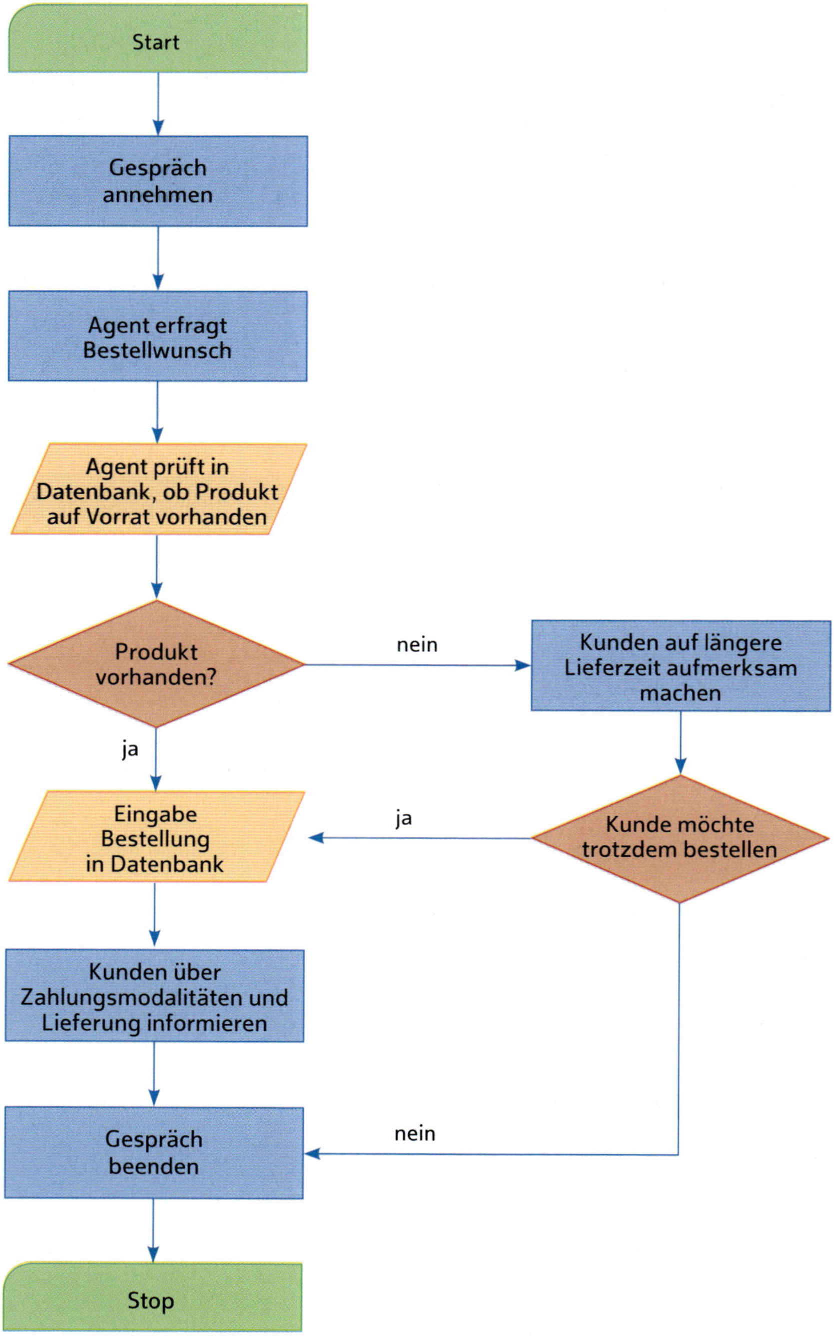

Abb.: Auszug aus dem Geschäftsprozess „Telefonische Bestellannahme"

6.3 Prozesse überprüfen, anpassen und optimieren

„Nichts ist beständiger als der Wandel.“ (Heraklit, griechischer Philosoph)

Veränderungen gehören für jedes Unternehmen zur Tagesordnung. Gerade die Dialogmarketingbranche zeichnet sich durch eine hohe Veränderungsdynamik aus. Dies bleibt nicht ohne Folgen für die Prozesse im Unternehmen.

Veränderte Anforderungen

Viele Gründe kommen für veränderte Anforderungen infrage. Die Einflussfaktoren können dabei sowohl von außen kommen (extern) als auch im Unternehmen selbst liegen (intern). Exemplarisch können hier aufgeführt werden:

- Änderung der rechtlichen Rahmenbedingungen

  Beispiel

  Einführung der Datenschutzgrundverordnung (DSGVO)

- Konjunkturelle Einflüsse

  Beispiel

  Umsatzeinbußen durch einen Konjunktureinbruch

- Veränderte Wettbewerbssituation

  Beispiel

  Steigender Konkurrenzdruck, da mehrere Mitbewerber fusioniert haben

- Technische Entwicklungen

  Beispiel

  Wachsende Bedeutung von E-Commerce

- Gesellschaftlicher Wandel

  Beispiel

  Alternde Gesellschaft

- Unternehmerische Entscheidungen

  Beispiel

  Erweiterung der Produktpalette

- Veränderung der Kundenwünsche

  Beispiel

  Trend zu mehr Bequemlichkeit (Convenience)

> **→ *Praxistipp***
> Professionelle Trend- und Zukunftsforscher versuchen auf wissenschaftlicher Basis, mögliche Änderungen bereits frühzeitig zu erkennen. Beispiele dafür finden Sie z. B. unter: www.zukunftsinstitut.de/unsere-publikationen/

Prozesse überprüfen und anpassen

Die Qualität der Prozesse stellt einen wichtigen Faktor für die Kundenzufriedenheit dar. Unternehmen stehen somit angesichts sich verändernder Anforderungen vor der Aufgabe, Prozesse ständig zu überprüfen und anzupassen. Dafür können verschiedene Verfahren genutzt werden.

TQM (Total Quality Management)

Viele Unternehmen im Dialogmarketing streben ein ganzheitliches Qualitätsmanagement an, das auch als **TQM (Total Quality**
12 | 1.2 **Management**) bezeichnet wird. Qualität soll stets im Mittelpunkt des betrieblichen Handelns stehen. In Audits („Anhörung") überprüfen interne oder externe Auditoren regelmäßig anhand festgelegter Kriterien die Prozessleistung. Dafür stehen verschiedene
12 | 2.3 Standards zur Verfügung, z. B. DIN EN ISO 9001:2015 oder EFQM. Das Ergebnis wird häufig mit einer **Zertifizierung** dokumentiert.

Beispiel

Dialogfix lässt die Qualität der Prozesse regelmäßig nach DIN EN ISO 9001:2015 überprüfen und zertifizieren. Entdeckte Schwachstellen werden umgehend behoben.

> **→ *Praxistipp***
> Ausführlicher wird dieses Thema in Band 3, Lernfeld 12, behandelt.

Benchmarking

Hinter dem Begriff **Benchmarking** steckt die Idee, von den Besten zu lernen und gewon-
2 | 2.2.4 nene Erkenntnisse selbst umzusetzen. Benchmarking kann **intern** stattfinden (z. B. zwischen einzelnen Abteilungen oder Standorten eines Unternehmens) oder **extern** (z. B. im Vergleich mit dem branchenbesten Unternehmen). Beim externen Benchmarking tritt allerdings das Problem auf, dass die relevanten Daten nicht oder nur unvollständig zugänglich sind und somit ein sinnvoller Vergleich schwierig ist.

Beispiel

Die KommunikativAktiv KG, einer der Outsourcing-Partner von Dialogfix, wickelt den Prozess der telefonischen Bestellannahme 20 Sekunden schneller ab. Durch ein Prozess-Benchmarking gelingt es Dialogfix, eigene Schwachstellen zu erkennen und zu verbessern.

Kontinuierlicher Verbesserungsprozess (KVP)

KVP steht für eine stetige Verbesserung aller Unternehmensleistungen. Alle Mitarbeiter des Unternehmens sind aufgefordert, sich kontinuierliche daran zu beteiligen. Anregungen sollen dabei also insbesondere von der Mitarbeiterebene kommen. Ziel ist vorrangig eine Politik der „kleinen Schritte", die zu einer nachhaltigen Verbesserung führt.

Beispiel

Im Teammeeting der Dialogfix werden regelmäßig Verbesserungen der Prozesse diskutiert. Die Geschäftsleitung hat dafür den Mitarbeitern eigens ein Zeitbudget reserviert.

Eine systematische Umsetzung der Idee des kontinuierlichen Verbesserungsprozesses erfolgt häufig über den sogenannten **PDCA-Zyklus.**

P – Plan (Planen):	**Was** muss **warum** und **wie** von **wem wann** verändert werden?
D – Do (Durchführen):	Die geplanten Verbesserungen werden eingeführt und umgesetzt.
C – Check (Überprüfen):	Wurde die gewünschte Verbesserung erreicht, gab es Abweichungen?
A – Act (Handeln):	Festgestellte Abweichungen werden behoben, der Zyklus beginnt erneut.

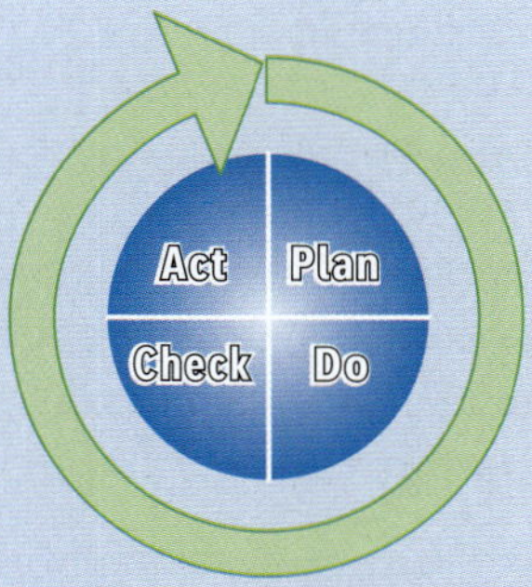

Betriebliches Vorschlagswesen

Das betriebliche Vorschlagswesen ist eine Einrichtung, durch die Mitarbeiter – aber auch Kunden – Gelegenheit erhalten, dem Unternehmen **Verbesserungsvorschläge** zu machen. Diese Verbesserungsvorschläge können sich auf die Vereinfachung, Beschleunigung oder Erleichterung eines Prozesses beziehen. Die Vorschläge können z. B. Verwendung von Material, Personaleinsatzplanung oder Energieeinsparung betreffen und damit zur Qualitätsverbesserung oder zur höheren Zufriedenheit von Mitarbeitern beitragen. Häufig verbinden sich damit auch positive Auswirkungen auf die Kundenzufriedenheit.

Beispiel

Nach einem Verbesserungsvorschlag der Hotline-Mitarbeiterin Tirza Hollinger wird die Bildschirmmaske bei der Bestellerfassung geändert. Dies führt langfristig zu einer Reduzierung der Eingabefehler um 20 %.

Die Institution des Vorschlagswesens basiert auf der freiwilligen Mitarbeiterbeteiligung, die über den eigentlichen Aufgabenbereich hinausgeht. Das Engagement der Mitarbeiter wird dementsprechend mit Anreizen in Form von Anerkennung und Prämien belohnt.

Eine für das Vorschlagswesen im Unternehmen verantwortliche Stelle sammelt die Anregungen der Mitarbeiter, bearbeitet und bewertet sie nach Aktualität, Innovation und ihrer Umsetzbarkeit. Dann durchläuft der Vorschlag einen betrieblichen Bewertungsausschuss, der meist aus leitenden Angestellten und Betriebsratsmitgliedern zusammengesetzt ist. Bei Annahme des Vorschlages wird auch über Art und Höhe der Belohnung entschieden.

Prozesse optimieren

Bereits bei der Prozessüberprüfung ergeben sich viele Gelegenheiten, die Prozesse anhand der erkannten Schwachstellen zu verbessern (z.B. anhand des PDCA-Zyklus). Darüber hinaus gibt es in der betrieblichen Praxis zahlreiche weitere Ansätze, um betriebliche Prozesse zu optimieren. Exemplarisch sind vor allem zu nennen:

- **Prozesse zusammenfassen**
  Schnittstellen sind als Übergabepunkte zwischen zwei Prozessen häufig Auslöser von Fehlern, Verzögerungen etc., die zulasten der Kundenzufriedenheit gehen. Dann kann es sinnvoll sein, mehrere Prozesse zusammenzufassen, um so die Zahl der Schnittstellen zu reduzieren. Zudem verbreitert sich so der Aufgabenbereich der einzelnen beteiligten Mitarbeiter, was häufig die Arbeitszufriedenheit und die Motivati-
  10 | 6.1.3 on erhöht.

  Beispiel

  Die Mitarbeiter der Beschwerdehotline bei Dialogfix nehmen nun neben dem eigentlichen Beschwerdegespräch auch Aufgaben des Backoffice wahr. Jetzt können sie selbstständig fehlerhafte Rechnungen direkt stornieren und neu ausstellen.

- **Prozesse auslagern**
  Ein häufig gewählter Schritt zur Prozessoptimierung liegt in der organisatorischen
  2 | 1.1.3 Auslagerung ganzer Prozesse (Outsourcing). Diese Prozesse werden dann komplett von anderen Unternehmen erbracht. Oft geschieht das bei Prozessen, die nicht wertschöpfend sind oder nicht zur Kernkompetenz des eigenen Unternehmens gehören. Prozesse auszulagern ist insbesondere dann sinnvoll, wenn der Outsourcing-Partner die Prozesse qualitativ hochwertiger und/oder günstiger erbringen kann.

Beispiel

Da bei Dialogfix nur noch wenige Briefe (Whitemail) pro Tag eingehen, wird der Prozess der manuellen Briefbearbeitung vollständig ausgelagert. Der Outsourcing-Partner, der sich auf die Bearbeitung von Briefen spezialisiert hat, kann diesen Prozess kostengünstiger erbringen. Die Mitarbeiter von Dialogfix erhalten nun den Brief in digitalisierter Form und können damit sofort weiterarbeiten.

- **Prozesse automatisieren**
  Prozesse zu automatisieren (z. B. über IT-Anwendungen) kann bei vielen Prozessen zu einer Optimierung beitragen und zudem Kosten einsparen. So werden auch Fehler reduziert und Durchlaufzeiten verkürzt. Dies gilt vor allem bei relativ einfachen und sich oft wiederholenden Prozessen.

Beispiel

Dialogfix führt ein elektronisches Dokumentenmanagementsystem (DMS) ein. 1|4.3
Dadurch kann die benötigte Zeit für die Dokumentenablage spürbar reduziert werden, zudem werden fehlerhafte Ablagen weitgehend vermieden.

Zusammenfassung

- Prozesse laufen in drei Schritten ab: **Input → Leistung → Output.**

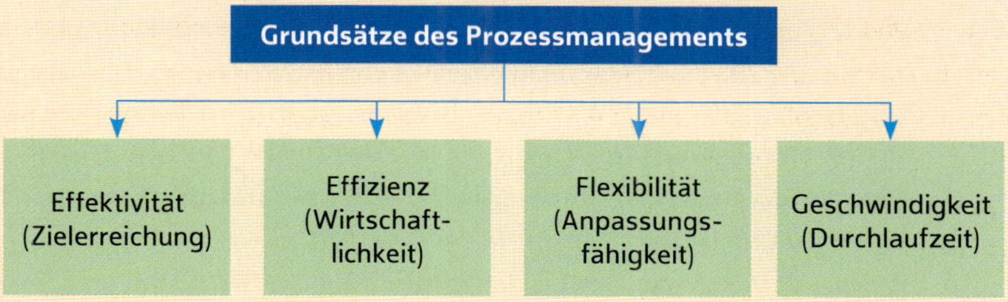

- **Prozessorientierung** erhöht im Callcenter die Markt- und Kundenorientierung, die Mitarbeiterorientierung, die Kosten-Nutzen-Denkweise und die Wertschöpfungsorientierung.
- Betriebliche Prozesse lassen sich in **Kernprozesse**, **Unterstützungsprozesse** und **Führungsprozesse** unterscheiden.
- Prozesse lassen sich durch das **Top-down-Verfahren** („von oben") oder durch das **Bottom-up-Verfahren** („von unten") identifizieren.
- Am Übergang von einem Prozess zum nächsten befinden sich **Schnittstellen** (Übergabepunkte).
- Auslöser für **Prozessveränderungen** im Callcenter können sowohl unternehmensinterne als auch unternehmensexterne Faktoren sein.
- Zur **Prozessbeschreibung** kann als einfache Methode das **Flussdiagramm (PAP)** verwendet werden.

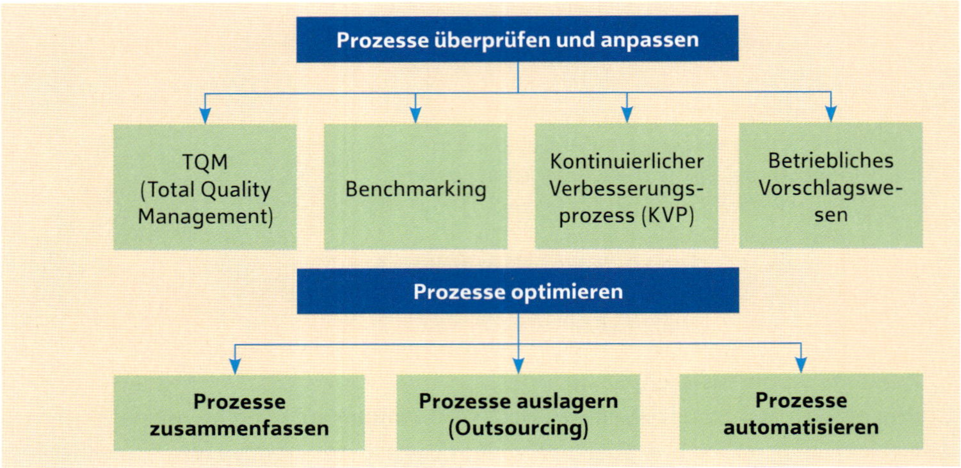

Aufgaben

1. ***Entscheiden Sie begründet, ob es sich um einen betrieblichen Prozess handelt:***
   a) Dialogfix führt für die Lohn- und Gehaltsabrechnung eine neue Software ein.
   b) Alle Neukunden von Dialogfix erhalten nach der Erstbestellung einen „Welcome-Call".
   c) Azubi Daniel schreibt regelmäßig aus Julias Berichtsheft ab.
2. ***Erläutern Sie die drei Schritte, in denen Prozesse ablaufen, anhand des Beispiels „Beschwerdemanagement".***
3. ***Prozesse sollen effektiv, effizient, flexibel und schnell zu durchlaufen sein. Beschreiben Sie diese Grundsätze anhand des Prozesses „Beschwerdemanagement".***
4. ***Thomas erhält von seinem Teamleiter den Auftrag, den Prozess „Gesprächsbearbeitung technische Hotline" als PAP darzustellen. Helfen Sie Thomas dabei. Eine Prozessbeschreibung finden Sie unter BuchPlusWeb (www.westermann.de).*** Web
5. ***Nennen Sie je zwei Beispiele für Kernprozesse, Unterstützungsprozesse und Führungsprozesse aus Ihrem Ausbildungsbetrieb.***
6. ***Welches Verfahren der Prozessidentifikation schlägt Geschäftsführer Tim Braun in der Einstiegssituation vor? Welchen Ansatz bevorzugt hingegen Teamleiterin Ulrike?***
7. ***Bei Prozessen wird oft von der „Schnittstellenproblematik" gesprochen.***
   a) Erläutern Sie diesen Begriff.
   b) Finden Sie ein passendes Beispiel aus Ihrem Ausbildungsbetrieb.
   c) Welche Lösungsmöglichkeiten sind für dieses Problem denkbar?
8. ***Die Dialogfix GmbH möchte den Prozess des Beschwerdemanagements verbessern.***
   a) Erläutern Sie die verschiedenen Möglichkeiten der Prozessüberprüfung.
   b) Entwerfen Sie einen kontinuierlichen Verbesserungsprozess mittels des PDCA-Zyklus.
9. ***Durch die Zusammenfassung einzelner Teilprozesse ist es der Dialogfix GmbH gelungen, den Prozess „Kundenfaxe bearbeiten" um 30 Sekunden zu verkürzen. Ermitteln Sie die jährliche Zeitersparnis in Stunden für diesen Prozess, wenn im Monatsdurchschnitt 180 Kundenfaxe eingehen.***

7 Qualitätssichernde Maßnahmen umsetzen

Einstiegssituation

Julia erhält eine E-Mail von ihrem Teamleiter:

> Hallo Julia,
>
> am 10. August werde ich im Rahmen unserer Qualitätssicherungsmaßnahmen im Zeitfenster von 10:00 Uhr bis 12:00 Uhr ein Silent Monitoring durchführen.
>
> Im Anschluss an die Maßnahme werden wir das Ergebnis gemeinsam auswerten. Bitte schau Dir im Vorfeld noch mal Deine persönlichen Werte der Kundenzufriedenheitsbefragungen und die Teamwerte, insbesondere zu AHT und FCR, an.

„Toll“, denkt sich **Julia**, *„wenn ich jetzt noch wüsste, was Silent Monitoring ist, könnte ich mit dieser Mail auch etwas anfangen!“*

Arbeitsaufträge

1. ***Beantworten Sie die Frage von Julia, was mit Silent Monitoring gemeint sein könnte.***
2. ***Welche Maßnahmen zur Qualitätssicherung kennen Sie aus Ihrem Ausbildungsbetrieb?***
3. ***Diskutieren Sie in der Gruppe die Notwendigkeit solcher Maßnahmen.***

Im Dialogmarketing bieten sich die unterschiedlichsten Kontaktmöglichkeiten oder Kontaktanlässe zu Kunden. Manche Unternehmen haben als einzigen Kontaktkanal zu ihren Kunden ein Call- oder Servicecenter eingerichtet. Aufgrund eines schnelllebigen Marktes, einer Vielfalt an Arbeitsgebieten, einer geforderten hohen Serviceorientierung und nicht zuletzt eines massiven Konkurrenzdrucks stehen Unternehmen im Dialogmarketing ständig vor der Frage, wie die **Qualität der angebotenen Dienstleistungen** gemessen und verbessert werden kann.

8 | 6.3

Hinzu kommt, dass die Dialogmarketingbranche hinsichtlich Qualitätswerten wie Freundlichkeit, Erreichbarkeit und Fachkompetenz in den Medien oft kritisiert wird. Auch die öffentliche Wahrnehmung ist eher von einem schlechten Bild der gesamten Branche geprägt.

Dies macht es für Unternehmen im Dialogmarketing erforderlich, **Maßnahmen zur Qualitätssicherung** zu ergreifen.

Qualität im Callcenter

Eine alte Weisheit sagt, „man kann nur steuern, was man messen kann", und so brauchen wir Kriterien, mit deren Hilfe wir Erreichung, Über- und Untererfüllung feststellen können. Da gibt es die „Hard Facts" wie z. B. Servicelevel, Erreichbarkeit, Wartezeit, Anzahl Kündiger, Anzahl Reklamationen etc. Alles Kriterien, die sich klar und einfach durch Zählen und Messen aus Systemen ermitteln lassen. Schwieriger wird es bei den „Soft Facts" wie z. B. Freundlichkeit, Anerkennung, Angemessenheit, Zufriedenheit etc., die immer subjektiv im Auge des Betrachters sind und auch mit der aktuellen persönlichen Situation in der Wahrnehmung variieren können. Ansätze wie „dreimal den Namen des Kunden im Gespräch nennen" sind genauso hilflose wie sinnlose Versuche, eine Objektivierung zu erreichen, wie mittels der bekannten Zufriedenheitsbefragung mit der berüchtigten formulierungsgestelzten 10er-Skala. [...] Nur durch einen Mix verschiedener Instrumente können Sie sicherstellen, die richtigen Schlüsse ziehen zu können und mit passenden qualitätssichernden Maßnahmen auch ganzheitlich wirkungsvoll zu sein.

Quelle: Stockmann, Manfred: Qualität im Callcenter, vom 21.03.2013, unter: www.marketing-boerse.de/Fachartikel/details/1312-Qualitaet-im-Callcenter/41440 (Stand: 14.07.2020)

7.1 Faktoren der Qualitätssicherung

Um die Qualität eines Call- oder Servicecenters zu ermitteln, ist es notwendig, zunächst zu bestimmen, anhand welcher Faktoren diese zu messen ist. Im Dialogmarketing wird Qua-
8|6.1 lität häufig an den **Erwartungen der Kunden** festgemacht. Dies entspricht auch dem prozessorientierten Verständnis vieler Callcenter. Um Qualität tatsächlich messbar zu machen, werden aus diesen Erwartungen klare Ziele abgeleitet. Die qualitätsrelevanten Faktoren lassen sich im Dialogmarketing nach sogenannten harten und weichen Faktoren unterscheiden (**Hard Facts** und **Soft Facts**).

Die **harten Faktoren** sind leicht zu messen und lassen sich einfach und standardisiert auswerten. Meist können sie **quantitativ** (zahlenmäßig) erfasst werden. Sie können oft durch Planung (z. B. Personaleinsatz) und Technik (TK-Anlage, ACD) gesteuert werden. Zu
5|5.1 ihnen gehören u. a.:

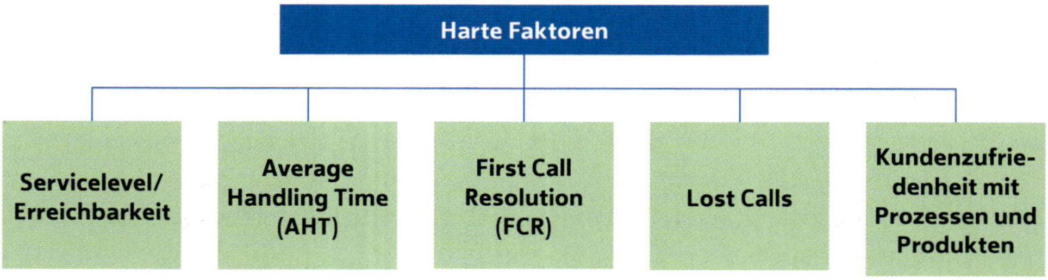

Schwer messbar sind die **weichen Faktoren**. Sie unterliegen der subjektiven Betrachtung und sind eher dem „Faktor Mensch" zuzuordnen. Zu ihnen gehören z. B.:

- Verbindlichkeit der Mitarbeiter gegenüber den Kunden
- Beratungsqualität
- Einfachheit der Aussagen gegenüber den Kunden
- Freundlichkeit
- Wertschätzung der Kunden
- Fach- oder Beratungskompetenz der Mitarbeiter
- Kundenzufriedenheit mit der Beratung
- Individuelle Betreuung

→ ***Praxistipp***
Häufig überschneiden bzw. bedingen sich verschiedene Qualitätsfaktoren. Daher ist nicht immer eine eindeutige Abgrenzung möglich.

Um sowohl die weichen als auch die harten Faktoren in der Qualitätssicherung messbar zu machen, muss ein Unternehmen folgende Grundsätze beachten:

- **Qualitätsstandards klar regeln**
  Zunächst muss abgeleitet werden, an welchen Faktoren eine Messung vorgenommen wird: **Was wird gemessen?**

  Beispiel

  Dialogfix misst u. a. die Bearbeitungsdauer von E-Mails.

- **Erreichbarkeit klar festlegen**
  Es ist klar zu definieren, welche Zahlen bzw. Ergebnisse zu erreichen sind, damit die Qualitätsstandards als erfüllt gelten. Es geht also um die Frage: **Wann ist das Ziel erreicht?** Bei Nichterreichen dieser Werte müssen geeignete Maßnahmen ergriffen werden. Dazu muss ein Soll-Wert klar formuliert sein. Dabei ist es wichtig, dass dieser Wert präzise und eindeutig ist, um spätere Abweichungen zu erkennen.

  Beispiel

  Für die Bearbeitung der E-Mails wird bei Dialogfix ein Soll-Wert festgelegt: „Eine Kunden-E-Mail muss spätestens 24 Stunden nach Eingang beantwortet sein."

- **Qualitätsstandards transparent machen**
  Die Mitarbeiter müssen so detailgenau wie möglich wissen, welche Regeln im Umgang mit den Kunden zu beachten sind und anhand welcher Kriterien diese gemessen werden.

  Beispiel

  Die Qualitätsstandards und die Kriterien ihrer Erreichbarkeit sind bei Dialogfix u. a. im Mitarbeiterhandbuch und im Intranet zu finden. Bestimmte Werte sind zusätzlich für alle Mitarbeiter sichtbar im Callcenter platziert.

7.2 Möglichkeiten der Qualitätsmessung

Nachdem klare Ziele und Leistungsstandards festgelegt wurden, muss deren Einhaltung ständig überwacht werden. Ist bei dieser Kontrolle zu erkennen, dass Ziele nicht erreicht werden, kommen verschiedene Maßnahmen zur Qualitätsverbesserung zum Einsatz.

7.2.1 Monitoring

Als **Monitoring** (auch Call-Monitoring) werden im Dialogmarketing alle Maßnahmen bezeichnet, in denen Gespräche eines Mitarbeiters mitgehört und im Anschluss bewertet werden.

> → ***Praxistipp***
> Der englische Begriff *Monitoring* bedeutet so viel wie *beobachten* oder *überwachen*. Leider sind die Bezeichnungen der einzelnen Monitoring-Maßnahmen nicht genormt. Häufig sind daher in der Praxis unternehmensspezifische Bezeichnungen oder Zuordnungen zu finden.

Folgende Maßnahmen des Monitorings kommen zum Einsatz:

- Side-by-Side-Coaching
- Silent Monitoring
- Screen Recording (Silent Screening)

Side-by-Side-Coaching

Beim Side-by-Side-Coaching (auch Side-by-Side-Monitoring, Shadow Monitoring) beobachtet der Teamleiter oder ein Coach den Mitarbeiter **direkt am Arbeitsplatz**. Über ein weiteres Headset hört er die Gespräche mit und wertet diese gemeinsam mit dem Mitarbeiter aus.

In der Coaching-Sitzung können bereits Maßnahmen mit dem Mitarbeiter besprochen werden, wie er seine Gesprächsführung inhaltlich und methodisch verbessern kann. Daher ist Coaching zum einen eine **Methode zur Qualitätsmessung**, zum anderen aber auch eine **Maßnahme zur Qualitätsverbesserung**.

Vorteile	Nachteile
Es können echte Kundengespräche mitgehört und analysiert werden.	Da der Coach direkt am Arbeitsplatz des Mitarbeiters sitzt, ist es keine komplett freie Situation. Es besteht die Gefahr, dass der Mitarbeiter sein Verhalten nur für diese Situation ändert.
Entwicklungsfelder beim Mitarbeiter können direkt erkannt und entsprechende Maßnahmen abgeleitet werden.	Da das Gespräch nicht aufgezeichnet wird, kann es sein, dass Coach und Mitarbeiter einzelne Situationen unterschiedlich in Erinnerung haben.
Neben dem Gespräch kann auch die Bedienung der Computerprogramme ohne größeren technischen Aufwand beobachtet werden.	Falsches Verhalten des Mitarbeiters kann durch eine so empfundene Prüfungssituation ausgelöst sein.
Das gesamte Verhalten des Mitarbeiters während des Gesprächs kann erfasst werden.	Da nur wenige Gespräche mitgehört werden, kann nicht die Gesamtleistung des Mitarbeiters analysiert werden.

Silent Monitoring

Das Silent Monitoring (auch Silent Listening) ist dadurch gekennzeichnet, dass der Qualitätsbeauftragte (Teamleiter, Coach oder Trainer) **nicht** am Arbeitsplatz des Agenten sitzt, um die Gespräche mitzuhören. Stattdessen befindet er sich *leise* und *unbemerkt* deutlich räumlich entfernt, also z.B. in einem dafür eingerichteten Raum oder direkt an seinem Arbeitsplatz. Dabei können die Gespräche auch **aufgezeichnet** werden (der Mitschnitt wird als Call Recording oder Voice Recording bezeichnet). Die mitgehörten bzw. mitgeschnittenen Gespräche werden dann anhand festgelegter Kriterien ausgewertet. Dabei achtet der Coach auf methodische und fachliche Aspekte. Im Anschluss an die Auswertung wird das Ergebnis zusammen mit dem Mitarbeiter besprochen und es werden ggf. Maßnahmen zur Verbesserung definiert. Sofern das Gespräch mitgeschnitten wurde, können einzelne Aspekte anhand der Aufnahme besprochen werden, sodass der Mitarbeiter selbst die Möglichkeit erhält, seine Außenwirkung zu analysieren.

Das Gespräch zwischen Coach und Mitarbeiter dient im Nachgang auch bereits als Methode zur Qualitätsverbesserung.

Vorteile	Nachteile
Es können echte Kundengespräche mitgehört und analysiert werden.	Die rechtlichen Rahmenbedingungen sind komplex und bedürfen einer Prüfung im Vorfeld.
Entwicklungsfelder beim Mitarbeiter können direkt erkannt und entsprechende Maßnahmen abgeleitet werden.	Die Bedienung der PC-Systeme kann nicht analysiert werden.
Der Coach sitzt nicht unmittelbar beim Mitarbeiter, dieser fühlt sich weniger beobachtet, das Gespräch verläuft realistisch.	Da nur wenige Gespräche mitgehört werden, kann nicht die Gesamtleistung des Mitarbeiters analysiert werden.
Durch das Aufzeichnen der Gespräche erhält der Mitarbeiter die Gelegenheit, seine Außenwirkung selbst zu erfahren.	Die Aufzeichnung ist mit technischem Aufwand verbunden.

Screen Recording

Screen Recording (auch: Silent Screening) ist eine Ergänzung bzw. Erweiterung des Silent Monitoring. Dabei wird nicht nur das Gespräch mitgehört, sondern auch der Umgang des Mitarbeiters mit der EDV beobachtet. Zur späteren Überprüfung werden die Bildschirminhalte aufgezeichnet. So kann neben der methodischen und fachlichen Zielerreichung auch überprüft werden, ob der Mitarbeiter die Computerprogramme fehlerfrei und weisungsgemäß bedient.

Auch hier wird im Nachgang ein Gespräch zwischen Coach und Mitarbeiter geführt, welches zum einen zur Analyse der Ergebnisse und zum anderen bereits als Maßnahme zur Verbesserung der Qualität genutzt wird.

Vorteile	Nachteile
Es können echte Kundengespräche mitgehört und analysiert werden.	Die rechtlichen Rahmenbedingungen sind komplex und bedürfen einer Prüfung im Vorfeld.
Entwicklungsfelder beim Mitarbeiter können direkt erkannt und entsprechende Maßnahmen abgeleitet werden.	Durch Aufzeichnung von Bildschirmbewegung und Telefonaten entsteht ein hoher Analyseaufwand.
Der Coach sitzt nicht unmittelbar beim Mitarbeiter, dieser fühlt sich weniger beobachtet, das Gespräch verläuft realistisch.	Da nur wenige Gespräche mitgehört werden, kann nicht die Gesamtleistung des Mitarbeiters analysiert werden.
Sowohl Gespräche als auch Bildschirmbewegungen werden zur späteren Analyse aufgezeichnet.	Die Aufzeichnung ist mit technischem Aufwand verbunden.

Das gleichzeitige Aufzeichnen von Gespräch und Bildschirmbewegungen wird auch als **Quality Monitoring** bezeichnet.

→ ***Praxistipp***
Quality-Monitoring-Systeme werden von verschiedenen Herstellern angeboten und unterscheiden sich teilweise erheblich im Funktionsumfang.

Rechtliche Rahmenbedingungen

Um die oben beschriebenen Maßnahmen des Silent Monitoring und Screen Recording aus Unternehmenssicht durchführen zu können, sind verschiedene rechtliche Rahmenbedingungen zu beachten.

Insbesondere greifen hier das **Datenschutzrecht und das Strafrecht**. So schreibt die Datenschutzgrundverordnung klar vor, dass ein Aufzeichnen von Telefongesprächen nur dann zulässig ist, wenn eine Rechtsvorschrift dies erlaubt oder wenn der Betroffene ausdrücklich einwilligt. Eine datenschutzrechtlich wirksame Einwilligung setzt somit voraus, dass der Gesprächspartner vor Beginn der Aufzeichnung gefragt wird, ob er damit einverstanden ist (Art. 4 Nr. 11 DSGVO).

Das Strafgesetzbuch setzt das Mitschneiden oder Mithören des gesprochenen, nicht öffentlichen Wortes ohne Einwilligung der Betroffenen unter Strafe mit bis zu 3 Jahren Haft (§ 201 StGB). 4|6.1

Das Aufzeichnen von Gesprächen bedarf also einer vorangegangenen Einwilligung **beider** Gesprächspartner. Diese Einwilligung bedarf der Schriftform, also der Unterschrift beider Gesprächspartner. Bei regelmäßigen Geschäftsbeziehungen kann es also sinnvoll sein, die entsprechende schriftliche **Einwilligung des Kunden** einzuholen. Von der schriftlichen Einwilligung kann bei entsprechenden Umständen aber abgesehen werden. So kann bei der Vielzahl der Kundenkontakte in einem Callcenter die Einwilligung des Kunden auch durch schlüssiges Handeln oder mündlich erfolgen. In diesem Fall muss diese Einwilligung aber klar nachgewiesen werden können.

Beispiel

Bevor ein Anrufer bei Dialogfix zu einem Mitarbeiter durchgestellt wird, erhält er folgende Ansage:

„Wir möchten Sie darauf hinweisen, dass dieses Gespräch im Zuge der Qualitätskontrolle unserer Mitarbeiter aufgezeichnet wird. Alle Daten werden nach der Qualitätskontrolle wieder gelöscht. Sollten Sie mit der Aufzeichnung nicht einverstanden sein, drücken Sie bitte die Raute-Taste."

Die grundsätzliche **Einwilligung der Mitarbeiter** muss ausdrücklich schriftlich erfolgen. Eine pauschale Einverständniserklärung, die sich bereits im Arbeitsvertrag befindet, ist unwirksam. Im Vorfeld des Silent Monitoring oder Screen Recording werden die Mitarbeiter in der Regel über den ungefähren Zeitraum dieser Maßnahme unterrichtet. Ein Silent Monitoring, das komplett ohne vorherige und zeitnahe Information der Mitarbeiter durchgeführt wird, ist rechtlich bedenklich.

Des Weiteren unterliegen alle technischen Einrichtungen, die dafür gedacht sind, die Leistung und den Wissensstand der Arbeitnehmer zu überprüfen, dem **Mitbestimmungs-**
1 | 2.3.1 **recht des Betriebsrats**. In Unternehmen mit einem Betriebsrat wird daher oft in einer **Betriebsvereinbarung** genau geregelt, wann welche Methoden zum Einsatz kommen und welche Ziele damit verfolgt werden dürfen.

Beispiel

dialogfix GmbH

Auszug aus der „Betriebsvereinbarung zur Qualitätssicherung" zwischen dem Betriebsrat und der Geschäftsführung der Dialogfix GmbH

Alle Maßnahmen des Quality Monitoring bedürfen einer vorangehenden, schriftlichen Einwilligung des Mitarbeiters.

Das Aufzeichnen von Gesprächen und Bildschirmbewegungen ist nur zulässig, wenn der Mitarbeiter dies durch Bestätigung einer Bildschirm-Dialogbox bestätigt hat. Eine Verknüpfung von im Zuge der Telefonanlagennutzung erfassten Daten mit anderen personenbezogenen Daten erfolgt nicht.

Der Mitarbeiter wird rechtzeitig über Zeitpunkt und Dauer der Call-Monitoring-Maßnahme informiert.

Zugriff zu den gespeicherten Daten haben ausschließlich die mit dem Thema betrauten Mitarbeiter. Die aufgezeichneten Daten werden im Anschluss an das Feedback-Gespräch gelöscht. [. . .]

7.2.2 Mystery Calls

Bei dieser Variante führen meist externe Unternehmen eine vorher vereinbarte Anzahl an **Testanrufen** für einen bestimmten Zeitraum durch. Da sich die Anrufer hier als Kunden ausgeben, wird die gestellte Situation vom Mitarbeiter nicht erkannt. Der Testanrufer wertet im Anschluss anhand vorgegebener Kriterien das Servicegespräch aus.

Da von der Warteschleife über die Beratung bis zum Abschluss des Gespräches das komplette Kundenerlebnis nachgeprüft werden kann, liefern Mystery Calls ein aussagekräftiges Ergebnis. Um statistisch verwertbare Ergebnisse zu liefern, ist es Voraussetzung, dass über einen längeren Zeitraum genügend Anrufe durchgeführt werden.

Vorteile	Nachteile
Das gesamte Kundenerlebnis kann gemessen werden (von der Warteschleife bis zum Mitarbeiter).	Technisch aufwendig, da bei Bestandskunden auch entsprechend ein Datensatz in der Kundendatenbank vorhanden sein muss.
Neben dem methodischen Verhalten der Agenten können auch fachliche Inhalte überprüft werden.	Die Urteile unterliegen dem subjektiven Eindruck des Anrufers.
Die Beurteilung erfolgt aus der Sicht des Kunden.	Es ist eine fachliche Schulung für externe Anrufer notwendig.
Der Agent hat nicht das Empfinden einer Prüfungssituation.	Es besteht die Gefahr, dass der Mitarbeiter die künstliche Situation erkennt.

7.2.3 Kundenzufriedenheitsbefragung

Der Kunde ist dann mit einem Produkt oder einer Dienstleistung zufrieden, wenn die Erwartungen, die er daran knüpft, erfüllt werden. Um die **Meinung des Kunden** dahingehend zu erfahren, empfiehlt sich eine direkte Befragung.

Um die Qualität des Service oder der Produktgestaltung zu messen, führen Unternehmen Zufriedenheitsbefragungen durch. Bei diesen Befragungen kann die allgemeine Zufriedenheit des Kunden mit einem Produkt oder dem Service des Unternehmens sowie die spezielle Zufriedenheit des Kunden mit einzelnen Aktionen geprüft werden. 5|3.2

Für Zufriedenheitsbefragungen bieten sich z. B. folgende Möglichkeiten an:

- Outbound-Aktion für einen bestimmten Kundenkreis
- Automatisch verschickte E-Mail an einen Kunden, zu dem gerade ein Kontakt bestanden hat (z. B. nach dem Gespräch mit der Hotline)
- Direkte Befragung nach dem Telefongespräch
- Versand eines Fragebogens per Post
- Online-Befragung über spezielle Links

Vorteile	Nachteile
Die Meinung des Kunden steht im Mittelpunkt.	Es wird die subjektive Sicht des Kunden eingeholt.
Eine direkte Erfolgskontrolle nach dem Servicekontakt ist möglich.	Der Kunde erinnert sich eventuell nicht mehr an alle Details.
Kann für eine hohe Anzahl von Kundenkontakten durchgeführt werden.	Möglicherweise bewertet der Kunde den Mitarbeiter negativ, obwohl er eigentlich nur mit den Prozessen oder Produkten des Unternehmens unzufrieden ist.

7.2.4 Benchmarking

Bei dieser Variante wird die Leistung des eigenen Unternehmens an der Leistung anderer vergleichbarer Unternehmen gemessen. So kann ein Unternehmen sich zum Ziel setzen,

die Werte des Marktführers zu erreichen. Schwierig ist bei dieser Methode aber, dass nur sehr wenige Vergleichsfaktoren öffentlich zur Verfügung stehen. Zudem haben andere Unternehmen eventuell andere Messkriterien oder Faktoren festgelegt, die unterneh-
2 | 2.2.4 mensspezifisch und wenig vergleichbar sind.

Vorteile	Nachteile
Auf Veränderungen im Markt kann durch Kontrolle der Mitbewerber schnell reagiert werden.	Oft liegen genaue Daten nicht vor oder sind nicht über alle Bereiche erhältlich.
Serviceleistungen anderer Anbieter können mit den eigenen verglichen werden.	Jedes Unternehmen interpretiert seine Werte anhand eigener Kriterien, was einen direkten Vergleich schwierig macht.
Es erfolgt eine qualitative Ausrichtung am Markt.	Es besteht ein hoher Aufwand durch Datenermittlung bei vielen guten Mitbewerbern am Markt.

7.2.5 Technische Qualitätskontrolle

Da Call- und Servicecenter über eine komplexe Technik (IT-Netzwerk, TK-Anlage, ACD-Anlage) verfügen, können sehr viele der harten Faktoren über Systemchecks und soge-
10 | 1.6 nannte **Reportings** (schriftliche Auswertungen) überwacht werden. Die meisten ACD-Anlagen liefern in Echtzeit Werte über Erreichbarkeit, Servicelevel, AHT usw. Sind dort Abweichungen von den Soll-Werten zu erkennen, kann direkt über mögliche Maßnahmen entschieden werden. Den Mitarbeitern werden die Werte häufig über ein deutlich sichtbares **Wallboard** (Walldisplay) transparent gemacht.

Abb.:ACD-Reporting

Vorteile	Nachteile
Liefert genaue Auswertungen der harten Faktoren.	Liefert nur die „reine Statistik". Es besteht immer die Möglichkeit der Fehlinterpretation.
Auswertungen können für die aktuelle Situation, aber auch für die vergangene Zeit erhoben werden.	Weiche Faktoren sind nicht verlässlich auswertbar.
Einfache Auswertung „per Knopfdruck" möglich.	Durch die transparente Auswertung können sich Mitarbeiter unter Druck gesetzt fühlen.
Es können besondere Einbrüche der Qualitätsfaktoren direkt erkannt und entsprechend bearbeitet werden.	Die Installation eines entsprechenden Systems ist mit hohem technischen Aufwand verbunden.

7.3 Maßnahmen zur Qualitätsverbesserung

Werden bei der Qualitätsmessung Abweichungen von den festgelegten Soll-Ergebnissen festgestellt, ist es notwendig, Maßnahmen zur **Qualitätsverbesserung** abzuleiten. Hier ist zunächst zu beurteilen, welche Gründe die Abweichungen haben und in welcher Schwere diese aufgetreten sind.

Abweichungen vom Sollwert bei den harten Faktoren führen zu Maßnahmen in der Produkt- oder Prozessgestaltung bzw. bei der Personaleinsatzplanung. Abweichungen vom Sollwert bei den weichen Faktoren oder prinzipiell alle Abweichungen in der Qualität, die den methodischen und fachlichen Fähigkeiten oder der Motivation der Mitarbeiter zuzurechnen sind, führen zu Maßnahmen der Personalentwicklung. 10 | 8.3.5

Folgende **Maßnahmen der Personalentwicklung** kommen zum Einsatz:

- Kommunikationstraining
- Fachtraining
- Webinar
- Training on the Job
- Workshop

Kommunikationstraining

In diesen Trainings werden alle Methoden und Modelle zur **professionellen Gesprächsführung** trainiert und in Rollenspielen oder simulierten Situationen geübt. Inhalte in diesen Trainings sind beispielsweise die Techniken des Zuhörens, Argumentationstechnik, Fragetechnik, Beschwerdemanagement, Aspekte der Kommunikationspsychologie usw. Ziel dieser Maßnahmen ist es, die Methoden einer professionellen Gesprächsführung zu kennen und anzuwenden (z.B. aktives Zuhören) und auch die Hintergründe dieser Methoden zu verstehen (z.B. die „vier Seiten einer Nachricht", Transaktionsanalyse). 3 | 2.3

Beispiel

Julia erhält ein Training zum professionellen Beschwerdemanagement. Inhalte sind neben der praktischen Umsetzung im Gespräch auch die „vier Seiten einer Nachricht“. Am Ende des Trainings muss jeder Teilnehmer ein simuliertes Beschwerdegespräch meistern.

Fachtraining

Hier werden alle für die Mitarbeiter wichtigen **fachlichen Inhalte und Prozesse** vermittelt. Ziel ist es, dass die Mitarbeiter die Produkte und Dienstleistungen des Unternehmens bzw. des externen Auftraggebers, aber auch die wichtigen Abläufe im Hintergrund kennen.

Beispiel

Julia erhält ein Training zur Virenschutzsoftware x-sec. Neben dem Produkt und seinen Möglichkeiten lernt Julia auch den kompletten Bestellprozess – vom Unternehmen bis zum Kunden – kennen.

Webinar

Viele fachliche Trainings, aber auch einige Kommunikations- und Methodentrainings, können als Webinar durchgeführt werden. Diese Form von **Online-Veranstaltungen** sind interaktiv und ermöglichen beidseitige Kommunikation zwischen Referenten und Teilnehmern.

Moderne Webinar-Software ermöglicht Video- und Sprachübertragung via Internet. Außerdem sind durch „Break-Out-Räume“ auch Gruppenarbeiten möglich, es können gemeinsam Dateien bearbeitet und der eigene Bildschirm geteilt werden. So können ortsunabhängig aktivierende Seminare online durchgeführt werden.

Beispiele für Webinarsoftware und Videokonferenzsysteme

- Microsoft Teams
- Zoom
- GoToMeeting
- Adobe Connect

Training on the Job

Bei dieser Variante wird ein Mitarbeiter in **realen Situationen** durch einen Coach oder Teamleiter begleitet. Nach der Vorstellung der einzelnen Beobachterkriterien führt der Mitarbeiter reale Telefonate durch. Diese werden vom Coach analysiert und die Ergebnisse gemeinsam mit dem Mitarbeiter besprochen. Nach jeder „Sitzung“ erhält der Mitarbeiter konkrete Tipps und Hilfestellungen, wie er seine Gesprächsführung verbessern kann. Diese versucht der Mitarbeiter beim nächsten „Training on the Job“ umzusetzen.

Zu den Maßnahmen des „Training on the Job“ gehört z. B. das **Monitoring**. „Training on the Job“, insbesondere Coaching, stellt einen ständigen Entwicklungsprozess dar und muss daher regelmäßig erfolgen. Eine einmalig oder nur sporadisch stattfindende Sitzung hat keine Aussicht auf Erfolg. 7 | 7.2.1

Beispiel

Julia erhält mindestens einmal im Monat ein Coaching durch ihren Vorgesetzten.

Workshop

Bei einem Workshop werden die Mitarbeiter zu einem Erfahrungsaustausch eingeladen. In Workshops werden aktuelle Problemstellungen diskutiert und Maßnahmen abgeleitet. Die **aktive Mitarbeit** spielt im Workshop eine wichtige Rolle. 9 | 3.2.1

Beispiel

Thomas wird zu einem Workshop eingeladen. Dort sind Teamleiter und Agenten seiner Abteilung dazu aufgefordert, Gründe für eine momentan schlechte FCR zu diskutieren und direkt Maßnahmen abzuleiten.

Als besonders wirkungsvoll hat sich erwiesen, das Training (Kommunikationstraining und/oder Fachtraining) mit Maßnahmen des „Training on the Job“ zu kombinieren. So wird sichergestellt, dass die Mitarbeiter in einen ständigen Weiterentwicklungsprozess eingebunden sind. Durch die Kombination aus „Theorie lernen“ und unterstütztem „selbst tun“ wird der Wirkungsgrad entscheidend erhöht.

Beispiel

Nach einem zweitägigen Training zum Beschwerdemanagement erhält Thomas mehrere Coachings, in denen speziell auf dieses Thema geachtet wird.

Um Maßnahmen der Qualitätsverbesserung sinnvoll einzusetzen, hat sich folgende Vorgehensweise als wirkungsvoll erwiesen:

1. **Bedarf analysieren:** Im ersten Schritt wird festgestellt, welche Ziele erreicht oder welche Werte verbessert werden sollen. Hier können z.B. Testanrufe ausgewertet werden. Es muss im Vorfeld genau festgelegt werden, wie die Werte nach der Maßnahme aussehen sollen (Ziel).

2. **Entwicklungsplan aufstellen:** Auf Basis der Zielvorgaben wird ein Schulungsplan aufgestellt. In diesem sind Art und Dauer der Personalentwicklungsmaßnahmen festgelegt.

3. **Durchführung:** Anhand des festgelegten Plans werden die Mitarbeiter trainiert.

4. **Zielerreichung überprüfen:** Im letzten Schritt werden die Werte, die als Ausgangspunkt zu der entsprechenden Maßnahme gedient haben, erneut überprüft. Wurden die Ziele erreicht, war die Maßnahme ein Erfolg, wenn nicht, muss nachgebessert werden.

Zusammenfassung

- Um die Qualität in einem Callcenter zu messen, werden Faktoren bestimmt, die sich an den Erwartungen der Kunden orientieren. Diese **qualitätsrelevanten Faktoren** lassen sich nach harten (quantitativen) und weichen Faktoren unterscheiden.
- Um die Faktoren der **Qualitätssicherung** messbar zu machen, müssen folgende Grundsätze beachtet werden:
  - Leistungsstandards klar regeln
  - Erreichbarkeit festlegen
  - Regeln für den Umgang mit den Kunden definieren

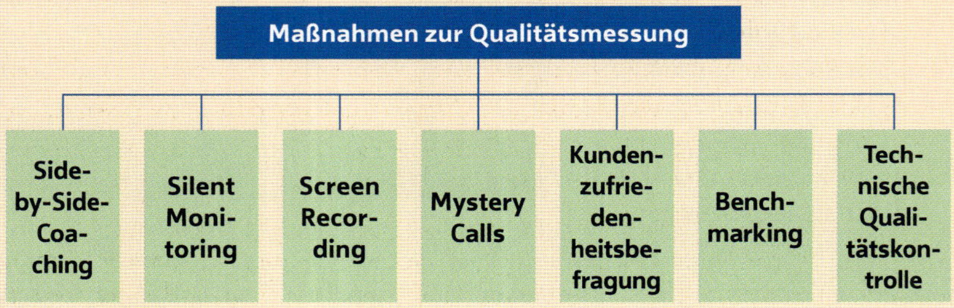

- Werden bei der Qualitätsmessung Abweichungen vom Soll-Ergebnis festgestellt, müssen **Maßnahmen zur Qualitätsverbesserung** eingeleitet werden. Folgende Maßnahmen der Personalentwicklung kommen dabei zum Einsatz:
  - Kommunikationstraining
  - Fachtraining
  - Webinar
  - Training on the Job
  - Workshop
- Um die Maßnahmen zur Qualitätsverbesserung sinnvoll einzusetzen, empfiehlt sich folgende Vorgehensweise:

  1. Bedarf analysieren

     ↓

  2. Entwicklungsplan aufstellen

     ↓

  3. Durchführung

     ↓

  4. Zielerreichung überprüfen

■ Aufgaben

1. *Bestimmen Sie, ob es sich nachfolgend um harte oder weiche Faktoren der Qualitätssicherung handelt.*
   a) *Gesprächsatmosphäre*
   b) *Weiterleitungsquote*
   c) *Nachbearbeitungszeit*
   d) *Einfühlungsvermögen*
2. *Vergleichen Sie Unterschiede bzw. Gemeinsamkeiten der Qualitätssicherungsmaßnahmen Side-by-Side-Coaching, Silent Monitoring und Screen Recording.*
3. *Das Thema Social Media wird im Kundenkontakt immer wichtiger. Viele Servicemitarbeiter beantworten heute auch Kundenanfragen in Facebook oder Xing. Welche Maßnahmen zur Qualitätssicherung schlagen Sie für einen solchen Service vor?*
4. *Ihr Unternehmen möchte Screen Recording (Quality Monitoring) einführen.*
   a) *Welche Rahmenbedingungen sind zu beachten?*
   b) *Wie sollte eine entsprechende Betriebsvereinbarung gestaltet werden?*
5. *Dialogfix hat gerade für alle Mitarbeiter ein Kommunikationstraining zur professionellen Gesprächsführung im Verkaufsgespräch durchgeführt.*
   a) *Bestimmen Sie Zielwerte, anhand derer Sie den Erfolg des Trainings messen können.*
   b) *Mit welchen Maßnahmen der Qualitätsmessung können Sie diese Zielwerte abprüfen?*
   c) *Mit welchen Maßnahmen zur Qualitätsverbesserung kann das Training ergänzt werden? Erklären Sie Ihre Auswahl.*
6. *KommunikativAktiv möchte einen umfassenden Check der eigenen Qualität durchführen. Im Mittelpunkt sollen nicht bloß die „harten Zahlen“, sondern auch das Kundenerlebnis stehen, außerdem soll die Qualität sich an der Branchenspitze orientieren. Ermitteln Sie in Partnerarbeit einen geeigneten Maßnahmenkatalog und stellen Sie diesen vor. Beachten Sie dabei die Grundsätze der Qualitätssicherung.*
7. *Dialogfix möchte Mystery Calls einsetzen, um die Qualität der technischen Inbound-Telefonie zu messen. Welche vorbereitenden Maßnahmen schlagen Sie vor?*
8. *Dialogfix stellt einen Rückgang der Kundenzufriedenheit bei aktuellen Umfragen fest. Bei Side-by-Side-Coachings sind die Mitarbeiter aber immer freundlich, es lassen sich keine Gründe für diese Entwicklung feststellen.*
   a) *Welche Gründe kann der Rückgang der Kundenzufriedenheit noch haben?*
   b) *Welche weiteren Methoden der Qualitätsmessung schlagen Sie vor?*
   c) *Welche Möglichkeiten der Qualitätsverbesserung schlagen Sie vor?*
9. *Prüfen Sie, welche Aussagen zutreffend sind, korrigieren Sie bei Bedarf:*
   a) *Kundenzufriedenheitsbefragungen geben die objektive Meinung des Kunden wider.*
   b) *Die Faktoren der Qualitätsmessung müssen möglichst offen formuliert werden.*
   c) *Qualität hängt häufig von den Erwartungen der Kunden ab.*
   d) *Rechtliche Bestimmungen zum Monitoring finden sich u. a. im BGB.*
10. *Die Dialogfix GmbH möchte für mindestens 20 % der Servicemitarbeiter im Inbound die Möglichkeit eröffnen, dauerhaft im Home Office zu arbeiten.*
    a) *Beschreiben Sie mögliche Herausforderungen der Qualitätssicherung und Qualitätsverbesserung, die sich daraus ergeben können.*
    b) *Welche Lösungsmöglichkeiten bieten sich für diese Herausforderungen an?*

Lernfeld 9:

Projekte im Dialogmarketing vorbereiten, durchführen und dokumentieren

1 Projekte verstehen

■ *Einstiegssituation*

Am Freitagnachmittag ruft Ausbilder Jean Bayard Julia zu sich. Er teilt ihr mit, dass sie in der nächsten Zeit eine neue Aufgabe erwartet: Im Zuge ihrer Ausbildung ist es nun im 2. Ausbildungsjahr an der Zeit, dass Julia einen Einblick in den Bereich des Projektmanagements erhält. Schon am Montag wird Frau Borg, die Vertriebsleiterin der KommunikativAktiv KG, Julia zu einem Gespräch bitten.

Herr Bayard möchte von Julia wissen, ob sie eine Vorstellung davon hat, was Projektmanagement ist und mit welchen Tätigkeiten sie zu rechnen hat. Als Julia darauf keine spontane Antwort einfällt, schlägt Herr Bayard ihr vor, sich übers Wochenende anhand von internen Schulungsunterlagen einen ersten Überblick über die umfangreichen Tätigkeiten und Anforderungen, die im Bereich des Projektmanagements zu bewältigen sind, zu verschaffen.

„Gute Idee“, antwortet **Julia**, *„das werde ich machen. Ich bin wirklich mal gespannt, was mich da erwartet, ich kann mir noch nichts Konkretes darunter vorstellen. Projektmanagement ist etwas ganz Neues für mich.“*

■ *Arbeitsaufträge*

1. ***Diskutieren Sie in der Klasse, was in Ihrem Unternehmen als Projekt bezeichnet wird.***
2. ***Was macht Ihrer Meinung nach ein Projekt aus?***
3. ***Überlegen Sie, welche Ziele mit einem Projekt verfolgt werden können.***

1.1 Projektmerkmale

In jedem Unternehmen gibt es „Projekte", dabei kann jedes Unternehmen selbst entscheiden, was ein „Projekt" ist. Für einen Gastronomen kann der Umbau seines Lokals ein Projekt sein, für einen Maler ein neuer Auftrag bei einem Kunden oder für einen Maschinenbaubetrieb die Entwicklung einer neuen Fertigungsanlage, doch bleibt die Frage offen, ob dies alles „Projekte" nach der Definition eines Projektes sind.

Um diese Frage zu ergründen, hilft ein Blick in die **DIN 69901**. In dieser Norm werden folgende Merkmale genannt, die nötig sind, damit es sich um ein Projekt handelt:

- **Ein Projekt ist einmalig in der Gesamtheit seiner Bedingungen:** Es kommt in dieser Form zum ersten und zum letzten Mal vor.
- **Ein Projekt hat ein klar definiertes Ziel:** Es gibt ein eindeutig formuliertes Ziel, welches unter allen Umständen zu erreichen ist.
- **Ein Projekt unterliegt zeitlichen, personellen und finanziellen Begrenzungen:** Es gibt jeweils einen definierten Start und ein definiertes Ende. Das Projekt muss mit vorher festgelegten finanziellen Mitteln und einem bestimmten Personaleinsatz bewältigt werden.
- **Ein Projekt ist klar von anderen Projekten und Vorhaben abgegrenzt:** Es ist ein in sich geschlossenes Vorhaben mit projektspezifischer Organisation und eigenständigem Projektergebnis.

Anhand dieser **Projektmerkmale** lässt sich überprüfen, ob ein „Projekt" auch wirklich ein Projekt ist. Sie sind abprüfbar und bilden den Grundstein, damit man nach **Definition** der DIN 69901 von einem Projekt sprechen kann. Doch hat die **Praxis** gezeigt, dass sich über die DIN-Definition hinaus in einem Projekt weitere spezifische Merkmale meist wiederholen:

- **Ein Projekt ist sehr komplex:** Es gibt viele zusammenhängende und aufeinander aufbauende Faktoren, die auf dem Weg zum definierten Ziel beachtet werden müssen. Meist kommen dabei mehrere Lösungsalternativen in Betracht, deren Erfolgsaussichten zunächst überprüft werden müssen. Projekte bergen daher stets Risiken.
- **Ein Projekt ist aufwendig:** Durch die Komplexität und die Einmaligkeit der Bedingungen entsteht ein hoher zeitlicher, personeller und finanzieller Mitteleinsatz.
- **Projektarbeit heißt Teamarbeit:** In einem Projekt arbeiten Mitarbeiterinnen und Mitarbeiter verschiedener Abteilungen als Projektteam eng zusammen. Dies ermöglicht einen schnellen und stetigen Informationsaustausch, erfordert aber auch klare organisatorische Strukturen für das Team. 9 | 3.1

Nimmt man die definitorischen und die praxisnahen Merkmale zusammen, hat man eine solide Grundlage, um zu prüfen, ob das „Projekt" auch wirklich ein Projekt ist.

1.2 Projektarten

Projekte im Allgemeinen

Es gibt viele Projekte und keines ist wie das andere. Dennoch versucht man, Projekte zur Vereinfachung zu **kategorisieren**. Zuerst stellt sich dabei die Frage, ob das Projekt ein
6 | 1.4 kommerzielles (gewinnorientiertes) Vorhaben ist oder nicht. Man unterscheidet:

- **Non-Profit-Projekte:** Projekte, die von Organisationen ohne kommerziellen Hintergrund geplant werden (gemeinwirtschaftlich)

  Beispiele

  Entwicklungsprojekte: Bau einer Bewässerungsanlage in Äthiopien, soziale Projekte: Einrichtung eines Obdachlosenheims

- **Wirtschaftsprojekte:** Projekte, die von einem Unternehmen durchgeführt werden, um einen Gewinn zu erwirtschaften (erwerbswirtschaftlich)

  Beispiel

  Ein Pharmaunternehmen entwickelt ein neues Medikament.

Nachdem man diese grundsätzliche Unterscheidung getroffen hat, hilft wieder ein Blick in die DIN 69901, die folgende **drei Arten von Wirtschaftsprojekten** unterscheidet:

- **Organisationsprojekte:** Projekte, deren Inhalt es ist, organisatorische Prozesse in einem Unternehmen zu planen, zu optimieren, umzusetzen und zu betreuen

  Beispiele

  Optimierung des Informationsaustausches unter verschiedenen Abteilungen, Umstrukturierung der Unternehmensleitung, Einführung eines neuen Prämienmodells

- **Forschungs- und Entwicklungsprojekte (FuE-Projekte):** Projekte, deren Inhalt oft nicht exakt definiert ist, da die Gewinnung neuer Erkenntnisse oder die Entwicklung neuer Produkte im Fokus steht

  Beispiele

  Entwicklung eines neuen Impfstoffes, Stammzellenforschung zur Krebsbekämpfung

- **Investitionsprojekte:** Projekte, deren Inhalt in der Verwen-
6 | 4.1.4 dung finanzieller Mittel für Sachanlagen (Produktionsgüter) besteht

  Beispiele

  Bau einer neuen Fertigungsanlage, Kauf eines größeren Bürogebäudes

Wurde die grundsätzliche Unterscheidung in Non-Profit-Projekte und Wirtschaftsprojekte getroffen, dann ist bekannt, um welche **Art von Projekt** es sich handelt. Doch nicht alle Projekte einer Art sind gleich. Auch bei Projekten der gleichen Art kann man **weitere Differenzierungen** vornehmen. **Unterscheidungskriterien für Projekte** sind

- **Projektgröße:** Es gibt **kleine, mittlere und große Projekte**. Kriterien für die Projektgröße sind z. B. die Zahl der beteiligten Mitarbeiter, die Projektdauer oder das verfügbare Projektbudget. Je nach Unternehmensgröße kann hier die Einteilung natürlich sehr unterschiedlich ausfallen.
- **Projektbedeutung:** Hier geht es um die strategische Bedeutsamkeit des Projekts für das Unternehmen. Ein bewährtes Einteilungsschema bietet hier die **ABC-Analyse**. 8 | 1.3.4 A-Projekte sind demnach besonders wichtige Projekte, B-Projekte die „Standardprojekte" und C-Projekte die weniger bedeutsamen.
- **Projektlaufzeit:** Üblicherweise wird in **kurzfristige, mittelfristige und langfristige Projekte** eingeteilt. Welche Zeiten damit genau gemeint sind, kann unternehmensspezifisch unterschiedlich geregelt sein. Häufig werden Laufzeiten bis zu einem Jahr als kurzfristig, zwischen einem und 3 Jahren als mittelfristig und darüber hinausgehende Projekte als langfristig bezeichnet.
- **Projektherkunft:** Nach der Stellung des Auftraggebers wird unterschieden, ob es sich um ein eigenes Projekt (**internes Projekt**) oder um ein Projekt für ein anderes Unternehmen (**externes Projekt**) handelt.

Projekte im Callcenter

Die beschriebenen Arten von Projekten betreffen Projekte im allgemeinen Sinn, doch in der **Dialogmarketingbranche** müssen Projekte noch etwas differenzierter betrachtet werden. Fest steht, dass es sich bei Projekten im Callcenter um Wirtschaftsprojekte handelt, mit dem klaren Ziel, Gewinn zu erwirtschaften. Häufig werden im Callcenter **einzelne Kundenaufträge oder Telefonaktionen** als Projekte bezeichnet.

→ ***Praxistipp***
Viele Callcenter bezeichnen ihre Projekte auch als „Kampagnen".

Eines der wichtigsten Unterscheidungsmerkmale bei Projekten im Callcenter ist die **Projektherkunft**. Man unterscheidet je nach Stellung des Auftraggebers in

- **Fremdprojekte:** Dies sind Projekte, die für einen Kunden durchgeführt werden (externes Projekt oder Dienstleistungsprojekt). Der Auftraggeber gehört **nicht** dem ausführenden Unternehmen an (Outsourcing).

  Beispiel

  Die Dialogfix GmbH beauftragt die KommunikativAktiv KG, 10000 ehemalige Kunden im Rahmen einer Outbound-Aktion zurückzugewinnen.

- **Eigenprojekte:** Hier handelt es sich um Projekte, die für das eigene Unternehmen durchgeführt werden **(Inhouse-Projekte)**. Der Auftraggeber gehört dem ausführenden Unternehmen an.

  Beispiel

  Die Dialogfix GmbH führt die Aktion zur Kundenrückgewinnung selbst durch.

- **Mischprojekte:** Projekte dieser Art zeichnen sich dadurch aus, dass der Auftraggeber einen Teil der Aufgaben auslagert (Outsourcing) und einen Teil selbst erledigt. Dies hat zur Folge, dass externe und interne Mitarbeiter gemeinsam ein Projekt bearbeiten. Der Auftraggeber gehört dem ausführenden Unternehmen an, beauftragt aber zusätzlich noch weitere Unternehmen.

  Beispiel

  Die Dialogfix GmbH verfügt nicht über ausreichend freie Kapazitäten, um die Aktion zur Kundenrückgewinnung komplett selbst durchzuführen. Für 6000 Adressen wird daher die KommunikativAktiv KG beauftragt, die restlichen Adressen werden von Dialogfix selbst bearbeitet.

Projekte im Callcenter können auch auf lange Zeit angelegt sein (speziell bei externen Dienstleistern). Dennoch sind es Projekte, da sie sich durch ihre Einmaligkeit der Bedingungen auszeichnen, denn jeder Auftraggeber hat seine spezifischen Wünsche, auch wenn eine lange Zusammenarbeit angestrebt wird (z. B. die Übernahme der telefonischen Bestellannahme für ein Versandhandelsunternehmen).

Ein weiteres wichtiges Unterscheidungsmerkmal ist die **Arbeitszeit** der am Projekt beteiligten Mitarbeiter. Es wird unterschieden in:

- **Vollzeitprojekte**
  Projektarbeit ist die Hauptaufgabe der Beteiligten, alle Mitarbeiter beschäftigen sich ausschließlich mit diesem Projekt.
- **Teilzeitprojekte**
  Projektarbeit ist für die Beteiligten eine Zusatzaufgabe, ihre sonstigen Tätigkeiten werden dafür entsprechend reduziert.

→ ***Praxistipp***

In der Realität werden Vollzeit- und Teilzeit projekte oft kombiniert. Das passiert vor allem dann, wenn ein Unternehmen zeitgleich mehrere Projekte bearbeitet. Es werden je nach Projektfortschritt Arbeitskräfte ab- oder hinzugezogen. Dies ist einerseits notwendig, um auf unerwartete Schwierigkeiten reagieren zu können, andererseits erfordert es einen hohen Organisationsaufwand seitens der Projektleitung und ein hohes Maß an Flexibilität seitens der Projektmitarbeiter.

1.3 Projektphasen

Ein Projekt ist ein komplexes Gebilde und erfordert ein hohes Maß an Vorbereitung und Planung. Um strukturiert die Arbeit beginnen zu können, teilt man ein Projekt anhand eines sogenannten **Phasenmodells** ein. Dabei wird die komplexe Aufgabenstellung des Projekts in einzelne Teilaufgaben zerlegt, diese werden sachlogisch aneinandergereiht.

> #
> ***Definition***
> Ein **Phasenmodell** gliedert das Projekt in einzelne Abschnitte und bildet den sachlogischen Grundstein eines Projekts.

Bei der Einteilung in Projektphasen wird die **inhaltliche Reihenfolge** der Projektschritte festgelegt. Dies ist nur möglich, wenn man präzise Vorstellungen von den komplexen Zusammenhängen der einzelnen Teilaufgaben hat. Nur so ist gewährleistet, dass die inhaltliche und zeitliche Reihenfolge eingehalten wird.

Die Definition der Projektphasen ist auch abhängig von

- Branche,
- Projektart,
- Projektziel,
- Projektbedeutung und
- Projektherkunft.

Aufgrund dieser vielen Einflussfaktoren gibt es in der Praxis eine Vielzahl an Phasenmodellen, die alle ihre Berechtigung haben. Im Folgenden wird ein **allgemeines Phasenmodell** vorgestellt, das grundsätzlich auf alle Projekte anwendbar ist.

1. **Definitionsphase:** In dieser ersten Phase wird das Projekt konkretisiert. Die Ausgangssituation wird analysiert, Inhalte werden entwickelt, Projektziele festgelegt und die Machbarkeit geprüft. Der Projektauftrag schließt diese Phase ab.
2. **Planungsphase:** In der anschließenden Phase wird das Projekt bis ins kleinste Detail durchorganisiert. Die Projektpläne werden erstellt und alles für den Projektstart vorbereitet.
3. **Durchführungsphase:** Das eigentliche Projekt beginnt und die vorher geplanten Schritte werden durchgeführt, überwacht und gesteuert.
4. **Abschlussphase:** Die Projektergebnisse werden festgehalten, aufgearbeitet und intern (Review) sowie mit dem Auftraggeber (Report) besprochen und präsentiert.

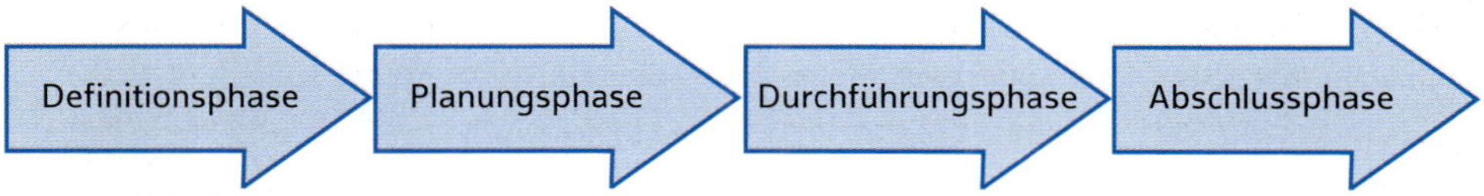

Abb.: Projektphasen

Die Einteilung eines Projekts in ein Phasenmodell bietet einige Vorteile:

- Hilfe bei der schrittweisen und zielgerichteten Bearbeitung des Projekts, da eine grobe Struktur von Anfang an vorhanden ist
- Hilfe bei Problemlösungen, da der logische Zusammenhang der einzelnen Teilaufgaben bekannt ist und somit Probleme und vor allem deren Auswirkungen auf folgende Teilaufgaben schnell erfasst werden können
- 9 | 3.1.1 Hilfe bei der Erstellung von Meilensteinen, da jede abgeschlossene Teilaufgabe eine Art Kontrollpunkt darstellt. Jeder hat die Möglichkeit, an diesen Punkten nachzuvollziehen, ob das Projekt in geplanter Art und Weise abläuft.

Doch ein Phasen*modell* hat auch Grenzen, denn wie der Name schon sagt, ist es nur ein Modell, in dem **die Wirklichkeit vereinfacht** wird. Es kann daher niemals vollständig den tatsächlichen Ablauf eines Projekts im Voraus darstellen. Das Phasenmodell ist nur ein grober Plan, der die Nachvollziehbarkeit und die Kontrolle erleichtern soll, doch dieser Plan ist Veränderungen im Zuge der realen Durchführung unterworfen. Dennoch leistet ein Phasenmodell wertvolle Hilfe bei der Strukturierung, auch wenn es aufgrund veränderter Umstände angepasst werden muss.

1.4 Projektbeteiligte

Das Projekt hat durch das Phasenmodell eine grobe Struktur erhalten und ist in inhaltlicher und zeitlicher Abfolge präzisiert worden. Doch nicht nur das Projekt als solches bedarf einer genauen Organisation, auch die **Projektbeteiligten** müssen in organisierten und hierarchisch festgelegten Strukturen arbeiten.

Eine klare Einteilung hilft dabei, das eigentliche Ziel, den erfolgreichen Projektabschluss, zu erreichen. Zudem wird gewährleistet, dass die Kompetenzen und Zuständigkeiten der einzelnen Projektbeteiligten bekannt und klar definiert sind. Nur so ist ein gemeinsames und zielgerichtetes Arbeiten möglich.

In der Regel gibt es in jedem Projekt mindestens drei Projektbeteiligte (**Muss-Beteiligte**).

Muss-Beteiligte

Projektauftraggeber

Projektauftraggeber sind die Grundlage eines jeden Projektes, denn sie geben es in **Auftrag**, d.h., ohne sie würde es kein Projekt geben. Es kann sich um externe oder interne Projektauftraggeber handeln, die das Projekt ausschreiben und bestimmen, an welches Unternehmen es vergeben wird bzw. wer im eigenen Unternehmen dafür verantwortlich ist.

Die Aufgaben des Auftraggebers sind sehr vielseitig, er

- legt den Inhalt und die Ziele des Projekts fest,
- vergleicht Angebote (wenn es ein externer Auftraggeber ist),
- legt das Budget und den Zeitplan des Projekts fest,
- vergibt den Projektauftrag,
- hat die abschließende Entscheidungsgewalt bei allen Fragen und auftretenden Problemen oder Abweichungen,
- nimmt das Projektergebnis ab.

Der Auftraggeber steht in der Projekthierarchie an oberster Stelle. Alle anderen Projektbeteiligten haben die Aufgabe, den Projektauftraggeber bestmöglich zu informieren.

Projektleiter

Projektleiter sind den Teammitgliedern des Projekts übergeordnet, sie müssen diese koordinieren und auch kontrollieren. Projektleiter arbeiten gewöhnlich nur an diesem **einen Projekt** und führen es unter ihrer **Verantwortung**. Sofern vorhanden, sind sie dem Projektmanager (siehe S. 287) untergeordnet und müssen ihm berichten.

Ein Projektleiter benötigt nicht nur hohe **fachliche Kompetenz**, sondern vor allem **soziale Kompetenz**. Ohne Frage müssen Projektleiter den hohen Anforderungen, die ihnen durch die Planungs-, Koordinations-, Kontroll- und Dokumentationsaufgaben obliegen, gewachsen sein, doch diese Fähigkeiten sind erlernbar. Eine mindestens genauso große Aufgabe liegt in der Mitarbeiterführung. Projektleiter müssen fähig sein, Konflikte im Team frühzeitig zu erkennen und ihnen entgegenzuwirken, sie müssen Lösungsstrategien entwickeln können, um wieder ein positives Arbeitsklima herzustellen. Des Weiteren sind die eigenen Umgangsformen und der Führungsstil von immenser Bedeutung. Projektleiter müssen ihrem Team das Gefühl vermitteln können, dass sie als kompetente Ansprechpartner immer zur Verfügung stehen, ohne sich jedoch auf die gleiche Hierarchie ebene zu begeben. Diese **Soft Skills** sind schwer erlernbar und erfordern 2|2.3.2
ein hohes Maß an Fingerspitzengefühl und Selbstdisziplin.

Zur Veranschaulichung ein **Anforderungsprofil** eines Projektleiters:

- Hohe Fachkompetenz (technisch und kaufmännisch)
- Organisationskompetenz
- Methodenkompetenz und Erfahrung in deren Anwendung
- Improvisationsfähigkeit
- Führungskompetenz

- Fähigkeiten zur Kommunikation und Information
- Teamfähigkeit
- Motivationsfähigkeit
- Flexibilität
- Lernbereitschaft

> **Praxistipp**
> Es ist schwierig, die Stelle des Projektleiters allgemeingültig zu definieren, da jedes Unternehmen andere Prioritäten setzt und jedes Projekt andere Fähigkeiten fordert. Eines bleibt aber immer gleich: Projektleiter müssen kompetent, flexibel und verantwortungsbewusst sein, um ihren vielfältigen Aufgaben gerecht zu werden.

Projektteam

Das Projektteam ist das eigentliche „Herz" des Projekts, es führt die **operative Arbeit** aus. Es wird vom Projektleiter für den Zeitraum des Projekts zusammengestellt und danach wieder aufgelöst. Die richtige Zusammensetzung des Projektteams ist sehr wichtig, damit das fachliche und methodische Know-how gegeben sowie ein möglichst motiviertes und konfliktfreies Arbeiten gewährleistet ist. Das Team hat ein **gemein-**
9|4.1 **sames Ziel**, das nur zusammen erreicht werden kann.

Es ist von großer Wichtigkeit, dass die einzelnen Kompetenzen auch im Team bekannt sind. Jedes Teammitglied muss wissen, warum der andere da ist und was seine Aufgaben sind, denn nur so ist eine gemeinsame, zielgerichtete und effiziente Arbeitsweise möglich. Die typischen Aufgaben des Projektteams sind:

- Operative Arbeit ausführen
- Stetige Selbstkontrolle (Einhaltung der Arbeitsanweisungen, Kontrolle der zeitlichen Abfolge etc.)
- Dokumentation der Ergebnisse
- Abweichungen und Probleme erkennen und melden
- Informationsaustausch mit dem Projektleiter

Da für jedes Projekt die Zusammensetzung des Projektteams variieren kann, wird von den Teammitgliedern ein hohes Maß an Flexibilität gefordert. Sie müssen sich nicht nur auf immer neue Gegebenheiten einstellen, sondern auch immer wieder mit unterschiedlichen Teammitgliedern zusammenarbeiten.

> **→ *Praxistipp***
> Häufig versucht man, erfolgreiche Projektteams so weit wie möglich unverändert zu lassen. Es kommen nur je nach Anforderungen einzelne Mitglieder dazu bzw. einzelne Mitglieder werden nicht berücksichtigt. Somit erreicht man, dass die teaminternen Abläufe gefestigt werden und dass das Arbeitsklima nach Möglichkeit positiv bleibt.

9|4.1.2

Diese drei Muss-Beteiligten gibt es bei jedem Projekt, ohne sie ist keine Umsetzung eines Projekts möglich. Je nach Größe des Projekts bzw. Größe oder Struktur des Auftragnehmers können noch weitere Projektbeteiligte (**Kann-Beteiligte**) dazukommen.

Kann-Beteiligte

Projektmanager

Die Hauptaufgabe eines Projektmanagers ist die **Koordination**, da er die federführende **Verantwortung für mehrere Projekte** trägt. An Projektmanager werden hohe Anforderungen gestellt, da sie mehrere Projekte organisieren und deren Ablauf immer im Blick haben müssen. Die Aufgaben des Projektmanagers sind:

- Kontakt zum Auftraggeber halten
- Überwachung der Organisation und Umsetzung mehrerer zeitgleicher Projekte
- Mitgliedschaft im Lenkungsausschuss (s. u.)
- Unternehmensspezifisch definierte Aufgaben

> **→ *Praxistipp***
> Die Stelle des Projektmanagers ist meist nur in größeren Unternehmen zu finden, in kleinen und mittelständischen Unternehmen wird sie oft mit der Stelle des Projektleiters kombiniert.

Lenkungsausschuss

Der Lenkungsausschuss setzt sich aus Mitgliedern der Geschäftsleitung, dem Projektmanager und den einzelnen Projektleitern zusammen. Ihm ist eine zentrale Rolle zugeordnet, da im Lenkungsausschuss die Realisierung des Projekts gesichert wird. Hier wird die interne Organisation des Projekts allen Ebenen der Unternehmensführung mitgeteilt und von allen bekräftigt, somit bildet der

Lenkungsausschuss eine wichtige Informationsschnittstelle. Folgende Aufgaben sind ihm zugeordnet:

- Vor dem Projekt prüft der Lenkungsausschuss das Vorhaben hinsichtlich der Kosten, der Wirtschaftlichkeit sowie der Risiken und ordnet dem Projekt eine Priorität zu. Darüber hinaus bestimmt der Lenkungsausschuss den jeweiligen Projektleiter und legt die Kompetenzen und Verantwortungen innerhalb des Projekts fest.
- Während der Projektdurchführung nimmt der Lenkungsausschuss Teilergebnisse ab und vertritt das Projektteam gegenüber der Geschäftsleitung und dem Auftraggeber.
- Eventuell auftretende Schwierigkeiten werden ebenfalls im Lenkungsausschuss besprochen. Seine Kompetenz reicht so weit, dass er die Möglichkeit hat, ein Projekt zu unterbrechen oder zu beenden, wenn sich eine Gefährdung anderer Ziele des Unternehmens abzeichnet, denen eine höhere Priorität zugeordnet wurde.

→ ***Praxistipp***
Die Einrichtung eines Lenkungsausschusses erfolgt nur, wenn es viele Projekte oder Projekte von sehr großem Umfang zu koordinieren gibt. Gelegentlich findet sich die Bezeichnung Lenkungsausschuss auch für das beschlussfassende Gremium innerhalb *eines* Projekts.

Fachausschuss

Der Fachausschuss zeichnet sich durch ein **tiefgehendes Fachwissen** in einem bestimmten Bereich aus und arbeitet in einem Unternehmen oft projektübergreifend. Er setzt sich aus Experten zusammen, deren spezifische Fähigkeiten bei Bedarf abgerufen werden können. Der Fachausschuss kommt oft vor der eigentlichen Projektdurchführungsphase ins Spiel, z. B. beim Einrichten der EDV-Anlage oder bei der Personaleinsatzplanung.

Fachausschüsse können auch durch externe Unternehmen, z. B. für die Einrichtung der EDV-Anlage, oder durch Mitarbeiter des auftraggebenden Unternehmens, z. B. für Produktschulungen, gebildet werden. Der Fachausschuss kann bei auftretenden Problemen während der Projektdurchführung auch als Hilfe herangezogen werden, wenn die Problematik nicht selbst behoben werden kann.

→ ***Praxistipp***
Der Einsatz eines Fachausschusses hängt stark mit der Unternehmensstruktur und den im Unternehmen vorhandenen Fachabteilungen zusammen. Daraus ergibt sich, welche Fachkompetenz zusätzlich benötigt wird.

Projektcontroller

Projektcontroller sind die Steuerungs- und Kontrollinstanz in einem Projekt. Die Hauptaufgabe im Projektcontrolling ist es, immer den Überblick über den **Projektfortschritt** zu haben. Dazu stellen Projektcontroller den aktuellen Projektstand anhand der Erfassung und Auswertung der aktuellen Daten fest. Sie überwachen damit stetig den Ablaufplan des Projekts, stellen Abweichungen fest und prognostizieren deren Auswirkungen auf den weiteren Projektverlauf. Ihnen obliegt, in Absprache mit dem Projektleiter und dem Lenkungsausschuss, auch die Anpassung des Ablaufplans. 9|4.3

→ ***Praxistipp***
Die Stelle des Projektcontrollers gibt es nicht bei jedem Projekt und nicht in jedem Unternehmen, da dessen Aufgaben oftmals der Projektleiter übernimmt. Wenn es diese Stelle allerdings gibt, dann liegt eine wichtige Aufgabe des Projektcontrollers in der Unterstützung und Entlastung des Projektleiters.

Nicht bei jedem Projekt gibt es alle aufgeführten Projektbeteiligten, da jedes Unternehmen individuell entscheidet, wie es arbeitet. Doch unabhängig von der Anzahl der Projektbeteiligten ist es äußerst wichtig, dass alle auf das gleiche Ziel hinarbeiten, nur so ist eine effektive Projektdurchführung möglich.

1.5 Projektmanagement

Projektmanagement meint die fachübergreifende Leitung eines Projekts in allen Projektphasen. Diese Führungsaufgaben sind meist beim **Projektleiter** angesiedelt.

Definition
Nach **DIN 69901** umfasst das Projektmanagement die Gesamtheit der **Führungsaufgaben**, der Führungsorganisation, der Führungstechniken und aller Führungsmittel, die zur Abwicklung eines Projektes notwendig sind.

Konkrete Aufgaben im Projektmanagement sind:

- **Projektvorbereitung:** Das Projektmanagement übernimmt alle vorbereitenden Maßnahmen, um einen reibungslosen Projektstart zu gewährleisten. 9|2

Beispiele

Einteilung des Projekts in Projektphasen, Personalbedarfsplanung

9|4
- **Projektdurchführung:** Das Projektmanagement übernimmt alle Aufgaben der Projektsteuerung, -koordination und -kontrolle.

Beispiele

Überwachung der Meilensteine, Qualitätskontrolle

9|5
- **Projektabschluss:** Das Projektmanagement beendet ein Projekt, arbeitet es auf und präsentiert es intern und extern.

Beispiele

Review, Reporting, Abschlussbericht erstellen

Da im Projektmanagement so umfassende und verantwortungsvolle Aufgaben zu erledigen sind, werden Weitsicht, Flexibilität und Belastbarkeit gefordert. Des Weiteren sollte im Projektmanagement nach folgenden **vier Prinzipien** gearbeitet werden:

- **Systemorientierung:** Ganzheitliches und vernetztes Denken mit dem Fokus auf die komplexe Problemstellung des Projekts ist erforderlich.
- **Kundenorientierung:** Alle Vorgänge sind auf die Forderungen und Erwartungen des Kunden (Auftraggebers) ausgerichtet und sollen diesen zufriedenstellen.
- **Phasenorientierung:** Es wird immer schrittweise vom Groben ins Detail hin geplant und organisiert. Der Projektablauf strukturiert sich zielorientiert an den sachlogischen Schritten.
- **Mitarbeiterorientierung:** Projektarbeit ist Teamarbeit, die ausgewählten Mitarbeiter werden mit klaren Zuständigkeiten am Projekt beteiligt. Durch Kommunikation wird Transparenz über Projektziele, -ablauf und -ergebnisse geschaffen.

1.6 Projektziele

„Hinter jedem Projekt steckt ein Problem und dessen Lösung ist das Ziel."

Dieser Satz ist zwar vollkommen zutreffend, doch nicht ausreichend, um die Projektziele zu definieren. Es ist hilfreich, wenn man sich vor Augen führt, was ein **Projektziel** genau ist.

„Ein Projektziel ist das, was ich mit einem Projekt erreichen möchte."

Auch diese Aussage reicht noch nicht aus, um festzustellen, was Projektziele eigentlich sind. Es gibt in Wirklichkeit nicht *das* eine Ziel in einem Projekt, es gibt immer mehrere **Teilziele,** deren Realisierung notwendig ist, um das Projekt positiv abzuschließen.

Teilziele

In einem Projekt können viele Teilziele bestehen, meist mehrere gleichzeitig:

- **Sachziele**
  Sachziele beziehen sich auf das unternehmerische Betätigungsfeld, also den eigentlichen Zweck des Unternehmens.

  Beispiel

  Ein Inhouse-Callcenter wird auch als externer Dienstleister tätig.

- **Leistungs- und Qualitätsziele**
  Diese Ziele beziehen sich auf Leistungs- und Qualitätsmerkmale des Unternehmens und seiner Mitarbeiter. Die Leistungserstellung soll verbessert werden.

  Beispiel

  Erreichen eines Servicelevels von 90/10, dadurch erhöhte Kundenzufriedenheit

- **Prozessziele (technisch-organisatorische Ziele)**
  Dies sind Ziele, die technische Verbesserungen und eine Optimierung der Unternehmensabläufe bewirken sollen. Sie gehören zum Prozessmanagement. 8 | 6.3

  Beispiel

  Der Prozess der Fax-Bearbeitung wird optimiert. Dadurch sinkt die Bearbeitungszeit.

- **Wirtschaftliche Ziele**
  Ziele, die den ökonomischen Erfolg des Unternehmens betreffen, stehen hier im Mittelpunkt. Sie können unterteilt werden in Leistungsziele, Finanzziele und Erfolgsziele. 1 | 1.1.1

  Beispiel

  Der Umsatz soll um 20 % gesteigert werden.

- **Soziale Ziele**
  Diese Ziele haben die soziale Situation der Mitarbeiter im Blick. Im betrieblichen Kontext handelt es sich dabei häufig um Maßnahmen der Arbeitsplatzgestaltung.

  Beispiel

  Verbesserung des Arbeitsklimas und der Arbeitsbedingungen durch Raumteiler

- **Terminziele**
  Innerhalb eines Projekts werden verschiedene Termine festgelegt, die einzuhalten sind, z. B. Start der Projektdurchführung und Beendigung des Projekts.

  Beispiel

  Das Projekt muss bis zum 30. November abgeschlossen sein.

- **Kostenziele**
  Diese Ziele betreffen das zur Verfügung stehende Projektbudget. Hier kommen häufig Methoden der Projektkalkulation zum Einsatz.

7 | 2.4.3

  Beispiel

  Für die Durchführung eines Projekts wird ein Budget von 100000,00 € veranschlagt.

Quantitative und qualitative Ziele

Die einzelnen festgelegten Ziele lassen sich je nach ihrer Messbarkeit in die Kategorien quantitative und qualitative Ziele einordnen.

> # ***Definition***
> Ein **quantitatives Ziel** lässt sich mengenmäßig durch Zahlen erfassen und bewerten.

Beispiel

Steigerung der Up-Sell-Quote im nächsten Monat um 3 %

> # ***Definition***
> Ein **qualitatives Ziel** bezieht sich auf inhaltliche Kriterien. Es lässt sich nicht eindeutig durch Zahlen wiedergeben und ist damit wesentlich schwieriger – nur über Hilfsgrößen – zu messen.

Beispiel

Serviceorientierung der Agents

Dennoch sind die qualitativen Ziele nicht weniger von Bedeutung. Sie werden häufig in Arbeitsanweisungen oder Normen für den Umgang mit Kunden festgelegt. Deren Missachtung kann sich sehr negativ auf die Kundenzufriedenheit auswirken.

Muss- und Kann-Ziele

Eine weitere Unterscheidungsmöglichkeit ist die Differenzierung der Ziele nach ihrer **Verbindlichkeit** in Muss- und Kann-Ziele.

Definition

Ein **Muss-Ziel** ist ein Ziel, dessen Erreichung für einen erfolgreichen Projektablauf zwingend erforderlich ist.

Beispiel

Das Projekt muss bis zum 31. Dezember abgeschlossen sein.

Definition

Ein **Kann-Ziel** ist ein Ziel, dessen Erreichung sich zwar positiv auf das Projekt auswirkt, aber nicht zwingend für einen erfolgreichen Projektabschluss nötig ist.

Beispiel

Bei jedem Kundenkontakt sollen die Kundendaten gepflegt werden.

Zieldefinition

Die Festlegung der Ziele erfordert eine genaue Beschreibung mit konkreter Aufstellung der einzelnen Vorgaben und Merkmale. Bei umfangreichen Projekten ergänzt eine separate Anlage, das Lastenheft, den Auftrag.

Definition

Das **Lastenheft** ist die Gesamtheit der Anforderungen des Auftraggebers an die Lieferungen und Leistungen eines Auftragnehmers.

Die zu erreichenden Ziele stellen eine zentrale Arbeitsgrundlage im Projekt dar. Daher sollten sie möglichst klar, messbar und nachvollziehbar formuliert sein. Die **SMART-Regel** ist für die Zieldefinition eine praktikable Hilfestellung: 1 | 1.1.3

- **S** – Spezifisch, so konkret und abgegrenzt wie möglich
- **M** – Messbar, Zielerreichung ist überprüfbar
- **A** – Aktiv beeinflussbar, durch Einsatz erreichbar
- **R** – Realistisch, Erreichbarkeit ist gegeben
- **T** – Terminiert, mit Zeitvorgaben versehen

Beispiel

Statt: „Wir wollen den Servicelevel erhöhen."
Besser: „Wir wollen den Servicelevel zwischen 15:00 Uhr und 20:00 Uhr bis zum 30. Juni von bisher 80/40 auf 80/30 erhöhen."

Zielkriterium (S)	Messgröße (M)	Ziele (AR)	Termin (T)
Servicelevel zwischen 15:00 Uhr und 20:00 Uhr	Erreichbarkeit durch Kunden	von 80/40 auf 80/30	30. Juni

Funktionen der Ziele

Die festgelegten Projektziele bestimmen entscheidend den weiteren Verlauf des Projekts in allen Projektphasen. Die **Wichtigkeit der Projektziele** ergibt sich aus ihren **Funktionen** während der gesamten Projektlaufzeit. Sie lassen sich wie folgt zusammenfassen:

- **Präzisierungsfunktion**
  Der Auftraggeber und der Auftragnehmer konkretisieren detailliert den Projektauftrag. Dies gibt beiden eine Grundlage für die vielen während des Projekts zu treffenden Entscheidungen. Die Ziele sind somit die Basis für ergebnisorientiertes und wirtschaftliches Handeln.

- **Orientierungsfunktion**
  Die Ziele vermitteln den Projektbeteiligten, wohin die Reise geht. Ähnlich wie bei Zielmarkierungen auf einer Landkarte haben die Beteiligten eine Vorstellung, in welche Richtung sie sich bewegen. Projektleiter und Projektteam können sich bei allen Maßnahmen an den vereinbarten Zielen orientieren. Sie können überprüfen, ob die Ziele erreicht werden.

- **Motivationsfunktion**
  Ein klares Ziel vor Augen motiviert (bewegt). Je mehr Mitarbeiter Zielvorgaben akzeptieren, umso stärker können sie sich mit ihnen identifizieren und sich für die Realisierung einsetzen, auch wenn während des Verlaufs Schwierigkeiten auftreten sollten. Dadurch steigt die Wahrscheinlichkeit, die angestrebten Ergebnisse innerhalb des vorgegebenen Zeit- und Kostenrahmens zu erreichen.

- **Kontrollfunktion**
  Es lässt sich nur kontrollieren, was vorher einmal festgelegt wurde. Durch die konkret festgelegten Ziele wird die Leistung des Projektteams überprüfbar und Fehlentwicklungen lassen sich frühzeitig erkennen. Somit bilden Ziele die Grundlage zur späteren Überprüfung der Zielerreichung. Dies geschieht im Rahmen des für Projekte typi-
  9|4.3 schen Soll-Ist-Vergleichs.

Zielkonflikte

In einem Projekt gibt es mehrere Ziele. Eine isolierte Betrachtung der einzelnen Zielgrößen wäre nicht sinnvoll, da die Ziele sich wechselseitig beeinflussen. Der Erfolg eines Projekts wird durch die drei **Zielgrößen** Qualität (Sachziel), Kosten (Ressourcen) und Zeit (Termin) bestimmt.

- **WAS:** Das **Sachziel** legt das gewünschte Ergebnis, das es zu erreichen gilt, fest und gibt an, in welcher Qualität es vorliegen soll.
- **WOMIT:** Das **Kostenziel** trifft Aussagen über das zur Verfügung stehende Budget und über die Ressourcen, die benötigt werden.
- **WANN:** Das **Terminziel** trifft Aussagen über die Dauer von Vorgängen, über die Termine für Teilziele und über das Projektende.

Diese Ziele lassen sich im sogenannten **„magischen Dreieck der Projektziele“** visualisieren.

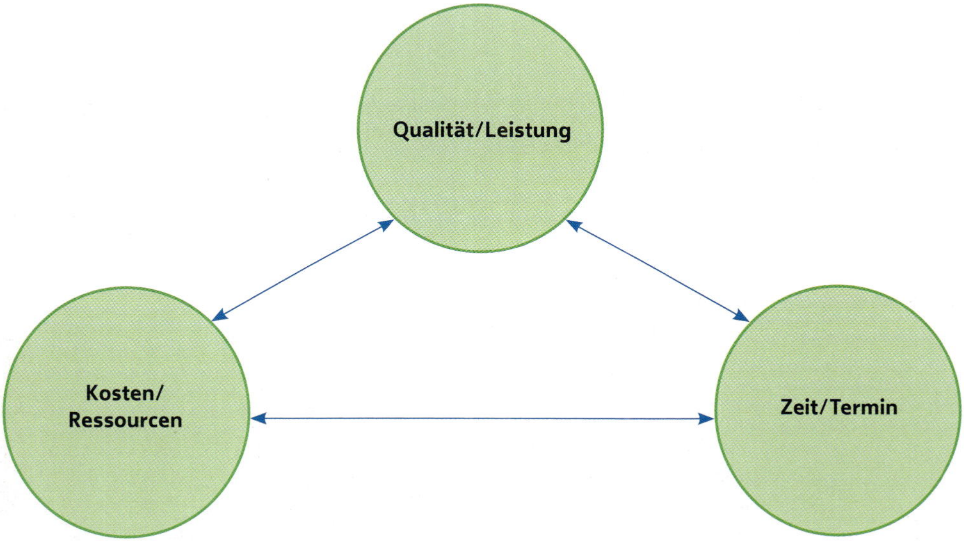

Abb.: Magisches Dreieck der Projektziele

Diese Abbildung verdeutlicht die **Mehrdimensionalität des Zielsystems** eines Projekts sehr gut. Jede Veränderung einer der drei Zielgrößen des magischen Dreiecks beeinflusst zwangsläufig die beiden anderen Größen. Es erfordert daher nahezu „magische“ Kräfte, alle Ziele gleichzeitig zu erreichen, da das Erreichen eines Ziels immer zulasten eines anderen Zieles geht.

Beispiel

Wird eine höhere Qualität gefordert, so ändert sich das Sachziel. Da aber Kosten und Termine auf das vorherige Sachziel abgestimmt waren, muss folglich auch eine Anpassung der Kosten und Termine vorgenommen werden.

Ist das Terminziel in Gefahr, muss im Rahmen des Projektmanagements eine **Entscheidung** getroffen werden, wie weiter vorgegangen werden soll. Die einfachste Lösung ist, mehr Mitarbeiter, eine bessere EDV-Anlage etc. im Projekt einzusetzen. Doch diese Art der Anpassung ist nicht praxisnah, da zwangsläufig die Kosten steigen, die Auftraggeber eines Projekts aber vorab ein Budget festgelegt haben und daran selten etwas ändern wollen. Auch eine Kürzung des Projektergebnisses ist denkbar, doch dadurch vermindert sich die Qualität, auch das ist in der Praxis für Auftraggeber meist keine Option. 9|1.5

Die realistischste Anpassung bei Terminproblemen ist eine Neuplanung, die eine Verschiebung des Projektendes nach sich zieht, dabei werden die anderen beiden Ziele am wenigsten beeinflusst. Ein gutes Projektmanagement sollte entstehende Terminprobleme frühzeitig erkennen und diesen frühzeitig gegensteuern.

Die Herausforderung für das Projektmanagement liegt in der Integration und Steuerung der konkurrierenden Zielgrößen. Wenn sich eine Zielgröße ändert, muss ein Ausgleich bei den anderen Zielgrößen geschaffen werden. Nur so ist es möglich, die wechselseitigen Abhängigkeiten der einzelnen Größen miteinander zu vereinbaren.

> ***Praxistipp***
> Häufig steht in einem Projekt ein bestimmtes Ziel im Vordergrund, das die anderen Ziele zunächst dominiert. Kann z. B. der Endtermin nicht verschoben werden, besteht häufig die Bereitschaft, die anderen Ziele anzupassen.

Zusammenfassung

Projektmerkmale nach DIN 69901

- Einmaligkeit der Bedingungen
- Klar definiertes Ziel
- Zeitlich, personell, finanziell begrenzt
- Klar von anderen Vorhaben und Projekten abgegrenzt

Projektarten (allgemein)

Non-Profit-Projekte:
- Entwicklungsprojekte
- Soziale Projekte

Unterscheidungskriterien:
- Projektgröße
- Projektbedeutung
- Projektlaufzeit
- Projektherkunft

Wirtschaftsprojekte:
- Organisationsprojekte
- Forschungs- und Entwicklungsprojekte (FuE-Projekte)
- Investitionsprojekte

Projekte im Callcenter

- **Fremdprojekte**
- **Eigenprojekte**
- **Mischprojekte**

- Projekte werden oft in Phasen eingeteilt. Ein allgemeingültiges **Phasenmodell** beinhaltet:

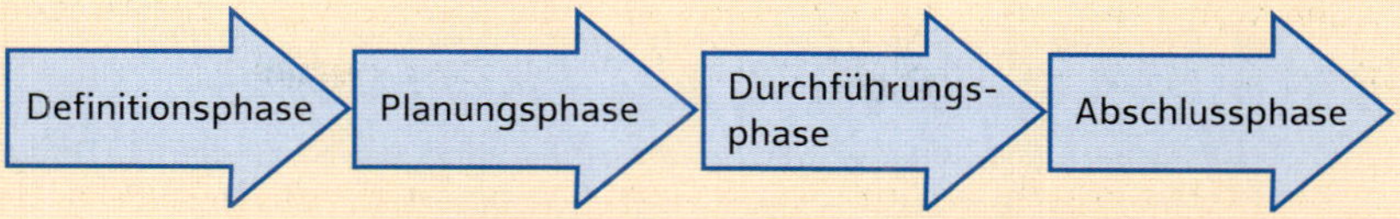

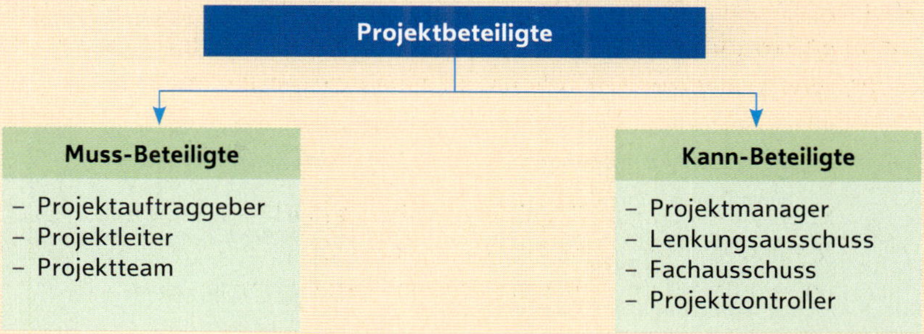

- **Projektmanagement** umfasst alle Führungsaufgaben, die zur Abwicklung des Projekts erforderlich sind.

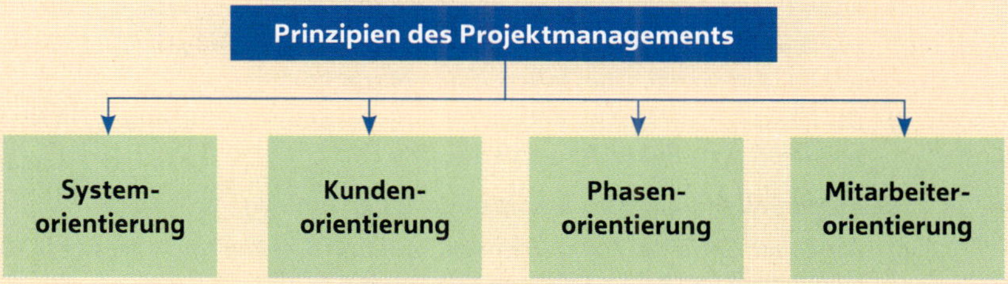

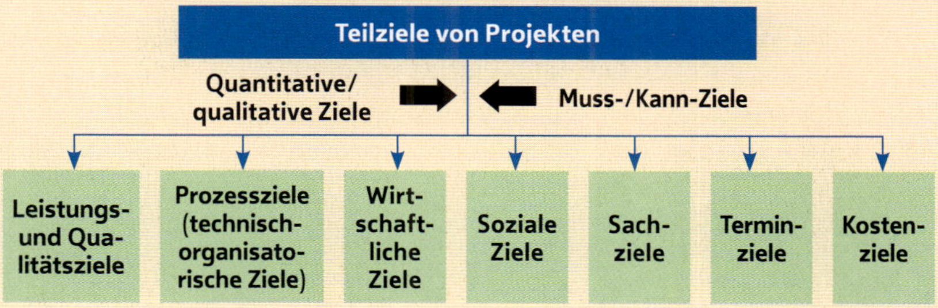

- Ziele sollten möglichst klar, messbar und nachvollziehbar formuliert sein. Die Beachtung der **SMART-Regel** ist hierfür hilfreich.
- Das **„magische Dreieck der Projektziele"** verdeutlicht die Mehrdimensionalität des Zielsystems eines Projekts. Jede Veränderung einer der drei Zielgrößen (Qualität/Leistung, Kosten/Ressourcen, Zeit/Termine) beeinflusst zwangsläufig die anderen beiden Größen (= **Zielkonflikt**).
- Dem **Projektmanagement** obliegt die Integration und Steuerung der konkurrierenden Zielgrößen. Wenn sich eine Zielgröße ändert, muss ein Ausgleich bei den anderen Zielgrößen geschaffen werden.

Aufgaben

1. ***Projekte können unterschiedlich definiert werden.***
   a) ***Beschreiben Sie die Eigenschaften eines Projekts nach DIN 69901.***
   b) ***Welche Merkmale ergänzen diese DIN-Norm in der Praxis?***
   c) ***Stellen Sie ein Projekt aus Ihrem Ausbildungsbetrieb vor, das der DIN-Definition entspricht, geben Sie – wenn möglich – auch ein Gegenbeispiel.***

2. ***Überprüfen Sie begründet anhand der DIN-Definition, ob es sich bei den nachfolgenden Tätigkeiten der KommunikativAktiv KG um ein Projekt handelt.***
   a) ***Beschaffung von Büromaterial für das Backoffice***
   b) ***Für einen neuen Geschäftskunden wird ein Marktforschungsauftrag übernommen, der Auftraggeber stellt 7500 Datensätze zur Verfügung.***
   c) ***Umzug in ein größeres Geschäftsgebäude***
   d) ***Umstellung der Aktenarchivierung auf ein elektronisches Dokumentenmanagementsystem (DMS)***
   e) ***Bearbeitung einer Kundenretoure***

3. ***Ordnen Sie folgende Tätigkeiten den drei Arten von Wirtschaftsprojekten zu:***
   a) ***Die Dialogfix GmbH führt ein neues, flexibles Arbeitszeitmodell ein.***
   b) ***Die KommunikativAktiv KG ersetzt für zukünftige Outbound-Kampagnen den alten Power-Dialer durch ein neues Modell.***
   c) ***Die Dialogfix GmbH arbeitet derzeit an einem Smartphone mit innovativen Funktionen, das im nächsten Jahr auf den Markt kommen soll.***
   d) ***Die KommunikativAktiv KG soll für einen geplanten Börsengang in eine Aktiengesellschaft umgewandelt werden.***

4. ***Die KommunikativAktiv KG erhält einen neuen Auftrag.***
   a) ***Benennen Sie in der nachfolgenden Situation drei Merkmale eines Projekts und belegen Sie diese durch konkrete Beispiele.***

   Die KommunikativAktiv KG soll für das Autohaus Schmidthuber erstmals eine Outbound-Kampagne durchführen. Ziel ist, in den traditionell schwachen Sommermonaten (Juni bis August) den Neuwagenabsatz im Vergleich zum Vorjahr um 15% zu steigern. Es sollen insgesamt 10080 Privatkunden aus dem Kundenstamm des Autohauses kontaktiert werden. Die Aktion soll im Mai (21 Arbeitstage) durchgeführt werden. Mit dem Auftraggeber wurde ein Projektbudget von 15000,00 € vereinbart.

   b) ***Geben Sie begründet an, ob es sich in diesem Fall um ein Eigenprojekt, ein Fremdprojekt oder ein Mischprojekt handelt.***
   c) ***Erklären Sie - neben der Projektherkunft - drei weitere Unterscheidungskriterien für Projekte anhand der vorliegenden Situation.***
   d) ***Nennen und erläutern Sie anhand dieser Situation die vier Projektphasen des Phasenmodells.***

5. ***Nennen Sie die Beteiligten, die für ein Projekt unverzichtbar sind (Muss-Beteiligte), und die Beteiligten, die ergänzend hinzukommen können (Kann-Beteiligte). Erläutern Sie, warum diese Unterscheidung vorgenommen wird.***

6. ***Wodurch unterscheiden sich die Aufgaben des Projektleiters von denen des Projektmanagers?***

7. *Stellen Sie fest, wer in einem Projekt folgende Aufgaben ausführt:*
   a) *Ein bestimmtes Projekt verantwortlich leiten*
   b) *Einzelne Vorschläge für Projekte prüfen und priorisieren*
   c) *Mehrere Projekte im Unternehmen koordinieren*
   d) *Projektteam führen*
   e) *Projektziele vorgeben*
   f) *Operative Arbeit während der Projektdurchführung leisten*
8. *Erklären Sie die vier Prinzipien des Projektmanagements jeweils anhand eines Beispiels aus Ihrem Ausbildungsbetrieb.*
9. *Nennen und erklären Sie drei mögliche Teilziele eines Projekts. Geben Sie dazu jeweils ein Beispiel aus Ihrem Unternehmen an.*
10. *Erläutern Sie den Unterschied zwischen qualitativen und quantitativen Projektzielen.*
11. *Prüfen Sie, ob es sich um ein qualitatives oder quantitatives Ziel handelt:*
    a) *Die Stornoquote soll gesenkt werden.*
    b) *Die Freundlichkeit der Hotline-Mitarbeiter soll steigen.*
    c) *Das Image des Unternehmens soll sich verbessern.*
    d) *Der Marktanteil soll erhöht werden.*
12. *Bei der endgültigen Formulierung der Ziele für den Projektauftrag wird häufig die SMART-Regel berücksichtigt. Nennen Sie die Bestandteile der Regel und erläutern Sie diese.*
13. *Die KommunikativAktiv KG bekommt einen Auftrag für eine Kampagne: Von 15000 Adressen sollen in den nächsten 8 Wochen 70% erreicht werden. Alle diese Kunden haben aus ihrer letzten Warensendung mindestens einen Artikel zurückgeschickt. Diese Kunden sollen gefragt werden, ob mit der letzten Warensendung alles in Ordnung war und ob sie Verbesserungsvorschläge für den Retourenversand haben. Überprüfen Sie die Ziele dieses Projekts mittels der SMART-Regel.*
14. *Erläutern Sie, warum Zielen eine Orientierungsfunktion und eine Kontrollfunktion zugeschrieben wird. Beschreiben Sie darüber hinaus zwei weitere Funktionen, die Ziele in einem Projekt haben.*
15. *Der Auftraggeber (siehe Aufgabe 13) ändert nach 4 Wochen die Zielsetzung, es sollen statt 70% der Kunden nun 90% der Kunden erreicht werden. Erläutern Sie anhand dieser Situation die drei Eckpunkte des „magischen Dreiecks der Projektziele". Was versteht man dabei unter „wechselseitiger Abhängigkeit"?*
16. *Geben Sie begründet an, ob folgende Aussagen zu Projekten zutreffend sind:*
    a) *Um wirtschaftlich zu sein, darf eine Projektlaufzeit von einem Jahr nicht überschritten werden.*
    b) *Erfolgreiche Projekte können mehrfach wiederholt werden.*
    c) *Die Zahl der beteiligten Mitarbeiter ist ein Kriterium für die Projektgröße.*
    d) *Projekte mit hoher strategischer Bedeutung werden auch als C-Projekte bezeichnet.*
    e) *In Teilzeitprojekten arbeiten ausschließlich Teilzeitmitarbeiter.*
    f) *Die Definitionsphase eines Projekts steht am Beginn eines Projekts.*
    g) *Jedes Projekt besteht aus mindestens sechs Phasen.*

■ *Einstiegssituation*

Montags nach der Mittagspause macht sich Julia auf den Weg ins Büro von Bernadette Borg. Frau Borg ist die Vertriebsleiterin der KommunikativAktiv KG und hat Julia zu einem Gespräch gebeten. Als Julia dort eintrifft, erwartet sie Frau Borg bereits. Julia ist sehr gespannt, was auf sie zukommt, denn mit der Vertriebsleiterin hat sie bisher noch nicht zusammengearbeitet.

Frau Borg: *„Herzlich willkommen in meiner Abteilung, Julia. In den nächsten Tagen wirst du an einem Projekt mitarbeiten, das ich für KommunikativAktiv einholen möchte. Du befindest dich ja bereits im 2. Ausbildungsjahr, darum sollst du Einblick in die komplexen Zusammenhänge eines Projekts erhalten."*

Julia: *„Das klingt ja spannend, Frau Borg. Wir beschäftigen uns also mit einem Projekt, das gar nicht aus unserem Unternehmen stammt?"*

Frau Borg: *„Das kann man so sagen. Die KommunikativAktiv KG ist ja ein externer Dienstleister, wir übernehmen also Projekte, sogenannte Kampagnen, für andere Unternehmen. Der Zeitpunkt für deine Mitarbeit ist jetzt ideal, da ich von einer Ausschreibung des bekannten Münzversandhandelsunternehmens Münzcollector GmbH erfahren habe, mit dem bereits ein Rahmenvertrag für Callcenter-Dienstleistungen besteht."*

Julia: *„Stimmt, für Münzcollector unterstützen wir doch die Bestellhotline in Peak-Zeiten. Da habe ich sogar schon mittelefoniert."*

Frau Borg: *„Genau! Aber jetzt kannst du ein neues Projekt kennenlernen, und das sogar von zwei Seiten: Du sollst zum einen erfahren, was in einem anderen Unternehmen passiert, bevor es sich entscheidet, ein Projekt auszuschreiben, und du wirst dich auch damit beschäftigen, was in unserem eigenen Unternehmen geschieht, bevor wir einen Projektauftrag annehmen. Natürlich auch, wie wir ein Projekt vorbereiten und umsetzen."*

Die Vertriebsleiterin stellt Julia zuerst das Unternehmen Münzcollector GmbH noch ein bisschen ausführlicher vor und bittet sie, die Eckdaten mitzuschreiben, da diese Fakten in den nächsten Tagen noch benötigt werden. Julia notiert sich folgende Informationen:

- *Die Münzcollector GmbH ist ein mittelständisches Unternehmen und beschäftigt sich mit dem Versandhandel von Sammlermünzen.*
- *30 festangestellte Mitarbeiter:*
  - *10 Lagerarbeiter*
  - *10 Mitarbeiter für die Bearbeitung schriftlicher Bestellungen (inkl. Webshop)*
  - *5 Hotline-Mitarbeiter für die Bearbeitung der telefonischen Bestellungen und Reklamationen*
  - *3 Mitarbeiter in der Verwaltung*
  - *1 EDV-Spezialist*
  - *1 Geschäftsführer*
- *150 000 Stammkunden*
- *Über 90 % der Bestellungen kommen schriftlich.*
- *Durchschnittliche Auslastung der 5 Hotline-Mitarbeiter 85 %, restliche Arbeitskapazität wird zur Unterstützung der schriftlichen Bestellannahme verwendet.*
- *Keine weiteren räumlichen Kapazitäten frei*
- *Anrufe im Überlauf (Overflow) und zu Randzeiten werden seit 3 Jahren von der KommunikativAktiv KG bearbeitet.*

Julia: *„Es freut mich, dass ich mitarbeiten darf, denn mit diesem Arbeitsfeld bin ich bislang noch nicht in Berührung gekommen. Das ist eine tolle Herausforderung!“*

Frau Borg: *„Wir sehen uns morgen Vormittag wieder, dann gibt es auch nähere Details zum Projekt.“*

■ *Arbeitsaufträge*

1. ***Stellen Sie zusammen, welche verschiedenen Leistungen die KommunikativAktiv KG für die Münzcollector GmbH erbringen könnte.***
2. ***Welche Ursachen können Sie sich dafür vorstellen, dass ein Unternehmen ein Projekt an einen externen Dienstleister, wie z. B. die KommunikativAktiv KG, abgibt?***
3. ***Sammeln Sie Aufgaben, mit denen Julia im Zuge der Projektvorbereitung konfrontiert werden könnte.***

Wie sich gezeigt hat, gibt es im Allgemeinen **viele Projektarten**. Mitarbeiter im Dialogmarketing beschäftigen sich jedoch naturgemäß vorrangig mit typischen **Projekten im Callcenter**. Darunter versteht man einzelne Kundenaufträge, bei denen überwiegend die Telefonie im Mittelpunkt steht. Branchenbezogen werden diese Projekte häufig als **Kampagnen** bezeichnet. Charakteristisch sind in diesem Fall sogenannte **Fremdprojekte**, in denen ein Kundenprojekt für einen **externen Auftraggeber** durchgeführt wird. 9 | 1.2

Beispiel

Die Münzcollector GmbH führt eine Kampagne nicht selbst durch, sondern schreibt als Auftraggeber ein Projekt aus, das von der KommunikativAktiv KG als externem Dienstleister bearbeitet wird.

Natürlich kann eine solche Kampagne auch von einem Unternehmen selbst als **Eigenprojekt (Inhouse-Projekt)** durchgeführt werden.

Beispiel

Die Dialogfix GmbH startet eine Telefonaktion zur Kundenrückgewinnung.

Zu Beginn eines Projekts erfolgt eine umfangreiche und gründliche **Projektvorbereitung**, in der die Basis für die spätere Durchführung des Projekts geschaffen wird. Gemäß dem **Phasenmodell** setzt sich die Projektvorbereitung aus der Definitionsphase und der Pla-
9 | 1.3 nungsphase zusammen.

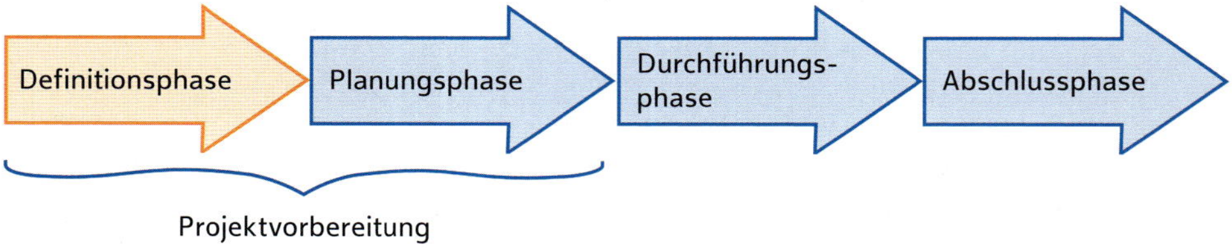

Die **Definitionsphase** dient dazu, die Grundlagen des Projekts zu schaffen. Dazu wird zunächst die Ausgangssituation analysiert, Inhalte werden konkretisiert, Projektziele festgelegt und die Machbarkeit des Projekts (Realisierbarkeit, Wirtschaftlichkeit, Risiken) geprüft. Der Projektauftrag schließt diese Phase ab.

9 | 3.4 In der anschließenden **Planungsphase** wird das Projekt bis ins kleinste Detail durchorganisiert. Verschiedene Projektpläne werden erstellt und alles für den Projektstart vorbereitet. Die Projektvorbereitung endet mit dem **Kick-off-Meeting**. Dies markiert gleichzeitig den Beginn der Projektdurchführung (Projektstart).

→ ***Praxistipp***

Um die Abwicklung eines Projekts in all ihren Facetten besser nachvollziehen zu können, gibt es in diesem Kapitel abweichend von der Grundstruktur des Lehrbuchs auch in vielen Unterkapiteln eine Einstiegssituation. Alle Einstiegssituationen in Lernfeld 9 sind Teil der Rahmenhandlung für das Projekt. Die Zusammenfassung und die Aufgaben finden sich jedoch wie üblich am Ende des Kapitels.

2.1 Analyse der Ausgangssituation

■ *Einstiegssituation*

Am Dienstagmorgen kommt Julia wie verabredet wieder zu Frau Borg ins Büro.

Frau Borg: *„Wie ich dir gestern erklärt habe, wollen wir ja das Projekt aus zwei Perspektiven betrachten. Damit du die Situation unseres möglichen Auftraggebers, also der Münzcollector GmbH, besser verstehst, möchte ich, dass du dich in die Lage der Geschäftsleitung dieses Unternehmens versetzt."*

Julia: *„Oh, ich soll mir also vorstellen, dass ich die Chefin von Münzcollector bin?"*

Frau Borg: *„Ganz genau! Stell dir vor, du bist ... Geschäftsführerin der Firma Münzcollector GmbH. Deine Firma hat ca. 150 000 Stammkunden, davon bestellen 35000 Kunden regelmäßig Münzen aus verschiedenen Fußballserien. An diese 35000 Kunden ist vor 2 Wochen per Post ein Angebot über eine Sonderserie zu den vier deutschen WM-Siegen 1954, 1974, 1990 und 2014 geschickt worden. Zusätzlich wurde den Kunden eine portofreie Lieferung bei einer Bestellung innerhalb der ersten 2 Wochen zugesichert. Auf der Erfahrung von vergangenen Fußballserien basierend hast du mit einer Response-Quote von mindestens 60 % gerechnet, aber bis zum heutigen Tag haben erst 9800 Kunden die Serie geordert."*

Julia: *„Alles klar, Frau Borg. Ich sehe die Situation deutlich vor mir!"*

■ *Arbeitsaufträge*

1. ***Notieren Sie die Ausgangssituation der Münzcollector GmbH in wenigen Stichworten.***
2. ***Diskutieren Sie gemeinsam in der Klasse, welche Ursachen die geschilderte Fehlprognose haben könnte.***
3. ***Welche Auswirkungen für die Münzcollector GmbH könnte eine so große Abweichung von dem gewünschten Zustand nach sich ziehen?***
4. ***Schildern Sie in der Klasse eigene Erfahrungen in ähnlichen Situationen.***

Ein Projekt wird immer dann ins Leben gerufen, wenn ein Problem auftritt oder eine neue Herausforderung zu bewältigen ist. Um sinnvolle Lösungsstrategien zu entwickeln, muss zunächst die **Ausgangssituation** erkannt und analysiert werden. 9 | 1.1

Problembeschreibung

Der erste Schritt auf diesem Weg ist die Feststellung, dass der aktuelle Zustand, die **Ist-Situation**, von dem angestrebten Zustand, der **Soll-Situation**, abweicht. Damit ist erkannt, dass ein Problem vorliegt. Um den Kern des Problems zu erfassen, ist eine detaillierte Problemanalyse notwendig, die sich in zwei Schritten vollzieht: Zuerst wird das Problem genau beschrieben. Anschließend wird diese **Problembeschreibung** ausführlich analysiert, um die **Ursachen** herauszuarbeiten.

Bei der **Münzcollector GmbH** werden beispielsweise Antworten auf folgende Fragen gesucht:

- Welches konkrete Problem tritt auf?

  Beispiel
  Die Serie zu den vier WM-Siegen wird nicht so oft bestellt, wie erwartet.

- In welchen Unternehmensbereichen, bei welchen Prozessen oder bei welchen Produkten tritt das Problem auf?

  Beispiel
  Im Unternehmensbereich der Auftragsbearbeitung; beim Prozess der Versandabwicklung; bei der aktuellen Sonderserie zu den vier WM-Siegen

- Wie ist der Stand der aktuellen Soll-Ist-Analyse?

  Beispiel
  Soll: 21 000 Bestellungen (60 % der angeschriebenen Kunden)
  Ist: 9800 Bestellungen (28 % der angeschriebenen Kunden)

- Seit wann tritt das Problem auf?

  Beispiel
  Seit der Werbepost, die an die Kunden verschickt wurde (seit 14 Tagen); Stichtag ist das Verstreichen der zweiwöchigen Frist der portofreien Lieferung.

- Welche betriebswirtschaftlichen Auswirkungen verursacht das Problem?

  Beispiel
  Erhöhte Kosten der Lagerhaltung; geringerer Umsatz als erwartet; freie Kapazitäten im Bereich der schriftlichen und telefonischen Auftragsannahme

Ursachenanalyse

In diesem Schritt wird die beschriebene Problematik analysiert. Es wird z.B. ein Augenmerk darauf gelegt, ob das Problem durch vorangegangene Probleme entstanden ist und ob es selbst weitere Probleme nach sich zieht. Häufig ist die genaue Ursachenanalyse der erste Anhaltspunkt beim Entwickeln von Lösungsstrategien. In diesem Schritt sind z.B. folgende Fragen zu beantworten:

- War die Soll-Ist-Abweichung vorherzusehen?

  Beispiel
  Die Kunden haben die Serie nicht wie erwartet bestellt. Das war nicht abzusehen, denn die Response-Quote bei vergangenen Fußballserien lag im Schnitt bei 60%.

- Liegt die Problemursache in der Unternehmensorganisation?

  Beispiel
  Davon ist nicht auszugehen, da die vorigen Serien alle auf der gleichen Organisation basierten und sich gut verkauft haben.

- Liegen die Ursachen bei den verwendeten Verfahren oder technischen Hilfsmitteln?

  Beispiel
  Es wurde das bewährte Mittel des Werbebriefs benutzt, alle Kundenadressen sind qualifiziert. Ein so starker Rückgang war daher nicht zu erwarten.

- Sind die Ursachen in einer gravierenden Änderung des Kundenumfelds zu finden?

  Beispiel
  Es ist im Hauptgeschäft eine allgemeine Kaufzurückhaltung der Kunden aufgrund der ungewissen wirtschaftlichen Gesamtlage zu verzeichnen. Das Schreiben wurde zur Monatsmitte verschickt.

- Welche Problemlösungen bieten sich an?

  Beispiel
  Die Kunden erhalten ein neues Schreiben mit veränderter Aufmachung und einem attraktiven Preisnachlass. Das Mailing wird zum Monatsende verschickt.

→ ***Praxistipp***
Die Dokumentation der Problemanalyse erfolgt in der Regel schriftlich.

2.2 Definition der Projektziele

Einstiegssituation

Julia hat nun anhand der vorliegenden Informationen über die Münzcollector GmbH die bestehenden Probleme analysiert und Frau Borg ihre Ergebnisse präsentiert.

Frau Borg: *„Vielen Dank, Julia. Du hast die Ausgangslage sehr gut verstanden. Für uns als externen Dienstleister ist es extrem wichtig, unsere Auftraggeber und deren Probleme zu verstehen, damit wir eine sachgerechte Lösung anbieten können. Mach dir deshalb nun über mögliche Wege Gedanken, wie du die Probleme für die Münzcollector GmbH lösen würdest. Bedenke dabei bitte, dass das Unternehmen die aktuelle Sonderserie noch mit einer ähnlichen Quote verkaufen möchte wie die vergangenen Fußballserien. Am Ende dieses Arbeitsschritts sollst du aus der Sicht von Münzcollector einen Katalog mit klaren Anforderungen erarbeiten und die gewünschten Ziele des Projekts klar definieren."*

Diese Aufgabe von Frau Borg nimmt sich Julia mit nach Hause. Die Definition der Projektziele ist doch viel zeitintensiver, als sie sich das vorher vorgestellt hatte. Doch schon am Mittwochmorgen präsentiert Julia ganz stolz ihr Ergebnis:

Julia: *„Guten Morgen, Frau Borg. Ich habe die Aufgabe erledigt! Neben den Projektzielen habe ich sogar schon zwei Alternativen für deren Umsetzung herausgearbeitet: Entweder macht die Münzcollector GmbH eine telefonische Nachfassaktion oder sie versendet erneut einen Werbebrief."*

Arbeitsaufträge

1. ***Sammeln Sie mögliche Projektziele der Münzcollector GmbH.***
2. ***Diskutieren Sie in der Klasse die Idee, einen weiteren Werbebrief mit dem gleichen Angebot nachzusenden. Stellen Sie dabei Vor- und Nachteile gegenüber.***
3. ***Welche Vor- und Nachteile wären mit einer telefonischen Nachfassaktion verbunden?***

Basierend auf den Erkenntnissen der Problembeschreibung und der anschließenden Ursachenanalyse ist es jetzt an der Zeit, das Projektziel zu definieren und genaue Anforderungen an das angestrebte Projektergebnis festzulegen.

#

Definition
Das **Projektziel** ist die Summe der Teilziele eines Projekts und gibt den gewünschten Endzustand, das abzuliefernde Ergebnis des Projekts an (DIN 69901).

Das Projektziel, das häufig aus **mehreren Teilzielen** besteht, gibt allen Projektbeteiligten die Richtung vor und erfüllt verschiedene **Zielfunktionen**. Es bildet somit die Grundlage für den späteren Projektauftrag. Ausarbeitung und Formulierung sollten daher mit großer Aufmerksamkeit und Sorgfalt geschehen, z. B. anhand der SMART-Regel. 9 | 1.6

Insbesondere bei großen Projekten wird das Projektziel durch einen **Anforderungskatalog** ergänzt, welcher die einzelnen Projektziele präzisiert. Hier werden alle Erwartungen des Auftraggebers festgehalten, die das Projektergebnis erfüllen soll.

→

Praxistipp
Vor allem bei IT-Projekten ist für den Anforderungskatalog auch die Bezeichnung **Lastenheft** geläufig.

Falls das Projekt nicht intern durchgeführt, sondern ausgeschrieben werden soll, dienen die Projektziele und der Anforderungskatalog potenziellen Auftragnehmern (externen Dienstleistern) als Vorgaben zur Erstellung eines Angebots. 9 | 2.4

Beispiel

Projektziele und Anforderungskatalog „Telefonische Nachfassaktion“

Projektziele:
- *25 200 Adressen innerhalb der nächsten 6 Wochen kontaktieren*
- *Mindestens 11 200 Bestellungen erzielen*

Anforderungskatalog:
- *Nur mit dem Kunden persönlich sprechen (eventuell genauen Rückruftermin vereinbaren)*
- *Die Kunden dürfen nur zwischen 10:00 und 20:00 Uhr angerufen werden.*
- *Es darf von Montag bis Freitag angerufen werden.*
- *Nettokontakte (abzurechnende Ergebnisse) sind:*
  - *Kunde hat Bestellung aufgegeben,*
  - *Kunde hat kein Interesse.*
- *Adresse darf nach dreimaligem Ergebnis „nicht erreicht“ an 3 verschiedenen Tagen als erledigt aus der Datenbank genommen werden, da davon auszugehen ist, dass der Kunde nicht mit einem akzeptablen Aufwand zu erreichen ist.*

5|5.2 Als **Bruttokontakte** werden **alle angewählten** Telefonnummern innerhalb einer Kampagne bezeichnet, inklusive Fehlversuchen (z. B. niemanden erreicht, Anrufbeantworter, falsche Rufnummer) und falscher Zielperson. Die **Nettokontakte** bezeichnen hingegen ausschließlich die Kontakte mit der gewünschten **Zielperson**.

→ ***Praxistipp***
Achtung: Je nach Auftraggeber und Projekt sind unterschiedlich weit gefasste Definitionen von Brutto- und Nettokontakten möglich! Beachten Sie deshalb immer genau die Rahmenbedingungen der jeweiligen Kampagne.

2.3 Machbarkeitsstudie

▪ *Einstiegssituation*

Frau Borg bespricht nun mit Julia die Inhalte ihrer Ausarbeitung zu den Projektzielen der Münzcollector GmbH und die von ihr entwickelten Ideen zu deren Umsetzung.

Frau Borg: *„Sehr schön, Julia. Da hast du dir ja richtig Mühe gegeben. Deine ausgearbeiteten Projektziele gefallen mir sehr gut. Aber hast du dir auch mal überlegt, ob deine beiden Projektideen – die telefonische Nachfassaktion und der erneute Werbebrief – von der Münzcollector GmbH so überhaupt durchgeführt werden können? Ein Projekt ist schließlich eine aufwendige Sache, da sollte vorher genau überlegt werden, ob das auch alles geht."*

Julia: *„Hmmm ... da war ich wohl etwas voreilig. Was ist denn nun zu tun?"*

Frau Borg: *„Nun, Julia, an dieser Stelle steht üblicherweise eine Machbarkeitsstudie. Überleg mal, worüber wird sich die Münzcollector GmbH jetzt Gedanken machen?"*

▪ *Arbeitsaufträge*

1. ***Von welchen Kriterien würden Sie die Entscheidung abhängig machen, ob ein Projekt durchgeführt werden soll oder nicht?***
2. ***Diskutieren Sie in der Klasse, wann sich ein Projekt „rechnet".***
3. ***Welche Risiken können bei einem Projekt auftreten?***

Die zentrale Frage an dieser Stelle ist, ob das Projekt überhaupt durchgeführt werden soll. Um dies zu beantworten, empfiehlt es sich, eine Machbarkeitsstudie zu erstellen. Dazu müssen drei wichtige **Entscheidungskriterien** im Blick behalten werden:

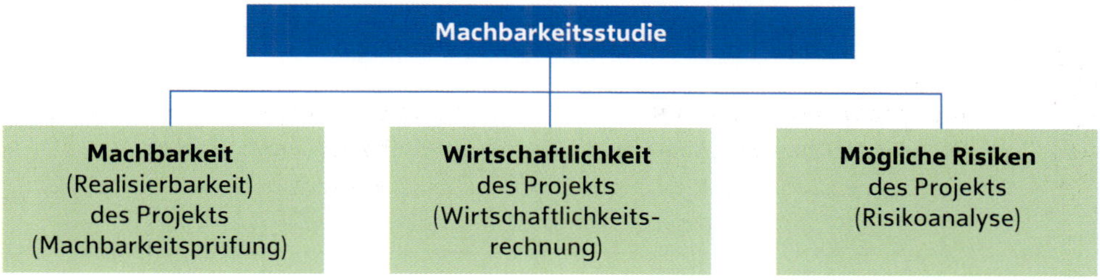

Im ersten Schritt sollte das Entscheidungskriterium geprüft werden, das mit dem geringsten Aufwand verbunden bzw. bei dem am ehesten ein negatives Ergebnis zu erwarten ist. Dadurch lassen sich je nach Ergebnis eventuell weitere Schritte sparen.

2.3.1 Machbarkeitsprüfung

> # ***Definition***
> Die **Machbarkeitsprüfung** stellt fest, ob ein Projekt mit den vorhandenen Mitteln realisiert werden kann.

Im Zuge der Machbarkeitsprüfung können z. B. folgende Punkte betrachtet werden:

- Organisatorische Umsetzbarkeit
- Technische Umsetzbarkeit
- Zeitliche Umsetzbarkeit
- Verfügbarkeit von Ressourcen (z. B. Personal, Maschinen)

Für typische **Callcenter-Projekte** muss in erster Linie die Verfügbarkeit der Ressourcen überprüft werden. Meist ist dabei das **Personal** der begrenzende Faktor. Entscheidender Teil der Machbarkeitsprüfung ist somit der Abgleich zwischen den benötigten und den **verfügbaren Mitarbeitern** (Personalbedarfsplanung).

Mitarbeiterkapazität (MAK)

Die Ermittlung des Mitarbeiterbedarfs erfolgt auf der Basis von **vollbeschäftigten Arbeitskräften**, somit müssen Teilzeitkräfte auf Vollzeitkräfte umgerechnet werden. Dies ist in der Dialogmarketingbranche besonders wichtig, da es hier überdurchschnittlich viele Teilzeitkräfte gibt. Rechengröße ist die **Mitarbeiterkapazität (MAK)**.

> # ***Definition***
> Die **Mitarbeiterkapazität (MAK)** drückt die verfügbare Arbeitszeit der Mitarbeiter umgerechnet in Vollzeitarbeitskräfte aus.

$$\text{MAK} = \frac{\textbf{Summe der vertraglichen Arbeitszeit}}{\textbf{Arbeitszeit Vollzeitstelle}}$$

Beispiel

In einem Projekt der KommunikativAktiv sind drei Teilzeitkräfte (20 Stunden, 30 Stunden, 30 Stunden) und eine Vollzeitkraft (40 Stunden) beschäftigt. Somit wird dieses Projekt mit einer MAK von 3,0 Vollzeitkräften bearbeitet.

$$\text{MAK} = \frac{\textbf{20 Stunden + 30 Stunden + 30 Stunden + 40 Stunden}}{\textbf{40 Stunden}} = \textbf{3,0}$$

> ***Praxistipp***
> Alternative Bezeichnungen für die Mitarbeiterkapazität (MAK) sind Full Time Equivalent (FTE), Vollzeitäquivalent (VZÄ) oder Ganztagskräfte (GTK). Üblicherweise wird bei den Ergebnissen auf eine Nachkommastelle gerundet.

Mitarbeiterstundenbedarf

Im ersten Schritt muss man stets die für das Projekt notwendigen Arbeitsstunden ermitteln. Diese Größe wird auch **Mitarbeiterstundenbedarf** genannt.

> ***Definition***
> Der **Mitarbeiterstundenbedarf** (Arbeitsvolumen) in einem Projekt gibt an, wie viele Arbeitsstunden benötigt werden, um ein Projekt abzuarbeiten (durchzuführen).

Die entscheidenden Größen für die Ermittlung des Mitarbeiterstundenbedarfs bei Callcenter-Projekten sind normalerweise die Zahl der durchzuführenden Anrufe (Anrufvolumen) und die für einen Anruf notwendige Zeit (Average Handling Time = AHT, bestehend aus 5 | 5.1.1 Gesprächszeit und Nachbearbeitungszeit). Es gilt somit:

Mitarbeiterstundenbedarf = Anrufvolumen · AHT

Beispiel

Adressmenge Münzcollector:	25 200 Adressen
Erwartete Nettokontakte (80 %):	20 160 Anrufe (Gespräche)
AHT (kalkuliert bzw. vorgegeben):	5 Minuten
Mitarbeiterstundenbedarf:	20 160 · 5 Minuten = 100 800 Minuten
Stundenbasis:	$\frac{100\,800 \text{ Minuten}}{60} = 1\,680$ Stunden

Grundlage für den zu ermittelnden Mitarbeiterstundenbedarf sind hier die **erwarteten Nettokontakte**, da nur mit einem Nettokontakt tatsächlich das Nachfassgespräch geführt wird. Das Anrufvolumen entspricht in diesem Fall den Nettokontakten.

Für eine ganz präzise Berechnung müssen je nach Projekt auch noch z. B. die gewünschten Werte für Produktivität bzw. Mitarbeiterauslastung, Zeiten für Anwahlversuche und Fehlkontakte etc. berücksichtigt werden. Vereinfachend werden diese Zeiten häufig – wie auch im vorliegenden Projekt – **pauschal** in die Nachbearbeitungszeit der AHT mit einkalkuliert und müssen somit nicht gesondert berücksichtigt werden.

5 | 5.1.4
5 | 5.2

Beispiel

Angenommen, die Auslastung würde in diesem Projekt **nicht** über die AHT pauschal eingerechnet, sondern mit einem vorgegebenen Wert von 80 % berücksichtigt. Somit ergäbe sich ein tatsächlicher Mitarbeiterstundenbedarf von 2100 Stunden.

Berechnung: $\frac{1680 \text{ Mitarbeiterstundenbedarf} \cdot 100}{80 \text{ (80\% Auslastung)}} = 2100 \text{ Stunden}$

→ ***Praxistipp***

Sofern keine Informationen über Auslastung, Zeiten für Anwahlversuche etc. vorliegen, kann von einer pauschalen Einrechnung in die AHT ausgegangen werden. Sind keine Informationen über Nettokontakte vorgegeben, entspricht das Anrufvolumen dem verfügbaren Adressbestand.

Alternativ kann der Mitarbeiterstundenbedarf über die erwarteten **Nettokontakte pro Stunde** ermittelt werden. Die Formel ändert sich in diesem Fall wie folgt:

$$\textbf{Mitarbeiterstundenbedarf} = \frac{\textbf{Anrufvolumen}}{\textbf{Nettokontakte pro Stunde}}$$

Beispiel

Adressmenge Münzcollector:	25200 Adressen
Erwartete Nettokontakte (80 %):	20160 Anrufe (Gespräche)
Nettokontakte pro Stunde (kalkuliert bzw. vorgegeben):	12
Mitarbeiterstundenbedarf:	$\frac{20160}{12} = 1680$ Stunden

Mitarbeitertage

Im nächsten Schritt wird ermittelt, in welchem Umfang Mitarbeiter benötigt werden, um den zuvor ermittelten Personalstundenbedarf zu bewältigen. Dies erfolgt zunächst auf der Basis von **Mitarbeitertagen**.

> #
> *Definition*
> **Mitarbeitertage** geben die notwendige Kapazität der Ressource Personal (Vollzeitkraft) in Tagen an, die zur Bewältigung einer Aufgabe erforderlich ist.

$$\textbf{Mitarbeitertage} = \frac{\textbf{Mitarbeiterstundenbedarf}}{\textbf{Arbeitszeit Vollzeitstelle}}$$

Beispiel

Im Projekt Münzcollector sind 210 Mitarbeitertage erforderlich, um das Projekt vollständig abzuarbeiten (alle Anrufe durchzuführen).

$$\text{Mitarbeitertage} = \frac{1\,680 \text{ Stunden}}{8 \text{ Stunden}} = 210 \text{ Tage}$$

Mitarbeitertage drücken somit aus, wie lange *ein* Vollzeitmitarbeiter benötigen würde, um das gesamte Projekt abzuarbeiten.

Mitarbeiterbedarf

Im letzten Schritt muss nun berücksichtigt werden, in welcher Zeit das Projekt erledigt werden soll (Projektlaufzeit). Daraus ergibt sich der tatsächliche **Mitarbeiterbedarf pro Tag** der Projektlaufzeit.

> #
> *Definition*
> Der **Mitarbeiterbedarf** gibt die Zahl der notwendigen Mitarbeiter (MAK) in einem Projekt auf Tagesbasis an.

$$\textbf{Mitarbeiterbedarf} = \frac{\textbf{Mitarbeitertage}}{\textbf{Projektlaufzeit in Tagen}}$$

Beispiel

Für das Projekt Münzcollector stehen 6 Wochen (30 Arbeitstage) zur Verfügung.

$$\text{Mitarbeiterbedarf} = \frac{210 \text{ Tage}}{30 \text{ Tage}} = 7 \text{ Mitarbeiter}$$

Ergebnis: Es werden 7 Vollzeitkräfte (MAK) benötigt, um das Projekt mit dem vorgegebenen Anrufvolumen in 30 Arbeitstagen zu bewältigen.

> **→ *Praxistipp***
>
> Häufig ist auf Basis der verfügbaren Mitarbeiter die erforderliche Projektlaufzeit zu ermitteln. In diesem Fall muss die Formel für den Mitarbeiterbedarf wie folgt umgestellt werden:
>
> $$\text{Projektlaufzeit} = \frac{\text{Mitarbeitertage}}{\text{verfügbare Mitarbeiter (MAK)}}$$

Im Rahmen der später erfolgenden **Ressourcen- und Kapazitätsplanung** eines Projekts 9 | 3.1.6 können noch detailliertere Berechnungen erfolgen. Für die Machbarkeitsprüfung liegen aber jetzt schon wichtige Ergebnisse vor.

Beispiel

Die fünf Hotline-Mitarbeiter der Münzcollector GmbH sind bereits jetzt zu 85 % ausgelastet, zusätzliche Telefonate können daher kaum bewältigt werden. Die Einstellung weiterer Mitarbeiter scheitert an den fehlenden räumlichen Kapazitäten. Somit ergibt die Machbarkeitsprüfung **aus der Perspektive der Münzcollector GmbH**, dass das Projekt nicht (selbst) durchgeführt werden kann.

2.3.2 Wirtschaftlichkeitsrechnung

> **# *Definition***
>
> Die **Aufgabe der Wirtschaftlichkeitsrechnung** ist es, die **betriebswirtschaftliche Rentabilität** eines Projekts zu beurteilen.

Die Wirtschaftlichkeitsrechnung basiert auf klassischen **betriebswirtschaftlichen Methoden**, die auf Projekte angewandt werden. Dabei geht es meist darum,

- ob ein Projekt **überhaupt durchgeführt** wird, oder
- um die Entscheidung zwischen **mehreren Projektalternativen**.

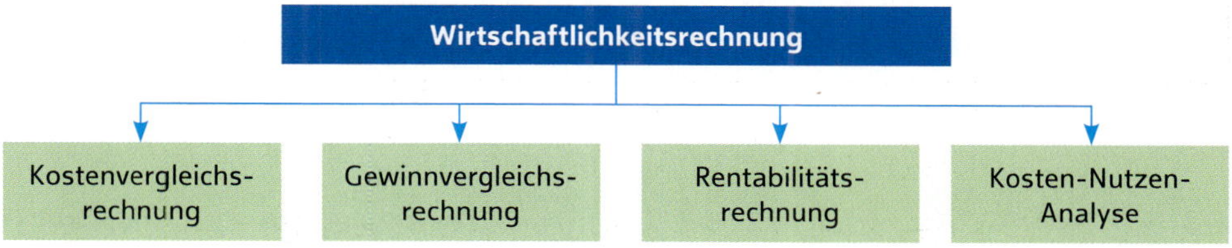

Kostenvergleichsrechnung

> **# *Definition***
>
> Bei der **Kostenvergleichsrechnung** werden die Gesamtkosten mehrerer Alternativen verglichen und dann die kostengünstigste ausgewählt.

Die notwendigen Zahlen (z. B. Personalkosten, Sachmittelkosten) liefert in der Praxis die
11 | 2.1.3 **Kosten- und Leistungsrechnung** des Unternehmens. Falls keine Daten vorhanden sind, können alternativ Schätzwerte herangezogen werden. Sinnvoll ist die Kostenvergleichsrechnung nur dann, wenn auch die den Kosten gegenüberstehenden Erlöse – in diesem Fall die bewerteten Projektergebnisse – vergleichbar sind.

Beispiel

Für die Münzcollector GmbH stehen zwei Projektalternativen zur Auswahl:

Alternative 1:	Die 25 200 Kunden erhalten ein erneutes Schreiben per Post.	
	Kosten pro Schreiben (Druck, Versand etc.)	1,50 €
	Gesamtkosten	37 800,00 €
Alternative 2:	Die 25 200 Kunden werden angerufen.	
	Kosten pro Anruf (kalkuliert)	2,00 €
	Gesamtkosten	50 400,00 €

Ergebnis: Unter der Annahme, dass beide Alternativen den gleichen Erlös (hier: Bestellungen) erbringen, ist Alternative 1 auszuwählen, da kostengünstiger.

Steht nur eine Alternative zur Wahl, kann das ermittelte Ergebnis (die Gesamtkosten) dazu dienen, sich für oder gegen ein Projekt zu entscheiden (es steht z. B. nur ein bestimmtes Projektbudget zu Verfügung).

→ ***Praxistipp***
Aufgrund der vereinfachenden Annahmen ist die Kostenvergleichsrechnung als alleinige Methode nur in wenigen Fällen zielführend.

Gewinnvergleichsrechnung

Definition
Bei der **Gewinnvergleichsrechnung** wird der erwartete Gewinn mehrerer Alternativen verglichen und dann die Alternative ausgewählt, die den größten Gewinn erbringen wird.

Die Gewinnvergleichsrechnung führt die Kostenvergleichsrechnung fort. Den **Gesamtkosten** eines Projekts werden die **erwarteten Erlöse** (Umsätze) gegenübergestellt und damit ein (fiktiver) **Gewinn** ermittelt. Die Daten für die erwarteten Erlöse können z. B. aus früheren, vergleichbaren Projekten stammen oder geschätzt werden. Mit diesem Verfahren können besonders gut Alternativen verglichen werden, die unterschiedliche Erlöse erwarten lassen.

Gewinn = Erlös – Kosten

Beispiel

Für die Münzcollector GmbH stehen zwei Projektalternativen zur Auswahl (s. o.):

Alternative 1:	Die 25 200 Kunden erhalten ein erneutes Schreiben per Post.	
	Kosten pro Schreiben (Druck, Versand etc.)	1,50 €
	Gesamtkosten Werbepost	37 800,00 €
	Erwartete Erlöse (aus Bestellungen)	42 000,00 €
	Gewinn	4 200,00 €
Alternative 2:	Die 25 200 Kunden werden angerufen.	
	Kosten pro Anruf (kalkuliert)	2,00 €
	Gesamtkosten Anrufe	50 400,00 €
	Erwartete Erlöse (aus Bestellungen)	60 000,00 €
	Gewinn	9 600,00 €

Ergebnis: Es ist Alternative 2 auszuwählen, da ein höherer Gewinn erzielt wird.

Rentabilitätsrechnung

#

Definition

Bei der **Rentabilitätsrechnung** (Return on Investment) wird die **Wirtschaftlichkeit** eines Projekts ermittelt, indem der erwartete Gewinn auf das eingesetzte Kapital bezogen wird.

Die Rentabilitätsrechnung basiert auf den Daten der Kosten- und Gewinnvergleichsrechnung. Zusätzlich wird das durch das Projekt **gebundene Kapital** (Kapitaleinsatz, vereinfacht auch die **gesamten Projektkosten**) berücksichtigt. Die dazu benötigten Daten werden in der Praxis wiederum von der Kosten- und Leistungsrechnung des Unternehmens geliefert (s. o.).

$$\textbf{Rentabilität} = \frac{\textbf{Projektgewinn} \cdot 100}{\textbf{Kapitaleinsatz (gesamte Projektkosten)}}$$

Beispiel

Die Münzcollector GmbH vergleicht erneut die zwei Projektalternativen:

Alternative 1:	Kapitaleinsatz (gesamte Projektkosten)	37 800,00 €
	Gewinn	4 200,00 €
	Rentabilität	11,1 %
Alternative 2:	Kapitaleinsatz (gesamte Projektkosten)	50 400,00 €
	Gewinn	9 600,00 €
	Rentabilität	19,0 %

Ergebnis: Es ist Alternative 2 auszuwählen, da eine höhere Rentabilität erzielt wird.

Häufig wird die Entscheidung für ein bestimmtes Projekt davon abhängig gemacht, ob eine festgelegte **Mindestrentabilität** erzielt wird.

Beispiel

Die Münzcollector GmbH führt grundsätzlich nur Projekte durch, die mindestens eine Rentabilität von 8 % erzielen. Im vorliegenden Fall könnten also beide Alternativen gewählt werden.

Kosten-Nutzen-Analyse

Definition

Im Gegensatz zur gewinnorientierten Rentabilitätsrechnung **vergleicht** die **Kosten-Nutzen-Analyse** den bewerteten Nutzen mit den Kosten eines Projekts.

Mit der Kosten-Nutzen-Analyse entfernt sich die Wirtschaftlichkeitsrechnung von der streng betriebswirtschaftlichen Sichtweise. Es steht nicht mehr der erzielbare Gewinn im Mittelpunkt, sondern der **mit dem Projekt verbundene Nutzen** (im Sinne von Vorteilen oder positiven Ergebnissen des Projekts). Diese Betrachtungsweise wird daher oft bei nicht (nur) gewinnorientierten Projekten herangezogen.

Mögliche Nutzenkriterien für Projekte im Dialogmarketing sind z. B:

- Höhere Kundenzufriedenheit
- Stärkere Kundenbindung
- Verbesserter Service
- Erhöhter Bekanntheitsgrad
- Besseres Firmenimage
- Steigende Mitarbeiterzufriedenheit

Um dennoch zu vergleichbaren Zahlen zu gelangen, muss der erwartete Nutzen in Geldeinheiten gemessen werden. Dies gestaltet sich in der Praxis jedoch problematisch, da „Nutzen“ ein **quantitatives Ziel** ist und somit häufig nur sehr schwer zahlenmäßig zu
9 | 1.6 erfassen ist (z. B. Kundenzufriedenheit, Firmenimage). Daher muss meist auf Schätzwerte zurückgegriffen werden. Der dann ermittelte Wert für den Nutzen kann anschließend (statt des Gewinns) einer Gewinnvergleichsrechnung oder einer Rentabilitätsrechnung unterzogen werden.

Beispiel

Die Münzcollector GmbH erwartet von den beiden Projektalternativen (Werbebrief oder telefonische Nachfassaktion) auch einen Nutzen hinsichtlich einer stärkeren Kundenbindung und einer höheren Kundenzufriedenheit. Dieser Nutzen wird von der Geschäftsführung zahlenmäßig bewertet und anschließend einer Rentabilitätsrechnung unterzogen.

2.3.3 Risikoanalyse

> # **Definition**
> In einem Projekt ist ein **Risiko** ein Ereignis, das den vorgesehenen Ablauf oder ein Ziel des Projekts gefährden kann (DIN 69905).

Naturgemäß sind Projekte komplex und mit vielen Unsicherheiten behaftet. Daher ist es offensichtlich, dass der Erfolg eines Projekts nicht garantiert ist, vielmehr muss immer auch ein Scheitern einkalkuliert werden. Um die Risiken zu minimieren, sollte die Machbarkeitsstudie eine sorgfältige **Risikoanalyse** beinhalten. Zusätzlich kann auch im weiteren Projektablauf eine erneute Risikoprüfung erfolgen.

Die Risikoanalyse läuft meist in drei Schritten ab:

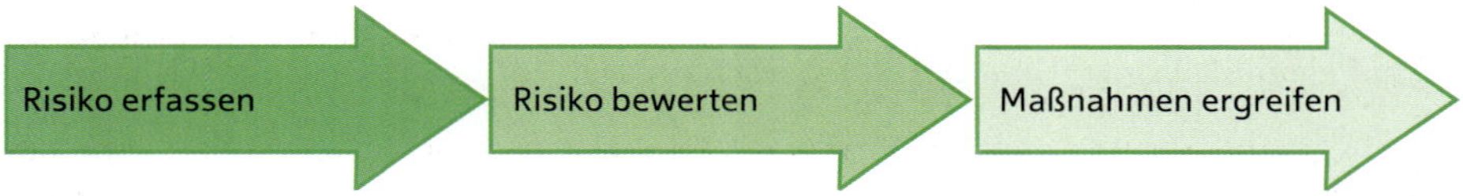

Abb.: Risikoanalyse

1. Risiko erfassen

Zunächst müssen alle denkbaren Risiken identifiziert und beschrieben werden. In der Praxis geschieht dies häufig anhand einer **Risikocheckliste**, mit der mögliche Risiken abgeprüft werden können. Für eine erste grobe Einteilung der Risiken bieten sich die Zielgrößen des „magischen Dreiecks" an. 9|1.6

Risikocheckliste	Ja	Nein
Sachliche Risiken (betreffen die Qualität und die Leistung des Projekts)		
Projektziel ist unklar definiert.		
Projektziel ist unrealistisch.		
Gewünschte Qualität kann nicht erreicht werden.		
...		
Terminliche Risiken (betreffen Zeit und Termine des Projekts)		
Starttermin kann nicht eingehalten werden.		
Vorgegebene Zeit reicht nicht aus.		
Externe Beteiligte halten Termine nicht ein.		
...		
Ressourcenbezogene Risiken (betreffen Budget, Personal etc. des Projekts)		
Benötigtes Budget wird nicht bereitgestellt.		
Notwendiges Personal ist nicht verfügbar.		
Erforderliche technische Mittel sind nicht vorhanden.		
...		

2. Risiko bewerten

Im nächsten Schritt der Risikoanalyse werden alle denkbaren Risiken quantitativ (zahlenmäßig) in zwei Kategorien bewertet.

- **Eintrittswahrscheinlichkeit** des Risikos: Wie relevant ist das Risiko tatsächlich? Meist wird hier ein Prozentwert angegeben, zwischen 0% (kein Risiko) bis 100% (Risiko tritt sicher ein).

Beispiel

Der Risikofaktor „Personalverfügbarkeit" wird mit 20% angesetzt, d.h., mit einer Wahrscheinlichkeit von 20% steht das benötigte Personal nicht zur Verfügung.

- **Kosten bzw. Auswirkungen** des Risikos: Welche Folgen zieht der Eintritt des Risikos nach sich? Hier werden entweder tatsächlich anfallende Kosten bzw. Auswirkungen angegeben oder die Bedeutung des Schadens auf einer Skala dargestellt (z.B. bedeutet auf einer Skala von 0 bis 10 „0" kein Schaden und „10" ein existenzieller Schaden).

Beispiel

Falls das Risiko „Personalverfügbarkeit" tatsächlich eintritt, zieht dies eine Verlängerung der Projektdauer nach sich. Die Auswirkung wird mit dem Faktor 4 (von 10) beziffert. Alternativ fallen Beschaffungs- und Qualifizierungskosten für zusätzliche Mitarbeiter in einer Höhe von 900,00 € je Mitarbeiter an.

→ ***Praxistipp***
Häufig gestaltet sich die zahlenmäßige Bewertung der Risiken sehr schwierig. Dann wird auf Schätzwerte oder frühere Erfahrungen zurückgegriffen. Meist fließen auch die Bewertungen mehrerer Personen mit ein.

3. Maßnahmen ergreifen

Um die Risiken nicht tatenlos eintreten zu lassen, gilt es nun im abschließenden Schritt, anhand der zusammengetragenen Daten geeignete Maßnahmen zu ergreifen.

- **Präventive Maßnahmen** dienen dazu, den Eintritt des Risikos zu **verhindern**.

Beispiel

Um das Risiko „Personalverfügbarkeit" zu verhindern, werden mehr Mitarbeiter eingeplant als eigentlich nötig.

- **Korrektive Maßnahmen** dienen dazu, die Folgen bei einem tatsächlich eingetretenen Risiko zu **mindern**.

Beispiel

Tritt das Risiko „Personalverfügbarkeit" wirklich ein, können binnen 72 Stunden Mitarbeiter aus einer anderen Abteilung ausreichend für das Projekt qualifiziert werden.

Praxistipp
In vielen Unternehmen wird ein Risikoplan erstellt, der die Risikoanalyse dokumentiert und bei tatsächlich eingetretenen Risiken rasch Lösungsmöglichkeiten bietet.

Insgesamt sollte jedoch darauf geachtet werden, dass die anfallenden Kosten der Maßnahmen in einem wirtschaftlichen Verhältnis zu den Risiken stehen. So ist es z. B. auf Dauer sicher zu aufwendig, grundsätzlich mehr Personal einzuplanen (und damit Kosten zu verursachen), als eigentlich benötigt wird.

2.4 Ausschreibung eines Projekts

Einstiegssituation

Inzwischen haben Julia und Frau Borg anhand der vorliegenden Daten eine Machbarkeitsanalyse aus der Perspektive der Münzcollector GmbH durchgeführt. Julia ist dennoch unschlüssig, wie weiter vorzugehen ist.

Julia: *„Aus der Sicht der Münzcollector GmbH würden mir immer noch beide Vorschläge gefallen, die telefonische Nachfassaktion genauso wie ein erneuter Werbebrief Ich wäre mir wirklich unsicher, welchen Vorschlag ich auswählen sollte."*

Frau Borg: *„Nun, wenn die Münzcollector GmbH in ihrer Analyse nur die Kosten betrachtet, kommt sie mit einem weiteren Schreiben sicherlich besser davon. Aber überleg mal, kann auf diesem Weg auch die angestrebte Bestellquote erreicht werden?"*

Julia: *„Das ist natürlich ein guter Punkt, Frau Borg. Wenn die Kunden schon nicht auf das erste Schreiben reagiert haben und sich die Rahmenbedingungen nicht wesentlich verändern, warum sollten sie dann auf einen zweiten Werbebrief reagieren? Da bringen die niedrigeren Kosten ja unterm Strich auch nichts. Dieser Aspekt spricht klar gegen das Schreiben. Die Münzcollector GmbH sollte sich also für die telefonische Nachfassaktion entscheiden. Nur sehe ich da das Problem, dass die Münzcollector GmbH dafür nicht genügend Personal zur Verfügung hat."*

Frau Borg: *„Julia, deine Entscheidung, dass die Münzcollector GmbH eine telefonische Nachfassaktion durchführen sollte, steht also im Grunde fest. Jetzt betrachten wir das Ganze mal aus unserer Perspektive. Die KommunikativAktiv KG als externer Dienstleister bietet Unternehmen wie der Münzcollector GmbH ja in genau solchen Situationen Unterstützung an. Da wir viele Mitbewerber haben, müssen wir dies zudem zu einem attraktiven Preis anbieten."*

Julia: *„Ich verstehe, ein externer Dienstleister erledigt also die Tätigkeiten, die ein anderes Unternehmen nicht selbst erbringen kann oder will."*

Frau Borg: *„Richtig, in den nächsten Tagen erwarte ich daher die Projektausschreibung von Münzcollector. Auf der Grundlage deiner bisherigen Ergebnisse sollte es dir nun möglich sein, vorab einige Punkte zu formulieren, die in dieser Projektausschreibung enthalten sein werden."*

■ Arbeitsaufträge

1. ***Welche Argumente können für ein Unternehmen dagegen sprechen, ein Projekt selbst durchzuführen?***
2. ***Diskutieren Sie die Möglichkeit des Outsourcings von Projekten. Welche Vor- und Nachteile ergeben sich dadurch?***
3. ***Stellen Sie wichtige Informationen zusammen, die Ihrer Meinung nach in eine Projektausschreibung gehören. Berücksichtigen Sie dabei auch notwendige Informationen, um einen Preis für ein Projekt zu kalkulieren.***

Die Entscheidung, ob und wie ein Problem gelöst werden soll, treffen die zuständigen Verantwortlichen in einem Unternehmen. Nicht immer ist ein Projekt die ideale Problemlösungsstrategie, denn es verursacht hohe Kosten und ist aufwendig. Zudem ist es mit Risiken verbunden. Bei kleinen Projekten wird die Entscheidung häufig sehr zügig getroffen, da die Risiken überschaubar sind.

Wenn die Machbarkeitsprüfung seitens des Auftraggebers ergeben hat, dass das Projekt nicht selbstständig bearbeitet werden kann, aber dennoch die Entscheidung gefallen ist, das Projekt durchzuführen, bleibt nur die Möglichkeit des **Outsourcings**.

> #
> ***Definition***
> Beim **Outsourcing** werden einzelne Tätigkeiten organisatorisch aus dem Unternehmen heraus an andere Unternehmen ausgelagert.

Bevor der Auftraggeber ein Projekt an ein anderes Unternehmen (externer Dienstleister)
13 | 3.4.1 vergibt, müssen **wichtige Fragen** geklärt werden, z. B.:

- Um welche Inhalte/Ziele geht es genau?
- Welche Leistungen soll der externe Dienstleister erbringen?
- In welchem Umfang wirkt der Auftraggeber mit?
- Wie soll die Vergütung geregelt werden?
- Wie werden Vertragsdauer und Kündigungsmöglichkeiten vereinbart?
- Wie werden Leistung und Qualität gemessen?
- Welche Zahlungsbedingungen gibt es?

Um einen geeigneten Dienstleister zu finden, wird das Projekt meist ausgeschrieben.

#

Definition

Mit einer **Ausschreibung** werden potenzielle Auftragnehmer (öffentlich) aufgefordert, ein Angebot abzugeben.

Beispiel

Ausschreibung Münzcollector

Auftraggeber	Münzcollector GmbH
Bereich	Münzen
Zielgruppe	Bestandskunden (Endverbraucher)
Anzahl Zielgruppe	25 200
Kampagneninhalt	Outbound: Nachfassaktion auf einen Werbebrief, bei dem die Response-Rate sehr gering ausgefallen ist
Ziel 1	Alle 25 200 Adressen kontaktieren erwartete Nettokontakte: 80 %
Ziel 2	Bestellungen erfassen (mindestens 11 200)
Ziel 3	Adressqualifizierung: fehlende Kundendaten ergänzen
Ziel 4	Bedarfsermittlung: Ermittlung der persönlichen Kundenpräferenzen, um Folgeschreiben besser steuern zu können
Dauer	6 Wochen, beginnend am 1. Oktober
Vergütung	Basierend auf tatsächlichen Nettokontakten
Daten	SQL-Datenbank
Abgabe des Angebots binnen 5 Werktagen an Frau Rebecca Klein	

→

Praxistipp

Der Anteil der erzielten Nettokontakte an den zur Verfügung gestellten Adressen ist eine wichtige Erfolgskennzahl und wird auch als **Ausschöpfungsquote** bezeichnet. 5 | 5.2.1

9|2.3 Die wichtigsten Inhalte der **Ausschreibung** ergeben sich aus den Projektzielen und dem Anforderungskatalog. Nun bietet sich für den Auftraggeber die Gelegenheit, noch weitere Ziele ins Auge zu fassen. Diese müssen nicht zwangsläufig etwas mit dem aktuellen Projektanlass zu tun haben. Da die Adressen im Projektverlauf kontaktiert werden, ist es z. B. möglich, gleichzeitig die Qualität der Adressen zu verbessern (Adressqualifizierung) und wichtige Informationen über die Vorlieben der Kunden zu erhalten.

→ ***Praxistipp***

Nicht für jedes Projekt gibt es eine Ausschreibung. Bei internen Projekten (Inhouse) entfällt die Ausschreibung naturgemäß, es sei denn, man wünscht ein Alternativangebot. Auch kann es sein, dass der Auftraggeber mit einem externen Dienstleister einen Rahmenvertrag abgeschlossen hat, der bereits die Abwicklung aller (auch zukünftigen) Projekte beinhaltet.

2.5 Einen Projektauftrag abschließen

▪ *Einstiegssituation*

Am Donnerstag geht Julia zu einem weiteren Meeting mit Frau Borg.

Frau Borg: *„Unsere gemeinsame Zeit neigt sich nun langsam dem Ende zu. Bislang haben wir ja das Projekt immer aus der Perspektive des Auftraggebers, der Münzcollector GmbH, betrachtet. Doch jetzt wirst du meine eigentliche Arbeit kennenlernen."*

Julia: *„Das war eine gute Idee, dass ich mich zunächst mal in die Lage unseres potenziellen Auftraggebers versetzt habe. Jetzt denke ich doch ein bisschen unternehmerischer."*

Frau Borg: *„In den letzten 3 Tagen haben wir uns mit den Vorgängen beschäftigt, die in einem anderen Unternehmen ablaufen, bevor es zur Ausschreibung eines Auftrags kommt. Nun zeige ich dir, wie wir für die KommunikativAktiv KG prüfen, ob das Projekt für unser Unternehmen durchführbar ist, und wie wir dann ein Angebot erstellen."*

Julia: *„Ich verstehe, jetzt erstellen wir also eine Machbarkeitsstudie für KommunikativAktiv und machen dann Münzcollector ein Angebot. Bis wann muss das erledigt sein?"*

Frau Borg: *„Die Zeit drängt: Das Angebot müssen wir schon morgen abgeben! Wenn es der Münzcollector GmbH zusagt, dann werde ich dich zum Meeting mit dem Auftraggeber mitnehmen. Außerdem wirst du einen Einblick erhalten, wie die Inhalte des Projektauftrags genau festgelegt werden. Dabei kannst du auf deine Erfahrungen aus den letzten 3 Tagen zurückgreifen."*

Arbeitsaufträge

1. ***Welche Unterschiede und Gemeinsamkeiten erwarten Sie von der Machbarkeitsprüfung seitens des Auftraggebers bzw. des Auftragnehmers?***
2. ***Was bildet Ihrer Meinung nach die Grundlage für ein Angebot?***
3. ***Welchen Zweck könnte ein Meeting mit dem Auftraggeber haben?***
4. ***Erstellen Sie anhand der vorliegenden Informationen einen Projektauftrag mit den Inhalten, die Sie für wichtig erachten.***

2.5.1 Angebotsabgabe

Die Grundlage für die Prüfung, ob der potenzielle Auftragnehmer (externer Dienstleister) ein Angebot abgeben möchte, liefert die Ausschreibung des Projekts seitens des Auftraggebers. Hierin sind alle wichtigen Rahmenbedingungen enthalten, die der Auftragnehmer benötigt, um die Umsetzbarkeit des Projekts zu prüfen.

Die Machbarkeitsstudie **aus Sicht des Auftragnehmers** verläuft ähnlich wie die des Auftraggebers. Auch der Auftragnehmer prüft die Kriterien: 9 | 2.3

- **Machbarkeit:** Ist das Projekt realisierbar?
- **Wirtschaftlichkeit:** Ist ein angemessener Gewinn zu erzielen?
- **Risiko:** Ist das Risiko überschaubar?

Beispiel

Die Machbarkeitsstudie der KommunikativAktiv KG ergibt, dass das Projekt (telefonische Nachfassaktion) für die Münzcollector GmbH im fraglichen Zeitraum realisiert werden kann, da die benötigten Ressourcen (Personal, Arbeitsplätze etc.) zur Verfügung stehen. Das Risiko ist sehr begrenzt, da KommunikativAktiv als externer Dienstleister bereits auf eine große Erfahrung mit derartigen Projekten zurückgreifen kann. Die Wirtschaftlichkeit des Projekts muss jedoch noch durch eine Projektkalkulation geprüft werden.

Einen wichtigen Unterschied gibt es allerdings: Ein externer Dienstleister untersteht dem Konkurrenzkampf des Marktes, d.h., er ist sich bewusst, dass es noch andere Angebote
13 | 3.1 geben wird, dies setzt ihn unter Druck. Die Schwierigkeit für den Auftragnehmer besteht also darin, ein Angebot abzugeben, das für ihn eine **akzeptable Gewinnspanne** liefert und gleichzeitig auch **konkurrenzfähig** ist.

Die entscheidende Frage lautet daher: **Zu welchem Preis kann das Projekt durchgeführt werden?** Dazu müssen die Selbstkosten des Auftragnehmers (externer Dienstleis-
7 | 2.4.3 ter) und der Angebotspreis für den Auftraggeber kalkuliert werden.

→ ***Praxistipp***
Bei einer Projektkalkulation gilt es, immer sehr genau auf die **projektspezifischen Vorgaben** zu achten. So muss z.B. geprüft werden, welche Kosten separat auszuweisen sind und welche Kosten über Kalkulationszuschläge (z.B. Handlungskostenzuschlag) berücksichtigt werden.

Beispiel

Projektkalkulation für das Projekt „Münzcollector“

Personalkosten Agents (pro Stunde)	19,00 €
Arbeitsplatzkosten (Raummiete, Strom, IT etc.)	4,00 €
Kosten pro Stunde	23,00 €
Benötigte Stunden für das Projekt	1680 Std.
Kosten Agents (1680 Std. · 23,00 €)	38640,00 €
Kosten Projektleiter (120 Std. · 30,00 €)	3600,00 €
Initialkosten: IT einrichten, Schulungen etc. (Pauschalpreis)	500,00 €
Operative Gesamtkosten	42740,00 €
Handlungskostenzuschlag (20%)	8548,00 €
Selbstkosten des Projekts	51288,00 €
Gewinnzuschlag (15%)	7693,20 €
Kalkulierter Angebotspreis des Projekts	58981,20 €

→ ***Praxistipp***
Im vorliegenden Beispiel ist der Projektleiter nur Teilzeit im Projekt tätig (4 Stunden pro Projekttag) und betreut daneben noch andere Projekte. Der
7 | 2.4.3 **Handlungskostenzuschlag** beinhaltet Kosten, die den einzelnen Projekten nicht direkt zugeordnet werden können (sogenannte. Gemeinkosten, z.B. Verwaltungs- und Vertriebskosten).

Basis für dieses Angebot ist (gemäß der Ausschreibung) der **Preis pro Nettokontakt**. Für die Angebotsabgabe ist es daher notwendig, den Preis des Projekts auf den einzelnen Nettokontakt (80 % von 25 200 Adressen) umzulegen.

Beispiel

Angebotspreis des Projekts	58 981,20 €
Nettokontakte	20 160
Kalkulierter Angebotspreis je Nettokontakt	2,93 €

Nachdem die Machbarkeitsstudie und insbesondere die Projektkalkulation abgeschlossen sind, hat der potenzielle Auftragnehmer alle Daten gesammelt, die er zur Erstellung eines schriftlichen Angebots braucht. In der Regel wird nun ein Angebot abgegeben und auf die Reaktion seitens des Auftraggebers gewartet.

Beispiel

Angebot an die Münzcollector GmbH (Auszug)

Kommunikativ AKTIV

Projektstart:	innerhalb von 5 Arbeitstagen zum 1. Oktober möglich
Projektmitarbeiter:	7 Mitarbeiter (Agents) exklusiv für das Projekt
Zeitraum:	6 Wochen ab Projektstart
Erwartete Nettokontakte:	80 % von 25 200 Adressen
Auswertung:	Rückübermittlung der Daten in einer SQL-Datenbank, statistisch aufgearbeitete Ergebnisse: 1. Bestellungen 2. Kein Interesse 3. Qualifizierte Adressen mit Bestellung 4. Qualifizierte Adressen ohne Bestellung 5. Auflistung der Kundenpräferenzen in einer Excel-Tabelle
Preis:	2,50 € (inklusive aller Kosten) pro Nettokontakt

Nicht selten kommt es vor, dass ein externer Dienstleister in einem Angebot einen Preis nennt, der **unter seinem kalkulierten Preis** liegt. Gründe dafür können beispielsweise in einer **starken Konkurrenzsituation** liegen (konkurrenzorientierte Preisbildung) oder auch 13 | 3.1.1
in einem großen Interesse, den Auftrag zu erhalten, z. B. weil es sich um einen guten Kunden handelt, der gehalten werden soll. Auch **kostenrechnerische Aspekte** können eine 11 | 3.1
Rolle spielen.

Beispiel

Die KommunikativAktiv KG bietet der Münzcollector GmbH einen Preis von lediglich 2,50 € je Nettokontakt an. Dieser liegt zwar unter dem kalkulierten Preis von 2,93 €, erhöht aber die Chance, den Auftrag zu erhalten und die Geschäftsbeziehung weiter auszubauen.

2.5.2 Meeting mit dem Auftraggeber

Sobald feststeht, dass das abgegebene Angebot dem potenziellen Auftraggeber zusagt, wird der Auftragnehmer den **Kontakt zum Auftraggeber** suchen. Die wichtigsten Fragen sind zu diesem Zeitpunkt bereits geklärt, da sie in der Ausschreibung des Projekts enthalten waren und diese Ausschreibung die Grundlage für das Angebot bildete.

Wenn vorher keine Auftragsbeziehung zwischen Auftraggeber und Auftragnehmer bestand, kommt es in der Praxis oft zu einem ersten Treffen mit dem Auftraggeber vor der endgültigen Entscheidung. Häufig werden dazu die neuen Auftraggeber vom externen Dienstleister eingeladen. Dies bietet dem Auftraggeber die Möglichkeit, das Unternehmen kennenzulernen und eventuell offene Fragen, z. B. technischer Art, direkt vor Ort zu klären. Der Auftraggeber bekommt so auch einen Einblick in die inneren Abläufe des externen Dienstleisters.

Das erste Meeting ist für den externen Dienstleister sehr wichtig, um Vertrauen zu schaffen. Wer als externer Dienstleister eine Delegation des neuen Auftraggebers zu sich einlädt, hat die Möglichkeit, sich von seiner besten Seite zu präsentieren. Es ist außerdem ein großer Unterschied, ob man (nur) von seiner Arbeitsweise berichtet oder ob jemand die Arbeitsprozesse mit eigenen Augen sehen und beurteilen kann.

Während des Treffens wird seitens des Dienstleisters in der Regel der zuständige Projektleiter präsentiert und vorgestellt. Zusätzlich steht meist ein Meeting mit dem Geschäftsführer, dem Callcenter-Manager und dem Vertriebsleiter an, um den Projektauftrag abschließend zu besprechen. Auch weitere inhaltliche Verhandlungen
13|3.2 können an dieser Stelle erfolgen.

Häufig ist auch ein **Briefing** Thema des Meetings mit dem Auftraggeber.

> # ***Definition***
> Ein **Briefing** bezeichnet eine Kurzeinweisung bzw. Unterrichtung des Auftragnehmers durch den Auftraggeber **vor** Beginn der eigentlichen Projektplanung.

In dem Briefing teilt der Auftraggeber dem Auftragnehmer wesentliche Sachverhalte mit, die für die weitere Projektplanung von Bedeutung sind und bislang aus der Projektausschreibung nicht ersichtlich waren. Dies können z. B. nähere Informationen über den zu kontaktierenden Kundenkreis sein oder Hinweise zur Unternehmenskultur des Auftraggebers, die der Auftragnehmer bei seiner weiteren Tätigkeit berücksichtigen muss.

2.5.3 Abschluss des Projektauftrags

> **#** ***Definition***
> Der **Projektauftrag** fasst alle relevanten Vereinbarungen und Informationen über das Projekt zusammen. Er bildet die Basis für die anschließende Projektplanung.

Durch den Projektauftrag wird das Projekt legitimiert. Er bildet die Basis für jede weitere Handlung und erhält Vertragscharakter durch die Unterzeichnung der am Projekt beteiligten Parteien.

> **→** ***Praxistipp***
> Wenn es sich um ein internes Projekt handelt, kommen alle Beteiligten aus dem gleichen Unternehmen. Die Inhalte des Projektauftrags bleiben davon aber weitgehend unberührt.

Die charakteristischen inhaltlichen Bestandteile eines Projektauftrags sind:

- **Projektname**
  Jedes Projekt erhält einen eigenen unverwechselbaren Namen oder eine Abkürzung. Diese muss nicht selbsterklärend, aber spezifisch sein.
- **Projektleiter**
  Seitens des Auftragnehmers hat jedes Projekt einen verantwortlichen Projektleiter, der im Projektauftrag namentlich erwähnt wird. Dies sichert die Zuständigkeit und die Kompetenz. Oft gibt es ein entsprechendes Gegenüber auf der Auftraggeberseite.
- **Projektanlass**
  Kurze Beschreibung des Problems, welches durch das Projekt zu beseitigen ist.
- **Projektziele**
  Hier finden sich die einzelnen Teilziele wieder. Sie werden durch die Zielgrößen des „magischen Dreiecks" der Projektziele bestimmt. 9 | 1.6
  - **Sachziele:** Sie bedürfen einer exakten Beschreibung und bei großen Projekten einer Ergänzung durch den Anforderungskatalog bzw. das Lastenheft.
  - **Terminziele:** Dies sind die Meilensteintermine (falls bereits bekannt) sowie Anfangs- und Endtermin des Projekts. 9 | 3.1.1.2
  - **Kostenziele:** Sie geben den vereinbarten Preisrahmen (Projektbudget) wieder.

- **Auftragsbedingungen**
  In einem Projekt müssen auch gesetzliche und behördliche Bestimmungen als Rahmenbedingungen eingehalten werden, z. B. Regelungen zur Arbeit an Sonn- und Feiertagen. Auch Vereinbarungen zur Qualitätssicherung sind hier zu finden.

1 | 2.2.2
9 | 3.2

- **Unterschriften**
  Durch die Unterschriften beider Parteien wird der Projektauftrag verbindlich. Beide Parteien stimmen zu, den damit verbundenen Rechten und Pflichten nachzukommen.

Beispiel

Projektauftrag Münzcollector (Auszug)

Kommunikativ AKTIV

Projektauftrag	
Projektname:	Münzcollector WM
Projektanlass:	Response-Quote eines Werbebriefs ist deutlich zu gering ausgefallen.
Projektleiter:	Herr Manfred Schneider
Projektziel:	Response-Quote steigern (mind. 11 200 Bestellungen). Dabei die Adressen qualifizieren und Präferenzen der Kunden bestimmen.
Zielgruppe:	25 200 Bestandskunden, 80 % Nettokontakte werden erwartet.
Projektstart:	1. Call am 1. Oktober
Projektdauer:	maximal 6 Wochen
Projektteam:	7 Mitarbeiter (Agents)
Projektvergütung:	2,50 € pro Nettokontakt
Projektberichte:	wöchentlicher Projektstatusbericht, abschließender Report mit statistischer Auswertung an Auftraggeber
Unterschriften:	*Benjamin Stern, Münzcollector GmbH* *Reinhold Groß, KommunikativAktiv KG* *Hans Herrmann, KommunikativAktiv KG*

■ Aufgaben

1. ***Die Projektvorbereitung lässt sich in eine Definitionsphase und eine Planungsphase unterteilen.***
   a) ***Grenzen Sie die beiden Phasen voneinander ab, indem Sie jeweils drei phasentypische Tätigkeiten nennen.***
   b) ***Womit endet üblicherweise die Definitionsphase, womit die Planungsphase?***
2. ***Zu Beginn der Projektvorbereitung ist es wichtig, die Ausgangssituation sorgfältig zu analysieren. Dazu erfolgen eine Problembeschreibung und eine Ursachenanalyse.***
   a) ***Unterscheiden Sie diese beiden Tätigkeiten.***
   b) ***Auf der Internetseite www.umsetzungsberatung.de/fallstudien/fallstudien.php finden Sie einige Fallstudien mit allgemeinen betriebswirtschaftlichen Fragestellungen. Führen Sie für drei dieser Fallstudien (nach freier Auswahl) eine Problembeschreibung und eine Ursachenanalyse durch.***
3. ***Ihnen liegen folgende Informationen über ein Projekt vor:***

   Die Dialogfix GmbH möchte 3000 Neukunden für eine hochwertige Software gewinnen. Dazu sollen 60000 Adressdaten (Abonnenten einer Computer-Fachzeitschrift) von einem Adressdienst eingekauft werden, welche die Dialogfix GmbH dann selbst telefonisch kontaktieren möchte. Die Projektlaufzeit beträgt 3 Monate und kann nicht verlängert werden, das Projektbudget darf 150000,00 € nicht überschreiten.

   a) ***Nennen Sie drei Projektmerkmale, die sich in diesem Projekt wiederfinden, und geben Sie dazu jeweils ein konkretes Beispiel an.***
   b) ***Projekte lassen sich u. a. nach der Stellung des Auftraggebers differenzieren. Geben Sie begründet an, um welche Art von Projekt es sich im vorliegenden Fall handelt.***
   c) ***Formulieren Sie drei Teilziele sowie einen möglichen Anforderungskatalog für das vorliegende Projekt. Welcher Zusammenhang besteht zwischen den Teilzielen und dem Projektziel?***
   d) ***Erläutern Sie anhand der gewählten Teilziele die fünf Bestandteile der SMART-Regel.***
   e) ***Projektziele stehen häufig in Konkurrenz zueinander. Was versteht man in diesem Zusammenhang unter dem „magischen Dreieck" der Projektziele? Finden Sie im vorliegenden Projekt zwei mögliche Beispiele für Zielkonflikte.***
   f) ***Warum kann es für die Dialogfix GmbH sinnvoll sein, vorab eine Machbarkeitsstudie zu erstellen?***
   g) ***Beschreiben Sie die drei Entscheidungskriterien der Machbarkeitsstudie anhand jeweils eines Beispiels aus der vorliegenden Situation.***
4. ***Für ein neues Projekt der Dialogfix GmbH ist eine Mitarbeiterkapazität (MAK) von fünf Vollzeitmitarbeitern (Agents) vorgesehen.***
   a) ***Welche Bedeutung hat die Mitarbeiterkapazität (MAK) in einem Projekt?***
   b) ***Prüfen Sie anhand der nachstehenden Liste der für das Projekt vorgesehenen Agents, ob die notwendige Mitarbeiterkapazität erreicht wird bei***
      - ***einem Vollzeitmitarbeiter (40 Stunden),***
      - ***drei Teilzeitmitarbeitern (30 Stunden),***
      - ***zwei Teilzeitmitarbeiter (20 Stunden),***
      - ***zwei studentischen Aushilfen (10 Stunden).***

5. *Im Zuge einer Promotion-Aktion schreibt die Dialogfix GmbH 8000 Bestandskunden an, um ihnen ein Angebot für eine Reparaturversicherung zu unterbreiten. Erfahrungsgemäß kommt ein solches Mailing bei 96% der Kunden an. Dialogfix kalkuliert, dass von den so erreichten Kunden wiederum 40% innerhalb des nächsten Monats die Hotline anrufen, um offene Fragen zu klären. Die AHT wird dabei mit 3 Minuten veranschlagt. Ermitteln Sie den Mitarbeiterstundenbedarf (Arbeitsvolumen), der für die Hotline eingeplant werden muss.*

6. *Die KommunikativAktiv KG erhält eine Anfrage für ein Outbound-Projekt: Für eine namhafte Versicherung soll eine telefonische Kundenzufriedenheitsbefragung durchgeführt werden. Dazu liegen folgende Daten vor:*
   - *Es werden 20000 Adressen zur Verfügung gestellt.*
   - *Die Projektlaufzeit beträgt 40 Arbeitstage.*
   - *Die Ausschöpfungsquote (Nettokontakte) wird mit 90% veranschlagt.*
   - *Aufgrund von Erfahrungswerten aus früheren Projekten wird mit durchschnittlich fünf Nettokontakten pro Stunde gerechnet.*
   - *Da angesichts der Zielgruppe ausschließlich in den Abendstunden telefoniert werden soll, können nur Teilzeitmitarbeiter mit einer täglichen Arbeitszeit von 3 Stunden eingesetzt werden.*

   a) *Ermitteln Sie die Zahl der zu erwartenden Nettokontakte.*
   b) *Berechnen Sie nachvollziehbar den notwendigen Mitarbeiterbedarf an Teilzeitmitarbeitern (3 Stunden/Tag), um das Projekt fristgerecht abzuarbeiten.*
   c) *Aufgrund von Erfahrungswerten ist von einer Ausfallquote (z.B. wegen Krankheit) der Mitarbeiter von durchschnittlich 10% auszugehen. Wie viele Mitarbeiter müssen vor diesem Hintergrund zusätzlich eingeplant werden, um den notwendigen Mitarbeiterbedarf nicht zu unterschreiten? Runden Sie sinnvoll auf ganze Mitarbeiter.*

7. *Für ein Inhouse-Projekt der Dialogfix GmbH sollen 4000 Nettokontakte erzielt werden, die AHT wird mit 6 Minuten (inklusive aller Anwahlversuche, Fehlkontakte etc.) geschätzt.*

   a) *Berechnen Sie nachvollziehbar, in wie vielen Arbeitstagen das Projekt abgearbeitet werden kann, wenn fünf Vollzeitmitarbeiter (8 Stunden/Tag) zur Verfügung stehen.*
   b) *Um wie viele Tage verlängert sich die Projektlaufzeit, wenn sich nach der Auswertung von Testanrufen herausstellt, dass die AHT aufgrund unerwarteter Kundenrückfragen tatsächlich 9 Minuten beträgt?*

8. *Bei einem langfristigen Inbound-Projekt rechnet die Dialogfix GmbH mit einer AHT von 3 Minuten. Um einen qualitativ hochwertigen Service bieten zu können, soll die Auslastung der Mitarbeiter bei maximal 70% liegen. Wie viele Vollzeitmitarbeiter (8 Stunden/Tag) müssen somit eingeplant werden, wenn pro Tag 2800 Anrufe zu erwarten sind?*

9. *Die Kommunikativ Aktiv KG erhält den Auftrag, für den Gartenfachmarkt Springstein AG die Bestellannahme zu übernehmen. Pro Woche (5 Arbeitstage) sind 4 000 telefonische Bestellungen sowie 1 200 Bestellungen per Internet zu erwarten. Die AHT wird mit 6 Minuten veranschlagt, die Internetbearbeitung nimmt 5 Minuten in Anspruch. Berechnen Sie die benötigte MAK pro Woche, wenn die Auslastung der Mitarbeiter in der Telefonie bei 80% liegen soll und zusätzlich ein Teamleiter (Vollzeit) benötigt wird, der nicht in der Bestellannahme mitarbeitet.*

10. *Für ein Inhouse-Projekt zum Verkauf einer erklärungsbedürftigen Software kalkuliert die Dialogfix GmbH mit 5000 Nettokontakten. Es soll in diesem Projekt ein Gesprächsleitfaden eingesetzt werden. Dazu liegen zwei Entwürfe vor:*
    - *Alternative A: durchschnittliche Gesprächsdauer 4 Minuten*
    - *Alternative B: durchschnittliche Gesprächsdauer 6 Minuten*

Die Nachbearbeitungszeit beträgt bei beiden Alternativen 2 Minuten. Bei Alternative A rechnet die Geschäftsleitung mit einer Erfolgsquote von 20%, aufgrund der ausführlicheren Beratungsmöglichkeiten wird bei Alternative B eine Erfolgsquote von 35% erwartet. Jeder erfolgreiche Verkauf erbringt für das Unternehmen einen Erlös von 20,00 €, pro Produktivminute fallen Kosten von 0,50 € an. Führen Sie eine Gewinnvergleichsrechnung durch und entscheiden Sie dann, welchen Gesprächsleitfaden die Dialogfix GmbH einsetzen sollte.

11. *Der Dialogfix GmbH liegen derzeit drei Projektalternativen vor. Kapazitätsbedingt kann davon jedoch nur eine realisiert werden. Für welche Alternative wird sich das Unternehmen entscheiden, wenn die Rentabilitätsrechnung zugrunde gelegt wird? Runden Sie auf zwei Nachkommastellen.*
    - *Alternative A: Projektkosten 50000,00 €, erwarteter Gewinn 2000,00 €*
    - *Alternative B: Projektkosten 75000,00 €, erwarteter Gewinn 4000,00 €*
    - *Alternative C: Projektkosten 90000,00 €, erwarteter Gewinn 4500,00 €*
12. *Entwickeln Sie für das in Aufgabe 3 geschilderte Projekt eine Risikocheckliste.*
13. *Was versteht man im Rahmen der Risikoanalyse unter präventiven Maßnahmen, was unter korrektiven Maßnahmen? Finden Sie dazu jeweils ein Beispiel anhand der Situation von Aufgabe 3.*
14. *Die Dialogfix GmbH entscheidet kurzfristig, das Projekt aus Aufgabe 3 auszuschreiben.*
    a) *Welchen Zweck hat eine Ausschreibung?*
    b) *Welche Gründe könnten die Dialogfix GmbH zu einer Ausschreibung bewogen haben?*
    c) *Nennen Sie fünf Inhalte, die in der Ausschreibung mindestens enthalten sein sollten.*
15. *Für eine Projektkalkulation liegen der KommunikativAktiv KG folgende Daten vor.*
    - *Projektlaufzeit: 42 Tage*
    - *Eingesetzte Agents (Vollzeit, 8 Stunden): 10*
    - *Eingesetzter Teamleiter (Vollzeit, 8 Stunden): 1*
    - *Kosten je Agentenstunde: 15,32 €*
    - *Kosten je Teamleiterstunde: 18,51 €*
    - *Arbeitsplatzkosten je Stunde und Mitarbeiter: 1,57 €*
    - *Weitere Kosten fallen nicht an.*

    a) *Ermitteln Sie die operativen Gesamtkosten der KommunikativAktiv KG.*
    b) *Welchen Angebotspreis ermittelt die KommunikativAktiv KG für das Projekt, wenn ein Handlungskostenzuschlag von 25% und ein Gewinnzuschlag von 10% kalkuliert werden?*
    c) *Der potenzielle Auftraggeber wünscht einen Angebotspreis pro Nettokontakt. Welchen Preis errechnet die KommunikativAktiv KG, wenn bei 40000 gelieferten Adressen eine Ausschöpfungsquote von 75% zu erwarten ist?*
    d) *Im Zuge der nachfolgenden Verhandlungen verlangt der potenzielle Auftraggeber einen Preisabschlag von 20%. Nennen Sie drei Gründe, die die KommunikativAktiv KG bewegen könnten, sich darauf einzulassen.*
16. *Welchen Zweck erfüllt ein Briefing in einem Projekt? Nennen Sie drei typische Inhalte, die Gegenstand eines Briefings sein können.*
17. *Nennen Sie fünf Mindestinhalte eines Projektauftrags.*
18. *Erläutern Sie anhand von zwei Aspekten die Bedeutung des Projektauftrags für den weiteren Verlauf des Projekts.*

3 Projekte planen

■ *Einstiegssituation*

Zwei Wochen später hat Julia am Montagnachmittag ein Meeting mit Manfred Schneider, dem Projektleiter des Outbound-Projekts der Münzcollector GmbH, für das die KommunikativAktiv KG inzwischen den Zuschlag erhalten hat. Herr Schneider fragt Julia nach ihren Erfahrungen aus dem Meeting mit dem Auftraggeber und möchte wissen, wie sie sich die nächsten Arbeitsschritte vorstellt.

Julia: *„Jetzt fangen wir bestimmt mit der konkreten Planung des Projekts an, darauf freue ich mich sehr! Aber ich weiß noch nicht genau, wie wir jetzt weiter vorgehen müssen."*

Herr Schneider: *„Das Projekt geht jetzt in die nächste Phase, die Projektplanung. Du wirst einen Einblick in viele neue Bereiche erhalten, angefangen von der Unterteilung des Projekts in einzelne Aufgaben bis hin zur Kostenplanung."*

Julia: *„Und dann geht es endlich los mit dem Telefonieren?"*

Herr Schneider: *„Noch nicht ganz! Vorher werden wir noch ein Kick-off-Meeting mit dem Projektteam abhalten. Danach können wir mit den Anrufen loslegen. Ich denke, wir sollten beginnen, es wartet eine Menge Arbeit auf uns und die Zeit ist knapp."*

■ *Arbeitsaufträge*

1. ***Welche Inhalte müssen Ihrer Meinung nach bei der Projektplanung berücksichtigt werden?***
2. ***Was stellen Sie sich unter dem Begriff „Meilenstein" vor?***
3. ***Berichten Sie in der Klasse, wie in Ihrem Ausbildungsbetrieb bei der Projektplanung vorgegangen wird.***

9 | 1.3

Entsprechend dem Phasenmodell für Projekte endet die Definitionsphase eines Projekts mit dem Abschluss des Projektauftrags. Damit ist ein (erster) „Meilenstein" im Projekt erreicht. Schon bis zu diesem Punkt tauchten viele (teilweise grobe) planerische Tätigkeiten auf, z. B. die Festlegung der Projektziele, die Einteilung in Phasen, das Erstellen einer Machbarkeitsstudie etc. Die eigentliche **Planungsphase**, in der die **Detailplanung** vorgenommen wird, beginnt aber erst an dieser Stelle.

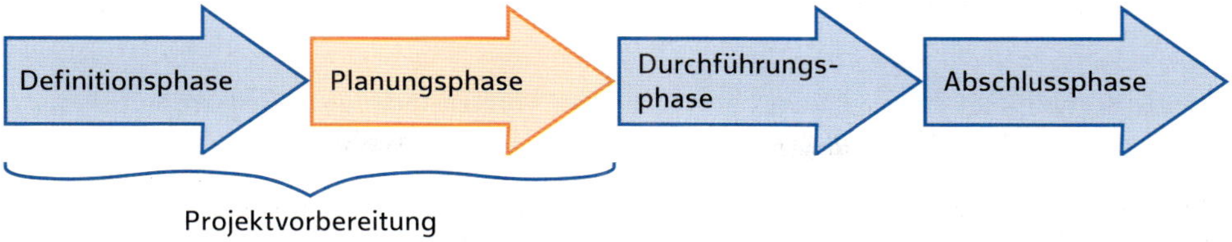

3.1 Projektplan erstellen

Im Mittelpunkt der Planungsphase steht die **Erstellung des Projektplans**.

> #
> ***Definition***
> Der **Projektplan** ist die Gesamtheit aller im Projekt vorhandenen Pläne (DIN 66905).

Welche Pläne (Teilpläne des Projektplans) tatsächlich in einem Projekt vorhanden sind, kann im Einzelfall projektspezifisch unterschiedlich sein. Meist finden sich jedoch mindestens die nachfolgend aufgeführten Pläne im Projektplan wieder.

Plan	Inhalt
Projektstrukturplan (PSP)	• gliedert das Projekt in einzelne Aufgaben (Arbeitspakete) • zeigt den Zusammenhang zwischen einzelnen Projektaufgaben
Projektablaufplan	• ordnet die zu erledigenden Aufgaben in einer sachlichen Reihenfolge • verdeutlicht Abhängigkeiten zwischen einzelnen Aufgaben
Zeit- und Terminplan	• bestimmt die Dauer der einzelnen Aufgaben • legt Anfangs- und Endtermine fest
Ressourcen- und Kapazitätsplan	• ermittelt die benötigten Ressourcen • überprüft die Verfügbarkeit der Ressourcen
Kostenplan	• errechnet die anfallenden Kosten • zeigt Budgetbegrenzungen auf
Risikoplan	• erfasst und bewertet Risiken • trifft geeignete Maßnahmen gegen die Risiken

> →
> ***Praxistipp***
> Idealtypisch erfolgt die Projektplanung in der aufgeführten Reihenfolge der Projektpläne. Manchmal sind aber zur Optimierung der Planung Sprünge zwischen den einzelnen Projektplänen notwendig. Der Risikoplan wird häufig schon im Zuge der Machbarkeitsstudie erstellt (siehe S. 308 ff.).

9 | 2.3.3

3.1.1 Teilaufgaben entwickeln

Um die Komplexität eines Projekts bewältigen zu können, erfolgt zu Beginn der Planung meist eine **Zerlegung des Projekts** in kleinere, besser zu handhabende Einheiten.

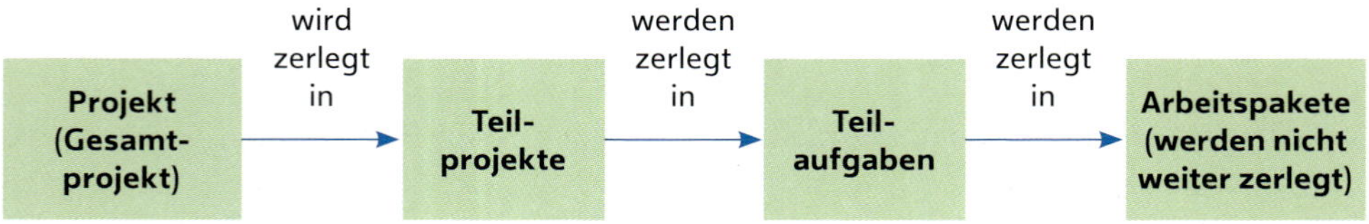

Abb.: Zerlegung eines Projekts

3.1.1.1 Arbeitspakete identifizieren

> #
> ***Definition***
> Ein **Arbeitspaket** (auch **Vorgang** genannt, *engl.: work package*) bezeichnet eine inhaltlich zusammengehörende, in sich geschlossene **Aufgabenstellung** innerhalb eines Projekts. Arbeitspakete sind bis zu einem bestimmten Termin mit einem festgelegten Ergebnis zu bearbeiten.

Vor der Festlegung der Arbeitspakete (AP) werden alle anfallenden **Tätigkeiten** in dem bevorstehenden Projekt gesammelt. Diese Sammlung nennt man **Aktivitätenliste**.

> #
> ***Definition***
> Eine **Tätigkeit** (auch **Aktivität** genannt, *engl.: task*) ist die kleinste Arbeitseinheit **innerhalb** eines Arbeitspakets.

Nachfolgend werden aus dieser Aktivitätenliste einzelne Tätigkeiten zu Arbeitspaketen zusammengefasst. Arbeitspakete sind die Bausteine eines Projekts, durch die die einzelnen Aufgaben innerhalb des Projekts spezifiziert werden. Sie helfen, das Projekt in überschaubare Abschnitte einzuteilen, sie sind als **„Projekte im Projekt"** zu verstehen. Das Erstellen von Arbeitspaketen ist für den Projekterfolg von außerordentlicher Wichtigkeit, denn Arbeitspakete bilden die Grundlage für die **Projektplanung** und das spätere
9|4.3 **Projektcontrolling**.

Arbeitspakete dienen

- der systematischen und überschaubaren **Gliederung** des gesamten Projekts (Projekt-
9|3.1.2 strukturplan),
- der Ermittlung von logischen **Abhängigkeiten** zwischen den einzelnen Arbeitspake-
9|3.1.3 ten (Projektablaufplan),
- der Zuordnung von **Bearbeitungszeiten, Start- und Abschlussterminen** (Zeit- und
9|3.1.4 Terminplan),
9|3.1.5 - der Verteilung personeller und sachlicher **Ressourcen** (Ressourcen- und Kapazitätsplan),

- der Ermittlung der **Projektkosten** (Kostenplan) sowie 9|3.1.6
- der Erfassung und Bewertung von **Projektrisiken** (Risikoplan). 9|2.3.3

Da den Arbeitspaketen eine so große Bedeutung zugemessen wird, gibt es klare **Regeln**, die man beim Erstellen von Arbeitspaketen beachten muss:

- Jedes Arbeitspaket wird ausführlich beschrieben.
- Es gibt einen Verantwortlichen für jedes Arbeitspaket.
- Jedes Arbeitspaket ist in sich geschlossen, steuer- und kontrollierbar und in Art und Umfang angemessen.
- Jedes Arbeitspaket hat ein präzises Ergebnis, das sich klar von anderen Ergebnissen abgrenzt.
- Jedes Arbeitspaket hat einen Start- und Endtermin.
- Jede Projekttätigkeit ist einem Arbeitspaket zuzuordnen.
- Jedes Arbeitspaket hat eine aussagekräftige Bezeichnung bzw. Nummerierung.

Es gibt keine allgemeingültige Regel, wie viele Arbeitspakete ein Projekt enthalten muss. Die Zahl der Arbeitspakete sollte dem jeweiligen Projekt **angemessen** sein:

- Ist die Zahl der Arbeitspakete **zu gering** (d. h., die Arbeitspakete sind zu groß), können Schwierigkeiten bei der Durchführung/Abarbeitung entstehen. Abweichungen sind zudem schwer und erst spät zu erkennen.
- Ist die Zahl der Arbeitspakete **zu groß** (d. h., die Arbeitspakete sind zu klein), ist der Planungsaufwand unverhältnismäßig hoch. Es besteht die Gefahr, sich zu „verzetteln", auch das spätere Controlling wird sehr komplex.

> **→ *Praxistipp***
> Häufig werden die Inhalte eines Arbeitspakets in einem Formular, der sogenannten **Arbeitspaketbeschreibung**, erfasst.

Beispiel

Erstellung von Arbeitspaketen im Projekt „Münzcollector"

Kommunikativ AKTIV

Aktivitätenliste (Auszug)

Projektvorbereitung:
- Telefonanlage einrichten
- Datenbank erstellen
- Schulungsmaterial erstellen
- Mitarbeiter schulen
- ...

Projektdurchführung:
- Gespräche führen
- Gesprächsqualität überwachen
- Projektfortschritt überwachen
- ...

Projektabschluss:
- Statistik erstellen
- Reporting
- Datenrückübermittlung
- ...

Arbeitspakete (Auszug)

	Name	Inhalt (Tätigkeiten)	Verantwort-licher	Termin
Arbeitspaket 1	IT	Telefonanlage einrichten, Datenbank erstellen, Funktion prüfen	Herr Roth-schmidt	24.09.–26.09.
Arbeitspaket 2	Schulung	Schulungsmaterial erstellen, Mitarbeiter am Programm schulen	Frau Thiel	27.09.
...				
Arbeitspaket 5	Call	Gespräche führen	alle 7 Agents	01.10.–15.11.
Arbeitspaket 6	Ablauf	Überwachung des Projektfort-schritts	Herr Schneider	01.10.–15.11.
Arbeitspaket 7	QM	Gesprächsqualität überwachen	Frau Nebel	01.10.–15.11.
...				
Arbeitspaket 10	Reporting	Statistiken erstellen, Reporting	Herr Schneider	16.11.
...				

3.1.1.2 Meilensteine setzen

Definition

Ein **Meilenstein** *(engl.: milestone)* ist ein Ereignis besonderer Bedeutung, meist ein Unter- bzw. Zwischenziel eines Projekts. Meilensteine stellen den Beginn oder die Fertigstellung eines bedeutenden Projektabschnitts dar (DIN 69900).

Meilensteine bilden die Basis zur Kontrolle des **Projektfortschritts**. Sie können als **Kontrollpunkte** angesehen werden, die erst überschritten werden dürfen, wenn die bis zu diesem Zeitpunkt vorliegenden Ergebnisse auch den vorab formulierten Anforderungen entsprechen. Meilensteine können den Startpunkt oder den Endpunkt wichtiger Arbeitsschritte in einem Projekt darstellen. Sie bieten somit die Möglichkeit, den aktuellen Stand des Projekts zu beurteilen. Dazu ist es wichtig, die einzelnen Meilensteine **bereits zu Beginn der Planungsphase** zu setzen. Meilensteine markieren stets einen **Zeitpunkt** und haben keine Dauer.

Beispiel

Die KommunikativAktiv KG setzt im Projekt „Münzcollector" u. a. einen Meilenstein zu Beginn der Durchführungsphase (1. Call).

Das **Setzen der Meilensteine** verläuft wie folgt:

- Ereignis für Meilenstein inhaltlich festlegen (Meilenstein-Inhalt)
- Plantermin für Meilenstein bestimmen (Meilenstein-Termin)
- Meilensteine fortlaufend nummerieren bzw. Namen geben
- Meilensteine im Zeitplan markieren (z. B. mithilfe eines Balkendiagramms)
- Entscheidungen/Ablaufänderungen bei Nichterreichen definieren

9 | 3.1.4

Praxistipp
Häufig wird in einer **Meilensteinsitzung** überprüft, ob die Meilensteine eingehalten wurden.

9 | 3.3.1

3.1.1.3 Schnittstellen festlegen

Definition
Eine **Schnittstelle** in einem Projekt verbindet zwei zeitlich nacheinander und voneinander unabhängig ablaufende Elemente, die lediglich durch die Übergabe des Ergebnisses miteinander in Beziehung stehen.

8 | 6.2

Da ein Projekt in viele Einzelteile zerlegt ist, gibt es immer wieder **Übergabepunkte**, an denen ein Element beendet ist und ein neues startet. Diese Elemente können beispielsweise einzelne **Arbeitspakete** oder auch ganze **Projektphasen** sein.

Ähnlich wie bei den Meilensteinen ist es wichtig, sich **vorab**, d. h. während der Projektplanung, über die Schnittstellen im Klaren zu sein und zu wissen, wer an dieser Stelle was weitergibt und an wen. Ohne eine vorherige Bestimmung der Zuständigkeiten ist ein reibungsloser Übergang an den Schnittstellen nicht möglich.

Der Projektleiter hat die Aufgabe, vorher genau festzulegen, was an den einzelnen Schnittstellen übergeben wird. Er legt sowohl die Art der Weitergabe fest als auch den Absender und den Empfänger. Diese genaue Zuordnung erlaubt immer eine Kontrolle an den Schnittstellen, denn es ist vorher festgelegt, was weitergegeben wird.

Beispiel

Im Projekt „Münzcollector" hat Herr Rothschmidt die Telefonanlage eingerichtet, die Datenbank programmiert und sich davon überzeugt, dass alles funktioniert. Damit ist das Arbeitspaket 1 beendet. Er informiert nun Frau Thiel per E-Mail (wie vorher vom Projektleiter Herrn Schneider festgelegt), dass sie mit der Erstellung der Schulungsunterlagen für die Agents beginnen kann.

Somit hat er seine Informationen an der Schnittstelle zwischen Arbeitspaket 1 und Arbeitspaket 2 in der gewünschten Form weitergegeben und Frau Thiel kann mit ihrer Arbeit im Arbeitspaket 2 beginnen.

3.1.2 Projektstrukturplan

> #
> ***Definition***
> Der **Projektstrukturplan** *(engl.: work breakdown structure)* ist die vollständige hierarchische Darstellung aller Elemente (Teilprojekte, Teilaufgaben, Arbeitspakete) eines Projekts (DIN 66901).

Ein Projektstrukturplan (PSP) stellt die komplexen Projektstrukturen übersichtlich und nachvollziehbar dar. Er macht das Projekt transparent und bildet die Grundlage für das zentrale Projektmanagement. Um eine bessere **Übersichtlichkeit** zu schaffen, wird die Gesamtaufgabe des Projekts stufenweise in einzelne Elemente (Teilprojekte, Teilaufgaben,
9 | 3.1.1 Arbeitspakete) untergliedert. Diese Elemente sind einander **hierarchisch untergeordnet** und werden gewöhnlich in einer **Baumstruktur** grafisch dargestellt. Der Projektstrukturplan bildet also die Gesamtheit der wesentlichen Beziehungen von Projekt, Teilprojekten, Teilaufgaben und Arbeitspaketen ab.

An oberster Stelle des PSP steht das eigentliche Projekt oder die zu bewältigende Aufgabe. Die folgende zweite Ebene wird von den einzelnen Teilprojekten gebildet. In der dritten Ebene finden sich die Teilaufgaben und die ihnen zugewiesenen Arbeitspakete wieder. Arbeitspakete werden in einem PSP nicht weiter aufgeteilt, sie stellen hier somit die unterste Gliederungsebene dar. Wichtig bei der Erstellung eines Projektstrukturplans ist die **Codierung**: Jeder Ebene wird eine Zahl zugeordnet, dies vereinfacht die Nachvollziehbarkeit und gibt einen Hinweis auf die Hierarchie der einzelnen Teilaufgaben, Arbeitspakete usw.

8 | 6.2 Üblicherweise gelangt man zum Projektstrukturplan über das **Top-down-Verfahren** (deduktive Vorgehensweise). Ausgehend vom Gesamtprojekt (oben) erfolgt eine Zerlegung (nach unten) in Teilprojekte, Teilaufgaben und schließlich Arbeitspakete. In sehr

komplexen Projekten ist auch umgekehrt das **Bottom-up-Verfahren** (induktive Vorgehensweise) denkbar. In diesem Fall werden die einzelnen Arbeitspakete (unten) gesammelt und (nach oben) zu Teilaufgaben, Teilprojekten und schließlich dem Gesamtprojekt zusammengefügt.

Die **Grundstruktur eines PSP** stellt sich somit wie folgt dar:

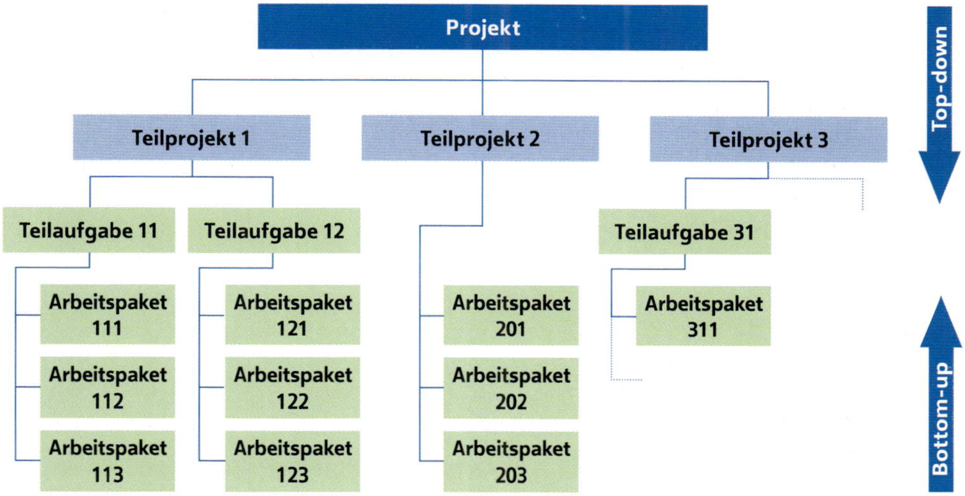

Abb.: Projektstrukturplan (PSP)

Die **Hauptaufgaben** des Projektstrukturplans sind

- Überblick über den Projektumfang schaffen,
- erforderliche Transparenz für alle Projektbeteiligte schaffen,
- alle notwendigen Elemente übersichtlich darstellen,
- beschreiben, was zu tun ist,
- Hilfestellung bei der Budgetierung und Ressourcenplanung geben,
- Basis für Projektsteuerung, Projektcontrolling und Projektdokumentation sowie
- erforderliche Vorlage für den Projektablaufplan liefern.

In der Praxis gibt es zwei verschiedene **Gliederungsprinzipien**, um einen Projektstrukturplan zu erstellen:

- **Objektorientierte/produktorientierte Gliederung:** Bei diesem Gliederungssystem stellen die einzelnen Teilaufgaben und Arbeitspakete konkrete Gegenstände bzw. Arbeitsergebnisse dar. Diese Art der Gliederung findet sich häufig bei Industrie- und Handwerksbetrieben.

  Beispiel

  Objekte sind z. B. Bildschirm, Tastatur, Laufwerk.

- **Funktionsorientierte/prozessorientierte Gliederung:** Dieses Gliederungssystem wird oft bei abstrakten Projekten angewandt, bei denen die Ergebnisse von Teilaufgaben und Arbeitspaketen schwer fassbar sind oder keinem materiellen Gegenstand entsprechen. Den Teilaufgaben und Arbeitspaketen werden hierbei Aufgaben bzw. Maßnahmen zugeordnet. Dieses Gliederungssystem findet man beispielsweise im Bereich der Softwareentwicklung.

  Beispiel

  Funktionen sind Entwicklung, Produktion, Verkauf.

> → ***Praxistipp***
> Oft ist eine Mischform beider Gliederungsprinzipien zu finden, d.h., innerhalb des Plans werden einige Teilaufgaben objektorientiert und andere funktionsorientiert dargestellt (**gemischtorientierter PSP**).

3.1.3 Projektablaufplan

> # ***Definition***
> Der **Projektablaufplan** ordnet die zu erledigenden Tätigkeiten in einem Projekt in einer sachlogischen Reihenfolge.

Der Ablaufplan staffelt die einzelnen Teilaufgaben und Arbeitspakete nach ihrer **sachlichen Abfolge**. Während der Erstellung der Ablaufplanung werden sämtliche Tätigkeiten, die zum Erreichen des Projektziels notwendig sind, geordnet. Dazu werden die Beziehungen und Abhängigkeiten zueinander nach folgenden Gesichtspunkten analysiert:

- Welche Teilaufgaben und Arbeitspakete müssen abgeschlossen sein (Vorgänger), um mit Folgeaktivitäten (Nachfolger) beginnen zu können?
- Welche Teilaufgaben und Arbeitspakete folgen unmittelbar aufeinander (seriell)?
- Welche Teilaufgaben und Arbeitspakete können gleichzeitig bearbeitet werden (parallel)?

Es kann an dieser Stelle notwendig sein, die Teilaufgaben und Arbeitspakete für die Erstellung des Ablaufplans wieder in kleinere Einheiten – die **Tätigkeiten** – zu zerlegen. Dies ist von Größe und Umfang der Teilaufgaben und Arbeitspakete abhängig. Eine Tätigkeit ist
9 | 3.1.1 die kleinste Einheit der Termin- und Ablaufplanung.

> → ***Praxistipp***
> Im Projektablaufplan spielen Dauer und Termine der Tätigkeiten (noch) keine Rolle! In manchen (kleineren) Projekten kommt es allerdings vor, dass zeitgleich eine gemeinsame Ablauf- und Terminplanung erstellt wird.

Üblicherweise wird der Ablaufplan anhand einer **Vorgangsliste** dargestellt, in der alle Vorgänge (Tätigkeiten, Arbeitspakete) sowie deren Vorgänger und Nachfolger in ihrer sachlichen Abfolge notiert sind.

Beispiel

Vorgangsliste Projekt „Münzcollector" (Auszug)

Nr.	Tätigkeit/Arbeitspaket (AP)	Vorgänger	Nachfolger
1	Telefonanlage einrichten (AP 1)	–	3
2	Datenbank erstellen (AP 1)	–	3
3	Funktion prüfen (AP 1)	1, 2	4
4	Schulungsmaterial erstellen (AP 2)	3	5
5	Mitarbeiter am Programm schulen (AP 2)	4	6
6	...		

Die Vorgangsliste verdeutlicht u. a. folgende Zusammenhänge bzw. Abhängigkeiten:

- Die Tätigkeiten *Telefonanlage einrichten (Tätigkeit 1)* und *Datenbank erstellen (Tätigkeit 2)* können gleichzeitig (**parallel**) bearbeitet werden, sie sind voneinander unabhängig.
- Die Tätigkeit *Mitarbeiter am Programm schulen (Tätigkeit 5)* kann erst erfolgen, wenn die Tätigkeit *Schulungsmaterial erstellen (Tätigkeit 4)* abgeschlossen ist (**seriell**).
- Die Tätigkeit *Schulungsmaterial erstellen (Tätigkeit 4)* kann wiederum erst bei einer *funktionierenden Telefonanlage und Datenbank (Tätigkeit 3)* erfolgen, da die Einstellungen von Telefonanlage und Datenbank Gegenstand der Schulung sind.

→ ***Praxistipp***
Enthält die Vorgangsliste **keine** Informationen über Vorgänger bzw. Nachfolger, kann davon ausgegangen werden, dass alle Vorgänge aufeinander (seriell) folgen.

Der Projektablaufplan bildet also die Grundlage für die Zeit- und Terminplanung sowie die Ressourcen- und Kapazitätsplanung.

3.1.4 Zeit- und Terminplan

\# ***Definition***
Der **Zeit- und Terminplan** ergänzt den Ablaufplan um die Komponenten **Zeit (Dauer)** und **feste Termine**.

Nach Beendigung der Ablaufplanung kann mithilfe der fixen Termine des Projekts der Zeit- und Terminplan erstellt werden. Dieser legt die **Anfangs- und Endtermine** sämtlicher

9 | 3.1.5 Tätigkeiten und Vorgänge des Projekts fest, ohne dabei eine Aussage über die Verfügbarkeit der Ressourcen, z. B. Personal, Räumlichkeiten etc., zu treffen. Der Terminplan benötigt diese idealisierten Voraussetzungen, um ein realistisches Bild der minimalen Dauer der einzelnen Tätigkeiten und Vorgänge und somit des ganzen Projekts wiedergeben zu können.

Der Ablaufplan lässt sich mithilfe von Schätzwerten für die Zeitdauer aller Arbeitspakete und Tätigkeiten in zwei Schritten zum Terminplan „durchrechnen“.

- **1. Schritt: Vorwärtsrechnung**
  Die Vorwärtsrechnung liefert die **frühestmöglichen** Anfangs- und Endtermine aller Tätigkeiten und Vorgänge in einem Projekt. Sie geht vom Beginn der ersten Tätigkeit aus und setzt ihre schnellstmögliche Bearbeitung voraus. Damit gelangt man zum frühestmöglichen Endtermin der ersten Tätigkeit und folgerichtig auch zum frühestmöglichen Anfangstermin der nachfolgenden, abhängigen Tätigkeiten. Dieses Verfahren wird bis zum Projektende mit jeder Tätigkeit wiederholt, daraus ergibt sich der **frühestmögliche Endtermin des Projekts**.

  Beispiel

  Die KommunikativAktiv KG kann mit der ersten Tätigkeit im Projekt (AP 1) frühestens am 24. September beginnen. Anhand der geschätzten Dauer der Vorgänge (insgesamt 36 Arbeitstage) ist der frühestmögliche Endtermin der 15. November.

- **2. Schritt: Rückwärtsrechnung**
  Die Rückwärtsrechnung liefert die spätestens zulässigen Anfangs- und Endtermine aller Tätigkeiten und Vorgänge in einem Projekt. Starttermin der Rückwärtsrechnung ist der **spätestens zulässige Endtermin** des Projekts. Ausgehend von der gleichen Bearbeitungszeit wie bei der Vorwärtsrechnung ergeben sich alle **spätestens zulässigen Anfangs- und Endtermine** bis zur ersten Tätigkeit.

  Beispiel

  Der Projektauftraggeber, die Münzcollector GmbH, hat als spätesten Endtermin für das Projekt den 18. November festgelegt. Spätester Anfangstermin für das Projekt ist somit der 29. September (bei 36 Arbeitstagen für das Projekt).

Ein Vergleich der beiden Rechnungen liefert die **Pufferzeiten** des Projekts.

Definition
Die **Pufferzeit** ist die Zeitspanne, um welche die Lage eines Vorgangs verschoben oder die Dauer eines Vorgangs verlängert werden kann (DIN 69900). Eine Abfolge von Vorgängen, zwischen denen keine Pufferzeit liegt und deren Verzug zu einem späteren Endtermin führt, wird als **kritischer Weg** (kritischer Pfad) bezeichnet.

Beispiel

Das Projekt „Münzcollector“ hat eine Pufferzeit von 3 Arbeitstagen.

Pufferzeiten können helfen, Verzögerungen im Projektablauf aufzufangen, ohne Änderungen der gesamten Projektplanung vornehmen zu müssen. Man unterscheidet

- **freie Pufferzeit:** Zeitspanne, um die sich ein Vorgang verzögern kann, ohne einen anderen Vorgang zu verzögern;
- **gesamte Pufferzeit:** Zeitspanne, um die ein Vorgang verzögert werden kann, ohne den Endtermin des Projekts zu beeinflussen.

> → ***Praxistipp***
> Ursprünglich stammen die Begriffe *Pufferzeit* und *kritischer Pfad* aus der Netzplantechnik. Sie haben sich jedoch mittlerweile generell in der Zeit- und Terminplanung eingebürgert.

Für die grafische Darstellung des Zeit- und Terminplans sind drei Verfahren möglich:

- Vorgangsliste mit Zeitdauer
- Balkendiagramm (auch: Balkenplan oder Gantt-Diagramm)
- Netzplantechnik (NPT)

> → ***Praxistipp***
> Die Anwendung der Netzplantechnik ist recht aufwendig, sie wird meist nur bei sehr komplexen Projekten eingesetzt. Für die „Ausbildung im Dialogmarketing" ist die Netzplantechnik daher **nicht** relevant.

Vorgangsliste mit Zeitdauer

Die bereits in der Ablaufplanung erstellte Vorgangsliste wird um die (geschätzte) Dauer der einzelnen Tätigkeiten ergänzt. Anschließend können dann die Anfangs- und Endzeitpunkte der Tätigkeiten bestimmt werden.

Beispiel

Vorgangsliste mit Zeitdauer Projekt „Münzcollector" (Auszug)

Nr.	Tätigkeit/Arbeitspaket (AP)	Vorgänger	Nachfolger	Dauer (Tage)
1	Telefonanlage einrichten (AP 1)	–	3	1
2	Datenbank erstellen (AP 1)	–	3	2
3	Funktion prüfen (AP 1)	1, 2	4	0,5
4	Schulungsmaterial erstellen (AP 2)	3	5	1,5
5	Mitarbeiter am Programm schulen (AP 2)	4	6	1
6	...			

Vorteil dieses Verfahrens ist die sehr einfache Umsetzbarkeit. Aufgrund der fehlenden Visualisierung können viele Informationen jedoch nicht besonders gut erkannt werden.

Balkendiagramm

Ein Balkendigramm stellt die zeitliche Abfolge von Arbeitspaketen (bzw. Tätigkeiten) grafisch in Form von Balken auf einer Zeitachse dar. Auf der x-Achse werden die Zeit, auf der y-Achse die Arbeitspakete abgetragen. Zeilenweise werden die einzelnen Arbeitspakete bzw. Tätigkeiten in ihrer Abfolge eingetragen, die Länge der Balken markiert dabei die jeweilige Dauer. Die Abhängigkeiten der einzelnen Tätigkeiten können mit Pfeilen visualisiert werden. Auch Meilensteine können gut markiert werden.

Beispiel

Name	Dauer	Start	Ende
Arbeitspaket 1	**2,5 Tage**	**27.09. 08:00**	**29.09. 13:00**
1. Telefonanlage einrichten	1 Tag	27.09. 08:00	27.09. 17:00
2. Datenbank erstellen	2 Tage	27.09. 08:00	28.09. 17:00
3. Funktion prüfen	0,5 Tage	29.09. 08:00	29.09. 13:00
Arbeitspaket 2	**2,5 Tage**	**29.09. 13:00**	**01.10. 17:00**
4. Schulungsmaterial erstellen	1,5 Tage	29.09. 13:00	30.09. 17:00
5. Mitarbeiter am Programm schulen	1 Tag	01.10. 08:00	01.10. 17:00

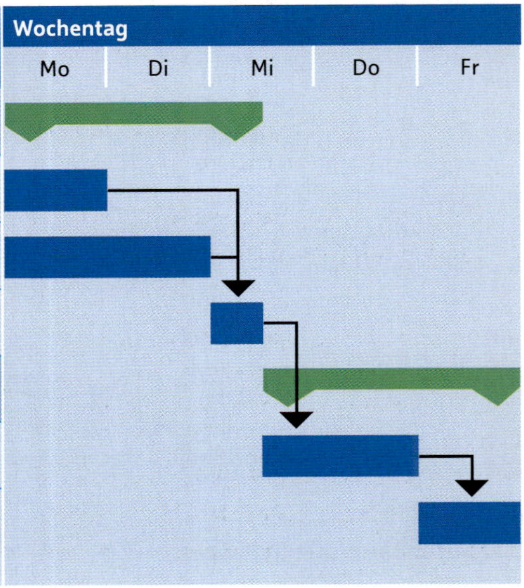

Abb.: Balkendiagramm Projekt „Münzcollector" (Auszug)

→ ***Praxistipp***
Die alternative Bezeichnung des Balkendiagramms als Gantt-Diagramm ist auf den Ingenieur Henry L. Gantt zurückzuführen, der diese Methode erstmals nutzte.

3.1.5 Ressourcen- und Kapazitätsplan

\# ***Definition***
Ressourcen (Einsatzmittel) sind Personal und Sachmittel, die zur Durchführung von Arbeitspaketen oder Projekten benötigt werden (DIN 69902).

Die **Ressourcen- und Kapazitätsplanung** beschäftigt sich mit zwei Fragen:

- Welche **Ressourcen** werden in welcher Menge im Projekt **benötigt**?
- Sind die benötigten **Ressourcen** zum gewünschten Zeitpunkt **verfügbar**?

Personalbedarfsplanung

Vereinfachend wird an dieser Stelle lediglich die **Personalbedarfsplanung** betrachtet, da in vielen Projekten (insbesondere im Callcenter) das Personal die mit Abstand wichtigste Ressource darstellt. Die Personalbedarfsplanung für ein Projekt muss sowohl quantitative als auch qualitative Aspekte berücksichtigen.

- Die **quantitative Personalbedarfsplanung** beschäftigt sich mit der benötigten **Anzahl** der Mitarbeiter (Planung nach „Köpfen").

  Beispiel

  Für das Projekt Münzcollector werden sieben Vollzeitmitarbeiter (MAK) für einen Zeitraum von 6 Wochen benötigt.

- Die **qualitative Personalbedarfsplanung** beschäftigt sich mit der notwendigen **Qualifikation** der 6 Mitarbeiter (Planung nach Eigenschaften, „Skills"). 2 | 2.3.2

  Beispiel

  Die Mitarbeiter im Projekt Münzcollector benötigen Erfahrung in der Outbound-Telefonie. Zudem wünscht der Auftraggeber Agents, die über grundlegende Fachkenntnisse im Münzhandel verfügen.

Für typische Callcenter-Projekte (Kampagnen) wird die Personalbedarfsplanung – zumindest grob – bereits bei der Machbarkeitsprüfung vorgenommen. Im Zuge der Ressourcen- 9 | 2.3.1 und Kapazitätsplanung können die bisherigen Ergebnisse weiter verfeinert werden.

Sachmittelplanung

Die benötigten Sachmittel für ein Projekt lassen sich in zwei Gruppen einteilen:

- **Betriebsmittel**, die sich durch ihren Einsatz **abnutzen**

  Beispiele

  Telefonanlage, PC

- **Verbrauchsmittel**, die sich durch ihren Einsatz **verbrauchen**

  Beispiele

  Papier, Toner

Hier wird meist aufgrund von Erfahrungswerten geschätzt, wie viele Sachmittel benötigt werden. So können z. B. die anfallenden Sachmittel für einen Telefonarbeitsplatz pauschaliert werden.

Kapazitätsabgleich

Nachdem die für das Projekt benötigten Ressourcen ermittelt wurden, muss im nächsten Schritt geprüft werden, ob sie ausreichend und zur richtigen Zeit verfügbar sind (Kapazitätsabgleich).

Beispiel

10 | 1.1
In der langfristigen **Personaleinsatzplanung** der KommunikativAktiv KG gibt es für den Projektzeitraum ausreichend freie Kapazitäten, sodass die benötigten sieben Vollzeitmitarbeiter für das Projekt abgestellt werden können. Zudem verfügen die sieben ausgewählten Mitarbeiter über die benötigten Qualifikationen (Skills).

3.1.6 Kostenplan

> #
> ***Definition***
> Der **Kostenplan** ist die Darstellung der voraussichtlich für das Projekt anfallenden Kosten (DIN 69901).

Die Kosten eines Projekts werden auf Basis der geplanten Ressourcen ermittelt, daher erfolgt die Kostenplanung erst als letzter Schritt der Projektplanung. Handelt es sich um 9 | 2.5.1 ein externes Projekt, ist die Kostenplanung bereits Gegenstand des Angebots.

Grundsätzlich gilt in der Kostenplanung folgender Zusammenhang:

Kosten = Menge · Preis

Beispiel

Für einen Agenten werden Personalkosten je Mitarbeiterstunde von 18,00 € veranschlagt. Bei einer 8-Stunden-Schicht fallen somit Personalkosten von 144,00 € an.

Auf dieser Basis können die **Kosten je Arbeitspaket** ermittelt werden, die dann in der Summe die gesamten Projektkosten ergeben. Somit muss ein Projektbudget in dieser Höhe zur Verfügung gestellt werden, um das Projekt wie geplant durchführen zu können. In diesem Fall werden die Kosten über die Arbeitspakete kalkuliert, aus der Perspektive des Projektstrukturplans (PSP) „von unten nach oben“, man spricht daher vom **Bottom-** 9 | 3.1.2 **up-Verfahren**.

Beim **Top-down-Verfahren** wird hingegen „von oben nach unten“ ein **festes Projektbudget** vorgegeben, das dann auf die einzelnen Arbeitspakete verteilt wird. Das vorgegebene Budget begrenzt somit die Kosten, die maximal anfallen dürfen.

Praxistipp
Bei vielen externen Projekten im Callcenter gibt der Auftraggeber ein festes Budget bzw. feste Maximalkosten (z. B. Kosten je Call) in der Ausschreibung vor, an denen sich die Callcenter-Dienstleister bei ihren Angeboten orientieren müssen.

Für die exakte Ermittlung der Kosten sind detaillierte Daten aus der **Kosten- und Leistungsrechnung** erforderlich. Vereinfachend wird daher in der Kostenplanung mit festen Pauschalen (Preisen) gerechnet, in denen alle Kosten inbegriffen sind. 11 | 2

Beispiel
KommunikativAktiv kalkuliert bei Projekten u. a. mit folgenden Kosten:

- Personalkosten je Mitarbeiterstunde (beinhaltet Lohn- und Lohnnebenkosten)
- Arbeitsplatzkosten je Mitarbeiterstunde (beinhaltet u. a. Raummiete, IT-Kosten)

Falls keine präzisen Daten vorliegen, muss mit Schätzkosten gearbeitet werden.

3.2 Gesprächsleitfäden entwickeln und Qualität sichern

■ *Einstiegssituation*

Inzwischen ist die Projektplanung nahezu abgeschlossen. Herr Schneider hat gemeinsam mit Julia verschiedene Projektpläne erstellt, nun sind aber noch weitere Dinge zu regeln. So ist beispielsweise noch gar nicht geklärt, wie die Gespräche geführt werden sollen.

Julia: *„Der Zeitplan im Projekt ist ja ganz schön knapp kalkuliert. Wenn wir die gewünschten Nettokontakte erreichen wollen, müssen wir uns ziemlich ranhalten. Da muss ich mich bei den Telefonaten mit den Kunden wirklich kurzfassen."*

Herr Schneider: *„Stimmt! Aber du hast ja gesehen, dass die vom Auftraggeber vorgegebene Zeit eine wichtige Kalkulationsgrundlage für das ganze Projekt darstellt. Hast du schon eine Idee, was wir tun können, um die Gesprächszeit einzuhalten?"*

Julia: *„Ich habe ja schon in anderen Projekten mittelefoniert. Da haben wir oft mit einem Gesprächsleitfaden gearbeitet."*

Herr Schneider: *„Genau das machen wir in diesem Projekt auch. Heute Nachmittag werden wir gemeinsam einen Gesprächsleitfaden erarbeiten. So haben wir auch gleich eine Grundlage für die vom Auftraggeber vorgegebenen qualitätssichernden Maßnahmen."*

▪ *Arbeitsaufträge*

1. ***Stellen Sie Vorteile und Nachteile gegenüber, wenn im Projekt der Münzcollector GmbH ein Gesprächsleitfaden eingesetzt wird.***
2. ***Welche Informationen werden benötigt, um einen Gesprächsleitfaden zu erstellen?***
3. ***Wie kann im vorliegenden Projekt die Gesprächsqualität gesichert werden?***

Um den Projektmitarbeitern den Aufbau und die Struktur der Gespräche zu vereinfachen, wird insbesondere in Outbound-Projekten oft ein Gesprächsleitfaden vorgegeben.

> # ***Definition***
> Ein **Gesprächsleitfaden** ist ein vorbereitetes Skript, das dazu dient, den Mitarbeitern den Ablauf sowie einzelne Formulierungen in einem Gespräch vorzuzeichnen.

5 | 1.2 Der Einsatz eines Gesprächsleitfadens ist insbesondere dann sinnvoll, wenn die Gesprächssituationen mit den Kunden überwiegend identisch sind. Bei einem externen Projekt kann je nach Projektauftrag der Gesprächsleitfaden vom Auftraggeber vorgegeben oder – zumindest teilweise – vom Auftragnehmer erstellt werden.

Beispiel

Im Projekt Münzcollector wird ein Gesprächsleitfaden eingesetzt, da sich Inhalt und Ablauf des Nachfassgesprächs sehr gut vorstrukturieren lassen und nur wenige abweichende Gesprächssituationen zu erwarten sind. Der Gesprächsleitfaden wird anhand einiger inhaltlicher Vorgaben der Münzcollector GmbH von der KommunikativAktiv KG erstellt.

Meist finden sich in einem Gesprächsleitfaden folgende Inhalte bzw. Merkmale:

- 5 | 1.1.1 Vorgegebene Meldeformel
- 5 | 1.2 Bedarfsermittlung
- 8 | 1.4.3 Nutzenargumentation
- 8 | 2.1.5 Einwandbehandlung
- 8 | 2.1.6 Preisargumentation
- 8 | 2.1.7 Abschlusstechniken
- 3 | 3.2.2 Einsatz unterschiedlicher Fragetechniken

Praxistipp

Wiederholen bzw. erarbeiten Sie an dieser Stelle die in der obigen Aufzählung genannten Inhalte und Merkmale eines Gesprächsleitfadens!

Beispiel

Gesprächsleitfaden für die Nachfassaktion der Münzcollector GmbH (Auszug)

Kommunikativ AKTIV

Begrüßung

„Guten Tag/Guten Abend, mein Name ist ... *(Vor- und Nachname nennen)* von der Münzcollector GmbH."
„Spreche ich mit Frau/Herrn ...?"

Alternativ: „Ich möchte bitte mit Frau/Herrn ... sprechen."
(Achtung: Gespräch darf nur mit dem Kunden persönlich geführt werden!)

Nein:
„Wann ist Frau/Herr ... am besten zu erreichen?"
(→ Rückruf vereinbaren.)

Ja:
„Schön, dass ich Sie persönlich erreiche."

Einstieg

„Frau/Herr, ..., vor Kurzem haben wir Ihnen ein Angebot über die seltene Sonderserie zu den vier deutschen WM-Siegen 1954, 1974 , 1990 und 2014 zugeschickt."

„Ich hoffe, die Serie hat Ihnen gefallen?"

„Mit Ihrem Einverständnis möchte ich Ihnen gerne das Angebot näher vorstellen."

Nein: *(→ weiter mit der Einwandbehandlung)*

Ja: (Vorstellung des Angebots) [. . .]

Der Kunde stimmt dem Angebot zu

„Sie haben eine gute Entscheidung getroffen. Dann fasse ich den Auftrag für Sie nochmals zusammen."

Verabschiedung

„Frau/Herr, ..., ich bedanke mich für das nette Gespräch und wünsche Ihnen weiter viel Spaß beim Münzensammeln. Auf Wiederhören."

Einwandbehandlung

Kunde: „Ich habe jetzt überhaupt keine Zeit für Sie."

„Ich verstehe, Frau/Herr, ..., wann passt es Ihnen denn besser? Ist Ihnen morgen Vormittag recht oder lieber morgen Nachmittag/Abend?"

Kunde: „Das Angebot interessiert mich nicht."
„Das ist natürlich schade. Frau/Herr, ..., darf ich fragen, woran es liegt?"

Alternativ:
„Gut, dass Sie das so offen sagen. Frau/Herr, ..., Sie können sich die Sonderserie unverbindlich 14 Tage zu Hause anschauen. Selbstverständlich liefern wir Ihnen die Münzen frei Haus, d. h., das Porto übernehmen wir für Sie.
Möchten Sie die Münzen unter diesem Aspekt einmal kennenlernen?" [. . .]

Wird in einem Projekt ein Gesprächsleitfaden genutzt, liefert dieser einen guten Anknüpfungspunkt, um **qualitätssichernde Maßnahmen** umzusetzen. Häufig geschieht dies auf Verlangen eines externen Auftraggebers, aber auch bei internen Projekten gibt es gute Gründe, auf die **Gesprächsqualität** zu achten.

→ ***Praxistipp***
Qualitätssichernde Maßnahmen werden ausführlich in **Lernfeld 8, Kapitel 7** im vorliegenden Band behandelt. Daher wird das Thema hier nicht weiter vertieft.

3.3 Projektorganisation

Einstiegssituation

Der Projektleiter Manfred Schneider hat Julia beauftragt, alle notwendigen Materialien für das Projekthandbuch zusammenzutragen. Julia fühlt sich dabei zunächst überfordert.

Julia: *„Eine Sache ist mir jetzt aber noch nicht ganz klar. Wie sollen wir es schaffen, bei den ganzen Plänen, Unterlagen und Informationen nicht den Überblick zu verlieren?"*

Herr Schneider: *„Die Antwort ist ganz einfach. Das Zauberwort heißt Organisation!"*

Arbeitsaufträge

1. ***Sammeln Sie organisatorische Regelungen, die in einem Projekt getroffen werden müssen.***
2. ***Welche Bedeutung hat ein reibungsloser Informationsfluss in einem Projekt? Wie kann dieser Informationsfluss sichergestellt werden?***
3. ***Diskutieren Sie in der Klasse die Bedeutung der Aussage des amerikanischen Management-Pioniers Peter F. Drucker: „Organisation ist ein Mittel, die Kräfte des Einzelnen zu vervielfältigen."***

Projekte sind Vorhaben außerhalb der normalen Arbeitsroutine. Dies macht spezielle organisatorische Regelungen notwendig, die der Projektarbeit einen klar strukturierten Rahmen liefern, in dem die Arbeit zielorientiert umgesetzt werden kann.

> **#** ***Definition***
> Die **Projektorganisation** umfasst die Gesamtheit der Organisationseinheiten und der aufbau- und ablauforganisatorischen Regelungen zur Abwicklung eines bestimmten Projekts (DIN 69901).

Bei der Projektorganisation müssen stets drei Aspekte berücksichtigt werden, die sich gegenseitig bedingen und voneinander abhängig sind:

- **Informations- und Kommunikationsstrukturen:** Welche Projektbeteiligte gibt es und wie fließen zwischen ihnen die Informationen?
- **Projektablauforganisation:** Wie läuft die Abwicklung eines Projekts grundsätzlich ab bzw. welche Regelungen bestehen für ein konkretes Projekt?
- **Projektaufbauorganisation:** Wie ist das Projekt in die vorhandene Unternehmensorganisation eingebettet?

3.3.1 Informations- und Kommunikationsstrukturen

Im Laufe eines Projekts werden viele **Informationen** ausgetauscht. Es muss daher sorgfältig organisiert werden, wie die **Kommunikation zwischen den Projektbeteiligten** abläuft. Für die Projektarbeit sind vor allem folgende Fragen zu klären:

- **Welche** Informationen werden weitergegeben (Inhalt)?
- **Welche** Wichtigkeit und Dringlichkeit haben die Informationen (Priorität)?
- **Wer** gibt die Informationen weiter (Absender)?
- **Wem** werden die Informationen gegeben (Empfänger)?
- **Wann** werden die Informationen weitergegeben (Termin)?
- **Wie** werden die Informationen dargestellt und aufbereitet (Form)?

Informationsfluss

Bei jedem Projekt gibt es mindestens die drei **Muss-Beteiligten** 9|1.4

- Projektauftraggeber,
- Projektleiter und
- Projektteam.

Diese Projektbeteiligten haben **unterschiedliche Informationsbedürfnisse**. Es empfiehlt sich, den **Informationsfluss** im Zuge der Projektvorbereitung verbindlich festzulegen und so auch möglichen Missverständnissen von Anfang an vorzubeugen. Keinesfalls sollte einer der Beteiligten den Eindruck bekommen, dass wichtige Informationen fehlen oder vorenthalten wurden.

Projektauftraggeber

Projektauftraggeber stehen in der Hierarchie eines Projekts an oberster Stelle, sie vergeben den Projektauftrag und nehmen das Projektergebnis ab. Dementsprechend müssen sie über den Projektverlauf bestmöglich informiert sein. Ansprechpartner für den Projektauftraggeber ist in aller Regel der Projektleiter, der die Informationen aufbereitet und weiterleitet.

Projektleiter

Projektleiter führen das Projekt unter ihrer Verantwortung. Sie nehmen dadurch eine Scharnierfunktion ein. Auf der einen Seite berichten sie dem Auftraggeber alle wesentlichen Informationen. Auf der anderen Seite sind sie Ansprechpartner des Projektteams, von dem sie Informationen aus dem Tagesgeschäft erhalten und an das sie wiederum Weisungen des Auftraggebers weitergeben.

Projektteam

Die operative Arbeit wird vom Projektteam erledigt. Es ist einerseits auf Informationen des Projektleiters angewiesen, andererseits liefert es ihm wichtige Informationen, die sich während der Projektbearbeitung ergeben (z.B. Probleme, Abweichungen). Ein direkter Kontakt des Projektteams zum Auftraggeber besteht meist nicht.

Abb.: Zentraler Informationsfluss im Projekt

Zudem müssen auch die **Kann-Beteiligten** an einem Projekt berücksichtigt werden:

Projektmanager

Die Aufgabe des Projektmanagers ist die Koordination mehrerer Projekte. Informationsflüsse bestehen somit zu den Projektleitern der einzelnen Projekte und zu den Auftraggebern der Projekte. Zudem sind Projektmanager Mitglied des Lenkungsausschusses.

Lenkungsausschuss

Der Lenkungsausschuss ist das zentrale Gremium zur Steuerung sämtlicher Projekte in einem Unternehmen. Dementsprechend existiert ein Lenkungsausschuss nur dann, wenn es viele oder sehr große Projekte zu koordinieren gibt. In der Projektorganisation ist er die oberste beschlussfassende Instanz mit allen Vollmachten. Mitglieder sind mindestens Vertreter der Geschäftsleitung, Projektmanager und Projektleiter. Der Lenkungsausschuss ist somit die zentrale Informationsschnittstelle, an der alle wichtigen Informationen gebündelt werden.

Informationsstrukturen

Um klare Strukturen zu schaffen, bietet es sich an, für die einzelnen Informationsflüsse **fest institutionalisierte Meetings** anzusetzen. Dies kann sich natürlich je nach Projekt sehr unterschiedlich gestalten.

Beispiel

Informationsstrukturen im Projekt „Münzcollector"

Was?	Wer?	Wann?
Kick-off-Meeting	Projektauftraggeber, Projektleiter, Projektteam	Projektstart (Durchführung)
Teammeeting	Projektleiter, Projektteam	täglich in der ersten Projektwoche nach Projektstart, danach wöchentlich
Projektstatusbericht	Projektauftraggeber, Projektleiter	wöchentlich nach Projektstart und bei Erreichen bestimmter Meilensteine
Lenkungsausschusssitzung	alle Mitglieder des Lenkungsausschusses	monatlich
Projektabschlussbesprechung	Projektauftraggeber, Projektleiter, Projektteam	nach Projektende, zur Ergebnispräsentation

3.3.2 Projektablauforganisation

> # ***Definition***
> 1|1.2 Die **Projektablauforganisation** beschreibt Prozesse und Abläufe („Workflows") **im Rahmen eines Projekts** unter Berücksichtigung von Raum, Zeit, Mit-
> 8|6.1 arbeitern, Technik und Arbeitsmitteln.

Grundsätzlich betrachtet die Ablauforganisation in einem Unternehmen die Gestaltung der Arbeitsabläufe und deren Ausstattung mit den notwendigen Ressourcen. Wesentliche Aufgabe der Ablauforganisation ist es, Prozesse und Vorgehensweisen zu standardisieren und transparent zu machen, um damit die Arbeit zu erleichtern. Diese Aufgabe muss in jedem Projekt erfüllt werden.

Für die Abwicklung von Projekten lassen sich insgesamt **drei Ebenen der Projektablauforganisation** unterscheiden, die sorgsam abgegrenzt werden müssen.

Projektmanagementhandbuch:
Enthält die Regelungen und Verfahren für die Abwicklung **aller Projekte** in einem Unternehmen

beeinflusst ⇩

Projekthandbuch:
Zusammenstellung von Informationen und Regelungen, die für die Planung und Durchführung **eines bestimmten Projekts** gelten sollen (Betrachtung im **Voraus**)

beeinflusst ⇩

Projektdokumentation:
Zusammenstellung wesentlicher Daten über die Organisation, den Ablauf und die erreichten Ziele **eines bestimmten Projekts** (Betrachtung im **Nachhinein**)

Projektmanagementhandbuch

Die Inhalte eines Projektmanagementhandbuchs (PM-Handbuch) sind nach DIN 69905 definiert. Zentrale Aufgabe ist es, **grundsätzliche** Regelungen und Abläufe verbindlich und einheitlich festzuhalten, die für **alle Projekte** in einem Unternehmen gelten. Es handelt sich somit um eine Art „Gebrauchsanweisung" für alle Projekte, die als Grundlage für die Gestaltung jedes einzelnen Projekts dient. Folgende Inhalte finden sich meist im Projektmanagementhandbuch:

- Begriffsklärungen, Grundsätze des Projektmanagements
- Festlegung von unternehmensspezifischen Projektkriterien
- Zusammenstellung von möglichen Projektarten
- Festlegung eines Phasenmodells
- Regelungen zur Projektorganisation
- Allgemeine Anweisungen zur Abwicklung von Projekten
- Auflistung der Instrumente zur Projektplanung und Projektsteuerung
- Formulare und Checklisten etc.

Projekthandbuch

Im Unterschied zum Projektmanagementhandbuch werden im Projekthandbuch die Informationen und Abläufe eines **bestimmten, spezifischen Projekts** festgelegt (DIN 69905). Es handelt sich also um die **tatsächliche Anwendung** der im Projektmanagementhandbuch getroffenen Regelungen auf ein konkretes Projekt. Das Projekthandbuch stellt somit einen Leitfaden für die Planung und Durchführung des Projekts dar. Übliche Inhalte sind z. B.

- Projektziele,
- Projektbeteiligte,
- Projektorganisation
- Projektauftrag,
- Projektplan,
- Festlegung der Kommunikationswege,
- Regelungen für die Projektdokumentation.

Projektdokumentation

Die Projektdokumentation beschäftigt sich mit der kontinuierlichen Zusammenstellung der Dokumente und Berichte, die **während der Durchführung** des Projekts entstehen (DIN 69901). Damit werden die Inhalte des Projekthandbuchs ergänzt bzw. fortgeführt. Der Projektverlauf kann lückenlos nachvollzogen werden, der Weg zum Erreichen des Projektziels ist klar zu erkennen. Insbesondere geht es um einen Soll-Ist-Vergleich zwischen der Planung und den tatsächlichen Ergebnissen. Nach Abschluss des Projekts mündet die Projektdokumentation in den **Projektabschlussbericht**. 9|5

→ ***Praxistipp***
Zusammenfassend wird für das Projekthandbuch und die Projektdokumentation auch der Begriff **Projektakte** verwendet.

3.3.3 Projektaufbauorganisation

1 | 1.2.1

> # **Definition**
> Die **Projektaufbauorganisation** beschäftigt sich mit der Bildung von organisatorischen Einheiten **innerhalb eines Projekts** und deren Verknüpfung mit der übrigen Aufbauorganisation im Unternehmen.

Die Projektaufbauorganisation muss zwei zentrale Fragen beantworten:

- Wie ist das Projekt in die Unternehmensorganisation eingebunden?
- Wie sind Aufgaben, Verantwortlichkeiten und Kompetenzen verteilt?

> → ***Praxistipp***
> Vereinfachend wird die Projekt*aufbau*organisation im allgemeinen Sprachgebrauch lediglich als Projektorganisation bezeichnet.

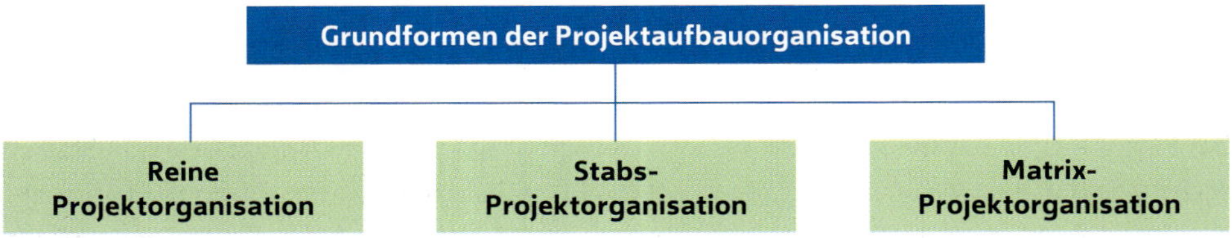

Reine Projektorganisation

Bei der reinen Projektorganisation bildet das Projekt eine **eigenständige Organisationseinheit** (Abteilung) innerhalb des Unternehmens. Damit wird der Projektcharakter besonders betont. Die Projektmitarbeiter werden aus ihrer bisherigen Organisationseinheit (z. B. aus einer anderen Abteilung) herausgelöst und mit ihrer ganzen Arbeitszeit **ausschließlich dem Projekt** zugeordnet. Der Projektleiter hat umfassende und ungeteilte Weisungs- und Entscheidungsbefugnisse.

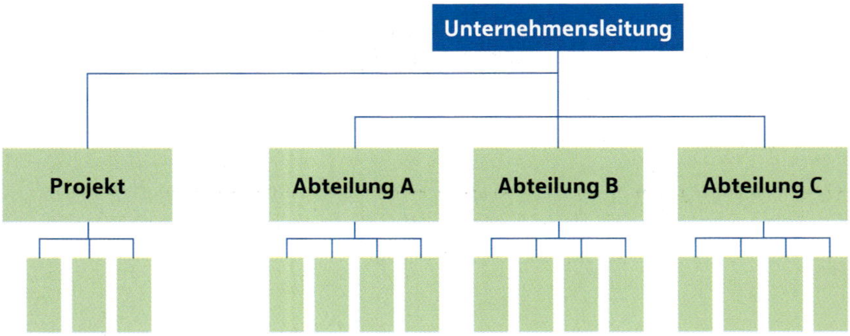

Abb.: Reine Projektorganisation

Vorteile	Nachteile
Mitarbeiter können sich ganz der Projektarbeit widmen.	Änderung in der Unternehmensorganisation erforderlich
Klare Weisungs- und Entscheidungsbefugnisse	Gefahr, dass sich das Projekt bzw. das Projektteam vom Unternehmen abkoppelt
Kurze Wege und Reaktionszeiten innerhalb des Projekts	Möglicherweise werden von den anderen Abteilungen nicht die besten Mitarbeiter für das Projekt abgestellt.
Hohe Identifikation der Beteiligten mit dem Projekt	Probleme bei der Wiedereingliederung der Projektmitarbeiter nach Projektende

Die reine Projektorganisation kommt z.B. bei großen und bedeutsamen Projekten zum Tragen oder wenn ein wichtiges Projekt in kurzer Zeit abgewickelt werden muss.

Beispiel

Für das Projekt „Münzcollector" bildet die KommunikativAktiv KG während der sechswöchigen Projektlaufzeit eine reine Projektorganisation, für die sieben Agents exklusiv abgestellt werden.

Stabs-Projektorganisation

Die Stabs-Projektorganisation zeichnet sich dadurch aus, dass der **Projektleiter als Stabsstelle** direkt der Unternehmensleitung unterstellt ist. Die direkte Anbindung an die Unternehmensleitung signalisiert, dass diese hinter dem Projekt steht. Als Stabsstelle verfügt der Projektleiter jedoch über **keine festen Projektmitarbeiter**. Vielmehr verbleiben die Mitarbeiter in ihrer bisherigen Funktion und werden nur temporär für ein Projekt abgestellt.

Auch die Weisungsbefugnis über die Projektmitarbeiter verbleibt bei den bisherigen Linienvorgesetzten. Der Projektleiter befindet sich so in einer recht schwachen Position und ist auf das Wohlwollen anderer Abteilungsleiter bzw. auf seine Durchsetzungskraft angewiesen. Vielfach ist er mit **koordinierenden Aufgaben** beschäftigt, Entscheidungen müssen ggf. von der Unternehmensleitung getroffen werden.

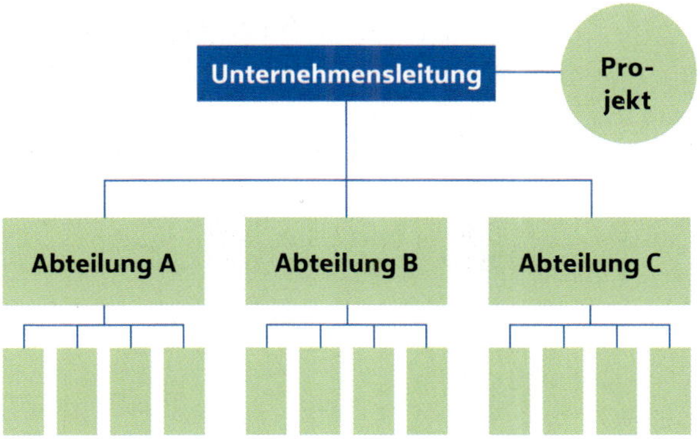

Abb.: Stabs-Projektorganisation

Vorteile	Nachteile
Geringer organisatorischer Aufwand, da Projektmitarbeiter in ihrer bisherigen Funktion bleiben	Projektleiter hat kaum Durchsetzungsmöglichkeiten, unklare Verantwortlichkeiten
Flexibler Mitarbeitereinsatz je nach Bedarf möglich	Geringe Identifikation der Mitarbeiter mit dem Projekt, da nur Nebensache
Abteilungsübergreifendes Arbeiten möglich	Im Projekt können Verzögerungen und lange Reaktionszeiten entstehen.
Keine Wiedereingliederungsprobleme der Projektmitarbeiter nach Projektende	Probleme bei Auflösung der Stabsstelle und Wiedereingliederung des Projektleiters in die Unternehmensorganisation

Die Stabs-Projektorganisation ist typisch für Unternehmen, in denen nur wenige oder sehr kleine Projekte durchgeführt werden.

Beispiel

Die Dialogfix GmbH führt ein Projekt zur Einführung einer neuen Buchhaltungssoftware durch. Es wird eine Stabsstelle eingerichtet, Projektleiter ist ein Mitarbeiter der Buchhaltung, dem je nach Bedarf Mitarbeiter aus anderen Abteilungen (z. B. IT) zur Verfügung stehen.

Matrix-Projektorganisation

In dieser Organisationsform wird grundsätzlich die funktionsorientierte Linienorganisation des Unternehmens beibehalten. Zusätzlich wird jedoch ein **projektorientiertes Leitungssystem** eingeführt, es entsteht eine zweidimensionale Matrix. Der Projektleiter wird für die Dauer des Projekts von seiner bisherigen Arbeit freigestellt, die Projektmitarbeiter verbleiben in ihrer bisherigen Funktion, arbeiten aber vorübergehend **zusätzlich** am Projekt mit.

Es findet eine **Kompetenzaufteilung** statt: Die Weisungsbefugnis verbleibt grundsätzlich beim bisherigen Vorgesetzten, der Projektleiter erhält jedoch ein **projektbezogenes Weisungsrecht**. Die Beteiligten können also Anweisungen von zwei Vorgesetzten erhalten.

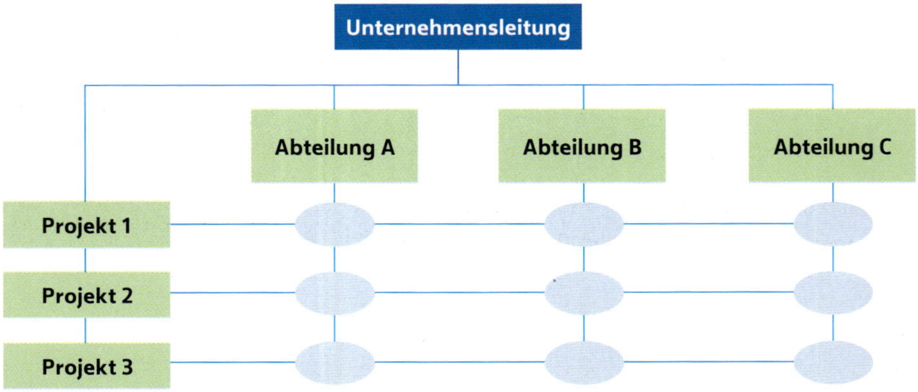

Abb.: Matrix-Projektorganisation

Vorteile	Nachteile
Geringer organisatorischer Aufwand, da Projektmitarbeiter in ihrer bisherigen Funktion bleiben	Hoher Abstimmungsbedarf zwischen Projekt- und Linienarbeit
Flexibler Mitarbeitereinsatz je nach Bedarf möglich	Konfliktpotenzial durch zweifaches Weisungsrecht, Loyalitätskonflikte
Abteilungsübergreifendes Arbeiten möglich	Überlastung der Mitarbeiter durch Projekt- und Linienarbeit
keine Wiedereingliederungsprobleme der Projektmitarbeiter nach Projektende	Mangelnde Identifikation der Projektmitarbeiter mit dem Projekt

Durch ihre flexible und unkomplizierte Handhabung ist die Matrix-Projektorganisation für kleine und mittlere Projekte von eher geringer Komplexität geeignet.

Beispiel

Die KommunikativAktiv KG wickelt ein langfristiges Projekt für einen Spezialversandhandel für historische Postkarten ab. Ab 20:00 Uhr und an Wochenenden übernimmt sie die Versandhotline. Zu diesen Zeiten herrscht nur ein geringes Anrufvolumen, Mitarbeiter werden daher nur bei Bedarf auf diese Hotline geschaltet, zu anderen Zeiten sind sie mit ihrer Haupttätigkeit beschäftigt.

3.4 Kick-off-Meeting

■ *Einstiegssituation*

Die Projektvorbereitungsphase ist nun fast abgeschlossen, nur ein wichtiger Termin fehlt noch, für den die notwendigen Vorbereitungen zu treffen sind.

Herr Schneider: *„Jetzt müssen wir nur noch das Kick-off-Meeting vorbereiten, dann kann die Projektdurchführung starten."*

Julia: *„Kick-off? Das klingt ja witzig. Den Ausdruck habe ich bislang nur im Sport gehört."*

Herr Schneider: *„Damit hast du gar nicht so unrecht. Schließlich geht es hier auch um so eine Art Anstoß, genau wie im Sport."*

Julia: *„Bestimmt werde ich dabei endlich die anderen Teammitglieder kennenlernen, mit denen ich gemeinsam das Projekt bearbeite. Darauf freue ich mich schon lange!"*

■ *Arbeitsaufträge*

1. ***Was müsste Ihrer Meinung nach ein Kick-off-Meeting beinhalten?***
2. ***Vergleichen Sie in der Klasse die Erfahrungen, die Sie bislang mit solchen Meetings gemacht haben.***

#
Definition
Das **Kick-off-Meeting** (auch: Kick-off-Veranstaltung, Auftakt-Treffen) ist die erste offizielle Zusammenkunft aller Projektbeteiligten. Es findet nach Abschluss der Projektplanung und vor Beginn der Projektdurchführung statt (DIN 69901).

In jedem Projekt gibt es einen offiziellen **„Startschuss"**, das sogenannte Kick-off-Meeting. Es dient dazu, ein **gemeinsames Verständnis** aller Projektbeteiligten für das Projekt zu schaffen. Teilnehmer sind also mindestens

- Projektauftraggeber (intern/extern),
- Projektleiter und
- Projektteam.

Natürlich können auch hier noch weitere Beteiligte hinzukommen (z. B. Lenkungsausschuss, Fachabteilungen etc.). **Verantwortliche Person** für die Vorbereitung und Durchführung des Kick-off-Meetings ist der **Projektleiter**.

Wesentliche **Aufgaben** des Kick-off-Meetings sind insbesondere

9 | 4.1
- Kennenlernen aller Beteiligten, insbesondere der Mitglieder des Projektteams,
- Überblick über Projektauftrag und Projektziele,
- Information über Zeitplan und Meilensteine,
- Vorstellen der Projektorganisation,
- projektspezifische Regelungen (z. B. Kommunikation, Dokumentation),
- Motivation aller Beteiligten, „Wir-Gefühl",
- Klären von offenen Fragen.

Die **Ergebnisse des Kick-off-Meetings** werden in einem **Protokoll** festgehalten und an
1 | 4.1 alle Beteiligten weitergeleitet.

Grundsätzlich ist es möglich, dass projektspezifisch ein Kick-off-Meeting zu einem anderen Zeitpunkt stattfindet (z. B. zu Beginn der Projektvorbereitung). Auch kann, etwa bei einem Kundenprojekt mit einem externen Auftraggeber, das erste Treffen zwischen
9 | 2.5.2 Dienstleister und Auftraggeber den Status eines Kick-off-Meetings haben. In diesem Fall kann das Projektteam naturgemäß nicht an dem Treffen teilnehmen, das erste Meeting des Projektteams findet dann zu einem späteren Zeitpunkt statt.

→
Praxistipp
Gelegentlich findet sich in diesem Zusammenhang auch die Bezeichnung **Start-up-Workshop**. Meist erfüllt dieser Workshop die gleiche Funktion wie das Kick-off-Meeting. Durch die Bezeichnung „Workshop" soll betont werden, dass hier der Arbeitscharakter stärker ist, es also nicht nur um reine Informationsvermittlung geht.

Zusammenfassung

Projektvorbereitung

Definitionsphase

- Analyse der Ausgangssituation
  - Problembeschreibung
  - Ursachenanalyse
- Definition der Projektziele
  - Teilziele
  - Anforderungskatalog
- Machbarkeitsstudie
  - Machbarkeitsprüfung
  - Wirtschaftlichkeitsrechnung
    - Kostenvergleichsrechnung
    - Gewinnvergleichsrechnung
    - Rentabilitätsrechnung
    - Kosten-Nutzen-Analyse
  - Risikoanalyse
    - Risiko erfassen
    - Risiko bewerten
    - Maßnahmen ergreifen
- Projektauftrag
  - Ausschreibung (ggf.)
  - Angebot (ggf.)
  - Meeting mit dem Auftraggeber (ggf.)
  - Abschluss des Projektauftrags

Planungsphase

- Teilaufgaben entwickeln
  - Arbeitspakete
  - Meilensteine
  - Schnittstellen
- Projektstrukturplan (PSP)
  - Top-down-/Bottom-up-Verfahren
  - Objektorientiert/funktionsorientiert
- Projektablaufplan
  - Abhängigkeiten (Vorgänger, Nachfolger)
  - Bearbeitung (seriell/parallel)
- Zeit- und Terminplan
  - Anfangs- und Endtermine
  - Vorgangsliste/Balkendiagramm
- Ressourcen- und Kapazitätsplan
  - Personal (quantitativ/qualitativ)
  - Sachmittel (Betriebs-/Verbrauchsmittel)
- Kostenplan
  - Personalkosten } Projektbudget
  - Sachmittelkosten }
- Gesprächsleitfaden entwickeln
- Qualität sichern
- Projektorganisation
  - Informations- und Kommunikationsstrukturen
    - Informationsfluss
    - Informationsstrukturen
  - Projektablauforganisation
    - Projektmanagementhandbuch
    - Projekthandbuch
    - Projektdokumentation
  - Projektaufbauorganisation
    - Reine Projektorganisation
    - Stabs-Projektorganisation
    - Matrix-Projektorganisation
- Kick-off-Meeting

- **Rechenschema:** Ermittlung Mitarbeiterbedarf/Projektlaufzeit

Schritt	Was?	Wie?
1.	**Mitarbeiterstundenbedarf:** Wie viele Arbeitsstunden sind für das Projekt insgesamt notwendig?	Anrufvolumen · AHT oder: $\frac{\text{Anrufvolumen}}{\text{Nettokontakte pro Stunde}}$
2.	**Mitarbeitertage:** Wie lange würde *ein* Mitarbeiter (MAK) benötigen, um das gesamte Projekt abzuarbeiten?	$\frac{\text{Mitarbeiterstundenbedarf}}{\text{tägliche Arbeitszeit}}$
3a.	**Mitarbeiterbedarf:** Wie viele Mitarbeiter (MAK) sind pro Tag notwendig, um das Projekt in einer vorgegebenen Zeit abzuarbeiten?	$\frac{\text{Mitarbeitertage}}{\text{Projektlaufzeit in Tagen}}$
3b.	**Alternative Zielgröße Projektlaufzeit:** Wie lange dauert ein Projekt, wenn eine bestimmte Zahl an Mitarbeitern zur Verfügung steht?	$\frac{\text{Mitarbeitertage}}{\text{verfügbare Mitarbeiter (MAK)}}$

- **Rechenschema:** Projektkalkulation

	Personalkosten (Kosten pro Stunde · benötigte Stunden)
+	Arbeitsplatzkosten (Kosten pro Stunde · benötigte Stunden)
+	projektspezifische weitere Kosten (z. B. Initialkosten, Schulungskosten etc.)
=	**operative Gesamtkosten** (decken die reinen Kosten der Projektausführung ab)
+	Handlungskostenzuschlag (in % auf die operativen Gesamtkosten)
=	**Selbstkosten** (decken sämtliche entstandenen Kosten des Unternehmens ab)
+	Gewinnzuschlag (in % auf die Selbstkosten)
=	**Angebotspreis des Projekts** (erwirtschaftet einen Gewinn für das Unternehmen)
:	Anzahl der Nettokontakte bzw. Calls
=	**Angebotspreis je Nettokontakt bzw. Call**

Aufgaben

1. ***Welche Funktionen erfüllen Arbeitspakete in einem Projekt? Nennen Sie fünf Regeln, die beim Erstellen von Arbeitspaketen beachtet werden müssen.***
2. ***Geben Sie begründet an, ob die folgenden Aussagen zu Arbeitspaketen zutreffend sind:***
   a) ***In Arbeitspaketen werden Tätigkeiten zusammengefasst, die zum gleichen Zeitpunkt zu erledigen sind.***
   b) ***Arbeitspakete haben einen festen Starttermin, aber einen offenen Endtermin.***
   c) ***Arbeitspakete müssen stets ergebnisoffen formuliert werden.***
   d) ***Arbeitspakete bilden die Grundlage für die Projektplanung.***
   e) ***Ein Projekt beinhaltet mehrere Arbeitspakete.***
3. ***Erläutern Sie die Aufgabe von Meilensteinen in einem Projekt.***
4. ***Prüfen Sie, ob es sich jeweils um einen geeigneten Meilenstein handelt, und begründen Sie Ihre Ansicht:***
   a) ***Projektauftrag abgeschlossen***
   b) ***Wöchentliches Teammeeting***
   c) ***Ende der Planungsphase***
   d) ***Projektdurchführung***
   e) ***Kick-off-Meeting erledigt***
   f) ***Das Arbeitspaket 311 wird gebildet.***
5. ***Nehmen Sie zu der Aussage „Kein Projekt ohne Projektstrukturplan!“ Stellung.***
6. ***Der Projektstrukturplan kann sowohl im „Top-down-“ als auch im „Bottom-up-Verfahren“ erstellt werden. Erklären Sie diese beiden Vorgehensweisen.***
7. ***Wodurch unterscheiden sich Projektstrukturplan und Projektablaufplan? Welche Informationen werden benötigt, um aus dem Projektablaufplan einen Zeit- und Terminplan zu erstellen?***
8. ***Für ein Projekt der KommunikativAktiv KG liegt folgende Vorgangsliste vor:***

	Vorgangsliste			
Nr.	Arbeitspaket	Vorgänger	Nachfolger	Dauer in Tagen
1	Machbarkeitsstudie erstellen	–	2	1,5
2	Verhandlungen führen	1	3	0,5
3	Projektauftrag abschließen	2	4	0,5
4	Projektplanung durchführen	3	5	0,5
5	Telefonleitfaden erstellen und Agenten schulen	4	7	2
6	Adressdaten in Datenbank einspielen und Vortest durchführen	4	7	1
7	Telefonate durchführen	5, 6	8	10
8	Abschlussbericht erstellen	7	–	1

   a) ***Erstellen Sie anhand der Vorgangsliste ein Balkendiagramm.***
   b) ***Markieren Sie im Balkendiagramm drei geeignete Meilensteine.***

c) *Das Erstellen der Machbarkeitsstudie beginnt am 3. September, Arbeitstage in diesem Projekt sind Montag bis Freitag. Ermitteln Sie anhand des abgebildeten Kalenderauszugs, an welchem Tag der Abschlussbericht erstellt werden kann.*

SEPTEMBER							
KW	Mo	Di	Mi	Do	Fr	Sa	So
35						1	2
36	3	4	5	6	7	8	9
37	10	11	12	13	14	15	16
38	17	18	19	20	21	22	23
39	24	25	26	27	28	29	30

9. *Was wird bei der Projektplanung als Puffer bezeichnet? Welche Vorteile kann ein Puffer haben? Was bezeichnet man in diesem Zusammenhang als „kritischen Weg“?*

10. *Begründen Sie, warum in einem Projekt sowohl eine quantitative als auch eine qualitative Personalplanung erfolgen muss.*

11. *In welche beiden Gruppen lassen sich die für ein Projekt erforderlichen Sachmittel einteilen? Geben Sie jeweils zwei Beispiele an.*

12. *Bei dem in Aufgabe 8 dargestellten Projekt der KommunikativAktiv KG wurden für das Arbeitspaket 7 (Telefonate durchführen) je Bearbeitungstag 80 Agentenstunden eingeplant. Pro Agentenstunde wird mit 18,00 € Personalkosten und 5,00 € Arbeitsplatzkosten gerechnet.*
    a) *Welche Summe verbleibt für die übrigen Arbeitspakete, wenn ein Projektbudget von 30000,00 € zur Verfügung steht?*
    b) *Begründen Sie, welches Verfahren der Kostenplanung in diesem Fall vorliegt.*

13. *Grenzen Sie Projektmanagementhandbuch und Projekthandbuch voneinander ab. Nennen Sie fünf Inhalte, die das Projekthandbuch im Projekt „Münzcollector“ enthalten sollte.*

14. *In einer Schulung zur Projektaufbauorganisation haben Sie sich fleißig Notizen zu den Eigenschaften und den Vor- und Nachteilen der reinen Projektorganisation (1), der Stabs-Projektorganisation (2) und der Matrix-Projektorganisation (3) gemacht. Leider sind Ihre Notizen durcheinandergeraten und müssen wieder korrekt zugeordnet werden:*
    a) *Die Durchsetzungsmöglichkeiten des Projektleiters sind relativ gering.*
    b) *Das Projekt bildet eine eigene Abteilung im Unternehmen.*
    c) *Die Identifikation des Projektteams mit dem Projekt ist sehr hoch.*
    d) *Die Projektmitarbeiter haben zwei Vorgesetzte.*
    e) *Das Projektteam muss nach Projektende wieder in das Unternehmen eingegliedert werden.*
    f) *Es besteht ein hoher Abstimmungsbedarf zwischen Projekt- und Linienarbeit.*

15. *Entwerfen Sie eine Tagesordnung für das Kick-off-Meeting im Projekt „Münzcollector“.*

16. *Angesichts des knappen Zeitplans schlägt ein Projektmitarbeiter vor, auf das Kick-off-Meeting zu verzichten. Bewerten Sie diesen Vorschlag.*

4 Projekte durchführen

Nach dem Abschluss der Projektplanung und dem erfolgten Kick-off-Meeting folgt in einem Projekt die **Durchführungsphase**. Das eigentliche Projekt beginnt, die Ablaufpläne werden umgesetzt und die Arbeitspakete fristgerecht bearbeitet. Nun wird das Projekt inhaltlich zu seinem Abschluss gebracht.

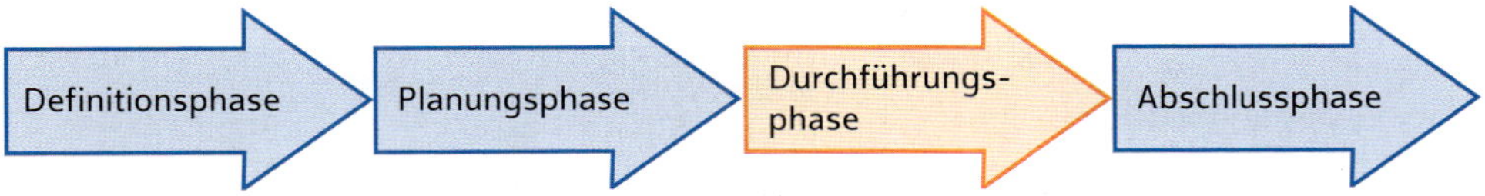

Abb.: Durchführungsphase

In der Durchführungsphase fallen insbesondere folgende Aufgaben an:

- Die erforderlichen Arbeiten werden **im Team** geplant und organisiert. Dabei muss auf die Entwicklung des Teams und auf mögliche Konflikte geachtet werden. 9|4.1
- **Veranstaltungen und Termine** sind zu organisieren (z.B. Teammeetings, Besprechungen mit dem Auftraggeber, Abschlussbesprechung etc.). 9|4.2
- Die geplanten Ressourcen (z.B. Personal, Sachmittel) werden eingesetzt und ggf. angepasst. Der **Projektfortschritt** wird laufend überprüft, bei Abweichungen wird **steuernd eingegriffen** und Gegenmaßnahmen werden eingeleitet. 9|4.3

4.1 Arbeit im Team planen und organisieren

Einstiegssituation

Endlich ist es soweit, das von Julia und Herrn Schneider vorbereitete Kick-off-Meeting steht an. In diesem Treffen sollen sich auch die Teammitglieder besser kennenlernen.

Julia ist angespannt, die meisten der Kollegen kennt sie noch nicht. Sie denkt darüber nach, wie sie sich am besten verhalten soll, um direkt einen guten Kontakt zu allen Teammitgliedern aufzubauen.

Arbeitsaufträge

1. ***Welche Erfahrungen haben Sie gemacht, als Sie die Arbeit in Ihrem Team begonnen haben?***
2. ***Diskutieren Sie in der Gruppe, welche Entwicklungsphasen ein Team durchlaufen kann.***
3. ***Welche Vorteile und welche Nachteile sehen Sie in der Teamarbeit?***

> **Praxistipp**
> Die beiden folgenden Kapitel „Arbeit im Team planen und organisieren“ sowie „Veranstaltungen und Termine organisieren“ sind laut Ausbildungsordnung nicht nur im Themenbereich „Projekte“, sondern auch im Themenbereich „Arbeitsorganisation, Kooperation, Teamarbeit“ von Bedeutung und können dort abgeprüft werden (siehe dazu auch „Anhang Abschlussprüfung“ ab Seite 440).

1|6.3 Viele Unternehmen sehen **Team- oder Gruppenarbeit** als einen der entscheidenden Erfolgsfaktoren an. Gute Teamarbeit bedeutet eine effiziente und effektive Zusammenarbeit aller Beteiligten. Durch das Zusammenwirken aller Mitglieder und die Kombination unterschiedlicher Kompetenzen kann ein funktionierendes Team in kurzer Zeit gute Ergebnisse liefern. Gerade in der schnelllebigen Welt des Dialogmarketings, in der sich bestehende Aufträge kurzfristig ändern können und ständig neue Projekte umgesetzt werden, ist dieser Vorteil von erheblicher Bedeutung. Insbesondere in der Planung und Gestaltung von **Projekten** kommt der Teamarbeit eine strategische Bedeutung zu. Erfolgreiche Teamarbeit kann maßgeblich zum Projekterfolg beitragen. Funktioniert die Zusammenarbeit in einem Projektteam jedoch nicht, ist ein Scheitern des Projekts wahrscheinlich.

Im betrieblichen Kontext bedeutet Teamarbeit, dass zur Erledigung der anstehenden Aufgaben kleine organisatorische Einheiten gebildet werden, die unter Leitung eines **Teamleiters** ein einheitliches Ziel verfolgen. Damit die Mitglieder eines Teams ihre Fähigkeiten kombinieren und gemeinsam das gesetzte Ziel erreichen, ist es notwendig, verschiedene soziale, organisatorische und methodische Faktoren zu beachten.

Ein **Team** ist eine zu einem **bestimmten Zweck** zusammengesetzte Arbeitsgruppe, die verschiedene Kriterien erfüllt:

- Ein Team besteht aus zwei oder mehr Mitarbeitern.
- Das Team hat eine Teamidentität, die sich von der individuellen Identität der einzelnen Teammitglieder unterscheidet.
- Das Team hat Kommunikationswege, sowohl innerhalb des Teams als auch zur Außenwelt.
- Die Teammitglieder tragen alle im Rahmen ihrer Möglichkeiten zur Verwirklichung der Teamziele bei.
- Die Aufgaben und Ziele eines Teams sind klar beschrieben.
- Die Effektivität und Arbeitsfähigkeit eines Teams wird regelmäßig überprüft.

Die häufig auftretenden Begriffe Team und Gruppe können wie folgt voneinander abgegrenzt werden:

> #
> ***Definition***
> Der Begriff **Gruppe** wird benutzt, um das Zusammenwirken mehrerer Personen zu beschreiben, die zur Bearbeitung einer Aufgabe oder eines Themas zusammenarbeiten. Die einzelnen Mitglieder können dabei aber **unterschiedliche** Interessen oder Ziele verfolgen.
>
> Ein **Team** hingegen ist eine Gruppe, deren Mitarbeiter ein **einheitliches Ziel** verfolgen. Jeder Einzelne nutzt seine Fähigkeiten, um diese als Teilbeitrag für das gemeinsame Ziel einzubringen. Der Begriff Team ist hierbei also Ausdruck für die besondere Art der Arbeitsteilung, die auf das Gesamtziel ausgerichtet ist.

Für die Formen der Team- oder Gruppenarbeit oder aber die psychologischen Vorgänge innerhalb der Teamentwicklung spielt diese Abgrenzung im Folgenden keine Rolle, hier werden die Begriffe synonym verwendet.

4.1.1 Formen der Teamarbeit

In der betrieblichen Praxis werden grundsätzlich folgende Gruppen unterschieden:

- **Informelle Gruppen**
  Diese Gruppen entstehen spontan und aufgrund zwischenmenschlicher Beziehungen. Sie sind vom Unternehmen also weder geplant, noch können sie entsprechend gesteuert werden.

  Beispiel
  Thomas und Daniel bilden eine Lerngruppe, um sich auf die anstehende Abschlussprüfung vorzubereiten.

- **Formelle Gruppen**
  Diese Gruppen werden für einen bestimmten Zweck oder einen vom Betrieb definierten Aufgabenbereich geplant und zusammengesetzt. Formelle Gruppen verfügen dabei über eine entsprechende organisatorische Einordnung in das Unternehmen.

Die für die betriebliche Teamarbeit relevanten **formellen Gruppen** lassen sich in folgende Typen unterscheiden:

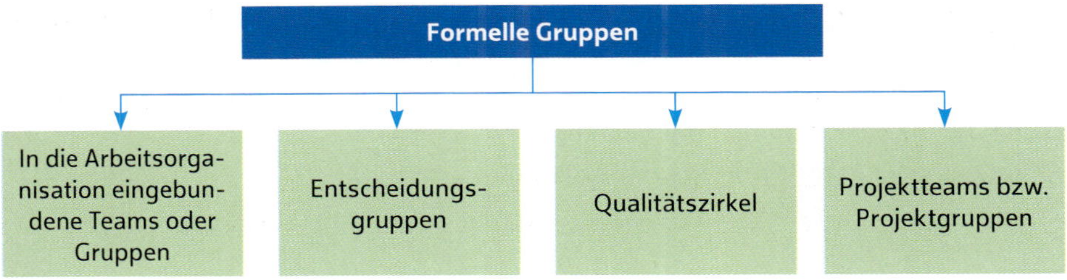

In die Arbeitsorganisation eingebundene Teams

Dies sind Teams oder Gruppen, die auf **unbestimmte Zeit** zur Erledigung von zumeist wiederkehrenden Aufgaben zusammenarbeiten. Diese Teams stehen unter einer einheitlichen Leitung und sind organisatorisch im Gesamtbild des Unternehmens erfasst. Der Leiter dieser Einheit kann wiederum Teammitglied einer anderen formellen Gruppe sein, die wiederum unter der Leitung einer Führungskraft steht.

Beispiel

Azubi Thomas arbeitet in einem Team von 17 Mitarbeitern unter der Leitung eines Teamleiters. Dieser Teamleiter wiederum arbeitet in einem Team von zwölf anderen Teamleitern unter der Leitung eines Abteilungsleiters.

Entscheidungsgruppen

Diese Gruppen werden speziell zur Vorbereitung oder zum Treffen von Entscheidungen gebildet oder einberufen. Der Unterschied zur Projektgruppe liegt darin, dass diese Gruppen nicht für die Durchführung einzelner Aufgaben zuständig sind.

Beispiel

9 | 1.1.8 Der Lenkungsausschuss ist eine Entscheidungsgruppe.

Qualitätszirkel

Qualitätszirkel sind Gruppen von Mitarbeitern der gleichen Hierarchie ebene und mit der gleichen Erfahrungsgrundlage. Qualitätszirkel treffen sich regelmäßig, um Probleme und Erfahrungen aus dem Tagesgeschäft zu diskutieren und entsprechende Lösungen zu finden. Diese Treffen finden auf freiwilliger Basis statt. Die Leitung dieser Gruppen wird von einem Moderator übernommen. Die Ergebnisse werden von den Teilnehmern eigenverantwortlich in das Tagesgeschäft übernommen.

Beispiel

Die Teamleiter von Dialogfix treffen sich regelmäßig, um Coaching-Ergebnisse zu besprechen.

Projektteams und Projektgruppen

Projektteams oder -gruppen arbeiten **zeitlich begrenzt** an einem bestimmten Arbeitsauftrag oder Projekt. Diese Teams können aus Mitgliedern verschiedener Arbeitsbereiche zusammengestellt werden. Projektteams werden gebildet, um neue, komplexe Problemstellungen oder Arbeitsaufträge zu bearbeiten.

Beispiel

Für das Projekt mit Münzcollector hat KommunikativAktiv ein eigenes Projektteam zusammengestellt. Julia gehört zu diesem Projektteam.

4.1.2 Besonderheiten bei Projektteams

Bei der **Zusammenstellung von Projektteams** sind einige Besonderheiten zu beachten. Im Gegensatz zu Teams, die ständig in die Arbeitsorganisation eingebunden sind, finden sich im Projektteam Mitglieder aus unterschiedlichen Abteilungen und mit unterschiedlichen Kompetenzen für eine begrenzte Zeit zusammen. Sie sollen ihre Fähigkeiten verbinden, um ein gemeinsames Projektziel zu verfolgen.

Der **Projektleiter** muss bei der Zusammenstellung und Führung des Projektteams verschiedene Faktoren besonders beachten:

Auswahl der Mitglieder des Projektteams

Für den Projekterfolg ist die richtige Auswahl der Mitglieder von maßgeblicher Bedeutung. Aus den verschiedenen Projektplänen weiß der Projektleiter, aus welchen Abteilungen und mit welcher Fachkompetenz die Mitglieder ausgewählt werden sollen. Folgende Faktoren müssen dabei betrachtet werden:

- **Verfügbarkeit**
  Die ausgewählten Mitarbeiter müssen für die Dauer des Projekts in ausreichendem Umfang eingesetzt werden können.
- **Teamfähigkeit** 9 | 4.1.4
  Die Mitarbeiter des Projektteams müssen in der Lage sein, mit anderen Menschen erfolgreich zusammenzuarbeiten. Dabei gilt es, auf eine gute Mischung verschiedener Charaktere und Fähigkeiten zu achten.
- **Vermeidung von Interessenkonflikten**
  Die Projektmitarbeiter müssen das Projektziel mit voller Überzeugung verfolgen. Personen, die nicht am Projekt interessiert sind, sollten nicht ausgewählt werden.
- **Skills der Mitarbeiter**
  Die ausgewählten Mitarbeiter sollen die ihnen übertragenen Teilaufgaben selbstständig und fachlich korrekt bearbeiten. Es muss daher geprüft werden, welche Fähigkeiten und Erfahrungen sie mitbringen.

Größe des Projektteams

Die Größe des Projektteams bestimmt sich natürlich danach, wie viele Beteiligte erforderlich sind, um die anfallenden Arbeiten zu erledigen. Neben dieser Entscheidungsgrundlage sind aber auch folgende Faktoren zu berücksichtigen:

- **Mindestanzahl**
  Es gibt Projekte, deren Arbeitsumfang gering ist, die aber trotzdem sehr unterschiedliche Kompetenzen erfordern. Das bedeutet, dass ein Projekt erst ab einer gewissen Anzahl an Teilnehmern wirklich erfolgreich verlaufen kann, da alle ihre unterschiedlichen Fähigkeiten einbringen müssen.

- **Führungsspanne**
  Als Führungsspanne wird die Anzahl der Mitarbeiter je Führungskraft bezeichnet. Das Projektteam sollte nicht aus zu vielen Mitarbeitern bestehen, da ein zu großes Team nicht mehr von nur einem Leiter geführt werden kann. Ist aufgrund des Arbeitsaufwandes oder der Komplexität ein großes Team erforderlich, sollte geprüft werden, ob innerhalb des Teams verschiedene Hierarchieebenen eingeführt werden.

Beispiel

Der Projektleiter Manfred Schneider führt im Projekt „Münzcollector" ein Projektteam von sieben Mitarbeitern (Agents).

Zuständigkeit der Beteiligten

Da in einem Projektteam Personen aus unterschiedlichen Abteilungen und unterschiedlichen Hierarchieebenen zusammenarbeiten, müssen die Zuständigkeiten klar geregelt werden. Ein Abteilungsleiter hat in einem neuen Projekt nicht zwangsläufig mehr Entscheidungsgewalt als ein Agent, sofern sie unterschiedliche Teilprojekte bearbeiten. Alleine hat der Agent eventuell aber nicht die Möglichkeit, gegen Einmischungen vorzugehen. Der Projektleiter muss also für klare Zuständigkeiten sorgen.

Beispiel

Julia arbeitet innerhalb des Projekts selbstständig ihr Arbeitspaket ab. Sie berichtet regelmäßig an den Projektleiter. Herr Schneider lässt Einmischungen anderer Projektmitglieder in Julias Arbeit nur dann zu, wenn es sich um hilfreiche Ergänzungen handelt, nicht aber, wenn Julias Entscheidungskompetenz eingeschränkt wird.

4.1.3 Teamentwicklung

Unter Teamentwicklung wird einerseits der **automatisch ablaufende Prozess** verstanden, den Gruppen und Teams im Verlauf ihres Entstehens phasenweise erleben.

Andererseits dient Teamentwicklung als **aktive, gesteuerte Methode** dazu, die Motivation und den Zusammenhalt in einem Team zu verbessern. Dadurch sollen Teamidentität und Kooperationsbereitschaft gestärkt werden, um bessere Ergebnisse zu erzielen. Dabei werden nicht nur die Kompetenzen und das Verhalten Einzelner verbessert, sondern auch die Organisation des Teams optimiert.

Phasen der Teamentwicklung

Ein Team oder eine Gruppe durchläuft in ihrem Entwicklungsprozess mehrere Phasen, die sich bei genauer Betrachtung klar voneinander abgrenzen lassen. Der amerikanische Psychologe Bruce W. Tuckman entwickelte 1965 ein vielbeachtetes Modell, in dem die Teamentwicklung in vier Phasen unterteilt wird. Das klassische Modell der **„vier Teamphasen"** ist auch unter den Begriffen „Teamuhr" oder „Teamentwicklungsuhr" bekannt.

1. **Forming** (Findungsphase, Orientierungsphase)

⇩

2. **Storming** (Konfliktphase, Konfrontationsphase)

⇩

3. **Norming** (Regelphase, Kooperationsphase)

⇩

4. **Performing** (Arbeitsphase, Wachstumsphase)

- **Forming**
  In der Forming-Phase (Findungsphase, Orientierungsphase) erfolgt das erste Kennenlernen der einzelnen Teammitglieder. In dieser Phase entsteht das Team, die Mitglieder haben bestimmte Erwartungen und suchen nach ihren einzelnen Rollen im Team. Die gemeinsamen Ziele werden auf Basis vorhandener Informationen definiert.

- **Storming**

  Die Storming-Phase (Konfliktphase, Konfrontationsphase) ist die wichtigste, aber auch die gefährlichste Phase für den Erfolg eines Teams. Hier werden Macht- und Positionskämpfe unter den Teammitgliedern ausgetragen, nicht selten kommt es hierbei zu **Konflikten**. 9|3.1.5 Einzelne Mitglieder des Teams versuchen ihr Verhalten als Gruppennorm durchzusetzen, also zu Vorbildern der gesamten Gruppe zu werden. Hier werden auch die eingesetzten Arbeitsmethoden und die Führungskraft von den Teammitgliedern infrage gestellt. Das Zusammengehörigkeitsgefühl der Gruppe ist in dieser Phase noch nicht sonderlich ausgeprägt.

- **Norming**
  In der Norming-Phase (Regelphase, Kooperationsphase) entwickelt sich der Gruppenzusammenhalt, ein Wir-Gefühl wird implementiert. Die Mitglieder des Teams haben ihre Rolle gefunden und sich darin gegenseitig akzeptiert.

- **Performing**
  In der Performing-Phase (Arbeitsphase, Wachstumsphase) widmen sich die Mitglieder des Teams mit vollem Engagement und effizienten Arbeitsweisen der gemeinsamen Erreichung der gesetzten Ziele. Diese Phase ist geprägt von Offenheit der einzelnen Teammitglieder, regelmäßigem Austausch und Feedback sowie Solidarität.

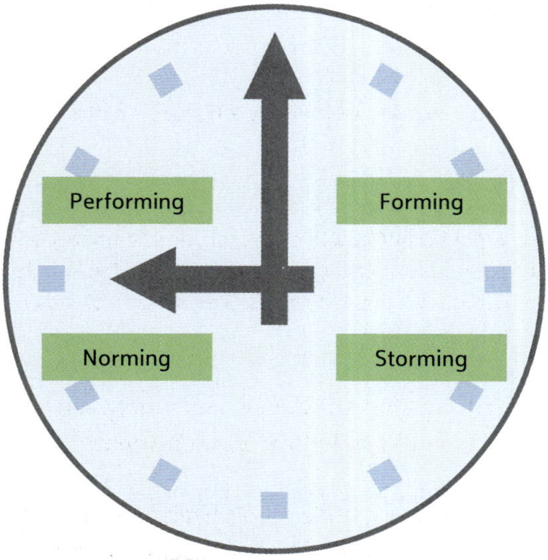

Abb.: Klassische Teamuhr nach Tuckman

Später ergänzte Tuckman das Modell der Teamentwicklung um eine **fünfte Phase**, die insbesondere bei Projektteams bzw. bei Teams, die nur für einen begrenzten Zeitraum zusammenarbeiten, beachtenswert ist.

- **Adjourning (Auflösungsphase)**
  Das Team hat zu einer erfolgreichen und fruchtbaren Zusammenarbeit gefunden, nun naht das Ende dieser gemeinsamen Zeit. Diese Phase ist dementsprechend geprägt von Emotionen wie Freude und Stolz über die geleistete Arbeit auf der einen Seite sowie Depression und Unsicherheit wegen der bevorstehenden Trennung auf der anderen Seite. Die Teammitglieder verlieren hier nicht selten die Energie, die noch anfallenden Arbeiten zu erledigen, sie distanzieren sich innerlich bereits von der Aufgabe bzw. dem Projekt.

→ ***Praxistipp***
Das Phasenmodell der Teamentwicklung nach Tuckman ist eine Vereinfachung der Realität. Dieses Modell ist hilfreich, um die komplexen Vorgänge der Teamentwicklung besser verstehen zu können. Keinesfalls handelt es sich bei den Phasen jedoch um einen Automatismus, der in jedem Fall idealtypisch genau so nach diesem Schema verläuft.

Einflussnahme auf die Teamentwicklung

Die einzelnen Phasen der Teamentwicklung können in der Reihenfolge durch eventuelle Rückschläge des Teams verändert werden. Es kann auch vorkommen, dass zwei Phasen gleichzeitig verlaufen. Nicht jedes Team erreicht die Performing-Phase, wird somit also nicht voll arbeitsfähig. Dies kann z.B. dann passieren, wenn Konflikte nicht ordentlich gelöst werden, Ziele nicht klar definiert sind oder andere Einflüsse die Teamentwicklung negativ beeinflussen.

Konflikte können jedoch in jeder Phase der Teamentwicklung auftreten, sie sind also nicht auf die Storming-Phase begrenzt.

Beispiel

Nachdem das Projektteam bei KommunikativAktiv alle Phasen der Teamentwicklung durchlaufen hat, kommt es zu einem Konflikt mehrerer Teilnehmer: Ein Teil des Teams wünscht häufigere Treffen, während ein anderer Teil eher daran interessiert ist, weniger Zeit für dieses Projekt aufzubringen.

Wenn personelle Veränderungen in einem Team stattfinden oder ein neuer Gruppenleiter das Team übernimmt, kann es sein, dass der Prozess komplett von vorne beginnt.

Die Führungskraft bzw. der Team- oder Gruppenleiter hat die Möglichkeit, die Teamentwicklung positiv zu beeinflussen. Unter Beachtung der Entwicklungsphasen kann der Leiter mehr oder weniger aktiv eingreifen. Folgende Einflussnahme durch den Teamleiter ist – je nach Entwicklungsphase – sinnvoll:

- **Forming**
  In dieser Phase ist es wichtig, dass der Teamleiter ein Kennenlernen organisiert. Eine Vorstellung der einzelnen Mitglieder kann strukturiert angeleitet werden. Sinnvoll ist dabei, wenn der Leiter sich als Erstes vorstellt. Neben den beruflichen Informationen sollten hier auch einige private, persönliche Aspekte jedes Einzelnen der Gruppe vorgestellt werden. Dies fördert die Offenheit und dient als Basis für eine fruchtbare Beziehung.

  Beispiel

  Der Teamleiter des Münzcollector-Projekts nutzt das erste Meeting, um ein Kennenlernen der Beteiligten zu organisieren. Dazu bereitet er für jeden Teilnehmer einen Interviewbogen vor, mit dem jeweils ein anderer Teilnehmer befragt wird. Anschließend stellen sich die Teilnehmer gegenseitig vor.

- **Storming**
  In dieser Phase ist es wichtig, dass der Teamleiter klare Ziele aufzeigt. Konflikte dürfen in keinem Fall unterbunden werden, sondern müssen geklärt werden. Hier sorgt der

Teamleiter dafür, dass alle Aspekte gehört werden und eine Entscheidung gefunden wird, die für alle akzeptabel ist.

- **Norming**
  Der Teamleiter sorgt nun dafür, dass die Aufgaben klar verteilt und strukturiert sind. Eventuell schafft er es, bestimmte Normen durch seine Vorbildfunktion in das Team einzubringen. Der Teamleiter ist im Idealfall sowohl als Leiter als auch als Mitglied der Gruppe akzeptiert.

- **Performing**
  In dieser Phase muss der Teamleiter nicht mehr in die Arbeit direkt eingreifen, das Team ist organisiert und arbeitet nahezu selbstständig.

- **Adjourning**
  Der Teamleiter ist jetzt dafür verantwortlich, dass noch anfallende Arbeiten erledigt werden. Außerdem hilft er bei der „Trennungsarbeit“. Hier gilt es, auch gemeinsam die erzielten Erfolge zu feiern. Häufig schließt sich ein
  9|4.5 **Projektreview** an.

Beispiel

Am Ende des Projekts lädt Herr Schneider alle Mitarbeiter zu einem Workshop ein. In diesem wird darüber gesprochen, was gut funktioniert hat, was nicht gut funktioniert hat. Jeder erhält die Gelegenheit, das gesamte Projekt noch einmal Revue passieren zu lassen. Im Anschluss gibt es ein gemeinsames Essen.

4.1.4 Rollenverteilung in einem Team

Der englische Psychologe **Meredith Belbin** untersuchte in den 1970er-Jahren die Auswirkungen von verschiedenen Persönlichkeitstypen auf die Teamentwicklung. Belbin führte aus, dass das Persönlichkeitsprofil eines Menschen auf unterschiedlich stark ausgeprägten Eigenschaften beruht. 1981 fasste Belbin seine Entdeckungen in einem Modell zusammen und beschrieb neun unterschiedliche **Teamrollen**.

Nach diesem Modell kann jedes Mitglied eines Teams eine bestimmte Rolle wahrnehmen. Welche Rolle von einem Menschen eingenommen wird, ist einerseits abhängig von der Persönlichkeit und dem Charakter dieser Person, zum anderen aber auch von externen Einflüssen. Je nachdem, welches **Persönlichkeitsprofil** ein Teammitglied hat, welche Stärken und welche Schwächen vorhanden sind, wird es in einem Team eine bestimmte Rolle wahrnehmen. Dabei ist es sinnvoll, die einzelnen Mitarbeiter gemäß ihrer Rolle und deren unterschiedlichen Stärken und Schwächen einzusetzen.

→ ***Praxistipp***
Es hat sich gezeigt, dass Teams besonders effizient arbeiten, wenn sie aus einer Vielzahl unterschiedlicher Rollentypen bestehen.

Folgende Teamrollen können dabei nach Belbin unterschieden werden:

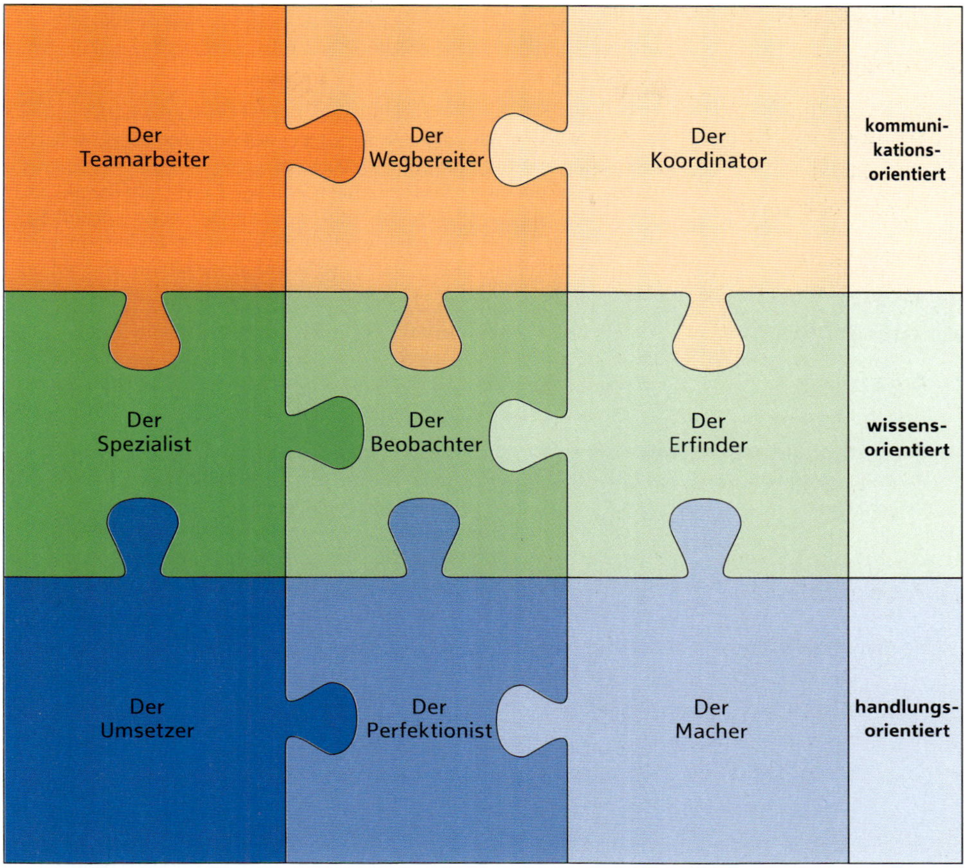

Abb.: Team-Puzzle

Der Teamarbeiter (Teamworker)	
Eigenschaften	Teamarbeiter sind kommunikativ, beliebt, sympathisch und diplomatisch. Sie kennen sich auch häufig mit den privaten Hintergründen der anderen Teammitglieder bestens aus.
Stärken und Schwächen	Seine Stärke besteht darin, für ein gutes Arbeitsklima zu sorgen. Auch introvertierte Mitarbeiter werden durch ihn zur Mitarbeit bewogen. Außerdem vermeidet der Teamarbeiter Rivalität. Er verfügt über eine diplomatische Art und ist empathisch. Seine Schwäche ist, dass er in kritischen Situationen unentschlossen ist und die Entscheidungen lieber anderen überlässt.
Einsatzmöglichkeiten	Teamarbeiter sollten dazu eingesetzt werden, den Zusammenhalt in der Gruppe zu sichern. Gerade in Konfliktsituationen sind ihre diplomatischen Fähigkeiten sehr nützlich.

Der Wegbereiter (Resource Investigator)	
Eigenschaften	Der Wegbereiter ist sehr kommunikativ, extrovertiert und gesellig, er schließt sehr schnell Freundschaften. Außerdem zeigt er immer ein sehr hohes Maß an Begeisterungsfähigkeit.
Stärken und Schwächen	Dem Wegbereiter fällt es leicht, neue Kontakte innerhalb und außerhalb des Teams zu finden und zu nutzen. Außerdem entdeckt er leicht neue Möglichkeiten der Lösungsfindung. Seine Schwäche ist, dass er – nach anfänglichem Optimismus und Enthusiasmus – sehr leicht das Interesse an verschiedenen Aufgaben verliert und bei Misserfolgen schnell enttäuscht ist. Außerdem neigt der Wegbereiter häufig dazu, sich mit irrelevanten Dingen zu beschäftigen, er lässt sich leicht vom eigentlichen Ziel ablenken.
Einsatzmöglichkeiten	Wegbereiter sollten Kontakte knüpfen, diese beständig pflegen und nutzen, um Probleme innerhalb des Teams zu lösen. Sie können gut Verbindungen mit Außenstehenden oder anderen Teams aufbauen.

Der Koordinator (Co-Ordinator)	
Eigenschaften	Der Koordinator ist entschlussfreudig, selbstsicher und kommunikativ. Er koordiniert die Aufgaben des Teams, setzt Ziele und Prioritäten. Dabei delegiert er Aufgaben innerhalb des Teams, außerdem überwacht er den Arbeitsprozess hinsichtlich externer Zeitvorgaben und übernimmt Kontrollaufgaben.
Stärken und Schwächen	Die Stärke des Koordinators besteht darin, Aufgaben an diejenigen Kollegen zu delegieren, die zur Bearbeitung jeweils am besten geeignet sind. Dabei fällt es ihm leicht, den Überblick über den gesamten Arbeitsprozess zu behalten. Seine Schwäche ist, dass er dazu neigt, auch persönliche Aufgaben an andere abzugeben. Außerdem wird er von seinen Kollegen oft als manipulierend und kontrollierend empfunden.
Einsatzmöglichkeiten	Koordinatoren sind oft als Teamleiter geeignet oder können Sonderfunktionen innerhalb des Teams wahrnehmen, in denen sie dann Aufgaben delegieren können.

Der Spezialist (Specialist)	
Eigenschaften	Ein Spezialist ist stets auf den technischen bzw. fachlichen Teil des Themas konzentriert. Dabei ist er professionell, engagiert und selbstbezogen. Er verfügt meist über umfangreiches Expertenwissen, das den anderen Teammitgliedern fehlt.
Stärken und Schwächen	Die Stärke des Spezialisten ist, dass er generelle Aussagen in die technisch korrekten Bezeichnungen umformuliert und stets einen fachlich fundierten Beitrag zum jeweiligen Thema leisten kann. Seine Schwäche ist, dass er sich stark in technischen Einzelheiten verliert und daher oft nur einen geringen Beitrag zum Gesamterfolg leisten kann. Seine sozialen Fähigkeiten sind eher eingeschränkt, seine Bereitschaft, sich für das Team zu engagieren ist begrenzt.
Einsatzmöglichkeiten	Die Funktion des Spezialisten sollte darin bestehen, die Informationsdefizite des Teams auszugleichen und das notwendige Fachwissen beizusteuern.

Der Beobachter (Monitor Evaluator)	
Eigenschaften	Der Beobachter ist analytisch, introvertiert und nüchtern. Er verschafft sich aus einer distanzierten Haltung heraus stets einen guten Überblick über die Gesamtsituation. Von sich aus ergreift er nur selten das Wort.
Stärken und Schwächen	Der Beobachter berücksichtigt alle Möglichkeiten und hat ein sehr gutes Urteilsvermögen. Seine Schwächen sind, dass er durch fehlende Eigenmotivation kaum in der Lage ist, andere mitzureißen. Bei Kritik verliert er meist gänzlich das Interesse an seinen Aufgaben. Es kann vorkommen, dass die Teamkollegen den Beobachter als herablassend und arrogant empfinden.
Einsatzmöglichkeiten	Die Meinung des Beobachters sollte dazu genutzt werden, stets einen Überblick über die Gesamtsituation des Teams zu behalten.

Der Erfinder (Plant)	
Eigenschaften	Der Erfinder ist kreativ und hat viel Fantasie, ist dabei aber auch sehr introvertiert. Er besitzt die Fähigkeit, neue Ideen und Lösungsvorschläge in Diskussionen einzubringen.
Stärken und Schwächen	Die besondere Stärke des Erfinders ist es, für schwierige Problemstellungen originelle und unkonventionelle Lösungen zu finden. Seine Schwächen bestehen darin, dass er Details und Nebensächlichkeiten gerne übersieht, daraus entstehen dann Flüchtigkeitsfehler. Aus Begeisterung über seine eigenen Ideen verliert er schon mal die Realität aus dem Blick.
Einsatzmöglichkeiten	Erfinder sollten sich darauf konzentrieren, für schwierige Problemstellungen neue Lösungen zu finden. Wichtig ist dabei, dass sie auch die Ideen der anderen Teammitglieder zulassen.

Der Umsetzer (Implementor)	
Eigenschaften	Der Umsetzer ist diszipliniert, zuverlässig und konservativ. Seine Arbeit wird bestimmt durch Effizienz, Methodik und systematisches Denken.
Stärken und Schwächen	Die Stärken des Umsetzers sind, dass er Konzepte schnell in durchführbare Arbeitspläne umsetzt. Da er Strukturen braucht, um zu arbeiten, sorgt er aktiv dafür, dass solche Strukturen geschaffen werden. Seine Schwäche ist, dass er oft unflexibel und kritisch auf Veränderungen reagiert.
Einsatzmöglichkeiten	Umsetzer sollten für die Definition einer klaren Zielsetzung und das Strukturieren von Arbeitsprozessen eingesetzt werden.

Der Perfektionist (Completer)	
Eigenschaften	Der Perfektionist ist zuverlässig, genau bis pedantisch, pünktlich und manchmal ängstlich.
Stärken und Schwächen	Die Stärke des Perfektionisten ist, dass er Fehler vermeidet und für die penible Einhaltung von Vorgaben sorgt. Seine Schwäche ist, dass er lieber alle Themen selbst erledigen will, anstatt etwas zu delegieren. Außerdem ist er oft überängstlich und zu genau.
Einsatzmöglichkeiten	Der Perfektionist sollte am besten dafür sorgen, dass ein Team nicht zu oberflächlich arbeitet und alle Vorgaben einhält.

Der Macher (Shaper)	
Eigenschaften	Der Macher ist stets dynamisch und voller Energie. Er lehnt unklare Anweisungen ab und konzentriert sich stets auf das Wesentliche, dabei scheint er nahezu immer unter einem gewissen Druck zu stehen.
Stärken und Schwächen	Eine Stärke des Machers ist, dass er schnell Verantwortung übernimmt. Außerdem sorgt er für eine rasche Erledigung von Aufgaben und fordert Entscheidungen bei schwierigen Problemstellungen. Seine Schwächen sind, dass er leicht in Streit mit Teamkollegen gerät und zu Provokationen neigt. Dabei sind Macher aber meist nicht nachtragend. Dennoch sorgen sie durch hektisches Auftreten für Unruhe im Team.
Einsatzmöglichkeiten	Macher sind am besten dazu geeignet, in einem Team von Gleichgestellten zu arbeiten. Wenn sie als Führungskraft eingesetzt werden, ist ein hohes Maß an Kontrolle und Koordination notwendig. Hier sollte man dafür sorgen, dass sich der Macher auf seine Stärken konzentriert.

→ ***Praxistipp***

Nach der Einteilung von Belbin gelten Teamarbeiter, Wegbereiter und Koordinator als eher **kommunikationsorientierte Rollen**, Spezialist, Beobachter und Erfinder als eher **wissensorientierte Rollen** und Umsetzer, Perfektionist und Macher als eher **handlungsorientierte Rollen**.

Die in diesem Modell beschriebenen Rollen sind oft fließend: So kann ein Teammitglied je nach Situation eine andere Rolle einnehmen oder zwei Rollenprofile können für dasselbe Teammitglied zutreffen.

4.1.5 Konflikte im Team lösen und vermeiden

Insbesondere in der Storming-Phase, aber grundsätzlich auch in jeder anderen Phase einer Teamentwicklung, kann es zwischen den Teammitgliedern zu Konflikten kommen. **Konflikte** am Arbeitsplatz, auch in funktionierenden Teams, sind unvermeidlich. Immer dann, wenn Menschen mit verschiedenen Vorstellungen, Zielen oder Neigungen eine bestimmte Zeit zusammen verbringen (müssen), kommt es unweigerlich zu Konflikten.

Definition

Ein **Konflikt** entsteht, wenn gegensätzliche Ziele, Motive, Interessen oder Gefühle aufeinandertreffen und durchgesetzt werden sollen.

Wenn ein Konflikt in einem Team auftritt, ist es notwendig, diesen zu beheben. Ein Konflikt kann die Arbeitsfähigkeit und den Zusammenhalt des Teams einschränken. Damit ein Konflikt allerdings durch die Führungskraft oder das Team selbst gelöst werden kann, ist es zunächst notwendig, dass dieser überhaupt als solcher erkannt wird. Hierbei bieten sich verschiedene Unterscheidungskriterien an.

Offene und verdeckte Konflikte

Ein Konflikt hat gewöhnlich eine mehr oder weniger lange Geschichte. Oft ist der Konflikt zunächst verborgen und kommt irgendwann erkennbar an die Oberfläche. Grundsätzlich lässt sich zwischen **offenen Konflikten** und **verdeckten Konflikten** unterscheiden.

Offene Konflikte

Ein offener Konflikt ist unschwer an einer direkten Auseinandersetzung der Konfliktparteien zu erkennen. Es handelt sich um einen Streit, eine laute Auseinandersetzung, ein Wortgefecht oder sogar um gegenseitiges Anschreien.

Beispiel

Zwei Mitglieder des Projektteams „Münzcollector" sind wegen einer Verzögerung im Projekt unterschiedlicher Meinung über die weitere Vorgehensweise. Vor den anderen Teammitgliedern kommt es zu einem Streit.

Verdeckte Konflikte

Ein verdeckter Konflikt ist nicht direkt sichtbar, sondern nur bei genauer Beobachtung an verschiedenen Anzeichen zu erkennen.

Anzeichen für einen verdeckten Konflikt sind:

- Das Engagement der Konfliktbeteiligten lässt nach.
- Die Konfliktbeteiligten tragen Argumente stets mit großer Heftigkeit vor.
- Die betroffenen Teammitglieder gehen ungeduldig miteinander um.
- Es gibt subtile Angriffe unter den betroffenen Teammitgliedern.
- In den Teammeetings werden zynische oder sarkastische Äußerungen getätigt, die verletzend wirken.
- Es ist eine für Außenstehende unerklärliche Uneinsichtigkeit bei den betroffenen Mitgliedern vorhanden.
- Kurzkrankheiten und unentschuldigtes Fehlen bei Meetings häufen sich.
- Mitarbeiter beharren auf schriftlichen Anweisungen.
- Mitarbeiter halten bewusst Informationen vor anderen zurück.

Beispiel

Im Projektteam „Münzcollector" gibt es zwei Teilnehmer, die sich immer weniger mit dem eigentlichen Auftrag beschäftigen. Wenn sie Argumente vorbringen, so sind diese immer mit starker Emotionalität verbunden. Häufig werden subtile, zweideutige Bemerkungen über den jeweils anderen Teilnehmer gemacht.

Konfliktarten

Neben der Unterscheidung zwischen offenen und verdeckten Konflikten kann man auch nach der eigentlichen **Ursache** des Konflikts differenzieren.

Zielkonflikte

Die Mitglieder eines Teams verfolgen unterschiedliche Ziele. Dies kann dazu führen, dass keine wirkliche Zusammenarbeit zustande kommt. Oftmals wird hier auch von einem **Interessenkonflikt** gesprochen.

> **Beispiel**
> Drei Teammitglieder lehnen das Projekt „Münzcollector" ab, weil sie den zusätzlichen Einarbeitungsaufwand fürchten. Sie versuchen daher, das Projekt erst gar nicht zustande kommen zu lassen. Diese Situation führt unweigerlich zu einem (Ziel-)Konflikt mit den anderen Teammitgliedern.

Verteilungskonflikte

Bei dieser Konfliktart stimmen die Teammitglieder in der Entscheidung über die Verteilung knapper Ressourcen nicht überein.

> **Beispiel**
> Das Projektteam „Münzcollector" hat für jedes Meeting wöchentlich 2 Stunden zur Verfügung. Einige Teammitglieder möchten die Zeit vorrangig zur Teamentwicklung nutzen. Andere Teammitglieder möchten fachliche Fragen diskutieren. Hier liegt ein Verteilungskonflikt um die Ressource Zeit vor.

Wertekonflikte

Ein Wertekonflikt liegt vor, wenn sich die Teammitglieder bezüglich der Werte und Normen, die Gültigkeit haben sollen, nicht einig sind.

> **Beispiel**
> Um Zeit zu sparen, machen einige Teammitglieder den Vorschlag, bei Nichterreichen eines Kunden keinen zweiten Anruf zu starten, sondern einfach unaufgefordert die Münzen zur Ansicht zu verschicken. Andere Teammitglieder empfinden dieses Verhalten gegenüber dem Auftraggeber als unfair und damit unethisch.

Beziehungskonflikte

Beziehungskonflikte sind Konflikte bzw. Störungen in der zwischenmenschlichen Beziehung zweier oder mehrerer Teammitglieder. Die Ursachen dafür können sehr weitläufig und unterschiedlich sein. Mögliche Hintergründe können enttäuschte Erwartungen, eine Antipathie aus früheren Begegnungen, Misstrauen und Vorurteile, Konkurrenzverhalten oder einfach eine zu starke Arbeitsbelastung der Teammitglieder sein.

Beispiel

Zwei Mitglieder des Projektteams „Münzcollector" kennen sich bereits seit längerer Zeit. Schon in früheren Treffen kam es immer wieder zu Streit aufgrund von unterschiedlichen Meinungen. Die Beziehung zwischen den beiden ist so stark belastet, dass auch hier keine konfliktfreie Zusammenarbeit möglich ist.

Besondere Konfliktarten in Projektteams

Zusätzlich zu den oben beschriebenen Konfliktursachen können in Projektteams auch folgende **projektspezifische Konfliktarten** auftauchen:

- **Kompetenzkonflikte**
  Da in Projektteams viele Beteiligte aus unterschiedlichen Abteilungen zusammenarbeiten, sich aber durchaus Überschneidungen der jeweiligen Fähigkeiten und Aufgaben ergeben, stellt sich oft die Frage: Wer darf was entscheiden? Oftmals versuchen unterschiedliche Mitglieder des Projektteams, zu den gleichen Themen Entscheidungen zu treffen. Selbst wenn die Entscheidung inhaltlich gleich von beiden Beteiligten getroffen wird, entwickelt sich ein Konflikt um die Frage: Wer hat das Recht, die Entscheidung zu treffen?

  Beispiel

  Der Projektleiter Manfred Schneider möchte die Entscheidung treffen, welche Mitarbeiter aus den jeweiligen Abteilungen für das Projekt „Münzcollector" abgezogen werden. Die Abteilungsleiter sind jedoch der Meinung, dass nur sie entscheiden dürfen, welche Mitarbeiter sie gerade entbehren können.

- **Ergebniskonflikte**
  Das Ergebnis eines Projekts kann mit einschneidenden Veränderungen für andere Mitarbeiter oder für die gesamte Belegschaft einhergehen. Wenn ein Mitglied des Projektteams nicht mit den Veränderungen einverstanden ist bzw. Angst vor diesen Veränderungen hat, wird zwangsläufig ein Konflikt entstehen. Denkbar ist auch ein Konflikt zwischen dem Projektteam und dem Rest der Belegschaft.

Beispiel

Bei einem Restrukturierungsprojekt der Dialogfix GmbH fühlen sich die Mitarbeiter nicht ausreichend über die Inhalte und die Zielsetzung des Projekts informiert. Es entstehen Gerüchte, dass nach dem Projekt mit einschneidenden Veränderungen der Personalstruktur zu rechnen sei. Mitglieder des Projektteams werden angefeindet.

- **Planungskonflikte**

  9 | 3.1.4 Die einzelnen Teilprojekte und Arbeitspakete in einem Projekt hängen häufig voneinander ab. Oft kann ein Mitglied des Projektteams erst mit seiner Arbeit anfangen, wenn ein anderer Mitarbeiter seine Aufgaben erledigt hat. Kommt es zu Abweichungen vom Plan, wird oft das Teammitglied verantwortlich gemacht, das eine „falsche" Planung abgegeben hat, obwohl der Grund für die Abweichung nicht von ihm zu vertreten ist.

Beispiel

Die Mitglieder des Projektteams „Münzcollector" sind über Herrn Schneider verärgert, da sich aufgrund der unerwartet langwierigen Erstellung des Gesprächsleitfadens die fest geplante Schulung verschiebt.

Möglichkeiten der Konfliktvermeidung

Erfahrungsgemäß kommt es in Teams durch das Zusammenwirken unterschiedlicher Faktoren unweigerlich zu Konflikten. Dennoch besteht die Möglichkeit, gewisse Konflikte von vornherein zu verhindern.

Zur **Vermeidung von Konflikten** ist es notwendig, dass ein Team eindeutige Ziele erhält. Der Teamleiter muss überprüfen, ob diese Ziele von jedem akzeptiert werden. Dies verhindert das Auftreten von Zielkonflikten. Außerdem sollten im Team **klare Spielregeln** darüber aufgestellt werden, wie das Miteinander gestaltet wird. Im Idealfall werden diese Spielregeln gemeinsam mit den Teammitgliedern erarbeitet und schriftlich festgehalten.
1 | 5.2 Diese Maßnahme ist insbesondere hilfreich, um Beziehungskonflikte zu verhindern.

Neben diesen Maßnahmen ist es wichtig, dass die Arbeit und die Kompetenzen im Team klar und gerecht verteilt werden. Außerdem muss eine klare und eindeutige Kommunikation genutzt werden. Alle Teammitglieder müssen immer alle wichtigen Informationen erhalten. Bei Entscheidungsprozessen muss jedes Teammitglied gleichermaßen zu Wort kommen.

Konfliktlösungen

Da nicht jeder Konflikt direkt gelöst werden kann, ist es wichtig, dass in Teams oder Projektgruppen Strategien zur Konfliktlösung bekannt sind und angewendet werden. Im Idealfall wird die Aufgabe der Konfliktlösung von der Führungskraft oder dem Teamleiter übernommen. Je nach Schwere des Konflikts kann auch ein **externer Konfliktmoderator** (Mediator) hinzugezogen werden.

Ein Beispiel für eine erfolgreiche **Konfliktlösung** kann dabei wie folgt aussehen:

1. **Den Konflikt wahrnehmen:** Das Team oder der Teamleiter muss erkennen, dass Handlungsbedarf bezüglich eines Konflikts besteht. Der Konflikt muss also als solcher erkannt werden. Dies gestaltet sich bei einem offenen Konflikt sehr einfach, da er z. B. an einer Streitsituation erkennbar ist. Ein verdeckter Konflikt hingegen kann nur sehr schwer erkannt werden. Hat das Team oder die Führungskraft den Verdacht, dass ein Konflikt vorliegt, muss dies durch ein offenes Gespräch überprüft werden.

2. **Konflikt eingrenzen:** In diesem Schritt wird überprüft, worum es in dem Konflikt geht und wer in den Konflikt involviert ist.
   Wichtige Leitfragen sind hier:
   - Was ist genau passiert?
   - Wer sind die Beteiligten?
   - Woran wird der Konflikt spürbar?
   - Was können die Gründe des Konflikts aus Sicht des Teamleiters sein?
   - Wie kann aus Sicht des Teamleiters eine Lösung aussehen?
   - Was sind Alternativen aus Sicht des Teamleiters?
   - Welcher Schaden ist entstanden?

3. **Die Bereitschaft zur Konfliktlösung prüfen:** In diesem Schritt prüft der Teamleiter oder Moderator, ob unter den Betroffenen die Bereitschaft besteht, den Konflikt zu lösen. Ist diese (noch) nicht vorhanden, ist es zunächst notwendig, diese Bereitschaft durch entsprechende Gespräche zu wecken oder einzufordern.

4. **Konfliktlösungsgespräch führen:** In diesem Schritt wird unter der Leitung des Teamleiters oder eines externen Beraters mit den Konfliktbeteiligten ein Gespräch geführt. Dabei können alle Beteiligten zunächst ihren Standpunkt darlegen und ihre Ziele verdeutlichen. Der Teamleiter oder Moderator sorgt dafür, dass der Dialog fair verläuft. Am Ende des Konfliktgesprächs wird nach einer für alle Beteiligten akzeptablen und fairen Lösung gesucht. Ist diese gefunden, wird sie verbindlich festgehalten. Jeder verpflichtet sich, auf diese vereinbarte Lösung hinzuarbeiten.
   Wichtige Leitfragen sind hier:
   - Was sind die Gründe für den Konflikt aus Sicht der Beteiligten?
   - Wie können Lösungen und Alternativen aus Sicht der Beteiligten aussehen?
   - Wie kann die Sicht der Beteiligten nach vorne (Richtung Lösung) gelenkt werden?

5. **Nachbearbeitung des Konflikts:** Ist eine gewisse Zeit vergangen, prüft der Teamleiter noch einmal, ob die vereinbarte Lösung zum Erfolg geführt hat. Ist dies nicht der Fall, wird an dieser Stelle noch einmal nachgearbeitet und ein weiterer Dialog mit den Konfliktbeteiligten gesucht.

4.1.6 Neue Mitarbeiter in ein Projektteam integrieren

Die Eingliederung von Mitarbeitern in ein bestehendes oder neues Projektteam kann sehr unterschiedlich gestaltet werden. Alle Beteiligten benötigen bei Aufnahme ihrer neuen Tätigkeit eine ausführliche Einweisung. Die **Einarbeitung** sollte dabei von Anfang an gut **geplant und organisiert** sein. Den neuen Mitgliedern sowie dem Projektleiter sollte ein genauer Plan vorliegen, wie die Einarbeitung abläuft.

Folgende Faktoren sind dabei zu berücksichtigen:

- Das neue Projektmitglied braucht Informationen über seinen Einsatzort, seine Aufgaben und seine Ziele.
- Das neue Projektmitglied sollte auch sozial in das Projektteam integriert werden.
- Das neue Projektmitglied muss die Projektstruktur, die Projektziele und den Zeitplan kennenlernen.

Formen der Einarbeitung

Je nachdem, welche Aufgaben neue Mitarbeiter übernehmen oder um welche Phase der Einarbeitung es sich handelt, kommen mehrere Methoden infrage, um sie auszubilden und in das Projektteam zu integrieren.

Folgende Formen der Einarbeitung finden im Dialogmarketing häufig Verwendung:

- **Training/innerbetriebliche Schulung**
  Der neue Mitarbeiter erhält wichtige Hintergrundinformationen oder eine für das Projekt erforderliche Fortbildung im Rahmen einer Schulung.
- **Eigenständige Einarbeitung (Learning by Doing)**
  Hier erhält der neue Mitarbeiter eine kurze Beschreibung der entsprechenden Aufgabe und erlernt diese durch die eigentliche Tätigkeit (Training on the Job). Dieses Modell lebt auch davon, dass der Mitarbeiter aus seinen eigenen Fehlern lernt.
- **Patenmodell**
  Der neue Mitarbeiter erhält Unterstützung durch einen Ansprechpartner, der schon länger im Rahmen des Projekts eingesetzt wird oder bereits Erfahrungen mit ähnlichen Projekten gesammelt hat.

- **Einführungsgespräch**
  Der neue Mitarbeiter wird durch den Projektleiter über Art und Umfang der Tätigkeit sowie über die Ziele unterrichtet.

- **Coaching**
  Durch regelmäßige Coachings – gerade zu Beginn der Tätigkeit im Projekt – wird der Mitarbeiter unterstützt und gefördert. Häufig sind Personen, die zum ersten Mal in einem Projektteam arbeiten, mit den Besonderheiten dieser Arbeitsweise nicht vertraut und benötigen vielfältige Unterstützung. Ein Coach kann wichtige Themen vermitteln und eine direkte Unterstützung anbieten.

→ ***Praxistipp***
Dass ein Betrieb nur eine einzige der oben genannten Methoden nutzt, ist sehr unwahrscheinlich. Häufig wird ein Methodenmix eingesetzt, um je nach Tätigkeit oder Phase des Einarbeitungsprozesses die passende Variante wählen zu können.

Zusammenfassung

- Als **Team** wird eine zu einem bestimmten Zweck zusammengesetzte Arbeitsgruppe bezeichnet. Ein Team zeichnet sich durch festgelegte Merkmale aus.
- In der betrieblichen Praxis werden informelle und formelle **Gruppen** unterschieden. Die wichtigsten formellen Gruppen sind:
  - In die Arbeitsorganisation eingebundene Teams oder Gruppen
  - Projektteams bzw. Projektgruppen
  - Entscheidungsgruppen
  - Qualitätszirkel
- Unter **Teamentwicklung** wird einerseits der automatisch ablaufende Prozess verstanden, den Gruppen und Teams im Verlauf ihres Entstehens phasenweise erleben. Andererseits dient Teamentwicklung als aktive, gesteuerte Methode dazu, die Motivation und den Zusammenhalt in einem Team zu verbessern.
- Ein Team durchläuft in seiner Entwicklung folgende **Phasen**:
  - Forming (Findungsphase, Orientierungsphase)
  - Storming (Konfliktphase, Konfrontationsphase)
  - Norming (Regelphase, Kooperationsphase)
  - Performing (Arbeitsphase, Wachstumsphase)

  Insbesondere in zeitlich begrenzten Teams (z. B. Projektteams) schließt sich eine fünfte Phase an:
  - Adjourning (Auflösungsphase)
- Der Begriff Rolle oder **Teamrolle** bezeichnet nach Belbin die Funktion, Position oder Aufgabenbeschreibung, die ein einzelnes Teammitglied innerhalb der Gruppe wahrnimmt oder zugewiesen bekommt. Je nach Charakter des Teammitglieds können folgende Rollen unterschieden werden:
  - Teamarbeiter
  - Wegbereiter
  - Koordinator
  - Spezialist
  - Beobachter
  - Erfinder
  - Umsetzer
  - Perfektionist
  - Macher

Konfliktarten

- Zielkonflikte
- Verteilungs-konflikte
- Wertekonflikte
- Beziehungs-konflikte

Projektspezifische Konfliktarten

- Kompetenzkonflikte
- Ergebniskonflikte
- Planungskonflikte

- Eine erfolgreiche **Konfliktlösung** kann dabei wie folgt aussehen:

Konflikt wahrnehmen

↓

Konflikt eingrenzen

↓

Bereitschaft zur Konfliktlösung prüfen

↓

Konfliktlösungsgespräch führen

↓

Konflikt nachbereiten

Formen der Einarbeitung

- Training/inner-betriebliche Schulung
- Eigenständige Einarbeitung (Learning by Doing)
- Patenmodell
- Einführungs-gespräch
- Coaching

■ Aufgaben

1. *Thomas erhält von einem Kollegen eine Fun-Mail mit folgendem Inhalt: TEAM steht für „Toll – Ein Anderer Machts!“*
   a) *Welche (fehlerhafte) Arbeitsweise in Teams hinsichtlich der Übernahme von Verantwortung und der Verteilung von Tätigkeiten steckt hinter dieser Aussage?*
   b) *Welche Probleme in Teams und welches Verhalten der jeweiligen Führungskräfte können ein solches Verhalten hervorrufen?*
2. *Während eines Teammeetings bei Dialogfix äußert einer der Abteilungsleiter: „Informelle Gruppen erfüllen keine Funktion im Unternehmen!“*
   a) *Erklären Sie, was eine informelle Gruppe ist.*
   b) *Nehmen Sie Stellung zur Aussage des Abteilungsleiters und entwerfen Sie eine entsprechende (Gegen-)Argumentation.*
   c) *Diskutieren Sie in der Klasse, welche informellen Gruppen in Ihrem Unternehmen regelmäßig existieren bzw. häufig entstehen.*
3. *Welche Besonderheiten sind bei der Zusammenstellung eines Projektteams zu beachten?*
4. *Beschreiben Sie die verschiedenen Phasen der Teamentwicklung.*
   a) *In welcher Phase der Teamentwicklung befindet sich Ihr aktuelles Team in Ihrem Ausbildungsbetrieb?*
   b) *Grenzen Sie die Norming-Phase von der Storming-Phase ab.*
   c) *Welche Besonderheiten sind bei der Teamentwicklung eines Projektteams zu beachten?*
5. *Erläutern Sie konkrete Möglichkeiten, wie ein Teamleiter die Teamentwicklung positiv beeinflussen kann.*
6. *Finden Sie heraus, welche Teamrolle jeweils beschrieben wird:*
   a) *Kann Aufgaben an geeignete Kollegen delegieren.*
   b) *Übernimmt schnell Verantwortung.*
   c) *Sorgt für ein gutes Arbeitsklima.*
7. *Führen Sie eine Selbsteinschätzung Ihrer Teamrolle unter www.erfolgsprinzipien.com/TestTeamrolle.aspx durch und diskutieren Sie die Ergebnisse in der Klasse.*
8. *Beschreiben Sie Merkmale, an denen Sie einen verdeckten Konflikt erkennen können. Welche Unterschiede gibt es zum offenen Konflikt?*
9. *In Julias Projekt streiten sich zwei Kollegen über die optimale Vorgehensweise bei der Gestaltung des Gesprächsleitfadens. Aus Julias Sicht bringen beide sehr gute Punkte für die jeweilige Position vor. Beide haben entsprechende Aufträge des Projektleiters erhalten und versuchen, diese umzusetzen. Der hinzugerufene Projektleiter meint nur: „Bitte klären Sie das untereinander“.*
   a) *Welche Art von Konflikt liegt vor?*
   b) *Bewerten Sie die Vorgehensweise des Projektleiters.*
10. *Unterscheiden Sie begründet, um welche Art von Konflikt es sich handelt:*
    a) *In einem Meeting der Dialogfix-Geschäftsleitung streiten sich Georg Asamov (Personalchef) und Beate Schwellmann (Leiterin Finanzen) über die Vergabe von Finanzmitteln. Georg Asamov möchte 10 % des Gesamtbudgets in die Ausbildung der Mitarbeiter investieren, Beate Schwellmann nur 5 %.*
    b) *Im Projektteam meldet sich Julia mit einem fachlich fundierten Beitrag zu Wort. Daraufhin reagiert Frau Lutz gereizt: „Soso, unsere neunmalkluge Azubine will wohl gleich die Projektleitung übernehmen.“*

11. Bearbeiten Sie in Partnerarbeit:
    a) Recherchieren Sie im Internet nach Methoden und Strategien zur Konfliktanalyse sowie zur Konfliktlösung/Mediation.
    b) Welche der angesprochenen Themen können für die Arbeit mit Projektteams eingesetzt werden?
    c) Welche Ihnen bereits bekannten Kommunikationsmethoden/Kommunikationsmittel kommen zum Einsatz?
12. Sie sind Mitarbeiter der Personalabteilung der Dialogfix GmbH. Für neue Projektleiter soll ein Handbuch mit den wichtigsten Tipps und Tricks entstehen. Entwerfen Sie für dieses Handbuch jeweils eine Seite zu:
    a) Welche besonderen Konfliktarten können in Projektteams auftreten?
    b) Wie kann ich Konflikte im Projekt vermeiden?
    c) Was kann ich zur Konfliktlösung beitragen?
13. Zur Einarbeitung neuer Mitarbeiter setzen viele Unternehmen auf sogenannte Paten- oder auch Mentorenkonzepte.
    a) Finden Sie Beispiele für solche Konzepte im Internet.
    b) Was sind die Erfolgsfaktoren für Mentorenkonzepte?
14. In Julias Projektteam soll eine neue Mitarbeiterin eingearbeitet werden, die bislang noch nie Outbound telefoniert hat. Der Projektleiter Herr Schneider denkt über die geeignete Form ihrer Einarbeitung nach und bittet Julia, eine Entscheidungsvorlage zu erstellen. Unterstützen Sie Julia, indem Sie situationsgerecht jeweils einen Vorteil und einen Nachteil der nachfolgenden Methoden gegenüberstellen.
    a) Training
    b) Learning by Doing
    c) Patenmodell
15. Erläutern Sie anhand der abgebildeten Karikatur die Bedeutung der Team- bzw. Gruppenarbeit im Dialogmarketing.

4.2 Veranstaltungen und Termine organisieren

■ *Einstiegssituation*

Julia erhält im Kick-off-Meeting einen besonderen Auftrag von Herrn Schneider, dem Projektleiter: Sie soll ab sofort alle Besprechungstermine, Meetings und sonstigen Veranstaltungen des Projektteams planen und organisieren.

Julia nimmt die Aufgabe freudig entgegen und denkt sich: *„Kann ja nicht so viel Arbeit sein."*

Später macht sie sich darüber Gedanken, was sie dabei alles beachten muss: *„Die Teilnehmer müssen die Termine kennen, ich muss sicherstellen, dass Räume zur Verfügung stehen, die Teilnehmer müssen den Termin wahrnehmen können. Woher weiß ich, ob die Teilnehmer Zeit haben? Da gehört ja einiges dazu ... ist doch mehr Arbeit, als ich gedacht habe! Am besten erstelle ich erst mal eine Checkliste, was alles zu tun ist."*

■ *Arbeitsaufträge*

1. ***Helfen Sie Julia, eine solche Checkliste zu erstellen. Was ist bei der Planung von Besprechungen und Meetings zu beachten?***
2. ***Welche Erfahrungen haben Sie in Ihrem Ausbildungsbetrieb mit der Planung von Terminen gemacht?***

In der betrieblichen Praxis werden verschiedene Veranstaltungsarten unterschieden, bei denen aber in weiten Teilen die Grundstrukturen ähnlich oder identisch sind. Die Organisation läuft bei allen Veranstaltungen in folgenden Phasen ab:

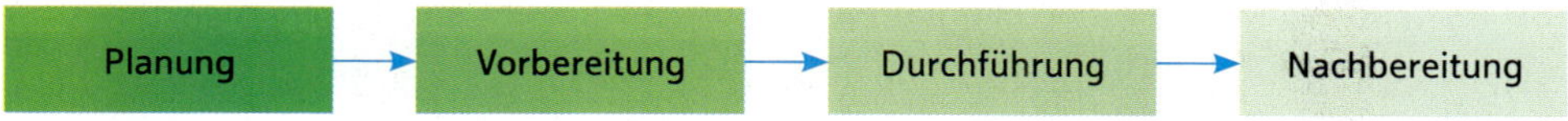

4.2.1 Veranstaltungsarten

Besprechung/Meeting

> # ***Definition***
> Die **Besprechung** oder das **Meeting** ist die Zusammenkunft einer Gruppe von Personen an einem bestimmten Treffpunkt zu einer bestimmten Uhrzeit.

Diese Treffen finden häufig unter der Teilnahme der Vorgesetzten oder Projektverantwortlichen statt. Sinn dieser Zusammenkunft ist es, arbeitsbezogene Themen und Problemstellungen aller Art zu diskutieren und eine gemeinsame Lösung zu finden. Neben diesen internen Meetings können auch externe Besprechungen, z. B. mit Geschäftspartnern, stattfinden.

→ ***Praxistipp***
Gelegentlich wird für die Besprechung auch der Ausdruck **Sitzung** verwendet.

Wichtige Meetings bzw. Besprechungen werden protokolliert. Die Protokolle werden an
1 | 3.5 alle Teilnehmer verschickt, um alle Arbeitsaufträge und Informationen festzuhalten.

Beispiel

Wöchentlich findet ein zweistündiges Meeting des Projektteams „Münzcollector" statt, in dem angefallene Probleme im Projekt, Personaleinsatz, Schulungsbedarf etc. besprochen werden.

Training/Schulung

\# ***Definition***
Bei einem **Training** oder einer **Schulung** werden – meist innerbetrieblich – die wichtigsten Kenntnisse über Produkte, Abläufe und Dienstleistungen vermittelt.

Bei einer Schulung trifft sich – unter der Moderation eines Trainers – eine vorher bestimmte Gruppe von Mitarbeitern an einem bestimmten Ort zu einem bestimmten Zeitpunkt. Die Themenschwerpunkte können sowohl fachlicher als auch methodischer Art sein.

→ ***Praxistipp***
Häufig werden alternativ die Begriffe **Seminar** oder **Lehrgang** verwendet.

Die Teilnehmeranzahl bei Schulungen ist variabel. Allerdings sollte man darauf achten, dass keine zu große Gruppe gleichzeitig geschult wird, da sonst die Lerninhalte nicht optimal vermittelt werden können. Je nach Schulungsart findet man in der Praxis Gruppengrößen von acht bis 25 Teilnehmern. Zunehmend wird bei Schulungen auch auf die Möglich-
5 | 8.2 keiten des E-Learnings zurückgegriffen.

Beispiel

Julias Projektteam erhält vor der Durchführungsphase ein Fachtraining, in dem die Inhalte der Nachfassaktion von Münzcollector und die Hintergründe des neuen Angebots erläutert werden. Dazu findet eine innerbetriebliche Schulung statt, die 4 Stunden dauert.

Tagung

> **#** ***Definition***
>
> Eine **Tagung** ist eine Zusammenkunft von Personen, die in einem bestimmten Fachbereich arbeiten, aber aus verschiedenen Betrieben stammen.

Dauert die Tagung länger als einen Tag, spricht man meist von einem **Kongress** oder einer **Konferenz**. Während einer Tagung bzw. eines Kongresses werden verschiedene fachspezifische Vorträge gehalten, Firmen stellen sich vor und die Beteiligten erhalten die Möglichkeit, sich gegenseitig kennenzulernen und sich über Fachthemen auszutauschen.

Beispiel

Der Teamleiter von Julia wird zum jährlichen Teamleiterkongress eingeladen. Dort finden sich Teamleiter aus verschiedenen Callcentern zum Erfahrungsaustausch zusammen und um in Vorträgen neue Erkenntnisse zu gewinnen.

Workshop

> **#** ***Definition***
>
> Ein **Workshop** ist ein Treffen von Mitarbeitern, das ein bestimmtes Thema zum Inhalt hat. Häufig kommen die Mitarbeiter aus verschiedenen Arbeitsbereichen und treffen sich unter der Leitung eines Moderators.

Der Workshop hat zum Ziel, eine bestimmte Themenstellung zu diskutieren oder für ein Problem eine bestimmte Lösung abzuleiten. Oftmals werden Workshops auch dazu genutzt, einer bestimmten Gruppe neue Fachthemen zu vermitteln, indem die Teilnehmer in die Wissensvermittlung stark einbezogen werden. Die **aktive Mitarbeit** spielt somit im Workshop eine wichtige Rolle.

Beispiel

Julia nimmt an einem Workshop zum Thema Telefonverkauf teil. Dort können die Mitarbeiter offen über ihre speziellen Schwierigkeiten beim Telefonverkauf diskutieren. Anschließend werden in der Gruppe konkrete Maßnahmen zur Verbesserung erarbeitet.

4.2.2 Veranstaltungen planen und vorbereiten

Eine wichtige Voraussetzung für den erfolgreichen Verlauf einer Veranstaltung ist eine vollständige und umsichtige Planung und Vorbereitung.

Planung

Inhalt und Thema festlegen

Bevor mit der Detailplanung (z. B. Teilnehmerkreis) begonnen werden kann, ist es wichtig, zu bestimmen, welchen Inhalt die Veranstaltung haben soll und welche Ziele verfolgt werden. Oft liegt bereits ein entsprechendes Briefing (Kurzeinweisung) vor, ansonsten kann man den Auftraggeber der Veranstaltung befragen.

Termin und Ort bestimmen

Hier geht es um die Entscheidung, wann und wo die Veranstaltung stattfindet. Ist eine Durchführung in den betriebseigenen Räumlichkeiten möglich oder soll die Veranstaltung extern, z. B. in einem Hotel, stattfinden? Bei manchen Veranstaltungen kann eine externe Durchführung sinnvoll sein, um die Teilnehmer aus ihrem Berufsalltag zu lösen. Über den genauen Zeitpunkt der Durchführung – insbesondere über den Zeitpunkt, zu dem die Veranstaltung abgeschlossen sein soll – kann der Auftraggeber Auskunft geben. Es ist ebenfalls zu prüfen, welche Räumlichkeiten mit welcher Kapazität zur Verfügung stehen, hier ist auch auf die geplante Teilnehmerzahl zu achten.

Teilnehmerkreis bestimmen

Wer soll an der Veranstaltung teilnehmen, wer muss eingeladen werden? Bei diesem Punkt ist auch darauf zu achten, ob die Veranstaltung eine maximale Teilnehmerzahl hat, z. B. aufgrund beschränkter räumlicher Möglichkeiten.

Einladungsschreiben bzw. Einladungs-E-Mail erstellen und versenden

Damit die Teilnehmer den Termin so früh wie möglich in ihre Kalender eintragen und ggf. freihalten können, ist es notwendig, sie rechtzeitig zu informieren. Dazu erhalten alle Teilnehmer frühzeitig eine Einladung, die über folgende Punkte informiert:

- Beschreibung der Veranstaltungsinhalte und des Zwecks der Veranstaltung
- Zeitlicher Ablauf (Datum, Beginn, Dauer)
- Ort (Gebäude und Tagungsraum; bei externen Veranstaltungen: genaue Adresse und Telefonnummer sowie Parkmöglichkeit)

In der Einladung werden die Teilnehmer dazu aufgefordert, den Termin verbindlich zu bestätigen. Bei Briefeinladungen kann dazu eine Antwortkarte beigelegt werden, bei E-Mails sollte klar dargestellt werden, an welche E-Mail-Adresse die Antwort erfolgen soll.

Vorbereitung

Programm aufstellen

Einige Zeit vor der Veranstaltung wird ein schriftliches Programm erstellt. Dieses wird entweder bereits mit dem Einladungsschreiben als Vorabinformation an die Teilnehmer versendet oder spätestens während der stattfindenden Veranstaltung an die Teilnehmer ausgegeben. Folgender Aufbau hat sich bewährt:

- Das Programm nennt zuerst den Namen des Veranstalters.
- Die Überschrift besteht aus dem Wort „Programm“, dem Thema, dem Veranstaltungsort und dem Datum der Veranstaltung.
- In der Programmfolge sind die verschiedenen Teile der Veranstaltung zeilenweise aufgeführt, jeweils mit genauem Zeitpunkt und mit dem zuständigen Referenten.
- Der Endzeitpunkt der Veranstaltung wird am Schluss des Programms genannt.

Bei der Erstellung des Programms ist außerdem darauf zu achten, dass das Programm gut lesbar und übersichtlich gestaltet ist.

Bei kleineren Veranstaltungen (z. B. Besprechungen oder Meetings) kann auf ein Programm verzichtet werden. Hier wird meist ein Handout oder eine Tischvorlage mit den wichtigsten Tagesordnungspunkten an die Teilnehmer ausgegeben.

Bei mehrtägigen Veranstaltungen bietet es sich an, auch ein Rahmenprogramm zu planen. Inhalte eines solchen Rahmenprogramms können ein Besuch im Museum, Wanderungen, Stadtrundfahrten etc. sein. Durch ein gut geplantes Rahmenprogramm lernen sich die Teilnehmer besser kennen und die Veranstaltung wird aufgelockert.

Ausstattung und Gestaltung des Veranstaltungsraums organisieren

Bei größeren Veranstaltungen wird eine Tisch- und Sitzordnung festgelegt. Außerdem wird entschieden, wie die Tische und Stühle im Veranstaltungsraum angeordnet sein sollen. Des Weiteren wird hier geklärt, wie der Raum ausgestattet sein muss. Typische Hilfsmittel, über die ein Veranstaltungsraum verfügen sollte, sind: Flipchart, Pinnwände, Whiteboard, Laptop mit Beamer, Overheadprojektor, Moderationskoffer etc. Vor Beginn der Veranstaltung sollte auch sichergestellt werden, dass alle Geräte auf Funktionstüchtigkeit überprüft wurden. 2|3.3

Bewirtung

Bei Veranstaltungen, die länger dauern, ist darauf zu achten, dass die Teilnehmer in kleineren Pausen mit Getränken und Snacks versorgt werden. Außerdem sollte ggf. ein gemeinsames Mittagessen angeboten werden. Bei externen Veranstaltungen müssen dazu der Zeitpunkt und die Art der Bewirtung genau abgesprochen werden.

Die oben aufgeführten Punkte sind nicht unbedingt in der beschriebenen Reihenfolge abzuarbeiten. Beispielsweise kann es sinnvoll sein, den Teilnehmerkreis zu bestimmen, bevor man den Tagungsort festlegt. Es ist allerdings wichtig, insgesamt alle der oben aufgeführten Punkte zu berücksichtigen.

→ *Praxistipp*

1|6.2 Legen Sie zur Planung von Veranstaltungen eine Checkliste an und prüfen Sie regelmäßig, ob Sie nichts vergessen haben.

4.2.3 Veranstaltungen durchführen und nachbereiten

Die inhaltliche Vorbereitung der Veranstaltung übernehmen die jeweiligen Referenten
1|6 oder Moderatoren. Diese bedienen sich dazu verschiedener Arbeits- und Lerntechniken.

Durchführung

Die einzelnen Beiträge und der genaue Ablauf der Veranstaltung – von der Begrüßung der Teilnehmer über verschiedene organisatorische Hinweise bis hin zur Verabschiedung der Teilnehmer – müssen genau geplant und überwacht werden. Je nach Situation kann es auch notwendig werden, den Ablauf kurzfristig zu ändern oder Anpassungen vorzunehmen.

Folgende organisatorische Punkte sollten beachtet und an die entsprechenden Verantwortlichen übergeben werden:

- Begrüßung der Teilnehmer
- Anweisung der Plätze bzw. Ausgabe der Sitzordnung
- Vorstellung oder Bekanntmachung der Teilnehmer untereinander
- Bereitstellung allgemeiner Informationen
- Ausgabe des Programms
- Aufnahme von Beschwerden, Wünschen u. Ä.
- Verteilung der Snacks und Getränke etc

Nachbereitung

Eine Veranstaltung benötigt eine gewissenhafte Nachbereitung. Dadurch soll einerseits festgestellt werden, ob die Ziele der Veranstaltung erreicht wurden, andererseits muss sichergestellt werden, dass die notwendigen Informationen und Erkenntnisse an alle zuständigen Personen weitergeleitet werden.

Folgende Punkte sind bei der Nachbereitung einer Veranstaltung zu beachten:

- **Protokoll:** Es wird ein Protokoll erstellt, in dem die Ergebnisse (Ergebnisprotokoll) oder der gesamte Verlauf der Veranstaltung (Verlaufsprotokoll) dokumentiert werden. 1 | 4.1
- **Unterlagen bzw. Dokumentation:** Zusätzliche Dokumente und Informationsmaterial werden ausgegeben oder versendet. In diesen Materialien finden die Teilnehmer zusammengefasst alle wichtigen Sachinformationen und Ergebnisse der Veranstaltung.
- **Fazit:** Hier erfolgt die Prüfung, ob die Veranstaltung ein Erfolg oder ein Misserfolg war bzw. ob der Erfolg in sinnvoller Relation zu den Kosten steht.
- **Abrechnung:** Es wird die Abrechnung erstellt und es werden alle Rechnungen gezahlt.
- **Reflexionsphase:** In dieser Phase wird den Teilnehmern wenige Tage nach der Veranstaltung ein Forum geboten, in dem sie sich darüber äußern können, was an der Veranstaltung gut war bzw. was das nächste Mal besser gemacht werden soll. Hierfür eignet sich ein Internetforum, das eigens für diesen Zweck eröffnet wird, oder ein Fragebogen, der den Teilnehmern per Post oder per E-Mail zugestellt wird.

4.2.4 Termine planen und überwachen

Eine zentrale Herausforderung bei der Planung von Veranstaltungen ist es, einen für alle betroffenen Personen passenden Termin zu finden.

Terminabfrage

Um zu ermitteln, wann alle bzw. die meisten Personen, die an einem Termin – z. B. einem Projektmeeting – teilnehmen sollen, Zeit haben, ist es ratsam, eine **Terminabfrage** durchzuführen.

Dazu kann ein Formular erstellt werden oder auf einen Onlinedienst (z. B. „Doodle") zurückgegriffen werden, in dem alle möglichen Termine sowie die erforderlichen Personen eingetragen sind. Dieses Formular wird dann den Teilnehmern zur Verfügung gestellt, damit diese eintragen können, welche der Termine ihnen passen. Im Nachgang wird dann der Termin festgelegt, an dem die meisten Teilnehmer Zeit haben.

Beispiel

Terminabfrage Projektteammeeting			
Teilnehmer	**28. November**	**29. November**	**30. November**
Manfred Schneider	X	–	X
Jean Bayard	–	X	X
Julia Lauer	–	X	X
...			

In diesem Beispiel sollte der 30. November ausgewählt werden, da er bei allen Teilnehmern möglich ist.

Nachdem ein Termin gefunden wurde, muss dieser in einen Kalender eingetragen und seine Einhaltung überwacht werden. Werden mehrere Terminanfragen für den gleichen Zeitraum eingereicht, gilt es, die Wichtigkeit der unterschiedlichen Termine gegeneinander abzuwägen. Hier können verschiedene Methoden zur Festlegung der **Prioritäten** einge-
1 | 6.1 setzt werden, z. B. die ABC-Analyse oder das Eisenhower-Prinzip.

Terminarten

Termine können in feste und flexible Termine unterschieden werden.

Feste Termine

Die festen Termine wiederholen sich periodisch. Damit es keine spätere Terminüberschneidung gibt, werden sie schon sehr früh (meist am Jahresanfang) geplant und eingetragen. Solche Termine können z. B. sein:

- Messen
- Schulferien
- Mitarbeiterversammlungen
- Feste Meetings bestimmter Gruppen (sogenannte Jour-fixe-Termine)

Flexible Termine

Die flexiblen (beweglichen) Termine werden sofort nach der verbindlichen Planung eingetragen. Eventuell muss es hier eine Abstimmung mit den bereits geplanten festen Terminen geben. Bewegliche Termine können z. B. sein:

- Geschäftsreisen
- Besprechungen, Meetings
- Abgabetermine für Unterlagen
- Schulungen

Hilfsmittel zur Terminüberwachung

Zur Planung und Überwachung von Terminen stehen verschiedene Instrumente zur Verfügung. Typische Hilfsmittel sind:

Terminkalender

Je nach Verwendungszweck können Termine in Jahres-, Monats- oder Tageskalender eingetragen werden. Diese gibt es als Wand-, Taschen- oder Tischkalender. Jahres- und Monatskalender bieten eine gute Übersicht zur Terminüberwachung, Tageskalender helfen bei der genauen Planung des Tagesablaufs.

Planungstafeln

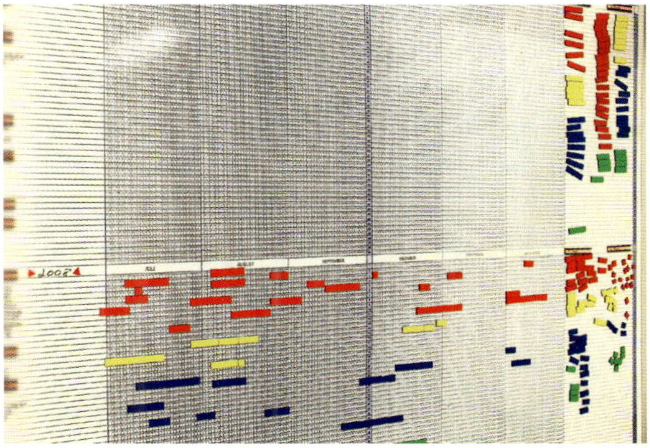

Planungstafeln ermöglichen die Terminübersicht für ein **ganzes Jahr.** Die Termine werden durch Symbole oder farbige Kärtchen eingetragen, welche auf einer Magnettafel, Steckwand (Pinnwand) oder einer abwaschbaren Kunststofftafel angeheftet oder eingetragen werden.

Planung über PC-Systeme

Für die Terminplanung und -überwachung am PC gibt es verschiedene Programme. Diese bieten meist unterschiedliche Übersichten (Tag, Monat, Jahr) in einem Kalender an und erleichtern somit das **Eintragen und Überwachen** von allen Terminarten. Außerdem besteht die Möglichkeit, die Termine aller Personen, die an einem Netzwerk angeschlossen sind, direkt über das Programm zu prüfen, um so festzustellen, wann welche Personen für einen Termin zur Verfügung stehen. Bei vielen dieser Systeme kann direkt über den Kalender auch ein Termin für die entsprechenden Personen eingetragen werden. Das Programm versendet danach eine elektronische Nachricht an die betroffenen Personen. Wenn diese bestätigt wird, ist der Termin für den Eingeladenen eingetragen und in seinem Kalender ersichtlich. Die Person, die den Termin vorgeschlagen hat, erhält eine elektronische Bestätigung.

Ein weiterer Vorteil der Planung über den Computer ist, dass man – je nach System – portable elektronische Kalender (z. B. in Organizern, Smartphones, Tablets etc.) mit diesen Programmen **synchronisieren** kann. Somit stehen dann alle Termine, die man am PC eingetragen hat, auch auf dem portablen System zur Verfügung und umgekehrt. Man kann also überall den gleichen Kalender nutzen. Ein sehr bekanntes und weit verbreitetes System zur elektronischen Terminplanung und -überwachung ist der elektronische Kalender von Microsoft Outlook.

Regeln zur Planung und Überwachung von Terminen

Bei der Planung und Überwachung von Terminen sollten folgende Regeln beachtet werden:

- Festzulegende Termine müssen mit den Beteiligten abgestimmt werden.
- 1 | 6.1 Neue, bestätigte Termine werden direkt in einen Kalender eingetragen.
- Termine immer mit genügend Pufferzeit eintragen.
- Bei Terminanfragen für den gleichen oder einen überschneidenden Zeitraum müssen zuerst die Prioritäten geklärt werden.
- Bei bestimmten Terminen sind Vorarbeiten nötig, auch diese Zeit muss mit eingetragen werden.
- Bei der Terminplanung müssen Prioritäten gesetzt und berücksichtigt werden.
- Die Termine für den folgenden Arbeitstag am Vortag prüfen und durchsehen.
- Am Ende eines Arbeitstages sollten die stattgefundenen Termine abgehakt und die nicht erledigten Termine direkt neu geplant werden.
- Bei Terminen mit mehreren Teilnehmern muss eine Terminbestätigung erfolgen.

Neben diesen Regeln hat es sich außerdem bewährt, bei der Planung und Überwachung mit verschiedenen Farben zu arbeiten. Dies verbessert die Übersichtlichkeit.

Vorgehensweise bei Terminabweichungen

In der Praxis kann es zu Abweichungen von der ursprünglichen Terminplanung kommen. So ist es z. B. möglich, dass ein oder mehrere Teilnehmer absagen. Des Weiteren kann es sein, dass Termine aufgrund organisatorischer Rahmenbedingungen verschoben werden.

Beispiel

Julia hat einen Meetingtermin für das Projektteam eingeplant. Kurzfristig wird der Meetingraum aber für die Geschäftsleitung benötigt. Da kein Ersatzraum zur Verfügung steht, muss das Meeting abgesagt werden.

Kommt es zu **Abweichungen** der Planung oder finden Termine nicht wie geplant statt, gilt folgende Vorgehensweise:

- Vorrangig sollte geprüft werden, ob der Termin trotz der veränderten Situation erfolgreich durchgeführt werden kann.

  Beispiel

  Es fehlen für ein Teammeeting nur wenige Teilnehmer, die über das Protokoll informiert werden können.

- Es wird geprüft, ob ein Alternativtermin angeboten werden kann.
- Wenn es sich um einen festen Termin – z. B. um ein Projektmeeting – handelt, gilt es zu prüfen, ob durch die Abweichung Änderungen in der Gesamtplanung vorgenommen werden müssen.

In der betrieblichen Praxis kommt es häufig zu mehreren unterschiedlichen Terminanfragen zur gleichen Zeit. Hier ist es notwendig, die unterschiedlichen Anfragen zu priorisieren, strukturiert eine Planung durchzuführen und alle Betroffenen zu informieren.

Das folgende Beispiel aus dem Projekt „Münzcollector" soll diesen Ablauf verdeutlichen:

Beispiel

Julia erhält folgenden Auftrag: Im Rahmen des Projekts soll sie einen Workshop mit dem Projektleiter Manfred Schneider und ihrem Ausbilder Jean Bayard sowie zwei Vertretern von Münzcollector, Frau Becker und Herrn Schuster, planen.

Der vorgesehene Veranstaltungsort ist das Hotel Wintersonne in Hamburg.

Julia fängt mit den Planungen am 15. Oktober an. Der Workshop wird einen Tag dauern und soll spätestens am 27. Oktober abgeschlossen sein. Aufgrund der Dringlichkeit kommen für die Durchführung auch Samstage und Sonntage infrage.

Das Hotel kann bis dahin nur folgende Termine anbieten:

18. Oktober, 22. Oktober, 25. Oktober.

Julia lässt sich diese Termine reservieren und führt eine Terminabfrage durch. Folgende Antworten erhält sie:

Teilnehmer	18. Oktober	22. Oktober	25. Oktober
Herr Schneider	möglich	nicht möglich	nicht möglich
Herr Bayard	nicht möglich	nicht möglich	möglich
Frau Becker	nicht möglich	möglich	möglich
Herr Schuster	möglich	nicht möglich	möglich

Da außer Herrn Schneider alle Teilnehmer am 25. Oktober den Termin realisieren können, fragt Julia bei ihm nach, ob es eine Möglichkeit gibt, dass er den Termin doch wahrnehmen kann. Herr Schneider antwortet, dass dies nur möglich sei, wenn das Training, welches für diesen Tag geplant ist, auf einen anderen Termin umgelegt wird.

Für das Training sind folgende Teilnehmer vorgesehen:

- Herr Schneider
- Frau Müller
- Frau Gansemer
- Herr Karner
- Herr Müller
- Herr Gaus

Das Training muss bis zum 30. Oktober stattgefunden haben und dauert 4 Stunden. Es kann immer zwischen 13:00 und 17:00 Uhr stattfinden. Julia fragt beim Trainer an, welche weiteren Termine für ihn infrage kommen. Dieser meldet zurück, dass der 20. Oktober, der 22. Oktober, der 26. Oktober und der 28. Oktober noch möglich seien.

Julia prüft die Verfügbarkeit des Schulungsraumes bei KommunikativAktiv:

20. Oktober	22. Oktober	26. Oktober	28. Oktober
Fachtraining Excel	Seminar Beschwerdemanagement	frei	frei

Also kommen der 26. Oktober und der 28. Oktober für das Training infrage. Julia stellt eine Terminabfrage an die Teilnehmer:

Teilnehmer	26. Oktober	28. Oktober
Herr Schneider	möglich	möglich
Herr Müller	nicht möglich	möglich
Herr Gaus	möglich	möglich
Herr Karner	nicht möglich	möglich
Frau Müller	möglich	möglich
Frau Gansemer	nicht möglich	möglich

Julia entscheidet sich also für den 28. Oktober. Sie informiert den externen Trainer, bucht den Schulungsraum und schreibt eine Einladung per E-Mail, in der sie alle Teilnehmer informiert. Nun kann auch der Workshop am 25. Oktober stattfinden. Julia informiert zunächst das Hotel und bucht den Termin fest.

Außerdem bestellt sie eine entsprechende Bewirtung. Da die Anreise am Vortag stattfinden soll, bucht Julia in diesem Hotel auch gleich die Hotelzimmer ab dem 24. Oktober. Sie informiert sofort alle Teilnehmer des Workshops über den Termin.

Zusammenfassung

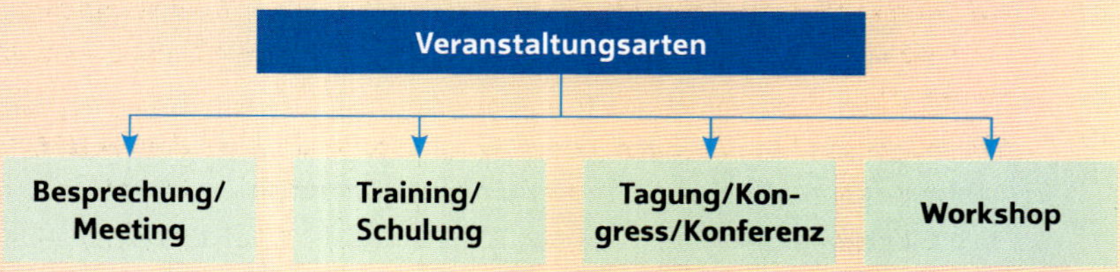

- Veranstaltungen laufen in folgenden Phasen ab:

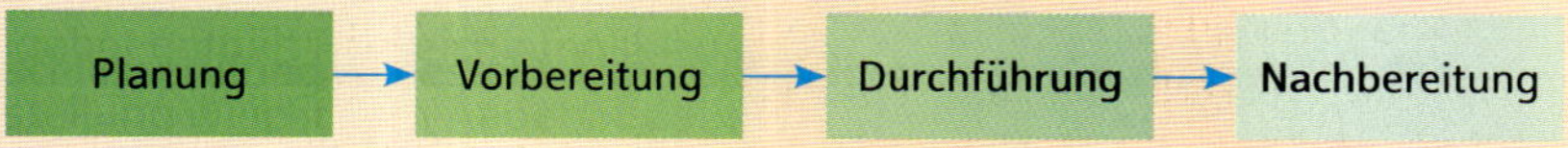

- Zur **Planung und Überwachung von Terminen** stehen verschiedene Hilfsmittel zur Verfügung, z. B. Terminkalender, Planungstafeln und PC-Programme.

Aufgaben

1. *Ihre Klasse möchte in externen Räumlichkeiten den aktuellen Stand der Ausbildungsberufe im Dialogmarketing vorstellen. Dazu sollen verschiedene Führungspersönlichkeiten aus den Ausbildungsbetrieben sowie alle Lehrer Ihrer Klasse eingeladen werden.*

   Die Veranstaltung soll insgesamt 8 Stunden dauern und mehrere Fachvorträge von Schülern Ihrer Klasse, aber auch einen Vortrag eines Gastdozenten beinhalten.

   Planen Sie die gesamte Veranstaltung in einer Gruppenarbeit:

   a) *Erstellen Sie ein Programm inklusive Rahmenprogramm.*
   b) *Entscheiden Sie sich, nach einer entsprechenden Recherche, für geeignete Räumlichkeiten und dafür, wer als Teilnehmer und als Gastdozent geladen werden soll.*
   c) *Führen Sie die Terminplanung durch.*
   d) *Organisieren Sie die Einladungen so, dass diese verbindlich bestätigt werden.*

2. *Recherchieren Sie im Internet (z. B. https://doodle.com/de/), welche Möglichkeiten der Onlineterminplanung sich anbieten.*

   a) *Was sind die Vorteile?*
   b) *Worauf sollte geachtet werden?*

3. *Die Dialogfix GmbH stellt fest, dass bei Seminaren im Schnitt die Hälfte der eingeladenen Mitarbeiter fehlt.*

   a) *Was könnten mögliche Gründe sein?*
   b) *Welche Lösungsmöglichkeiten schlagen Sie vor?*

4. *Erläutern Sie die Haupttätigkeiten in den einzelnen Phasen einer Veranstaltungsplanung am Beispiel eines Projektmeetings.*

5. *Recherchieren Sie im Internet nach Computerprogramm oder Apps zur privaten Terminplanung.*

   a) *Welche Vorteile bietet Ihnen die Nutzung?*
   b) *Vergleichen Sie die private Nutzung mit den Tools in Ihrem Ausbildungsbetrieb.*

6. *Stellen Sie für Ihren Ausbildungsbetrieb einen Leitfaden zum Thema „Terminplanung" auf. Dieser soll u. a. folgende Punkte enthalten: Regeln zur Kalendernutzung, Regeln zur Terminkommunikation (Einladung und Antwort), Regeln zum Thema „Absage und Termintreue".*

7. *Sie sind für die Terminplanung eines Workshops im Rahmen des Projekts bei der KommunikativAktiv KG zuständig. An dem Workshop sollen teilnehmen:*

   Herr Schneider, Herr Müller, Herr Gaus, Herr Karner, Frau Müller und Frau Gansemer.

   Das Meeting soll spätestens am 19. März stattgefunden haben. Bis dahin sind eine Fülle von vorbereitenden Tätigkeiten zu erledigen, zudem sind einige Gegebenheiten bei der Planung zu beachten. Den notwendigen Arbeitsauftrag finden Sie unter BuchPlusWeb (www.westermann.de). Web

   Vor der Planung schauen Sie sich zudem den Terminkalender aller Beteiligten an. An Tagen, die mit einem T gekennzeichnet sind, liegt schon ein Termin.

   a) *Ermitteln Sie den frühestmöglichen Termin für den Workshop.*
   b) *Erstellen Sie für die Vorbereitung des Workshops eine To-do-Liste (Muster unter BuchPlusWeb, www.westermann.de).* Web

4.3 Projekte zielorientiert steuern

■ *Einstiegssituation*

Inzwischen ist eine Woche seit dem Beginn der Projektdurchführung vergangen. Da Julia sich jetzt um die Organisation der Meetings kümmern soll, muss sie auch das bevorstehende planmäßige Teammeeting vorbereiten. Dazu hat sie noch ein paar Fragen an Herrn Schneider, den Projektleiter.

Julia: *„Ich möchte jetzt per E-Mail die Einladungen für das anstehende Teammeeting verschicken. Was werden denn die wichtigsten Inhalte sein?"*

Herr Schneider: *„Wir haben ja im Rahmen der Projektvorbereitung zusammen den Ablauf des Projekts geplant. Jetzt müssen wir uns damit beschäftigen, wie man bei auftretenden Problemen und Abweichungen handeln kann."*

Julia: *„Läuft denn im Projekt mit der Münzcollector GmbH nicht alles nach Plan? Mir ist gar nichts aufgefallen."*

Herr Schneider: *„Das ist für die Projektbeteiligten nicht immer auf den ersten Blick zu erkennen. Deshalb beschäftige ich mich bereits seit dem ersten Tag der Projektdurchführung auch mit dem Projektcontrolling. Hast du eine Vorstellung, was sich dahinter verbirgt?"*

Julia: *„Nicht so genau. Aber das klingt irgendwie nach Kontrolle."*

Herr Schneider: *„Das ist nicht falsch, aber es steckt noch wesentlich mehr dahinter. Ich zeige dir jetzt mal ein paar aktuelle Zahlen aus dem Projekt, dann verstehst du besser, was ich meine. Diese Zahlen müssen wir sowieso noch in einer Präsentation aufbereiten, weil bald ein Meeting mit unserem Auftraggeber, der Münzcollector GmbH, ansteht."*

■ *Arbeitsaufträge*

1. ***Welche Zahlen und Informationen können helfen, den Fortschritt eines Projekts zu überprüfen?***
2. ***Sammeln Sie in der Klasse mögliche Abweichungen von der Projektplanung und überlegen Sie, welche Ursachen dafür infrage kommen könnten.***
3. ***Wie sollte Ihrer Meinung nach der Projektverlauf dokumentiert werden?***
4. ***Stellen Sie zusammen, welche Themen Sie bei einem Meeting mit dem Auftraggeber zum jetzigen Zeitpunkt erwarten.***

4.3.1 Aufgaben der Projektsteuerung

Wesentliche Aufgabe für den Projektleiter in der Durchführungsphase ist die **Projektsteuerung**. Häufig wird dafür auch synonym der Begriff **Projektcontrolling** verwendet. Alles, was im Projekt geplant wurde, muss während der Projektdurchführung einem regelmäßigen Projektcontrolling unterzogen werden.

> #
> ***Definition***
> **Projektcontrolling (Projektsteuerung)** beschäftigt sich damit, das Erreichen der Projektziele in der gewünschten Qualität sowie unter Einhaltung der geplanten Termine und Kosten sicherzustellen. Dazu werden Soll-Ist-Vergleiche durchgeführt, Abweichungen festgestellt, Konsequenzen bewertet sowie Korrekturmaßnahmen vorgeschlagen, durchgeführt und kontrolliert (DIN 69901).

Im Projektcontrolling wird die Einhaltung der Projektpläne überprüft und der aktuelle Fortschritt im Projekt festgestellt. Die Definition verdeutlicht zudem, dass mit Projektcontrolling neben dem **Kontrollieren** auch Tätigkeiten wie **Messen** und **Steuern** nötig sind, um das Projekt planmäßig abzuwickeln. Außerdem wird klar, dass das Projektcontrolling **kontinuierlich** bereits von Beginn der Projektdurchführung an stattfinden muss, also nicht etwa erst zum Ende des Projekts. Unverzichtbarer Bestandteil der Projektsteuerung ist daher der **Soll-Ist-Vergleich**.

> #
> ***Definition***
> Beim **Soll-Ist-Vergleich** werden geplante Ergebnisse (Soll-Werte) mit den tatsächlichen Ergebnissen (Ist-Werten) verglichen.

Ausgangspunkt für einen Soll-Ist-Vergleich sind vergangenheitsbezogene Ist-Daten (z. B. bislang bereits angefallene Kosten). Diese Daten ermöglichen im Vergleich mit den Soll-Daten (z. B. geplante Kosten) eine Analyse von dem, was **bisher geschehen** ist.

Entscheidende Herausforderung der Projektsteuerung ist es nun, anhand dieser Daten Aussagen und Schätzungen über die **voraussichtliche zukünftige Entwicklung** zu treffen (z. B. voraussichtlich noch anfallende Kosten). Somit kommt der Projektsteuerung auch die Aufgabe eines **Frühwarnsystems** zu, mit dessen Hilfe Abweichungen rasch erkannt und behoben werden können.

Ein wirksames Projektcontrolling muss sorgfältig vorbereitet und geplant werden. Dazu sind im Vorfeld einige wichtige Fragen zu klären:

- Wer ist **zuständig** für das Projektcontrolling? Grundsätzlich ist diese Aufgabe beim Projektleiter angesiedelt. Denkbar ist jedoch auch, dass diese Aufgabe an einen Mitarbeiter des Projektteams delegiert wird, der den Projektleiter in regelmäßigen Abständen auf dem Laufenden hält. Alternativ ist insbesondere bei großen Projekten zu über-
9 | 1.4 legen, eine eigenständige Stelle Projektcontrolling einzurichten, die sich ausschließlich mit diesen Aufgaben beschäftigt und somit den Projektleiter entlastet.

  Beispiel

  Im Projekt „Münzcollector" ist der Projektleiter Manfred Schneider auch für das Projektcontrolling verantwortlich.

- Wie und von wem werden die **Daten** gesammelt? Um über die notwendigen Informationen verfügen zu können, müssen diese gesammelt und aufbereitet werden. Dies geht nicht ohne die Mitarbeit des Projektteams. Eine klare Festlegung, wer bis wann an wen welche Informationen zu liefern hat, ist daher unerlässlich. Dabei lassen sich im Grundsatz zwei Verfahren unterscheiden: Entweder die Projektmitarbeiter berichten die notwendigen Daten an die verantwortliche Person (Prinzip der **Bringschuld**) oder der für das Projektcontrolling Verantwortliche greift selbst aktiv auf die erforderlichen Informationen zu (Prinzip der **Holschuld**).

  Beispiel

  4 | 1.3.2 Herr Schneider hat über die ACD-Anlage in Echtzeit Zugriff auf wichtige Kennzahlen (z. B. AHT, erzielte Nettokontakte etc.). Mit dem Projektteam wurde vereinbart, dass Meldungen bei außergewöhnlichen Ereignissen (z. B. Kundenreaktionen) erfolgen.

- Welchen inhaltlichen **Umfang** hat das Projektcontrolling? Je nach Projekt können sich hier unterschiedliche Schwerpunkte herauskristallisieren. Üblicherweise umfasst das Controlling jedoch mindestens die Parameter **Termine, Kosten** und **Ergebnisse** (Leistung, Qualität) des Projekts.

  Beispiel

  Im Projekt „Münzcollector" sind Termine, Kosten und Ergebnisse des Projekts Gegenstand des Projektcontrollings. Nach Rücksprache mit dem Auftraggeber hat insbesondere die Einhaltung des Abschlusstermins höchste Priorität.

- Welche **Termine** sind für das Projektcontrolling von Bedeutung? Hier stellt sich die Frage, welche zeitlichen Intervalle vorgegeben werden. Projektcontrolling kann in bestimmten Abständen (stündlich, täglich, wöchentlich etc.) und/oder zu bestimmten Terminen (z. B. Meilensteine, feststehende Meetings) erfolgen.

  Beispiel

  Herr Schneider erstellt in der ersten Projektwoche täglich einen ACD-Report mit den wichtigsten Kennzahlen. Zudem erfolgt ein Soll-Ist-Vergleich zu festgelegten Meetingterminen mit dem Auftraggeber.

- Welches **Budget** steht für das Projektcontrolling zur Verfügung? Die komplexen Aufgaben des Projektcontrollings benötigen auch Ressourcen, die Kosten verursachen. Ein entsprechendes Budget muss daher vorab eingeplant werden.

Beispiel

Um die Aufgaben des Projektcontrollings wahrnehmen zu können, wurde Herrn Schneider ein festes Zeitbudget für diese Tätigkeit zugeteilt.

Meist findet das Projektcontrolling in einer bestimmten **Abfolge** von Schritten statt:

Schritt	Inhalt	Beispiele
1.	**Arbeitspakete starten und benötigte Ressourcen zur Verfügung stellen:** Der Projektleiter beauftragt die Verantwortlichen der Arbeitspakete, mit der Tätigkeit zu beginnen, und sorgt dafür, dass das eingeplante Personal und die Sachmittel zur Verfügung stehen.	Der Projektleiter Manfred Schneider sorgt dafür, dass die eingeplanten Agents pünktlich mit den Telefonaten beginnen und dass die notwendige Ausstattung (Telefonarbeitsplätze) zur Verfügung steht.
2.	**Ist-Werte ermitteln:** Zu festgelegten Zeitpunkten werden die tatsächlich vorliegenden Daten erfasst (z. B. anhand von Mitarbeiterberichten, ACD-Reports etc.).	Am Ende von Tag 1 der Projektdurchführung ermittelt Herr Schneider die Zahl der tatsächlichen Nettokontakte.
3.	**Soll-Ist-Vergleich durchführen:** Die ermittelten Ist-Werte werden den geplanten Soll-Werten gegenübergestellt, eventuelle Abweichungen werden festgehalten.	Herr Schneider vergleicht die Zahl der tatsächlichen (Ist) mit den für diesen Zeitraum geplanten (Soll) Nettokontakten. Ergebnis ist, dass der Ist-Wert 20 % unter dem Soll-Wert liegt.
4.	**Ursachen der Abweichungen analysieren:** Sofern sich Abweichungen ergeben haben, müssen die dafür verantwortlichen Ursachen gefunden werden.	Es stellt sich heraus, dass im Zeitraum von 10:00 bis 12:00 Uhr nur sehr wenige Nettokontakte realisiert werden konnten, ab 18:00 Uhr jedoch überdurchschnittlich viele. Offensichtlich beeinflusst die Anrufzeit die Zahl der Nettokontakte.
5.	**Korrekturmaßnahmen entwickeln und umsetzen:** Aufbauend auf der Ursachenanalyse werden geeignete Schritte eingeleitet, um möglichst umgehend Abhilfe zu schaffen.	Herr Schneider passt für den nächsten Tag die Personaleinsatzplanung an: Zwischen 10:00 und 12:00 Uhr werden weniger Agents, ab 18:00 Uhr mehr Agents eingesetzt.
6.	**Erfolg der Korrekturmaßnahmen überprüfen:** Zeitnah wird festgestellt, ob die eingeleiteten Maßnahmen den gewünschten Erfolg erzielt haben, ob alternative Maßnahmen ergriffen werden müssen oder ob notfalls eine Korrektur der Soll-Werte in Erwägung gezogen werden muss.	Ein Soll-Ist-Vergleich am Tag 2 der Projektdurchführung ergibt, dass nun die eingeplanten Nettokontakte erreicht werden konnten. Die Korrekturmaßnahme war erfolgreich.

→ ***Praxistipp***

Das Internet bietet für das Projektcontrolling eine Fülle von Online-Tools und weiteren Hilfsmitteln an. Eine erste Anlaufstelle dazu findet sich unter https://bit.ly/396346T

9|1.6 Im Mittelpunkt des Projektcontrollings stehen die bekannten Zielgrößen des „magischen Dreiecks", die so weit wie möglich in Einklang gebracht werden sollen:

- 9|4.3.2 **Termincontrolling** (Termine für Teilergebnisse, Projektende etc.)
- 9|4.3.3 **Kostencontrolling** (Budget, Ressourcen etc.)
- 9|4.3.4 **Ergebniscontrolling** (Leistung, Qualität etc.)

Betrachtet man im Rahmen des Projektcontrollings diese Werte zusammen, erlauben sie wichtige Rückschlüsse auf den aktuellen **Projektstatus**.

> #
> ***Definition***
> Der **Projektstatus** (auch: Projektfortschritt, Projektbewertung) stellt den **aktuellen Stand** des Projekts zu einem Stichtag hinsichtlich der Zielerreichung dar. Dabei werden die Abarbeitung der Arbeitspakete bzw. die erreichten Leistungen, der Budgetverbrauch und die Terminsituation betrachtet (DIN 69905).

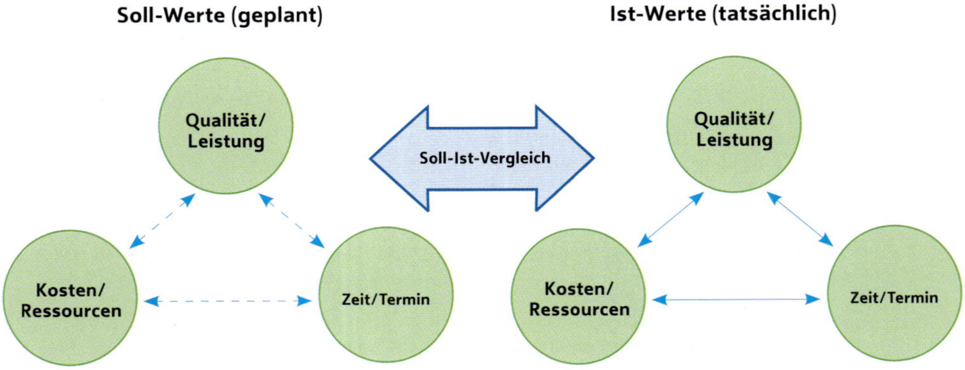

Abb.: Projektstatus

9|5.3.5 Bei auftretenden Abweichungen von den geplanten Soll-Werten gilt es, durch Maßnahmen der **Projektsteuerung** wieder „auf Kurs" zu kommen. Daneben ist es auch denkbar, dass sich im Laufe des Projekts die ursprünglichen **Soll-Werte ändern**. Dies ist z. B. der Fall, wenn **Änderungswünsche** des Auftraggebers an den Projektzielen zu berücksichtigen sind. Auch dann muss steuernd eingegriffen werden.

4.3.2 Termincontrolling

> #
> ***Definition***
> Beim **Termincontrolling** wird durch einen Soll-Ist-Vergleich überprüft, ob der Zeit- und Terminplan eingehalten wird.

Mittels des Termincontrollings muss der Projektleiter ständig im Blick haben, ob alle vorgegebenen Zeiten und Termine auch eingehalten wurden. Gibt es hier Abweichungen, zieht dies zwangsläufig weitere Auswirkungen nach sich (z. B. zusätzliche Kosten, Leistungen können nicht vollständig erbracht werden etc.).

Die **einfachste Form** des Termincontrollings beschäftigt sich lediglich mit der Frage, wie viel Zeit im Projekt bzw. bei der Abarbeitung einzelner Arbeitspakete bereits verstrichen ist. Dieser Wert wird auch als **zeitlicher Fertigstellungsgrad** bezeichnet.

$$\textbf{Zeitlicher Fertigstellungsgrad} = \frac{\textbf{Ist-Dauer} \cdot \textbf{100}}{\textbf{Gesamtdauer}}$$

Beispiel

Im Projekt „Münzcollector“ sind für das Arbeitspaket 6 (Gespräche führen) 30 Arbeitstage eingeplant. Nach 12 Arbeitstagen für dieses Arbeitspaket ermittelt der Projektleiter Manfred Schneider einen zeitlichen Fertigstellungsgrad von 40 %, d. h., 40 % der für dieses Arbeitspaket vorgesehenen Zeit ist bereits verstrichen.

Nützlich ist diese Information vor allem dann, wenn sie in Beziehung zu anderen Daten (z. B. den in diesem Zeitraum erbrachten Leistungen) gesetzt wird.

→ ***Praxistipp***
Gelegentlich wird der Fertigstellungsgrad auch als **Fortschrittsgrad** bezeichnet.

Basis für ein **umfassendes Termincontrolling** ist immer der in der Projektvorbereitung erstellte **Zeit- und Terminplan**. Bei Projekten im Dialogmarketing wird dafür üblicherweise ein **Balkendiagramm** (Gantt-Diagramm) genutzt. Von Interesse ist, ob die geplante Dauer der einzelnen Vorgänge bzw. Arbeitspakete eingehalten wurde und ob die festgelegten Termine (z. B. Meilensteine) fristgerecht erreicht wurden. 9 | 3.1.4

Soll nun ein Termincontrolling mittels eines Balkendiagramms erfolgen, müssen lediglich die tatsächlichen Ist-Zeiten der einzelnen Vorgänge und Arbeitspakete zusätzlich in das bereits vorhandene Balkendiagramm eingetragen werden. Am besten werden die Ist-Balken andersfarbig direkt unter die Soll-Balken gesetzt, so können Abweichungen unmittelbar abgelesen werden.

Beispiel

Name	Soll-Dauer	Ist-Dauer
Arbeitspaket 1	**2,5 Tage**	**3,5 Tage**
1. Telefonanlage einrichten	1 Tag	1 Tag
2. Datenbank erstellen	2 Tage	3 Tage
3. Funktion prüfen	0,5 Tage	0,5 Tage
Arbeitspaket 2	**2,5 Tage**	**2,5 Tage**
4. Schulungsmaterial erstellen	1,5 Tage	1,5 Tage
5. Mitarbeiter am Programm schulen	1 Tag	1 Tag

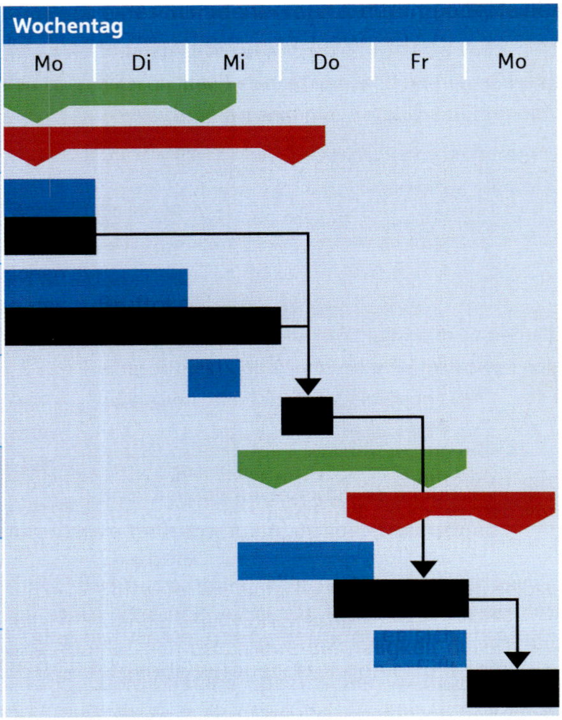

Abb.: Termincontrolling mittels Gantt-Diagramm

In diesem Beispiel wird deutlich, dass der Vorgang 2 (Datenbank erstellen) einen Tag länger als geplant gedauert hat. Somit kann auch der Nachfolger (Vorgang 3: Funktion prüfen) erst einen Tag später starten. Sofern es keine Pufferzeiten gibt oder die Verzögerung nicht später wieder aufgeholt werden kann, führt dies auch zur Verlängerung der 9|3.1.4 Projektlaufzeit um einen Tag („kritischer Weg“).

Alternativ kann für das Termincontrolling auch die **Vorgangsliste mit Zeitdauer** verwendet werden, der dann die tatsächlichen Ist-Zeiten gegenübergestellt werden.

Beispiel

Nr.	Tätigkeit/Arbeitspaket	Soll-Dauer (Tage)	Ist-Dauer (Tage)	Abweichung
1	Telefonanlage einrichten (AP 1)	1	1	–
2	Datenbank erstellen (AP 1)	2	3	1
3	Funktion prüfen (AP 1)	0,5	0,5	–
4	Schulungsmaterial erstellen (AP 2)	1,5	1,5	–
5	Mitarbeiter am Programm schulen (AP 2)	1	1	–

Abb.: Termincontrolling mittels Vorgangsliste

> **→ *Praxistipp***
> Bei sehr komplexen und lang andauernden Projekten (z. B. Forschungs- und Entwicklungsprojekten) erfolgt ein Termincontrolling häufig anhand eines Vergleichs der geplanten und tatsächlich realisierten Meilensteintermine (sogenannte „Meilenstein-Trendanalyse"). Für typische Callcenter-Projekte (Kampagnen) ist dieses Verfahren jedoch eher unüblich.

4.3.3 Kostencontrolling

> **# *Definition***
> Das **Kostencontrolling** stellt den angefallenen Ist-Kosten die geplanten Soll-Kosten gegenüber und ermittelt so, ob das Projektbudget eingehalten wird.

Ein sorgfältig durchgeführtes Kostencontrolling ermöglicht es, etwaige Kostenüberschreitungen rasch zu erkennen. Zudem hilft es, die **Wirtschaftlichkeit** des Projekts einzuhalten 9 | 2.3.2
und mögliche Defizite in der Projektdurchführung aufzudecken. Basis für das Kostencontrolling ist der aufgestellte **Kostenplan**. Wichtig ist nun, während der Projektlaufzeit einen 9 | 3.1.6
Überblick über die bislang angefallenen Projektkosten zu bekommen und diesen Wert (Ist-Kosten) mit dem Kostenplan (Soll-Kosten) abzugleichen.

Die Erfassung der Ist-Kosten orientiert sich an den tatsächlich verbrauchten Ressourcen. Dies kann für das gesamte Projekt oder für einzelne Arbeitspakete erfolgen.

- **Personalkosten:** Dieser bei Projekten meist größte Kostenblock wird anhand der für das Projekt bzw. für einzelne Arbeitspakete geleisteten Stunden und der vorab festgelegten Stundensätze (Personalkosten je Mitarbeiterstunde) ermittelt.

  Beispiel

  Für das Arbeitspaket 6 (Gespräche führen) im Projekt „Münzcollector" wurden in der ersten Projektwoche 210 Arbeitsstunden geleistet. Die Personalkosten je Mitarbeiterstunde werden mit 19,00 € veranschlagt. Somit wurden bislang für dieses Arbeitspaket Personalkosten von 3 990,00 € verbraucht.

- **Sachmittelkosten:** Die einzelne Erfassung aller verbrauchten Sachmittel ist gewöhnlich sehr aufwendig. Daher wird in der Praxis meist mit Pauschalbeträgen je Mitarbeiterstunde gerechnet (sogenannte Arbeitsplatzkosten), in denen alle angefallenen Kosten enthalten sind. 9 | 3.1.6

  Beispiel

  Im Projekt „Münzcollector" fallen für das Arbeitspaket 6 je Mitarbeiterstunde Arbeitsplatzkosten von 4,00 € an, durch die alle verbrauchten Sachmittel abgedeckt sind. Bei 210 Arbeitsstunden fallen somit Sachmittelkosten in Höhe von 840,00 € an.

- **Sonstige Kosten:** Projektspezifisch können noch weitere Kosten anfallen.

Beispiele

Erfolgsabhängige Vergütung (Provision) für Verkaufsabschlüsse, Kosten für die Beschaffung von Adressmaterial

Den so ermittelten Ist-Kosten werden meist in tabellarischer Form die entsprechenden Soll-Kosten gegenübergestellt. Üblicherweise erfolgt dies in absoluten Zahlen, aber auch die Verwendung von Prozentwerten ist möglich. Dies geschieht in regelmäßigen Intervallen (z. B. wöchentlich, monatlich). Die anteiligen Soll-Kosten werden auf der Grundlage der bislang verbrauchten Projektlaufzeit ermittelt, unter der Annahme, dass das Projektbudget gleichmäßig auf die Projektlaufzeit verteilt wird.

Beispiel

Für die Bearbeitung von Arbeitspaket 6 im Projekt „Münzcollector" steht insgesamt ein Budget von 38640,00 € zur Verfügung, die Bearbeitungszeit beträgt 30 Arbeitstage. Nach der ersten Projektwoche (5 Arbeitstage) ist 1/6 (16,67 %) der verfügbaren Zeit verbraucht, somit darf auch 1/6 des Projektbudgets verbraucht sein (6 440,00 €).

Die Gegenüberstellung der Soll-Ist-Werte lässt sich um die ermittelte Abweichung und eventuelle Hinweise zu den dafür verantwortlichen Ursachen ergänzen.

Beispiel

Kostencontrolling Projekt „Münzcollector" Arbeitspaket 6 (nach 5 von 30 Arbeitstagen)				
Kosten in €	**Soll**	**Ist**	**Abweichung**	**Ursache/Kommentar**
Personalkosten	5 320,00	3990,00	–1 330,00	Kurzfristig mussten Mitarbeiter für ein anderes Projekt abgezogen werden, daher wurden zu wenig Arbeitsstunden geleistet.
Arbeitsplatzkosten	1 120,00	840,00	–280,00	s. o.
Sonstige Kosten	–	–	–	Nicht angefallen
Summe	6 440,00	4 830,00	–1 610,00	Mit dem noch verfügbaren Budget zusätzlichen Projektmitarbeiter einarbeiten, um die Fehlstunden noch aufzufangen.

Abb.: Kostencontrolling

Ein regelmäßiges Kostencontrolling ermöglicht die Einschätzung, ob das Projekt insgesamt im geplanten Kostenrahmen bleibt oder ob Abweichungen zu erwarten sind. Um einen Überblick über die tatsächlich zu erwartenden Gesamtkosten zu erhalten, müssen nun

die bislang angefallenen Ist-Kosten mit den noch für den weiteren Projektverlauf zu erwartenden Soll-Kosten addiert werden.

Beispiel

Für das Projekt „Münzcollector" steht rechnerisch ein Projektbudget von 50400,00 € (20160 geplante Nettokontakte · 2,50 € Angebotspreis je Nettokontakt) zur Verfügung. Nach 2 Wochen Projektlaufzeit sind Ist-Kosten in Höhe von 16 830,00 € angefallen. Für die verbleibende Projektlaufzeit sind noch Soll-Kosten von 32000,00 € eingeplant. Somit sind zurzeit Gesamtkosten von 48830,00 € zu erwarten, das Projektbudget wird nach dem jetzigen Stand voraussichtlich nicht ganz ausgeschöpft.

4.3.4 Ergebniscontrolling

#

Definition

Das **Ergebniscontrolling** befasst sich mit der Menge und der Qualität der in einem Projekt erbrachten Leistungen.

Hauptaufgabe der Durchführungsphase ist das Erbringen der geplanten Leistungen, die sich wiederum aus den Projektzielen ableiten. Dementsprechend muss der Projektleiter 9|2.2
auch den **Leistungsfortschritt** ständig im Blick haben und überprüfen, ob die vorgesehenen Leistungen tatsächlich in der richtigen Quantität und Qualität erbracht wurden.

Die zu erbringenden Leistungen sind **projektspezifisch unterschiedlich**. Für Callcenter-Projekte kommen z.B. getätigte Calls, erzielte Nettokontakte oder erfolgte Verkäufe infrage.

Beispiel

Die im Projektauftrag für das Projekt „Münzcollector" vereinbarten Leistungen sind: 9|2.5.3
25200 Adressen kontaktieren, 20160 Nettokontakte erreichen, 10000 Bestellungen erfassen.

Eine geeignete Maßgröße, um die Leistung eines Projekts oder eines Arbeitspakets zu einem bestimmten Stichtag zu messen, ist der **leistungsmäßige Fertigstellungsgrad**.

$$\textbf{leistungsmäßiger Fertigstellungsgrad} = \frac{\textbf{Ist-Leistung} \cdot \textbf{100}}{\textbf{zu erbringende Gesamtleistung}}$$

Beispiel

Nach dem ersten Projekttag im Projekt „Münzcollector" wurden 533 Nettokontakte erreicht (von insgesamt 20160 notwendigen). Dies entspricht einem leistungsmäßigen Fertigstellungsgrad von 2,64 %.

Die so ermittelten prozentualen Werte können einem Soll-Ist-Vergleich mit den zu diesem **Stichtag** laut Plan eigentlich zu erzielenden Leistungen unterzogen werden. Alternativ ist **auch ein** Vergleich der absoluten Zahlen möglich.

Beispiel

Der geplante leistungsmäßige Fertigstellungsgrad für die Nettokontakte liegt nach einem Projekttag bei 3,33 % (1/30). Es liegt somit bei den Nettokontakten nach dem ersten Projekttag eine negative Abweichung von 0,69 % vor.
Alternativ: Es wurden lediglich 533 von 672 (20160/30) geplanten Nettokontakten erzielt, somit ist eine negative Abweichung von 139 Nettokontakten zu verzeichnen.

Neben der mengenmäßigen Erfassung der Leistung dürfen auch die **qualitativen Faktoren nicht** vernachlässigt werden. Eine geringe Qualität zieht häufig langfristige Kosten und **Schwierig**keiten nach sich. In der Dialogmarketingbranche bezieht sich die Qualität meist **auf die Gesprächsqualität**. Um diese zu messen und zu verbessern, haben sich eigene
8 | 7 **branchenspezifische Instrumentarien** entwickelt.

Beispiel

Nach einer Projektwoche entsprechen die Ist-Werte bei den erfolgten Bestellungen den geplanten Soll-Werten. Aufgrund unzureichender Gesprächsqualität kommt es jedoch zu Kundenbeschwerden und zu unerwartet vielen Stornierungen von Bestellungen. Um die Gesprächsqualität zu verbessern, lässt Projektleiter Herr Schneider umgehend Side-by-Side-Coachings durchführen.

4.3.5 Maßnahmen der Projektsteuerung

Auch bei der besten Planung sind **Abweichungen** während der Projektdurchführung **unvermeid**lich. In diesem Fall müssen Steuerungsmaßnahmen ergriffen werden. Um **dafür die** geeigneten Instrumente auszuwählen, empfiehlt es sich, vorab sorgfältig die **für die Ab**weichungen verantwortlichen **Ursachen** zu analysieren. Daraus ergeben sich **meist schon** hilfreiche Ansätze für die Problembehebung.

Ursachen für Abweichungen

Entsprechend der **Mehrdimensionalität der Zielgrößen** eines Projekts (Zeit/Termine,
9 | 4.3.1 **Kosten/Ressourcen**, Qualität/Leistung) beeinflussen Abweichungen meist mehrere **Projektziele** gleichzeitig. Daher sollte nie eine isolierte Betrachtung der Abweichung stattfinden, **viel**mehr muss immer auch der Gesamtzusammenhang im Blick behalten werden. **Dies ist eine** der zentralen Herausforderungen für den Projektleiter.

Auftretende Abweichungen im Verlauf der Projektdurchführung können grundsätzlich in zwei Kategorien eingeteilt werden:

- Es kommt zu einer **Änderung der Projektziele**. Dies erfordert Planänderungen.
- Die **Umsetzung** des Projekts weicht vom (unveränderten) Plan ab.

Änderung der Projektziele

Im Laufe des Projekts kann sich herausstellen, dass die ursprünglich gesetzten Ziele nicht optimal waren. Möglicherweise stellen sie sich als unrealistisch heraus oder es treten überraschend Schwierigkeiten auf, die eine unveränderte Umsetzung unmöglich machen.

Beispiel

Für ein Inhouse-Projekt hat die Dialogfix GmbH 10000 Adressen von Altkunden selektiert, die seit mehr als 3 Jahren inaktiv sind. Basierend auf einer kalkulierten Ausschöpfungsquote von 80 % sollen innerhalb eines Monats 2500 Kunden reaktiviert werden. Trotz eines vorab durchgeführten Tests des Adressmaterials stellt sich nach einer Woche heraus, dass aufgrund der veralteten Daten eine Ausschöpfungsquote von maximal 50 % realistisch ist. Das gewünschte Projektergebnis (2500 reaktivierte Kunden) muss nach unten korrigiert werden.

Häufig tritt auch der Fall ein, dass vonseiten des Auftraggebers **Änderungswünsche** geäußert werden. Dies kommt insbesondere bei externen Auftraggebern vor. Änderungswünsche können dabei alle Ziele und Inhalte des Projekts betreffen.

Beispiel

Nach der ersten Woche der Projektdurchführung äußert die Münzcollector GmbH den Wunsch, dass 500 VIP-Kunden aus dem Adressenbestand entfernt werden sollen. Um diese Kunden möchte sich das Unternehmen selbst kümmern. Die Anzahl der im Projekt zu erzielenden (und abzurechnenden) Nettokontakte soll dementsprechend sinken.

Änderungswünsche können standardisiert mittels eines **Änderungsantrags** gestellt werden. Handelt es sich dabei um wesentliche Änderungen des Projekts, fällt die Entscheidung darüber in der Regel nicht mehr in die Zuständigkeit des Projektleiters. Vielmehr sind in diesem Fall übergeordnete Entscheidungsgremien zuständig (je nach Situation z.B. Lenkungsausschuss oder Geschäftsführung). Dort wird entschieden, ob und unter welchen Bedingungen (z.B. höheres Projektbudget, verlängerte Projektlaufzeit) den Änderungswünschen nachgekommen werden kann. 9|1.4

→ ***Praxistipp***
Üblicherweise werden bei Projekten die Änderungswünsche des Auftraggebers mit dem englischen Begriff **„Change Requests“** oder kurz **„CR“** bezeichnet.

Beispiel

Änderungsantrag (Change Request)	Kommunikativ AKTIV
Antragsteller:	**Datum:**
Projekt:	**Betroffene Arbeitspakete:**
Gewünschte Änderung:	**Begründung der Änderung:**
Auswirkungen der Änderung: (auf die Projektziele, andere Arbeitspakete etc.)	
Priorität: (hoch/mittel/gering)	
Stellungnahme: (Projektleiter, Lenkungsausschuss, Fachausschuss etc.)	
Genehmigung/Ablehnung:	**Begründung:**

Abb.: Änderungsantrag (Formular)

Abweichungen bei der Umsetzung

Zwar ist jedes Projekt per Definition einzigartig, dennoch lassen sich einige allgemeine Ursachen für Abweichungen nennen, die typischerweise in Projekten auftauchen.

- **Planungsfehler:** Die benötigte Zeit oder die erforderlichen Ressourcen wurden falsch eingeplant; wichtige Vorgänge oder Arbeitspakete sind vergessen worden.

  Beispiel

  Es stellt sich heraus, dass die AHT tatsächlich 6 Minuten statt der veranschlagten 5 Minuten beträgt. Die Abarbeitung der Anrufe dauert somit länger als erwartet. In der vom Auftraggeber vorgegebenen Anrufzeit ist zudem die Erreichbarkeit der Kunden schlechter als gedacht, dies erhöht die Zahl der notwendigen Anwahlversuche.

- **Technische Schwierigkeiten:** Die erforderlichen technischen Ressourcen stehen nicht oder nur eingeschränkt zur Verfügung bzw. sind funktionsuntüchtig.

  Beispiel

  Der für das Projekt „Münzcollector" vorgesehene Dialer fällt tagelang wegen eines technischen Defekts aus. Dadurch entstehen zusätzliche Zeiten für die Anwahl.

- **Verfügbarkeit der Projektmitarbeiter:** Ausfallzeiten wegen Krankheit, aufgrund dringender betrieblicher Erfordernisse oder andere unerwartete Fehlzeiten führen zu Rückständen bei der Leistungserstellung. Möglicherweise fallen gerade Mitarbeiter mit besonders benötigten Kenntnissen (Skills) aus.

  Beispiel

  Wegen eines Personalengpasses in einem anderen Projekt mit hoher Priorität müssen einige Projektmitarbeiter vorübergehend abgezogen werden.

- **Konflikte im Projektteam:** Innerhalb des Projektteams stimmt die Zusammenarbeit nicht, Konflikte und gruppendynamische Effekte lähmen eine zielorientierte Arbeit. 9|4.1.5

  Beispiel

  Während der Storming-Phase bricht ein alter Konflikt zwischen zwei Teammitgliedern wieder auf, der das gesamte Team in Mitleidenschaft zieht.

- **Mangelnde Motivation/Arbeitsleistung im Projektteam:** Die Projektmitarbeiter widmen sich nicht mit dem gewünschten Einsatz ihren Aufgaben.

  Beispiel

  Die Mitarbeiter im Projekt „Münzcollector" klagen über eine sehr hohe Auslastung, die Motivation sinkt. Es schleichen sich zunehmend Fehler in der Gesprächsführung ein, was sich negativ auf die Bestellungen und die Kundenzufriedenheit auswirkt.

- **Fehlerhafte Projektarbeit:** Es stellt sich heraus, dass im Projektteam dringend benötigte Kenntnisse (Skills, Know-how) fehlen, die Arbeit kann nicht in der erforderlichen Qualität oder Geschwindigkeit erbracht werden.

  Beispiel

  Zwei Mitarbeiter im Projektteam haben erst wenig Erfahrung in der Outbound-Telefonie, viele Gespräche misslingen daher.

- **Externe Faktoren:** Vom Unternehmen nicht beeinflussbare Rahmenbedingungen ändern sich und beeinträchtigen die Projektdurchführung (z. B. Probleme mit Lieferanten, Streiks, politische Verhältnisse, Umwelteinflüsse, Wetter etc.).

  Beispiel

  Ein Unwetter legt vorübergehend die Stromversorgung lahm, die Projektarbeit muss zeitweilig eingestellt werden.

→ ***Praxistipp***
Planabweichungen gehören zum Projektalltag!

Steuerungsmaßnahmen bei Abweichungen

Alle Maßnahmen der Projektsteuerung beeinflussen stets die drei Zielgrößen des „magischen Dreiecks“ (Zeit/Termine, Kosten/Ressourcen, Qualität/Leistung). Es handelt sich bei diesen Maßnahmen quasi um „Stellschrauben“, um das notwendige Gleichgewicht der Zielgrößen wieder in Einklang zu bringen.

Zugleich macht die **Abhängigkeit der Zielgrößen** (Interdependenz) deutlich, dass die durch eine Steuerungsmaßnahme erwünschten Effekte bei einem Projektziel sehr wahrscheinlich negative bzw. unerwünschte Effekte bei einem anderen Projektziel nach sich ziehen. Dies ist bei der Auswahl der Maßnahmen stets zu berücksichtigen.

Steuerungsmaßnahmen

Terminbezogene Steuerungsmaßnahmen	Kostenbezogene Steuerungsmaßnahmen	Ergebnisbezogene Steuerungsmaßnahmen
– Zeit- und Ablaufplan anpassen	– Ressourcen erhöhen – Kosten senken	– Leistung optimieren – Qualität verbessern – Zielvorgaben reduzieren

Terminbezogene Steuerungsmaßnahmen

- **Zeit- und Ablaufplan anpassen**
  Um Terminengpässe zu umgehen, können einzelne Termine verschoben (z. B. Meilensteintermine) und Laufzeiten verlängert werden. Dies zieht in aller Regel aber auch eine verlängerte Gesamtprojektlaufzeit nach sich, was meist mit zusätzlichen Kosten (z. B. längerer Einsatz der Mitarbeiter) verbunden ist. Zudem kann ein späterer Projektendtermin Schwierigkeiten bei der Leistungserstellung ergeben (z. B. sind Kunden nicht mehr erreichbar).

  Beispiel

  Nach 4 Wochen Projektdurchführung stellt sich im Projekt „Münzcollector" heraus, dass die erforderliche Zahl an Nettokontakten nicht erreicht wird. Projektleiter Schneider schlägt daher dem Auftraggeber eine Verlängerung der Projektlaufzeit um eine Woche vor.

Kostenbezogene Steuerungsmaßnahmen

- **Ressourcen erhöhen**
  Werden zur Erreichung der Projektziele mehr Ressourcen (z. B. Personal) als geplant eingesetzt, macht dies zwangsläufig eine Anpassung des Kostenplans notwendig. Dies muss frühzeitig mit dem Auftraggeber abgestimmt werden.

  Beispiel

  Um die notwendigen Nettokontakte doch noch fristgerecht zu erreichen, möchte Projektleiter Schneider in der verbleibenden Projektlaufzeit zwei zusätzliche Mitarbeiter einplanen.

- **Kosten senken**
  Liegt die größte Abweichung in einer Überschreitung des Projektbudgets, müssen kostensenkende Maßnahmen eingeleitet werden. Dies erfolgt meist durch eine Minderung der Leistungen (z. B. werden weniger Anrufe getätigt oder die Gesprächsdauer wird reduziert). Teilweise kann auch eine **Verbesserung von Prozessen** 8 | 6.3 erreicht werden, die eine schnellere (und damit kostengünstigere) Leistungserbringung ermöglichen. Alternativ kommt auch eine verlängerte Projektlaufzeit infrage (z. B. weniger Mitarbeiter telefonieren länger).

  Beispiel

  Um Kosten zu senken, wird die AHT im Projekt „Münzcollector" auf 4 Minuten gekürzt.

Ergebnisbezogene Steuerungsmaßnahmen

- **Leistung optimieren**
  Entscheidende Größe für die Leistungserbringung im Projekt ist das Projektteam. Um dessen **Produktivität zu erhöhen**, kommen zahlreiche Maßnahmen in Betracht, die jedoch häufig zusätzliche Kosten verursachen oder Zeit beanspruchen.

- **Personalbestand** verändern: Überbesetzungen (zu viele Mitarbeiter eingeplant) und Unterbesetzungen (zu wenige Mitarbeiter eingeplant) müssen vermieden werden.
- **Personaleinsatzplan** anpassen: Durch verstärkten Personaleinsatz in Zeiten guter Kundenerreichbarkeit können mehr Nettokontakte erzielt werden.
- **Arbeitszeit** flexibilisieren: Mittels eines Arbeitszeitkontos können die Projektmitarbeiter gegen Projektende Überstunden ansammeln, um die notwendigen
  10 | 1.5.2 Nettokontakte zu erzielen. Diese Überstunden werden anschließend wieder ausgeglichen.
- **Echtzeitmanagement** nutzen: Bei kurzfristigen Abweichungen im Tagesgeschäft (z.B. erhöhtes Anrufvolumen) kann der Projektleiter unmittelbar Maßnahmen
  10 | 1.6 einleiten (z.B. Pausenzeiten verschieben).
- **Auslastung** anpassen: Der Anteil der Produktivzeit (Gesprächs- und Nachbearbeitungszeit) an der Arbeitszeit wird (vorübergehend) erhöht, um mehr Gesprä-
  9 | 2.3.1 che führen zu können.
- **Projektteam** umbesetzen: Während der Projektdurchführung kann sich herausstellen, dass die Zusammensetzung des Projektteams nicht passt. So können z.B. wichtige Qualifikationen oder Eigenschaften bei einzelnen Teammitgliedern feh-
  9 | 4.1.4 len. Möglicherweise treten auch Konflikte auf. Hier sollte der Projektleiter mit einer personellen Umbesetzung Abhilfe schaffen.
- **Personalführung** verändern: Eventuell ist der gewählte Führungsstil nicht ange-
  1 | 1.1.3 messen. Ein geänderter Führungsstil kann hier neue Potenziale freisetzen. Auch zusätzliche Teammeetings oder Mitarbeitergespräche können weiterhelfen.
- **Motivation** erhöhen: Zusätzliche Anreize können die Motivation und die Arbeitsleistung im Team steigern. In der Dialogmarketingbranche wird häufig mit Prämienmodellen oder Bonussystemen gearbeitet, um finanzielle Mehranreize zu
  11 | 7.3 schaffen. Dabei muss allerdings darauf geachtet werden, dass das gewählte Prämienmodell mit den Projektzielen im Einklang steht.

- **Qualität verbessern**

  Neben der Leistung ist die Qualität die zweite wichtige Komponente der Projektergebnisse. Geeignete Maßnahmen, die jedoch ebenfalls mehr Zeit bzw. Kosten beanspruchen, sind z.B.:
  - **Gesprächsleitfaden** anpassen: Ein schlechter Gesprächsleitfaden führt zwangsläufig zu Mängeln in der Gesprächsführung, z.B. wird der Kundenbedarf nicht
    9 | 3.2 ausreichend analysiert oder die Einwandbehandlung ist wenig überzeugend. Eine Anpassung des Gesprächsleitfadens ist in solchen Fällen dringend geboten.
  - **Monitorings** durchführen: Bewährte Mittel zur Qualitätsverbesserung im Dialog-
    8 | 7.2.1 marketing sind z.B. Side-by-Side-Coaching und Silent Monitoring.
  - **Schulungsmaßnahmen** einleiten: Wurden z.B. bei Monitorings fachliche oder methodische Mängel der Mitarbeiter festgestellt, sind zusätzliche Trainings ein geeignetes Mittel, um schnell Abhilfe zu schaffen.

- **Zielvorgaben reduzieren**
  Zeigen alle eingeleiteten Maßnahmen keinen Erfolg, bleibt als letzter Schritt nur noch eine Anpassung der Ergebnisse (Minderung von Leistungen und/oder Qualität), der Projektplan muss dahingehend abgeändert werden. Dies ist jedoch nicht ohne Zustimmung des Auftraggebers umzusetzen!

Beispiel

Die 10 000 gewünschten Bestellungen im Projekt „Münzcollector" sind nicht zu erreichen. Nach der Hälfte der Projektlaufzeit wird nach Rücksprache mit dem Auftraggeber die Zielgröße auf 6000 Bestellungen gesenkt.

4.3.6 Projektberichte erstellen

Bereits in der Projektplanung wurde der **Informations- und Kommunikationsfluss** zwischen den Projektbeteiligten festgelegt. Die Informationen fließen gewöhnlich in Form von 9|3.3.1 **Berichten**. Die Berichte erfüllen zudem die Anforderungen nach einer lückenlosen **Projektdokumentation**, die für den Projektabschlussbericht erforderlich ist. 9|5.4

Folgende Berichte können während der Projektdurchführung eine Rolle spielen:

- **Protokolle** von Meetings und Sitzungen
- **Projektberichte** (auch: Projektstatusbericht, Projektfortschrittsbericht)
- **Meilensteinberichte** (Projektbericht zu den festgelegten Meilensteinterminen)
- **Projektsonderberichte** (Projektbericht bei außergewöhnlichen Ereignissen)

Welche Berichte in einem Projekt tatsächlich erstellt werden, kann projektspezifisch unterschiedlich geregelt sein. Üblich ist jedoch mindestens der Projektbericht (meist als **Projektstatusbericht** bezeichnet), für den der Projektleiter verantwortlich ist.

#

Definition

Der **Projektbericht (Projektstatusbericht)** ist eine an einen bestimmten Empfänger oder Empfängerkreis gerichtete regelmäßige Darstellung über Entwicklung und Stand eines Projekts (DIN 69901).

Der Projektstatusbericht hat den Charakter eines **Zwischenberichts**, der dem Empfängerkreis (Auftraggeber, eventuell Lenkungsausschuss bzw. weitere Entscheider) die aktuelle Situation des Projekts nachvollziehbar macht, Probleme beschreibt, Lösungen aufzeigt und als Entscheidungsgrundlage für den weiteren Projektfortgang dient.

Je nach Projekt können z. B. diese Themen Inhalt des Projektstatusberichts sein:

- Aktueller Stand der Leistungen/Arbeiten im Projekt
- Fertiggestellte und noch zu bearbeitende Arbeitspakete
- Geleistete Projektstunden, mögliche Planabweichungen
- Soll-Ist-Vergleiche (Termine, Kosten etc.)
- Berichte über Qualität und Kundenzufriedenheit
- Darstellung der aufgetretenen Abweichungen
- Probleme, unvorhergesehene Entwicklungen
- Eingeleitete bzw. zur Entscheidung stehende Maßnahmen
- Hinweise auf die weitere Projektdurchführung (Prognosen)

Häufig werden Projektberichte mit vorgefertigten Formularen oder Formblättern **standardisiert**. Dies hat den Vorteil, dass die Berichte schnell erstellt werden können, zudem erleichtert es dem Empfänger das gezielte Auffinden der Informationen.

Beispiel

Projektstatusbericht	Kommunikativ AKTIV
Projekt: Münzcollector WM **Projektleiter:** Manfred Schneider	**Berichtszeitraum:** 1. Oktober bis 7. Oktober
Status Termine: [. . .]	**Maßnahmen bei Abweichung:** [. . .]
Status Kosten: 1 610,00 € Unterschreitung	**Maßnahmen bei Abweichung:** Das nicht aufgebrauchte Budget wird auf die verbleibende Projektlaufzeit übertragen.
Status Leistung/Qualität: [. . .]	**Maßnahmen bei Abweichung:** [. . .]
Besondere Ereignisse: Kurzfristig mussten Mitarbeiter für ein anderes Projekt abgezogen werden, daher wurden zu wenig Arbeitsstunden geleistet.	
Aktivitäten im nächsten Berichtszeitraum: Mit dem noch verfügbaren Budget werden zwei zusätzliche Projektmitarbeiter eingearbeitet, um die Fehlstunden aufzufangen.	

Abb.: Projektstatusbericht Projekt „Münzcollector" (Auszug)

Das **Zeitintervall**, in dem die **Projektstatusberichte** zu erstellen sind, kann je nach Projekt unterschiedlich festgelegt sein (z. B. Wochen- oder Monatsberichte). Häufig wird als Termin auch das Erreichen eines Meilensteins gewählt, in diesem Fall entspricht der Projektstatusbericht einem **Meilensteinbericht**. Außerhalb des vorab festgelegten Zeitintervalls steht der **Projektsonderbericht**, der lediglich bei außergewöhnlichen Ereignissen erstellt wird, die möglicherweise eine besondere Entscheidung verlangen (z. B. Abbruch des Projekts aufgrund unzureichenden Adressmaterials).

Eine wichtige inhaltliche Grundlage der Projektberichte sind die Protokolle der **Teammeetings**, in denen die operative Projektarbeit im Mittelpunkt steht. Die Ergebnisse der Besprechungen werden in aller Regel als **Ergebnisprotokoll** festgehalten. 1 | 4.1

> → ***Praxistipp***
> Die Informationen in allen Berichten sollten knapp und verdichtet gehalten sein, um die Zeit des Empfängers nicht unnötig zu beanspruchen.

4.3.7 Kontakte zum Auftraggeber pflegen

Die **Kontakte zum Auftraggeber** ziehen sich durch das ganze Projekt, sie enden nicht mit der Erteilung des Projektauftrags. Von besonderer Bedeutung sind diese Kontakte, wenn das Projekt extern durchgeführt wird, der Auftraggeber sich also nicht im gleichen Unternehmen befindet. Verantwortlicher Ansprechpartner für den Auftraggeber in allen Fragen 9 | 2.5.2 des Projekts ist der Projektleiter. Situationsabhängig können aber auch Kontakte z. B. zum Lenkungsausschuss oder zum Projektmanager bestehen. Es gibt vielfältige Gründe, inten- 9 | 1.1.4 sive Kontakte zu pflegen:

- Der Auftraggeber wird in regelmäßigen Abständen über den Fortschritt des Projekts unterrichtet (Projektstatusbericht). 9 | 4.3.6
- Es finden zu bestimmten Anlässen Meetings mit dem Auftraggeber statt (z. B. Meilensteinbesprechungen). 9 | 3.1.1
- Vonseiten des Auftraggebers werden Anfragen zu nachträglichen Änderungen am Projektauftrag gestellt (Change Requests). 9 | 4.3.5
- Der Auftragnehmer (wenn es sich um einen externen Dienstleister handelt) möchte sich für weitere Projektaufträge und Anschlussprojekte empfehlen. 9 | 5.3
- Auch im Rahmen des Abschlussberichts (Projektreporting) ergeben sich zahlreiche Kontakte mit dem Auftraggeber. 9 | 5.4

> → ***Praxistipp***
> Um widersprüchliche Aussagen zu vermeiden, sollte der Auftraggeber lediglich **einen** festen Ansprechpartner (üblicherweise den Projektleiter) haben.

Zusammenfassung

- Um das Erreichen der Projektziele sicherzustellen, findet während der Durchführungsphase ein **kontinuierliches Projektcontrolling** (Projektsteuerung) statt. Dazu werden Soll-Ist-Vergleiche durchgeführt, Abweichungen festgestellt, Konsequenzen bewertet sowie Korrekturmaßnahmen vorgeschlagen, durchgeführt und kontrolliert.
- Projektcontrolling findet in einer bestimmten **Abfolge** von Schritten statt:
  1. Arbeitspakete starten und benötigte Ressourcen zur Verfügung stellen
  2. Ist-Werte ermitteln
  3. Soll-Ist-Vergleich durchführen
  4. Ursachen der Abweichungen analysieren
  5. Korrekturmaßnahmen entwickeln und umsetzen
  6. Erfolg der Korrekturmaßnahmen überprüfen

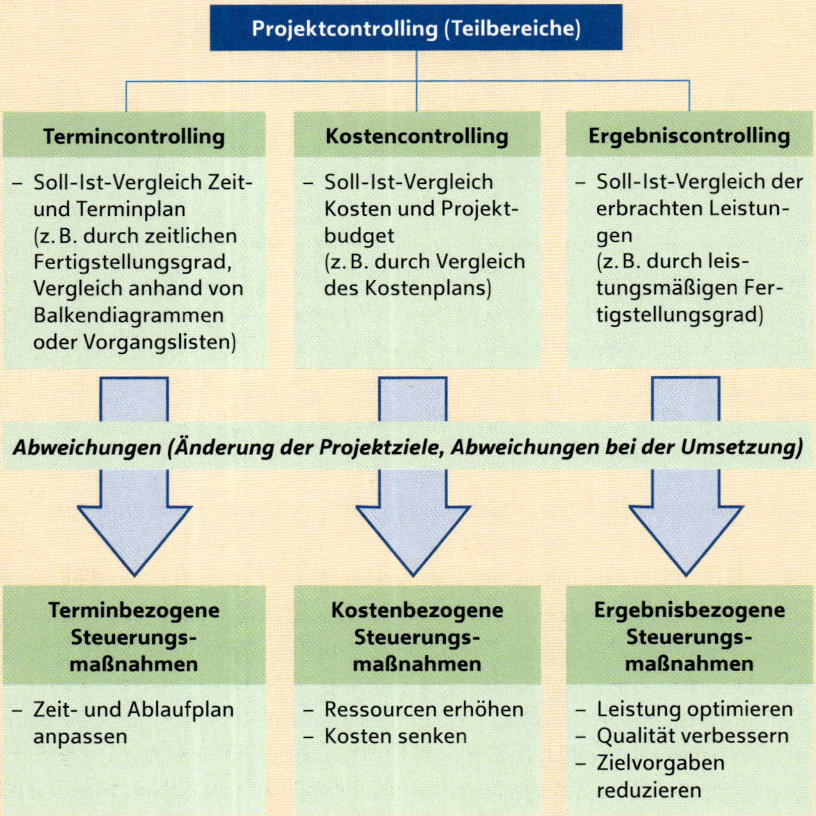

- Während der Projektdurchführung sind verschiedene **Projektberichte** (z. B. Projektstatusbericht) zu erstellen. Dadurch werden die Anforderungen nach einer lückenlosen Projektdokumentation erfüllt, der Auftraggeber wird laufend informiert, zudem wird der Projektabschlussbericht vorbereitet.

Aufgaben

1. **Welche Ressourcen werden bei der Durchführung von Callcenter-Projekten benötigt?**
2. **Erläutern Sie anhand eines Beispiels, warum der Projektsteuerung die Aufgabe eines Frühwarnsystems zugeschrieben wird.**
3. **Nennen Sie drei typische Daten, die für das Projektcontrolling in Callcenter-Projekten notwendig sind. Unterscheiden Sie in diesem Zusammenhang die Begriffe Bringschuld und Holschuld.**
4. **Beschreiben Sie die Abfolge der einzelnen Schritte des Projektcontrollings anhand eines Beispiels aus Ihrem Ausbildungsbetrieb.**
5. **Welche Informationen werden benötigt, um den Projektstatus darzustellen?**
6. **Für ein Projekt der Dialogfix GmbH wurden 300 Mitarbeitertage eingeplant. In der ersten Projektwoche wurden vom Projektteam folgende Arbeitsstunden geleistet: Ken Höltz 20 Stunden, Petra Gerlitz 30 Stunden, Marvin Gerstner 40 Stunden, Swantje Wegener 30 Stunden (die tägliche Arbeitszeit beträgt jeweils 8 Stunden). Ermitteln Sie den zeitlichen Fertigstellungsgrad in diesem Projekt.**
7. **Nach dem ersten Projekttag im Projekt „Münzcollector" hat der Projektleiter Manfred Schneider nachstehende Statistik erstellt:**

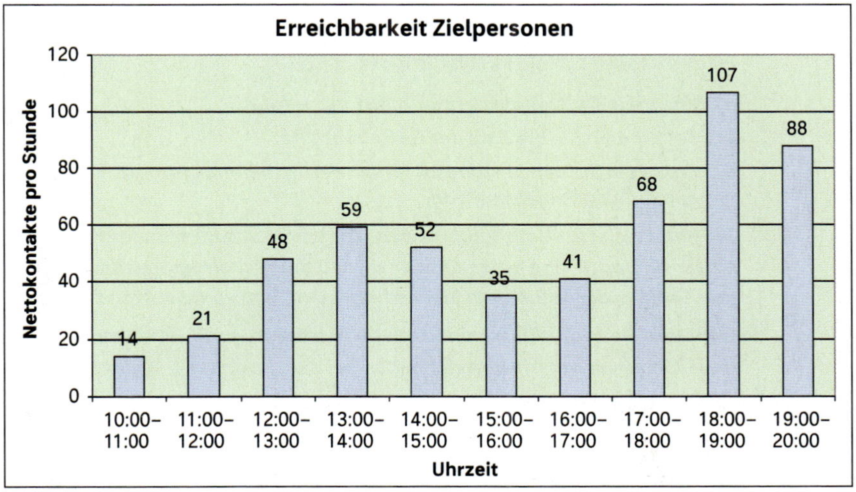

Untersuchen Sie anhand der Statistik, ob folgende Aussagen zutreffen:

a) **Zwischen 18:00 und 19:00 Uhr erfolgen die meisten Bestellungen.**

b) **Die AHT ist in den Vormittagsstunden am niedrigsten.**

c) **Die Erreichbarkeit der Zielpersonen ist gleichmäßig über den Tag verteilt.**

d) **Im Projekt „Münzcollector" ist ein flexibles Arbeitszeitmodell erforderlich.**

e) **Es wurden am ersten Projekttag 533 Nettokontakte erzielt.**

8. **Für ein Inhouse-Projekt der Dialogfix GmbH steht ein Projektbudget von 10000,00 € zur Verfügung. Die Kosten einer Produktivstunde betragen 16,20 €. Weitere Kosten müssen nicht berücksichtigt werden. Berechnen Sie, wie viele Produktivstunden bis zur Hälfte der Projektlaufzeit maximal abgeleistet werden dürfen, um beim Kostencontrolling das anteilige Projektbudget nicht zu überschreiten. Runden Sie sinnvoll auf ganze Stunden.**

9|3.1.4

9. ***Führen Sie anhand der nachstehenden Vorgangsliste rechnerisch ein Termincontrolling durch. Hinweis: Die Arbeitspakete 1 und 2 laufen parallel, alle anderen Arbeitspakete folgen unmittelbar aufeinander (seriell).***

	Soll-Dauer (Tage)	Ist-Dauer (Tage)
Arbeitspaket 1	2	2
Arbeitspaket 2	2	3
Arbeitspaket 3	0,5	0,5
Arbeitspaket 4	2,5	3,5
Arbeitspaket 5	10	10
Arbeitspaket 6	5	4

10. ***Aus dem Projekt „Münzcollector" erhalten Sie nach der ersten Projektwoche folgende statistische Auswertung der Anrufe:***

Kunde beim ersten Anruf erreicht	2708
Kunde beim zweiten Anruf erreicht	110
Kunde beim dritten Anruf erreicht	139
Kunde auch nach dem dritten Anruf nicht erreicht	343
Weitere Fehlversuche (jeweils ein Anruf)	418

9|2.2

a) ***Wie viele Bruttokontakte sind bislang erfolgt?***

b) ***Bestimmen Sie die Zahl der Nettokontakte.***

c) ***Ermitteln Sie den leistungsmäßigen Fertigstellungsgrad (Nettokontakte), bezogen auf den Projektauftrag.***

11. ***Die Münzcollector GmbH äußert den Wunsch, in das Kundengespräch bei unveränderter AHT noch eine kurze Kundenzufriedenheitsbefragung einzubauen. Nennen Sie drei Gründe, die dafür sprechen könnten, den Änderungsantrag zu akzeptieren.***

12. ***Erläutern Sie in der Klasse anhand von Beispielen aus Ihren Ausbildungsbetrieben mögliche Ursachen für Abweichungen bei der Umsetzung in einem Projekt.***

13. ***Welche Herausforderungen ergeben sich durch das „magische Dreieck" der Projektziele für die Maßnahmen der Projektsteuerung?***

14. ***Nach der dritten Projektwoche im Projekt „Münzcollector" liegen folgende Daten vor:***

	Soll	Ist
Nettokontakte	10080	12856
Bestellungen	5000	3827

Beurteilen Sie vor diesem Hintergrund die möglichen Auswirkungen der nachfolgenden Projektsteuerungsmaßnahmen:

a) ***Projektlaufzeit um eine Woche verlängern***

b) ***Zwei zusätzliche Projektmitarbeiter einstellen***

c) ***Gesprächsleitfaden verändern***

d) ***Nachschulungen (Produkttraining) durchführen***

e) ***Erfolgsprämie je erfasster Bestellung einführen***

15. ***Um Kosten zu sparen, schlägt Projektleiter Schneider dem Auftraggeber vor, künftig auf den Projektstatusbericht zu verzichten. Bewerten Sie diesen Vorschlag.***

5 Projekte abschließen

Einstiegssituation

Am letzten Tag der Projektdurchführung treffen sich Julia und Herr Schneider wie verabredet wieder. Julia berichtet Herrn Schneider von ihren Erfahrungen, die sie in den vergangenen Wochen gemacht hat. Sie weiß, dass sich das Projekt dem Ende zuneigt, und ist schon etwas traurig, weil das Projektteam bald aufgelöst wird.

Julia: *„Herr Schneider, wie geht es denn nun weiter? Wie kann man erkennen, ob die KommunikativAktiv KG im Projekt erfolgreich gearbeitet hat?"*

Herr Schneider: *„Bis Ende der Woche sind wir mit den Projektkennzahlen beschäftigt. Die hast du ja teilweise schon bei deiner Arbeit in der Projektsteuerung kennengelernt."*

Julia: *„Und jetzt zum Abschluss müssen wir erneut Kennzahlen erstellen?"*

Herr Schneider: *„Genau! Die Kennzahlen müssen schon bis zum Wochenende fertig sein, denn am Montag kommen die Vertreter der Münzcollector GmbH zur Projektabschlusssitzung. Wir müssen dazu alle relevanten Zahlen für den Projektabschlussbericht erfassen und aufbereiten. Die benötigen wir teilweise auch für die abschließende Rechnung, die wir der Münzcollector GmbH schicken. Am besten beginnen wir gleich, dies ist eine wichtige und zeitintensive Arbeit*

Arbeitsaufträge

1. ***Welche Tätigkeiten fallen zum Projektabschluss an?***
2. ***An welchen Kriterien kann der Erfolg eines Projekts festgemacht werden?***
3. ***Welche Daten könnten als Basis für eine Projektabrechnung dienen?***
4. ***Überlegen Sie in der Klasse, welche Erfahrungen aus einem abgeschlossenen Projekt gewonnen werden können.***

Projekte enden nicht „einfach so". Am Ende eines Projekts – ob mit oder ohne Erfolg durchgeführt – steht der **Projektabschluss** mit vielen wichtigen Tätigkeiten.

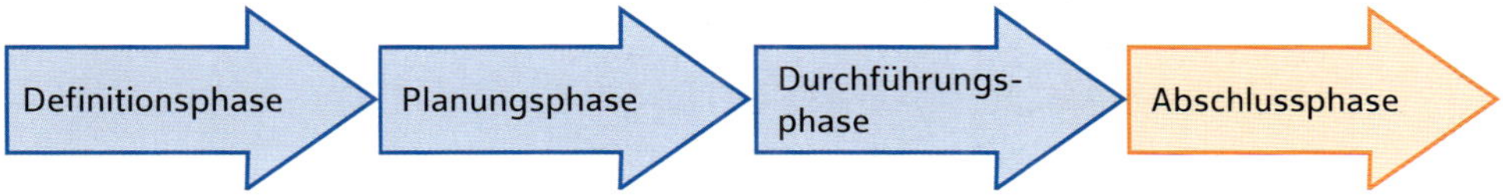

Abb.: Abschlussphase

Definition

Der **Projektabschluss** ist das formale Ende eines Projekts und die Beendigung aller Tätigkeiten, die mit dem Projekt in Zusammenhang stehen (DIN 69905).

In der Abschlussphase fallen insbesondere folgende Aufgaben an:

- Der Erfolg des Projekts wird ermittelt. Es werden wesentliche Informationen über **Projekterfolg** und Projektverlauf in **Statistiken und Kennzahlen** aufbereitet und
9 | 5.1 Daten für die abschließende Projektabrechnung zusammengetragen.
- Der Auftraggeber bestätigt durch die **Projektabnahme** den Erfolg bzw. die Ergeb-
9 | 5.2 nisse des Projekts.
- In einer **Projektabschlusssitzung** werden Projektverlauf und Projektergebnisse
9 | 5.3 präsentiert und besprochen.
- Wesentliche Informationen über das Projekt werden im **Projektabschlussbericht**
9 | 5.4 (Projektreport) festgehalten, die Projektdokumentation wird vervollständigt.
- Bei den Projektbeteiligten findet eine **Projektauswertung** (Projektreview) statt,
9 | 5.5 Projektorganisation und Projektteam werden aufgelöst.

→ *Praxistipp*

„Nach dem Projekt ist vor dem Projekt“: Der Projektabschlussphase sollte ausreichend Zeit gewidmet werden, auch wenn Projektleiter und Projektteam mit den Gedanken schon beim nächsten Projekt sind.

Der erfolgreiche Abschluss eines Projekts ist nicht garantiert. Es können Umstände eintreten, welche die Fortsetzung des Projekts unmöglich machen (z. B. geänderte Rahmenbedingungen). Auch die Entscheidung des Auftraggebers (bzw. Lenkungsausschuss, Geschäftsleitung), aus unternehmerischen Gründen das Projekt abzubrechen, ist denkbar (z. B. bei unerwartetem Auftragsrückgang). Häufigster Grund für einen Projektabbruch ist jedoch, weil abzusehen ist, dass die Projektziele nicht oder zumindest nicht im Rahmen der für das Projekt vorgesehenen Zeit und Ressourcen erreicht werden können.

Definition

Durch einen **Projektabbruch** wird die Projektabwicklung vor Erreichen der Projektziele eingestellt, mit dem Willen, das Projekt nicht weiterzuführen (DIN 69905).

Doch selbst im Fall eines Projektabbruchs sind abschließende Arbeiten notwendig.

5.1 Projektbezogene Statistiken und Kennzahlen

Am Ende des Projekts wird überprüft, ob die Projektziele erreicht wurden. Dies erfolgt durch ein **abschließendes Projektcontrolling**. Dafür benötigte Daten und Informationen werden häufig anhand von **Statistiken** und **Kennzahlen** dargestellt.

> **Definition**
> In einer **Statistik** werden quantitative Daten beschrieben, aufbereitet, verdichtet und zusammengefasst. Darstellungsformen sind Tabellen, Grafiken und Kennzahlen.

Von besonderer Bedeutung sind dabei aussagekräftige Kennzahlen.

> **Definition**
> **Kennzahlen** sind genaue Zahlenangaben zu wirtschaftlichen Sachverhalten, die Zustände und Entwicklungen messen und verdeutlichen.

Kennzahlen müssen dabei

- leicht verständlich,
- einfach erhebbar und
- aktiv beeinflussbar

sein.

Arten und Funktionen von Kennzahlen

Kennzahlen lassen sich in absolute und relative Kennzahlen unterscheiden. Bei **absoluten Kennzahlen** wird die Information durch **einen** Zahlenwert ausgedrückt, der für sich steht und aussagekräftig ist. Die Zahlen können als Werte oder Mengen auftreten (z. B. Umsatz, Personalstärke, Materialbestand, Abschlüsse etc.).

Beispiel

Average Handling Time (AHT): 300 Sekunden

Das Grundprinzip von **relativen Kennzahlen** (Verhältniskennzahlen) besteht darin, **zwei** Einzelinformationen in Beziehung zu setzen, um komplexe Sachverhalte und Zusammenhänge mit einer Maßgröße darstellen zu können. Dabei wird der zu messende Wert im Zähler und die Bezugsgröße im Nenner dargestellt.

$$\textbf{relative Kennzahlen (allgemein)} = \frac{\textbf{zu messender Wert}}{\textbf{Bezugsgröße}}$$

Insgesamt lassen sich drei Typen von relativen Kennzahlen unterscheiden:

- **Gliederungskennzahlen:** Sie drücken einen Teilwert (Quote) im Verhältnis zum Gesamtwert in Prozent aus. Grundlage sind dabei **gleichartige** Größen.

  Beispiel

$$\textbf{Lost-Call-Quote} = \frac{\textbf{aufgelegte Anrufe (Anzahl)} \cdot \textbf{100}}{\textbf{eingehende Anrufe (Anzahl)}}$$

- **Beziehungskennzahlen:** Sie zeigen das Verhältnis zweier **verschiedenartiger** Größen zueinander, zwischen denen es jedoch einen sachlichen Zusammenhang gibt.

Beispiel

$$\textbf{Produktivität} = \frac{\textbf{bearbeitete Anrufe (Anzahl)}}{\textbf{Nettoarbeitszeit (Stunden)}}$$

- **Indexkennzahlen:** Mit diesem Kennzahlentyp drückt man das Verhältnis zweier **gleichartiger** Größen zueinander aus, die sich in **zeitlicher** Hinsicht unterscheiden. Vorrangig werden damit Entwicklungen dargestellt.

Beispiel

$$\textbf{Lohnkostenindex} = \frac{\textbf{Lohnkosten aktuelles Jahr}}{\textbf{Lohnkosten Basisjahr}}$$

Ausgewertete Kennzahlen bieten eine Vielzahl von **Funktionen**:

Wahrnehmungsfunktion	Kennzahlen lenken den Blick auf bedeutsame Aspekte und sind geeignet, diese einfach und verständlich darzustellen.
Entscheidungsfunktion	Anhand von Kennzahlen können Alternativen abgewogen und unternehmerische Entscheidungen getroffen werden.
Vergleichsfunktion	Durch Kennzahlen wird es möglich, objektiv und nachweisbar das Erreichen gesetzter Ziele und vorgegebener Werte zu überprüfen sowie Abweichungen frühzeitig entgegenzuwirken (Soll-Ist-Vergleich). Auch ein Vergleich mit früheren Ergebnissen ist möglich.
Kommunikationsfunktion	Die Kennzahlen regen zur Diskussion und zur Auseinandersetzung an.
Anreizfunktion	Die Ergebnisse spornen an, in Zukunft Verbesserungen zu erreichen. Neue, anspruchsvollere Ziele können vereinbart werden.
Marketingfunktion	Erfolge und Ergebnisse können belegt werden und schaffen Empfehlungen für zukünftige Aufträge und Projekte.

Häufig werden **Diagramme** als Mittel zur Visualisierung von Kennzahlen eingesetzt.
2|3.2 Dabei kommen konkret infrage:

- **Tabellen:** geeignet für Rangordnungen, Aufzählungen etc
- **Kurvendiagramm:** geeignet bei Entwicklungen in einem bestimmten Zeitraum
- **Säulendiagramm:** geeignet zum Größenvergleich
- **Kreisdiagramm:** geeignet für die Darstellung von Anteilen an einem Gesamtwert

→ ***Praxistipp***
Beachten Sie bei der Aufbereitung von Statistiken stets die Einsatzmöglichkeiten der einzelnen Diagramme und die damit verbundenen Formalien.

Projektbezogene Kennzahlen

Die projektbezogenen Kennzahlen lassen sich in drei Kategorien unterteilen:

- **Erfolgsbezogene Kennzahlen** überprüfen, ob die **Projektziele** erreicht wurden.
- **Abrechnungsbezogene Kennzahlen** bilden die Grundlage für die **Rechnungserstellung** an den Auftraggeber.
- **Unternehmensbezogene Kennzahlen** beziehen sich auf die Auswirkungen des Projekts auf den **wirtschaftlichen Erfolg** des projektausführenden Unternehmens (Gewinn, Verlust, Deckungsbeitrag etc.)

> **→ *Praxistipp***
> Die unternehmensbezogenen Kennzahlen sind Gegenstand der Kosten- und Leistungsrechnung (KLR) des betreffenden Unternehmens und werden in diesem Kontext behandelt (siehe Lernfeld 11).

11 | 3

Erfolgsbezogene Kennzahlen

Die erfolgsbezogenen Kennzahlen stellen die Messlatte dar, anhand derer der Auftraggeber dem Projekt entweder Erfolg oder Misserfolg bescheinigt. Aufgrund des einzigartigen Charakters von Projekten können erfolgsbezogene Kennzahlen natürlich spezifisch vereinbart werden. Sie beziehen sich aber grundsätzlich auf die drei Zielgrößen des „magischen Dreiecks", die bereits in der Projektvorbereitung definiert wurden:

- Qualität/Leistung
- Kosten/Ressourcen
- Zeit/Termine

Für Projekte im Callcenter können u. a. folgende **branchenspezifische Erfolgskennzahlen** ermittelt werden (differenziert nach Inbound-/Outbound-Projekten):

5 | 5

Erfolgskennzahlen Inbound	Erfolgskennzahlen Outbound
Average Handling Time (AHT)	Average Handling Time (AHT)
Servicelevel	Nettokontakte
Lost-Call-Quote	Ausschöpfungsquote
Produktivität/Auslastung	Erfolgsquote
First Call Resolution (FCR)	Stornoquote

Oft sind erfolgsbezogene Kennzahlen bereits Gegenstand der Projektsteuerung (Projektcontrolling) während der Projektdurchführung. Unternehmens- und projektspezifisch können die Kennzahlen noch weiter verfeinert und ausgeweitet werden.

9 | 4.3

Im Projekt „Münzcollector" stellt sich die abschließende **Projektstatistik** wie folgt dar:

Beispiel

Gesamtstatistik

Kommunikativ AKTIV

Kunde	Münzcollector GmbH		
Projektname	Münzcollector WM		
Aktion	Telefonische Nachfassaktion		
Aktionszeitraum (geplant)	1. Oktober bis 12. November		
Aktionszeitraum (tatsächlich)	1. Oktober bis 12. November		
Projektziele	a) 20160 Nettokontakte b) 11200 Bestellungen c) Adressen qualifizieren		
		in %	**Bemerkung**
Adressen übergeben	**25200**		**Gelieferte Adressen**
Keine Telefonnummer	52	0,21 %	
Dubletten	164	0,65 %	
Summe Ausfalladressen	216	0,86 %	Ausfalladressquote
Bruttoadressmenge	**24984**	**100,00 %**	**Mögliche zu bearbeitende Adressen**
Falsche Telefonnummer	335	1,34 %	Ausfallquote für falsche Telefonnummern
Zielperson dreimal nicht erreicht (n. e.)	2638	10,56 %	Quote nicht erreichter Adressen
Gesprächsabbruch durch Kunden	1107	4,43 %	Abbrecherquote
Erzielte Nettokontakte	**20904**	**83,67 %**	**Abrechnungsbasis** (Ausschöpfungsquote)
Ergebnisse aus Nettokontakten			
Nettokontakte	**20904**	**100 %**	
Bestellungen	11058	52,90 %	Positives Gesprächsergebnis (Erfolgsquote)
Kein Interesse	9846	47,10 %	Negatives Gesprächsergebnis
Kundendaten korrigiert	1539	7,36 %	Zusatzerfolg

Abb.: Projektstatistik (Auszug)

> **Praxistipp**
> Beachten Sie, dass je nach gewünschter Information (Kennzahl) ein anderer Grundwert Basis der **Prozentrechnung** sein kann!

7 | 2.2

Die Gesamtstatistik im Projekt Münzcollector enthält u. a. folgende Informationen:

- Der vereinbarte späteste Abschlusstermin wurde eingehalten (12. November).
- Die Zahl der vereinbarten und abrechnungsrelevanten Nettokontakte wurde um 744 übertroffen (20 904 statt 20 160). Die Zahl der gewünschten Bestellungen wurde jedoch leicht um 142 unterschritten (11 058 statt 11 200. Zusätzlich konnten noch im Zuge der Adressqualifizierung 1 539 Kundendaten korrigiert werden (Zusatzleistung).
- Aufgrund der höheren Zahl an erzielten Nettokontakten wurde das Projektbudget nicht eingehalten. Vereinbart waren 2,50 € je Nettokontakt, somit werden der Münzcollector GmbH laut Projektauftrag auf Basis der tatsächlichen Nettokontakte 52 260,00 € (20 904 · 2,50 €) in Rechnung gestellt (ursprünglich geplant: 20 160 · 2,50 € = 50 400,00 €).

Die Projektstatistik und die ermittelten Kennzahlen sind ein wichtiges Kriterium für die Projektabnahme und gehen auch in den Projektabschlussbericht ein.

9 | 5.4

> **Praxistipp**
> Die Kennzahlen im Projekt „Münzcollector“ liegen innerhalb der von einem Auftraggeber üblicherweise akzeptierten Toleranz.

Abrechnungsbezogene Kennzahlen

In der Projektabrechnung werden dem Projektauftraggeber die **Projektkosten** in Rechnung gestellt. Um spätere Unstimmigkeiten zu vermeiden, werden in aller Regel die Art und Weise der Abrechnung und die dafür zugrunde zu legenden abrechnungsbezogenen Kennzahlen bereits im **Projektauftrag** festgelegt.

9 | 2.5.3

Beispiel

Im Projekt „Münzcollector“ wurde die Abrechnung je Nettokontakt vereinbart.

Bei Projekten ist die Abrechnung grundsätzlich auf drei Arten möglich:

- **Mengenorientiert:** Die Abrechnung basiert auf der Menge der erbrachten Leistungen (z. B. geleistete Projektstunden, getätigte Telefonate).
- **Ergebnisorientiert:** Gegenstand der Abrechnung sind die erzielten Erfolge im Projekt (z. B. Abschlüsse, Terminvereinbarungen).
- **Pauschal:** Die Leistungen werden im Rahmen eines Festpreises erbracht.

In Callcenter-Projekten sind folgende abrechnungsbezogene Kennzahlen gängig:

11 | 2.1

Kennzahl	Erläuterung	Ermittlung
Mengenorientierte Kennzahlen		
Kosten pro Call (cost per call)	Entstehende Kosten pro Anruf, in der Praxis ausdifferenziert je nach Projekt, Team, Aufgabe etc. Diese Kosten können in der Kosten- und Leistungsrechnung (KLR) unterschiedlich angesetzt werden.	$\frac{\textbf{Kosten}}{\textbf{Anrufe}}$
Kosten pro Nettokontakt	Wie Kosten pro Call (s. o.), jedoch statt auf die Anrufe auf die Nettokontakte bezogen	$\frac{\textbf{Kosten}}{\textbf{Nettokontakte}}$
Kosten pro Agentenstunde/-minute	Bemisst, welche Kosten (s. o.) pro eingeloggte bzw. vergütungsrelevante Agentenstunde anfallen	$\frac{\textbf{Kosten}}{\textbf{eingeloggte Stunden}}$
Ergebnisorientierte Kennzahlen		
Kosten pro Abschluss (cost per order)	Abgerechnet werden ausschließlich die Gespräche, die auch zu einem Abschluss (Verkaufserfolg) geführt haben.	$\frac{\textbf{Kosten}}{\textbf{Abschlüsse}}$
Kosten pro Lösung (cost per solution)	Kennzahl aus dem Inbound-Bereich (z. B. Servicehotline), in der die Kosten auf die erzielten Lösungen verteilt werden	$\frac{\textbf{Kosten}}{\textbf{Lösungen}}$
Pauschal		
Kostenpauschale	Im eigentlichen Sinne keine Kennzahl, für ein Projekt wird eine Kostenpauschale (Festpreis) mit bestimmten Inklusivleistungen (z. B. Calls, Gesprächsminuten) vereinbart. In der Praxis nur bei kleinen Projekten anzutreffen.	**Projekt- und unternehmensabhängig**

→ ***Praxistipp***

Beachten Sie, dass im Einzelfall unternehmensspezifisch abweichende Bezeichnungen bzw. Berechnungen der Kennzahlen möglich sind.

5.2 Projektabnahme

Der Auftraggeber (egal ob intern oder extern) muss überprüfen, ob das Projektergebnis mit den im Projektauftrag bzw. im Anforderungskatalog getroffenen Vereinbarungen
9 | 2.2 übereinstimmt. Dieses Verfahren wird als **Projektabnahme** bezeichnet.

#

Definition

Durch die **Projektabnahme** bestätigt der Auftraggeber dem Auftragnehmer, dass das Projektergebnis vertragsgemäß erbracht wurde. Die Projektleitung wird von ihren Pflichten befreit, die Durchführung des Projekts ist beendet, der Projektauftrag erfüllt.

Sofern es bei dem Projekt um die Erstellung eines Produkts ging, spricht man auch von einer Produktabnahme. In diesem Fall wird das (materielle) Ergebnis (Produkt) übergeben bzw. vorgeführt und eventuell noch intensiven Tests unterzogen, auch Einweisungen können an dieser Stelle erfolgen.

Werden in dem Projekt Dienstleistungen erbracht (wie z. B. in Callcenter-Projekten), fällt die Abnahmeprozedur naturgemäß weniger aufwendig aus. Im Mittelpunkt steht dann die Überprüfung der ergebnisbezogenen Kennzahlen.

Beispiel

Im Projekt Münzcollector überprüft der Auftraggeber, die Münzcollector GmbH, im Zuge der Projektabnahme, ob die KommunikativAktiv KG als Auftragnehmer alle im Projektauftrag vereinbarten Ziele (Nettokontakte, Bestellungen etc.) realisiert hat.

Üblicherweise wird ein **Abnahmeprotokoll** bzw. eine Abnahmebescheinigung erstellt, in dem die Ergebnisse der Abnahmeprüfung festgehalten werden. Darin werden auch eventuelle Mängel festgehalten, die zu Nachforderungen führen können.

→

Praxistipp

Häufig findet die Projektabnahme im Rahmen der Projektabschlusssitzung statt.

5.3 Projektabschlusssitzung

Durch das Kick-off-Meeting der Projektbeteiligten wurde der Beginn der Projektdurchführung eingeläutet. Nach Ende der Projektdurchführung findet – quasi als Gegenstück zum Kick-off-Meeting – eine **Projektabschlusssitzung** statt. 9 | 2.9

#

Definition

Die **Projektabschlusssitzung** (auch: Projektabschluss workshop, Projektabschlusspräsentation ist die abschließende Zusammenkunft der Projektbeteiligten. Sie markiert das formelle Ende des Projekts.

Zweckmäßigerweise sollten daran alle Personen teilnehmen, die auch bereits beim Kick-off-Meeting dabei waren. Dies sind also mindestens der Projektauftraggeber, der Projektleiter und das Projektteam, ergänzt durch projektspezifische weitere Beteiligte (z. B. Lenkungsausschuss, Geschäftsführung etc.).

Wesentliche **Aufgaben** der Projektabschlusssitzung sind:

- 9|5.2 Projektabnahme bzw. Übergabe des Projektgegenstands
- Präsentation und Aushändigung des Projektabschlussberichts
- 9|5.4 Aussprache über den Projektverlauf und die Projektergebnisse

In der **Aussprache** können z. B. folgende Fragestellungen von Interesse sein:

- Konnten die Ziele des Projekts erreicht werden?
- Welche Ursachen sind für eventuelle Abweichungen verantwortlich?
- Müssen noch Restarbeiten erledigt werden?
- Sind alle Termine eingehalten worden?
- Wurde das Projektbudget eingehalten?
- Wie hat die Zusammenarbeit im Team funktioniert?
- Wie verlief die Zusammenarbeit mit dem Auftraggeber?
- Was kann bei zukünftigen Projekten anders/besser gemacht werden?

→ ***Praxistipp***
2|3 Beachten Sie bei der Vorbereitung und Durchführung der Projektabschlusssitzung die bekannten **Grundlagen der Präsentationstechnik**.

5.4 Projektabschlussbericht (Projektreport)

Zum Abschluss des Projekts wird eine schriftliche Bilanz gezogen, in der das Projekt bewertet wird. Dies erfolgt durch einen **Projektabschlussbericht**, der **an den Auftraggeber** gerichtet ist und in der Regel vom Projektleiter verfasst wird.

Definition
Der **Projektabschlussbericht** (auch: **Projektreport**, Projektabschlussdokumentation) beinhaltet die zusammenfassende, abschließende Darstellung von Verlauf und erzielten Ergebnissen des Projekts, von Zeit-, Kosten- und Personalaufwand sowie ggf. von Hinweisen auf mögliche Anschlussprojekte (DIN 69901).

Die Inhalte des Projektabschlussberichts stützen sich auf die laufend gepflegte und bereits während der Projektvorbereitung geplante **Projektdokumentation** (z. B. Projektstatus-
9|3.3.2 berichte). Projektspezifisch können Umfang und Inhalt des Projektabschlussberichts natürlich sehr unterschiedlich sein. Einige **Mindestinhalte** sind jedoch üblich:

- Beschreibung der Ausgangslage und der Rahmenbedingungen
- Darstellung der tatsächlichen Projektergebnisse
- Soll-Ist-Vergleich der Projektziele
- Abweichungsanalyse

- Beschreibung und Bewertung der Projektabwicklung
- Kostenabrechnung, eventuell mit Nachkalkulation
- Konsequenzen und Empfehlungen für zukünftige Projekte

Vielfach wird für den Projektabschlussbericht ein **standardisiertes Formular** verwendet, das bereits als Vorlage im **Projektmanagementhandbuch** abgelegt ist. 9 | 2.8.1

Beispiel

Projektabschlussbericht	**Datum:**	Kommunikativ **AKTIV**
Projektleiter:	**Projekt:**	
Projektziele		
Beschreibung der Ausgangssituation und der Projektziele:		
Termine	**Soll:**	**Ist:**
Budget	**Soll:**	**Ist:**
Ergebnisse	**Soll:**	**Ist:**
Kommentar zu den erreichten Projektzielen, eventuell Abweichungsanalyse:		
Projektdurchführung		
Darstellung des Projektverlaufs:		
Abweichungen und Probleme im Projekt:		
Restarbeiten: (Verantwortlichkeiten, Termine)		
Unterschrift Projektleiter	**Unterschrift Auftraggeber**	
Anlagen: (z. B. Projektauftrag, Projektstatusberichte, Abnahmeprotokoll, Ansprechpartner)		

Abb.: Projektabschlussbericht (Formular)

5.5 Projektauswertung (Projektreview)

Ein erster Erfahrungsaustausch über das Projekt ist bereits Gegenstand der Projektabschlusssitzung in „großer Runde“ mit dem Auftraggeber. Darüber hinaus gilt es aber auch, mittels einer rückblickenden **Projektauswertung** die Erfahrungen **intern** (im Projektteam bzw. im projektausführenden Unternehmen) zu sichern.

> #
> ***Definition***
> Eine **Projektauswertung** (auch: Projektnachbetrachtung, **Projektreview**) dient dem Rückblick auf ein abgeschlossenes Projekt, um die gewonnenen Erfahrungen zu sichern und für zukünftige Projekte zu nutzen (DIN 69904).

Das Projektreview kann in Form einer **Feedback-Runde** innerhalb des Projektteams erfolgen, moderiert vom Projektleiter. Alternativ ist auch eine schriftliche Befragung möglich. Wichtige Fragen, die in diesem Zusammenhang diskutiert werden, sind z. B.:

- Welche Erfahrungen haben die einzelnen Mitglieder des Projektteams gemacht?
- Wo lagen Stärken und Schwächen in der Zusammenarbeit des Projektteams?
- Wie verlief die Zusammenarbeit zwischen Projektteam und Projektleiter?
- Welche Vorgehensweisen waren besonders erfolgreich?
- Welche Fehler müssen zukünftig vermieden werden?
- Was sollte bei zukünftigen Projekten anders gemacht werden?

Durch den neuartigen Charakter von Projekten liegt es auf der Hand, dass die Durchführung nicht immer wie geplant läuft, Fehler sind oft unvermeidlich. Dies eröffnet allerdings die Gelegenheit, aus den – guten oder schlechten – Erfahrungen und dem erfolgten Wissenszuwachs zu lernen. Eine solche Vorgehensweise als Ergebnis des Projektreviews wird auch als **„Lessons learned“** (gesammelte Erfahrungen) bezeichnet.

> #
> ***Definition***
> **„Lessons learned“** bezeichnet die systematische Erfassung und Auswertung von Projekterfahrungen mit dem Ziel, daraus Nutzen für zukünftige Projekte zu ziehen.

Um die „Lessons learned“ auch tatsächlich bei zukünftigen Projekten nutzbringend verwenden zu können, muss auf deren leicht zugängliche Dokumentation geachtet werden. So bleibt das erworbene Wissen dem Unternehmen dauerhaft erhalten.

> **Praxistipp**
> *„Der Kluge lernt aus seinen Fehlern, der Weise aus den Fehlern der anderen."*
> (Chinesisches Sprichwort)

Nachdem alle offiziellen und formellen Arbeiten zum Projektabschluss erledigt wurden, ist zum Abschied eine **Abschlussfeier** angemessen und sinnvoll. Ein feierlicher Ausklang erleichtert den emotionalen Abschluss des Projekts. Zudem würdigt eine Feier die geleistete Arbeit der Projektmitarbeiter, die sich nach der Auflösung des Projektteams in anderen Aufgaben wiederfinden.

Zusammenfassung

- Am Ende eines Projekts wird überprüft, ob die Projektziele erreicht wurden. Dies erfolgt häufig mithilfe von **Statistiken** und **Kennzahlen**.

Arten von Kennzahlen

Absolute Kennzahlen	Relative Kennzahlen
Ein Zahlenwert steht für sich.	Verhältnis von zwei Zahlenwerten: – Gliederungskennzahlen – Beziehungskennzahlen – Indexkennzahlen

Projektbezogene Kennzahlen

erfolgsbezogen	abrechnungsbezogen	unternehmensbezogen
prüfen, ob die Projektziele erreicht wurden, im Callcenter z. B. AHT, Nettokontakte, Erfolgsquote.	bilden die Grundlage für die Rechnungserstellung an den Auftraggeber.	beziehen sich auf den wirtschaftlichen Erfolg des ausführenden Unternehmens, z. B. Gewinn, Verlust.

mengenorientiert	ergebnisorientiert	pauschal
– Kosten pro Call – Kosten pro Nettokontakt – Kosten pro Agentenstunde/-minute	– Kosten je Abschluss – Kosten je Lösung	– Kostenpauschale mit Inklusivleistungen

- Durch die **Projektabnahme** bestätigt der Auftraggeber dem Auftragnehmer, dass das Projektergebnis vertragsgemäß erbracht wurde.
- Die **Projektabschlusssitzung** ist die abschließende Zusammenkunft der Projektbeteiligten, sie beendet das Projekt.
- Der **Projektabschlussbericht (Projektreport)** an den Auftraggeber beinhaltet die zusammenfassende, abschließende Darstellung von Verlauf und erzielten Ergebnissen des Projekts.
- Eine **interne Projektauswertung (Projektreview)** dient dem Rückblick auf ein abgeschlossenes Projekt, um die gewonnenen Erfahrungen zu sichern und für zukünftige Projekte zu nutzen („Lessons learned").

Aufgaben

1. ***Stellen Sie alle für den Projektabschluss notwendigen Tätigkeiten in einer Mindmap dar.***
2. ***Wodurch unterscheiden sich absolute und relative Kennzahlen? Finden Sie jeweils zwei dieser Kennzahlen, die in Ihrem Ausbildungsbetrieb üblich sind.***
3. ***Erläutern Sie anhand des Beispiels „Erfolgsquote" den Aufbau von Beziehungskennzahlen.***
4. ***Ausgewertete Kennzahlen haben unterschiedliche Funktionen. Erläutern Sie diese Funktionen jeweils anhand eines Beispiels.***
5. ***Der Gesamtstatistik im Projekt „Münzcollector" entnehmen Sie folgende Daten:***

Bruttoadressmenge	24984	100,00 %
Falsche Telefonnummer	335	1,34 %
Zielperson dreimal nicht erreicht (n. e.)	2638	10,56 %
Gesprächsabbruch durch Kunden	1107	4,43 %
Erzielte Nettokontakte	20904	83,67 %

Visualisieren Sie diese Daten mit einem geeigneten Diagramm. Nutzen Sie dazu nach Möglichkeit ein Tabellenkalkulationsprogramm.

6. ***Unterscheiden Sie erfolgsbezogene, abrechnungsbezogene und unternehmensbezogene Kennzahlen.***
7. ***Aus einem Outbound-Projekt der Dialogfix GmbH, bei dem es um den Verkauf einer hochwertigen Software geht, liegen Ihnen folgende Daten vor:***
   - ***Bruttoadressmenge: 20002***
   - ***Bruttokontakte (Calls): 24569***
   - ***Nettokontakte: 15122***
   - ***Geleistete Agentenstunden: 1260***
   - ***Positive Gesprächsergebnisse (Verkäufe): 934***

   a) Ermitteln Sie die Ausschöpfungsquote in diesem Projekt.
   b) Nennen Sie drei Größen, durch die die Ausschöpfungsquote (Zahl der Nettokontakte) beeinflusst wird.
   c) Stellen Sie fest, welche Erfolgsquote zu verzeichnen ist.
   d) Wie viele Verkäufe dürfen maximal storniert werden, wenn die Dialogfix GmbH als Projektziel eine Erfolgsquote von 6 % festgelegt hat?

8. *Aus der Abteilung Kostenrechnung der Dialogfix GmbH erhalten Sie die Mitteilung, dass im vorangegangenen Projekt (Aufgabe 7) Gesamtkosten in Höhe von 64800,00 € angefallen sind. Ermitteln Sie die*
   a) *Kosten pro Call,*
   b) *Kosten pro Nettokontakt,*
   c) *Kosten pro Agentenstunde,*
   d) *Kosten pro Abschluss.*
9. *Bei Projekten im Callcenter sind verschiedene Abrechnungsarten möglich.*
   a) *Vergleichen Sie die abrechnungsrelevanten Kennzahlen „Kosten pro Call" und „Kosten pro Abschluss". Welche Abrechnung ist für das ausführende Callcenter vorteilhaft, welche für den Auftraggeber?*
   b) *Bei welchen Projekten ist die Abrechnung nach „Kosten pro Agentenstunde" sinnvoll?*
10. *Für ein Projekt hat die KommunikativAktiv KG zwei Abrechnungsmöglichkeiten:*
   - *Variante A: Pauschalpreis 10000,00 €,*
   - *Variante B: Abrechnung je Nettokontakt 4,20 €.*

   Geben Sie begründet an, in welchem Fall die Variante A vorteilhaft ist.
11. *Nennen Sie fünf Tagesordnungspunkte für die Projektabschlusssitzung im Projekt „Münzcollector".*
12. *Erstellen Sie aufbauend auf dem Formular von S. 433 und den Ihnen vorliegenden Informationen einen Projektabschlussbericht für das Projekt „Münzcollector".* Web
13. *Unterscheiden Sie Projektreport und Projektreview.*
14. *Stellen Sie mögliche Auswirkungen des Projektreviews auf die Teamentwicklung dar.* 9 | 3.1.3
15. *Welche Bedeutung haben die „Lessons learned" für ein Projekt?*

Anhang:

Abschlussprüfung „Servicefachkraft für Dialogmarketing“

1 Aufbau der Abschlussprüfung

Die Abschlussprüfung „Servicefachkraft für Dialogmarketing“ (2-jährige Ausbildung) ist in der „Verordnung über die Berufsausbildung zur Servicefachkraft für Dialogmarketing (Ausbildungsordnung)“ vom 23. Mai 2006 geregelt.

> *Praxistipp*
> Die Verordnung ist z. B. über das Bundesinstitut für Berufsbildung verfügbar: www.bibb.de/de/berufeinfo.php/profile/apprenticeship/n5453542

Die Abschlussprüfung besteht aus insgesamt **vier Prüfungsteilen**, die eine unterschiedliche Dauer und ein unterschiedliches Gewicht für die Gesamtnote haben.

Fach	Prüfungsform	Prüfungsdauer	Gewicht
Dienstleistungsangebot und Kommunikation	schriftlich, ungebundene (offene) Fragen	120 Min.	30 %
Projektabwicklung im Dialogmarketing	schriftlich, gebundene (programmierte) Fragen	60 Min.	20 %
Wirtschafts- und Sozialkunde	schriftlich, gebundene (programmierte) Fragen	60 Min.	10 %
Kundengespräch	mündlich	20 Min. + 15 Min. Vorbereitung	40 %

Um die Abschlussprüfung zu bestehen, müssen **folgende Bedingungen** erfüllt sein:

- Mindestens „ausreichend“ im Gesamtergebnis
- Mindestens „ausreichend“ in drei der vier Prüfungsfächer
- Mindestens „ausreichend“ im Kundengespräch (sogenanntes „Sperrfach“: eine nicht „ausreichende“ Leistung führt dazu, dass die ganze Prüfung nicht bestanden ist)
- In keinem Prüfungsbereich die Note „ungenügend“

Grundlage für die Bewertung ist dabei der IHK-Notenschlüssel:

Punkte	Note
100 bis 92 Punkte	sehr gut
unter 92 bis 81 Punkte	gut
unter 81 bis 67 Punkte	befriedigend
unter 67 bis 50 Punkte	ausreichend
unter 50 bis 30 Punkte	mangelhaft
unter 30 bis 0 Punkte	ungenügend

Sind die Prüfungsleistungen in bis zu zwei schriftlichen Prüfungsfächern mit „mangelhaft" und in den übrigen schriftlichen Prüfungsfächern mit mindestens „ausreichend" bewertet worden, kann *eine* mündliche Ergänzungsprüfung angesetzt werden, wenn dies für das Bestehen der Prüfung den Ausschlag geben kann. Der Prüfling wählt das zu prüfende Fach. In diesem Fach wird dann die schriftliche Prüfung zur Ergänzungsprüfung 2:1 gewichtet.

Beispiel

Die schriftliche Prüfung führte zu folgenden Resultaten:

Dienstleistungsangebot und Kommunikation:	„befriedigend" (70 Punkte)
Projektabwicklung im Dialogmarketing:	„mangelhaft" (45 Punkte)
Wirtschafts- und Sozialkunde:	„mangelhaft" (40 Punkte)

Ergebnis: Prüfung nicht bestanden, da maximal einmal „mangelhaft" möglich ist.

Eine zusätzlich angesetzte mündliche Ergänzungsprüfung im Fach *Projektabwicklung im Dialogmarketing* endet mit der Note „befriedigend" (69 Punkte). Dies ergibt ein Gesamtergebnis im Fach *Projektabwicklung im Dialogmarketing* von „ausreichend" (53 Punkte).

Ergebnis: Damit ist die Prüfung bestanden, sofern im *Kundengespräch* mindestens die Note „ausreichend" erzielt wird.

2 Schriftliche Prüfungsfächer

Eine **Grobgliederung** der Inhalte der einzelnen schriftlichen Prüfungsfächer ergibt sich aus den im Ausbildungsrahmenplan vorgegebenen **Fragenkomplexen**. Der Aufbau der Lehrbuchreihe **„Ausbildung im Dialogmarketing"** orientiert sich allerdings an den Lernfeldern des KMK-Rahmenlehrplans. Zur erleichterten Prüfungsvorbereitung enthält die nachfolgende Tabelle eine Zuordnung der Lernfelder bzw. Lehrbuchkapitel **(Lernfelder 1–5 in Band 1, Lernfelder 6–9 in Band 2)** zu den einzelnen Prüfungsgebieten. Die Angaben beziehen sich auf die **5. Auflage**.

> **Praxistipp**
> Eine detaillierte Aufschlüsselung der einzelnen Fragenkomplexe findet sich im AKA-Prüfungskatalog „Servicefachkraft für Dialogmarketing“, der im U-Form-Verlag erhältlich ist (www.u-form.de).

Prüfungsfach: Dienstleistungsangebot und Kommunikation

Fragenkomplex laut Ausbildungsrahmenplan	Lernfeld/Kapitel im Lehrbuch
Dienstleistungsangebot	LF 2/Kapitel 1, 2
Arbeitsorganisation, Kooperation, Teamarbeit	LF 1/Kapitel 1.1, 1.2, 1.4, 4-6 LF 2/Kapitel 3 LF 9/Kapitel 4.1, 4.2
Betriebliche Prozessorganisation, qualitätssichernde Maßnahmen	LF 8/Kapitel 6, 7
Sprachliche und schriftliche Kommunikation	LF 3/Kapitel 1–6
Kundenbetreuung/Kundenbindung	LF 5/Kapitel 1–8
Kundengewinnung	LF 8/Kapitel 1–5
Sicherheit und Gesundheitsschutz bei der Arbeit, Umweltschutz	LF 1/Kapitel 3

Prüfungsfach: Projektabwicklung im Dialogmarketing

Fragenkomplex laut Ausbildungsrahmenplan	Lernfeld/Kapitel im Lehrbuch
Software, Netze und Dienste	LF 4/Kapitel 1–3
Datenbanken, Datenschutz und Datensicherheit	LF 4/Kapitel 4–6 LF 5/Kapitel 2
Projektvorbereitung	LF 9/Kapitel 1, 2, 3
Projektdurchführung	LF 9/Kapitel 1, 4
Projektcontrolling	LF 7/Kapitel 1, 2 LF 9/Kapitel 4, 5

Prüfungsfach: Wirtschafts- und Sozialkunde

Fragenkomplex laut Ausbildungsrahmenplan	Lernfeld/Kapitel im Lehrbuch
Wirtschafts- und Sozialkunde	LF 1/Kapitel 1.3, 2 LF 6/Kapitel 1–4 LF 8/Kapitel 3–5

> **Praxistipp**
> Wiederholen Sie zur Vorbereitung auf die schriftliche Abschlussprüfung die Aufgaben am Ende des jeweiligen Kapitels. Viele weitere Fragen zur Prüfungsvorbereitung finden Sie auch in **„Ausbildung im Dialogmarketing – Prüfungstraining“** (BV1 23021).

3 Kundengespräch

Während die schriftlichen Prüfungsfächer bundeseinheitlich durchgeführt werden, ist für die Durchführung des Prüfungsteils *Kundengespräch* der Prüfungsausschuss der lokalen Industrie- und Handelskammer verantwortlich. Dennoch lassen sich einige **grundsätzliche Aussagen** über den Ablauf der Prüfung treffen.

Folgende Rahmenbedingungen werden in der Verordnung festgelegt:

- Der Prüfling führt zwei Gespräche von je etwa 10 Minuten, ein Inbound-Gespräch und ein Outboundgespräch.
- Ein Prüfer übernimmt die Rolle des Kunden.
- Der Prüfling entscheidet sich, ob ein Produkt oder eine Dienstleistung Inhalt der beiden Gespräche sein soll.
- Der Prüfling erhält zwei Produkt- bzw. Dienstleistungsbeschreibungen zur Auswahl.
- Beide Gespräche beziehen sich dann auf das gleiche Produkt oder die gleiche Dienstleistung.

Der Prüfling soll im Kundengespräch insbesondere nachweisen, dass er

- Kunden beraten,
- Kunden gewinnen,
- Gespräche mit Kunden systematisch und situationsbezogen führen,
- zielorientiert kommunizieren,
- Gesprächsführungstechniken einsetzen und
- Daten aus dem Gesprächsverlauf erfassen

kann.

Die Gesamtsituation des Kundengesprächs ist in etwa vergleichbar mit einem **Rollenspiel**. Im Idealfall wird eine berufsspezifische, dem Prüfling vertraute Situation nachempfunden. 1|6.7

> **Praxistipp**
> Wiederholen Sie zur Prüfungsvorbereitung sorgfältig die Kapitel „Gesprächsführung im Beratungsgespräch" und „Verkaufsgespräche führen" mit den entsprechenden Querverweisen!

5|1
8|2

Ähnlich wie beim Rollenspiel erfolgt die Bewertung mit einem Auswertungsbogen. Für die einzelnen Merkmale des Auswertungsbogens gibt es allerdings **keine einheitlichen Vorgaben**, da er vom jeweiligen Prüfungsausschuss der lokalen IHK individuell gestaltet werden kann. Dies gilt ebenso für Produkt- bzw. Dienstleistungsbeschreibungen. Die nachfolgenden Beispiele sind daher vorrangig als **Übungsmöglichkeiten** zur Vorbereitung auf die Prüfungssituation gedacht.

Beispiel: Mögliche Kriterien im Auswertungsbogen Kundengespräch

Web

Auswertungsbogen		
Kriterien	**Das Kriterium wurde erfüllt. (1 = voll erfüllt, 6 = überhaupt nicht erfüllt, 0 = nicht gefragt)**	**Kommentar**
Gesprächsstruktur		
Verwendet vollständige, klare Meldeformel (Inbound)	1 2 3 4 5 6 0	
Schafft gelungenen Gesprächseinstieg mit Vorstellung des Unternehmens (Outbound)	1 2 3 4 5 6 0	
Prüft und erfasst die Kundendaten	1 2 3 4 5 6 0	
Strukturiert das Gespräch nachvollziehbar	1 2 3 4 5 6 0	
Analysiert Situation des Kunden und ermittelt den Bedarf	1 2 3 4 5 6 0	
Führt das Gespräch zielorientiert und aktiv	1 2 3 4 5 6 0	
Entwickelt eine Lösung anhand des ermittelten Bedarfs	1 2 3 4 5 6 0	
Berücksichtigt die Gesprächszeit	1 2 3 4 5 6 0	
Fasst zusammen und bestätigt das Ergebnis	1 2 3 4 5 6 0	
Verabschiedet den Kunden freundlich und findet ein angenehmes Gesprächsende	1 2 3 4 5 6 0	
Gesprächsführungstechniken		
Spricht den Kunden namentlich an	1 2 3 4 5 6 0	
Schafft eine angenehme Gesprächsatmosphäre	1 2 3 4 5 6 0	
Verwendet bei der Anrede des Kunden die Sie-Ansprache	1 2 3 4 5 6 0	
Vermeidet Konjunktive	1 2 3 4 5 6 0	
Setzt Fragetechniken situationsgerecht ein	1 2 3 4 5 6 0	
Nutzt eine überzeugende Argumentationstechnik	1 2 3 4 5 6 0	
Geht auf die Einwände des Kunden ein	1 2 3 4 5 6 0	
Pflegt einen angemessenen Sprechausdruck (Artikulation, Sprechtempo, Stimme)	1 2 3 4 5 6 0	
Hört zu und lässt den Kunden ausreden	1 2 3 4 5 6 0	
Verkaufs-/Zielorientierung		
Findet eine gelungene Überleitung in das Verkaufsgespräch (Inbound)	1 2 3 4 5 6 0	
Erkennt den Bedarf des Kunden	1 2 3 4 5 6 0	
Bemerkt Kundensignale bzw. Kaufsignale	1 2 3 4 5 6 0	
Präsentiert ein/eine bedarfs- und situationsgerechtes Angebot bzw. Lösung	1 2 3 4 5 6 0	
Stellt den Kundennutzen dar	1 2 3 4 5 6 0	
Entwickelt eine angemessene Preisargumentation	1 2 3 4 5 6 0	
Ergreift Möglichkeiten des Up-Selling bzw. Cross-Selling	1 2 3 4 5 6 0	

Beispiel: Mögliche Produkt- bzw. Dienstleistungsbeschreibungen

Variante 1: Produkt

Ihr Ausbildungsbetrieb, die Dialogfix GmbH, bietet ein neues All-in-One-Gerät an. Der „XA Complete" besteht aus:

- Farb-Tintenstrahldrucker
- Farbkopierer
- Scanner

Technische Details:

- Drucker/Scanner/Kopierer
- Schwarz-Weiß-Kopie: bis zu 30 Seiten pro Minute
- Farbkopie: bis zu 18 Seiten pro Minute
- Auflösung beim Kopieren: 60 dpi
- Schwarz-Weiß-Druck: bis zu 30 Seiten pro Minute
- Farbdruck: bis zu 18 Seiten pro Minute
- Druckauflösung Farbdruck: 4800 x 1200 dpi
- Scan-Auflösung: 1200 dpi
- Anschluss: USB 2.0 und WLAN

Preis: 199,95 €

Besonderheiten für den Support/die Beratung:
Der Treiber muss zwingend **vor** Anschluss des USB-Kabels installiert werden, sonst können Fehler entstehen bzw. das Gerät kann eventuell überhaupt nicht verwendet werden. Auch bevor man den Drucker über WLAN verbindet, muss die Software zunächst installiert sein.

Wurde das Gerät angeschlossen, bevor der Treiber installiert wurde, müssen das Gerät in der Systemsteuerung deinstalliert, das Kabel entfernt und dann der Rechner neu gestartet werden. Danach installiert man den Treiber und folgt den Anweisungen auf dem Bildschirm.

Beim Verkauf über die Hotline ist mit einer Lieferzeit von 2 Werktagen zu rechnen. Die Zahlung kann bei Bestandskunden über Rechnung oder Bankeinzug erfolgen, bei Neukunden per Nachnahme oder Vorauskasse. Kreditkartenzahlung ist generell möglich.

Vorteile und Nutzen für den Kunden:

- Sehr schnelle Druck- und Kopiergeschwindigkeit. Nutzen: spart Zeit.
- Günstiger Preis für gute Leistung. Nutzen: Der Kunde spart Geld, erhält aber trotzdem ein hochwertiges Produkt.
- Hohe Auflösung. Nutzen: Der Kunde kann auch Fotos drucken, muss dies also nicht mehr teuer im Fachhandel erledigen.
- Einfach in der Bedienung. Nutzen: Der Kunde kann bequem und einfach direkt alle Funktionen verwenden.

- Lieferung innerhalb weniger Tage. Nutzen: Der Kunde bekommt das Gerät bequem zu sich nach Hause geliefert.
- Kostengünstige Hotline (24 Stunden). Nutzen: Der Kunde kann sich jederzeit mit Fragen an den Hersteller wenden.
- Das Gerät kann über eine Smartphone-App bedient werden.

Kundengespräch Inbound:
Sie sind Mitarbeiter in der Beratungshotline von Dialogfix und dort sowohl für den Verkauf und die Beratung als auch für den Support des oben beschriebenen All-in-One-Geräts verantwortlich. Ein Kunde meldet sich. Leisten Sie kompetente Hilfestellung, die zu dem jeweiligen Anliegen passt.

Kundengespräch Outbound:
Sie sind Mitarbeiter von Dialogfix im Outbound. Ihre Aufgabe ist es, das oben beschriebene All-in-One-Gerät zu verkaufen. Dazu rufen Sie einen Bestandskunden von Dialogfix an (Einwilligung zur Telefonwerbung liegt vor), der zwar schon einige Produkte des Unternehmens nutzt, aber bisher noch keinen Drucker gekauft hat. Verkaufen Sie erfolgreich das Gerät.

Variante 2: Dienstleistung

Ihr Ausbildungsbetrieb, die Dialogfix GmbH, bietet eine PC-Versicherung an. Diese Versicherung kann für Computer aller Hersteller abgeschlossen werden, unabhängig davon, ob das Gerät bei Dialogfix gekauft wurde oder nicht. Einzige Voraussetzung ist, dass der Rechner bei Abschluss der Versicherung nicht älter als 6 Monate ist.

Kosten: 4,95 € pro Monat

Details der PC-Versicherung:
- Deckt Reparatur im Schadensfall (auch bei Blitzschlag oder Überspannung)
- Deckt Diebstahl
- Haftet bis zu einer Höhe von 1 500,00 € im Schadensfall
- Haftet bis zu einer Höhe von 2000,00 € bei komplettem Ersatz (bei Diebstahl)
- Laufzeit: Kann zu jedem Monatsende gekündigt werden.

Besonderheiten für den Support/die Beratung:
Die Versicherung kann nur über Bankeinzug bezahlt werden, Dialogfix benötigt also eine gültige Bankverbindung sowie eine Einzugsermächtigung.

Wendet sich ein Kunde wegen eines Schadensfalles an Dialogfix, ist Folgendes zu beachten: Dialogfix benötigt die Rechnung einer Fachwerkstatt, Dienste einer Privatperson werden nicht akzeptiert. Bei Diebstahl werden eine Bescheinigung der Polizei sowie die Originalrechnung des Computers benötigt. Die Rechnung bzw. die Bescheinigung können nur auf dem Postweg an Dialogfix gesendet werden. Die Auszahlung des Schadensbetrags erfolgt auf das angegebene Bankkonto.

Vorteile und Nutzen für den Kunden:

- Schnelle und faire Abwicklung im Versicherungsfall. Nutzen: Kunde erhält schnell die notwendige Summe zur Reparatur oder für den Ersatz des PC.
- Fabrikat des Rechners ist egal. Nutzen: Der Kunde kann frei entscheiden, welchen PC er wo kauft.
- Im Schadensfall wird jede Fachwerkstatt akzeptiert. Nutzen: Der Kunde kann bequem die Werkstatt wählen, die für ihn am besten erreichbar ist.
- 24-Stunden-Support. Nutzen: Der Kunde kann sich jederzeit mit Fragen oder Anträgen an Dialogfix wenden.
- Jederzeit zum Monatsende kündbar. Nutzen: Der Kunde geht kein Risiko ein.

Kundengespräch Inbound:

Sie sind Mitarbeiter in der Beratungshotline von Dialogfix und dort sowohl für den Verkauf als auch für die Beratung zur oben beschriebenen Dienstleistung verantwortlich. Ein Kunde meldet sich. Leisten Sie kompetente Hilfestellung, die zu dem jeweiligen Anliegen passt.

Kundengespräch Outbound:

Sie sind Mitarbeiter von Dialogfix im Outbound. Ihre Aufgabe ist es, die oben beschriebene Dienstleistung zu verkaufen. In einer Mailing-Aktion 4 Wochen zuvor hat Dialogfix die PC-Versicherung bereits ausgewählten Bestandskunden mit hoher Bonität vorgestellt. In einer Nachfassaktion sollen Sie die Kunden kontaktieren, die bislang nicht reagiert haben (Einwilligung zur Telefonwerbung liegt vor). Verkaufen Sie erfolgreich eine PC-Versicherung.

→ ***Praxistipp***

Üben Sie in der Klasse die angegebenen Situationen mittels eines Rollenspiels. Im Inbound sind dabei verschiedene Anrufanlässe denkbar (Produktinformation, Supportanfrage etc.). Werten Sie das Rollenspiel anschließend anhand des Auswertungsbogens von S. 442 aus.

Glossar

ABC-Analyse
Analyseverfahren, um Kunden oder Aufgaben zu kategorisieren bzw. zu segmentieren

ACD
Abkürzung für Automatic Call Distribution. Kernstück moderner TK-Anlagen zur Verteilung der eingehenden Anrufe, mit weiteren Funktionen zur Steuerung, Kontrolle und Auswertung des Anrufvolumens

Agent
Branchenübliche Bezeichnung in der Callcenter-Branche bzw. im Dialogmarketing für im Telefonkontakt eingesetzte Mitarbeiter

AHT
Abkürzung für Average Handling Time. Durchschnittliche Gesprächszeit inklusive Nachbearbeitungszeit; setzt sich aus Handle Time und Wrap-up-Time zusammen

Arbeitspaket
Inhaltlich zusammengehörende, in sich geschlossene Aufgabenstellung innerhalb eines Projekts, die bis zu einem bestimmten Termin mit einem festgelegten Ergebnis zu bearbeiten ist

Auslastung
Anteil der produktiven Zeit eines Agents an der Nettoarbeitszeit (auch: Mitarbeiterauslastung)

Backoffice
Weiterbearbeitung der Daten und Informationen, die im Frontoffice gewonnen wurden; Unternehmensprozesse ohne direkten Kundenkontakt

Balkendiagramm
Wird genutzt, um die zeitliche Abfolge von Arbeitspaketen (bzw. Tätigkeiten) grafisch in Form von Balken auf einer Zeitachse darzustellen

Benchmarking
Messen der Leistung eines Unternehmens im Vergleich mit anderen (branchenführenden) Unternehmen

Briefing
Kurzeinweisung bzw. Unterrichtung

Bruttokontakte
Alle angewählten Telefonnummern innerhalb eines Projekts oder einer Aktion, inklusive Fehlversuchen oder falscher Zielperson

Call
Branchenübliche Bezeichnung für Anruf

Chatbots
Software, die einfache Kundenanfragen selbstständig beantworten kann

Cold Call
Kaltanruf, Anruf bei Personen ohne bisherigen geschäftlichen Kontakt

CRM
Abkürzung für Customer Relationship Management. Beschreibt die Auswertung und Integration von Kundendaten mit dem Ziel, Kunden durch maßgeschneiderte Maßnahmen an das Unternehmen zu binden

Cross-Selling
„Kreuzverkauf", Verkauf von weiteren oder ergänzenden Produkten an Bestandskunden eines Unternehmens

Data-Mining
Mathematisch-statistische Methoden, um typische Muster in einem Datensatz zu erkennen

Data-Warehouse
Auswertungsort der gesamten Datenquellen eines Unternehmens

Dialer
Wählroboter, der automatisch Telefonnummern wählt und die Kontakte an die Agents verteilt

E-Learning
Bezeichnet ein Verfahren, über das Mitarbeiter PC-gestützt an einer Schulung teilnehmen

First Call Resolution (FCR)
Abschließende Bearbeitung des Kundenanliegens beim ersten Anruf ohne Einschaltung weiterer Mitarbeiter (auch: First Contact Solution)

Forecasting
Vorhersage des zukünftig zu erwartenden Anrufvolumens

Frontoffice
Hier werden alle Tätigkeiten geleistet, die in direktem Kundenkontakt stehen.

Gantt-Diagramm
Siehe Balkendiagramm

Handle Time
Die Zeit, in der ein Mitarbeiter mit dem Kunden spricht, um eine Lösung zu erarbeiten oder einen bestimmten Vorgang abzuschließen

Inbound
Eingehende Anrufe

Kampagne
Branchenübliche Bezeichnung für Projekte oder Aktionen im Callcenter

Kick-off-Meeting
Erste offizielle Zusammenkunft aller Projektbeteiligten

Kritischer Weg
Abfolge von Vorgängen, zwischen denen keine Pufferzeit liegt und deren Verzug zu einem späteren Endtermin führt (auch: kritischer Pfad)

Lastenheft
Bei Projekten die Gesamtheit der Anforderungen des Auftraggebers an die Lieferungen und Leistungen eines Auftragnehmers

Lead
Dokumentiertes Interesse sowie weitere Daten zu potenziellen Neukunden

Lessons learned
Bei Projekten die systematische Erfassung und Auswertung der gewonnenen Erfahrungen

Lost Calls
Anrufe, die vom Anrufer beendet wurden, bevor ein Mitarbeiter den Anruf angenommen hat

MAK
Abkürzung für Mitarbeiterkapazität. Drückt die verfügbare Arbeitszeit der Mitarbeiter umgerechnet in Vollzeit-Arbeitskräfte aus

Meilenstein
Ereignis besonderer Bedeutung, meist ein Unter- bzw. Zwischenziel eines Projekts

Monitoring
Als Monitoring (auch: Call-Monitoring) werden im Dialogmarketing alle Maßnahmen bezeichnet, in denen Gespräche eines Mitarbeiters mitgehört und im Anschluss bewertet werden.

Mystery Call
Für den Agent unerkannter Testanruf durch ein externes Unternehmen, der dann anhand vorgegebener Kriterien ausgewertet wird

Nettokontakte
Tatsächlich erreichte Zielpersonen innerhalb eines Projekts oder einer Aktion

Outbound
Ausgehende Anrufe

Outsourcing
Organisatorische Auslagerung von Tätigkeiten an andere Unternehmen

Overflow
Überlaufende Anrufe, die nicht bearbeitet werden können und daher weitergeleitet werden

Peak
Anrufspitze, überdurchschnittliches Anrufvolumen

Projektablaufplan
Ordnet die zu erledigenden Tätigkeiten in einem Projekt in einer sachlichen Abfolge

Projektabnahme
Bestätigung des Auftraggebers, dass das Projektergebnis vertragsgemäß erbracht wurde

Projektabschluss
Formales Ende eines Projekts; Beendigung aller Tätigkeiten, die mit dem Projekt in Zusammenhang stehen

Projektabschlusssitzung
Abschließende Zusammenkunft der Projektbeteiligten.

Projektauftrag
Fasst alle relevanten Vereinbarungen und Informationen über das Projekt zusammen

Projektbericht
Darstellung der Entwicklung und des Standes eines Projekts (auch: Projektstatusbericht)

Projektcontrolling
Alle Maßnahmen, die dazu dienen, das Erreichen der Projektziele sicherzustellen (auch: Projektsteuerung)

Projektdokumentation
Zusammenstellung wesentlicher Daten über die Organisation, den Ablauf und die erreichten Ziele eines bestimmten Projekts

Projekthandbuch
Zusammenstellung von Informationen und Regelungen, die für die Planung und Durchführung eines bestimmten Projekts gelten sollen

Projektmanagement
Umfasst alle Führungsaufgaben, die zur Abwicklung des Projekts erforderlich sind

Projektmanagementhandbuch
Allgemeingültige Regelungen und Verfahren für die Abwicklung aller Projekte in einem Unternehmen

Projektorganisation
Umfasst alle aufbau- und ablauforganisatorischen Regelungen zur Abwicklung eines bestimmten Projekts

Projektplan
Gesamtheit aller in einem Projekt vorhandenen Pläne (Teilpläne)

Projektreport
Abschlussbericht an den Auftraggeber, der die zusammenfassende, abschließende Darstellung von Verlauf und erzielten Ergebnissen des Projekts beinhaltet

Projektreview
Interner Rückblick auf ein abgeschlossenes Projekt, um die gewonnenen Erfahrungen zu sichern und für zukünftige Projekte zu nutzen

Projektstatus
Aktueller Stand des Projekts zu einem Stichtag hinsichtlich der Zielerreichung

Projektstrukturplan
Vollständige hierarchische Darstellung aller Elemente (Teilprojekte, Teilaufgaben, Arbeitspakete) eines Projekts

Projektziel
Summe aller Teilziele eines Projekts, gewünschtes Projektergebnis

Pufferzeit
Zeitspanne, um welche die Lage eines Vorgangs verschoben oder die Dauer eines Vorgangs verlängert werden kann

Pull-Strategie
Marketingstrategie, bei der ein Unternehmen durch eine ständige Präsenz in der Erlebniswelt des Kunden versucht, diesen von dem Unternehmen oder dem Produkt zu überzeugen bzw. ihn anzuziehen

Push-Strategie
Marketingstrategie, bei der ein Unternehmen seine Vertriebsanstrengungen vor allem an Großhändler, Einzelhändler und Partnerfirmen richtet, um das Produkt in den Markt zu drücken

Screen Recording (Silent Screening)
Erweiterung des Silent Monitoring. Hier werden auch die Bildschirmbewegungen aufgezeichnet.

Servicelevel
Parameter für die Erreichbarkeit des Callcenters

Side-by-Side-Coaching
Beobachten bzw. Mithören der Gespräche eines Mitarbeiters, direkt an dessen Arbeitsplatz

Silent Monitoring
Mithören und ggf. Aufzeichnen der Gespräche eines Mitarbeiters, das für diesen unbemerkt stattfindet

Tätigkeit
In einem Projekt die kleinste Arbeitseinheit innerhalb eines Arbeitspakets

Up-Selling
„Aufwärts verkaufen", Verkauf von höherwertigen Produkten an Bestandskunden eines Unternehmens

Wallboard
Anzeigetafel, an der aktuelle Werte der ACD-Anlage transparent gemacht werden

Webinar
Interaktive Online-Veranstaltung, die beidseitige Kommunikation zwischen Referenten und Teilnehmern ermöglicht

Wrap-up-Time
Nachbearbeitungszeit nach einem Anruf

Bildquellenverzeichnis

Callcenter Akademie, Saarbrücken: S. 61.1

Foto Stephan - Behrla Nöhrbaß GbR, Köln: S. 12.1, 12.2, 37.1, 93.2, 120.1, 135.2, 159.1, 164.1, 187.1, 223.1, 272.1, 273.1, 276.2, 298.1, 301.1, 304.1, 306.1, 317.1, 320.1, 330.1, 363.1, 367.1, 371.1, 379.1, 387.1, 389.1, 396.1, 400.1, 403.1, 423.1

fotolia.com, New York: Alexander Kluge 13.2; Alexei Kireev 353.1; Angelika Bentin 70.1; auremar 203.1; Bernd Leitner 33.1; Brilliant Eye 154.1; Cmon 162.1; contrastwerkstatt 180.1, 193.1, 265.1, 369.1; corepics 26.1; DeVIce 29.1; DWP 108.1; endostock 324.1; eyewave 343.2; geniuskp 139.1; Gina Sanders 97.1; Hahn, Martin 153.2; hennerbuchholz 319.1; IckeT 112.1; iMAGINE 390.1; Jake Hellbach 40.1; James Phelps JR 17.1; Jansa, Thomas 247.1; Joachim Wendler 28.1; Kalim 264.1; Kati Molin 95.1; Klaus Eppele 259.1; Konstantinos Moraiti 194.1; Kurhan 410.1; Kzenon 103.1; Lucky Dragon 395.1; luckylight 233.1; macroart 302.1; maho 195.1; Maksym Yemelyanov 288.1; Marc Dietrich 136.1, 209.1; Michael Kempf 87.1; Mindwalker 256.1; Myst 266.1; nyul 287.1; Peter Galbraith 348.1; photodave 382.1; photographer 214.1; photolars 239.1; Picture-Factory 226.1; Pixel 75.1; pressmaster 321.1; Ramona Heim 175.1, 405.1; robynmac 173.1; Rukhlenko, Dmitry 173.2; Starwalker 218.1; Stauke 241.1; Sven Bähren 269.1; Timo Darco 231.1; tm-photo.de 289.1; Udo Kroener 381.1; Veronika Bakos 335.1; Yuri Arcurs 72.1, 314.1; Yvonne Bogdanski 345.1

Haus der Geschichte der Bundesrepublik Deutschland, Bonn: Jupp Wolter (Künstler) S. 57.1

iStockphoto.com, Calgary: jacoblund 284.1, 350.3; shapecharge 250.1

Marketing Resultant GmbH, Mainz: S. 4.1

Picture-Alliance GmbH, Frankfurt/M.: dpa-infografik 58.1, 59.1, 67.1, 69.1, 71.1, 73.2, 73.2, 76.1, 81.1, 83.1, 84.1, 85.1; dpa/Alfred Hennig 38.1; Effner, Jürgen 153.1; Globus Infografik 49.1

Roman Bold & Black, Köln: S. 2.1, 2.3, 2.4, 2.6

Sachverständigenrat zur Begutachtung der gesamtwirtschaftlichen Entwicklung - Destatis, Wiesbaden: S. 66.1

Shutterstock.com, New York: 12bit 129.1; AlexandrBognat 236.2; son Photo 142.1

stock.adobe.com, Dublin: .shock 357.1; ACP prod 2.8; Africa Studio 144.1; alotofpeople 434.1; Andreas P 155.1; anyaberkut 272.2; ASDF 44.1; Barth, Heiko 236.1; Birgit Reitz-Hofmann 192.1; Bojan 138.1; Chaosamran_ Studio 417.1; chombosan 99.1; Cla78 22.1; contrastwerkstatt 155.2, 246.1, 268.1, 278.1, 282.1, 350.1; Dean, Drobot 2.7, 177.1; Diesing, Dominik 27.1; dimedrol68 169.1; dolgachov, lev 227.1; Drobot, Dean 151.1; eyetronic 290.1; fizkes 372.1, 377.1; Flamingo Images 286.1; fotogestoeber 427.1; Fotomanufaktur JL 50.1; goodluz 285.1, 351.1; Grinvalds, Kaspars 141.1; Guy Beyrouti 364.1; Guy Erwood 229.1; janvier 150.1; Jargstorff, Wolfgang 86.1; Jeanette Dietl 179.1, 401.1; Kneschke, Robert 11.1, 121.1, 248.1; leszekglasner 165.1; LIGHTFIELD STUDIOS 283.1, 350.2; lightpoet 392.1; lily 258.1; lovelyday12 344.1; Lund, Jacob 21.1, 285.2, 351.2; magdal3na 152.1; markobe 100.1; Michael 215.1; mintra 18.1; monticellllo 232.1; nd3000 388.2; New Africa 395.2; nyul 60.1; oatawa 343.1; Photographee.eu 154.3; pico 94.1; pix4U 191.2; pressmaster Titel, 2.3; Raths, Alexander 1.1; Rawpixel.com 168.1, 270.1, 408.1; rcfotostock 267.1; Rido 65.1, 388.1; rogerphoto 2.9, 249.1; Sanders, Gina 68.1, 127.1; sportpoint 336.1; Stärk, Daniela 154.2; Stockfotos-MG 52.1; stockpics 200.1; Studio Romantic 292.1; Superingo 114.1; thodonal 394.1; ty 2.6; Wandruschka, Olaf 435.1; WavebreakMediaMicro 251.1; Web Buttons Inc 170.1; Yeti Studio 15.1; zentilia 245.1

Weiß, Joachim, Saarbrücken: S. 191.1

Wetterauer, Oliver, Stuttgart: S. 386.1

Wiedenroth, Götz/www.wiedenroth-karikatur.de, Flensburg: S. 48.1

Wir arbeiten sehr sorgfältig daran, für alle verwendeten Abbildungen die Rechteinhaberinnen und Rechteinhaber zu ermitteln. Sollte uns dies im Einzelfall nicht vollständig gelungen sein, werden berechtigte Ansprüche selbstverständlich im Rahmen der üblichen Vereinbarungen abgegolten.

Sachwortverzeichnis